Grundrisse zum Neuen Testament

11

V&R

Grundrisse zum Neuen Testament

Das Neue Testament Deutsch · Ergänzungsreihe

Herausgegeben von Jürgen Roloff

Band 11

Jesus Christus im Neuen Testament

Göttingen · Vandenhoeck & Ruprecht · 1998

Jesus Christus im Neuen Testament

von

Martin Karrer

Göttingen · Vandenhoeck & Ruprecht · 1998

Die Deutsche Bibliothek – CIP-Einheitsaufnahme

Karrer, Martin:
Jesus Christus im Neuen Testament / von Martin Karrer. –
Göttingen: Vandenhoeck und Ruprecht, 1998
(Grundrisse zum Neuen Testament; Bd. 11)
ISBN 3-525-51380-1

Satz: Dörlemann Satz, Lemförde
Druck- und Bindearbeit: Hubert & Co., Göttingen

Vorwort

Dieses Buch aus der Hand zu geben, fällt nicht leicht. Die Rede von Jesus Christus bildet das Herzstück des Neuen Testaments. Trotzdem oder gerade deshalb ist sie in fast allen Bereichen heftig umstritten. Weder über die neutestamentlichen Aussagen besteht Konsens noch über ihre heutige Relevanz. Problemanzeigen liegen stärker in der Luft als eine „mittlere Linie". Jeder Überblick bezieht in Aufbau, Auswahl und Entscheidungen Position. Ich gehe einen Weg, der nicht eigentlich endet, und erhoffe mir Leserinnen und Leser, die ihn prüfen, um eigene Wege zu finden.

Dem Herausgeber Jürgen Roloff danke ich für das Vertrauen, das er mit der Übertragung der Aufgabe in meine Person setzte, und für die aufmerksame wie kritische Begleitung. Er trug zum hoffentlichen Gelingen grundlegend bei. Nicht minder danke ich dem Verlag, dem Verleger sowie der Verlegerin. Die Evangelische Kirche im Rheinland gewährte freundlicherweise einen Druckkostenzuschuss; auch dafür danke ich.

Da das Buch zum Studieren anregen soll, legte ich es während der Abfassung Studierenden zur Lektüre vor. Für viele Hinweise, Zuarbeiten, weiterführende Zweifel und Fragen bin ich Karsten Brücker, Martin Haßler, Katrin Hirschberg-Sonnemann, Hans Kling, Vera Nökel, Petra-Anke Stiebig, Andreas Tibbe und Ulrich Rüsen-Weinhold verpflichtet. Die Bibliothekarinnen der Kirchlichen Hochschule unterstützten bewundernswert die Arbeit mit der Literatur. Meine Assistenten übernahmen nicht nur schwierige Überprüfungen und Korrekturen. Sie engagierten sich ebenso in der Diskussion des Inhalts, oft mit den Studierenden zusammen. Mancher Akzent klärte sich oder entstand auf diese Weise. Ich danke Dr. Andreas Obermann (inzwischen im Wuppertaler Pfarramt), Volker Lubinetzki und herausragend Martin Vahrenhorst. Ich freue mich, dass wir die Gespräche fortführen, in denen ich viel von ihnen lerne. Meine Frau teilte und teilt sie. Sie trug zum Entstehen wie niemand sonst bei.

Die Abkürzungen, die ich verwende, halten sich an das Abkürzungsverzeichnis der Theologischen Realenzyklopädie. Biblische Namen schreibe ich nach den Loccumer Richtlinien. Biblische Schriften kürze ich stets ab. Auf den hebräischen Bibeltext verweise ich mit MT, auf die Septuaginta mit LXX, auf Theodotion (eine weitere griechische Übertragung) mit Θ, auf biblische Papyri mit p. Q ist das Sigel für die (nicht erhaltene) Logienquelle des Mt und Lk. Ein * bei Bibelstellen verweist auf die (rekonstruierte) mündliche Überlieferung, die oft vom vorfindlichen Text abweicht (zu *, **, *** bei Literaturangaben s. die Bibliographie), v.l. auf eine textkritische Variante („varia lectio"), par auf mitzulesende Parallelen. Für die Werke antiker Autoren setze ich die gebräuchlichen Kurztitel. EG meint das Evangelische Gesangbuch, das 1993–1996 in den deutschen Landeskirchen und Österreich eingeführt wurde.

Um das Lesen zu erleichtern, setze ich den fortlaufenden Haupttext und ergänzende Argumentationen in der Drucktype voneinander ab. In der Rechtschreibung berücksichtige ich die 1998 in Kraft tretende Reform.

Wuppertal, im Herbst 1997

Inhalt

1 Die Aufgabe

Lit.: s. allg. Bibliographie; *H.R. Balz*, Methodische Probleme der neutestamentlichen Christologie, WMANT 25, Neukirchen 1967; *F.C. Baur*, Vorlesungen über Neutestamentliche Theologie, Leipzig 1864; *R. Bultmann*, Das Verhältnis der urchristlichen Christusbotschaft zum historischen Jesus (1960): Exegetica, Tübingen 1967, 445–469; *H. Cazelles*, Alttestamentliche Christologie, ThRom 13, Einsiedeln 1983 (frz. 1978); *B.S. Childs*, Die Theologie der einen Bibel II, Freiburg 1992 (engl. 1992); *C. Dohmen / T. Söding* ed., Eine Bibel - Zwei Testamente, UTB 1893, Paderborn 1995; *A. Drews*, Die Christusmythe, Jena 1910 (1924); *A. Grillmeier*, Jesus der Christus im Glauben der Kirche I, Freiburg ²1982; *M. Hengel*, Christologie und neutestamentliche Chronologie: Neues Testament und Geschichte. FS O. Cullmann, Zürich 1972, 43–67; *ders.* (with Ch. Markschies), The ‚Hellenization' of Judaea in the First Century after Christ, London 1989; *H. Hübner*, Biblische Theologie des Neuen Testaments I-III, Göttingen 1990/1993/1995; *K. Jaspers*, Die Auffassung der Persönlichkeit Jesu: FS Leo Baeck [80], London 1954, 36–49; *W. Kasper*, Jesus der Christus, Mainz 1974 (¹¹1992); *L.E. Keck*, Toward the renewal of New Testament Christology: FS de Jonge 1993*, 321–340; *O. Merk*, Biblische Theologie des Neuen Testaments in ihrer Anfangszeit, MThSt 9, Marburg 1972; *C.F.D. Moule*, The Origin of Christology, Cambridge 1977; *P.-G. Müller* ed., Bibel und Christologie. Ein Dokument der Päpstlichen Bibelkommission, Stuttgart 1987; *P. von der Osten-Sacken*, Christologie im Gespräch mit jüdischer Theologie, BThZ 7, 1990, 157–176; *H.S. Reimarus*, Apologie oder Schutzschrift für die vernünftigen Verehrer Gottes, ed. G. Alexander, II, Frankfurt a.M. 1972; *A. Schlatter*, Die Geschichte des Christus, Stuttgart ²1923 (³1977); *W. Vischer*, Das Christuszeugnis des Alten Testaments, I/II, Zollikon-Zürich ⁷1946/ ²1946 (1934/42); *K. Wengst*, Glaubensbekenntnisse IV, TRE 13, 1984, 392–399; *W. Wrede*, Über Aufgabe und Methode der sogenannten Neutestamentlichen Theologie (1897): G. Strecker ed., Das Problem der Theologie des Neuen Testaments, WdF 367, Darmstadt 1975, 81–154.

Die „Grundrisse zum Neuen Testament" gelangen mit dem vorliegenden Band zur Christologie. Welche Aufgabe stellt sich, und wie ist sie anzugehen?

1.1 Christologie zwischen Historie und Theologie

Nach der dogmatischen Tradition ist Christologie „letztlich nichts anderes als die Auslegung des Bekenntnisses ‚Jesus ist der Christus'".[1] Für das Neue Testament stürzt uns dieser Satz in Schwierigkeiten. Der Schlüssel, das Bekenntnis in der definierenden Aussage „Jesus ist der Christus" findet sich so dort nämlich nicht. „Du bist der Christus" in Mk 8,29 wählt eine andere Sprache, die Anrede. Diese abstrahiert nicht. Sie lebt in der Wir-Du-Beziehung. Die dogmatische Tradition

[1] *Kasper*** 43.

ändert demnach das Idiom.[2] Neuzeitlich problembewusst, können wir nicht sicher sein, wie weit sie dem Neuen Testament sachlich folgt.

Sollen wir daher die Behandlung des Neuen Testaments grundsätzlich von der Christologie als dogmatischer Rede trennen und ganz als historische Beschreibung fassen? Die Debatte um frühchristliche Religionsgeschichte statt neutestamentlicher Theologie[3] und die erneuerte Aufmerksamkeit der letzten Jahrzehnte auf den historischen, undogmatischen Jesus sprächen in mancherlei Hinsicht dafür. Trennen wir andererseits die Disziplinen gänzlich, nehmen wir den Verlust in Kauf, Gefüge und Zusammenhang der Theologie zu erkennen. Der Begriff „Christologie" lässt sich, so gewiss er erst in der Gelehrtensprache des 17.Jh. entstand,[4] im weit verstandenen Sinn eines Redens von Christus durchaus auf das Neue Testament anwenden.

Der Titel unseres Bandes signalisiert seinen Weg in der Diskussion. „Jesus Christus im Neuen Testament" tritt an die Stelle von „Christologie". Das verschiebt und expandiert den Stoff gegenüber den dogmatischen Fragen. Der irdische Jesus bekommt größeren Raum als im Bekenntnis. Die Schriftbildung der frühen Christen bestimmt die Themen, nicht die theologische und trinitarische Christologie der systematischen Reflexion. Da die frühen Christen Christi Person und Werk noch nicht um des Diskurses willen wie spätere Dogmatik und Theologie schieden, verliert sich die Aufteilung in theologisch-trinitarische Personen-Christologie und die – protestantisch seit Melanchthon[5] bevorzugte – Erkenntnis Christi durch seine Wohltaten. Wer Jesus sei und wie er begegne – herkömmlich gesagt, Christologie und Soteriologie –, gehören beide in unsere Darstellung, und der Anredecharakter der Quellen heischt nach Berücksichtigung. Schließlich öffnen sich partiell die Kanonsgrenzen (vorbereitet durch das Programm einer Literaturgeschichte des Neuen Testaments).[6] Aber das Neue Testament bleibt Richtschnur. Es setzt die Leitlinie für die Einbettung in umgebende soziokulturelle, religiöse und literarische Entwicklungen und über sie hinaus. Dieses Erbe der reformatorischen Schriftorientierung erinnert an den theologischen Akzent: Eine neutestamentliche Christologie ist historisch zu fassen, darf und soll indes die systematischen Implikationen ihrer Befunde anreißen.[7]

---

[2] Auch wenn sie sich an ein in den neutestamentlichen Spätschriften beginnendes Gefälle anlehnt: vgl. Joh 20,31 (mit Gegenstück in 1 Joh 2,22); Apg 9,22.

[3] Vgl. einst *Wrede***, neuerlich *H. Räisänen*, Beyond New Testament Theology, London 1990.

[4] Erstmals ist er Werktitel bei *B. Meisner*, ‚Christologias' Sacrae Disputationes L, Wittebergae 1624.

[5] Loci 1521, StA II 1, 1952, 7: „hoc est Christum cognoscere beneficia eius cognoscere" (Christus erkennen heißt seine Wohltaten erkennen); vgl. BSLK Apologie der CA IV 101.

[6] Vgl. *Ph. Vielhauer*, Geschichte der urchristlichen Literatur, GLB, Berlin 21978; *G. Strecker*, Literaturgeschichte des Neuen Testaments, UTB 1682, Göttingen 1992, 20ff,46f u.a.

[7] Vgl. *Keck*** 321, 334ff.

1.2 Die Wahl des Anfangs

Die heute dominante Entscheidung, die Darstellung bei der frühen nachösterlichen Gemeinde zu beginnen, wurde nicht leicht errungen.

1.2.1 Vergegenwärtigen wir knapp die Stationen der *Theologiegeschichte*:

Bis ins 17.Jh. galt das Alte Testament als so klar auf Christus hin angelegt, dass sich, wer Christus sei, aus Gottes Handeln ab der Genesis (Schöpfung) erhellte. Die protestantische Orthodoxie entwickelte deshalb eine *alttestamentliche Christologie*.[8] Ihr Ansatz wahrte die Einheit der Schrift. Doch die Durchführung lebte aus einer christlichen Systembildung, in der die Historie keinen oder wenig Eigenwert hatte.

Die Durchsetzung des modernen historischen Bewusstseins im 18.Jh. desavouierte das. Die Bibelwissenschaft wandelte sich zur historischen Disziplin. J.Ph. Gabler summierte 1787, biblische sei von dogmatischer Theologie zu trennen; „historischen Charakter" trüge sie in Rekonstruktion und Interpretation. Die Zeiten des Alten und des Neuen Testaments waren demnach – und sind es seither – als verschiedene Epochen wahrzunehmen. Den Einschnitt markierte *Jesus*, den Gabler zur „Epoche des Neuen Testaments" rechnete.[9] Den etwaigen Graben zwischen Jesus und der nachösterlichen Gemeinde, den seine Zeit diskutierte,[10] stellte seine Grundlegung der Disziplin zurück.

Zum nächsten Schritt führte das Problem der Quellen. Neutestamentliche Schriften besitzen wir erst ab Paulus. Die Rekonstruktionsaufgabe stellt sich daher für die Äußerungen und das Handeln Jesu gesondert. F.Chr. Baur zog Mitte des 19. Jh. die Konsequenz, „die Lehre Jesu" gehöre vor die Perioden der Theologieentwicklung. Hoch sei sie zu werten als „das Principielle, zu welchem sich alles, was den eigentlichen Inhalt der neutestamentlichen Theologie ausmacht, nur als das Abgeleitete und Secundäre verhält". Doch der Beginn der neutestamentlichen Theologie sei nicht sie, sondern *der Auferstehungsglaube der Jünger*.[11]

Der irdische Jesus behielt für einige Jahrzehnte als Principium des Christentums sein Gewicht. Dann bestritt (nach weniger bekannten Vorläufern) A. Drews seine Historizität (1910**). Die Argumentation stand auf schwachen Füßen. Hermeneutisch wirkte sie als Katalysator. Die liberale Forschung, die die Theologie auf die Historie stützen wollte, geriet in die Krise.[12] Eine Behandlung des historischen, irdischen Jesus musste nicht gänzlich zurückgestellt werden, verlor aber ihren theologischen Rang. Nur A. Schlatter (^{2}1923**) verwob die Darstellung des irdischen Jesus und die Christologie im deutschsprachigen Raum noch

---

[8] Nachweise bei *Karrer* 1990*, 16.

[9] Altdorfer Antrittsrede, übersetzt bei *Merk*** 273–284 (Zitate 275, 278).

[10] Ausgelöst durch Lessings Veröffentlichung von Ausschnitten aus *Reimarus*** (bes. 3. Buch, p. 179ff).

[11] *Baur*** 45 (Zitate),123ff,127.

[12] *H. Pleitner*, Das Ende der liberalen Hermeneutik am Beispiel Albert Schweitzers, TANZ 5, Tübingen 1992, 14f,140–177.

einmal eindrucksvoll miteinander. Im allgemeinen setzte sich durch, die Behandlung der Christologie bei der *nachösterlichen Gemeinde* beginnen zu lassen. W. Boussets Werk Kyrios Christos (1913, ²1921*) prägte für Nachfolge und Kritik die Maßstäbe.

Mancherorts trat ein gravierender Einschnitt zwischen Jesus und der Urgemeinde, zumindest Jesus und Paulus hinzu. Die Ausformulierung der Christologie brachte dann eine Kluft zum irdischen Jesus.[13] Umstritten blieb, in welchem Umfang dessen Reden und Wirken doch noch in Theologie und Christologie einbezogen werden sollten. R. Bultmann fachte mit der These, das „Daß" der Historizität Jesu und als „Tatsache" die Kreuzigung genügten, eine umfangreiche Diskussion an. In seiner Theologie des Neuen Testaments beschränkte er die „Verkündigung Jesu" auf die – prägnant dargelegten – „Voraussetzungen" der Theologie.[14]

Gelegentlich bricht bis heute die Frage nach der Historizität Jesu neu auf. Bei ihrer Bestreitung hätte die Gemeinde zuerst ein Stadium der Christologie und in deren Gefolge dann die historische Gestalt Jesu geschaffen.[15] Eine hypothetische Konstruktion in mehreren Stufen entsteht, die die historischen und Quellen-Probleme schlechter löst als die weithin durchgesetzte Anordnung Impulse Jesu – Christologie der Gemeinde.

1.2.2 Wissenschaftsgeschichtlich leuchtet der skizzierte Weg ein. Sachlich kommen wir nicht ohne *Bedenken* aus:

Der Verzicht auf eine *alttestamentliche Christologie* kostete die innere Bindung der Christologie an die gemeinsame Schrift von Juden und Christen. Er ersetzte die systematisierende Überfremdung der Schrift durch die Gefahr einer allmählichen Trennung der Christologie von ihren jüdischen Wurzeln. Mit fatalen Folgen geriet in den Hintergrund, dass das Christentum sich in Israel konstituierte. Das Gespräch mit dem Judentum ruft demgegenüber zu Recht nach einer Christologie „stärkere(r) Wahrnahme [...] biblisch-jüdischen Zeugnisses."[16] Manch jüngere Kritik sieht im Antijudaismus gar die „linke Hand der Christologie".[17] Der gesamtbiblische Impuls gewinnt unabdingbaren Nachdruck. Restitutieren dürfen wir freilich nicht die frühere alttestamentliche Christologie. Deren Fortentwicklungen bewährten sich in einzelnen Situationen, ohne eine allgemein plausible moderne Gestalt zu erreichen und die Schwierigkeiten zu lösen.[18] Es überfordert den Eigencharakter der hebräischen und griechischen Grundschriften Israels, sie systematisch als Basis der Christologie zur Geltung zu bringen. Nicht eine alttestamentliche Gesamtanlage der Christologie, wohl aber ihre Verantwortung aus den Schriften und vor ihnen ist verlangt.

---

[13] Diskutiert ab *W. Wrede*, Paulus (1904): K.H. Rengstorf ed., Das Paulusbild in der neueren deutschen Forschung, WdF 24, Darmstadt 1982, 1–97: 83–90.

[14] *Bultmann* 1967 (1960)**, 450 (erste zwei Zitate) und ⁹1984*, 1–34 (letzte Zitate 1).

[15] Vgl. bes. *G.A. Wells*, The Historicity of Jesus: R.J. Hoffmann e.a. 1986*, 27–45.

[16] *Osten-Sacken*** 163.

[17] *R. Radford Ruether*, Nächstenliebe und Brudermord, ACJD 7, München 1978 (amerikan. 1974), 19,245.

[18] Bes. wichtig *Vischer*** (gegen das Dritte Reich), kath. *Cazelles*** und vgl. *Müller*** 24–143.

Wichtige divergierende Ansätze liegen vor: die kanonische Verzahnung von Altem und Neuem Testament, die Bemühung um ein Traditionskontinuum aus den Schriften, die Lektüre des Alten Testaments aus der Perspektive seiner neutestamentlichen Rezeption u. a.[19]

Die Zurückstellung des *irdischen Jesus* aufgrund des Dilemmas der Quellen hebt das Gewicht der gemeindlichen Verkündigung hervor. Sie macht bewusst, dass sich Gottes erschließendes Handeln in Jesus unter die Bedingungen der Menschheit und der Geschichtlichkeit des menschlichen Denkens begab. Zugleich bildet jedoch die irdische Geschichte Jesu den wichtigsten Gegenhalt zu spekulativen Momenten der Christologie. Das spricht dafür, auch christologisch die Geschichtlichkeit Jesu nach Maßgabe der historischen Mittel herauszuarbeiten. Darüber hinaus darf der Einschnitt zur Urgemeinde nicht zu stark präjudiziert werden. Theologisch und historisch obliegt es, Impulse des irdischen Jesus für die Christologie offen zu halten und die Nachfrage zu erlauben, wieweit eine trotz allem konsequente Entwicklung vorliegt.[20]

Das interreligiöse Gespräch stützt den Wandel. Dem Einsatz bei der urchristlichen Reflexionsbildung hält es entgegen, das schöbe die binnenkirchliche Perspektive in den Vordergrund.[21] Altes Testament und ein irdischer Jesus, der aus dem Judentum erwächst, taugten, um das Gespräch zwischen den drei monotheistischen Schriftreligionen und über sie hinaus zu erleichtern.

Ein letzter Gesichtspunkt entwuchs der historischen Kritik. Jesu *Auferstehung* geriet in ihrem geschichtlichen Charakter noch stärker als der irdische Jesus in den Streit. Für einen historisch orientierten Exegeten mag sich daher das Gefälle umkehren: „am historischen Jesus, wie er mir durch die Texte vorgegeben ist und durch historische Rekonstruktion als Person begegnet, fällt [...] die Entscheidung des Glaubens, nicht am auferstandenen Christus".[22] Freilich entschärft das nur auf den ersten Blick das Dilemma. Die Grundaussagen über Jesu Auferweckung sind – darum kommen wir nicht herum – weit älter als die Darstellungen des irdischen Jesus, die mit den Evangelien zum jüngsten neutestamentlichen Gut gehören. Es fällt historisch schwer, sich nicht der Abfolge der Quellen zu beugen.

In der Forschung zeichnen sich Möglichkeiten ab, Kriterien des irdischen Wirkens Jesu und nachösterlicher Christologie miteinander zu verschränken. Gern wird ein orientierender Abschnitt über den irdischen Jesus vor die Anfänge gemeindlicher Ausformulierung der Christologie gerückt, anderswo ans Ende der Christologie gestellt.[23]

1.2.3 *Alles in allem* kommt den Bedenken, wieweit immer ich sie einschränke, hohes Gewicht zu. Für den Einsatz der Erörterung bei den Reflexionen der Gemeinde spricht nach wie vor die Quellenentwicklung. Zudem belasten die schwierigen Fragen einer christlichen Lektüre des Alten Testaments und einer

[19] *Childs*** 132–169; *Gese* (s. 3.7; 4.11); *Hübner***; Weitere in *Dohmen / Söding***.
[20] Diskussion bis *Becker* 1996*, 4f u.ö. Ausgeprägte Entwicklungsthese *Moule* 1977**, 11ff.
[21] Diskutiert schon seit *Jaspers*** bes. 49.
[22] *Lüdemann* 1994 (s. 2), 220.
[23] *Thüsing* 1981 (^{2}1996)*; *Pokorný* 1985*, 20(ff); *de Jonge* 1995*, 6f,195–203.

plausiblen Rekonstruktion des Redens und Wirkens des irdischen Jesus nicht schon den Anfang der Studie. Doch theologisch ist damit nicht das letzte Wort gesprochen. Ich entscheide mich nach Abwägen der Argumente für einen Ausgangspunkt bei der Christologie der Gemeinde. Mit den Schritten von Ostern zum irdischen Jesus und dem Einbezug der Bedeutung von Israels Schriften für die Christologie suche ich einen eigenen Weg.

Um wenigstens auf Bedeutung – und Schwierigkeit – der interreligiösen Anfragen hinzuweisen, werfe ich an Schlüsselstellen den Blick auf den Koran.

1.3 Zugänge zur Darstellung

Sogleich bricht die nächste Frage auf: Wie lassen sich die Impulse und Ansätze des Bildes Jesu in der Gemeinde am sinnvollsten erfassen?

1.3.1 Lang und intensiv prägten die *christologischen Titel* nicht nur die Dogmatik. Bis weit ins 20.Jh. richteten sich auch Längsschnitte durch das Neue Testament an ihnen aus.[24] Die Divergenzen der neutestamentlichen Schriften bremsten jedoch das Unterfangen. Nach wichtigen Studien der frühen 60er Jahre (F. Hahn 1963 [⁵1995]*; W. Kramer 1963*) zerfiel allmählich die Überzeugung, die Titel ließen sich konsenshaft erhellen. Der sozialgeschichtliche Rahmen und konkrete Kontexte rückten neben die Religions- und Theologiegeschichte.[25] Namen und Titel Jesu eignen sich heute trotz ihres Gewichtes nicht mehr zur Gliederung der Christologie. Ich bespreche sie eingebettet in ihre größeren theologische Zusammenhänge.

Der Ausdruck „Titel" ist unscharf. Gemeint sind Verfestigungen sprachlicher Attribute, die einen offenen Bedeutungsraum umfassen, nicht wie bei antiken Titeln Zuordnungen einer bestimmten Würde, die von öffentlichen Instanzen normiert sind. Die jüngere Literatur bevorzugt die grammatischen Bezeichnungen Attribut und Prädikat, letzteres wieder in weitem Sinn; denn der streng prädikative Gebrauch „Jesus ist ‚der und der'" / „wir nennen Jesus ‚den und den'" ist selten. Wo ich noch von „Titel" rede, tue ich das um der Sprachkontinuität zur älteren Forschung willen und freibleibend.

1.3.2 Reizvoll wäre ein konstruktiver Beginn mit der *theologischen Reflexion der Auferweckung Jesu*. Denn eindringlich stellte er die theologischen Implikationen der historischen Disziplin neutestamentlicher Christologie vor Augen.[26] Allerdings sind wir, wollen wir einen zu engen Zirkel vermeiden, auf Rückschlüsse aus den Kurzaussagen der ältesten Gemeinden angewiesen. Die Quellenanalyse

---

[24] Wichtigstes Beispiel: *Cullmann* 1957 (⁵1975)*.

[25] Vgl. *Balz*** 25–47; *T. Holtz*, Christolog. Hoheitstitel, EKL ³I, 1986, 741–744: 741; harsch *G.B. Caird*, Jesus and Israel: The Starting Point for New Testament Christology: FS McArthur 1982*, 58–68: 59.

[26] Vgl. *Schnackenburg* 1970*, 230ff nach 227ff.

verzahnt sich mit der Deutung. Bei ersterer ist, auch wenn man mit Ostern einsetzt und entschieden die Deutung sucht, zu beginnen.

1.3.3 Dürften wir unter den Quellen der *erzählenden Überlieferung* den Primat geben, käme zum Ausdruck, dass dem Neuen Testament eine diskursiv-analytische Begegnung nur begrenzt angemessen ist. Einem Anliegen der Gegenwart gemäß, wäre Christologie ebenso oder gar vorzugsweise narrativ zu entfalten. Doch in der vorliegenden Gestalt sind die erzählenden Teile des Neuen Testaments jünger als die Formeln. Die Wiedergabe drängte eher auf eine Neuerzählung als abstrahierende Darstellung.[27] Ich verharre deshalb beim diskursiven Rahmen, markiere jedoch das Desiderat: Die analytische Darstellung bietet nur einen ausschnittsweisen Prospekt auf die frühe Gemeinde. Das Erzählen darf und muss sie ergänzen.

1.3.4 Die *ältesten, formelnahen Überlieferungen* erhalten in den letzten Jahrzehnten folgerichtig den Vorrang. Die Forschungsgeschichte markiert Relevanz und Probleme:[28]

Fast die ganze Kirchengeschichte hindurch wurden die Überlieferungen als Stücke aus der jeweiligen neutestamentlichen Schrift und von deren Autor gelesen (der Philipper-Hymnus als theologischer Grundtext bei Paulus etc.). Ihre Herauskristallisierung als selbständiges Gut begann im späten 19.Jh. aus dogmengeschichtlichem Interesse. Neutestamentliche Formeln sollten die These stützen, das altkirchliche Taufbekenntnis reiche in die ersten Anfänge des Christentums zurück.[29] Der Nachweis scheiterte. Dem sich vollziehenden Akt des Bekennens und offenen Formulierungen kommt – stellte sich heraus – für die Frühzeit höheres Gewicht zu. Für viele Forscher zerbrach der Fortgang zur Alten Kirche. Inzwischen ebnet die Bedeutung der Schriftauslegung für die Christologie der Alten Kirche Scheindiastasen wieder ein.[30] Das Bild Jesu Christi im Neuen Testament geht in vielschichtigen theologischen Entwicklungen zur alten Kirche über.

In den 20er Jahren des 20. Jh.s verselbständigte sich die neutestamentliche Untersuchung. Die neue formgeschichtliche Untersuchungsmethode eruierte vorschriftliche Gemeindeüberlieferungen in beträchtlichem Umfang.

M. Dibelius machte ein konstruktives Bild urchristlichen Lebens, R. Bultmann die freie Analyse fruchtbar. E. Lohmeyer bemühte sich um einen Brückenschlag zur Ästhetik und setzte weithin durch, Phil 2,6–11 sei ein nichtpaulinischer Hymnus. O. Cullmann führte die Frage nach der Genese der Glaubensbekenntnisse fort.[31]

---

[27] Vgl. *G. Theißen*, Der Schatten des Galiläers, München [13]1993 u.a.

[28] *I. Havener*, The Credal Formulae of the New Testament, Diss. München (kath. Theol.) 1976 (Diss.-Druck), 1–302; *Balz*** 176–203 etc.

[29] *F. Kattenbusch*, Das apostolische Symbol I/II, Leipzig 1894/1900 u.a.

[30] Bes. seit *Grillmeier***.

[31] *M. Dibelius*, Zur Formgeschichte des Neuen Testaments, ThR.NF 3, 1931, 207–242 u.ö.; *R. Bultmann*, Bekenntnis- und Liedfragmente im ersten Petrusbrief (Exegetica** 285–297), Hinweise in [9]1984* u.ö.; *E. Lohmeyer*, Kyrios Jesus, SHAW.PH 4, Heidelberg 1928 und Die Briefe an die Philipper [...], KEK 9, Göttingen [8]1930, 90ff; *O. Cullmann*, Die ersten christlichen Glaubensbekenntnisse, ThSt (B) 15, Zürich 1943.

Lang ging die Formgeschichte davon aus, urchristliche Aussagen hätten umgehend zu Formeln gefunden. In Nähe zur (inzwischen geänderten) volkskundlichen Forschung meinte sie zudem, kurze, ideal geformte Formeln und Traditionen seien älter als längere. Zur Gliederung benützte sie im Erbe der religionsgeschichtlichen Schule die Unterscheidung palästinisch-judenchristlicher (aramäischer) und hellenistischer, gegebenenfalls dazu hellenistisch-jüdischer und heidenchristlicher Gemeinde (welch letzteren die spätere kirchliche Entwicklung näher stünde).

Diese Prämissen bedurften der Korrektur: Parallel zu festem Gut entstanden von Anfang an freiere christologische Aussagestrukturen. Sachtraditionen gewinnen deswegen an Belang. Wo sie sich zu Formeln verdichteten, mindert sich der Vorrang der Kurzgestalten; die umfangreichere Formel in 1 Kor 15,3–5 ist nicht zwingend jünger als die Kurzaussagen über Jesu Tod und Auferweckung etc.

Nicht alle in den 20er bis 50er Jahren rekonstruierten Formeln ließen sich als solche im engeren Sinn halten. Sogar eine paulinische Abfassung von Phil 2,6–11 wird wieder erwogen.[32] Meine Verweise auf Tradition sind deshalb unter Forschungsvorbehalt zu lesen.

Die Ordnung nach aramäischem und hellenistischem Urchristentum verlor an heuristischem Wert. Palästina war stärker hellenisiert als angenommen. In sich ist das hellenistisch-griechischsprachige Urchristentum in Alter und Theologie nicht mehr weit vom aramäischen abzusetzen. Die christologische Entwicklung vollzog sich sehr rasch in der Breite des Urchristentums.[33]

Näherhin müssen wir mit verbreiteter Doppelsprachigkeit der Bevölkerung rechnen. Auch wenn das Aramäische und das in Qumran belegte Hebräische nicht verdrängt wurden und sich verschiedene Haltungen gegenüber der gräzisierten Kultur ausbildeten, bot das Griechische einen wesentlichen Vorteil. Es erreichte die alteinsässige Bevölkerung sowie Juden, die aus der Diaspora zuwanderten, und Nichtjuden. Wohl deshalb gewann das Griechische im Urchristentum derart schnell den Vorzug, dass sich schon in den Quellen des Neuen Testaments lediglich Rudimente des Aramäischen erhielten.[34]

Der Darlegung gibt das einen freieren Rahmen. Der in der Forschung durchgesetzte Einsatz bei den formelnahen Kurzaussagen ist fruchtbar mit den neutestamentlichen Entwicklungen und einer thematischen Gliederung zu kombinieren.

1.3.5 Wie ist das umzusetzen? Wir können strikt dem *Gang der Quellen* folgen. Dann gelangen wir von der Rekonstruktion der Anfänge und Überlieferungen zu den neutestamentlichen Zeugen. Die Christologie differenziert sich, historisch geordnet, nach Schriften. Aus den Einzelquellen treten die großen Theolo-

---

[32] *Brucker* (s. 4.11) 304–315.

[33] Vgl. *Hengel* 1972** u.ö.

[34] *G.H.R. Horsley*, NDIEC 5, 1989, 19–26; *Hengel* 1989** (bes. 7–18) und dessen Rez. durch *L.H. Feldman*, JSJ 22, 1991, 142–144 und *N. Walter*, ThLZ 118, 1993, 394–396.

gen im Urchristentum, die Unterschiede und Einbrüche in der christologischen Erörterung hervor.

Bei Teildarstellungen, etwa der Christologie der Evangelien, bewährt sich das vielfach (vgl. z.B. R. Schnackenburg 1993* und A. Weiser 1993*). Andererseits gibt es wenige Gemeindekreise und Autoren mit einer geschlossen skizzierbaren Christologie. Konturen werden, wenn wir den Ansatz aufs Neue Testament insgesamt übertragen, gegebenenfalls überscharf. Doppelungen sind trotz Querlinien wiederholt unausweichlich. M. de Jonge 1995* vertritt die Option in seiner Gesamtdarstellung daher mit Modifikationen.

Geben wir den *Sachkreisen* – Tod, Auferstehung, irdischer Jesus etc. – Vorrang, verdeutlichen sich Gesamtzusammenhänge. Die christologische Relevanz prägt die Erörterung. Die Vielstimmigkeit der Zeugen erhält in der Entfaltung der thematischen Stränge ihr Recht und das Wort. Allerdings kommen die Propria der Zeugen und Schriften nur den Sujets untergeordnet zur Geltung. Der eine Vorteil ist durch einen anderen Nachteil erkauft.

Eine ideale Gesamtdarstellung böte daher beides, eine Theologiegeschichte der frühen Christologie, gegliedert nach Themen, und eine Sozialgeschichte, geordnet nach Sitzen im Leben, Autoren, Schriften und Schriftenkreisen. Die Begrenzung auf einen Band zwingt zur Bescheidung. Ich gebe der thematischen Orientierung den Vorzug, verfolge innerhalb dessen aber die Einzelakzente der Schriften.

1.3.6 Das letzte Problem bietet der zeitliche und sachliche *Abschluss*. Die angesprochenen Erkenntnisse um die Religions-, Sozial- und Literaturgeschichte des frühen Christentums widerraten einer zu engen Beschränkung. Jüngere Ästhetik, die das Interesse von den Werken zu ihrer Rezeption lenkt, macht darauf aufmerksam, wie wenig wir unsere Auslegung von der Wirkungsgeschichte, systematischen Interessen und unserer Zeit lösen können. Die heutige Aufmerksamkeit fesseln neue Fragestellungen und neu gefundene Texte (von Qumran bis Nag Hammadi).

All das verdient Beachtung. Selbst bei Fortschreibung einer werkästhetischen Behandlung sind außerkanonische Schriften beizuziehen, wo sie zum Verständnis der Christologie neutestamentlichen Zeit wesentlich sind. An zentralen Stellen bedarf es einiger Hinweise zur Wirkungsgeschichte, um die nachneutestamentlichen Entwicklungen bis zu den heutigen Vorverständnissen zu ermessen.

1.4 Ergebnis

Die verschiedenen Anliegen zu integrieren, ist nicht leicht. Wenn ich nachösterlich einsetze und den thematischen Aufbau zur Leitlinie wähle, verdeutlicht das den Vorrang der theologischen Aufgabe. Sie durchdringt sich mit historischer Deskription. Darum orientiere ich die Darbietung in den Abschnitten an den Quellen. Die Christologie der neutestamentlichen Schriften von alten Kurzüberlieferungen bis zu jungen Verschiebungen und Akzenten findet hier ihren Ort.

Um ein Querlesen auf sie hin zu erleichtern, biete ich ins Register eingeschlossen eine Übersicht nach neutestamentlichen Zeugen.

Religions-, Literatur-, Wirkungsgeschichte und Hermeneutik erfordern Öffnungen und Ausblicke, ohne die gebotene Konzentration zu sprengen. Vollständigkeit ist nicht zu erreichen. Eine Christologie des Neuen Testaments bleibt allemal ein Fragment. Mögen manche Überraschungen, die sich auftun, Leserin und Leser fesseln und abweichende Auffassungen ihr eigenes Suchen und Nachdenken anregen.

2 Die Auferweckung Jesu, des Retters

Lit.: s. allg. Bibliographie; *J. Becker*, Das Gottesbild Jesu und die älteste Auslegung von Ostern (1975): Annäherungen, BZNW 76, Berlin 1995, 23–47; *I. Broer / J. Werbick* ed., „Der Herr ist wahrhaft auferstanden" (Lk 24,34). Biblische und systematische Beiträge, SBS 134, Stuttgart 1988; *G. Essen*, Historische Vernunft und Auferweckung Jesu, TSTP 9, Mainz 1995; *P. Hoffmann*, Auferstehung Jesu Christi, TRE 4, 1979, 478–513; *ders.* ed., Zur neutestamentlichen Überlieferung von der Auferstehung Jesu, WdF 522, Darmstadt 1988; Resurrection. FS *L. Houldon*, London 1994; *H. Hübner*, Kreuz und Auferstehung im Neuen Testament, ThR 54, 1989, 262–306; *M. Karrer*, Ist Größeres nicht als Leben und Tod? Zur Auferstehung, EvErz 47, 1995, 126–141; *H. Kessler*, Sucht den Lebenden nicht bei den Toten. Die Auferstehung Jesu Christi, Düsseldorf 1985 (Neuausg. Würzburg 1995); *J. Kremer*, Die Auferstehung Jesu Christi: Handbuch der Fundamentaltheologie II, Freiburg usw. 1985, 175–196; *G. Lüdemann*, Die Auferstehung Jesu, Göttingen 1994; *W. Marxsen*, Die Auferstehung Jesu als historisches und theologisches Problem, Gütersloh 1964; *L. Oberlinner* ed., Auferstehung Jesu – Auferstehung der Christen, QD 105, Freiburg usw. 1986; *W. Pannenberg*, Grundzüge der Christologie, Gütersloh [5]1976; *Ph. Perkins*, Resurrection, London 1984; *R. Pesch*, Zur Entstehung des Glaubens an die Auferstehung Jesu, ThQ 153, 1973, 201–228.270–283; *ders.*, Zur Entstehung des Glaubens an die Auferstehung Jesu. Ein neuer Versuch (1983): Hoffmann 1988 (s.o.), 228–255; *P. Stuhlmacher*, Das Bekenntnis zur Auferweckung Jesu von den Toten und die Biblische Theologie: Schriftauslegung auf dem Wege zur biblischen Theologie, Göttingen 1975, 128–166; *ders.*, Die Auferweckung Jesu und die Auferweckung der Toten, PTh 84, 1995, 72–88; *H. Verweyen*, Osterglaube ohne Auferstehung? Diskussion mit G. Lüdemann, QD 155, Freiburg [2]1995; *A. Vögtle*, Wie kam es zum Osterglauben?: ders. / R. Pesch, Wie kam es zum Osterglauben?, Düsseldorf 1975, 11–131; *S. Vollenweider*, Ostern – der denkwürdige Ausgang einer Krisenerfahrung, ThZ 49, 1993, 34–53; *K. Wengst*, Ostern, KT 97, München 1991; *U. Wilckens*, Auferstehung, ThTh 4, Berlin 1970; *H.-W. Winden*, Wie kam und wie kommt es zum Osterglauben?, DiTh 12, Frankfurt a.M. 1982.

Alle Quellen über Jesus sind nachösterlich. Sie bieten Auferstehung, Kreuz und Menschwerdung in retrospektiven Konzepten dar. Die historische Abfolge, die bei der Geburt Jesu begänne, kehrt sich um. Auferstehung und Tod werden vor den Erzählungen über Jesu Wirken und noch länger vor den Geburtsgeschichten verschriftet. Über Generationen kennen die Quellen obendrein keine verfremdende Distanz. Gut 60 Jahre begegnet uns lediglich christliche Überlieferung.

Nichtchristliche Zeugnisse laufen am Ende des 1. und im 2.Jh. mit anderer Retrospektive an. So unterschiedlich sie sind, übergehen sie sämtlich die Auferstehung. Rudimentär beschäftigen sie sich mit Wirken, Tod und Wirkung Jesu: Erstmals streift der jüdische Autor Josephus Jesus (unumstritten in ant. 20,200). Textkritisch umstritten, gibt er in ant. 18,63f vielleicht einige Aufschlüsse zu seinem Wirken und der Hinrichtung unter Pilatus (vgl. 3.9.2, 4.1.4). Die ein wenig jüngeren römischen Hinweise nehmen Christus allein aufgrund der Existenz von Christen in den Blick. Sie belegen kaum mehr als seinen

Tod (Plinius, ep. 10,96; Tacitus, ann. 15, 44,3; den Chrestus von Sueton, Claud. 25,4 mit Christus gleichzusetzen, zögere ich[1]). Eine Notiz Mara bar Sarapions, die Auskunft über einen hingerichteten „weisen König" bei den Juden gewährt (ohne Namen), ist schwerlich älter. Ihr Nachsatz, das Reich sei den Juden von der Zeit an genommen, setzt Mt 21,43 voraus. Das sichert den Bezug auf Jesus und widerrät zugleich einer frühen Datierung.[2]

In der Logik der Retrospektive setze ich bei der Auferweckung ein. Die Quellen, die uns zur Verfügung stehen, beschäftigt die Bedeutung des Geschehenen mehr als das „brutum factum". Wir geraten statt zu abstrahierender Geschichtsrekonstruktion zu theologischer Geschichtsbildung. Ich folge dem mit kleinen Abweichungen, die sich aus der aktuellen Diskussion ergeben. Ich ziehe Kreise von den Auferweckungsformeln zum Auferweckungsgeschehen, dem theologischen Gefüge um die Auferweckung und zu der von den Urchristen erlebten auferweckten Gestalt, Jesus, griechisch übersetzt dem Retter („sōtēr").

2.1 Die Quellen

Lit.: s.o. und bei 3.1.1 (1 Kor 15,3ff); *M. Franzmann*, Jesus in the Nag Hammadi Writings, Edinburgh 1996; *J.B. Green*, The Gospel of Peter: Source for a Pre-Canonical Passion Narrative?, ZNW 78, 1987, 293–301; *A. Kirk*, Examining priorities: another look at the Gospel of Peter's relationship to the New Testament Gospels, NTS 40, 1994, 572–595; *H. Köster*, Überlieferung und Geschichte der frühchristlichen Evangelienliteratur, ANRW II 25/2, 1984, 1463–1542; *N. Walter*, Eine vormatthäische Schilderung der Auferstehung Jesu (1973): Praeparatio Evangelica, WUNT 98, Tübingen 1997, 12–27.

Die christliche Überlieferung beginnt sehr früh. An ihrem Anfang steht die laut Paulus rettende *Glaubensaussage*: „Gott erweckte ihn (Jesus, den Herrn) aus Toten" (Röm 10,9). Paulus gibt ihr höchstes Gewicht, wie häufige ähnliche Formulierungen seiner Briefe dokumentieren. Auf gemeinurchristliches Gut greift er zurück.

Es nimmt neben dem Aussage- (oder Relativ-) Satz „Gott erweckte Jesus aus Toten" eine zweite Grundform an, die der partizipialen Benennung Gottes: „der Jesus aus Toten erweckt Habende". Griechisch steht je „egeirein". Formulierungen mit „Christus" statt des Namens Jesu und dem Verb im Passiv kommen hinzu.[3]

Außerdem bezeugt 1 Thess 4,14 eine alte Tradition mit dem Verb „auferstehen" („anistanai"): „Jesus starb und erstand".[4] Die Aussage mit dem Subjekt Je-

[1] Vgl. *Karrer* 1990*,70,72f. Trotz *H. Botermann*, Das Judenedikt des Kaisers Claudius, Stuttgart 1996, 57ff,95–102.

[2] Quelle bei *J.B. Aufhauser*, Antike Jesus-Zeugnisse, KlT 126, Bonn ²1925, 2,5–11; *Theißen / Merz* 1996*, 84ff datieren früher.

[3] Aussage- bzw. Relativsatz 1 Kor 6,14;15,15; 1 Thess 1,10; Apg 3,15;4,10;5,30;10,40;13,30.37; partizipiale Prädikation Röm 4,24b;8,11a.b; 2 Kor 4,14; Gal 1,1; Eph 1,20; Kol 2,12; 1 Petr 1,21; weitere Formulierungen Röm 6,4.9;7,4;8,34; 2 Kor 5,15; Röm 4,25 und 1 Kor 15,3b-5.

[4] Paulus liebt das Verb „auferstehen" („anistanai") nicht und führt 1 Thess 4,14 in seinen jüngeren Briefen nicht fort. Demnach folgt er desgleichen einer Vorgabe.

sus tritt also vom Beginn unserer schriftlichen Quellen an neben die theo-logische Aussage („Gott erweckte ihn", vgl. 1 Thess 1,10). Der Name Jesus trägt die Mehrzahl der Fassungen (wenn nicht primär alle). Ihre Vielfalt macht die Rückführung auf einen festen Grundtyp schwierig. Wir stoßen auf den in der Einführung genannten Sachverhalt: Am Anfang der Christologie stehen ebenso wie feste Kurzformeln freiere Grundaussagen und kombinierende Überlieferungen (in 1 Kor 15,3b-5* noch umfangreicher als 1 Thess 4,14).

Alle überkommenen Wendungen liegen in griechischer Sprache vor. Keine bewahrt hebräisch-aramäisches Sprachsubstrat. Das Nebeneinander der Verben „egeirein" und „anistanai" stützt sich jedoch auf eine hebräisch-aramäische Mitteilung. Denn diese beiden Verben verwendet die LXX zur Übersetzung des hebräischen „qwm" („aufstehen"). Die Nahtlosigkeit der Übersetzung und ihre alleinige Erhaltung spricht zugleich für eine sachliche Übereinstimmung zwischen semitischer und griechischer Formulierung. So entdecken wir ein *Paradigma theologischer Gemeinsamkeit der urchristlichen Gemeindekreise.*

Die Nachfolgekreise Jesu, die seine Auferstehung dem entgegen nicht als zentrales Gut empfinden und überliefern, behaupten sich im Hauptstrom der Kirche nicht auf Dauer. Immerhin sind sie ein bedeutender, untergründiger Seitenstrang der Christologie.

Die Linie beginnt bei den Trägern der Logienquelle. Sie brechen deren Verschriftung, soweit sich rekonstruieren lässt, vor Passion und Ostern ab. Demzufolge messen sie der Auferweckung wie dem Tod Jesu keinen Zwang zur ausdrücklichen Überlieferung bei. Die nächste Quelle eines Desinteresses an der Auferstehung ist das EvThom. Es wird nicht mehr neutestamentlich rezipiert. Die Prägung gemeindlichen Lebens durch Jesus ohne Bedeutsamkeit seiner Passion und Auferstehung wandert an den Rand der Kirche. Später findet sie auch dort zunehmend Widerspruch (NHC IX 3,9–5,11).[5]

Theologisch klammert dieser Seitenstrang die historische Frage nicht in modernem Sinn aus: Q und EvThom negieren die Auferstehung nicht. Vielmehr geht es ihnen um andere christologische Schwerpunkte. Q orientiert sich an der Menschensohnerwartung (vgl. 4.9.4, 4.10.1), EvThom an geheimen Worten Jesu (prooem.). Die Quellen bestätigen damit die Breite des frühen Christentums, ohne die Erörterung der Auferstehung zu entscheiden.

In den kanonischen Evangelien weiten sich die Auferstehungserzählungen aus. Doch *kein neutestamentlicher Zeuge überschreitet die zwiefache Grenze, das Auferstehungsereignis selbst zu beschreiben und dafür Fremdzeugen zu beanspruchen.*[6] Erst das EvPetr (35–42 [9f]) bricht dem Bild des Aufstiegs Christi aus dem Grab vor dem Angesicht seiner zusammenbrechenden Wächter Bahn, das über die christliche Kunst das Allgemeinbewusstsein durchdringt. Diese Vorstellung der Kunstgeschichte und das EvPetr sind also neutestamentlich zu berichtigen. Der Respekt ist davor zu wahren, dass beim Auferweckungsgeschehen niemand zugegen war.

---

[5] Vgl. zu Q *Kristen* (s. 4.7) 39–47, zum Fortgang *Franzmann**** 156ff.

[6] Noch der dem Mk zuwachsende, lange Jahrhunderte kanonische Nachtrag 16,9–20 wahrt sie.

Vermutungen, das EvPetr biete die älteste oder zumindest eine grundlegende Passionsquelle, halten trotz umfangreicher Bemühungen bis J.D. Crossan der kritischen Überprüfung nicht stand. Zu deutlich sind seine sekundären Züge.[7]

Aus einem theologisch plausiblen Grund kennt das Neue Testament nirgends einen unabhängigen Drittzeugen: Wer den Auferstandenen sah, wurde von ihm personal beansprucht (paradigmatisch Paulus 1 Kor 9,1 u.ö.). Die Ostererfahrung verwies ihn an und in die Gemeinde. Wir begegnen mit der Auferstehung Jesu nicht allgemeiner, sondern einer spezifischen gemeindlichen Erfahrung.

Das 1.Jh. isoliert das individuelle Erleben dabei weniger als unser heutiges Empfinden. In der Verschränkung der einzelnen Zeugen und der Gemeinde liegt das Proprium der alten Fortschreibung von 1 Kor 15,3b-5*: Die große Zahl der ersten Geschwister ist der Ostererfahrung ebenso gewürdigt wie Kefas, Jakobus oder zuletzt Paulus (v.6a). Noch dem Redaktor Paulus (der v.6b ergänzt) ist diese Erinnerung wichtig.

2.2 Der handelnde Gott

Lit.: s.o.; *P.-G. Klumbies*, „Ostern" als Gottesbekenntnis und der Wandel zur Christusverkündigung, ZNW 83, 1992, 157–165; *J. Kremer*, Auferstanden - auferweckt, BZ 23, 1979, 97f u.a.

Die Sprachstruktur lenkt uns auf einen Schlüssel für die Interpretation: „Gott erweckte Jesus aus Toten" macht eine *Aussage über Gott*, griechisch genauer über „den Gott",[8] den einen Gott Israels. In der Variante „Jesus erstand" geht allein das grammatische, nicht das logische Subjekt auf Jesus über.

Das ergibt sich aus dem Sprachsubstrat. Das hebräische Grundverb „qwm" („aufstehen") war nicht im grammatischen Passiv gebräuchlich. Die aktive Form trug daher Gottes Handeln mit (vgl. Jes 26,19). Die Übertragung ins Griechische stieß mit „egeirein" auf ein Verb, dessen Passiv (dt. „erweckt werden") das Medium vertrat (vgl. wieder Jes 26,19, nun LXX). Daher geht „(von Gott) erweckt werden" zu „erwachen" und „auf(er)stehen" über. Auch im Medium „Jesus erstand in einer intensiv ihn betreffenden Handlung des Erwachens" trägt Gott Jesu Zum-Handeln-Kommen.

So berühren einander theonome und christonome Aussage. „Jesus erstand" geht aus Gottes Handeln sachlich umgehend hervor. Die häufig vertretene These,[9] am Anfang habe Gottes Handeln gestanden („Gott erweckte"), dann sei Jesus als ein Gottes Handeln Erfahrender zum grammatischen Subjekt („Jesus wurde auferweckt") und schließlich selbst aktive Gestalt geworden (er „erstand"), ist philologisch schwer begründbar. Vielleicht spiegelt sie das moderne Interesse, hoheitliche Momente der Christologie jünger zu datieren.

---

[7] *Crossan* 1994*, 508ff; *Green****; *Kirk****; *Köster****; *Küng* (s. 2.10) 130; *Ch. Maurer*, NTApo I, [5]1987, 182ff u.a. Möglich ist eine Grundtradition der Türöffnung vor Mt und EvPetr: *Walter****.

[8] Es steht in der Regel der Artikel: Röm 10,9b usw.

[9] Vgl. *Klumbies**** 160–165.

Die Gestalten der Auferweckungsaussage (Aussage-, Relativsatz und partizipiale Wendung) sind in Israels Preis über Gottes Heilshandeln vorgebildet. Nichts könnte deutlicher erweisen, dass die Urgemeinde in Israel erwächst. Ihre Christologie bekundet, wie Israels einer Gott sich zeigt. Das Christentum beginnt beim und wahrt den israelitischen Monotheismus. Allerdings erhält dieser ein besonderes Gefälle. Denn „der Jesus aus Toten erweckt" wird zur eigenständigen Gottesbezeichnung. Die Voranstellung des Nomens „Gott" ist schon Röm 8,11a nicht mehr nötig; Gott erschließt sich so. Wir erkennen die *Weichenstellung, den Monotheismus von der christologischen Aussage her zu formulieren.*

J. Becker korreliert die Auferweckungsaussage näherhin zur Formel, dass „Gott Israel aus Ägypten geführt hat" (Dtn 8,14; Jer 16,14). Sie preist Gott dann für ein „Ursprungsgeschehen", das nur jenem Urgeschehen Israels vergleichbar ist. Doch sind Parallelen vergleichbarer Syntax im Alten Testament breiter.[10]

2.3 Die Auferweckung

Lit.: s.o.; *G. Barth*, Zur Frage nach der in 1 Korinther 15 bekämpften Auferstehungsleugnung, ZNW 83, 1992, 187–201; *K. Berger*, Die Auferstehung des Propheten und die Erhöhung des Menschensohnes, StUNT 13, Göttingen 1976; *H. D. Betz*, Das Problem der Auferstehung Jesu im Lichte der griechischen magischen Papyri: Hellenismus und Urchristentum I, Tübingen 1990, 230–261; *H.D. Buckwalter*, The Character and Purpose of Luke's Christology, MSSNTS 89, Cambridge 1996; *H.C.C. Cavallin*, Life after death, CB.NT 7,1, Lund 1974; *U. Fischer*, Eschatologie und Jenseitserwartung im hellenistischen Diasporajudentum, BZNW 44, Berlin 1978; *P. W. van der Horst*, Ancient Jewish epitaphs, Kampen 1991; *U. Kellermann*, Auferstanden in den Himmel. 2 Makkabäer 7, SBS 95, Stuttgart 1978; *H. Kohler*, Kreuz und Menschwerdung im Johannesevangelium, AThANT 72, Zürich 1987; *E. Koskenniemi*, Apollonios von Tyana in der neutestamentlichen Exegese, WUNT II 61, Tübingen 1994; *H. Kvalbein*, Die Wunder der Endzeit, ZNW 88, 1997, 111–125; *G. W.E. Nickelsburg*, Resurrection, immortality, and eternal life in intertestamental Judaism, HThS 26, Cambridge 1972; *É. Puech*, La croyance des Esséniens en la vie future I / II, EtB NS 21/22, Paris 1993; *G. Stemberger*, Der Leib der Auferstehung, AnBib 56, Rom 1972; *J. W. van Henten* ed., Die Entstehung der jüdischen Martyrologie, StPB 38, Leiden 1989; *H. Wrede*, Consecratio in formam deorum, Mainz 1981.

2.3.1 Noch vor wenigen Jahren wurde vertreten, das Judentum habe zur Zeit Jesu durchweg den Auferweckungsglauben gelehrt. Das lässt sich heute nicht mehr halten. An den rudimentären und späten Anklang von Auferstehungsaussagen im Alten Testament (Jes 26,19; Dan 12,2f)[11] schließt nämlich noch in den bei Qumran gefundenen Schriften eine weitgehende Lücke an.

Vornehmlich findet sich dort eine Gestalt präsentisch wirksamer Eschatologie (1QH 3,19ff; 7,22–25 u.ö.). Ein Aufleben der Toten des Gottesvolks erwartet immerhin 4Q 521: „Er (Gott) heilt Durchbohrte, belebt Tote, verkündet Armen …" (fr. 2 II 12; vgl.

[10] Vgl. Ps 115,15 (LXX 113,23); Ex 16,6; Num 15,41; Dtn 32,39; 1 Sam 2,6 u.ö. *Becker* 1996*, 442f.

[11] Je nicht älter als 2.Jh. v.Chr. und nicht über die Auferstehung Gerechter hinausgehend.

fr. 7,6 und 5 II 5f). Aber auch dieser Satz ist nicht eindeutig. Verstünde er die Totenbelebung ähnlich zu Ez 37 und Hos 6,2 übertragen, wie neuerdings erwogen wird, scheiterte ein sicherer Nachweis des Auferstehungsglaubens für die Qumrantexte.[12]

Die edierten jüdischen Grabinschriften sind thematisch überaus vielfältig, doch zögerlich mit dem Gedanken der Auferstehung. *Bis um die Zeitenwende dominiert nicht eine einzelne Vorstellung, sondern verschiedene Optionen über den Fortgang nach dem Tod wetteifern miteinander.*[13]

Das Neue Testament spiegelt die Vielfalt. Der Reiche in Lk 12,19b bezieht die Haltung der Skepsis. Mt 13,43 („die Gerechten werden Licht ausstrahlen wie die Sonne") evoziert astrale Motivik. Der arme Lazarus von Lk 16,22 wird in Abrahams Schoß getragen; dass er „aus Toten aufstünde", schränkte das nur ein (16,31). Selbst die urchristliche Jesusüberlieferung favorisiert soweit eine Auferstehung unter die Lebenden nicht.

Jesu Antwort auf die Sadduzäerfrage Mk 12,18–27 scheint das zu korrigieren. Doch die Begründung 12,26f ist ambivalent. Der Nachsatz, Gott sei nicht Gott von Toten, sondern von Lebenden, konterkariert den Auferstehungserweis aus Ex 3,6. Er verweist die Toten, in sich gelesen, aus dem Raum der Hoffnung (vgl. Ps 88,6; Jes 38,18.19a). So gibt Jesus eine paradoxe, den Erwartungsdruck der Fragenden nicht erfüllende Antwort. Erst die spätere Wirkung machte den Text zu einer sicheren Stütze der Auferstehungsthese.[14]

„Aufwachen" und „aufstehen" sind demnach in den Vorgaben des Urchristentums keineswegs die dominierenden Beschreibungen dessen, was man für Tote erwartet. *Das Urchristentum trifft* im Rückgriff auf sie für das an Jesus Geschehene *eine spezifische, nicht einzuebnende Wahl.* Ein zweiter Gesichtspunkt kommt hinzu: Das 1.Jh. führt die ganzheitlich-leiblichen Vorstellungen älterer Phasen der israelitischen Religionsgeschichte nicht ungebrochen fort. Die Aussage, eine Person (griechisch „psychē", „Seele") sei lebendig, könnte auch erfolgen, während ihr Leib im Grab vergeht.

Schattierungen dessen bieten der Unsterblichkeitsgedanke in Weish 3,4, die Annahme unvergänglichen, durch den Tod nicht zu tangierenden Lebens der Gerechten in PsSal 3,12 sowie die Abhebung des Lebens der Seele vom im Grab verborgenen Körper in Inschriften.[15] Die uns durch das Apostolische Glaubensbekenntnis (vor seiner Revision) geläufige Formel von der „Auferstehung des Fleisches" entsteht erst christlich (ab 1 Clem 26,3).

---

[12] Zu 4Q 521 bes. *García Martínez* (s. 3.8) 184f und *Kvalbein**** (weitere Lit. Anm. 196 zu 3). Vorübergehend wurde erwogen, das „Er" unseres Satzes auf den Messias / die Messiasse der Zeile II 1 zu beziehen; das ließ sich nicht halten. – Zu Qumran allg. *Nickelsburg**** 144–167; *Puech* II*** versucht, die Belege zu erweitern.

[13] S. *Cavallin****, *Fischer****, *van der Horst**** und Ausgrabungsberichte (Acheron-Münze im Grab der Kajafas-Familie etc.). Auferstehungsvorstellung eindeutig erst CIJ 476 (frühes 2.Jh. n.Chr).

[14] *Karrer*** 132f. Teils anders *O. Schwankl*, Die Sadduzäerfrage, BBB 66, Frankfurt a.M. 1987, 403ff; *K. Huber*, Jesus in Auseinandersetzung [...], fzb 75, Würzburg 1995, 273–293. Lk 20,34–36 hört Jesus den Blick von der künftigen Auferstehung aufs jetzige Leben richten (Diskussion bis *D.E. Aune*, Luke 20:34–36: FS Hengel [s. bei Segal 3.3]187–202).

[15] *Cavallin* *** 167f, *van der Horst**** bes. 119. Vgl. auch Josephus, bell. 2,154 (*Nickelsburg**** 167ff). Weiteres *Stemberger****.

Die *Religionsgeschichte setzt* somit *für die Formulierung einer ganzheitlich-personalen Erfahrung nur einen offenen Rahmen.* Sie zwingt konkret im 1.Jh. nicht eo ipso zum Theologumenon eines leeren Grabes. Wir müssen „Auferstehung / Auferweckung" näher erschließen:

2.3.2 Die bekannteste Zusammenfassung des israelitischen Auferstehungsglaubens bietet die zweite Benediktion des 18-Bitten-Gebets: „Du bist ein Starker [...], aufrichtend Tote [...]. Gepriesen seist du, Herr, der die Toten lebendig macht." Auch wenn sie vor 70 n.Chr. zurückgeht, unterscheidet sich die Überlieferung über Jesu Auferweckung davon signifikant. Das Gebet preist Gott für sein endgültiges, letztes Handeln an *den* Toten.[16] Das urchristliche Bekenntnis sieht dagegen Christus auferweckt werden (aufwachen) *aus* Toten (Röm 6,4 usw.). Tot war er wie andere Tote, doch seine Auferweckung trennt ihn von jenen. *Die ältesten Formulierungen von Jesu Auferweckung* schaffen keine direkte Verbindung mit der endzeitlichen allgemeinen Totenauferweckung. Sie *zeichnen ein besonderes Handeln Gottes an Jesus vor dem Ende* (so gewiss es für viele Urchristen zum Ende drängt).

Selbständigkeit liegt gleichfalls gegenüber den Erzählungen Israels vor, in denen eine herausragende Person innerweltlich einen Menschen erweckt (1 Kön 17,17–24; 2 Kön 4,8–37; Mk 5,21–24.35–43 u.ö.). Vielleicht entstand dort die Wendung „egeirein ek nekrōn", „erwecken aus Toten".[17] Aber in der Auferweckung Jesu handelt kein Dritter. Gott handelt unmittelbar. Verwendet ist daher nur dasselbe Bild: der Tod in Analogie zum Schlaf, aus dem jemand erwacht und aufsteht. Das beschriebene Geschehen sprengt das Artikulationsraster. *Jesu Auferstehung zeitigt eine eigene, vorantreibende Dynamik*; an ihr begegnet eine „Macht der Auferstehung" (Phil 3,10). Die Auferweckungen durch eine dritte Person führen anders in ein Leben zurück, das weiter durch den Tod gefährdet ist.

Entsprechend brechen die Auferweckungserzählungen nach der Auferweckung ab (von 1 Kön 17,17–24 wie 2 Kön 4,8–37 über Mk 5,21–24.35–43; Lk 7,11–17 bis Apg 9,36–43; 20,7–12). Nur unter dem Hinweis, dass er dem Zugriff des Todes nicht grundsätzlich entgeht, kommt eine Quelle auf einen Auferstandenen zurück (Joh 12,1–11 nach Joh 11).

Nicht minder ist die Differenz zum gelegentlichen Volksglauben des 1.Jh., eine herausragende Kündungsgestalt Gottes wirke, wenn sie hingerichtet werde, aus Toten auferweckt neu. Der ausschlaggebende Beleg, Mk 6,14–16, bricht nämlich die Kontinuität des Getöteten zum Auferweckten; der Hingerichtete (Johannes der Täufer) tritt in einer *anderen* Person (Jesus) neu auf.[18] So schön sich das Problem

---

[16] Und verbreitert damit Jes 26,19. Der u.a. von *Stuhlmacher* 1992*, 168 weit zurückgeführte Text gewinnt erst in rabbinischer Zeit Festigkeit (*W. Staerk*, Altjüdische liturgische Gebete, KlT 58, Berlin ²1930, 11).

[17] Im Weg von Sir 48,5 zu VitProph 22,12 (nach 10,5.5B; vgl. 21,5; jüdischer Bestand unsicher).

[18] Vgl. „egeiresthai" in Mt 11,11; Mk 13,22 usw. Andere Probleme bieten die jüngeren Varianten Offb 11,3–13 und ApkEl 34,27–33.

der Auferstehung auf den ersten Blick zu lösen scheint – Jesus würde aufgrund seines Wirkens unabhängig von der historischen Frage als auferweckt bekannt –, scheitert die These.[19] Statt dessen fällt die Eigenart der Jesusüberlieferung auf: „Auferweckung“ könnte im 1.Jh. auch Auferweckung in einem Nachfolger heißen, die Geschichte Jesu also mit einer „Auferweckung“ in seinen Jüngern weitergehen. Die Urchristen erwägen das anders als die moderne Hermeneutik jedoch nicht an einer einzigen Stelle. *Die Auferweckung Jesu geht* – schildern sie – *als ein Geschehen eigener Art allem Wirken seiner nachösterlichen Jünger voraus.*

Zu kurz greift zuletzt die Ableitung von der Tradition der Auferstehung jüdischer Märtyrer.[20] Gewiss konzentriert sich die Auferstehungsvorstellung Israels in Martyriumstexten. Indessen sterben die Märtyrer dort als modellhafte Repräsentanten Israels in Auseinandersetzung mit der Fremdherrschaft (2 Makk 7 und Folgetexte). Die Passionsüberlieferung müsste so die Einbettung Jesu in Israel in den Mittelpunkt stellen und die Hinrichtungsverantwortung ganz auf die Fremdherrschaft verlagern (was uns heute das Gespräch mit Israel sehr erleichtern würde). Die Auferstehungsaussagen müssten Jesus statt weiterhin aktiv als abschließend bei Gott geborgen denken; denn der Märtyrertradition fehlt die Erscheinung zu weiterem Wirken. Die urchristliche Erfahrung mit Jesus bricht dies. Die heute ansprechende Möglichkeit, Jesu Sterben – wiederum unabhängig von der historischen Frage – mit der Auferstehungsaussage als vor Gott gültiges Martyrium zu deuten, versagt abermals an den Quellen.[21]

Dieses Dilemma mit der Religionsgeschichte vervollständigt ein Blick auf *nichtjüdische Vergleichsaussagen.* Sie bezeugen Erwägungen einer Auferstehung eher als Israel (was dessen Auferstehungsgedanken ins Feld des Späthellenismus einordnet). Andere Optionen für ein erhöhtes Leben nach dem Tod (Heroisierung, Apotheose etc.) begrenzen sie, und der klassische wie hellenistisch-römische Rationalismus bestreitet sie (ab Aischylos, Eum. 648). Trotzdem fließen die Quellen reicher als in Israel.

Ein Auferstehen zum himmlischen Bereich (Anth. Gr. 7,748) und zum Orakelkünden auf Erden (FGrH 257 F 36 III) begegnet, eine Auferstehungsbitte für Verstorbene (Töpferorakel Pap. Rainer 41f par.), auferweckendes Götterwirken (Pseudo-Xenophon, Cyn. 1,6, Apollodor 244 frg. 138a Jac, Pseudo-Apollodor, Bibl. III 120f; Ovid, fast. 6,746ff; Euripides, Alk. 1120ff) und anderes.[22]

Freilich kommen wir mit keinem Beleg näher an die Auferstehung Jesu als mit den jüdischen Quellen. Das wirkt sich im Neuen Testament aus. Apg 17,32, die wichtigste Stelle des Gesprächs mit den Griechen, beginnt bei der kritischen Position: Die Rede von der Auferstehung der Toten verursache in der paganen Welt

---

[19] S. *Pesch* 1973** und 1983 (1988)**, *Winden***; religionsgeschichtliche Impulse *Berger****.

[20] Lit. bei *J. Holleman*, Jesus' Resurrection: The Corinthian Correspondence, BEThL 125, Leuven 1996, 653–660: 658.

[21] Weiteres bei *Kellermann****, *van Henten**** und *Karrer*** 130f.

[22] PGrM IV 154–285; XIII 277–282, menschliche Auferwecker (Diogenes L. 8,67; Philostrat, VA IV 45) etc. – *Betz****, *Fischbach* (s. 4.6) 143ff u.ö., *Koskenniemi**** 207–229.

Spott. Ein Teil der griechischen Hörer werde allerdings, schließt Lukas an, mehr erfahren wollen. Die urchristliche Erfahrung und Vorstellung der Auferstehung kann bei den Völkern neben Irritation mit Interesse rechnen.

2.3.3 Suchen wir nach den *Konsequenzen*: Die religionsgeschichtliche Erörterung erschließt die verwendeten *Bilder*. Wenn die Urchristen formulieren „Jesus erstand / wurde auferweckt", greifen sie auf die antike Metaphorik des Todes als erzwungenen Schlafes und selbstverloren ausgelieferten Liegens zurück. Aus solchem Tod „geweckt" und „aufgestanden", begegnet Jesus wach und aufgerichtet.

Vor das Auf(er)stehen gehört im Bildkreis das Begräbnis im Liegegrab, während das Hängen beim Kreuzestod keinen unmittelbaren Anschluss erlaubt. „Er wurde begraben" in 1 Kor 15,4 intensiviert daher nicht nur den Tod Jesu. Es schafft auch den Bildübergang.

Zugleich artikuliert die frühe Gemeinde: Jesus tritt durch Gottes Handeln aus Toten heraus. Die Macht seiner Auferstehung bricht die Geschichte in der Geschichte. Sie ist ein eschatologisch-innergeschichtliches *Geschehen*. Analogielos ist sie, aber nicht im Sinne des modernen Problembewusstseins. Denn die Antike kann sich Auferstehungen in der Zeit vorstellen. Die hellenistisch-kaiserzeitliche Kritik steht, wie gezeigt, neben einer ganzen Reihe von Auferweckungserzählungen. Insofern bietet die Geschichtlichkeit der Auferstehung Jesu damals ein gegenüber heute verschobenes Problem. Mehr als das, was wir heute ihre Historizität nennen, gilt es, ihre Einzigartigkeit gegen die verschiedenen Analogien zu sichern.

Auch für dieses Anliegen ist das Bild der Auferweckung / Auferstehung interessant. Denn es bildet im 1.Jh., wie vorgetragen, nicht die nächstliegende Kategorie, um Leben nach dem Tod auszudrücken. Ebenso wenig genügt der Bildhorizont zum antiken Liegegrab, um das spezifische Votum zu erklären. Religionsgeschichtlich hätte etwa die Ansage einer lebendig wirksamen Erhöhung der vom Leib getrennten Person Jesu, die theologisch manche Probleme erleichterte, einen mindestens gleich breiten Hintergrund. Die Urchristen entscheiden sich ihr entgegen. Ihre Basis bilden die Propria der Auferweckungsaussage: Diese denkt personal ganzheitlich und setzt einen irdischen Bezug. So erlaubt sie, eine irdische Erfahrung des auferstandenen Jesus, der als ganzheitliche Person begegne, auszudrücken. Der historische Rückschluss, dies basiere auf tatsächlichen Erfahrungen, liegt nahe. Bildfeld, Geschichte und Theologie verschmelzen. *Die Urchristen, die die Aussage von Jesu Auferstehung formulieren, verstehen diese als historisches, theologisch zu deutendes Ereignis.*

2.3.4 Auf den Einwand, wie sie *material* zu denken sei, hätten sie anfänglich mit einem gewissen Unverständnis reagiert. Für sie war das eine Folgefrage. Paradigmatisch unterlässt *Paulus*, unser ältester und einziger Zeuge mit einem stichwortartigen Selbstbericht über seine Christusbegegnung, eine Mitteilung über deren materielle Gestalt (Gal 1,15f; vgl. 1 Kor 9,1;15,8). Nicht minder knapp verfährt eine halbe Generation das älteste Evangelium, das *Mk*. Es nutzt die Kombination der Formel „er (Jesus) erwachte / wurde auferweckt" (16,6) mit Erzählung nicht, um den bestattet Auferstandenen in seiner Materialität vor Augen treten zu lassen. Vielmehr enttäuscht es ein etwaig darauf gerichtetes Lese-Interesse und bricht 16,8 vor allen Begegnungen mit dem Auferstandenen ab.

Nur einen bescheidenen Schritt weiter geht das *Mt*. Denn zwar kann es, da es über Mk hinaus Erzählungen über den Auferstandenen bietet, materialer Begegnung nicht mehr entgehen. Allein, es begrenzt sie. Dass die Frauen als Eingang ihrer kniefälligen Verehrung Jesu Füße fassen (28,9), bleibt der einzige deutliche, die Physis einbeziehende Hinweis. Mit gutem Grund wiederholt er sich in der Begegnung mit den Jüngern 28,16ff nicht. Denn dort stünde eine materiale Auffassung dem theologischen Skopus im Wege: der Zusage des Auferstandenen, allenthalben mit seinen Jüngern zu sein (28,20).

Einige späturchristliche Schriften müssen sich jedoch damit auseinandersetzen, ob der Auferstandene nicht am besten als nicht-materialer Geist ohne Fleisch und Knochen zu verstehen sei (Lk 24,39b). Die Geistperson Jesu wäre dann zum Leben erweckt, während sein Fleisch dem Tod anheimgestellt bliebe. Ein interessantes Rudiment solcher Erwägungen blieb in der Tradition von *1 Petr 3,18* erhalten, Christus sei „getötet in Fleisch, lebendig gemacht in Geist".

Die Formulierung provoziert eine Trennung von Geist und Fleisch (vielleicht ohne sie selber zu denken), zumal sie Christus nicht „auferstanden" nennt – was die Kontinuität zur Fleischperson betonen würde –, sondern „lebendig gemacht". Die Auswirkung zeigt sich im Gefüge mit v.19, den Tradenten im Zuge der Überlieferung vor dem 1 Petr anschlossen. Christus habe „den Geistern" verkündet (v.19), heißt es dort. Für Geister steht das gleiche Wort „pneuma" wie v.18 für Geist (dito Lk 24,39b). So ergibt sich ein geschlossener Zusammenhang: Getötet sei Christus in Fleisch (= als leibliche Person), lebendig gemacht in Geist (= als Geistperson), und als solcher Geist kündete er Geistpersonen. Der lebendige Christus ist Geist und kommuniziert mit Geistern, während das Fleisch tot zurückbleibt.

Der Autor des 1 Petr versteht das freilich schon wieder anders. „Geist" (im Singular) ist für ihn der wirkende Geist Gottes (vgl. 4,14). „Pneuma" bekommt daher in 3,18 (Singular) und 3,19 (Plural) verschiedene Bedeutung. 3,18 meint nun „getötet im Bereich des Fleisches, lebendig gemacht im Bereich / der Kraft des Geistes". Das Fleisch verweist auf den menschlichen Raum des Todes Jesu, der Geist auf Gottes auferweckende Kraft. Die Tradition ist großkirchlich normalisiert.

Die bekanntesten Erwiderungen des späten 1.Jh. verdichten die Materialität. Es sind die Auferstehungserzählungen bei *Lk* und *Joh*. Die Leiblichkeit des Auferstandenen sichert in ihnen das leibliche Verständnis Jesu überhaupt (Lk 24,39 usw.; Joh 20;21). Aus der in den alten Zeugnissen stillschweigend angedachten wird die demonstrierte leibliche Auferstehung.[23]

Trotzdem scheint sich um 100 die Auflösung der leiblichen Aspekte zu vertiefen. Ignatius wirft den Verfechtern dessen vor, sich am Schein („dokein") zu orientieren (bes. IgnSm 2–3,3). Die komplexe Erscheinung des Doketismus zeichnet sich ab.

---

[23] Vgl. *Buckwalter**** 90–118; *Kohler**** 159–191 u.a.

2.3.5 Die spätneutestamentliche Diskussion wehrt einem Dilemma. Der lebendige, wirksame Christus darf sich nicht in eine unklare Personalität verflüchtigen. Heute bedeutet die Reaktion der späten Evangelien eher eine Zuspitzung als Erledigung der Schwierigkeit. Am liebsten würden wir zur Zwanglosigkeit des Anfangs zurückkehren, in der noch keine materiale Folgefrage die Erfahrung der Auferweckung verstellte.

Für einen Historiker / eine Historikerin umkreisen – ein Mehr der *Problemanzeige* – auch die Auskünfte des Anfangs allenfalls den historischen Ausgangspunkt. Schwerlich genügen sie der Feststellung einer Faktizität. Der Zweifel, es könne „mit der Auferstehung seine Richtigkeit nicht haben", beschäftigt seit Reimarus Aufklärer/innen und Theologen/innen.[24] Wir dürfen den Einwänden nicht ausweichen, dem beschriebenen Befund nach aber ebenso wenig nachgeben. Wir müssen *die Spannung aushalten, dass ein für die Historie nach urchristlicher Überzeugung maßgebliches Ereignis historisch nicht strikt verifizierbar ist.*

Einen markanten Lösungsversuch legte W. Pannenberg vor. Er hält die Auferstehung als historisches Ereignis fest und deutet sie universalgeschichtlich als Antizipation des Weltendes. Sein eschatologisch-universalgeschichtlicher Rahmen geht über das Neue Testament hinaus, und dieses benennt mit der Auferstehung – wie gesagt – gemeindliche, nicht allgemeine historische Erfahrung. Der Ansatz beeindruckt, ohne letztes Wort im Gespräch der Disziplinen werden zu können. Zur Seite tritt etwa J. Moltmanns Versuch, Geschichtlichkeit vom Begriff des Geschehens abzuleiten, das einen Erwartungshorizont birgt, und sie damit über das Faktum (das, was passiert und passé ist) zu öffnen.[25]

2.4 Die Erscheinungen

Lit.: s.o; *H. W. Bartsch*, Inhalt und Funktion des urchristlichen Osterglaubens, ANRW II 25.1, 1982, 794–890; *I. Broer*, „Seid stets bereit, jedem Rede und Antwort zu stehen [...]". Das leere Grab und die Erscheinungen Jesu: Broer / Werbick 1988**, 29–61; *Chr. Dietzfelbinger*, Die Berufung des Paulus als Ursprung seiner Theologie, WMANT 58, Neukirchen 1985; *G. Eichholz*, Die Theologie des Paulus im Umriss, Neukirchen [2]1977 ([7]1991); *D. Kendall / G. O'Collins*, The Uniqueness of the Easter Appearances, CBQ 54, 1992, 287–307; *S. Kim*, The Origin of Paul's Gospel, WUNT II 4, Tübingen 1981; *E.P. Sanders*, Paulus und das palästinische Judentum, StUNT 17, Göttingen 1985 (engl. 1977); *A. Schweitzer*, Die Mystik des Apostels Paulus (1930), UTB 1091, Tübingen 1981; *S.G. Sinclair*, Jesus Christ According to Paul, Bible Mon. Ser. 1, Berkeley 1988; *P. Stuhlmacher*, Zur paulinischen Christologie (1977): Versöhnung, Gesetz und Gerechtigkeit, Göttingen 1981, 209–223; *U. Wilckens*, Der Ursprung der Überlieferung der Erscheinungen des Auferstandenen (1963): Hoffmann 1988**, 139–193.

2.4.1 Anders verfährt G. Lüdemann in seiner Studie über die Auferstehung Jesu. Er berücksichtigt entschieden die Einwände, die gegen deren materiales, histori-

---

[24] *G.E. Lessing* ed., Von dem Zwecke Jesu und seiner Jünger [...], Berlin 1784, Vorrede 4.

[25] *Pannenberg*** 85–103 (und vgl. *G. Wenz* in Broer / Werbick** 133–157); *J. Moltmann*, Theologie der Hoffnung, München [12]1985, 98f u.ö.; Weiteres *Essen***.

sches Verständnis sprechen. Exegetisch führt ihn dies dazu, die Deutung der Geschehnisse nicht von den Auferstehungsaussagen aus zu entwickeln (so gewiss er auch diese würdigt), sondern vor allem von den Aussagen über das Sehen des Auferstandenen. Er versteht sie als *Visionen* in psychologisch reflektierender Kategorienbildung.

Das erlaubt ihm, jedem wörtlichen Begreifen der Auferstehung Jesu den Abschied zu geben. Die Glaubensentscheidung wirft er folgerichtig zurück auf den „historischen", irdischen Jesus. Für die verdichteten Auferstehungsaussagen hält er die These für beachtenswert, es handle sich um „Projektion".[26]

Allerdings stellen die Quellen, wo sie Auferstehungs- und Erscheinungsaussage kombinieren, erstere voran (von 1 Kor 15,4f bis Lk 24,34; vgl. Mk 16,6f). Sie bilden nicht die Struktur „er erschien, und deshalb sagen wir, er erwachte (wurde auferweckt)", sondern „er erwachte (wurde / ist auferweckt) und erschien". Die Aussage der Erscheinung expliziert die der Auferweckung, nicht umgekehrt.

Der hermeneutische Schritt zur argumentativen Umstellung ist damit noch nicht ausgeschlossen; eine psychologische Erfahrung könnte nachträglich in die zeitlich logischere Form gebracht sein. Doch gebietet sich eine gewisse Vorsicht.

Unser Blick öffnet sich dafür, dass die Klassifizierung als Vision nicht allein das Feld beherrscht. Der einzige Primärzeuge, der seine Erfahrung verschriftet, Paulus, wählt in der zentralen Beschreibung Gal 1,12.16 das Bild der *Enthüllung*: Aufgedeckt wurde ihm durch Gott, wer ihm bis dahin verborgen war, der Sohn. An anderer Stelle spricht auch er vom Sehen (1 Kor 9,1; vgl. 15,8). Insofern bleibt der Ausdruck Vision gültig. Aber das damit Gemeinte wird klarer: Die menschliche Beschreibung konkretisiert in Visionssprache ein umfassendes Widerfahrnis umstürzender und schwer zu schildernder eschatologischer Offenbarung.[27]

Erscheinungsterminologie eignet sich für solche Konkretisierung. „ōphthē" besagt – antik wie heute – zunächst allgemein „er wurde gesehen". Es gilt sinnlichen Erfahrungen (vgl. 1 Makk 4,6.19; 9,27).[28] Gleichzeitig sorgt der religiöse Kontext für einen wesentlichen Beiklang. Die LXX verwendet unsere Aussage „er erschien" nämlich bevorzugt für Epiphanien (Erscheinungen Gottes oder von Gott her).[29] Die urchristlichen Zeugen bilden ihre christologische Aussage analog dazu. So evozieren sie hinter ihrer Ostererfahrung eine *sinnliche Erfahrung und eschatologische Epiphanie*: Der eine Gott entbirgt Jesus den Auferstehungszeugen letztgültig. Sie werden seiner unausweichlich und umstürzend ansichtig.

---

[26] *Lüdemann*** (Zitate 220, 214). Zur Diskussion *E. Schweizers* Rez., ThLZ 119, 1994, 804–809; *U. Luz*, Aufregung um die Auferstehung Jesu, EvTh 54, 1994, 476–482; *W. Pannenberg*, Die Auferstehung Jesu – Historie und Theologie, ZThK 91, 1994, 318–328; *Verweyen*** u.a.

[27] Vgl. bes. *Broer**** 58f nach *Hoffmann* 1979**, 493ff; *Kim**** 67–74 u.a.

[28] Einschließlich solchen, die wir übersinnlich zu nennen pflegen: 2 Makk 3,25; Appian, civ. IV 134.

[29] Ex 16,10 usw.; Ps 83,8 LXX; 101,17 LXX; Jes 33,10f;35,2;66,18 (LXX) usw.; *Bartsch**** 825f,831f u.ö.

In der Geschichte des Urchristentums nehmen *weitere Komponenten* Einfluss. Oft dienen die Erscheinungen der Legitimation herausragender Gestalten in der Gemeinde (spürbar von 1 Kor 15,5–8 bis vielleicht 1 Petr 1,8a). Die Erscheinungs- werden insofern zu Legitimationsformeln.[30] Allmählich tritt außerdem ein Interesse an besonderen Enthüllungen hervor. Es bricht ab Offb 1,9–20(ff) die Einschränkung der Erscheinungen auf frühe Zeit, die sich von 1 Kor 15,8 an abzeichnet. Die gnostischen Quellen von Nag Hammadi weiten die Erscheinungserzählungen stark aus (ApokrJoh NHC II 1,5–2,25ff par. u.v.a.). Erst spät prägt die lukanische Epochenbildung das kirchliche Bewusstsein, die die Erscheinungen noch über Paulus hinaus verengt (Apg 1,3).

2.4.2 Kommen wir damit zur entscheidenden Frage nach Lüdemann. Sein Einwand, Visionen hätten die Auferstehungsaussage aus sich heraus freigesetzt, wäre nach wie vor zwingend, wenn sich dies aus der Religionsgeschichte der Zeit ergäbe, d.h. der Umkreis des ersten Christentums die Schau eines Verstorbenen und die Behauptung seiner Auferstehung verknüpfte. Der religionsgeschichtliche Nachweis dessen misslingt jedoch. Kein Beleg des Auferstehungsgedankens in Israel um die Zeitenwende kombiniert diesen mit der Erwartung, der Verstorbene / Erstandene erscheine ihm verbundenen Personen. Auch in den angesprochenen Auferstehungsmythen der paganen Umwelt tritt das Erscheinungsmotiv nicht hervor. Dabei kennt die Umgebung des frühen Christentums durchaus (wenn auch nicht häufig) ein *Erscheinen von Verstorbenen*. Dieses erweckt freilich andere Vorstellungen als die von Auferstehung:

Nach Plinius d.Ä. sind die „Beispiele von nach der Beerdigung Gesehenen" allgemein „bedeutsame Zeichen" („prodigia").[31] Weiter geht ein Grabgedicht aus der 2.Hälfte des 1.Jh.[32] Der erscheinende Verstorbene redet dort den Trauernden an: „hör' auf, den zu beweinen, der Gott ist". Das Gottesprädikat lässt uns stutzen, nicht die frühe Kaiserzeit. Sie sehnt sich nach der Vergottung Verstorbener (eine der angesprochenen Konkurrenzen zum Auferstehungsgedanken).[33] So zeigt der Verstorbene in der Erscheinung seine Aufnahme unter die Götter an (am Ende des Gedichts etwas problematisiert).

In Israel ist die Wirkungsgeschichte von 1 Sam 28,13 zu vergleichen. Im Grundtext sieht eine Totenbeschwörerin „elohim" aus der Erde aufsteigen. Die LXX übersetzt unbefangen „Götter habe ich aus der Erde aufsteigen sehen". Im späten 1.Jh. konkretisiert Josephus, die Beschwörerin sehe einen Mann von „Gott ähnlicher / gleicher Gestalt" (ant. 6,333). LibAnt 64,6 erzählt etwa zeitgleich, Saul befrage die Wahrsagerin über „Götter". Die Einzigkeit Gottes ist dadurch nicht beeinträchtigt, denn dieser allein ist der Herr (64,7).

---

30 Da „er erschien" vorurchristlich nicht für Legitimationen begegnet, erklärt „Legitimationsformel" aber nicht die Genese: *Bartsch**** 826 versus *Wilckens**** 192 u.ö. Die Formel in 1 Tim 3,16 gehörte ins Umfeld, wenn ihr drittes Glied mit „er erschien Boten" zu übersetzen wäre (*R. Lülsdorff*, „Eklektoi aggeloi" […], BZ 36, 1992, 104–108); wahrscheinlicher meint das dortige „aggeloi" indes Engel.

31 Nat.hist. VII 179. Vgl. bes. Herodot IV 15; Vergil, Aeneis II 771ff und das Beispiel in 3.7.5 (bei Anm. 114). Erst die Satire nachneutestamentlicher Zeit banalisiert (Lukian, Philopseudes 27f [360ff]).

32 CIL VI 3, 21521; zur Datierung *Wrede**** 106f.

33 *Wrede**** 117 u.ö.; CIL VI 7581; 15696; XIII 8706 etc.

Die wichtigsten Linien der Vision Verstorbener in der Umwelt des frühen Christentums drängen demnach nicht zur Auferstehungsaussage, sondern zur Anwendung des Gottesprädikats. Wäre es den Urchristen nur darum gegangen, Jesus als Verstorbenen im Raum Gottes zu zeichnen und damit die weitere Relevanz des Irdischen zu begründen, hätte der Rückgriff darauf nahegelegen. Allerdings hätte es in der Begegnung mit der griechisch-römischen Kultur eine Einreihung Jesu unter die Vielzahl der Götter und vergotteten Toten bedeutet. Jüdische Mitchristen hätten das Gottesprädikat mutmaßlich im Sinne eines Gott eng verbundenen Engels verstanden.[34] Die ältesten Osteraussagen vermeiden diesen Weg. Sie koinzidieren nicht damit, sondern lehnen sich an die epiphane Tradition Israels an.

Die Quellen ab dem 2.Jh. ergänzen eine vertiefende Spannung. Denn sie kennen einerseits die Vorstellung, dass eine erscheinende Tote den Todesraum mit sich bringt, so dass stirbt, wer ihr begegnet (Phlegon, mirab. 1, vgl. 2, von Goethe in der „Braut von Korinth" umgedichtet). Andererseits zeigt eine Erscheinung auch einmal, dass jemand seinen Leib in Wirklichkeit nicht verließ (Philostrat, VA 8,12 über Apollonius von Tyana). D.h. Tod und Nicht-Tod werden ansichtig, nicht – wie bei Jesus – die Macht seiner Überwindung.

Wir kommen nicht umhin, in den *Aussagen über Jesu* Auferstehung und *Erscheinung ein urchristliches Proprium* zu erblicken. Sie lösen sich religionsgeschichtlich, so gewiss wir ihr Umfeld erkennen, nicht auf. *In einer überwältigenden theophanen Erfahrung gründen sie den Ansatz der Christologie.* Sie versagen den Weg zu einer Hoheitschristologie des zweiten oder engelgleichen unteren Gottes.[35] Statt dessen stellen sie die angesprochene Weiche, die Auferstehung und mit ihr die Christologie aus der Erschließung des einen Gottes zu denken. Das Christentum wahrt den Monotheismus Israels und findet in der christologischen Entfaltung dessen eigentümliche Gestalt.

2.4.3 Bei keinem urchristlichen Zeugen hat die Erscheinung Jesu solchen Rang wie bei *Paulus*.

Darüber darf die Ersterscheinung vor *Kefas* in 1 Kor 15,5a nicht täuschen. Denn die Petrusüberlieferung hat vitalen Rückhalt in der Begleitung des irdischen Jesus. Petri Vision des Auferstandenen rückt bald ins zweite Glied. 1 Kor 15,5a wird nicht fortgeschrieben. Die Auferstehungskapitel der Synoptiker belassen Petrus in der Reihe der Jünger.[36] Die (Deutero-) Petrinen kommen ohne eine Darlegung seiner Erstvision aus (der 1 Petr trotz 1,3.8a.21). Höhepunkt der Petrustradition in den synoptischen Evangelien wird statt dessen Mt 16,16ff. Der 2 Petr findet die Schlüsselszene, wohl von Mt 17,1–9 abhängig,[37] in der Augenzeugenschaft der Verklärung (1,16ff).

---

[34] LibAnt 61,8 konkretisiert eine übermenschliche Erscheinung angelologisch.

[35] Angelologische Einflüsse geraten im Urchristentum auch später komplex: s. 4.9.6 zu Offb 1,13–18.

[36] Nur Mk 16,7 erwähnt ihn eigens. Lk 24,12 ist evtl. sekundär.

[37] *R.J. Miller*, Is There Independent Attestation for the Transfiguration in 2 Peter, NTS 42, 1996, 620–625.

Ob dieser Quellenlage gerät eine nähere Erörterung der Auferweckungserfahrung des historischen Kefas spekulativ. Die These, seine Christusvision vergebe ihm – sei es von außen, sei es in psychologischer Objektivierung – begnadend die Schuld der Verleugnung (Mk 14,54.66–72 par),[38] ist nicht zu sichern. 1 Kor 15,5 verweist eher auf seine Legitimation im Kreis der Zwölf. Erst die späte Szene Joh 21,1–19 verwebt die Legitimation und Beauftragung Petri mit Anspielungen auf die Verleugnung.

Wir würden Paulus daher gerne mehr entnehmen. Er thematisiert seine Erfahrung des auferstandenen Jesus allerdings nirgends als in sich geschlossenes Geschehen. Vielmehr stützt er mit Rückblenden auf sie in konkreten Situationen die Geltung seines Apostolats an die Völker und seine Verkündigung (bes. Gal 1,11–16; 1 Kor 9,1;15,8–10; Phil 3,4–11).

Rhetorik hilft ihm bei der Darlegung. Ein Wortspiel mit seinem Namen (Paulus, lat. der „Kleine") hebt die Größe von Gottes Tun hervor (1 Kor 15,9a).[39] Der Kontrast zu seiner einstigen Verfolgung der Gemeinde Gottes (1 Kor 15,9b; Gal 1,13; Phil 3,6a) verdeutlicht den Umsturz. Die Wende, in der Gott seinen Eifer für die väterlichen Überlieferungen und seine Untadeligkeit im Leben des Gesetzes verstört (Gal 1,14; Phil 3,6b), berechtigt seine Kritik in den Auseinandersetzungen von Galatien und Philippi.

Wir erfahren deshalb wenig über die Christuserscheinung als solche, viel über seinen Auftrag und seine Auseinandersetzungen. Auf den ersten Blick enttäuscht das christologisch, auf den zweiten liegt gerade darin die wichtigste Auskunft: *Die Christuserscheinung*, die Pauli Leben wendet, teilt ihm keine abstrakte Christuskenntnis mit. Sie *gibt* ihm *eine konkrete Aufgabe und deren unverbrüchlich tragendes Fundament*. Sie ruft zur Realisierung in Vollzügen. Die *begrifflichen Bestimmungen erfolgen im Nachhinein*.

Das Interesse späterer Generationen am Verständnis des Paulus und seiner Psychologie dreht dieses Gefälle um. So ist die Aufmerksamkeit für die Selbstkritik des Paulus berechtigt, der Schluss auf eine Bußbekehrung jedoch gewagt.[40] Noch riskanter ist die psychodynamische Erklärung, die innere Stauung eines Fanatikers entlade sich objektivierend.[41] Pauli „Preisgabe seines bisherigen Selbstverständnisses"[42] geht weder in einem reformatorischen noch in einem kritisch psychologischen Persönlichkeitsbild ganz auf. Ihn interessiert das *Ziel*: Gott führt ihn, den einstigen Gottesfeind, im Triumphzug, damit die Erkenntnis Christi offenbar werde (2 Kor 2,14).

Schauen wir auf die Koordinaten um die von Gott gewährte Epiphanie Christi. Gal 1,15 setzt einen bemerkenswerten Rahmen: Gott grenzt Paulus vorab aus. Er

---

38 Vgl. die Deutelinie bis *Lüdemann*** 124ff.

39 „Elachistos", „der Geringste", ist der griechische Superlativ zu „klein".

40 Die erbauliche Deutung begann 1 Tim 1,15c (aber durch 1,13b gebremst). Große Bedeutung erhielt sie im Protestantismus, bis sich die Erkenntnis durchsetzte, dass Röm 7 keine Konfession Pauli darstellt, sondern überindividuell spricht (*W.G. Kümmel*, Römer 7 und die Bekehrung des Paulus, UNT 17, Leipzig 1929).

41 *Lüdemann*** 108–112.

42 Bei *Bultmann* ein Schlüssel seiner existentialen Paulusdeutung (⁹1984*, 189).

beruft ihn nach Maßgabe von Jes 49,1(.2.6) zu den Völkern.[43] In Pauli Christuserfahrung tut sich Handeln Gottes *aus Israel* auf, und sie tritt in den Radius von Israels Schriften. Das Leben des einstigen Verfolger wendet sich, ohne Israel zu verlassen. Von Israels Gottesverständnis gelangt Paulus zur Christologie, und er bedenkt es an der Christologie. Er bleibt Israel in der Christologie stärker als früher wahrgenommen verpflichtet.[44]

Das ist beim Einschnitt in der Haltung gegenüber dem Gesetz zu berücksichtigen. Die Forschung entwickelt je nach Blickwinkel ein Ende des Gesetzes mit Christus, ein Ende der für die Heidenmission beschwerlichen jüdischen Identitätsmarkierungen (Beschneidung, Speisegebote, Sabbat) oder ein Ende überintensivierten Toragehorsams (nicht der Geltung der Tora).[45] Jede Position ist vor der Begegnung des Gottes Israels in der Enthüllung Christi zu verantworten. Die Differenzen verweisen nicht zuletzt auf ein unabgeschlossenes Ringen Pauli (vgl. 3.8.5; 4.7.6).

Den Erschienenen benennt Paulus außer mit dem Namen Jesus mit Prädikaten: „unser Herr" (1 Kor 9,1), „Christus" (Gal 1,12), Gottes „Sohn" (Gal 1,16). Er tut das in allen Fällen nachträglich. So ist müßig, ein Prädikat speziell mit seiner Berufung zu verbinden.[46] Vielmehr geleiten seine Prädikate zu christlichen Grundüberlieferungen („Christus" zu Sterbeformel und 1 Kor 15,3ff, „Sohn" zu Sendungsaussage und Röm 1,3f, „Herr" zum Maranatha etc.). Wir stoßen auf ein zweites zentrales Phänomen: Paulus verankert seine Christologie am *Gut der Gemeinden*, zu denen er stößt, und er nährt sie weiter aus dem *Gespräch mit seinen Gemeinden.*

Das ist der Grund, warum wir bei Paulus das meiste urchristliche Traditionsgut antreffen. Er greift auf die Christologie zwischen Damaskus, Jerusalem und Antiochia zurück und setzt den Austausch mit seinen Gemeinden fort. Deren christologische Entwicklung teilt sich ihm gleichfalls mit, und er baut sie in seine Theologie ein. Etwa Phil 2,6–11* ist nach manchen Auslegern in der philippischen Gemeinde entworfen.[47]

Aus dem Christusgeschehen schöpft Paulus die Freiheit, die Traditionen zu interpretieren.[48] Er bedarf ihrer nicht zuletzt, weil er den irdischen Jesus anders als die Zeugen, die vor ihm Gemeinden gründeten, nicht kannte. Letzteres Problem fordert ihn. Er löst es nicht endgültig. In 2 Kor 5,16b macht er so zwar eine Erkenntnisvorgabe: Der Christus sei dem durch ihn Geschehenen gemäß wahrzunehmen. Deshalb reiche das Vermögen des

---

43 Vgl. auch Jer 1,5. Zur Diskussion *Dietzfelbinger**** 141; *Hübner* (s. 1) II 61f; *K.O. Sandnes*, Paul – One of the Prophets?, WUNT II 43, Tübingen 1991, 59ff.

44 Seine Briefe ergeben dabei kein ganz einheitliches Bild. Mit Spannungen bleiben sie Israel treu – aber sie tun das: vgl. *M. Rese*, Der eine und einzige Gott Israels bei Paulus: Und dennoch ist von Gott zu reden. FS H. Vorgrimler, Freiburg 1994, 85–106; teils anders *P.G. Klumbies*, Die Rede von Gott bei Paulus in ihrem zeitgeschichtlichen Kontext, FRLANT 155, Göttingen 1992, 237–253.

45 Vgl. paradigmatisch *Stuhlmacher**** und *ders.* 1992*, 283ff; *J.D.G. Dunn*, Yet Once More – „The Works of the Law, JSNT 46, 1992, 99–117 u.ö.; *Chr. Burchard*, Nicht aus Werken des Gesetzes gerecht, sondern aus Glauben an Jesus Christus – seit wann?: FS Hengel (s. bei Segal 3.3) III 405–415.

46 Obwohl Rekonstruktionen fesseln: vgl. die formgeschichtliche Befürwortung von „Sohn Gottes" bei *K. Haacker*, Zum Werdegang des Apostels Paulus, ANRW II 26.2, Berlin 1995, 815–938: 907f.

47 *Schenk* (s. 4.11) 185ff,336.

48 Vgl. *Eichholz**** 101–123.

„Fleisches", das sich an fleischlicher Vorfindlichkeit ausrichte, nicht. Das bekundet jedoch kein grundsätzliches Desinteresse am irdischen Jesus. Eine Irrelevanz Jesu widerlegen ausdrückliche Bezugnahmen (1 Kor 7,10f u.ö.) wie Berührungen (Röm 12,14.17a.18.19–21 u.ö.) mit Jesustradition.[49]

Ein drittes: Paulus erfährt durch die Erscheinung Christi Gottes freie, gnädige Zuwendung (1 Kor 15,10a; Gal 1,15). *Christus erkennen, bedeutet* daher, *erkennen, was Gott* in Christus überwältigend, zugewandt *an uns tut.* Die Christusverkündigung des Paulus ist wesentlich soteriologische Verkündigung. Reziprok erkennen wir durch die Zuwendung Gottes aber auch den Glanz Gottes auf Christi Angesicht (2 Kor 4,6).[50] Wir dürfen die Soteriologie nicht gegen personale Christologie ausspielen und angesichts der Vielfalt der Äußerungen auch nicht auf Rechtfertigungstheologie beschränken.[51]

Alles in allem: Die Enthüllung Christi ist Ausgangspunkt der paulinischen Christologie und gleichwohl nicht zu isolieren. Die Christologie gewinnt Horizonte in der Schrift, in Traditionen der Gemeinde und im – manchmal harschen – Dialog. Paulus verschmilzt diese Horizonte und sucht für jede Situation einen spezifischen, ihr gemäßen Klang. Jedes Thema und jeder Brief hat deswegen ein Eigengewicht. Das verursacht die oft beobachtete Schwierigkeit, ein System seiner Christologie zu erstellen.

Gedankliche Durchdringungen werden wir finden. Eine logisch ganz geschlossene Konstruktion scheitert. Deren eindrücklichste Gestalt prägte A. Schweitzer***: Paulus entwerfe zwischen der Auferstehung Jesu und dem nahen Ende eine christologische Gedankenmystik. Über ein objektives und kollektives Sein in Christo weise er uns, in der Welt aus der Welt erlöst, letztlich in die Sachlichkeit christlichen Lebens ein.

Die Wege der Paulusforschung, in die Schweitzer mit dieser These eintrat, sind verschlungen. Jahrzehntelang dominierte die Anthropologie vor der Christologie. Bei R. Bultmann (⁹1984*) und vielen nach ihm fand die Christologie keine eigene Behandlung. Erst die 1970er Jahre entdeckten sie als zentralen Gegenstand wieder (P. Stuhlmacher*** u.a.).[52] E.P. Sanders skizzierte noch einmal eine Religionsstruktur des Paulus über die Partizipation am pneumatischen Sein in Christus in kritischer Rezeption Schweitzers, die beträchtlichen (umstrittenen) Nachhall gewann.[53]

Die Unterschiede zwischen den einzelnen Briefen sind Globalbildern nur eingeschränkt günstig. Die Nuancen beginnen im 1 Thess mit Schwerpunkten bei der Erwählung und der Sehnsucht nach der Parusie. Der Gal macht auf die Sendung und Hingabe Christi, die einer neuen Versklavung wehren, aufmerksam, und erstmals wird die Rechtfertigungsthe-

---

[49] Zur Diskussion s. die Beiträge in *A.J.M. Wedderburn* ed., Paul and Jesus, JSNT.S 37, Sheffield 1989; zu enge Konstruktion einer Jesusnachfolge bei *D. Wenham*, Paul. Follower of Jesus or Founder of Christianity?, Grand Rapids 1995.

[50] Vielleicht noch einmal ein Reflex der Berufungserfahrung, verflochten in weitergehende Argumentation (vgl. *J. Schröter*, Der versöhnte Versöhner [...], TANZ 10, Tübingen 1993, 127ff).

[51] Vgl. aber *R. Bultmann*, Die Christologie des Neuen Testaments: GuV I, Tübingen 1933, 261f (262: „Die Rechtfertigungslehre des Paulus ist, so könnte man sagen, seine eigentliche Christologie").

[52] Weitere Hinweise *H. Hübner*, Paulusforschung seit 1945, ANRW II 25.4, 1987, 2649–2840: 2730ff.

[53] *Sanders**** 407–518 (zu Schweitzer 409,413ff u.ö.). Der Berufung des Paulus schenkt er übrigens (wie Schweitzer) keine wesentliche Beachtung.

matik zentral (vgl. danach Phil und Röm). Dem 1 Kor geht es in mehreren Ansätzen um das Gefüge zwischen Christologie und Gemeindepraxis. Der 2 Kor verfugt am bedeutsamsten Christologie und Apostolat. Im Röm spornt die Adresse an eine nichtpaulinische Gemeinde Paulus zu seinem größten Entwurf der soteriologischen Relevanz Christi an, bis heute oft der Maßstab der Paulusinterpretation.[54]

Die Erscheinungen (Übersicht)

	Ersterscheinung vor Petrus	*Letzterscheinung vor Paulus*	*Schwerpunkte sonstiger Erscheinungen*
Paulinen	1 Kor 15,5	1 Kor 15,8 u.ö.	Zwölf, 500 Geschwister, Jakobus
Evangelien	Tritt in den Hintergrund	Fehlt	Gewicht auf Frauen
sonstige Schriften	Tritt in den Hintergrund; in der dritten Generation erst wieder wachsendes Interesse (vgl. Joh 21)	In Apg 9,3ff u.ö. von den Ostererscheinungen getrennt; in 1 Tim 1,12–17 Beauftragung und Bußbekehrung verbunden	Offb 1,12ff unbestimmt nachösterliche Erscheinung; Ausweitung der Erscheinungen in apokrypher und gnostischer Literatur
Konsequenzen	Wenig Material für die Interpretation; dem Anfang der Quellen nach eher Legitimation als Begnadung des Verleugners.	Beauftragung und Kontrast zur Verfolgung. Nachpaulinisch entsteht auch ein Ansatz zur Bußbekehrung.	Die Frauen erhalten größeres Gewicht. Das Ende der Erscheinungen, das sich nach Lk / Apg im Hauptstrom der Kirche allmählich durchsetzt, wird nicht mitvollzogen.

[54] 1 Thess 1,3f.9f;4,15ff etc.; Gal 1,4;4,1–7; 1 Kor 11,23ff;15,3ff in ihren Kontexten; 2 Kor 2,14ff;4,1ff usw.; Röm 5 etc. Vgl. *Sinclair****; *O. Merk*, Zur Christologie im 1 Thess: FS Hahn 1991*, 97–110; *J.A. Fitzmyer*, The Christology of the Epistle to the Romans: FS *Keck* 1993*, 81–90 u.v.a.

2.5 *Vorösterliche Vorgaben des Osterglaubens*

Lit.: s.o. und *Thüsing* 1981 (^{2}1996)*; *P. Fiedler*, Vorösterliche Vorgaben für den Osterglauben: Broer / Werbick** 9–29; *P. Hoffmann*: ders. 1988**, 9–14; *L. Oberlinner*, Zwischen Kreuz und Parusie: ders. 1986**, 63–95; *A. Vögtle*, Der verkündigende und der verkündigte Jesus „Christus“: *J. Sauer* ed., Wer ist Jesus Christus?, Freiburg 1977, 27–91.

Wenden wir uns der Genese des Osterglaubens wieder übergreifend zu. Wie dargestellt, scheitert seine Ableitung aus Jesu Wirken. Aber müssen wir nicht indirekte Vorgaben beim irdischen Jesus aufspüren?

Tatsächlich verhindern Scharnierglieder, dass die Diskontinuität überwältigend neuen Geschehens über Zusammenhänge siegt. Ihre Basis bildet, da Gott in der Auferstehung handelt, die Theo-logie. Ostern vertieft und nuanciert das in Israel verwurzelte Gottesbild, vor dem Verkündigung und Wirken des irdischen Jesus zu sehen sind. *Der eine Gott Israels* und Jesu in Israel, *der Leben schenkt* (Hos 6,2 etc.), erweckt Jesus. Er wendet Jesu erschreckendes Ende. Er beendet die Krise der Passion, in der Jesu Berechtigung gänzlich auf dem Spiel stand, und eröffnet neue Zeugenschaft. Er bestätigt im Ostergeschehen die Geltung von Jesu Wirken und setzt es so eigentlich in Kraft.[55]

Früher wählte die Diskussion eher den Kontrast, Jesus sei aufgrund seines Gottesverständnisses in Israel abgelehnt worden. Ostern habe dieses daher gegen Israel bestätigt. Die Quellen legen eine solche These nicht nahe.[56]

Den Ansagen und Erwartungen Jesu gibt das Handeln Gottes eine überraschende Wendung. Es schafft an einer Schlüsselstelle eine eigenwillige Konsonanz: Jesus verweist nach weitgehendem Forschungskonsens einmal, im eschatologischen Ausblick *Mk 14,25* par, auf Gott über seinen Tod hinaus. Im Abschied assoziiert er seine Person und sein Geschick mit dem für seine Verkündigung charakteristischen Reich Gottes (das wichtigste Indiz für die Authentizität). Er beteuert – ob die Personen um ihn das gleich oder später ermessen –, „das Heil der Gottesherrschaft werde so sicher kommen wie sein Tod“. Gottes heilvolles Handeln stößt mit seinem Tod nicht an eine Grenze. Die Auferweckung steht außerhalb dieses Wortes. Indes gibt ihm die Sprengung der Macht des Todes durch Jesu Auferweckung einen neuen Schlüssel. Die Jünger und wir erfahren mit Ostern: Jesu Auferweckung harmoniert zu seiner Verkündigung der Gottesherrschaft. Gott stiftet eine ebenso erstaunliche Wende wie überragende Beglaubigung Jesu.[57]

Die Gemeinde sieht diesen Skopus seines Weges im Nachhinein schon von Jesus selbst ausgesprochen. Sie fügt an die Ansagen seines Leidens die seiner Auferstehung an (*Mk 8,31;9,31;10,34*; vgl. 9,9;14,27f).[58] Bemerkenswert ist da-

[55] Vgl. *Wilckens*** 160ff bis *Pannenberg* 1991 (s. 2.10), 385f.
[56] Vgl. *Fiedler**** 19(ff) versus *Becker*** 44–47 (nicht mehr *Becker* 1996*, 442f).
[57] Vgl. *Oberlinner* 1986**, 79; *Vögtle**** 69 (Zitat); *Becker* 1996*, 418f.
[58] Zur Traditionsgeschichte der Ansagen s. 3.1.2, 3.4.1/3 (Lit.).

bei der Akzent, den uns der älteste Zeuge Mk übermittelt: Die kurze aktive Aussage „er wird aufstehen" in Mk 8,31;9,31;10,34 verzichtet auf die Explikation „aus den Toten". Sie bezieht sich daher zuerst auf den jeweiligen Vordersatz. *Jesu Auferstehen nimmt sein handlungsmächtiges Aufstehen gegen die Entehrung, Auslieferung und Misshandlung*, die er in der Passion erfuhr, *in sich auf.* Zu den vorösterlichen Vorgaben des Auferstehungsglaubens gehört neben der Gewissheit Gottes das schreckliche Geschick Jesu, das zum Widerstand ruft.

2.6 *Am dritten Tag – das leere Grab*

Lit.: s.o.; *Broer* 1988 (s. 2.4), 35–46; *H. v. Campenhausen*, Der Ablauf der Osterereignisse und das leere Grab (1952): Tradition und Leben, Tübingen 1960, 48–113; *H.K. McArthur*, „Am dritten Tag" (1971/72): Hoffmann 1988**, 194–202; *K. Lehmann*, Auferweckt am dritten Tage nach der Schrift, QD 38, Freiburg 1968; *B. de Margerie*, Le troisième jour, RSR 60, 1986, 158–188; *W. Nauck*, Die Bedeutung des leeren Grabes für den Glauben an den Auferstandenen, ZNW 47, 1956, 243–267; *L. Oberlinner*, Die Verkündigung der Auferweckung Jesu im geöffneten und leeren Grab, ZNW 73, 1982, 159–182; *R. Schwager*, Die heutige Theologie und das leere Grab Jesu, ZKTh 115, 1993, 435–450.

2.6.1 Ab 1 Kor 15,4 präzisiert die Gemeinde das Datum der Auferweckung Jesu: „*Am dritten Tag*" sei sie erfolgt.[59] Historisch könnten sie damit nach dem Gesagten nur die Erscheinungen fixieren. Doch sie stellen die Datierung nicht dorthin (1 Kor 15,5 etc.). Es geht ihnen um eine Aussage zur *Auferweckung*. Was veranlasste sie dazu?

1 Kor 15,4 verweist auf „die Schriften", freilich überaus offen: Der Plural „Schriften" markiert ein Postulat. Die Verifizierung durch eine einzelne Stelle fehlt.

Die Forschung denkt häufig an Hos 6,2: der Herr „wird uns nach zwei Tagen heilen, am dritten Tage werden wir aufstehen" (LXX). Die Rabbinen geben dem dritten Tag (Grabbesuchen bis zu ihm etc.) besondere Bedeutung. Sie finden die Totenauferstehung bei Hos (in Verlängerung des Textes kollektiv).[60] Allerdings kennen wir eine Übertragung der Stelle auf die Totenauferstehung vor der neutestamentlichen Zeit nicht. Das Neue Testament zitiert sie nicht christologisch.

Eine andere Schriftstelle bringt das Neue Testament selber sekundär ein: dass Jona drei Tage und drei Nächte im Bauch des Fisches war (Jon 2,1). Bis Q (vgl. Lk 11,16.29f) und Mk (8,11–13) spielt das noch keine Rolle. Erst Mt entdeckt den Bezug und gestaltet das „Zeichen" des Jona zum Typos der Auferweckung (Mt 12,40).[61]

Die Forderung der Schriftgemäßheit geht also dem Nachweis voraus. 1 Kor 15,3f hat dadurch, dass es die Christologie grundsätzlich an die Schrift rückbindet, höchste Tragweite. Aber die Erwägung des dritten Tages, die auf die Schrift ver-

[59] Vgl. danach Mt 16,21; Lk 24,7; Mk 8,31;9,31;10,34.

[60] Vgl. BerR 56,1 etc., *McArthur*** und *Margerie****.

[61] Mit israelkritischem Gefälle zu 28,11–15: *P. Hoffmann*, Das Zeichen für Israel: ders. 1988**, 416–452. – *S. Chow*, The Sign of Jonah Reconsidered, CB.NT 27, Stockholm 1995, 88 u.ö.

pflichtet wird, ist unabhängig entstanden. Woher kommt sie? Die nächstliegende Lösung bietet die antike Kulturgeschichte des Todes. In Israel und außerhalb Israels gibt sie dem dritten Tag (gezählt wie beim Tod Jesu vom Todestag aus) eine besondere Rolle. In Israel, das die Toten noch am Todestag bestattet, gilt der Tag besonders der Reinigung der Angehörigen. Durch sie wird weiteres Leben im Gottesvolk möglich. Denn die Berührung mit dem / der verunreinigten Toten reißt aus der Gottesbeziehung (Num 19,11–22).[62] Griechisch, wo die Toten länger aufgebahrt werden, gehört der Tag den „trita" („Dritten"). Das sind die Bestattungsriten, die die Toten in aller Frühe, möglichst vor Sonnenaufgang, endgültig aus der Umgebung der Lebenden trennen und dem Grab übergeben.

Um die Zeitenwende beeinflusst auch letzteres Israel. In der Begegnung der Kulturen wird der Tod punktuelles Sterben (am ersten Tag) und zugleich ein Vorgang bis zum „dritten Licht". Bis zu ihm sehen jüngere jüdische Quellen die Seele in der Nähe des Leibes und dauert griechisch die Wegweihe an die Unterweltsgötter.[63] Die Nachwirkungen reichen weit: Bis heute ist der dritte Tag ein bevorzugter Beerdigungstag.

Wenn Jesus „am dritten Tage" aufersteht und sich so als Lebendiger erweist, erhält das vor diesem Hintergrund eindrucksvolle Wucht. Am dritten Tag bricht für die Jünger die Gottesferne, in die Jesu Tod ihn stürzte. Unmittelbares Handeln Gottes[64] schafft, wozu es sonst der gewährten Riten bedarf: aufatmendes Leben. Das geschieht in der Stunde, in der für die Menschen des sich ausbreitenden Christentums der letzte Abschied geboten wäre. Die Auferstehung konterkariert ihre einstige Überzeugung vom Nimmerwiedersehen mit einem Toten, der der Unterwelt zu überlassen ist.

2.6.2 Eine Generation nach 1 Kor 15,4 begegnet erstmals eine Erzählung über das *leere Grab*. Früh am Morgen, eineinhalb Tage nach Jesu Hinrichtung, fanden die Frauen Jesus nicht mehr im Grab, heißt es Mk 16,1–8.[65]

Das Handeln der Frauen spiegelt den Abschied vom Toten. Zum anstößigen und mit hoher Wahrscheinlichkeit authentischen Wort Jesu „lass die Toten ihre Toten begraben" (Mt 8,22 par) passt es schlecht. Der Wunsch, den Toten zu salben (nur Mk 16,1), spiegelt hellenistische, nicht herkömmlich jüdische Begräbniskultur. Mt 28,1 übernimmt ihn nicht. Joh 19,38–42 knüpft an den israelitischen Ritus, den Toten in Tücher mit Duftstoffen zu wickeln, an. Wäre Mk ursprünglich, verhielten sich die Anhängerinnen Jesu bemerkenswert hellenistisch (oder die Hellenisierung der jüdischen Begräbniskultur wäre weiter fortgeschritten, als die

---

[62] 11Q Temp 49,5–50,19 intensiviert (nochmalige Reinigung am 7. Tag).

[63] TestAbr A 20; TestIjob 53,7; ApkZeph 4,5ff; *D.C. Kurtz / J. Boardman*, Thanatos, Kulturgeschichte der antiken Welt 23, Mainz 1985, 172ff,425; Aristophanes, Lys. 611ff; Euripides, Alk. 1145f; Plutarch, mor. 563D usw. – Der seit *Bousset* 1921 (1967)*, 24f diskutierte Osirismythos (Plutarch, mor. 356B; 366F; Pap. Land. 46,274ff) steht ferner.

[64] Eine zusätzliche Evokation beim „dritten Tag": Ex 19,11 usw.

[65] Nach antiker Zählung war das der „dritte Tag". Da dieser Terminus Mk 16,1f par jedoch nicht erscheint, ist er nicht ursprünglich mit dem leeren Grab zu verbinden.

jüdischen Quellen erkennen lassen).[66] Das erweckt den Verdacht, die Erzählung sei nachträglich formuliert worden. Die Frage, ob das Grab Jesu wirklich nach Ostern leer gewesen sei, wird virulent.

Diskutiert wird sie nicht erst seit der Aufklärung: Schon im 1.Jh. kommt der Verdacht auf, die Jünger hätten Jesu Leichnam gestohlen (Mt 28,13). Seit Reimarus[67] wird er wieder erwogen. Allerdings könnte er nur überzeugen, wenn die Jünger das leere Grab Jesu Dritten hätten vorweisen müssen. Dafür fehlen Indizien.

Von neuem müssen wir die Todeskultur des 1.Jh. beachten. Es ist ein Jahrhundert der extensiven und intensiven Grabpflege, wie die Grabbauten bei Jerusalem etc. zeigen. Die Zeit drängt nicht auf ein leeres, sondern auf die fortdauernde Pflege des vollen Grabes. Unterhalt und Pflege aber finden am Grab Jesu nicht statt. Selbst die Handlungsabsicht der Frauen von Mk 16,1 kommt nicht zum Ziel. Die Erzählung vom leeren Grab erweist sich formgeschichtlich als Ursachenangabe (*Ätiologie*), warum es keinen Kult am Grab Jesu gab. Die auffällige Mk-Fassung könnte sogar die Versuchung, doch einen Kult zu installieren, abwehren. Die Ätiologie ist mindestens so plausibel, wenn das Grab von vornherein leer in Erinnerung war, wie wenn es eine Zeitlang gegen den Ausweis der Quellen als gefülltes gepflegt worden wäre.

Trotzdem zögert die Forschung bei ihren Folgerungen.[68] Zu erwägen bleibt nämlich die Möglichkeit, ganzheitliches Denken habe die Urchristen veranlasst, die Auferweckung Jesu als seine Leiblichkeit einschließend zu denken. Folgen wir dieser Spur, ist die Erzählung vom leeren Grab als das entstanden, „was erzählt werden muss", um die Glaubensaussage zu verdeutlichen (lateinisch „legenda"). Sie ist formal eine *Legende*. Ein historischer Rückschluss wäre nicht erlaubt.[69] Erstaunlich ist dann freilich die Wahl von Frauen als Zeuginnen. Denn die Zeit erlaubte Frauen diese Funktion zwar im täglichen Leben (in Prozessen verbot sie sie).[70] Sie gab ihnen indes in der Grabbegehung keine wesentliche Rolle. Das ist heute wenig mehr bewusst. Die christologische Formeltradition vernachlässigt sie aber wohl deshalb zugunsten des Kefas und der Zwölf (1 Kor 15,5). Gravierender noch ist das religionsgeschichtliche Problem. Das 1.Jh. ließ, wie gesagt, die Optionen in puncto Leiblichkeit offen. So verlagert sich der Erklärungsbedarf nur dorthin, warum die Christen sich für die ganzheitliche Auferstehungsoption entschieden. Die Aporie löst sich nicht auf.

Philologisch und historisch behält damit das leere Grab seine Herausforderung. Theologisch dient es im Neuen Testament gerade nicht dem, was seit der Aufklärung die große Beschwer bereitet: dem Auferstehungsbeweis. Richten wir uns nach den Grabgeschichten, drängen sie Leserin und Leser vielmehr vom lee-

---

[66] *Karrer* 1990*, 202ff. Die Archäologie belegt eine jüdische Salbung der Gebeine bei deren Zweitbestattung. Quellen zur Leichnams-Salbung setzen erst ab mShab 23,5 ein.

[67] *Reimarus* (s. 1) II 195–206 (b III 2 §§ 5–9).

[68] Zur Diskussion *H. Köster*, Formgeschichte / Formenkritik II, TRE 11, 1983, 286–299: 295 (nach D. Georgi); *J.D.G. Dunn*, The Evidence for Jesus, London 1985, 77f; *Pokorný* 1985*, 113.

[69] Varianten von *Oberlinner* 1982***, 165 bis *Lüdemann*** 153,216 und *Vollenweider*** 36f.

[70] Josephus, ant. 4,219; SifDev § 190.

ren Grab weg zum Erscheinungsort in Galiläa (Mk 16,7 par Mt 28,7), zur Erinnerung an den Lebenden (Lk 24,5ff) und zum Verständnis der Schrift (Joh 20,9).

Dass Jesus auferstehen müsse (Joh 20,9), geht freilich aus der Schrift bei kritischer Lektüre ebenso wenig hervor wie die Datierung auf den dritten Tag. Die Schrift gewährt Orientierung, wo der Glaube vorab aufbricht (vgl. 20,8; 1 Kor 15,3f),[71] keinen Auferstehungs*beweis*.

Wenn wir uns auf die Frage fixieren, ob das Grab historisch leer war, verhalten wir uns also gegenläufig zu den Graberzählungen. Ihnen liegt daran: *Auch bei einer Entscheidung fürs leere Grab* – die mir nach den genannten Argumenten plausibler als die Gegenpositionen scheint – *geht es darum, zum theologischen Nachdenken über die Auferstehung zu kommen.* Historisch mag es bei der Unfassbarkeit der Ereignisse bleiben.[72] Eine Konsequenz ergibt sich am Rande für die christliche Frömmigkeitsgeschichte. Der Kult um Christi Grab in Jerusalem, wie er seit dem 4.Jh. begegnet, ist aus dem Neuen Testament nicht zu begründen. Noch weiter von ihm entfernen sich die heiligen Gräber in mittelalterlichen Kirchen, die den Leichnam Jesu zur schmerzlichen Verehrung abbilden.

2.7 Der Auferstandene: Jesus, der Retter

Lit.: s.o.; *P.S. Berge*, „Our Great God and Savior": A Study of *Soter* as a Christological Title in Titus 2:11–14, Diss. Richmond 1973 (Univ. Micr. 74–28,292); *D. Cuss*, Imperial Cult and Honorary Terms in the New Testament, Par. 23, Fribourg 1974; *A. George*, L'emploi chez Luc du vocabulaire de salut, NTS 23, 1977, 308–320; *V. Hasler*, Epiphanie und Christologie in den Pastoralbriefen, ThZ 33, 1977, 193–209; *H. Kasper*, Griechische Soter-Vorstellungen und ihre Übernahme in das politische Leben Roms, München 1961 (Diss.-Druck); *K. Kjaer-Hansen*, Studier i Navnet Jesus, Aarhus 1982; *K. Läger*, Die Christologie der Pastoralbriefe, Hamburger Theol. Stud. 12, Münster 1996; *A.Y. Lau*, Manifest in the Flesh. The Epiphany Christology of the Pastoral Epistles, WUNT II 86, Tübingen 1996; *I.H. Marshall*, The Christology of the Pastoral Epistles, SNTU 13, 1988, 157–177; *ders.*, Salvation in the Pastoral Epistles: Geschichte – Tradition – Reflexion. FS M. Hengel, Tübingen 1996, III 449–469; *L. Oberlinner*, Die „Epiphaneia" des Heilswillens Gottes in Christus Jesus […], ZNW 71, 1980, 192–213; *C. Spicq*, Notes de lexicographie néo-testamentaire. Suppl., OBO 22/3, Fribourg 1982, 629–643.

Die Auferweckungsaussage verbindet sich von Anfang an mit dem Namen Jesus. Er verweist uns auf den Irdischen. Zugleich entwickelt sich von ihm und dem Nachdenken über den Auferstandenen aus das Prädikat des Retters.

2.7.1 Der Name Jesus ist ein ebenso unauffälliges wie belangvolles Scharnierglied zum Irdischen. Die Auferweckungsformeln halten mit ihm fest: *Der Auferweckte ist personal identisch mit dem, der irdisch wirkte und den Tod erlitt.* Der ir-

---

[71] Vgl. *D. Zeller*, Der Ostermorgen im 4. Evangelium (Joh 20,1–18): Oberlinner 1986**, 145–161: 158f; *Obermann* (s. 5.1) 42 u.ö.

[72] Vgl. als jüdischen Historiker *Vermes* 1993*, 26f.

disch erlebte Jesus begegnet, wenn wir die Auferstehungsverben wörtlich nehmen, nicht als andere Person, sondern wach und neu aufgerichtet.

Nach den letzten Paragraphen klingt dies selbstverständlich. In der Antike ist es das nicht. Schon ein Scheintoter, der der Himmelsschau gewürdigt wird, erhält in der Umwelt des Neuen Testaments einen neuen, theophoren Namen und kehrt als veränderte Person wieder. Der alte Name endet mit dem alten Leben.[73] Der frühen Gemeinde versagt ihre Auferweckungserfahrung einen solchen Schritt. Die Kontinuität der Person und der personalen Erfahrung Jesu ist schwerwiegender, als die Umwelt sie kennt und erwartet.

2.7.2 Mithin läge hier ein Übergang zur Behandlung des irdischen Jesus. Ich stelle sie zurück, greife aber wenigstens den *Namen Jesus* heraus. Er steht nicht nur für die Kontinuität zwischen Irdischem und Auferstandenem, sondern entfaltet nach der Auferweckung eine bemerkenswerte Dynamik. Um sie zu verstehen, müssen wir uns das antike Leben mit den Namen und die Reflexion über sie vergegenwärtigen (die antike Onomastik): Die Antike pflegt die Inhalte der Namen ungleich stärker als unsere Zeit. Die Namen transportieren Signale. Das gilt – heute zu gering beachtet – auch für den Namen Jesus.

Ein erstes zentrales Signal gibt seine *Sprache*. Der Name ist hebräisch-aramäisch und bleibt dies in der Passage zum griechischen Christentum. Das fällt in einer Umgebung auf, die in der Begegnung mit dem Griechischen und Lateinischen verbreitet Doppelnamen bildet, wenn nicht sogar griechische oder lateinische Neunamen bevorzugt. Der irdische Jesus nimmt in dieser Umgebung keinen griechischen oder lateinischen Zweitnamen an. Das wirft ein Schlaglicht auf seinen sozial- und religionsgeschichtlichen Ort: Jesus integriert sich in die griechisch-römische Überlagerung Palästinas weniger als andere Zeitgenossen.

Soviel Griechisch er nach neueren Untersuchungen kann und im hellenisierten Galiläa und Judäa gebraucht,[74] gehört er zuerst zur hebräisch-aramäischen Sprachkultur (vgl. die Sprachreste in Mk 5,41;7,34;14,36;15,34). Fern steht er etwa römischem Militär, das Zweitnamen ausdrücklich fordert.[75]

Judentum und Neues Testament bieten zahlreiche Beispiele für hebräisch-griechische oder hebräisch-lateinische Doppelnamen. Der Jesus von Kol 4,11 heißt sich so lateinisch Justus, „der Gerechte", und bekundet damit vor Römern seine Verankerung in der Gerechtigkeit Israels. Je nach Kulturkreis dominiert bei bekannten Gestalten entweder griechischer oder semitischer Name (z.B. Petrus / Simon).

Die Doppelnamenpraxis erlaubt daraufhin der frühen Gemeinde, Prädikate Jesu zum Namen zu verdichten. Die größte Wirkung entfaltet das bei Christos / Christus. Viele Christen verstehen es bald – und bis heute – als zweiten, griechischen Namen Jesu (Mt 1,16 u.ö.). Ein weiteres Beispiel ist der Name Kyrios (Herr) in Phil 2,9–11.

---

[73] Plutarch, mor. 563D;564C (aus Aristaios wird Thespesios, der „Göttliche").

[74] *G. Mussies*, Greek as the Vehicle of Early Christianity, NTS 29, 1983, 356–369: 357ff; *G.H.R. Horsley*, NDIEC 5, 1989, 20f; *H.D. Betz*, Wellhausen's Dictum […], StTh 45, 1991, 83–110: 89ff; *S.E. Porter*, Jesus and the Use of Greek in Galilee: *Chilton / Evans* 1994 (s. 4), 123–154.

[75] Vgl. *B. Doer*, Die römische Namengebung, Stuttgart 1937, 180ff. Weiteres *Karrer* 1990*, 58ff,67f.

Nicht minder aufschlussreich ist die Bedeutung des Namens. „*Jesus*“ kontrahiert die Wurzel jšʿ (hi. helfen, retten) mit der Eröffnung J^{e} (Kurzform für Jahwe) des hebräischen Namens Joschua / Jeschua („*der Herr hilft*“). Aufgrund der Kontraktion tritt das theophore Glied (Gott helfe) in den inneren Gestus (Rettung geschehe) zurück.[76] Um die Zeitenwende ist der Name beliebt. Sicher wird nicht jede Namenswahl in ihrer semantischen Tiefe vollzogen. Aber letztere steht zur Verfügung. Sie gewinnt dadurch, dass Israel vielfach Gott als Retter und seine Rettung erhofft,[77] an Gewicht. Der Übergang zu „Retter von Gott her“ liegt in der Luft.

Das zeigt die Textgeschichte von Jes 51,5. Der ältere hebräische Text schaute dort Gerechtigkeit und Rettung vom Herrn nahen. Die LXX steigerte, schnell nahe des Herrn Gerechtigkeit, komme seine Rettung („sōtērion“). 1QJes personalisiert: „aufstehen wird meine ‚Rettung‘ (= nun: mein Retter), und sein (= dessen) Arm …“. Gott wirkt, indem er seiner kraftvollen Eigenschaft, zu retten, personale Gestalt gibt.

Das Neue Testament kennt und nutzt die etymologische Bedeutung. Beide griechische Verben für das hebräische jšʿ, „sōzein“ und „rhyesthai“, verwendet es dazu. Das reicht von der etymologischen Figur „Jesus, der Rettende“ in 1 Thess 1,10 bis zur Etymologie Mt 1,21, Jesus werde „sein Volk retten aus ihren Sünden“. Je steht Gott im Hintergrund des Handelns. Doch bindet sich das theophore Moment in der Person Jesu. *Jesus bringt und repräsentiert Gottes Retten personal.* Vielfältig sind die Anspielungen darauf in den Evangelien.

Das „Hosanna“ in den Traditionen über den Einzug in Jerusalem erinnert an das Sprachsubstrat: Die Begegnung mit Jesus löst den Zuruf „hilf / rette doch“ an Gott aus der Psalmensprache aus (Mk 11,9 par; Joh 12,13; vgl. Ps 118,25). Als Jubelruf verliert es seinen Klang nicht, wie Mt durch die Wiederholung nach den heilenden Taten im Tempel einschärft (Mt 21,15). Die liturgische Stereotypisierung, mit der wir im Urchristentum beginnend rechnen müssen, bedeutet eine semantische Ausweitung, nicht Verblassung.[78] Sie bewahrt den semitischen Ausdruck bis ins heutige kirchliche Leben.

Ansonsten ist die Überlieferung ausschließlich griechisch. Breit sieht sie Jesus „retten“ (Mk 3,4 usw.). Die Gegner unter dem Kreuz opponieren ebenso semantisch bewusst, sich selbst könne er „nicht retten“ (Mk 15,31 par).

Besonders reich nutzt Lk das Feld. Das Abstraktum „Rettung“ („sōtērion“) verweist auf Jesu Person (2,30;3,6; Luther übersetzt „Heiland“), der sein Tun als „Rettung“ (nun „sōtēria“; vgl. 1,69) und „retten“ umschreibt (19,9f). Das Maskulinum „Retter“ („Sōtēr“) vertritt ganz seinen Namen (2,11 zwischen 1,31 und 2,21). „Retter Jesus“ nähert sich daher in Apg 13,23 dem griechisch-hebräischen Doppelnamen.[79]

Der Name Jesus bietet alles in allem eine vorzügliche Möglichkeit, die über ihn vom irdischen Wirken an erfahrene Zuwendung, Hilfe und Rettung Gottes in

[76] Vgl. die Deutung Josuas Sir 46,1f mit Philo, mut. nom. 121f. Die Wiedergabe „Jesus“ ist in der Sprachgestalt gegenüber „Joschua“ / „Jeschua“ gräzisiert.

[77] Deuterojesaja (Jes 45,15.17.21f;46,13 usw.); PsSal 10,8;12,6; 1QH 15,16 usw.

[78] Etwas über *Obermann* (s. 5.1) 185–198 hinaus.

[79] Weiteres bei *Schnackenburg* 1993*, 167ff.

eine Chiffre zu fassen. Mit der semantischen Bewusstheit des Namens müssen wir über längere Zeit rechnen. Die Sprachgrenze zum Griechischen konstituiert keine Sachgrenze: Auch in der neuen Sprache erhält sich das Grundmotiv. Einige Zeit verbindet es sich spontan mit dem ursprünglichen Namen. Dann treten Übersetzungen zur Seite, zuerst griechisch. Die Alte Kirche wird noch das Lateinische ergänzen (neben „Sōtēr" also „Salvator").[80]

Gänzlich verblassen dürfte die Bedeutung von „Jesus" nirgendwo im Neuen Testament. Die Past etwa empfinden „Jesus" auf den ersten Blick nicht sehr anders denn wir als Namen einer anderen Sprache, der beim Irdischen beginnt. Doch klingt die Semantik nach (erweitert um das theologisch angrenzende Christus): Darauf, dass „Christus *Jesus* in die Welt kam, um die Sünder zu *retten*", blicken sie zurück (1 Tim 1,15). Es bekundet Gott den Retter (1 Tim 2,3f; vgl. 2 Tim 1,9; Tit 3,5).

2.7.3 Der Klang der Rettung verbindet sich über den irdischen Jesus hinaus intensiv mit der Auferweckung, was uns direkt in unser Kapitel zurückführt: Die *Auferweckung hat eine wesentliche soteriologische Dimension.* Sie ist weniger bekannt als die soteriologischen Entfaltungen um den Tod Jesu und die rettende Zuwendung des Irdischen zu einzelnen Menschen. Doch sie ist alt und trägt gewichtige Akzente.

Einen Keim bildet die paulinische Missionsverkündigung. Paulus stützte seinen Ruf zur Abkehr von den Göttern, wie er in *1 Thess 1,10* zusammenfasst,[81] durch einen Blick auf Gottes Gericht. Der Hinweis auf den rettenden Jesus, den „Gott erweckte", nahm dem seinen möglichen Schrecken. Denn Jesu Retten ist keine Sache des Rückblicks. Es hat einen eschatologischen Ton. Jesus rettet vor Gottes Zorn.

Ebenso bedeutsam ist die Einschmelzung älterer Tradition in *Röm 4,24f.* Die Urchristen glauben, verlautet da, an den Gott, „der Jesus auferweckte" (24), den Jesus, „der [...] auferweckt wurde (aufwachte) wegen der sich an uns tätig vollziehenden Gerechtigkeit" (25; „dikaiōsis" als Nomen actionis übersetzt). Die Auferweckung setzt demnach die ausstrahlende Gerechtigkeit des Herrn in Kraft (vgl. Jes 51,5). Ihr wächst zu, dass Gott rettet, indem er in seinem helfenden und bergenden Recht ausgreift.

Der harte Übergang zwischen den Versen spricht für die Aufnahme einer eigenen Tradition in v.25. Die Nähe zur Gerechtigkeitstheologie des Paulus verweist für die Genese in dessen Umkreis. Ein Blick auf Qumran bestätigt die Besonderheit. Denn 1QH 15,14ff gibt den Gerechten in Gottes schaffende (!) Hand. Nur von Gott (nicht durch menschliche Kraft) sei er geschaffen, bestimmt zu ewiger Rettung und Frieden, heißt es. Röm 4,25 verschiebt den Blickwinkel: Nicht eine vorgängige Schöpfung bestimmt, sondern Jesu Auferweckung gewährt eschatologischen, end-gültigen, Grund.[82]

---

[80] Irenäus, adv. haer. II 24,2; Augustin, serm. 299,6 usw.; Varianten ab EvPhil NHC II 62,13f.

[81] Die Stelle keine eigenständige Formel, wie man früher annahm: vgl. *T. Holtz*, Der erste Brief an die Thessalonicher, EKK 13, Neukirchen 1986, 54ff; *Merklein* 1987*, 238ff; *Klumbies* (Anm. 44) 137–148.

[82] Andere Akzente bei *Stuhlmacher* 1992*, 170,296. Quellen zum Qumran-Kontext (Vorausbestimmung des Schöpfers) bei *H. Ringgren*, br' IV, ThWAT I 777.

Markant schmilzt Paulus die Impulse in den Fortgang des Röm ein. In *Röm 7* beschreibt er die Existenz des Menschen vor der Begegnung mit Jesus Christus. Schuld und Tod greifen nach ihr. Erschreckend erfährt das Ich das. „Ich unglückseliger Mensch, wer wird mich retten [...]?“, aktualisiert es die Vergangenheit im Aufschrei (v.24), bevor es wie im Umbruch eines Klagepsalms erfährt: Es kann Gott durch Jesus Christus, den erhöhten Herrn danken (v.25). Das hängt nicht an der Etymologie des Rettens in „Jesus“ und gewinnt gleichwohl durch sie an Durchsichtigkeit.

Parallel weiten sich Rettungsmotivik und Prädikation Jesu. Das Sterben des „Gesalbten“ (Christi) „für“ und die Macht des Herrn gehen mit ein (vgl. Röm 5,8ff nach 5,1). Die eingangs zitierte Stelle *Röm 10,9*, gerettet werde, wer Jesus, den Auferweckten, als Herrn bekenne, setzt die Linie fort.

Den Höhepunkt erreicht die Aussagereihe in *Röm 11,26*, dem Abschluss der Kapitel über Gottes Gerechtigkeit und Israel (Röm 9–11). Vorab stieß Paulus zur Rettung eines Restes Israels vor (9,27ff nach Jes 10,22f u.a.). Jetzt vertieft er. Er findet in der Schrift die Zusage, der Herr (Gott) komme als Erlöser für Zion, Zions wegen (Jes 59,20 MT / LXX). „Er wird kommen“, zitiert er im Futur der LXX. Statt „wegen Zions“ schreibt er „aus Zion“.[83] Damit kann „der Rettende“ nicht mehr unmittelbar auf Gott bezogen werden. Das innere Subjekt wird Jesus, an dem Gott sich als Retter erweist. Er wird das, wenn wir die Semantik des Namens beachten, sogar in unmittelbarer sprachlicher Verdichtung. Paulus braucht daher „der Herr Jesus Christus“ nicht mehr voranzustellen. Das rettende Handeln Gottes in Jesus bis zum Ende ist in seiner Theologie so gründlich vorbereitet, dass die Evokation genügt. Umgekehrt ergibt sich: Wenn Jesus (Jesus Christus, der Herr) Gottes Handeln anzeigt, gestattet das als letztes Wort einer Theologie zu seinem Volk Israel nur das Stichwort Rettung.

Die Argumentation in Röm 9–11 ist damit selbstredend nicht erschöpft. Die Rettungsmotivik in der paulinischen Christologie beschränkt sich nicht auf Assoziationen um „Jesus“, und die Namensetymologie begründet nicht die Schritte der Kapitel. Die Nähe im Sprachklang erklärt aber, warum Paulus sein Zitat mit keinem christologischen Namen einführen muss. Sein Sprachbewusstsein bestätigt sich.[84]

Vielleicht ist die Ansage nicht auf den Auferstandenen und Kommenden einzuengen. Hätte Paulus beim Retter aus Zion den irdischen Jesus mit im Blick, schlösse sich der Kreis zum Hinweis auf den Christus nach dem Fleisch Röm 9,5. Die Spannung, wie es mit Israel stehe, ginge in die Spannung des Handelns Gottes seit dem irdischen Jesus über. Die Future „ganz Israel wird gerettet werden“ und „er wird kommen“ in v.26 wären jedoch unterschiedlich zu deuten.

So oder so bleibt exegetisch keine Möglichkeit, über unsere Stelle Gottes eschatologisches Handeln für Israel neben Jesus zu verankern. Nur die Er-Aussagen in v.26b und die

---

[83] Vielleicht schon nach einer Vorlage: vgl. *B. Schaller*: De Septuaginta. FS J.W. Wevers, Mississauga 1984, 201–206; *F. Wilk*, Die Bedeutung des Jesajabuches für Paulus, Diss. theol. Jena 1995, 28f (dort 136–140 zu Röm 9,27ff).

[84] Ohne dass wir direkte Hebräischkenntnisse voraussetzen müssten, wie Apg 21,40;22,2 sie annimmt: In der antiken Onomastik transponieren Namen Bedeutungen auch über Sprachgrenzen hinweg.

Ich-Aussage in v.27b sind zu unterscheiden, nicht das ganze Mischzitat in 11,26f (s. noch Jer 31,33f; Jes 27,9) auf Gottes Ich zu beziehen. Paulus wahrt Gottes Souveränität, ohne eine Sonderargumentation zu Israel neben Jesus zu entwickeln. Allerdings zwingt das Verständnis Jesu und der Schrift ihn zu einem ganz anderen Tonfall als im frühen 1 Thess 2,14ff. Zuwendung löst die dortige Kritik ab. Diese Modifikation, nicht die Eröffnung eines Sonderweges neben der Christologie ist entscheidend für das christlich-jüdische Gespräch.[85]

Durch Paulus kommt das Motiv der Rettung in seinen Gemeinden zu breiter Geltung.

Die theologischen Bezüge weiten sich. Der *2 Thess* überführt die Erwählungstheologie des 1 Thess in eine triadische Struktur: Gottes Erwählung zielt auf Rettung in der Heiligung des Geistes, in die er zum Erwerb der Herrlichkeit Jesu Christi berief (2,13f).[86] Die *Past* kombinieren das Motiv verstärkt mit dem Kyriosprädikat: Der erhöhte Herr (Kyrios) rettet Paulus aus den ihm drohenden Gefahren und wird ihn weiter retten, bis er ihn in sein himmlisches Reich führt (2 Tim 3,11;4,17f).

Lukas verdanken wir eine Integration der Wurzeln beim irdischen Wirken Jesu und beim Ostergeschehen. Schon bevor er im Lk die rettende Tätigkeit des irdischen Menschensohns skizziert, dehnt die Heilsvision Simeons Jesu Licht auf alle Völker aus (Lk 2,32). Die Apg ordnet Paulus diesem Bogen zu (Apg 13,47). Ihr Paulus bezeugt, wie Christus als Erstling aus der Auferstehung der Toten dem Volk und den Völkern Licht verkündet (Apg 26,23). Dank der Auferstehung konstituiert das apostolische, christologische Wort (13,26) einen Weg der Rettung (16,17).

Soteriologie umgibt damit das Leiden Jesu. Das Licht des Auferstandenen gilt zuerst „dem Volk", nach Lk 2,32 Israel. Die lukanische Soteriologie lässt vor wie nach Ostern nicht von Israel, ein Erbe des Paulus, das in der Auslegung noch aufzudecken ist (vgl. 3.5.4). Bei der Leidensaussage dagegen verfährt Apg 26,23a unpaulinisch und macht keine soteriologische Ergänzung. Christi Leiden in sich behält, kennzeichnend für die lukanische Christologie, ungeschützte Härte.

Genug: Die Auferweckung Jesu baut über Generationen hin ausgedehnte soteriologische Brücken. Sie beansprucht die Gegenwart für Gottes Recht und die Ausbreitung heilvollen Lichts. Vorwärts geleitet sie zur Rettung vor Gottes Zorn und dem Tod am Ende.

Den Kontrast bietet ein anderer Jesus des 1.Jh., dessen Grabschrift erhalten blieb (CIJ 1511): „Beklagt alle zugleich ‚Jesus Missgünstig'", fordert er. Mit dem Tod setzt sich

---

[85] Mit dem Gesalbtenprädikat setzt sich das fort (Röm 15,7–13; vgl. 3.8.5). Aus der Diskussion: *U. Luz*, Das Geschichtsverständnis des Paulus, BEvTh 49, München 1968, 294f; *D. Zeller*, Juden und Heiden in der Theologie des Paulus, FzB 1, Stuttgart 1973, 245ff; *D. Sänger*, Die Verkündigung des Gekreuzigten und Israel, WUNT 75, Tübingen 1994, 194ff; *W. Kraus*, Das Volk Gottes, WUNT 85, Tübingen 1996, 318ff.

[86] In der Struktur über 1 Thess 5,8f hinaus. Eine triadische Taufformel ließ sich aus der Stelle nicht rekonstruieren, aber ein Bezug zur Taufe bleibt wahrscheinlich. Vgl. *O. Merk*, Überlegungen zu 2 Thess 2,13–17: Nach den Anfängen fragen. FS G. Dautzenberg, Gießen 1994, 405–414.

bei ihm gegen den Namen „Gott hilft" die Missgunst durch, die die Antike mit Toten(geistern) verband. Der Name, der sich im Tod nicht bewährt, wird zur schmerzlichen Ironie.[87] Derart unterscheidet sich ein Jesus vom anderen. Dass sich in dem einen Jesus, dem des Neuen Testaments, Gottes rettende Kraft zeigt, ist eine parallelenlose Erfahrung.

2.7.4 Die Vielfalt der Aussagen drängt zur Stilisierung im Begriff. Eine Vorlage dafür ist vorhanden: Israel hieß seinen Gott schon länger Retter (Jes 12,2 usw.). Außerdem gab es das Attribut gelegentlich ihm von Gott geschenkten Gestalten, namentlich den Rettern der Richterzeit (Ri 3,9.15; 2 Esr 19,27). Das Christusprädikat des *Retters („sōtēr")* liegt deshalb in der Luft.[88]

Trotzdem begegnet das Attribut im Urchristentum um Jahrzehnte verzögert, erstmals Phil 3,20. Zum Namen für den Irdischen wird es nochmals später und nur partiell (auch Lk 2,11 bereitet das nur vor). Das löste die Vermutung aus, das Urchristentum zögere wegen der gleich zu besprechenden paganen Konkurrenz. Die skizzierten Beobachtungen legen das nicht nahe. Ihnen nach wurde Jesus sehr rasch als rettende Person begriffen. Doch vorderhand trug der semantische Name „Jesus" die Aussage. Des selbständigen griechischen Nomens bedurften die Gemeinden erst, als sie sich vom sprachlichen Ursprung entfernten. Nuancen und Wortspiele zum Namen kamen zuerst auf. Nur allmählich ergänzte das griechische Prädikat die Namenssemantik und soteriologische Reflexion. Die späte Genese verweist also nicht auf eine späte Aussage, sondern auf die erst späte Notwendigkeit, eine alte Aussage in einem eigenen Attribut zu verdichten.

Der *Beginn in Phil 3,20* bestätigt das Gewicht der Ostererfahrung (und damit den Ort unseres Abschnitts): Die Gemeinde erwartet den Erhöhten, den Herrn Jesus Christus, als *eschatologischen Retter* aus den Himmeln. Religionsgeschichtlich trifft dieser Einsatz in eine Lücke. Die Städte und Staaten des Mittelmeerraums ehrten die, die ihnen wohltaten, seit Jahrhunderten mit unserem Prädikat, einzelne, die Herrscher und die Kaiser. Ausschlaggebend war dabei aber nicht eschatologische Hilfe, sondern die Wohltat, die sie anschaulich und gegenwärtig leisteten. Die eschatologische Rettung aus den Himmeln, von der Phil 3,20 spricht, hat auf den Retter-Inschriften der Zeit keine Parallele.

Die Gemeinde setzt damit den Impuls von 1 Thess 1,10 fort und nützt die Selbständigkeit, auf die es schon Israel bei seiner Übernahme des Prädikats ankam: Der eine Gott, der „aus dem Himmel" hörte, habe die Retter geschenkt (LXX 2 Esr 19,27). Sie gewinnt ein Gemeinwesen, das vom Himmel ausgreift, ohne darüber in einen unmittelbaren Konflikt mit dem Kult der rettenden Herrscher auf Erden einzutreten. Durch den Namen Jesus wahrt sie in der dichten Formulierung die Naht zwischen den Sprachen. Paulus könnte auf einen neben ihm geprägten Satz zugreifen.[89]

Das Neue Testament erwähnt keinen „Retter" aus der Geschichte und Religion der Völker. Sogar den Bezug auf Gestalten der vergangenen oder gegenwär-

---

[87] van der *Horst* (s. 2.3) 155 entschärft unnötig.
[88] Überblicke und Forschungsthesen bei *Berge****, *Kasper****, *Cuss****, *Spicq****.
[89] Weiteres *P. Pilhofer*, Philippi I, WUNT 87, Tübingen 1995, 127–134 u.a.

tigen Geschichte Israels (die Richter etc.) meidet es.[90] Das ist zunächst weniger ein Zeichen gezielter Distanz zur Umwelt als Indiz einer grundlegenden innertheologischen Entscheidung: Strikt *das Prädikat des einen Gottes macht es für die Christologie zum Maßstab* (von Lk 1,47 bis Jud 25). Die Christologie ist aus dem rettenden Tun des einen Gottes zu verstehen und zu entwickeln.

Seine Höhepunkte erreicht das Neue Testament, wo es diesen Maßstab *mit Impulsen der Umwelt integriert.* Dann nämlich entsteht ein bemerkenswertes Spannungsfeld um die gegenwärtige, irdische Zuwendung und Herrschaft Jesu, der Gottes Rettung bringt. Die zweite / dritte christliche Generation führt das in verschiedenen Schattierungen aus:

Die *Past* expandieren die griechische Tradition des erlebten *Wohltäters*, um die Menschenfreundlichkeit Christi, des Retters, in der hellenistischen Gesellschaft zu verankern (1 Tim 6,14; 2 Tim 1,10;4,1.8; Tit 2,13;3,4). Der eine Gott ist – beginnen sie – Retter (1 Tim 1,1 u.ö.; vgl. 2 Tim 1,9 u.ö.). Er macht das durch die Erscheinung Christi Jesu, des Retters offenkundig (2 Tim 1,10 etc.) und erschließt sich in ihm vor der Welt als universaler Heilsgott. Die Rettung der Sünder, zu der Jesus Christus in die Welt kam (1 Tim 1,15), konkretisiert die Wohltat gegen die Schuld der Menschen. Die Gemeinde erlebt das und wartet auf den glücklichen, herrlichen Abschluss. Sie erfährt Gottes Epiphanie an Jesus Christus und überträgt deshalb die Gottes- und die Retteraussage am Ende auf ihn (Tit 2,13). Die Past vertreten eine markante Epiphanie- und Retterchristologie, die zu Unrecht bis vor kurzem wenig Aufmerksamkeit fand.

Lang stand sie im Schatten der vielen Traditionsaufnahmen; man denke nur an die bekannten Formeln in 1 Tim 2,5f und 3,16. Jüngst wird vermehrt gewürdigt, wie eigenständig die Past ihre Verpflichtung an die Überlieferung wahrnehmen. Sie stimmen ihre Traditionen auf einen theologischen Entwurf für ihre Gegenwart ab, der um unser Motiv des epiphanen Retters kreist. Tit 2,13 bietet in der Verschränkung der hellenistischen Retter- und Epiphanietradition mit dem Verständnis des einen Gottes schließlich eine Spitzenaussage theologischer Christologie im Neuen Testament: Der Artikelsetzung nach bezieht sich „Gott" („theos") und „Retter" („sōtēr") auf Jesus Christus. Jesus Christus ist also „großer Gott und Retter". Er ist das nach dem beschriebenen Gefälle aus der Selbstäußerung des einen Gottes heraus.[91]

Bei *Lukas* wächst das Prädikat zum Irdischen zurück. Bereits der Geburtsort Jesu deutet unter dem Gewand jüdischer Tradition eine ausgreifende *Herrschaft* des „Retters" an (Lk 2,11). Lukas nähert sich herausfordernd der Herrschaftsterminologie der Umwelt. Das nötigt ihn zur Abgrenzung in Apg 4,12, in keinem anderen gebe es Rettung. Lukas ist, so vorsichtig er schreibt, keinesfalls ein nur apologetischer Theologe in seiner Zeit.

Um das *Joh* zu verstehen, müssen wir noch einmal ausholen: Antike Kosmologie nannte den höchsten, grundlegenden Gott „Erzeuger" und „Retter von al-

[90] Vgl. dagegen die Erneuerung des Prädikats für Simon bar Giora laut Josephus, bell. 4,573ff.

[91] Zur Diskussion *Hasler****; *Oberlinner****; *Marshall* 1988***, 1996***; *Läger****; *Lau**** (243–250 zu Tit 2,13).

lem" im Sinne des Erhalters (Pseudo-Aristoteles, peri kosmou 397B). Das stellte ihn vor alle irdischen Herrscher und Wohltäter. Philo übertrug es jüdisch auf den einen Gott, den „Erzeuger, Vater und rettenden Erhalter (sōtēr) der Welt" (spec. 2,198). Allmählich hob dann der Kaiserkult im 1.Jh. den Unterschied der Herrscher zum höchsten Gott auf. Einzelne und Städte erachteten die Wohltaten der Kaiser so hoch, dass sie sie „Retter der Welt" zu nennen begannen.

Der Kaiserkult erreichte die Formel nach Vorbereitung seit Cäsar punktuell ab Claudius („sōtēr tou kosmou" IG II 2, 3273 zwischen 49 und 53). Wahrscheinlich an Domitian (der Name ist radiert) richtet sich eine Inschrift aus Limyris (Kleinasien; IGRR III 729). In einer Zerstörungslücke aus der Titelreihe des Kaisers kann dort „Retter" rekonstruiert werden; das folgende „der Welt" ist erhalten. Verbreiteter werden die Belege unter Hadrian.[92]

Das Joh gewinnt angesichts dessen seinen Gipfel der Retter-Christologie: Vor Sebaste (Samaria), der wichtigsten Stätte des Kaiserkultes in Palästina, nennt es Jesus „wahrhaft Retter der Welt" (4,42). Ausgangspunkt ist das Prädikat des einen Gottes. Gottes kosmische Ausstrahlung zeigt sich in Jesus. Ja, sie kommt ihm „in Wahrheit" zu. Das kritisiert zugleich den Kosmos. Implizit grenzt es Jesus von jedem Kaiser oder paganen Gott ab, der als Retter geehrt werden mag. Ein theologisches, kein politisches Anliegen steht im Vordergrund, wie *1 Joh 4,14* bestätigt. Die mittelbare politische Relevanz ist aber ebenso wenig wie bei Lukas zu leugnen.

Spät erwachsen, wird „Retter" mithin ab der zweiten christlichen Generation zu einem wesentlichen Attribut Jesu. Es bündelt Gottes rettendes, machtvolles Eingreifen in Jesus von seinem irdischen Wirken bis zum eschatologischen Gericht. Vor aller Welt stellt es das kritisch, anspruchs- und verheißungsvoll heraus. Die Gemeinde erfährt Christi Zuwendung und orientiert sich an ihr (vgl. noch Eph 5,23). Sie konzentriert das Prädikat theonom. Schlussendlich spricht sie vom Retter Jesus Christus direkt als „Gott" („theos"). Neben Tit 2,13 ist das späteste Zeugnis im Neuen Testament, 2 Petr 1,1, so zu lesen („unser Gott und Retter Jesus Christus").[93]

Der Dichte der Belege nach läge beim *2 Petr* neben den Past der Schwerpunkt des Attributs. Der machtvolle, gegenwärtige und eschatologische Herr und Retter löst dort aus dem Schmutz der Welt. Er bindet ein in den Glauben und die Erkenntnis des Göttlichen. Er setzt eine Norm, die bis zum Ende – Gericht, Weltenbrand und Ewigkeit – trägt (1,1.11;2,20;3,2.18 in Verbindung mit 1,4;3,3–17). Die eigenwillige Kosmologie, die der 2 Petr um der eschatologischen Vergewisserung willen in bedenklicher Zeit entwirft, bremst die Anziehungskraft dessen.

2.7.5 Das semantische Gewicht begründet die nachhaltige *Wirkung* des Prädikats, auch wenn seine Verbreitung etwas dauert.

---

[92] Für Inschriftenhinweise danke ich Frau B. Ziegler. Weiteres *C.R. Koester*, „The Savior of the World" (Joh 4:42), JBL 109, 1990, 665–680.

[93] Wegen der Artikelsetzung und der Parallele zum christologischen „unser Herr und Retter" 1,11 u.ö. Vgl. *A. Vögtle*, Der Judasbrief. Der zweite Petrusbrief, EKK 22, Neukirchen 1994, 133 u.a.

Bei den apostolischen Vätern finden wir außer Ignatius (bes. IgnPhld 9,2 und IgnSm 7,1) noch kaum Belege (Did, Barn und Herm schweigen). Der 1 Clem spricht nur von Gott als Retter. Der 2 Petr sticht also in seiner Zeit hervor. Danach jedoch setzt sich unser Prädikat breit durch: Jesus-Tradition wird vom späten 2. bis 4.Jh. mehrfach Sōtēr-Erzählgut (PapOxyrh VIII 1081,27; Justin, dial. 8,2 etc.) und Sōtēr (Retter) Eigenname. Dieser stabilisiert sich bis zu den Quellen von Nag Hammadi.[94]

Die Bedeutung erhöht sich in der kirchlichen Konkurrenz zum Retter Asklepios noch einmal (vgl. 4.7.8). Im berühmten Akrostichon IXΘYC, „Iēsūs Christos Theou Hyios Sōtēr" (Jesus Christus, Gottes Sohn, Retter), das in Inschriften wie dem Symbol des Fisches seinen Siegeszug antritt, wird unser „Retter" zum Schlussglied. Bei Origenes führt die Kraft, die dem Retter eignet, zur christologischen Deutung und Steigerung von Ps 24,10: Der Retter ist Allherrscher (Origenes, PG 17, 116B). Ewig wird er vom Vater gezeugt (Origenes, hom. in Jer. IX 4). Die trinitarische Diskussion des 4.Jh.s hebt darauf neben der Retterfunktion des Inkarnierten hervor, dass es nur einen Retter gebe, den dreieinigen Gott, (Athanasius, exp.fid. 3 MPG 25,205AB; Gregor von Nyssa, MPG 45, 129 BC).

Nicht alle Tonfarben der Alten Kirche sind unproblematisch. Die christlichen Interpolationen in TestXII färben „Retter der Welt" antijüdisch (TestLev 10,2;14,2–4a). Anderswo treten Rettungsmittler zur Seite (in Clemens Al., GCS 3, 141,14 die Apostel). Mit der Durchsetzung des Christentums unter Konstantin wird vorübergehend gegen das Neue Testament der Kaiser „wie ein Erlöser, Retter und Wohltäter" gepriesen (Euseb, h.e. 9, 9,9).

Über die Vermittlung des Lateinischen[95] und Gotischen („Heliand") entsteht die deutsche Lehnübersetzung *Heiland.* Sie überträgt die griechische Stammbildung – „der, der" im Einbrechen von Gottes Ende „gesund, ganz und wohlbehalten (altdeutsch: heil) macht" – recht genau. Luther bringt sie zu größter Verbreitung.

Die protestantische Orthodoxie benützt zur wissenschaftlichen Sprachbildung wieder das Griechische. Ihr Begriff „Soteropoiia" bekommt indirekt Zukunft: Die Variante *Soteriologie* markiert seit dem 19.Jh. die Aspekte der Theologie um die Zuwendung Gottes in Christus. Vom Retterprädikat und Rettungsgeschehen in Christus geht eine der wesentlichsten modernen Gliederungen der Theologie aus.

Apg 4,12 wird außerdem eine Nahtstelle für die These, außerhalb der Kirche gebe es kein Heil. Die Struktur des Satzes ist aber genauer zu lesen. Sie verknüpft die Abgrenzung des Christusgeschehens gegen andere Heilsträger in der Welt mit einer kühnen Wende des „Muss", das uns beim Leiden Jesu begegnen wird (Lk 9,22 etc.): Es wandelt sich zum „Muss", dass wir im Namen Christi gerettet werden. Ziel ist also die Vergewisserung, die Rettung in Christus sei unantastbar. Der Satz bildet eine christologische, keine ekklesiologische These. Er lenkt zu keiner Ausgrenzung, sondern zum Licht von Apg 26,23.

---

[94] Die Sōtēr deshalb oft griechisch erhalten, während sie die Kontexte ins Koptische übersetzen (NHC I 1,23.32 usw.); Belege bei *F. Siegert*, Nag-Hammadi-Register, WUNT 26, Tübingen 1982, 309f.

[95] An das die Salvatorkirchen erinnern.

Angesichts der Wirkungsgeschichte verblüfft die geringe heutige Bekanntheit des Prädikats. Ihren wichtigsten Grund hat sie wohl in der Veraltung von Luthers Übersetzung: Seit Generationen schwindet die Sprachkraft von „Heiland". Die Änderung des Namenbewusstseins in der Neuzeit und die Begriffsverschlechterung in der ersten Hälfte des 20.Jh.s kommen hinzu.[96] Korrekturen sind also nötig. Die Übersetzung „Retter", die ich mit der Mehrheit der derzeitigen Literatur wählte, ist ein Behelf. Denn sie verschiebt den Ton im Stamm (der Wurzel „hredd") auf den Entreißer und Befreier (aus gottfeindlichen Mächten). Ein linguistisch ferneres Wort muss die ältere Sachaussage übernehmen. Es betritt die Konkurrenz zu den vielen Rettungen, die seit der Aufklärung oft einen anti-idealistischen und anti-theologischen Klang haben.[97] Wir müssen um unser Attribut unter den Bedingungen der Gegenwart neu ringen.

2.8 Das Gefüge um die Auferweckung

Lit.: s.o.; *K. Backhaus*, Der Neue Bund und das Werden der Kirche. Die Diatheke-Deutung des Hebräerbriefs, NTA.NF 29, Münster 1996; *G.R. Beasley-Murray*, Resurrection and Parousia of the Son of Man, TynB 42, 1991, 296–309; *J. Becker*, Auferstehung der Toten im Urchristentum, SBS 82, Stuttgart 1976; *W.J. Dalton*, Christ's proclamation to the Spirits: A Study of 1 Peter 3:18–4:6, AnBib 23, Rom ²1989; *T. Callan*, Psalm 110:1 and the Origin of the Expectation that Jesus will Come Again, CBQ 44, 1982, 622–636; *J. Fossum*, The Image of the Invisible God, NTOA 30, Göttingen 1995; *T.F. Glasson*, Theophany and Parousia, NTS 34, 1988, 259–270; *M. Gourgues*, A la Droite de Dieu [...], EtB, Paris 1978; *J. Habermann*, Präexistenzaussagen im Neuen Testament, EHS.T 362, Frankfurt a.M. 1990; *L. Hartman*, „Auf den Namen des Herrn Jesus". Die Taufe in den neutestamentlichen Schriften, SBS 148, Stuttgart 1992; *M. Hengel*, „Setze dich zu meiner Rechten!" Die Inthronisation Christi zur Rechten Gottes und Psalm 110,1: M. Philonenko ed., Le Trône de Dieu, WUNT 69, 1993, 108–194; *P. Hoffmann*, Die Toten in Christus, NTA.NS 2, Münster ²1969; *J. Holleman*, Resurrection and Parousia, NT.S 84, Leiden 1996; *R. Hoppe*, Der Triumph des Kreuzes. Studien zum Verhältnis des Kol zur paulinischen Kreuzestheologie, SBB 28, Stuttgart 1994; *O. Kaiser / E. Lohse*, Tod und Leben, BiKon 1001, Stuttgart 1977; *M. Karrer*, Fülle Gottes und der Zeiten: A. Bsteh ed., Christlicher Glaube in der Begegnung mit dem Islam, Stud. zur Religionstheol. 2, Mödling 1996, 139–162; *E. Larsson*, The Resurrection of Jesus and the Rise of Christology: Texts and Contexts. FS L. Hartman, Oslo 1995, 623–647; *A. Lindemann*, Paulus und die korinthische Eschatologie, NTS 37, 1991, 373–399; *W.R.G. Loader*, Christ at the Right Hand: Ps CX,1 in the New Testament, NTS 24, 1978, 199–217; *ders.*, Sohn und Hoherpriester, WMANT 53, Neukirchen 1981; *W. Radl*, Ankunft des Herrn, BET 15, Frankfurt a.M. 1981; *A. Reichert*, Eine urchristliche Praeparatio ad Martyrium, BET 22, Frankfurt a.M. 1989; *H.-H. Schade*, Apokalyptische Christologie bei Paulus, GTA 18, Göttingen ²1984; *U. Schnelle*, Wandlun-

[96] Samt dem nationalistischen Missbrauch (*W. Erbt*, Jesus, der Heiland aus nordischem Blute und Mute, Stuttgart 1926 u.v.a.). Aufgrund der Sprachgeschichte seit dem „Heliand" galt „Heiland" vielen als spezifisch deutsch. Pietistische Tradition verhinderte aber eine gänzliche Usurpation (vgl. *K. Refer*, Die Aufgabe einer deutschen Bibelübersetzung, Kommende Kirche 12, 13.12.1936).

[97] Vgl. *R. Tiedemann*, Rettung II, HWP 8, 1992, 938–942.

gen im paulinischen Denken, SBS 137, Stuttgart 1989; *W. Stenger*, Der Christushymnus 1 Tim 3,16, RSTh 6, Frankfurt a.M. 1977; *W. Thüsing*, Erhöhungsvorstellung und Parusieerwartung in der ältesten nachösterlichen Christologie, SBS 42 Stuttgart 1969; *ders.*, Die Erhöhung und Verherrlichung Jesu im Johannesevangelium, NTA 21, 1/2 Münster ³1979; *N. Walter*, Geschichte und Mythos in der urchristlichen Präexistenzchristologie: H.H. Schmid ed., Mythos und Rationalität, Gütersloh 1988, 224–234 (wieder 1997 [s. 2.1], 281–292).

Dem Wirken Gottes gemäß, breitet sich in eine Fülle von Richtungen aus, dass Jesus der Auferweckte ist. Viele Züge der Christologie lagern sich *um* die Auferweckung, ohne dass wir sie Christologie *der* Auferweckung nennen dürften. Eine historische Ordnung dieser Aspekte ist schwer. Ich gliedere sie thematisch. Jüngere Aussagen der Quellen gelangen dadurch gewichtig mit zum Zug:

2.8.1 Eng sind seit 1 Kor 15,3f die Maschen zwischen *Tod und Auferstehung Jesu*. Den alten Horizont, dass Gott sich in der Auferweckung zum Getöteten bekennt, sahen wir. Schwieriger ist zu artikulieren, dass dem Tod dank Gottes Wirken eine Priorität für die innere Beschreibung der Auferstehung Jesu zukomme. Wir müssen bis zum Hebr harren, um eine bedeutende Formulierung zu finden. Und noch der Hebr wartet, bis die Leser / Leserinnen die Vorgaben seiner Theologie kennen: die überwältigende Erhöhung Jesu (1,3.13 u.ö.), die Umschreibung seines Todes mit dem Blut des Opfers, das er selbst priesterlich darbringt (9,14 u.ö.) und die Deutung dieses Blutes als Blut des Bundes (10,29), der das Bundesschließen Gottes rekapituliert (vgl. Ex 24,6 usw.). Erst am Ende, in *Hebr 13,20*, passt er die Auferstehungsaussage unmittelbar in die Dynamik des Todesgeschehens ein: Gott sei der, der den Hirten Jesus „aus Toten herauf (oder „hinauf") führe [...] im Blut ewigen Bundes". Die Auferstehung verlässt demnach das Blut des Todes nicht, sondern geschieht in ihm. *Der Tod Jesu begegnet in der Auferstehung*. Er *gibt ihr und ihrer Bewegung zur Erhöhung Grund*, eine Dichte der Formulierung, die außerordentlich schwer aufzulösen ist.[98]

2.8.2 Eine weitere Spur führt vor den Irdischen zurück. Im Hymnus[99] von *Kol 1,15–20* verknüpft die Gemeinde Jesu Erstgeburt aus den Toten mit dem Anfang alles Seins, mit *Präexistenz und Schöpfung*.

Das verdient um so mehr Aufmerksamkeit, als wir kaum ältere Präexistenz-Texte haben. Allerdings ist Präexistenz ein schillernder Begriff. Er umfasst alle Schritte zurück vor die irdische Existenz Jesu, ein geschichtliches Wirken Christi vor seiner Menschwerdung, sein Wirken bei der Grundlegung der Schöpfung und ein Nachdenken darüber aus der Gottheit Gottes (vgl. 4.11.1/2). In jedem Falle widersteht Kol 1,15–20 einer derzeitigen Forschungstendenz, die Präexistenz aus der ersten und beginnenden zweiten christlichen Generation zu trennen:[100]

---

[98] Vgl. *Loader* 1981***, 49–54; *Backhaus**** 222ff und die Kommentare. Das „Hinauf" zur Erhöhung klingt in der Phrase „aus Toten führen" mit (neben anderen Traditionen: vgl. LXX Ps 80,11; Röm 10,7).

[99] Diese Formbestimmung ist unscharf, aber nicht durch eine konsensfähige Alternative abgelöst.

[100] Anders *Dunn* ²1992* (zu Kol 187–194); Forschungsgeschichte *Habermann**** 22–85.

Die Auferweckung interessiert, konsequent in der antiken Religionsgeschichte, nicht als Durchbrechung der Ordnung – heute müssten wir sagen, der Gesetze – von Natur und Geschichte. Der Auferweckte beschäftigt vielmehr als *Basis* für diese, als ein grundsätzlicher Anfang, der aus der *Fülle Gottes* für alles Struktur setzt (Kol 1,18b). Vollziehen wir den Gedankengang kurz nach: Strukturen – Ordnungen und Naturgesetze – gehen nach dem weisheitlich-philosophischen Denken um die Zeitenwende der geschichtlichen Faktizität mit allem Erschaffenen voraus. Den Erstgeborenen aus den Toten mögen wir daher in der Geschichte sehen. Als Struktur für die Geschichte gehört er nicht unter ihre Phänomene, sondern vor ihren Ursprung. v.18b und v.15 beziehen sich aufeinander: „Der Ebenbild des unsichtbaren Gottes, Erstgeborener aller Schöpfung … ist, der ist Anfang, Erstgeborener aus den Toten …“ Die Präexistenz Christi hat einen Bezug in der Auferstehung und die Auferstehung eine Wurzel in der Präexistenz.

Je nach Blickwinkel ist der Erstgeborene in v.15 der Schöpfung zuzuordnen (was die Präexistenz einschränkt) oder dem unsichtbaren Gott. Der Ausdruck „Ebenbild“ gibt der Schwebe einen besonderen Ton. Adam-Spekulation (vgl. Gen 1,26) spielt an unserer Stelle nur eine untergeordnete Rolle. Ein weisheitlich gedachtes „Urbild“ überlagert sie, das die Schöpfung vor ihrer Materialisierung strukturiert (vgl. Weish 7,26; Philo, leg. all. I 43). Sogar eine mystische Vertiefung ist denkbar, die Gottes Erscheinung gleich dem Aussehen eines Menschen aus Ez 1,26 mit dem philosophischen Erbe der Idee des Menschen (Plato, Parm. 130C; griechisch derselbe Ausdruck) und einer Spekulation über den Kosmos als Leib der Gottheit verbindet. Der Ebenbildliche vermittelte dann als Äußerungsform der Gottheit ihren Glanz aus dem Immateriellen heraus.[101]

Der universale Anfang kommt, auch wenn er zunächst unabhängig formuliert sein sollte, mit den vv.18b-20 zur letzten Entfaltung. Der Erstgeborene verweist auf die Gründung der Schöpfung und auf das, was an ihr geschehen soll. Er ist Ebenbild Gottes und bietet damit die uneingeschränkte Gewähr, dass material sichtbar wird, was der unsichtbare Gott durch ihn bestimmt (v.15a). Das gelangt mit der soteriologischen Deutung der Auferweckung zum Höhepunkt. Denn der Fluchtpunkt ihrer Struktur ist die universale Versöhnung. Sie bringt den Kosmos weg von seinen vorliegenden Zerstörungen in die Harmonie, den Frieden der Schöpfung Gottes (v.20[102]). Kol 1,15–20 wird zu einem der großen theologischen Entwürfe des Neuen Testaments, bedeutsam bis in die heutige Religionstheologie (vgl. 3.10.5).

2.8.3 Ein dritter Faden zieht sich zu *Erhöhung und Verherrlichung* Jesu. Freilich warnt einiges, dort die Auferstehungssprache zu überschätzen: Die zwei Zentraltexte Phil 2,6–11 und 1 Tim 3,16 kommen ohne das Glied „er erstand / wurde auferweckt“ aus. Laut Phil 2,6–11 antwortet Gott mit der Erhöhung vielmehr

---

[101] Vgl. *Fossum**** 13–39; *Habermann**** 225–266; *Hoppe**** 146–181; *Karrer**** 148ff; *Walter**** 230ff.

[102] Erst der Verfasser des Kol integriert dort nachträglich das Kreuz.

grundsätzlich auf Jesu Niedrigkeit und Tod. In 1 Tim 3,16 beschließt „in Herrlichkeit wurde er aufgenommen" jubelnd seine Erscheinung vor den Engeln, seine Verkündigung und den Glauben im Kosmos. Beide Male steht das Ostergeschehen im Hintergrund. Aber in Verbindung mit weiteren Texten drängt sich gerade darum die Vermutung auf, *das Ostergeschehen könnte eine Zeitlang neben der Überwindung des Todes* – nach manchen gar vorrangig vor dieser – *als Einsetzung in eine Würdestellung vor Gott verstanden worden sein.* Interessant wird das nicht zuletzt dadurch, dass der besprochene Gedanke, Gott gebe Jesus mit Ostern Recht, entscheidend bei der Erhöhungsaussage ins Wort findet. Nicht in einer der Auferweckungsformeln, sondern in 1 Tim 3,16 heißt es erstmals ausdrücklich, Jesus „erhielt Recht im Wirken des Geistes".

Benannt ist das in knappster Sprache, die der Deutung Spielraum gewährt. Wer Bezüge zum Fleisch-Geist-Schema in Röm 1,3f (einer alten Formel) herstellt, wird eine Legitimation Jesu in höherer Seinssphäre nach seiner irdischen Offenbarung entdecken. Wer die Kontrastaussagen von Apg 2,36 usw. vergleicht, stößt auf eine Rechts-Antwort Gottes gegen die Rechtsverzerrung der Menschen. Wer sich mit der Knappheit des Textes bescheidet, dem / der genügt der Grundhinweis auf Jesu Bestätigung mit seiner Erhöhung.[103]

Vielleicht steht *Ps 110,1* bei der Entstehung der Erhöhungsaussage Pate. Zumindest hilft er zur Formulierung, sobald sie sich verbreitet. Die Gemeinde verbindet ihn auch mit Auferweckungsaussagen (Röm 8,34; 1 Kor 15,24f; 1 Petr 3,22). Die Zusammenfassung „er ist zur Rechten Gottes" gewinnt rasch formelnahen Charakter (Röm 8,34; 1 Petr 3,22). Der Psalm wird ein Schlüssel hoheitlicher Christologie, und der exzeptionelle Rang der Schrift für die christologische Sprache der Gemeinde bestätigt sich.

Die wichtigsten Zitate seien genannt: Mk 12,35ff nützt Ps 110,1 zur Korrektur eines Verständnisses Christi als Sohn Davids. Apg 2,34 verselbständigt den Schritt der Erhöhung. Der Hebr liest weiter zu v.4. Unser Psalm erweist ihm den himmlischen Ort Jesu, des ewigen Hohenpriesters (7,11.26 nach 1,3.13;5,6). Noch größere Wirkung zeitigt die zusammenfassende Formel „er ist zur Rechten Gottes". Sie setzt sich in den altkirchlichen Bekenntnissen zur Umschreibung der Erhöhung Christi durch (in Apostolicum wie Nicäno-Constantinopolitanum).[104]

Heute ist die anfängliche Unklarheit zwischen Auferweckung und Erhöhung kaum mehr bewusst. Das verdankt sich vor allem dem Einfluss des lukanischen Geschichtswerks. Dieses nämlich ordnet die Auferstehung und Erhöhung in klar gesonderte Stationen. *Lukas formt die plastische Abfolge Tod – Auferstehung – Erhöhung*, die in der Theologiegeschichte volkstümlich wird. Das syntaktische Gefüge seiner Stellen verrät dabei noch, dass er Traditionen kombiniert (Apg 2,31ff; vgl. 5,30f).

---

[103] Vgl. *E. Schweizer*, Neotestamentica, Zürich 1963, bes. 76; *Stenger**** 162ff; *J. Roloff*, Der Erste Brief an Timotheus, EKK 15, Neukirchen 1988, 205f; *L. Oberlinner* 1986 (s. 2.5), 92; *ders.*, Die Pastoralbriefe I, HThK 11/2,1, Freiburg 1994, 165f; *Lau* (s. 2.7) 99ff.

[104] Weiteres *Loader* 1978***; *Callan****; *Gourgues****; *Hengel****.

Mit seiner Anordnung schafft er Raum für die ihm wesentliche Himmelfahrt (vgl. 4.10.4). Das Neue Testament dominiert er mit seiner Konzeption nicht. Das Joh lagert die Erhöhung Jesu gegenläufig schon an das Kreuz (Joh 3,14;8,28;12,32.34).[105]

Ein ähnlicher Duktus von der Auferstehung zur Erhöhung zeichnet sich im *1 Petr* ab. Doch bringt er zwei beachtliche zusätzliche Nuancen ein. Er verankert die Erfahrung von Jesu Weg zur Rechten Gottes bei der *Taufe*. Zudem begleitet er sie durch einen fundamentalen *ethischen Impuls*: Jesu Auferstehung gewähre eine lebendige Hoffnung, die zur Liebe und gegen alle Bosheit verpflichte (1,21ff nach 1,3). Die Gemeinde, die auf seinen Weg zur Rechten Gottes schaut, bitte Gott deshalb durch die Taufe um ein gutes Gewissen und Mitwissen[106] mit ihrem Tun (3,21f).

Die Taufe teilt bereits laut Röm 6,4.10f den Tod für die Sünde mit. Paulus erwartet darauf aber die Gleichgestalt zu Jesu Auferstehung für die Gemeinde (6,5). Der 1 Petr hebt die Auferstehung Jesu stärker ab: Die Kombination mit der Erhöhung macht die Auferstehung zu einem alleinigen Proprium Jesu (3,21f), und tatsächlich spricht der 1 Petr allein für Jesus von einer Auferstehung aus den Toten. Den Zukunftsblick der Gemeinde umschreibt er als Leben, das Gott in seinem Geist jetzt und durchs Gericht hindurch fest gegründet gewährt (4,5f.17ff;5,10 u.ö.). Ein Moment der Naherwartung (4,7) erleichtert das.[107] Heute ist die Differenzierung freilich schwer mehr nachzuvollziehen. Die Ethisierung der Taufe im 1 Petr irritiert eher, als dass sie befriedigt.

2.8.4 Überblicken wir die Fäden, erhält das Ostergeschehen im Neuen Testament eine mehrfache Dialektik. Es bekräftigt die Geltung Jesu gegen seinen Tod, und trotzdem geleitet sein Tod das Nachdenken. Es bricht in die Geschichte ein, und gleichzeitig umgreift es sie vom Anfang bis zum Ende. Es widerfährt allein Jesus, und doch hat es rettende wie beanspruchende Konsequenzen für alle Menschen. Zum Erleben dessen bedarf es einer Gegenwart und eines Ankommens des Auferstandenen. Wir gelangen zur *Parusie*.

Unser Vorverständnis steht unter dem Schatten der Theologiegeschichte. Mittelalter und frühe Neuzeit prägten „parusia" zum Oberbegriff für die Geschehnisse der Rechts- und Herrschaftsdurchsetzung Gottes in Christus am Ende der Zeit (Wiederkunft, Gericht etc.). Der Forschungsumbruch um 1900 korrigierte: Wir müssten statt von einem globalen Konzept von einer mit Ostern aufgebrochenen Erwartung ausgehen, der (Menschensohn-) Messias komme. Die älteste Christenheit hätte auf ihn gewartet, die nächste Generation seine Züge auf den irdischen Jesus rückübertragen (abgeschlossen im Joh). Die Erwartung der Parusie und ihre Verzögerung würden ein Leitmotiv der frühchristlichen Geschichte. Allerdings war die eigentümliche österlich-hoheitliche Messiasvorstellung schwer zu sichern. Sie spielte keine so breite Rolle wie angenommen; die Schlüsselstellen (Röm 1,3f; Apg 2,36, Maranatha und Menschensohn) tragen je eigenen Charakter. Auch die Einschätzung der Parusieerwartung lockerte sich. Sie spielte vor allem in Wellen eine

105 Weiteres *Thüsing**** u. a.

106 „Syneidēsis" 3,21 ist noch nicht im Sinn unseres autonomen Gewissensbegriffs verengt; das Mitwissen Gottes (vgl. Sir 42,18 LXX Sin.) und Gewissen der Gemeinde klingt an.

107 3,7.10 usw. Lit. zur Entwicklung der Tauftheologie *Hartman**** 69–78,112–117 u. a.

Rolle und wurde nicht zum irritierenden Problem.[108] Nach dem Stand der Dinge müssen wir selbständig beim Begriff der Parusie einsetzen:

Die ältesten Bekenntnisformeln – Auferweckungsaussage wie 1 Kor 15,3ff – thematisieren sie nicht. So dokumentiert sie einen Schritt der Reflexion. *Paulus* führt den Leit-Terminus „parousia“, vielleicht angeregt durch seine Gemeinden, in die Theologie ein. Er gibt von Haus aus keine eschatologische Auskunft, sondern einen Hinweis auf Nähe. Denn er heißt wörtlich „Da-Sein“. Alle Nebenbedeutungen leiten sich davon ab. Am wichtigsten ist die des „Ankommens, um da zu sein“.[109] Bei hervorragenden Persönlichkeiten, Herrschern und Göttern nimmt sie den Charakter der Erscheinung, der Einholung und des Einzugs (in die Polis) an.[110]

All das ist innerzeitlich gedacht, und entsprechend überträgt es das Judentum in die Theologie: Die Theophanie am Sinai und Gottes machtvolle Gegenwart in der Geschichte erhalten den Namen „Parusie“ (Josephus, ant. 3,80.202f; 9,55; 18,284). Ein eschatologisches Gefälle entsteht vorneutestamentlich allenfalls punktuell aus dem Wissen, Gottes Dasein (Parusie) bringe Israel endgültig Rettung (TestXII Jud 22,2; dort eventuell interpoliert).

Die neutestamentlichen Parusie-Aussagen gehören vor diesen Hintergrund. Sie benennen das *Gegenwärtigwerden des Auferstandenen aus Gottes präsentem Raum*. Das Gefälle verschiebt sich von der Innerzeitlichkeit zum Ende, doch nicht ganz. Denn die lebendige Christuserfahrung verbietet die Gegenaussage, Jesus sei bis dahin abwesend. Paulus und sämtlichen Zeugen nach ihm vermeiden sie. Jesus ist – nach allem Gesagten notwendig – nicht einfach weg. Es steht lediglich aus, mit ihm in endgültiger, epiphaner Fülle beisammen zu sein. Seine Ankunft und Einholung als Herr hat dieses Ziel (1 Thess 4,17b).

Das Wesentliche der Parusie ist damit ihr Drängen nach Gegenwart. Sie realisiert die Gewissheit „der Herr ist nahe“ (vgl. Phil 4,5b). Deswegen korreliert ihr ab 1 Thess 4,15ff oft die *Naherwartung*. Sie spiegelt die Nähe des Raums in einer Nähe der Zeit. Die Beschreibung von 1 Thess 4,15ff vergisst aber den Raum nicht. Sie wandelt Elemente der antiken Parusie ab: das Heranschreiten des Herrn, seine Ankündigung durch Signalinstrumente, das Aufstehen zur Einholung und die Begegnung.[111]

In der Spekulation über das mit der Ankunft kommende Ende gibt es anfangs Spielraum. Es kann etwas nach der Ankunft (Parusie) Christi geben. Dann ist es indes ganz mit ihm verbunden (1 Kor 15,23f).

---

[108] Forschungsentwicklung von J. Weiss und A. Schweitzer über *E. Gräßer*, Das Problem der Parusieverzögerung in den synoptischen Evangelien und der Apostelgeschichte, Berlin ³1977 bis *K. Erlemann*, Naherwartung und Parusieverzögerung im Neuen Testament, TANZ 17, Tübingen 1995.

[109] Paulus benützt den Begriff folgerichtig zur Ansage seiner Ankunft (oder der anderer) in seinen Gemeinden (1 Kor 16,17; 2 Kor 7,6f; Phil 1,26 u.ö.). Er, der Abwesende, wird dadurch präsent.

[110] Belege zuletzt *B. Kinman*, Jesus' Entry into Jerusalem, AGJU 28, Leiden 1995, 25–47.

[111] 1 Thess 2,19;3,13 und 5,23 rahmen das: Der Herr kommt in großer Begleitung (3,13), und wer ihm begegnet, hat ohne Tadel zu sein (5,23), im Idealfall ruhmvoll bekränzt (2,19).

Paulus entwirft dort ein Lebendigwerden der Toten bei der Parusie Christi (des Gesalbten) und ein weiteres Handeln Christi. In der jüdischen Gesalbtenhoffnung finden wir den Parusiebegriff am Ende des 1.Jh. different: Der Gesalbte erscheint und kehrt nach der Zeit seines Da-Seins in die Herrlichkeit zurück. Dann werden Entschlafene aufstehen etc. (syr Bar 29,3ff;30,1). Paulus konzentriert die Erwartungen christologisch in neuer Weise.[112]

Das Danach schrumpft rasch. Bereits in 1 Kor 1,7f geht der Tag des Herrn in die erwartete Offenbarung Jesu, eine Parallelaussage zur Parusie, ein und eröffnet ihr den Zugang zu Gerichtsmotivik.[113] In einer der paulinischen Gemeinden intensiviert sich die Erwartung über Paulus hinaus zur Überzeugung, der Tag des Herrn sei schon da (oder zumindest nimmt die Antwort 2 Thess 2,2 das an). Der Parusiegedanke widersteht dem dann umgekehrt. Er eröffnet wieder Zukunft *(2 Thess 2,1.8f)*.

Der 2 Thess führt dazu eine widerstreitende Ankunft Jesu und einer gesetzlosen Gestalt ein. Das wird neben 1 Joh 2,18.22;4,3; 2 Joh 7 ein wesentlicher Ausgangspunkt für das Christus-Antichrist-Schema des Mittelalters.[114]

Die *Past* lösen die Bezeichnung Parusie ab. Die Erscheinung (Epiphanie), die in der Tradition mit der überwältigenden Ankunft verbunden ist, genügt ihnen zum Ausdruck ihres beschriebenen Anliegens, der Gegenwart und Erwartung des Retters. Desgleichen verzichtet der *Hebr* auf den Parusiebegriff. Er setzt die Spannung in die doppelte Aussage um: Jesus Christus sei gestern und heute derselbe und in Ewigkeit (13,8), *und* er komme (9,28;10,37).

Weil er sich in seinem irdischen Leben schmerzvoll an dem orientierte, der aus dem Tode rettet (5,7), und litt, damit er rette und heilige (s. 2,9f bis 13,12), verursacht er grundsätzlich Rettung (5,9; vgl. 1,14;2,3.10). Die Gemeinde darf ihn trotz ihrer Gefährdung dazu erwarten (9,28 nach 6,9). Das nimmt der Hebr so ernst, dass er keine Gerichtsaussage in die Christologie delegiert. Er bietet die späturchristliche Summa rettender Christologie und konzentriert auf Jesus, den Gesalbten, Herrn und Sohn, ausschließlich Beschreibung und Erklärung des Heils. Eine gewisse Unausgeglichenheit zum strafenden Richten Gottes – an dem ihm weiter liegt – nimmt er dafür in Kauf. Die zeitliche Naherwartung hat wieder lediglich abgeleiteten Rang.[115]

Anderswo springt der Begriff der Parusie in der zweiten und dritten christlichen Generation auf neue Gemeindekreise über (*Mt* 24,3.37.39; *Jak* 5,8f; *2 Petr* 1,16; 3,4.12; *1 Joh* 2,28). Das Gericht wird mit Nuancen von Jak 5,8f bis 1 Joh 2,28 zu einem Horizont der Aussagen, und die Ausweitung zur umfassenden Beschreibung des Geschehens am Ende des Kosmos bereitet sich vor. Dennoch spüren wir bis zum 2 Petr die Basis, der Jesus, den die Gemeinde verkündet, müsse ernst machen mit seiner Ankunft und Gegenwart. Allein deswegen nämlich wird seine

---

[112] „Parousia" syrBar 30,1 ist zu rekonstruieren. Weiteres zu 1 Kor 15,23ff in 3.8.5 u.ö.

[113] Weiteres zu Paulus: *Radl****; *Schade****. Vgl. bes. Röm 2,16; 1 Kor 3,13–15; 4,4f; 2 Kor 5,10.

[114] Vgl. *G.S. Holland*, The Tradition that You Received from Us, HUTh 24, Tübingen 1988, 115; *P. Müller*, Anfänge der Paulusschule, AThANT 74, Zürich 1988, 41–53.

[115] Vgl. *H. Löhr*, Umkehr und Sünde im Hebräerbrief, BZNW 73, Berlin 1994, 229–235, weniger *Loader* 1981***, 54–61.

Ferne zum Problem (2 Petr 3,3–13).[116] Der *Kern der Parusieaussagen* bleibt *die geglaubte Nähe des Auferweckten und Erhöhten*, nicht die Spekulation eines ferner werdenden Endes.

Noch übers Neue Testament hinaus ist „parousia“ deshalb von der Grundbedeutung „Dasein“ aus zu übersetzen. Sie hat ab Ignatius eine pikante Folge: „Parusie“ beschreibt auch und zuerst Jesu irdisches Dasein (IgnPhld 9,2; Justin, dial. 88,2 usw.).[117] Bis zur Vereinseitigung der Parusie in den Globalbegriff des Endes braucht es lang.

2.8.5 Ein gehöriges Stück theologischen Wegs bedeutete es, bis die Verknüpfung von *Auferweckung Jesu und Auferstehung der Toten* stringente Gestalt annahm, an die wir heute vielleicht von Anfang an dächten.[118] Denn was als singuläres Ereignis erlebt wird, das Handeln Gottes an Jesus, setzt nicht unbedingt analoge Erwartungen und Ereignisse aus sich frei. Die Gemeinde lebt eine Zeit lang in der Gewissheit des Auferwecktseins Jesu, ohne die Frage nach der Auferstehung der Toten zu stellen. Die Frage bricht auf, als erste Gemeindeglieder sterben (1 Thess 4,13–5,11). Gleichzeitig taucht eine Unklarheit der Religionsgeschichte auf: Weil die Auferweckung Jesu sich mit keiner religionsgeschichtlichen Kategorie einfach deckt, ist keine Kategorie der Umwelt problemlos und selbständig auf das Geschehen an den Toten nach Christus zu übertragen.

Paulus reagiert in aller Vielfalt seiner Antworten zielgerichtet christologisch. Er erfasst, dass es einer eigenständigen Transparenz der Auferweckung Jesu bedarf. Sonst bliebe die allgemeine Auferstehung eine Option des Menschen, vom Menschen entworfen und vom Menschen nach Gusto gestalt- und verwerfbar. Darin, dass Christus gestorben und auferstanden ist, legt er folgerichtig das Fundament seiner Antworten (ab 1 Thess 4,14). Wie bei der Parusie geht es ihm darum, mit Christus, dem Herrn zu sein (von 1 Thess 4,17 bis Phil 1,23). Es gilt die Macht von Christi Auferstehung zu erkennen (Phil 3,10f).

In einer Vielzahl von Bildern erprobt Paulus Sprachformen dessen. In 1 Thess 4,16f spricht er von der Einholung der Lebenden und Toten. In 1 Kor 15,20.23 verweist er auf das Erstlingsopfer, das den Erstling aus den Toten – Christus – unverbrüchlich Gott zuordnet, bevor alle Entschlafenen folgen. 1 Kor 15,22.45–49 entwirft den Gegenpol zu Adam, durch den der Tod kam, 2 Kor 5,1–10 das Überkleidet-Werden mit dem himmlischen Haus. Phil 1,23 ersehnt einen Aufbruch durch den Tod.[119]

Kol und Eph führen den Ansatz fort: Jesus Christus ist der Erstgeborene aus den Toten (Kol 1,19). In ihm ist uns jetzt schon der Platz im Himmel gewährleistet (Eph 2,6). So, christologisch begründet, ragt die Auferstehung ins jetzige Leben (Kol 2,12; Eph 5,14). Letzteres teilt den Briefen eine enthusiastische Färbung

---

[116] In 3,10–13 verschränken sich theo-logische und christologische Aussage. Die Auflösung ist schwierig: vgl. *J.I. Snyder*, The Promise of His Coming, San Mateo 1986, 75–82 u.a.

[117] Von dort aus entsteht eine Linie über Jesu Dasein in / bei den Gläubigen bis zum abschließenden, „zweiten“ Dasein (Justin dial. 54,1; apol. I 52,3).

[118] *Becker****; *Kaiser / Lohse****; *Stuhlmacher* 1995** u.a.

[119] Weiteres *Hoffmann****; *Holleman****; *Lindemann****; *Schnelle**** 37–48 u.a.

mit. Die Gegenwart der Auferstehungswirklichkeit liegt anscheinend einem Teil der zweiten und dritten christlichen Generation nahe.[120]

Andererseits setzt sich die Begrifflichkeit einer Auferstehung der Menschen nicht überall gleich rasch durch. Der *1 Petr* hebt die Auferstehung Jesu nach wie vor singulär ab, wie wir sahen. Er beschreibt das Hoffnungsgut der Menschen, das angesichts ihrer erwächst, mit Ausdrücken um „Leben" (s. 2.8.3).

Das *Joh* gibt der Erkenntnis, dass nur durch und an Jesus zu bestimmen ist, was Auferstehung und Leben besagen, ihren letzten Ernst. Wenn dem nämlich so ist, steht *Jesus in Person* für diese Erkenntnis. Ja, er ist sie. In Person ist er *die Auferstehung und das Leben*. Zur Auferstehung gelangt der Mensch deshalb nicht in einem neu einsetzenden Schritt nach dem Tod, sondern durch die Anlehnung seiner Person an die Person Christi. Wenn an einer Stelle des Neuen Testaments, lässt sich bei Joh von einem „enklitischen" Personverständnis reden (nach dem griechischen Wort „eg-klinein", „sich neigend [an Christus] anlehnen"). Das Ich-bin-Wort präsentiert Jesus in solcher Weise als die Auferstehung und das Leben, dass beides erst und nur in ihm ansichtig wird (Joh 11,25).[121]

Leider genügte das Gefälle zum Joh nicht, um die Auferstehung der Toten für die Dogmen- und Theologiegeschichte zwingend an die Christologie rückzubinden. Das liegt nicht nur an der hohen Abstraktion bei Johannes. Vielmehr ermöglichte die kurze Festschreibung „Auferstehung der Toten" in der christlichen Grund-Unterweisung spätneutestamentlicher Zeit (Hebr 6,2; vgl. Apg 17,32) auch Sekundäreinflüsse der umgebenden Religionsgeschichte.

Die Offb fand noch einmal eine überaus plastische christologische Formulierung: Der erscheinende Jesus Christus nimmt die Schlüssel des Todes- und des Unterweltsgottes der griechischen Mythologie, des Thanatos und des Hades, in die Hand (Offb 1,18). Die Totengötter werden dorthin geworfen, wohin sie nach der Vorstellung der Völker die Toten ziehen und sie, wenn sie Böses getan haben, quälen: in den Feuer-Pfuhl der paganen Religionsgeschichte (20,14).[122] So können sie die Auferstehung der Zeugen und das Lebendigwerden aller Toten zum Gericht nicht hindern (20,4ff.12–15).

Oft verselbständigte sich darauf der Auferstehungsgedanke. Er suchte ab der Jahrhundertwende zudem realistischere Züge. Aus seiner inneren Dynamik wie der Abwehr des Doketismus drang die Auferstehung des Fleisches vor, die mit dem Neuen Testament (etwa 1 Kor 15,35–50) nur gezwungen zu vereinen ist.[123] Die altkirchliche Bekenntnisbildung stand unter dem Schatten der Fortgänge. Das Constantinopolitanum ordnete die Auferstehung der Toten hinter die Aussagen über den Geist (DH 150). Das Apostolicum explizierte dazu die „Auferstehung des Fleisches" (DH 30). Erst weit im 20.Jh. revidierten die Kirchen es im Blick aufs Neue Testament und gestützt durch das ökumenische Bekenntnis zu „Auferstehung der Toten".

---

[120] Entstehende Konflikte zeigen 2 Tim 2,17f.

[121] Vgl. 4.5.3 zu den Ich-Bin-Worten. Das enklitische Personverständnis wird zu einem Kennzeichen reformatorischer Anthropologie.

[122] Vgl. den Acherusischen Pfuhl, Plato, Phaid. 111E-114, Plutarch, mor. 567C, etwas entfernter den Feuersee der ägyptischen Unterweltsbücher (Amduat, 5. Stunde, unteres Register usw.).

[123] Ausdruck erstmals 1 Clem 26,3. Näheres *H.E. Lona*, Über die Auferstehung des Fleisches, BZNW 66, Berlin 1993.

Viel der heutigen Verschwommenheit des Auferstehungsverständnisses resultiert aus der nicht ganz gewonnenen Klarheit über seinen Ort in der Theologie. Die strikte christologische Bindung ist noch - oder wieder - einzuholen. Geschieht das, ist die Auferstehungshoffnung nicht einfach ein Futurum. Vielmehr ragt und gehört die Prägung durch die Person Jesu, den Auferstandenen, ins Leben. Dem Glauben gibt sie die Gewissheit, unverbrüchlich, unauflösbar durch Mächte, Gewalten und Tod mit Christus zu sein. Christi Leben zerbricht den Tod im Leben zur Auferstehung und gewährt eine unverbrüchliche Hoffnung über den Tod am Ende des Lebens hinaus.

2.8.6 Eine merkwürdige Tradition tritt in 1 Petr 3,19 daneben: Jesus Christus *„kündete aufgebrochen den Geistern unter Bewachung“*. Der Vers hat vor dem 1 Petr schon eine Geschichte hinter sich. Er wuchs an die Überlieferung in 3,18 an, und der ursprüngliche Zusammenhang ist verloren. Aus dem Stichwort „aufgebrochen“ und der Rezeption können wir erschließen, dass das Fragment vom lebendig gewordenen, auferweckten Jesus sprach. Darauf, wer die Geister unter Bewachung sind, fehlen klare Hinweise. Nach der umgebenden Religionsgeschichte mögen es übermenschliche Geister sein, die sich vergangen haben.[124] Mindestens ebenso plausibel ist an die „Geister“ verstorbener Menschen gedacht.

In vielen Räumen sind diese nach einer Vorstellung im Judentum bis zum Gericht untergebracht. Unter Wächterinnen stehen sie nach einer griechischen Ansicht der Zeit. Antike Kosmologie erlaubt, ihre Bewachung strafend, weniger wahrscheinlich schützend zu deuten.[125] Im Bild des Verses befinden sie sich mutmaßlich im Luftraum zwischen Erde und Himmelszenit, der im 1.Jh. als Aufenthaltsort der Seelen zum Hades konkurriert (vgl. Diogenes L. 8,24–33 nach einer älteren Quelle).

Jesus „kündete“ diesen Geistern auf dem Weg seiner Erhöhung. Was, wird nicht gesagt. Damit bleibt offen, ob er ihre Bewachung und etwaige Bestrafung und ihr Eingeschlossensein beendete. Wir dürfen die Tradition nicht zu heilvoll interpretieren. Sie gehört nicht zu den Rettungsaussagen der Auferstehung. Aber sie hat eine Tendenz dorthin. Denn in keinem Fall lässt der Auferstandene die Geister allein, ohne Begegnung mit seiner Person und Verkündigung.

Der 1 Petr interpretiert die Tradition nach der Verschmelzung der vv.18f neu: Die Geister seien die, die in den Tagen Noachs trotz Gottes Langmut beim Bau der Arche ungehorsam waren und deshalb nicht durchs Wasser gerettet wurden. Die Geister sind somit nun bestimmte, grundlegend ungerechte Verstorbene. Sie halten sich am Auferstehungsweg Jesu in den Himmel auf, und ihr Geschick mahnt. Das, was ihnen geschah, erhellt, worauf es jetzt bei der Taufe, dem Gegenbild der einstigen Wasserflut, ankommt: auf Rettung (3,20–21a). Aufgrund der zugewandten, soteriologischen Kraft der Christologie werden indes

[124] Vgl. die Legendenbildung nach Gen 6,1f.4: äth (= 1) Hen 10,13–15; 15,4.6–8 etc.

[125] äth = 1 Hen 22,3f; Plutarch, mor. 564E; bewahrend bewachter Kosmos Pseudo-Aristoteles, peri kosmou 391B.

am Ende auch sie Leben haben. Darin werden sie ein Paradigma der Toten (so der Nachtrag 4,6).

4,6 nennt sie zu diesem Zweck verallgemeinernd „Tote“ (vgl. 1,3 etc.) und die Botschaft an sie Evangelium (wie 1,12.25). Der Name „Geist“ geht auf Gottes Geist über, der Leben trägt. Eine großartige Heilszuversicht überbietet den Gerichtshorizont, den der einschränkende Teilsatz am Anfang von 4,6b noch wahrt (und den 4,5 aktualisiert).[126]

Die Zuversicht und Mahnung des 1 Petr wurde mittelbar zukunftsträchtig.[127] Denn die Alte Kirche fesselte, dass die Auferstehung Jesu für alle Toten etwas bedeute. Sie dachte das in loser Berührung mit unserem Text weiter. Schließlich wurde die modifizierte Formulierung, Jesus sei „hinabgestiegen in das Reich des Todes“, Teil des Apostolicums (nicht des Nicäno-Constantinopolitanums). Das Bekenntnis füllt eine Nische des Neuen Testaments. Es tut das erfreulich christologisch, beschwerlich mythologisch.

Zu hoch dürfen wir die Rolle des 1 Petr nicht ansetzen. Da die Alte Kirche stärker als er mit der Hades-Vorstellung lebte, sprach sie von einem Ab- statt Aufstieg Jesu. Eine Begründung dafür konstruierte sie über Eph 4,9.[128] Der Abstieg trat vor Jesu Weg in den Himmel und wurde eine Station nach dem Begräbnis. Auf das Bild in der Kunst nahm außerdem die volkstümliche Vorstellung Einfluss, die Pforten der Unterwelt zersprängen mit Jesu Tod (vgl. Ijob 38,17; Mt 27,52) und triumphierend befreie er die Gefangenen.

2.9 Auferweckung und Glaube

2.9.1 Das Ende führt zum Anfang zurück. Röm 10,9 rahmt das Wissen um Jesu Auferweckung mit dem Verweis „wenn du das in deinem Herzen glaubst, wirst du gerettet werden“. Zur rettenden Erfahrung wird die Auferstehung Jesu allein im *Glauben*. Der Verweis auf ihn ist dabei nicht in den Auferweckungsformeln enthalten. Er expliziert sie,[129] trägt einen wesentlichen Hinweis an die Leser/innen nach:

Hebräisch findet er seine sprachliche Wurzel beim Stamm „aman“, der ein festes Gegründetsein umschreibt. Schön erschließt sich so Röm 4,24b: „wir“ Christen seien welche, „die glauben“, d.h. festen, orientierenden Grund finden „auf den zu, der Jesus erweckte [...]“. In Röm 10,9 kommt das griechische Moment der „Bindung“ hinzu; wer „glaubt“, bindet sich existentiell (nach der indogermanischen Wurzel „bheid“ in „pistis“; vgl. engl. „faith“). Die ganze Person

[126] Zur Forschungsdiskussion (teils abweichend) *Reichert**** 485–500; *Dalton****; *W. Grudem*, Christ preaching through Noah, Trinity Journal 7, 1986, 3–31 u.a.

[127] Während die nach 1 Kor 15,29 örtlich versuchte stellvertretende Taufe für Verstorbene keine dauerhafte Chance hat.

[128] Das neutestamentlich freilich nicht vom Descensus in die Unterwelt spricht, sondern von der Inkarnation oder (nach *W.H. Harris*, The Descent of Christ, AGJU 32, Leiden 1996, 192ff) einem bildlichen Abstieg des erhöhten Christus in der Mitteilung seiner Gaben an die Gemeinde.

[129] Vgl. Röm 4,24b; 2 Kor 1,9; Kol 2,12; 1 Petr 1,21. Die früher geläufige Bezeichnung von 1 Kor 15,3–5 als Glaubens- = „Pistisformel“ ist nicht ganz genau.

(das „Herz“) ist darin involviert. Röm 10,9 ist also zu übersetzen: „wenn du glaubst“ – dich bindest und darin festen Grund findest – „in deinem Herzen, dass Gott ihn (Jesus) aus Toten erweckte, wirst du gerettet werden.“

Ab Plato (leg. 12,966 D) gibt es auch die rational-wissensmäßige Variante der bindenden Orientierung „über“ Götter. Das Neue Testament aber verzichtet durchweg auf eine Verbindung der Glaubensaussage mit der Präposition „über“. Das Überzeugtsein „über“ ist ihm zu wenig. Ich vermeide daher, so gewiss es in seiner Weise richtig ist, die Auferweckungsaussage in Röm 10,9 als „Inhalt“ des Glaubens zu bezeichnen.[130]

Integrieren wir die Aspekte, dann erhält die Auferweckungsaussage ihre Tiefe, wo wir uns nicht mit einem historisch-abstrahierenden Erwägen bescheiden. Im Glauben, der sich existentiell auf Gott gründet, ist sie Kraft, zu retten. Der Glaube bindet sich ans Christusgeschehen, weil Gott sich im Auferwecken Jesu machtvoll wirksam enthüllt.

2.9.2 Ein so intensives Gewicht des Glaubens löst Schwierigkeiten aus. Ob es sich um die Erscheinungen und die erneuerte Begegnung mit Jesus oder den bald versuchten Schrifterweis handelt, die Stringenz hängt je an der personalen Bindung: Es gibt nur Erweise der Auferstehung, keine Beweise. Nicht allein jenseits, auch im Glauben bleibt daher ein Moment der Ferne. Die jüngeren *Evangelien* sprechen das in bemerkenswerter Offenheit an und suchen Lösungen:

Lk 24,25 indiziert das *Problem mit dem Schrifterweis*: Selbst Jüngern fällt schwer, Glauben auf die Schriften zu gründen, die der Auferstehung Jesu wie seiner Passion Tiefe geben. Die Antwort verweist indirekt in den Gottesdienst. Den Jüngern gehen die Augen auf, als der Auferstandene ihnen das Brot bricht (24,30ff).[131]

Das Mt greift den *Zweifel* auf, dem die Jünger sogar bei der Erscheinung nicht entgehen: In der großen Erscheinung von Mt 28,17 fallen die Jünger vor Jesus nieder, „einige von ihnen aber bezogen, vom Geschehen zerrissen, Distanz“.[132] So intensiv würdigt dies Mt, dass er im Auferstehungskapitel nicht vom Glauben spricht. Folgen wir dem, dann muss nicht nur jenseits, sondern auch innerhalb des Christentums kein Osterzweifel verschwiegen werden. Nicht menschliche Erwägung, nur der Auferstandene selbst vermag ihn durch seine Begleitung aufzulösen (nach 28,20).

Joh 20,29 schließlich verweist auf eine *Grenze noch der eindeutigsten Erscheinung* Jesu: Glück vor Gott erwächst auch oder gerade, wo die Gründung in Christus nicht an äußeren Phänomenen und Sinnesorganen hängt. Mehr als Thomas, der auf das Betasten des Auferstandenen dringt, ist glücklich zu nen-

---

130 Weniger zurückhaltend etwa *Kramer* 1963*, 17. – Lit. zur Diskussion seit *M. Buber*, Zwei Glaubensweisen (1950), Werke I, München 1962 bei *M. Karrer*, Glaube [NT]: J.B. Bauer ed., Bibeltheologisches Wörterbuch, Graz 1994, 250–256.

131 Vgl. *P. Fiedler* in Oberlinner 1986**, 124–144.

132 Zur Syntax *P. W. van der Horst*: ders. / G. Mussies, Studies on the Hellenistic Background of the New Testament, Utrechts Theologische Reeks 10, Utrecht 1990, 96–99. Vgl. auch Mt 14,31 und modifizierend *L. Oberlinner*: FS Vögtle (s. 3.5 Broer) 375–400.

nen, wer keine sinnliche Ostererscheinung hat und doch glaubt. Die Generation der Osterzeugen hat späteren Generationen im Entscheidenden nichts voraus.

Alle drei Ansätze sind nicht im Blick auf unsere Gegenwart formuliert. Indes sind ihr Hinweis auf den Gottesdienst als Raum lebendiger Erfahrung mit dem Auferstandenen, ihr Aufmerken auf den Zweifel und ihre Ermutigung zu einem Glauben ohne Schauen überaus beachtenswert.

2.10 Schlussreflexion

Lit.: s.o.; *R. Bultmann*, Neues Testament und Mythologie. Das Problem der Entmythologisierung der ntl. Verkündigung (1941): KuM 1, 1948 (^{3}1954), 15–48; *I.U. Dalferth*, Der auferweckte Gekreuzigte, Tübingen 1994; *H. Graß*, Auferstehung, HWP I, 1971, 616f; *E. Hirsch*, Die Auferstehungsgeschichten und der christliche Glaube, Tübingen 1940; *B. Hopkins*, Jesus and object-use, Int. Rev. Psycho-Anal. 16, 1989, 93–100; *C.G. Jung*, Über die Auferstehung (1954): Gesammelte Werke 18 / 2, Olten 1981, 742–747; *B. Klappert*, Diskussion um Kreuz und Auferstehung, Wuppertal ^{5}1981; *G. Koch*, Die Auferstehung Jesu Christi, BHTh 27, Tübingen 1959; *H. Küng*, Ewiges Leben?, München 1982; *F.-W. Marquardt*, Die Gegenwart des Auferstandenen bei seinem Volk Israel, München 1983; *J. Moltmann*, Der gekreuzigte Gott, München ^{6}1993; *ders.*, Der Weg Jesu Christi, München 1989; *W. Pannenberg*, Systematische Theologie II, Göttingen 1991; *M. Welker*, Auferstehung, GlLern 9, 1994, 39–49.

Schwierigkeiten, der Auferstehung Jesu zu begegnen, sind kein neuzeitliches Phänomen. Bereits im Neuen Testament begann die Auseinandersetzung, wie wir sahen. Mehr noch, es gibt dort eine verschüttete Quelle, für die die Auferstehung kein grundsätzliches christologisches Gewicht hat (die Logienquelle), und es gibt Versuche, das Ostergeschehen vor allem als Erhöhung zu fassen (in einzelnen alten Traditionen). Doch das Neue Testament bindet die Quelle in Evangelien und die Erhöhungstraditionen in Briefe ein, die grundlegend auf Auferstehungsaussagen fußen. Es erlaubt nicht, theologisch vor der Auferstehung Jesu auszuweichen.

2.10.1 Die *hermeneutische Mühe* mit dieser Vorgabe ist seit der Alten Kirche groß. Die Anstößigkeit für die Vernunft beschäftigte alte Theologen wie Reformatoren. Ein Theologe, *Reimarus*, schuf die härteste Kritik der Aufklärung.[133] Mit ihm wandte sich der Zweifel gegen die Gemeinde, und seither steht das Christentum über der Frage der Auferstehung auf dem Prüfstand. Da die Diskussion seit Reimarus die Gegenwart ebenso prägt wie das Neue Testament, kommen wir um eine knappe Skizze nicht umhin:

Trotz Reimarus und dem Einwand *I. Kants*, die Auferstehung sei in den Grenzen der bloßen Vernunft nicht nutzbar, entdeckte der deutsche Idealismus sie nochmals.

---

[133] *Origenes*, Cels. V 14; *Augustin*, enarrat. in Ps 88,5 (MPL 37,1134); *J. Calvin*, Inst. III 25,3; zu *Reimarus* s. Anm. 24 und 67.

G. W.F. Hegel reflektierte die Auferstehung in der Dialektik des Todes Gottes als Tod des Todes. *F. W.J. Schelling* bedachte um sie das Ziel der Einheit von Geist und Natur.[134]

Unter den Theologen gab weichenstellend *F. Schleiermacher* einigen Einwänden der späten Aufklärung nach. „Die Tatsachen der Auferstehung und der Himmelfahrt Christi," meinte er kritischer als der dialektische Idealismus, „können nicht als eigentliche Bestandteile der Lehre von seiner Person aufgestellt werden." Das fromme Selbstbewusstsein begründe Gottes erlösendes Sein in Christo auch unabhängig von ihnen.[135] Durch diesen Vorstoß gewannen die Versuche, das Neue Testament zu achten und die Christologie trotzdem unter übertragender Interpretation oder Zurückstellung der Auferstehung zu entwerfen, theologische Legitimität. Sie bleiben eine Herausforderung bis heute.

D.F. Strauß hielt danach die Auferstehung nicht als individuelles Geschehnis aufrecht. Er plädierte für ein überindividuelles Verständnis: Die reale Idee der „Menschheit ist der Sterbende, Auferstehende und gen Himmel Fahrende".[136] Für Generationen dominierten symbolische Erklärungswege.[137]

K. Barth setzte einen Gegenakzent. Er erschloss Ostern als Offenbarungsgeschehen: In die Geschichte breche das Jenseits der Geschichte ein. Der Mensch Jesus, „das fleischgewordene Wort Gottes", werde in leiblicher Auferstehungsrealität „als die im Triumph vollzogene Rechtfertigung Gottes und des Menschen [...] wahrnehmbar". Die Auferweckung sei Gottes „Gutheißung" des Kreuzesgeschehens, sofern sie Gottes Zorn im Dienst der Gnade zeige.[138]

R. Bultmann griff betont den kritischen Einwand auf: Die Behauptung, jemand sei auferstanden, sei mythische, angesichts des naturwissenschaftlichen Weltbilds nicht repristinierbare Rede. Statt des mirakelhaften Ausdrucks müsse daher der theologische Gehalt vermittelt werden. Er verweise auf das Kreuz als Heilsereignis. Der Auferstandene begegne „*im Worte der Verkündigung*, nirgends anders." Historische Rückfrage wäre „eine Verirrung".[139]

Im neutestamentlichen Bereich wirkte Bultmann stärker. *W. Marxsen* spitzte ihn zu. Mit „großer Sicherheit" wollte er nur sagen: „Zeugen behaupten nach dem Tode Jesu, ihn gesehen zu haben", ohne dass sich dies historisch genauer bestimmen ließe. Verfolgen könnten wir ihre „reflektierende Interpretation" mit der Auferstehungsaussage. Als „Interpretament" für die „Weiterereignung des Jesuskerygmas" hätten wir diese zu werten.[140] Weiter lässt sich von historischen Aussagen nicht abstrahieren.

---

[134] *I. Kant*, Die Religion innerhalb der Grenzen der bloßen Vernunft, Akad.-A. 6, Berlin 1914, 128 Anm.; *G. W.F. Hegel*, Vorlesungen über die Philosophie der Religion II, Jubiläums-A. 16, Stuttgart ³1959, 300f; *F. W.J. Schelling*, Stuttgarter Privatvorlesungen (1810), Werke IV, München 1927 (1958), 367–376 (VII 475–484).

[135] *F. Schleiermacher*, Der christliche Glaube, Berlin ²1831, § 99 (Zitat Nachdruck 1960 II 82).

[136] *D.F. Strauß*, Das Leben Jesu, II, Tübingen 1837, 739.

[137] Vgl. *Koch**** 90–110.

[138] *K. Barth*, KD III 2, 529–546(ff), erste Zitate 541 (teils hervorg.); IV 1, 340f (letztes Zitat 340 hervorg.).

[139] *Bultmann**** 44–48, Zitate 46.

[140] *Marxsen* 1964**, 24,19,26 (ohne die Hervorhebungen Marxsens); 25 der bekannte Satz „Die ‚Sache Jesu' geht weiter".

Weder Barth noch Bultmann fügte sich *E. Hirsch*. Historische Wahrhaftigkeit zwinge, meinte er, die Auferstehung als objektiv reales Ereignis aufzugeben. Enthusiastische Visionen verdinglichten sich problematisch zum Lebendigwerden einer Leiche. Theologisches Gewicht aber behielte der Vorgang, denn Petrus und Paulus erführen in ihren ausschlaggebenden Visionen die Überwältigung ihrer jeweiligen Schuld. Wir spürten das Rechtfertigungsgeschehen, in dem Jesu Art, Leben und Tod Menschen für den Vater ergreift, der Liebe und Leben ist.[141]

Die Gegenwart beherrscht nicht eine Einzelposition, sondern die Konkurrenz mehrerer Zugänge. *G. Lüdemann*** aktualisiert, u. a. von E. Hirsch angeregt, die Impulse der radikalen historischen Kritik. *W. Pannenberg* macht umgekehrt die Realität der Auferstehung Jesu als proleptisches Ereignis der Universalgeschichte diskussionsfähig. *J. Moltmann* bestimmt das historisch Mögliche durch das erwartungsvoll Gott-Mögliche: Die Auferstehung Jesu harrt, da Prolepse der allgemeinen Totenauferstehung, ihrer „eschatologischen Verifikation".

Konstitutiv bezieht sich die Auferweckung auf die Geschichte des gekreuzigten Jesus; Gott erschließt sich in seiner schöpferischen Liebe (*I.U. Dalferth*). *M. Welker* bringt Momente von Prozess- und Geisttheologie ein: Die Auferstehung – Erscheinung Christi und Erhöhung zu unbeschränkter Wirklichkeit – gehöre zu dem Prozess, in dem Gott sich mit „der Verschwörung der Menschen gegen das Leben" und letztlich der Sünde auseinandersetze. In der Kraft des Geistes würden daran die Zeuginnen und Zeugen beteiligt und gerieten in schöpferische Bewegung.[142]

Vielerorts ermutigt die Auferstehung gesellschaftskritisch zu einer Hoffnung der Liebe und einem ethischen Aufstand fürs Leben. In Europa sind figurative Aneignungen einer Auferstehung im Leben, um den Tod nicht Herr werden zu lassen, noch populärer.[143] Impulse der Tiefenpsychologie treten ihnen zur Seite.

C.G. Jung entfaltete an Jesus als Archetypus des Selbst „die zentrale Bedeutung der Auferstehungsidee [...]: wir sind den Kräften der Vernichtung nicht völlig ausgeliefert, weil unsere psychische Totalität über die Schranken von Raum und Zeit hinausreicht." *B. Hopkins* schlägt eine Interpretation nach Theorien Winnicotts über die frühe Entwicklung des Kindes vor: Das Kind muss in seinem Objektgebrauch sowohl destruktive Momente eingestehen als auch die Konstanz der Objekte erfahren, damit es in einer Welt miteinander geteilter Realität zu leben befähigt wird. Der Auferstehungsmythos reinszeniert das. Jesu Tod und Auferstehung benennen den destruktiven Angriff wie das Überleben des Objekts. Daher befähigt der Mythos die Gläubigen, „sich ihre Destruktivität einzugestehen (was das Christentum ‚Sünde' nennt) und versetzt sie gleichzeitig in den Stand, das Leben ausschöpfender in ‚einer Welt der Objekte [...]' zu leben."[144]

---

141 *Hirsch**** 48,89f.

142 Vgl. 2.3.5 und *Pannenberg****, 402–405; *Moltmann* ⁶1993***, 160 (Zitat); *ders.* 1989***, 237–296; *Dalferth**** 31,56ff; *Welker**** bes. 43–46 (Zitat 45).

143 Vgl. *J.B. Libânio* (I. Ellacuría ed., Mysterium Liberationis, Luzern 1996, 1133–1150), E. Cardenal (Gebet für Marilyn Monroe und andere Gedichte, Wuppertal 1972, 114–119), *K. Marti* (Leichenreden, Neuwied 1976, 23,25,63), *Küng**** 151ff u.v.a.

144 *Jung****, Zitat 746; *Hopkins****, Zitat 99.

2.10.2 Das Neue Testament beansprucht Eigenständigkeit. Die Diskussion legt ihm manchmal ein beschwerliches Korsett an. Seinerseits reklamiert es, ins Gespräch gefordert, drei *unverzichtbare Gesichtspunkte*: *In der Auferweckung Jesu bringt sich Gott selber zur Geltung*. Er handelt so *in einem Geschehen außerhalb von uns*. Er tut dies *zugunsten der Menschen*.

Der erste Akzent, das grundstürzende Handeln *Gottes*, verflicht Christologie und Theologie: Die Christologie ist, sahen wir, aus dem Verständnis und der Erschließung des einen Gottes zu formulieren. Komplementär erhellt das Christusgeschehen, wer und wie dieser eine Gott ist. Gott bindet sich nach dem neutestamentlichen Auferweckungszeugnis untrennbar an Jesus.[145]

Der zweite Akzent, das „außerhalb von uns" („*extra nos*"), erwächst daraus: Gott gibt Jesu Auferstehen den Charakter handlungsmächtigen Aufstehens. Er gewährt jeder Auferstehungsdeutung im menschlichen Leben eine Basis jenseits unserer Vorfindlichkeit. Ein Ausblick übers Leben muss deshalb nicht durch das menschliche Leben selbst gewonnen werden. Er ist auch dort gewiss, wo das menschliches Aufstehen zu archetypisch vollendetem Leben, zu gelingendem Miteinander in unserer Welt sich behauptender Objekte oder zu einer befreienden Revolution der Welt misslingt. Er ist es, wo das Leben Fragment bleibt, ist es bis zum Tod und über den Tod hinaus. Das Gottesgeschehen entlastet die Anthropologie im Leben und an seinen letzten Grenzen.

Psychologische und sozialemanzipatorische Aktualisierungen behalten ihren Reiz: Die Auferstehung ermutigt zum Leben, gibt in ihm eine Basis entlasteter Objektbeziehung und provoziert ethisch verwandelnde Eingriffe. Gleichzeitig geht der Impuls einen Schritt weiter, in einer Hoffnung für unser Leben wie für das Leben der vor uns Verstorbenen und der nach uns Sterbenden.

Weniger geht es dem Neuen Testament um die realistische Entfaltung der Auferweckung. Gewiss deuten seine Formeln und sein Erzählen auf ein Widerfahrnis. Aber in dessen Detail ist es berechtigt spröde. Nur soviel sagt und verbreitet es, wie um des theologischen Skopus willen nötig ist. Es erzwingt keine bestimmte geschichtliche Rahmentheorie. Dem Denken gewährt es Freiheit, sich individuell und aktuell von den miteinander ringenden Positionen der letzten Jahrhunderte anregen zu lassen.

Konsequent gelangen wir zum dritten: Christi Auferstehung ist ein Geschehen für die Menschen („*pro hominibus*"). Das – wenn ich die Terminologie Schleiermachers aufgreife – erlösende Sein Gottes in Christo bildet nach der urchristlichen Reflexion einen Bogen vom Irdischen über die Mitte seines Todes zum Auferstandenen und weiter bis zu seinem endgültigen Dasein in eschatologischer Fülle. Das Glied der Auferstehung lässt sich daraus nicht brechen. Es gehört – nun anders als nach Schleiermacher – neben dem Kreuz substantiell zu den Tatsachen, an denen der Mensch das Bewusstsein seiner Erlösung zu verankern vermag.

Das Neue Testament spricht das als Erfahrung von Licht, Gerechtigkeit Gottes und Versöhnung für das Leben vor dem Tod an. Die Auferstehung, das Mit-

---

[145] Vgl. *Luz* a.a.O. (Anm. 26) 481.

Christus-Sein und die Rettung im Gericht Gottes ragen zugleich über das vorfindliche Leben hinaus. Die Dimensionen beider Richtungen sind in Verantwortung vor dem heutigen menschlichen Erleben auszudrücken. Dessen Brüche und Niederlagen, die Sehnsüchte nach dem ganzen Leben und einer Erneuerung des Lebens nach dem Tod sind aufzunehmen.

Dazu lohnt das Gespräch mit den philosophischen Impulsen vom Tod des Todes und einem integrierten Sein, das über alle Spaltungen hinausführt (Hegel, Schelling).

Die Aufgabe drängt zuletzt über eine sich innerchristlich beschränkende Reflexion hinaus. Eine besondere Relation Jesu, des Auferweckten, besteht zu Israel.[146] Eine ungeahnte Vielfalt entsteht in der Begegnung der Kulturen und Religionen. Auferstehung bekommt in den Kontexten von Minjung- und lateinamerikanischer Befreiungstheologie bis zum Ahnenglauben verschiedene Gesichter. Die theologische Vermittlung und oft Gratwanderung ist gefordert. Der Paragraph schließt neuzeitlich offen, mit dem Wunsch, zu wägen und weiterzudenken.

---

146 Vgl. *Marquardt**** 147ff u.a.

3 Tod und Leiden Christi, des Gesalbten

Lit.: s. allg. Bibliographie; *G. Barth*, Der Tod Jesu Christi im Verständnis des Neuen Testaments, Neukirchen 1992; *H.F. Bayer*, Jesus' Predictions of Vindication and Resurrection, WUNT II 20, Tübingen 1986; *C. Breytenbach*, Versöhnung. Eine Studie zur paulinischen Soteriologie, WMANT 60, Neukirchen 1989; *R.E. Brown*, The Death of the Messiah, I / II, AncB Ref. Libr., New York 1994 / 1994; *G. Friedrich*, Die Verkündigung des Todes Jesu im Neuen Testament, BThSt 6, Neukirchen 1982; *J.B. Green*, The Death of Jesus, WUNT II 33, Tübingen 1988; *M.L. Gubler*, Die frühesten Deutungen des Todes Jesu, OBO 15, Fribourg 1977; *M. Hengel*, Mors turpissima crucis: Rechtfertigung. FS E. Käsemann, Tübingen 1976, 125–184; *ders.*, Der stellvertretende Sühnetod Jesu, IKaZ 9, 1980, 1–25.135–147; *H. Hübner*, Kreuz und Auferstehung im Neuen Testament 2, ThR 57, 1992, 58–82; *R. Jost / E. Valtink*, Ihr aber, für wen haltet ihr mich?, Gütersloh 1996; *K. Kertelge* ed., Der Tod Jesu, QD 74, Freiburg ²1982; *H. Kessler*, Die theologische Bedeutung des Todes Jesu, Düsseldorf 1970; *K.Th. Kleinknecht*, Der leidende Gerechtfertigte, WUNT II 13, Tübingen 1984; *Th. Knöppler*, Die theologia crucis des Johannesevangeliums, WMANT 69, Neukirchen 1994; *W. Kraus*, Der Tod Jesu als Heiligtumsweihe [...] Römer 3,25–26a, WMANT 66, Neukirchen 1991; *E. Lohse*, Märtyrer und Gottesknecht, FRLANT 64, Göttingen ²1963; *W. Maas* ed., Versuche, das Leiden und Sterben Jesu zu verstehen, München 1983; *W. Reinbold*, Der älteste Bericht über den Tod Jesu, BZNW 69, Berlin 1994; *J. Roloff*, Anfänge der soteriologischen Deutung des Todes Jesu (1972/73): ders. 1990 (s. 4.8), 117–143; *U. Sommer*, Die Passionsgeschichte des Markusevangeliums, WUNT II 58, Tübingen 1993; *J.W. van Henten* ed., Die Entstehung der jüdischen Martyrologie, StPB 38, Leiden 1989 (*H.S. Versnel*, Quid Athenis et Hierosolymis?, 162–196 u.a. Beiträge); *A. Yarbro Collins*, From noble death to crucified messiah, NTS 40, 1994, 481–503; *dies.*, The Genre of the Passion Narrative, StTh 47, 1993, 3–28; *S.K. Williams*, Jesus' Death as Saving Event, HDR 2, Missoula 1973.

Als zweites haben wir uns Jesu Tod zuzuwenden. Die frühen Christen elementarisieren sein Sterben, seine Hingabe und sein Leid. Sie ringen um den Ort seiner Passion in Israel. Sie erproben in vielen Für-Aussagen, wie die Zuwendung Gottes darin am besten zu beschreiben sei. Die Hinrichtung nötigt ihnen das Prädikat des Königs auf. Sie selbst bevorzugen Christus („der Gesalbte"), und dieses Prädikat wird zu einem Schlüssel neutestamentlicher Christologie. Somit erweitert sich unser Thema zu Sterben, Leid und Hingabe Christi, des Gesalbten. Der mehrschichtige Aufbau unseres Abschnitts spiegelt den Reichtum des Neuen Testaments.

3.1 Die Quellen

Lit.: s.o. und 3.3 bis 3.10; *D. Dormeyer*, Joh 18.1–14 par Mk 14.43–53, NTS 41, 1995, 218–239; *H. Köster*, Jesu Leiden und Tod als Erzählung: Konsequente Traditionsgeschichte. FS K. Baltzer, OBO 126, Göttingen 1993, 199–204; *J.A.T. Robinson*, The most primitive

Christology of all? (1956): Twelve New Testament Studies, London 1962, 139–153; *G. Theißen*, Lokalkolorit und Zeitgeschichte in den Evangelien, Göttingen ²1992.

Die Hinweise der nichtchristlichen Autoren auf Jesu Hinrichtung sind knapp, christologisch nicht engagiert und jünger als die christlichen Zeugnisse. Ein gewisses Gewicht haben sie für die historischen Fragen um Prozess und Kreuzigung und das Verständnis des König-Prädikats.[1] Im allgemeinen jedoch müssen wir uns weiterhin auf die christlichen Zeugen konzentrieren.

3.1.1 Die Grundüberlieferungen über *Christi Sterben und Hingabe* gehen wie die über Jesu Auferweckung in die ersten Anfänge der Kirche zurück. Schon Paulus empfing sie, wie er bei *1 Kor 11,23–25 und 1 Kor 15,3–5* angibt. Nicht auf das Alter der Traditionen in der Gemeinde kommt es ihm dabei eigentlich an, sondern darauf, über das empfangene Wort dem auferstandenen, lebendigen Herrn zu begegnen. Unsere historische Nachfrage abstrahiert von diesem Gefälle, wessen wir uns bewusst sein müssen.

1 Kor 15,3b setzt beim Sterben Christi, 1 Kor 11,23b bei der Hingabe Jesu ein. Beide Faktoren begegnen anderswo selbständig. Ob die selbständigen Fassungen noch ältere Überlieferung bieten (wie herkömmlich angenommen wird) oder parallel entstanden, liegt ihr Wert in der Elementarisierung. Zwei Grundaussagen lassen sich rekonstruieren: Die *Sterbeaussage* enthält konstitutiv das Verb sterben und das Christusprädikat. Die Wortstellung betont das Subjekt Christus (der Gesalbte): „Christus starb". Dieser Kern ist ins Hebräisch-Aramäische rückübersetzbar. Die Sterbe- überspannt wie die Auferstehungsaussage die sich ausbildenden Gemeindekreise. Eine Angabe über Zweck, Grund oder „Für" des Sterbens tritt verschieden formuliert hinzu.

Wie bei der Auferstehung schloss die Forschung auf eine Ausgangs-, die sog. Sterbeformel. Sollten als deren ältester Bestand nur die konstanten Formelglieder gelten, wäre sie auf „Christus starb" zu reduzieren. Freilich ist wieder die Voraussetzung fraglich, das kürzeste Gut sei am ältesten. Wir sind wohl besser beraten, von Anfang an ein fließendes Nebeneinander der Gestalten „Christus starb", „Christus starb wegen" und „Christus starb für […]" anzunehmen.[2]

Früher nahm man hinter 1 Kor 15,3b-5 einen aramäischen Urtext an. Das zerbrach. Eine griechische Formulierung tritt von vornherein fruchtbar neben die semitische Rekonstruktion. Beide führen dank der Aufhebung des überholten Gegensatzes von Griechisch und Hebräisch in die älteste Gemeinde.[3]

---

[1] Vgl. die Einführung zu 2 sowie 3.9.2/3.

[2] Belege Röm 5,6.8;8,34;14,9.15; 1 Kor 8,11;15,3; 2 Kor 5,14f (anklingend); Gal 2,21 (mit gegensätzlichem „umsonst"); 1 Thess 5,9f; 1 Petr 2,21 und 3,18 (in einem Teil der Handschriften); IgnTrall 2,1 (vgl. IgnRöm 6,1) und noch Justin, dial. 13,1. Gelegentlich tritt Jesus zu Christus hinzu; allein steht Jesus nur in 1 Thess 4,14, bedingt durch die Kombination mit der Auferstehungsaussage.

[3] Vgl. *Karrer* 1990*, 369f. Diskussion um den semitischen Urtext bes. in den 60er Jahren; Weiteres *W. Schrage*, 1. Korinther 15,1–11: de Lorenzi ed., Résurrection du Christ et des chrétiens, Rome 1985, 21–45; *J. Lambrecht*, Line of Thought in 1 Cor 15:1–11: Pauline Studies, BEThL 115, Leuven 1994, 109–124 u.a.

Die Zeugnisse für die *Hingabe Jesu* (vgl. 1 Kor 11,23b) teilen nur das Verb „(da)hingeben" („paradidonai", manchmal „didonai"). Der Name Jesus kann wegfallen oder durch Prädikate vertreten werden. Schon in den 60er Jahren korrigierte die Forschung daher die Annahme einer „Dahingabeformel"[4] zu einer *Aussagestruktur* ältester Herkunft. Die Quellen weiten sie nicht über die Passion aus.[5] Paulus verbindet sie gern mit dem Sohnesprädikat (Röm 8,32; Gal 2,20), der Eph mit Christos (5,2.25). So begegnet Christos nun zum zweiten Mal, der Anlass, es in die Überschrift unseres Kapitels „Tod und Leiden *Christi*" aufzunehmen.

3.1.2 *Weiteres Formelgut* kennzeichnen Paulus und die anderen urchristlichen Autoren nicht als solches. Trotzdem widmete sich das 20. Jh. seiner Eruierung mit Leidenschaft, um urtümliche von jüngeren Gestalten der Christologie zu trennen oder Ansätze zu finden, die die spätere Fülle der Christologie früh begründen. In der letzten Generation wurde eine Ernüchterung unausweichlich. Ob Formeln vorliegen und wie umfangreich sie sind, ist oft unsicherer, als die Entdecker zwischen 1920 und 1970 annahmen.

Das einfachste Kriterium, eine Formel zu erkennen, bietet die Differenz in Begriffen, Aussagen oder Syntax zu den Vorlieben des zitierenden Autors. Aber damit dieser Autor überhaupt auf eine Formel zugreifen konnte, musste sie auch ihm nahe Momente bieten. Unweigerlich ergibt sich eine Unschärfe. Noch unsicherer ist, häufige Motive des urchristlichen Schriftguts auf alte Aussagestrukturen zurückzuführen, so gewiss es sich bei Auferstehungs-, Sterbe- und Hingabetradition bewährte. Denn in vielen Fällen bieten Vorlieben des aufgreifenden Autors eine konkurrierende Erklärung. Formeln, traditionelle Sprache und Redaktionsspezifika gehen fließender ineinander über, als uns lieb ist. Das Dilemma setzt sich beim dritten Rekonstruktionsindiz fort. Formeln enthalten, da sie nicht für den vorliegenden Kontext formuliert sind, gern Inhalte über diesen hinaus. Freilich, wie weit reichen die überschießenden Momente? Übergänge sind unausweichlich.

Vergegenwärtigen wir die Konsequenzen an zentralen Beispielen der Forschungsgeschichte: Am Anfang des 20.Jh.s eruierte A. Harnack eine altertümliche Christologie der Apg.[6] Als seine Frühdatierung der Apg zusammenbrach, suchte man Vorpaulinisches wenigstens im dort aufgenommenen Gut. J.A.T. Robinson*** postulierte in den 50er Jahren, *Apg 2,36 und 3,20f* böten die früheste Christologie. Das ließ sich nicht nachweisen. Der jüngere Lukas schmilzt eher traditionelle judenchristliche Impulse in seine Theologie ein. Ein Formelbestand zersplittert.

1936 brachte R. Bultmann in die Diskussion, im berühmten Passus *Röm 3,24–26* liege eine Formel vor. Das setzte sich weithin durch. Allein, im Widerspiel von Differenz und Anknüpfung ist der Formelbestand nur hypothetisch zu sichern. Paulinische Adaptionen können v.24, fast den ganzen v.26 und zentrale Motive in v.25 betreffen. Als Kerntradition bleiben vv.25–26a* (umstrittene Glieder in eckigen Klammern): „Gott stellte ihn (scl.

[4] *Kramer* 1963*, 112–116 zu Röm 4,25;8,32; Gal 2,20; Eph 5,2.25; vgl. mit dem Verb „geben" Joh 3,16; 1 Tim 2,5f; Tit 2,14, Selbsthingabe Gal 1,4; Mk 10,45; 1 Clem 49,6.

[5] *Popkes* 1967 (s. 3.3) 200–203,266–270 u.ö.; *ders.*, EWNT III 48.

[6] *A. Harnack*, Beiträge zur Einleitung in das Neue Testament IV, Leipzig 1911, bes. 69–81.

Christus) als Sühne(stuhl) in seinem eigenen Blute [zum Aufweis seiner Gerechtigkeit] wegen des Erlasses der [vorher geschehenen] Sünden im An-Sich-Halten Gottes hin". Von einer Formel ist hier weiter zu reden, die Interpretation indes muss bei einem schmäleren Kern einsetzen.[7]

Als drittes nenne ich *2 Kor 5,21.* Es greift mit der für Paulus ungewöhnlichen Pointe auf der Sündlosigkeit Christi und dem Wortspiel um den Begriff „hamartia" (Sünde) wahrscheinlich auf eine Formel zurück. Ein Forschungskonsens, wieweit die Formel – im Vers oder über ihn hinaus[8] – reicht, ist aber nicht erlangbar. So ist von einer Formel auszugehen und doch das Verständnis des Paulus gleitend einzubeziehen.

Die Beispiele mögen genügen. Formelgut muss eruiert werden und behält herausragenden Wert. Zugleich lassen sich die Weichenstellungen der Christologie nicht allein von festen Formeln aus beschreiben. Sprachtraditionen, thematische Entwicklungen und Aussageschemata sind gleichfalls zu würdigen.

Zum fließenden Übergang gehören die *Leidensankündigungen.* Sie sind eine Eigenheit der synoptischen Evangelien nach Mk. In der Logienquelle und bei Joh fehlen sie. Das „Muss" des Leidens und die Hingabeaussage führen von Mk aus zu zwei alten Typen (Mk 8,31 und Mk 9,31 usw.). Die nachösterliche Gemeinde integrierte sie dem Wort Jesu. Die Forschung ist über die Entstehung bei Jesus oder in der Gemeinde uneins.[9]

3.1.3 Die Christen bekannten Christus nicht nur, sondern erzählten sehr bald – wahrscheinlich von Anfang an[10] – auch von ihm. Diese *erzählende Passionsüberlieferung* formulierten sie nicht aus den Bekenntnissätzen heraus. Sie hat für eine Generation eine unabhängige Geschichte.

Denn die Bekenntnissätze lassen eine Lücke zwischen Auslieferung und Tod Jesu. Wesentliche Teile von Mk 14–15 par und Joh 18–19 (von der Verhaftung über den Prozess bis zu den Geschehnissen unter dem Kreuz) haben in keiner Formel einen Bezugspunkt. Umgekehrt müssten wir aufgrund von 1 Kor 11,23b-25 die Mahlworte im Zentrum der ältesten Passionserzählung erwarten. Aber sie fehlen bei Joh (Joh 13) ganz; in der markinischen Fassung sind sie nachträglich eingefügt (14,22–25 mit der Doppelung „als sie aßen" zu 14,18–20/21).

Freilich, wie umfangreich ist die alte Passionsüberlieferung? Die Rekonstruktion bereitet wieder Probleme. Sich auf das älteste Evangelium zu konzentrieren, reicht nicht aus.

Die markinische Passion hat ein komplexes Gefüge mit zwei Zeitschichten, einer Schicht im Praesens historicum – die zu 11,1–7 zurückreicht, also die Passionstradition

---

[7] Bzw. im Passiv: „er (scl. Christus) wurde hingestellt …". – S. *R. Bultmann*, Neueste Paulusforschungen, ThR NF 8, 1936, 1–22: 11 u.v.a. bis *M. Theobald*, Das Gottesbild des Paulus nach Röm 3,21–31, SNTU 6/7, 1981/82, 131–168: 155; *Kraus*** 2f,20.

[8] Vgl. *Breytenbach*** 138; *R. Bieringer*: ders. / J. Lambrecht, Studies on 2 Corinthians, BEThL 112, Leuven 1994, 466–473.

[9] Mk 8,31 par; 9,31 par; 10,33f par; dazu Mk 9,12 par (entfernter 14,21 par und 14,41 par); Mt 26,2; Lk 17,25;24,6f. Diskussion *Roloff*** 118f, *Bayer*** u.v.a. Vgl. 2.5; 3.4 u.ö.

[10] Am weitestgehenden *Köster**** 203.

dorthin erweitern würde (danach bes. Mahl 14,17–21, Verleugnung des Petrus 14,54.66–72, ein Strang im Kreuzigungsbericht Kap. 15) – und einer Schicht im Präteritum (am wichtigsten bei Getsemani und der Kreuzigungsszene). Dürfen wir daraus zwei alte Erzählstränge rekonstruieren? Oder wuchs eine Grunderzählung in Stadien, die nochmals Komplikationen bieten? Wieweit gestaltete der Evangelist?

Mk nahm weiter kaum alle alte Passionsüberlieferung auf. Ein jüngerer Synoptiker ergänzt u.U. alte Überlieferung (bes. Lk mit seinem zahlreichen Sondergut, z.B. 23,2 und 23,6–12). Einen Erzählstrang beträchtlicher Selbständigkeit bietet außerdem das Joh, teils vielleicht sogar in bewusster Richtigstellung der synoptischen Tradition (bekannt ist die Abweichung in der Datierung des Todes Jesu). Die Möglichkeit kunstvoller Rekonstruktionen aus Mk und Joh sowie partiell Lk erwächst.[11]

Den gordischen Knoten über deuterokanonische Literatur zu zerschlagen und in einem apokryphen Evangelium, dem EvPetr, die Leitquelle der Passion zu finden, bewährt sich nicht. Legendarische und antijüdische Züge überformen dort altes Gut bis zur Unkenntlichkeit.[12]

Die sichersten Bestandteile eines ältesten Passionsberichts bilden Aufenthalt in Jerusalem und dortiges Mahl (ohne Mahlworte), Verhaftung, Verhör bzw. Prozess (mit den Kontrastszenen von der Verleugnung), Verspottung, Kreuzigung und Tod Jesu. Kommt die Grablegung hinzu (Mk 15,42–47; vgl. Joh 19,38–42), ergibt sich wenigstens in der Abfolge „er starb und wurde begraben" ein Zusammenhang zwischen Bekenntnisformel (1 Kor 15,3f) und Erzählüberlieferung.[13] Möglicherweise entstand die Grundpassion in Jerusalem.[14] Vor dem und bis zum Mk wuchs sie mit den neben ihr überlieferten Einzelszenen (Salbung in Betanien Mk 14,3–9 par, Abendmahlsworte 14,22–25 etc.) zusammen.

Der Wunsch nach einer klaren narrativen Grundlage ältester Christologie ist damit nicht zu befriedigen. Doch jedenfalls lag dem Erzählen am Geschehensgefälle in Jerusalem von Jesu Ankunft bis zum Tod. Zunächst gehörte ihm keine Deutung als Geschehen „für" zu, da die Abendmahlsworte entfallen. Es hatte also anders als bedeutende Bekenntnisformeln anfangs kein vornehmlich soteriologisches Interesse.

3.1.4 *Alles in allem* stellt sich unser Überlieferungsgut vielfältiger dar als bei der Auferweckung Jesu. Um die Hingabe und den Tod Jesu zu erfassen, rang die Urchristenheit um geeignete Begriffe, suchte Aussageschemata, bildete Formeln und erzählte. Die Breite des Quellenguts schafft die Bedingungen der Darstellung. Ich wähle einen thematischen Aufbau und beginne bei der einfachsten Aussage:

---

[11] Ausgewogen *Brown*** I 36–93; eigenständige Tradition bei Joh und Ausschluss von Lk z.B. *Reinbold*** 49–72.

[12] Lit. bei 2.1, *Brown*** II 1317–1349 und *Evans* 1995 (s. bei 4), 30f.

[13] Freilich ist schon das umstritten. Abbruch vor der Grablegung z.B. *Yarbro Collins* 1994**, 503.

[14] *Theißen**** 210: in den 40er Jahren.

3.2 Er starb

3.2.1 Die Verben der Auferweckung antworteten auf ein Bild des Todes als erzwungenen Schlafes. Jesus wird „aufgeweckt“; er „wacht auf“ und „steht auf“. „Er starb“ dagegen vermeidet dieses Metaphernfeld. Weder „koimāsthai“ noch „katheudein“, die beiden für Schlaf und Todesschlaf geläufigen Verben, finden wir in alten Überlieferungen (und im wesentlichen bis ans Ende des Neuen Testaments). Der *Euphemismus des Schlafes*, in den die Alten den Tod kleideten, *reicht zur Beschreibung von Jesu Tod nicht*. Die Härte seines Sterbens lässt sich nicht mindern. Es ist ein brutaler Lebensverlust.

Legitim scheint den Urchristen das Bild des Schlafes lediglich, wo es um die Konsequenz von Jesu Sterben und Auferstehung geht. Die verstorbenen Christen „schlafen“, um zur Begegnung mit dem kommenden Herrn „aufzustehen“ (ab 1 Thess 4,13ff). Das Christusgeschehen gibt dem Euphemismus an dieser Stelle Wahrheit (und deren Pointierung berührt immerhin einmal, in 1 Kor 15,20, die Christologie).

Auch ein weiteres Bild vermeiden die Urchristen. Jesu Sterben ist keine Vollendung seines Lebens zu einem ihm gemäßen, ehrenvollen Ziel und Ende. Es ist kein „teleutān“ (Verb zu „telos“ Ziel / Ende).

In solcher Weise starb ein Patriarch und traf Verfügung über seine Gebeine (Hebr 11,22). So starb David und fand ein Grabmal, das bis zum neutestamentlichen Tage besteht (Apg 2,29). So sterben Zeitgenossen Jesu und der Urchristen.[15] Aber Jesus starb nicht so. Erst nach langer Reflexion wagt eine christliche Schrift eine Annäherung in theologischer Vertiefung (Joh 19,30, noch immer ohne „teleutān“).

Entsprechend ist das „er starb und wurde bestattet“ der christologischen Formel 1 Kor 15,3f anders zu interpretieren als das „er vollendete und wurde bestattet“ in Apg 2,29. Dort, bei David, bestätigte die Bestattung den Ruhm sinnfällig im Grabmal. Hier, bei Jesus, bestätigt sie – ohne Grabmal – die unausweichliche Realität seines Sterbens.

3.2.2 Die Quellen enttäuschen ebenso die umgekehrte Erwartung eines ältesten Zentrums um das *Kreuz als Fluchtod*. Weder die Sterbe- und Hingabeaussagen noch andere urchristlichen Formeln (einschließlich 1 Kor 15,3b-5) nennen überhaupt das Kreuz.

Das gilt auch, wenn die bekannteste Kreuzesreflexion des Urchristentums, Gal 3,13, an eine Formel anknüpfen sollte. Denn diese Formel könnte im weitestgehenden Fall gelautet haben: „Christus erkaufte uns aus dem Fluch des Gesetzes“[16] (vgl. Dtn 27,26 o.ä.). Mit dem Kreuz verbindet sie erst Paulus in Gal 3,13b. Ab seiner Zeit expandiert das Gut (vgl. Phil 2,8c; 1 Petr 2,24 und Kol 2,14). Es erreicht Aussagen über die Schmach und den Spott des Kreuzes (Hebr 6,6;12,2), doch nicht mehr über den Fluch.

---

[15] Belege *H. Hübner*, EWNT III, ²1992, 829 s.v.

[16] *H.D. Betz*, Der Galaterbrief, München 1988, 270.

Das überrascht angesichts des Verweises, ein Gehenkter sei verflucht, in der Tora (Dtn 21,23). Gälte er im 1.Jh. uneingeschränkt, müssten wir die anfängliche Zurückstellung des Kreuzes und das karge urchristliche Eingehen auf dessen Fluch als Ausweichen verstehen. Doch weist ein Grabfund bei Jerusalem nach, dass Juden einen Gekreuzigten im 1.Jh. nicht notwendig als Verfluchten deuteten.

In Giv'at Ha-Mivtar wurden Gebeine eines zwischen Herodes und 70 n.Chr. gekreuzigten Juden gefunden. Die Bestatter nahmen an ihnen die rituelle Zweitbestattung (mit religiöser Salbung) vor und sonderten sie nicht, wie ein Fluch erfordert hätte, von anderen Gebeinen ab. Wir spüren eine Reaktion darauf, dass die ab ca. 100 v.Chr. häufige Kreuzesstrafe gegen Dtn 21,22f nicht mehr als Aufhängung eines zuvor auf andere Weise Hingerichteten, sondern als Todesmarter für Lebende praktiziert wurde. Allerdings passten in Qumran gefundene Texte Dtn 21,22f an die neue Praxis an (11Q Temp 64,6–13; 4Q pNah fr. 3–4 I 4–9). So gab es daneben die strenge Haltung. Sie erlaubte Paulus die Übertragung des Fluches in Gal 3,13.[17]

Die Mehrheit der Urchristen partizipierte an der Entschärfung. Bis zum Abschluss der Evangelienredaktionen gewann ein Fluch des Kreuzes in der erzählenden Passionsüberlieferung keine Relevanz (das Motiv fehlt in allen vier Evangelien). Daher ist unwahrscheinlich, dass eine Fluch-Übergabe Jesu die Kreuzigung mitbestimmt und danach den Anhängern Jesu in größerem Umfang vorgehalten worden wäre.

Die Passionsüberlieferung nahm anstößige Äußerungen ansonsten durchaus auf (Mk 15,31 usw.). Bei unserem Motiv aber gelang nur ein problematischer Nachtrag. Apg 5,30 unterstellt den Mitgliedern des Hohen Rats die Anlehnung an den Fluch, um sie durch Gottes auferweckendes Handeln bloßzustellen. Weit ist der dieses Kontrastschema gestaltende Lukas von Paulus entfernt, und gefährlich vereinfacht er die Geschichte, obwohl er in 5,31 die Zuwendung des erhöhten Jesus an Israel herausstreicht.

Ein Schlaglicht fällt auf das historische Geschehen. Wie viele religiöse Anstöße immer zur Kreuzigung Jesu führten, am Ende war sie ein römisch-politischer Vollzug, keine israelitische Fluchhandlung. Als gültig erlebt wurde unter dem Kreuz aus Dtn 21,23 allein das Gebot zur umgehenden Bestattung. Ihm kam ein Jude, der nicht zum Jüngerkreis gehörte, nach (Mk 15,42ff par; vgl. Joh 19,31.38ff).

3.2.3 Überblicken wir den Befund, dann *elementarisiert die Sterbeaussage den Tod Jesu*. Sie macht das Grundfaktum „er starb“ zum Ausgangspunkt für eine offen deutende Reflexion. So erlaubt sie einen Reichtum der Entfaltung, der bei einer Eingrenzung schwer zu erreichen gewesen wäre. Der Reichtum reicht vom Fluch des Kreuzes bis zu einem Aspekt, der mit dem Kreuz als Kreuz nur mittelbar zu tun hat, dem *Blut*. Heute kaum mehr bewusst, war der Kreuzestod ja kein blutiger Tod. Der Gekreuzigte starb fast ohne äußere Wunde.

---

[17] Vgl. *Karrer* 1990*, 183,370ff; *H.-W. Kuhn*, Die Bedeutung der Qumrantexte für das Verständnis des Gal: G.J. Brooke ed., New Qumran Texts and Studies, StTDJ 15, Leiden 1994, 169–221: 178–182.

Am wahrscheinlichsten erstickte er, wenn ihn die Kraft verließ, sich hochzuziehen und damit die Lungentätigkeit zu erhalten. Seinen Zusammenbruch beschleunigte es, wenn man die Schenkel brach. Bei Jesus erfolgte dies nicht. EvPetr 14 (4) meint, das sollte seine Qual steigern. Näher liegt, dass er überraschend schnell starb (Joh 19,31–33; 19,36 ergänzt eine theologische Deutung).

Nicht einmal die verletzende Nagelung der Arme, die uns aus der Kunstgeschichte vertraut ist, war notwendig. Ebenso konnten die Arme festgebunden werden. Wie bei der Kreuzigung Jesu verfahren wurde, geht aus Mk 15,23f par nicht hervor. Erst dem Joh liegt an äußeren Verletzungen Jesu. Es führt in der Tomasperikope Jesu Nagelwunden ein, um die Identität des Gekreuzigten und Auferstandenen zu verdeutlichen (20,25.27). Die Seitenwunde ergänzt es theologisch in 19,34, lange nachdem sich die Chiffre Blut („haima") in der Deutung des Todes Jesu verfestigt hat.

Ohne Explikation des Kreuzes tritt sie schon ab Röm 3,25 auf und zieht sich dann weit durchs Neue Testament. Abendmahlsüberlieferung (1 Kor 11,25 par), die Metonymie von „Blut" für „Tod" (Mt 27,4.24f) und kultische Konnotate spielen dafür eine Rolle.

Das Neue Testament gewinnt damit Interpretationsräume. Jüngere Kunst vollzieht gern die Elementarisierung nach. Sie verweigert sich wie die historische Kritik einer harmonisierenden Lektüre der Evangelien und vereinfacht die Kreuzesdarstellung. Die Bindung der Arme Jesu tritt, um den Blick zu verfremden, an die Stelle der Nagelung etc.

3.2.4 Auf eine große Stärke der Elementarisierung verweist uns – damit sei geschlossen – die Tiefenpsychologie: *Die Christologie integriert die Anerkenntnis des Todes*. Sie stellt sich ohne Einschränkung dem Tod, der letzten und härtesten Beleidigung jedes sich selbst genügenden Narzissmus, und opponiert so dem fundamentalen menschlichen Verdrängungsmechanismus gegen den Tod. Der unverdrängte Tod erlaubt die Überwältigung des Todes, wie die Auferstehungsaussage sie benennt. Dem Christentum eröffnet sich der Weg, dem Tod ohne neurotische Nötigungen zu begegnen.[18]

3.3 Dahingegeben

Lit.: s.o.; *P.J. Achtemeier*, Suffering Servant and Suffering Christ in 1 Peter: FS Keck 1993*, 176–188; *O. Betz* in: W. Grimm / K. Dittert, Deuterojesaja, Calwer Bibelkomm., Stuttgart 1990, 425–434; *N.A. Dahl*, The Atonement – an Adequate Reward for the Aqedah? (1969): ders. 1991*, 137–151; *R.H. Daly*, The Soteriological Significance of the Sacrifice of Isaac, CBQ 39, 1977, 45–75; *P.R. Davies / B.D. Chilton*, The Aqedah, CBQ 40, 1978, 514–546; *J. Dunnill*, Covenant and Sacrifice in the Letter to the Hebrews, Cambridge 1992; *B. Janowski / P. Stuhlmacher* ed., Der leidende Gottesknecht, FAT 14, Tübingen 1996; *H.-J. Klauck*, Judas – ein Jünger des Herrn, QD 111, Freiburg usw. 1987;

[18] Vgl. partiell *J. Cott*, The Problem of Christian Messianism, JES 16, 1979, 496–514: 502f.

K.Ch.P. Kosala, Taufverständnis und Theologie im ersten Petrusbrief, Diss. Kiel 1985; *L.J. Kundert*, „... der seinen eigenen Sohn nicht verschont hat" (Röm 8,32a). Die Opferung / Bindung Isaaks [...], Diss. Basel 1996 (masch.); *J.D. Levenson*, The Death and Resurrection of the Beloved Son, New Haven. London 1993; *H. Maccoby*, Judas Iscariot and the Myth of Jewish Evil, New York 1992; *H. Manke*, Leiden und Herrlichkeit. Eine Studie zur Christologie des 1.Petrusbriefs, Diss. Münster 1975; *N. Perrin*, The Use of *(para)didonai*: Der Ruf Jesu und die Antwort der Gemeinde. FS J. Jeremias, Göttingen 1970, 204–212; *W. Popkes*, Christus traditus, AThANT 49, Zürich 1967; *E.F. Segal*, The Akedah. Some Reconsiderations: Geschichte - Tradition - Reflexion. FS M. Hengel, Tübingen 1996, I 99–116; *J. Swetnam*, Jesus and Isaac, AnBib 94, Rom 1981; *W. Vogler*, Judas Iskarioth, ThA 42, Berlin 1983.

Der zweite Grundimpuls der Überlieferung ist die *Hingabeaussage*. Historisch evoziert sie das juristische Geschehen von der Auslieferung Jesu zum Prozess über Haft, Urteil und Folter bis zur Übergabe an die Hinrichtung (1 Kor 11,23b; Mk 14–15 par).[19] Christologisch entschränkt sie sich. Die alten, formelnahen Aussagen fassen den Weg Jesu von der Verhaftung bis zum Tod *theologisch* zusammen.

3.3.1 Diese Kurzaussagen füllen weder, wozu Jesus ausgeliefert wurde, noch benennen sie den Auslieferer Judas (1 Kor 11,23; Gal 2,20; Röm 8,32); auch die etwas genauere Ansage in Mk 9,31 abstrahiert zum Passiv, der Menschensohn würde in die Hand von Menschen gegeben, und sie würden ihn töten. Das Interesse gilt Gottes Beteiligung an der Hingabe. Gott ist so Subjekt im Schlüsseltext Röm 8,32; dem Passivum divinum nähern sich 1 Kor 11,23b und Mk 9,31. *Allem menschlichen Ausliefern geht Gottes Ausliefern voraus.* Der Übergang zur reflexiven Aussage „er (der Sohn / Christus) gab sich selbst" in Gal 2,20; Eph 5,2.25 ergänzt, dass Christus dies über ihn verhängte Geschick übernahm, es zu seiner eigenen Sache machte.

Eine erschreckende Dimension hat diese Hingabe nach der Vorgeschichte des Begriffs. Denn wo Gott ausliefert, tut er es nach Israels Schriften zum Unheil, zum Zorn und zum Gericht. Er „übergibt" die Sünder dem Fluch, auf dass sie getötet werden.[20] Gott handelt an Jesus also wie an einem Sünder. Er setzt ihn dem Zorn und Unheil aus, das die treffen müsste, die sich schwer vergehen. Gott tut dies - erfährt die Gemeinde - „wegen unserer Vergehen" (Röm 4,25). Die Hingabeaussage erhält deshalb an zahlreichen Stellen eine soteriologische Zueignung (1 Kor 11,23b-24; Röm 8,32; Gal 2,20; Eph 5,2.25). Christus erfährt die Unerbittlichkeit Gottes. Die Gemeinde und ihre Glieder dürfen aufatmen, da Gott die Hingabe zu ihren Gunsten vollzieht.

---

[19] „Hingeben" („paradidonai") ist ein juridisches Verb: *H.G. Liddell / R. Scott*, A Greek-English Lexicon. With a Suppl., Oxford (9)1983, s.v. 3, p. 1308; vgl. Mk 14,10f.18.21.41.42.44;15,1.10.15 par, dazu 9,31 und 10,33 par; Joh 18,30.35f;19,11.16.

[20] Vgl. „paradidonai" in der LXX (bes. bei Ez nur kritisch); 1= äthHen 97,10;98,12; *Popkes**** 13–25.

3.3.2 Bis heute fällt schwer zu begreifen, warum Gott Jesus dem Unheil aussetzte und ihn nicht schonte. Die frühe Gemeinde fand in der Schrift ein Modell, das die Härte wenn schon nicht erklärte, so doch vertrauter werden ließ, die *Aqedah* (hebr. „aqedat Jizhak", „Bindung Isaaks"): Abraham schonte einst, als Gott es unbegreiflich forderte, seinen Sohn nicht (Gen 22). So handelt nun Gott selbst, wo es um seinen Sohn geht. Ja, er übersteigt die Aqedah. Denn Isaak gab er seinem Vater Abraham zurück, ohne dass er wirklich sterben musste. Abrahams Weg zum Opfer erkannte er als Opfer an, so dass Israel sich darin gründen konnte.[21] Christus aber erspart er den Tod nicht. „Der des eigenen Sohnes nicht schonte, sondern ihn für uns alle hingab" in *Röm 8,32a* steigert Gen 22,12.16 (vielleicht mit vorpaulinischem Kern). Was unter Menschen nicht zu begreifen ist, nimmt Gott auf sich. Er legt einen Grund der Existenz, der die Aqedah vertieft und verbreitert; „für uns alle" fügt die Völker zu Israel hinzu.

Die Aqedah Isaaks entwertet das nicht. Das Judentum entdeckt dort eine vergleichbare Dynamik. Seit 2 Chr 3,1 gilt der Tempel auf dem Berg der Aqedah erbaut. Die Tannaiten deuten frühnachneutestamentlich den Tod Isaaks an (MekhY zu Ex 12,13 u.a.).[22]

Das Modell fasziniert, zumal es die Priorität Israels erhält. Es zu Ende zu denken, war und ist schwierig. Denn dass Abrahams Handeln dasjenige Gottes präfiguriere, kollidiert mit dem Gefälle zwischen Gott und Abraham.

N.A. Dahl erwog deshalb, Gottes Handeln von Röm 8,32 als „reward" für Abrahams Handeln von Gen 22 zu deuten: Gott belohnt es und verwirklicht seine Zusage, in Abrahams Samen würden alle Völker gesegnet. Der Text selber schweigt.[23]

Wohl wegen der Schwierigkeit kommt es im Neuen Testament nur zu einer begrenzten Expansion. Die wichtigste Anspielung entsteht bei der Taufe Jesu durch die Anrede „geliebter Sohn" (*Mk 1,11* par nach Gen 22,2; s. 4.2.6). Eventuell christologisch zu lesen ist außerdem *Hebr 11,17–19*.

Mk 1,11 wird uns später beschäftigen (s. 4.2.6). In Hebr 11 zeigt die Errettung Isaaks den Gott, der „aus Toten zu erwecken" mächtig ist. Das gemahnt zuerst allgemein an die Auferstehung (6,2). Dürften wir die Passage und 6,13f (mit Zitaten aus Gen 22,16.17) gleichwohl mit 2,5–18;5,7f und 9,22 unter dem Horizont der Aqedah verbinden, würde sie eine Basis der Christologie des Hebr. Christus träte in die Erfahrung des Menschen angesichts der Gottheit (2,6 usw.), und der in einem gnädige und unbarmherzige Gott der Bindung Isaaks gewährte das Symbol eines Bundesopfers, das die Spannung seiner Begegnung mit dem Menschen löste. Die Forschung macht interessante, doch in Anbetracht der Textbasis gewagte Vorschläge in dieser Richtung.[24]

---

[21] LibAnt 18,5; vgl. 32,2–4;40,2; Josephus, ant. 1,222–236; 4 Makk 7,14;13,12;18,11.

[22] Christliche und jüdisch-rabbinische Rezeption sind trotz des gleichen Ausgangspunktes und teils paralleler Entwicklungen nicht zu sehr in eins zu schieben. Diskussion bis *Segal****; *Kundert****.

[23] *Dahl**** (Titel); bei *Levenson**** 222f Präfiguration; kritisch *Gubler***, 364ff u.a.

[24] *Swetnam****; *Dunnill**** 172–226 und passim.

Damit erschöpft sich das christologisch deutbare Material im Wesentlichen.[25] Kein Beleg entnimmt der Aqedah in sich ein Motiv der Sühne / Versöhnung; maximal fügt er das „für uns" bei (Röm 8,32). Das korreliert mit den jüdischen Quellen, die bis zur Zerstörung des zweiten Tempels keine Sühnedeutung von Gen 22 belegen. *Die Darbringung und Rettung Isaaks gibt dem Weg Jesu in den Tod und gegebenenfalls seinem Aufstehen aus den Toten eine Folie.* Eine Grundlage der soteriologischen Deutung des Todes Jesu bietet sie nicht.[26]

Noch nachneutestamentlich dauert es, bis die Rezeption sich vereindeutigt. Im 2. Jh. weist auch der Widder, der statt Isaaks getötet wird, auf Christus (dann wechselt Isaak zur geretteten Menschheit). Erst im Mittelalter setzt sich die heute vertrauteste Gestalt durch, der holztragende Isaak als Typos für Jesu Kreuztragung und der Opferaltar von Gen 22 als Typos für das Opfer Christi.[27] Moderne Auslegung kann und darf Isaaks Aqedah nicht mehr so in ihrem Eigencharakter entwerten. Sie ist gehalten, die christologische Tragfähigkeit im Gespräch der Religionen, die sich auf Abraham berufen, neu zu erproben.

3.3.3 Für die *soteriologische Explikation* der Dahingabe müssen wir weitere Spuren suchen. Die bedeutsamste führt zum *Lied vom Gottesknecht in Jes 52,13–53,12.* Denn es enthält in der LXX das Leitverb „paradidonai", das in Gen 22 fehlt. Einzigartig macht es die Weise, in der er die Schuld, die „wir" hätten tragen müssen, einem Einzelnen aufbürdet. Bis heute berührt nicht minder der Schmerz über sein Leid in den vv.7f. Der hebräische Text hört eine Zuwendung dessen wie in einem Schuldopfer.[28]

Die LXX überträgt, Gott „übergebe" den Knecht „unseren Sünden"; „wegen (‚dia') der Sünden" vieler werde er „dahingegeben in den Tod". Wir müssen die Hingabe „an unsere Sünden" und „in den Tod" genau hören (53,6.12). Beide Male verzichtet die LXX auf ein „für". Es geht ihr um die Not des Knechtes, bevor Gott das Geschehen wendet. Das Verb „paradidonai" hebt den Schrecken hervor (52,13;53,12a.vgl.11a). Diese Eigenart verunmöglicht, das Für der ältesten Dahingabe-Aussagen an die LXX anzuschließen; allenfalls gelangen wir nach ihr zu einem „wegen, auf Grund von" unseren Sünden.[29]

Wieweit der hebräische Text vertiefend Einfluss nimmt, ist fraglich, jedenfalls nicht eindeutig nachzuweisen. Da ein hebräisches Zitat fehlt, sind wir auf Reflexe im Griechischen angewiesen. Die meist verwendete Präposition „hyper", „für" (Gal 2,20; Röm 8,32b; vgl. Eph 5,2.25), stimmt nicht mit den geläufigen Übertragungen von Jes 53 überein. Der Befund ist somit komplexer, als wir ihn gerne

---

[25] Wer Mk 9,2–13 hinzunimmt, muss dort eine Isaak-Jesus und Isaak-Jünger-Typologie ineinander verschränken. Die Verklärung wird zur Prolepse eines Märtyrerschicksals Jesu und Märtyrerschicksals der Jünger: *Kundert**** 264–276.

[26] *Davies / Chilton**** u.a.; anders *Daly****.

[27] Melito, in Gen. c.1 (PG 5, 1216f = fr. 10f in SC 123); Barn 7,3; jüngere Quellen bei E. Lucchesi Palli, Abraham, LCI 1, 1968, 20–35.

[28] Zur Interpretation *B. Janowski*: ders. / Stuhlmacher*** 27–48 (= ZThK 90, 1993, 1–24); *H. Haag*, Stellvertretung und Sühne nach Jesaja 53, TThZ 105, 1996, 1–20. Weiteres unter 3.7.9.

[29] Die größte Nähe erreicht Röm 4,25 mit der Präposition „dia", setzt jedoch für „Sünde" einen abweichenden Begriff.

hätten. Überhaupt bleibt die Rezeption von Jes 53 im Christentum vielschichtig. Noch ein Zeuge des späteren ersten Jahrhunderts übergeht das „paradidonai" des griechischen und das Für des hebräischen Textes, Apg 8,32f.

Es zitiert und modifiziert die Verse 7 und 8 (bis „von der Erde wird sein Leben genommen"). Da es den Schluss von v.8 (LXX: „weg von den Gesetzlosigkeiten meines Volkes wurde er in den Tod geführt") übergeht, entsteht der Klang, das Leben dessen, der wie ein Schaf zum Schlachten geführt wurde, sei erhöhend von der Erde genommen. Jes 53 spiegelt das lukanische Interesse am Weg Jesu von der Niedrigkeit des Todes in sein erhöhtes Leben und bereitet die Erkenntnis Christi in seiner gegenwärtigen Wirksamkeit vor (vgl. 8,34f).

Nach diesen Kautelen ist ebenso umgekehrt zu betonen: Die soteriologische Rezeption der Dahingabe des Knechtes beginnt im Urchristentum. Das erweist das Traditionsstück in *1 Petr 2,21–25*. Es nimmt hymnisches Gut auf, das reflektiert von der Hingabe Jesu spricht (v.23c auffälliges Aktiv). Aber der Ansatz ist alt. Da er das Kreuz in einer von Paulus abweichenden Deutung integriert, entstand er wohl in unabhängiger Zeitgenossenschaft zu Paulus. Durch die Verknüpfungen erwächst der *Höhepunkt urchristlicher Hingabechristologie.* In v.23 nimmt Christus die Hingabe auf sich. V.24 zitiert aus Jes 53,4.12, dass er „unsere Sünden trug", und expliziert, er trug sie „an seinem Leib aufs Holz". Die Sünden haben damit einen Ort gefunden, den Jes 53 noch nicht kennt. Diesem Ort bleiben sie übergeben. Das gibt der Heilung, von der Jes 53,5 sprach, ihr Gefälle. Die Christen sind die Sünden los geworden, um der Gerechtigkeit zu leben (weiter v.24). Aus der soteriologischen Aneignung von Jes 53 entspringt ein ethischer Akzent.[30]

Wer von paulinischer Kreuzestheologie mit ihren Akzenten auf der Fremdheit des Kreuzes (1 Kor 1,23ff) und dem rettenden Freikauf vom Fluch des Gesetzes (Gal 3,13f) kommt, wird eine Ethisierung vernehmen, wie sie Paulus fremd ist. Der Rezeption in der Reformation tat das keinen Abbruch. Luther stellte den 1 Petr sogar direkt neben (in der Bibelübersetzung hinter) Paulus (WA 12,259f.339ff u.ö.).

Ein fesselnder Werdegang stellt sich heraus. Jes 53 bildet nicht die Wurzel des „Für"-Glieds wie die Aqedah nicht die Wurzel der erschreckenden Schonungslosigkeit Gottes in der Hingabe. Indessen tritt beides noch in der ersten christlichen Generation hinzu. *Was in Christi Hingabe an schrecklichem Schauder, doch den Menschen zugute geschieht, erhellt sich aus dem, was sich in der Schrift bereits lesen lässt. Die Schriftrezeption in der Christologie bekommt und behält höchste Bedeutung, auch wenn sie theologiegeschichtlich eine sekundäre Entfaltungsstufe darstellt.*[31]

---

[30] Zur Diskussion bes. *Kosala**** 69–115, *Manke**** 105–139; *Karrer* 1990*, 373ff; *M. Gielen*, Tradition und Theologie neutestamentlicher Haustafelethik, AM.T / BBB 75, Frankfurt a.M. 1990, 488–512. *Achtemeier's**** Vorschlag, eine Neubildung des 1 Petr-Autors zu sehen, überzeugt nicht.

[31] Insofern sollte der Dissens zu den Exegeten, die Jes 53 von Anfang an hinter den Für-Aussagen entdecken (*Betz****, *Stuhlmacher* 1992*, 191ff, *Merklein* 1987*, 185 u.a.), nicht strapaziert werden.

3.3.4 In der erzählten Passion gibt Judas Jesus hin. Er ist der „Auslieferer" des geschichtlichen Geschehens.[32] Gottes Verfügung, Jesu Auf-sich-Nahme dieser Verfügung und menschliche Schuld begegnen sich. Aber dürfen wir überhaupt von Schuld sprechen, wenn der theologischen Deutung der Passion zufolge Gott hingibt und Jesus hingeht? Das Menschensohnwort Mk 14,21 führt in dieses *Judasdilemma* der Christologie.

Ort ist die kaum erträgliche Spannung des letzten Mahles Jesu. Die Interpretation ist gewachsen: Da die Menschensohnworte Jesus in der dritten Person nennen, konnten sie leicht ergänzt werden. Bei unserem Wort ist das an der fortgeschrittenen Reflexion erkennbar. Der Menschensohn „geht" aktiv „hin", was in der alten Formelüberlieferung kein Korrelat hat.[33] Der Schrift gemäß tut er es, somit unter der (uns inzwischen vertrauten) Weichenstellung, das Geschehen bestimme der eine Gott, der sich durch die Schrift bekannt machte. Eine bestimmte Schriftstelle ist noch nicht im Blick, ein Indiz früher Bildung.

Mk 14,21 abstrahiert von Judas, interessiert sich ganz für das Sachproblem. Der „Menschensohn" geht hin, hingegeben vom „Menschen". Die Hingabe löst die angesprochene Sphäre des Zorns und Gerichtes aus. Doch da der, der das Gericht auslöst, sich unter es begibt, wendet sich die Sphäre nun gegen diesen Menschen. Es trifft ihn furchtbar und unausweichlich. Besser wäre, er wäre nie geboren. Gerade, weil das theologische Gewicht der Hingabe erhalten bleibt, entsteht der rettungslose Fall Judas', des Menschen vor dem Menschensohn. Wir spüren Schmerz darüber, ohne dass der Text eine Lösung fände.

Je weiter die urchristliche Tradition von da an *Judas in seinem aus menschlicher Perspektive unlösbaren Geschick* betrachtet, um so weniger beschreitet sie den Grat des Schmerzes.

Während Mk das Geschick Judas' noch nicht über die Verhaftung Jesu 14,43–46 hinaus verfolgt, ergänzt Mt den scheiternden Versuch Judas', seine Verstrickung auf die Hohenpriester zu übertragen und die Schuldsphäre des Blutgelds zu lösen, indem er es in den heiligenden Tempel wirft (Mt 27,3–10). Lk stellt Judas weiter unter den Zugriff Satans (22,3); er wird vom Auslieferer zum treulosen Verräter (6,16), sein Geschick zur bleibenden Warnung (Apg 1,16–20). Das Joh verschärft nochmals. Judas handelt nun nach Eingabe des Satans und wird „Sohn des Verderbens" (13,2;17,12).

Dass die von Judas ausgelöste Gerichtssphäre auf ihn zurückfällt, erhält die Dominanz vor der Möglichkeit Gottes, das zu brechen, was dem Menschen unausweichlich scheint: das selbst zugezogene Gericht. Die Konturen zwischen der juridischen Auslieferung, mit der die Judasüberlieferung begann, und der Verwerfung des Verräters verschwimmen, bis Luther unwillkürlich auch die Stellen, die von der Auslieferung Jesu sprechen, als Verrat übersetzt (1 Kor 11,23; Mk 14,10.21.44 etc.). Judas wird in der Folgezeit antisemitisch nutzbar. Die Reflexion der letzten Jahrzehnte lenkt das Augenmerk dem entgegen zu Recht auf

[32] Mk 14,10f.44; Mt 26,25;27,3; Joh 18,2.5.

[33] Wohl aber eine breite theologische Folgeentwicklung: vgl. Joh 7,33;16,5 usw.

den Schmerz und das Leid Judas' zurück. Das Dilemma, nicht die Vereinfachung des Judas-Verrates gehört in die Christologie.[34]

Weithin hält sich „verraten" in der Abendmahlsliturgie, obwohl sie sich an die theologische Kernaussage ohne Erwähnung des Judas anlehnt (1 Kor 11,23). Eine Korrektur der Übersetzung zu „in der Nacht, da er (der Herr Jesus) dahingegeben ward" ist überfällig.

3.4 In verhängtem Leid

Lit.: s.o.; *W.J. Bennett*, „The Son of Man Must ...", NovTest 17, 1975, 113–129; *E. Benz*, Der gekreuzigte Gerechte bei Plato, im Neuen Testament und in der Alten Kirche, Mainz 1950; *P. Doble*, The paradox of salvation, MSSNTS 87, Cambridge 1996; *K. Döring*, Exemplum Socratis, Hermes. E 42, Wiesbaden 1979; *A.J. Droge / J.D. Tabor*, A Noble Death, San Francisco 1991; *H. Hommel*, Der gekreuzigte Gerechte (1952): ders., Sebasmata II, Tübingen 1984, 75–82; *W. Popkes*, „dei", EWNT I, ²1992, 668–671; *L. Ruppert*, Der leidende Gerechte, fzb 5, Würzburg 1972 (= 1972a); *ders.*, Jesus als der leidende Gerechte?, SBS 59, Stuttgart 1972 (= 1972b) und Der leidende (bedrängte, getötete) Gerechte: van Henten 1989**, 76–87; *D. Seeley*, The Noble Death, JSNT.S 28, Sheffield 1990.

Nicht als Geschichte der Hingabe, sondern als Passionsgeschichte gingen die letzten Tage Jesu ins kirchliche Bewusstsein ein. Das lateinische Nomen für Leiden, „passio", gab ihnen diesen Namen. Es knüpft an das griechische Verb „paschein" (gesprochen „pas-chein") an. Hätten unsere Erörterungen nicht dort, bei der *Leidensaussage*, beginnen sollen?

3.4.1 Die Verschiebung hat ihren Grund. Frühneutestamentlich ist *Passion* nicht der übergreifende Ausdruck, zu dem es später in der Kirche wurde. Das Mk drückt lediglich in den zwei Ansagen von 8,31 und 9,12 aus, dass Jesus „litt". In den Kapiteln 11–16 fehlt ihm jedes Wort des Stammes „paschein" (leiden), obwohl wir geläufig von „Passions"-Überlieferung sprechen. Das Mt wahrt diesen Freiraum und ergänzt in seinem Passionsbericht[35] „paschein" nicht für Jesus, sondern für die Frau des Pilatus; *sie* litt Jesu wegen (27,19). Erst Lk führt unter den Synoptikern die Leidensansagen in den Passionsbericht unmittelbar ein und bereitet somit die heutige Lektüre einigermaßen vor (22,15). Das Joh (und 1–3 Joh) verwendet den Stamm „paschein" umgekehrt überhaupt nicht. *Von einer vorsynoptischen „Passions"-Geschichte wie von einer johanneischen lässt sich nur in nachträglicher Kategorienbildung sprechen.*

Dieser überaus auffällige Befund ist kein Zufall. *Die alte Passionsüberlieferung setzt ein Moment jüdischer Sprachgeschichte fort.* Das Hebräische kannte allein die konkrete Beschreibung des Leidens, kein übergeordnetes Verb. Die LXX folgte dem weithin, namentlich in den Leidreflexionen des Psalters und von Jes 53, und verzichtete auf eine Eintragung von „paschein". Auch im berühmten Wort des

[34] Vgl. *B. Dieckmann*, Judas als Sündenbock, München 1991; *Klauck****; *Maccoby****.

[35] Trotz 16,21;17,12.

Ps 34,20 (LXX 33,20), das Luther mit „der Gerechte muss viel leiden" übersetzte, hielt sie beim Ausdruck „Bedrängnisse der Gerechten" inne. Die gängige Chiffre vom „leidenden Gerechten" taugt am griechischen und hebräischen Alten Testament wie das Motiv des Leidens nur als übergreifende Beschreibung. Erst im jüdisch-griechischen und lateinischen Schrifttum um die neutestamentliche Zeit lockerte sich das etwas. Trotz ihres Zögerns brachte die LXX „paschein" immerhin am Rande ins biblische Schrifttum ein. Frühjüdische Texte beschrieben erlittenes Leid[36] und gerechtes Leid, das Ungerechte traf (Weish 19,13; vgl. TestXII Sim 4,3). Vom leidenden Gerechten sprach Israel freilich immer noch nicht so begrifflich wie Nichtjuden.[37] In der bekanntesten Passage, Weish 2,12–20;5,1–7, fehlt der Stamm.

Die Konsequenzen liegen auf der Hand: Die Ansage, Jesus müsse „viel leiden" (Mk 8,31;9,12 par), ist in griechischer Sprache entstanden. Eine Rückführung auf den irdischen Jesus ist sprachlich und sachlich unwahrscheinlich. Unsere *„Leidens"-Worte sind nachösterlich.*[38] Sie bilden den Zwischenschritt zwischen einem Erzählen der konkreten Geschehnisse und der Zusammenfassung im Begriff. Letztere beginnt mit Paulus. Ab der zweiten / dritten christlichen Generation verbreitet sich, dass Jesus „litt", in komprimierten Texten über die Evangelien hinaus.[39] In diesem Werdegang bereitet das Neue Testament doch noch unser Verständnis der „Passion" Jesu vor. Für die Kategorie des leidenden Gerechten müssen wir mit weiteren Komplikationen rechnen.

Was macht den Reiz des Vorgangs aus, und was hielt einen Teil des Christentums bis zum Ende des Neuen Testaments davon ab? Die Erklärung ergibt sich über den Klang des Verbs. „Paschein" ist griechisch das Oppositum der Verben des Handelns. *Wer leidet*, erfährt Tätigkeit. Er *ist dem Geschehen ausgeliefert*, verursacht und gestaltet es nicht selbst (unsere grammatische Kategorie des „Passiv" erinnert daran). *Mk* hörte dieses Gefälle in der ihm überkommenen Passionsüberlieferung und *bejahte das* als Glied der Christologie. Deswegen stellte er die „Leidens"-Ansagen voran. Er vermittelt mit der Überlieferung ein markantes Bild Jesu auf dem Weg zu seinem Tod: An Jesus wird gehandelt, er handelt nicht selber.[40] *Dem Joh dagegen genügt ein* solchermaßen *leidender*, das Handeln aus der Hand gebender *Jesus nicht.* Die Divergenz überträgt sich auf angrenzende Entscheidungen:

---

[36] „Polla pathein" („viel leiden") erstmals VitProph 9,38, „passio" („Passion") erstmals LibAnt 8,8.

[37] Von Plato (Apol. 28AB;30CD;31E-32A;37B) bis Plutarch (mor. 548ff); vgl. Cicero, nat. deor. III 80–84,89.

[38] Anders z.B. *Bayer*** 213ff. Zu trennen ist die möglicherweise ältere Hingabetradition (Mk 9,31*); vgl. 4.8.1.

[39] Paulus führte das Nomen „Leiden" („pathēma") in unsere Literatur ein (Phil 3,10 u.ö.; danach Hebr 2,9 u.ö.; 1 Petr 1,11 u.ö.). Zu „Christus litt" s. 1 Petr 2,21–24; vgl. Apg 26,23; IgnSm 2,1;7,1; Barn 5,5;7,2; 2 Clem 1,2; MartPol 17,2.

[40] Von den griechischen Verben des Handelns begegnet nur „poiein" in der alten Passionstradition, und zwar für das Handeln *an* Jesus (bes. Mk 15,1.12). Die einmalige Frage nach einem Handeln Jesu Mk 15,14 prüft lediglich die Basis für das, was nun an Jesus getan wird.

3.4.2 Die Weichenstellung, einem *Leiden* Christi zu begegnen, *kollidierte mit* dem wohl beeindruckendsten Sterbeideal der Antike, *dem noblen, vornehm-heroischen Tod*. Denn dieses Ideal lebte davon, dass der dem Tod Ausgesetzte, zum Sterben Genötigte, den Tod nicht von außen an sich geschehen ließ, sondern ihn sich zu eigen machte und aktiv vollzog.

Das größte Exemplum bot Sokrates, der seine Schüler um sich sammelte und vortrug, warum er dem Tod nicht auswich, den Tod vielmehr im Trinken des Bechers selber in die Hand nahm. Er nahm den Becher („kylix") und trennte sich dadurch von den Freunden, den Göttern im Gebet verbunden (Plato, Phaid. 117Bff). Die Überlieferung von Jesu letztem Mahl entwirft mit der Gemeinschaft am Kelch ein anderes Bild. Und wie Jesus anders stirbt als Sokrates, verhalten sich seine Jünger anders als Sokrates' Schüler. Sie fliehen und lassen Jesus der synoptischen Überlieferung nach im Sterben allein (Mk 14,50).[41]

Ein jüngeres Beispiel bot Cato Uticensis, der, als Cäsars Sieg ihm das Leben verbaute, zum Schwert griff, um durch dessen – wie es heißt – guten, vornehmen Dienst frei zu sterben, bevor Caesar seiner habhaft würde.[42] Jesus verhält sich bei seiner Verhaftung laut Mk 14,43–52 nicht so.

Die Vorstellung, die Märtyrer-Philosophen (Sokrates, Zenon, Anaxarch) hätten Tyrannen widerstanden, bereicherte das Modell. Jüdischer Höhepunkt wurde die Bereitschaft, vor dem Tyrannen zu sterben, „obwohl mir möglich ist, gerettet zu werden" (Eleasar nach 4 Makk 6,27).[43] Jesus aber verzichtet im synoptischen Prozess vor Pilatus auf eine Rede gegen Tyrann und Fremdherrschaft (Mk 15,2–5). Am Kreuz provoziert, sich zu retten, deklariert er keinen Rettungsverzicht (Mk 15,30f). Er stirbt ohne eine Äußerung, die das „ich sterbe" zu seiner eigenen Handlung machte.

Angesichts der Verbreitung der Tradition vom edlen Sterben im 1.Jh. wirken die Kontraste der *synoptischen Überlieferung* fast gezielt. Das *Joh* divergiert davon gemäß seiner Weigerung, Jesus in rein passivem Leiden zu schildern. Jesus hält nun im Kreis der Jünger umfangreiche Abschiedsreden. Er gibt sich selbst in die Hand der Verhaftenden. Sein Sterben gestaltet er zur Vollendung. Der Lieblingsjünger steht – ohne Jüngerflucht – unter dem Kreuz (Joh 13–17;18,4–8; 19,26.30).

Eine schwierige Frage resultiert: Hat die zu Mk führende Linie der Passionsüberlieferung den Kontrast gesteigert? Oder haben ihn jüngere Zeugen und besonders das Joh mit Spuren einer Anpassung an das Ideal der Umwelt entschärft? Die Antwort könnte in der Mitte liegen. Denn das Joh nähert sich dem noblen Sterben im Kreise der Freunde nur begrenzt. Zwischen den Abschiedsreden und Ostern verliert sich der größere Jüngerkreis im Unbestimmten, und der Verrat des Petrus wird uneingeschränkt wiedergegeben (18,25–27). Umgekehrt erwächst der Kontrast der vormarkinisch-markinischen Passion aus einem

---

41 Für Celsus besonders anstößig (Origenes, Cels. II 9). Auch, dass Sokrates wegen Gesetzeskritik starb (Josephus, Ap. II 263–265), nützt das frühe Christentum nicht zur Parallele mit Jesus. Zur weiteren Motivgeschichte *Döring****.

42 Seneca, prov. 2,9–12 u.a. (*Droge / Tabor* 32ff); vgl. die Christenkritik bei Origenes, Cels. II 9.

43 Vgl. Cicero, Tusc. II 52; 2 Makk 7,29 usw.; *Versnel*** 178ff; *Seeley***; *Hengel* 1981*, 17f.

eigengewichtigen Interesse am Versagen der Jünger (vom Schlaf 14,37–41 über Flucht und Verleugnung 14,50.66–72 bis zur Ferne noch vom Grab 16,1–8). Beide Entfaltungslinien ringen wohl mit dem gleichen Ausgangspunkt: Jesu Sterben war kein wie bei Sokrates gestaltetes Sterben, sondern ein bedrängender, überaus rascher Vorgang. Die Geschehnisse des knappen Tages zwischen letztem Mahl und Tod überforderten die Jünger.

Das Detail bleibt Spekulation. Manche Jünger mögen Jerusalem verlassen haben (Lk 24,13–35). Mk 16,7 par setzt andererseits wohl ähnlich dem Joh voraus, Jünger seien in Jerusalem, wenn auch fern dem Kreuz, geblieben.

3.4.3 „Der Menschensohn *muss* viel leiden", expliziert die synoptische Tradition vor dem Passionsbericht (Mk 8,31). Jesu erlittenes Sterben ist über ihn verfügt, ein verhängtes Muss („dei").

Das hat kein altsemitisches Äquivalent.[44] Erst das griechischsprachige Judentum führte „dei" in die Sprache Israels ein, wieder ein Indiz für die Rückführung unserer Leidens-Tradition in die griechisch-judenchristliche Gemeinde.

In der griechischen Kultur erinnerte ein Muss („dei") an die unerbittliche Verstrickung einer tragischen Gestalt (Sophokles, Oed. tyr. 825ff.830–833) wie die geschichtliche Bestimmung durch die Götter zu unausweichlichem, fatalem Geschick (z. B. Herodot II 161; VIII 53). Die frühen Christen sichern mit dem Verweis auf die Schrift (Mk 9,12f nach 8,31):[45] Keine gemeinantike Tragik und keine fremden Götter, sondern der Gott Israels bestimmt das Leiden Jesu. Das Muss *konzentriert den Vorgang auf ein Geschehen zwischen dem einen Gott und Jesus*. Jesus muss „verworfen werden", fährt Mk 8,31 fort. Gott ist zu schrecklicher Verwerfung fähig (vgl. Jer 6,30;7,29 u.ö.).

Vollzogen wird sie durch Menschen (vgl. Ps 118,22). Die Verschränkung von Gottes Verfügung und menschlich verwerflichem Handeln aus der Hingabeaussage wiederholt sich.

Schwieriger ist ein zusätzliches Gefälle zu ermessen. Angedeutet in der LXX (Dan 2,28f) und öfter in jüdisch-christlicher Literatur bis zum Ende des 1.Jh., benennt das „Muss" Gottes eschatologische Verfügung.[46] Markiert daher Jesu Tod, gerade weil er furchtbar ist, den apokalyptischen Umbruch der Zeiten? Dann erwüchse aus Jesu Auferstehen, in dem er die Handlungsmacht wieder an sich zieht (Mk 8,31 Ende), entsprechend die neue Zeit. An dieser Stelle ist besonders schmerzlich, dass wir die Entstehung des vormarkinischen Passionsberichts nicht genau klären können. Jedenfalls fehlt diesem unser christologisches „dei". Die Quellenlage rät nicht, die apokalyptische Deutung in den Vordergrund zu stellen.

---

[44] Es wäre dort durch Konstruktionen mit ʿl zu umschreiben.

[45] Danach Mt 26,54; Lk 22,37;24,44.46. Vgl. *Bennett****; *Bayer*** 202ff u.a.

[46] TestXII Naph 7,1; Mal 3,23 in Mk 9,11 („dei" über LXX hinaus); Mk 13,7 u.ö.; Offb 1,1 u.ö.

Die präteritale Erzählschicht des Passionsberichts enthält stattdessen Angaben der „Stunde“ (Mk 14,35.41;15,25.33f). Deuten wir dieses Motiv eschatologisch-apokalyptisch, vollzog sich in den zu Jesu Sterben führenden Stunden die Finsternis des Endes (bes. 15,33). Jesu Schrei 15,37 zeigte die Zeitenwende an. Das Zerreißen des Tempelvorhangs und das Bekenntnis des Hauptmanns 15,38f eröffneten die neue Zeit.[47] Die Deutung wird aber nur stringent, wenn wir einen apokalyptischen Strang des Passionsberichts isolieren dürfen. Zudem ist die Tradition der Zeitangabe (ab Am 8,9f) unbestimmter als die des „dei“.

Lukas allerdings vollzieht innerhalb des „Muss“ gewissermaßen die eschatologische Kehre. Er erweitert das „dei“ zielstrebig über das Muss des Leidens (9,22 etc.) hinaus. Jesus „muss“ in dem seines Vaters sein und die Gottesherrschaft künden (2,49;4,43). Er „muss“, dem Zugriff Satans entzogen (vgl. 4,13), auf seinem irdischen Weg gegen diesen helfen (13,16 Sondergut). Unabdingbar kommt durch ihn Rettung (19,5 vor 9f; vgl. 2.7.5 zu Apg 4,12). Das Muss wird zu einem Kennzeichen der lukanischen Soteriologie.

Nicht minder interessant ist der Eingriff des *Joh*. Es besteht in diesem Fall nicht auf einer Eliminierung des Begriffs. Im Gegenteil, das „dei“ eignet sich zu seiner Beschreibung des Wegs und Wirkens Jesu (seit Joh 4,4). Jesus macht es sich zu eigen, weil es seine enge Verbindung mit dem Vater bekundet. Er vertieft es zur Erhöhung (3,13f; vgl. 12,34) und vermittelt das Muss seines Geschicks selber den Jüngern bei der Verhaftung (18,11, ohne Parallele bei den Synoptikern).

3.4.4 Begeben uns weiter in den vorsynoptischen Passionsbericht hinein. Dort fesselt die *Anlehnung an Psalmen*, die zu Israels Reflexion über das Leiden gehören (Ps 22 und Klagelieder eines Einzelnen).

Anspielungen auf Ps 22 finden sich in Mk 15,24.29.34, auf Ps 41,10 in Mk 14,18, auf Ps 42,6.12;43,5 in Mk 14,34, auf Ps 69,22 vielleicht in Mk 15,36 (deutlicher in Mt 27,34), auf Ps 31,6 (unter Korrektur an Mk) bei Lk 23,46.

Die Forschung schloss bis in jüngste Zeit, Jesu Passion erhalte die „Farben der *passio iusti*“, des Leidens des Gerechten.[48] Doch sahen wir, dass der Begriff des Leidens die Passion Jesu und die sog. Leidenspsalmen nur nachträglich koordiniert und dass die jüdische Umgebung des Neuen Testaments ein Leiden des Gerechten kaum in begrifflich strengem Sinn thematisiert.[49] Die Forschung behalf sich über Texte der Bedrängnis eines Gerechten durch Feinde und seiner nachfolgenden Rehabilitation. Sie nützte Weish 2,12–20;5,1–7 („dikaios“ 2,10 u.ö., Rehabilitation 5,1ff) und Jes 53 („dikaios“ v.11 LXX, Rehabilitation vv.10ff). In der Passionsüberlieferung freilich klingen auch diese Stellen nur partiell an.[50] Namentlich bricht sie vor einer vergleichbaren Rehabilitation Jesu ab.

---

[47] Vgl. *W. Schenk*, Der Passionsbericht nach Markus, Gütersloh 1974, 48f u.ö.

[48] *Reinbold*** 202 u.a.

[49] Am nächsten käme vielleicht die Tradition Hiobs, des „Gerechten“, mit seiner unbegreiflichen Not („dikaios“ Ijob 1,1 LXX usw.; „paschein“ fehlt auch dort). Aber gerade sie vernachlässigt die Passionsüberlieferung. Weitere mögliche Quellen bei *Kleinknecht*** 85–166.

[50] *Ruppert* bis 1989**, 76f. Vgl. Mk 14,61 mit Jes 53,7, Mk 15,27 mit Jes 53,12, Mk 15,29 mit Weish 2,17f.

Sie restituiert Jesu Ansehen nicht über die Zusagen von Jes 53,12 und Weish 5,5 (der Gerechte erhalte ein Erbteil unter den Großen oder bei den Heiligen). Auch die Perspektive erneuerten Lebens von Jes 53,10 (hebr. Text ungleich LXX) holt sie, die vor einer Begegnung mit dem Auferstandenen abbricht, allenfalls verschoben ein.

Dem entspricht die Zitation des Ps 22. Die älteste Passionserzählung nimmt dessen Leidenspassagen auf. Am rehabilitierenden Ende (vv.23–32) ist sie nicht explizit interessiert.[51] Der ältesten Passionsüberlieferung genügt, die Konkreta des Leids Jesu aus der Klage Israels durchsichtig zu machen. *Das Furchtbare wird durch die Klage der Schrift Geschichte des Einzelnen mit seinem Gott.* Diese Linie gipfelt in Ps 22,2, dem Wort Jesu am Kreuz nach Mk 15,34 (und Mt 27,46). Die Gemeinde hört dort *im* Schrei der Verlassenheit Jesu intensive Gottesbeziehung.

Stammte das Wort genuin aus dem Mund Jesu, verankerte es die Psalmensprache schon im historischen Geschehen. Andererseits ist das besondere Interesse der Gemeinde an einem letzten Wort Jesu in Anschlag zu bringen (das bei Lk und Joh zu anderen Optionen führt). Der historische Ausgangspunkt ist weniger zu klären als die Rezeption durch die Gemeinde. Für sie haben wir ab der Wiedergabe durch Mk eine evidente Grundlage. Wie die LXX versteht sie den hebräischen Text zielgerichtet: „Mein Gott, wozu (damit was geschehe) hast du mich verlassen?" Mt bildet darauf den Vokativ „thee mou", der an jüdische Gebetsanrede erinnert.[52] Deutsch müssten wir etwa „*Du, mein* Gott" übersetzen. Jesu bis in sein letztes Wort ungebrochene Gottesbeziehung ist der Kern des Kreuzesberichtes. Darob darf das Erzählen auf die ausdrückliche Rehabilitation verzichten.

3.4.5 In der alten Passionstradition, in deren markinischer und johanneischer Redaktion begegnet das Attribut „dikaios", gerecht / Gerechter, nicht. Diese Quellen scheiden somit, streng besehen, für eine Christologie des leidenden Gerechten aus. Mt aber bringt das Attribut im Prozess vor Pilatus ein (27,19; vgl. 27,24 v.l.). Lukas tut das unterm Kreuz (Lk 23,47) und in der Petrusrede Apg 3,14. So verstehen diese Evangelisten *Jesus als leidenden Gerechten.*

Der Duktus bei Mt und Lukas ist beschwerlich. Denn da Israel der Gerechtigkeit besonders verpflichtet wäre, gerät es besonders in die Kritik. In *Lk 23,47* verherrlicht allein der Hauptmann unterm Kreuz Gott durch die Feststellung, Jesus „war gerecht". Israeliten dagegen kritisiert *Apg 3,14* vor dem Hintergrund ihrer Tradition, dass ein Übeltäter gerecht litte, nicht Gerechte und Heilige (Weish 19,13; vgl. 18,2). Es evoziert, sie, die die Freilassung eines Mörders statt Jesu forderten, handelten gegen eigene Ethik.[53] In *Mt 27,19* sieht ebenfalls kein Israelit, dass Jesus gerecht ist. Vielmehr sagt das die Frau des Pilatus (27,24 v.l. Pilatus). Israel versagt daran, Jesus als Gerechten zu erkennen. Dessen leitende Gestalten schmähen ihn unter dem Kreuz wie den leidenden Gerechten von Weish 2,13.18–20 (Mt 27,43, über die ältere Tradition hinaus).

---

[51] Andere Tendenz *J. Gnilka*, Leidensgeschichte Jesu, NBL 2, 1991ff, 616–619: 617f.

[52] Vgl. Sir 23,4; Josephus, ant. 14,24. Nur im nichtjüdischen Griechisch ist der Vokativ ganz ungebräuchlich (*W. Burkert*, „Mein Gott"? Persönliche Frömmigkeit und unverfügbare Götter: FS Hengel [s. bei Segal 3.3] II 3–14: 3f).

[53] Ein Akzent, den Apg 5,30 fortsetzt: s. 3.2.2.

Gleichwohl wäre falsch, über der Kritik an Israel die jeweilige Verallgemeinerung zu übersehen. *Das Leiden des Gerechten entlarvt die Verstrickung der gesamten Civitas, des menschlichen Gemeinwesens von Israel bis Rom, in Ungerechtigkeit.* Das macht Jesu Prozess bei Mt augenfällig, wenn Pilatus, obwohl seine Frau ihn darauf hinweist, das Recht nicht durchsetzt. Das erkennt bei Lk der Hauptmann unterm Kreuz, ohne das Kreuz ungeschehen machen zu können. Die Gesellschaftskritik berührt sich mit der griechisch-römischen Tradition, den Gerechten erwarte in der Welt Beschädigung und Leid. Zu vergleichen ist Platos Schilderung eines Lobredners der Ungerechtigkeit, der die Welt besser kennt als der Gerechte (polit. II 361D 7 - 362A 3).

Er vertritt, der Gerechte („dikaios"), der sich nicht auf den Schein der Welt einlasse, habe nur Schaden. Er werde „gegeißelt werden, gefoltert, gebunden". Ans Ziel im „Leiden" kommend, werde er „ans Kreuz geschlagen und erkennen, dass er nicht gerecht sein, sondern gerecht scheinen hätte wollen müssen". Auf die Formulierung der Passionsüberlieferung hatte das trotz mancher sprachlicher Berührung keinen unmittelbaren Einfluss.[54] Doch die Sachkorrespondenz verdeutlicht die Nuance am Leiden Christi, des Gerechten:

Dass der Gerechte litt, trifft einen Nerv jeder Gesellschaft. Darauf stützt *Lukas einen Hauptakzent seiner Kreuzesdeutung.* Er gestaltet die Kreuzigungsszene des Mk um und bringt diese Tiefenschicht des Passionsberichts an die Oberfläche: Jesus, der Gerechte, kann sich auf kein allgemeines Rechtsbewusstsein verlassen. Allein seinem Gott darf er trauen und ihm seinen Geist anvertrauen. Das verwirklicht er am Kreuz (23,46). Der Hauptmann, der nachträglich sein Recht erkennt, preist Gott, nicht eine bessere Gesellschaft (23,47). Gerade deshalb wird sein Lobpreis zur Mahnung. Dabeistehende erkennen es und kehren um (23,48).[55]

Eine weitere Präzisierung ergibt sich durch das *Mt.* Es redigiert weniger die Worte am und unter dem Kreuz als den Vorlauf im Evangelium. Jesus steht 3,15 zusammen mit dem Täufer für die Gerechtigkeit, in die Gott einweist. Beide setzen dafür ihr Leben ein (der Täufer nach 14,3–12). Das bietet die Folie, an der sich die *Rechtsorgane* kompromittieren. Der Erzählduktus stellt Herodes und Pilatus (für die weltlichen Obrigkeiten), Hohepriester, Älteste und Schreiber (für die rechtliche Selbstverwaltung in Israel) bloß, bevor er den Kreis auf das ganze Volk weitet (2,3f;27,1.19–26.41). Es geht dem Mt um Rechtskritik und nicht um eine antijudaistisch verselbständigte Judenkritik. Die Kritik dient zudem der Verheißung. Das große Erfüllungszitat in 12,18–21 (nach dem Gottesknechtslied Jes 42,1–4) greift dazu über Ostern aus. *Jesus verkündet den Völkern das Recht, um es im Sinne einer guten Rechtsdurchsetzung zum Sieg zu bringen.*

---

[54] Platos Verben für „geißeln" und „binden" entsprechen zwar Mk 10,34 par; 15,1 par, und der Schluss ironisiert das „dei" der göttlichen Verfügung; aber Folterung, Verb für Kreuzigen etc. differieren. Plato wirkte stark in die philosophische Gesellschaftskritik der Zeitenwende (bes. Cicero, rep. III 17 [27]). Weiteres *Benz****; *Hommel****; *Hengel* 1976**, 142,176.

[55] Lk 23,46 ersetzt dafür das Wort Jesu am Kreuz, und 23,47 korrigiert Mk 15,39. Weiteres *Doble****.

Mt und Lukas ergänzen einander, ohne dass wir sie vorschnell vereinheitlichen dürften. Lukas hebt auf das Erschrecken darüber, was dem „dürren" Holz geschehen könnte, wenn schon das „grüne Holz" die Passion erfahren müsse, ab (vgl. die Einfügung 23,28–31). Mt schaut, indem er am Kreuz nicht redigiert, neben der Kritik etwas stärker auf die Verheißung der Gerechtigkeit.

3.4.6 In den neutestamentlichen Entwicklungsgang fließt noch mehr ein. Israel reflektierte in Weisheit und Philosophie, *der Gerechte* habe festen Grund für immer (Prov 10,25); zur Stütze werde er für die Menschen (Philo, migr. 121). Eschatologisch erhoffte es Gottes Erwählten, „den Gerechten" (1 = äthHen 53,6; vgl. 38,2).[56] Teils in Kontakt dazu, teils selbständig verdichtet sich unser Attribut spätneutestamentlich auf ein *Prädikat Christi* hin. Die Belege sind selten, doch bedeutsam.

Noch kein Beleg steht bei Paulus, obschon er Gottes den Menschen zugewandte Gerechtigkeit christologisch tief reflektiert (vgl. Röm 5,18f). Bis in den 1 Joh können wir schwer zwischen Attribut („gerecht") und Titelnamen Jesu („der Gerechte") entscheiden. Das sind Indizien der späten und zögernden Verfestigung.

Lukas verbreitert mit dem Prädikat die Herausforderung. Sein Stephanus hält den Geschwistern und Vätern Israels vor: Von den Hohenpriestern erfuhr Jesus, der „Gerechte", den ungerechten Mord (7,52 nach 3,14). Als aber der Jude Paulus ihn, „den Gerechten", sah, gründete sich seine Existenz laut Apg 22,14 neu. Das Prädikat weist kritisch und fordernd zuerst auf Israel und dann in die Ausbreitung des Evangeliums unter den Völkern.

Die zwei anderen Zeugen rücken einen *soteriologischen Ton* ins Zentrum. Der *1 Petr* nützt dazu die Leidensaussage. Christus „litt, gerecht (oder: ein Gerechter) für Ungerechte" (3,18). Die Stelle ist Überlieferungsgut und reicht weiter als die kritische Linie der Apg zurück. Sie bietet ein zweites Zentralstück urchristlicher Soteriologie im 1 Petr (nach 2,21–25). Denn die Entlarvung der Ungerechten erhält keinerlei Eigengewicht. Sie dient nur dazu, sie ohne Behaftung bei ihrer Ungerechtigkeit zu Gott zu führen. Der *1 Joh* vertieft das Anliegen johanneischem Sprachgebrauch gemäß ohne Leidensaussage. Sein „Jesus Christus dikaios" wird „Beistand" beim Vater, dem gerechten Gott (vgl. Joh 17,25), wo Christen sich versündigten (1 Joh 2,1). Wer Gerechtigkeit tut, ist schon aus ihm gezeugt (2,29; vgl. 3,7). Die Gerechtigkeit Jesu zeugt sich also in Gerechtigkeit unter den Menschen weiter. Zugleich erlaubt sie Jesus, beim Vater für Schuldige einzutreten.

Beide Texte denken zuerst an die Schuldigen der Gemeinde. Ungelöst ist das Verhältnis zwischen der Zuwendung an sie und einer universalen Öffnung, die wir heute vielleicht vorab suchen würden.

Im Rückblick besehen, ist die soteriologische Verwendung unseres Prädikats von gleicher Relevanz wie die kritische Fassung des leidenden, von Gott gegen seine Verfemung und gegen seine Mörder aufgerichteten Gerechten. Die Mah-

---

[56] Vgl. „gerechter König" PsSal 17,32 (17,26–40;18,7f).

nung bekommt in der Zuwendung Rückhalt: *Der leidende Christus ist der Gerechte zugunsten Ungerechter.* Heute sind beide Schattierungen relativ unbekannt. Dabei bedürften wir oft und oft der Erinnerung daran. Die politische Ethik des Christentums lebt zu beträchtlichen Teilen davon, dass Jesus *der Gerechte zum Anstoß der Gesellschaft und zum Ausruf des Rechtes unter den Völkern* ist.

Bedenkenswert ist die Ideengeschichte bis Augustin. Um die Jahrhundertwende zog Jakobus, der Herrenbruder, die exemplarische Gerechtigkeit an sich, um derentwillen Gott seine Schöpfung vollzog, und erhielt gleichfalls das Prädikat „der Gerechte" (EvThom log. 12; vgl. Euseb, h.e. II 1,3 usw.). Der Konflikt um Markion verunsicherte danach die Diskussion. Die Theologie musste den Zugang im späteren 2.Jh. neu gewinnen. Sie tat es von der kritischen (Justin, dial. 16,4 u.ö.) wie der soteriologischen Linie aus (Diog. 9,2.5). Pauli „Christus Jesus wurde Gerechtigkeit" (1Kor 1,30) setzte ab Origenes einen Maßstab für die Schöpfungstheologie (princ. I 3,8;8,3; II 9,4). Abel und Noach wurden Typen Christi (Clemens Alex., paed. 1,6,46; Origenes, hom. 2,3 in Gen). Der Westen entdeckte, angeregt durch die Staatsentwürfe seit Cicero, die politische Ethik. Die Impulse des Mt gingen in sie ein. Augustin mahnte ebenso ideal wie gesellschaftskritisch zur Übung von Recht und Gerechtigkeit angesichts des gerechten und gerecht machenden Herrn.[57]

3.4.7 Zurück zur *alten Passionsüberlieferung*: Wo liegt ihr Hauptton, wenn der Gedanke der Passio iusti sie nur nachträglich integriert? Wegen der fließenden Grenzen im Textbestand sind lediglich Annäherungen möglich. Doch schnell fällt auf, wie drängend die Erzählung nach ihrem nicht mehr genau bestimmbarem Anfang vom letzten Mahl Jesu zu Verhaftung, Verhör bzw. Prozess, Verleugnung, Verspottung, Kreuzigung und Tod Jesu schreitet. Kein „Für" des Todes bringt sie ein, keinen Fluch des Kreuzes, den Jesus überwinde, nicht einmal ein eindeutiges göttliches „Muss".[58] Die Rehabilitation des Getöteten deutet sie, auch wenn Mk 16,1–8* von Anfang an zu ihr gehörte, nur an (ohne Mk 16,1–8 so gut wie gar nicht). So deutet sie den Tod eigentlich wenig. Ihr *genügt, dass Jesus den Weg in Israel geht und Gott verbunden ist wie ein Beter der Psalmen bis in den letzten zerreißenden Schrei* (16,37*). Erzählt wird das, nicht in ein Deutungsschema expliziert.

Dafür tritt ein zweites in den Vordergrund. Jesus begegnen andere. Jünger sind um ihn und versagen in Auslieferung und Flucht (Mk 14,17–21.43–52*). Kläger, Richter und Soldaten stoßen auf ihn und lehnen ihn ab (Mk 14,53–15,20*; evtl. ist der Bestand der Grundpassion etwas zu verknappen). Leute kommen unters Kreuz und verfehlen ihn (15,29–32*). Die Erzählung bettet alle Prädikationen Christi in diese Begegnungen ein (14,21.61f;15,2.9.12.18.26.32*, soweit sie in die Grundpassion zurückgehen). Überall äußert sich deshalb an den Prädikaten die Begegnung, genauer die scheiternde Begegnung mit Jesus. Keine Aussage, wer er sei, dient einer gelingenden christologischen Reflexion. Keine löst Nähe und Nachfolge aus. Selbst die letzte Pointe, das wahrscheinlich vor Mk zuwachsende

[57] Eine zentrale Linie in De civitate Dei (Varianten um die Formel „iustus atque iustificans" 17,4 u.ö.).

[58] Bzw. einen Heilsplan Gottes, wie *Green*** 315 will.

Wort des Hauptmanns unter dem Kreuz, bleibt nicht ohne Ambivalenz. Denn der Centurio, der für Jesu Hinrichtung zuständige Offizier, erkennt zwar Jesu Zugehörigkeit zu Gott. „Wahrhaft, Gottes Sohn war er", spricht er aus. Aber er spricht es ausschließlich im Rückblick „Gottes Sohn *war* er". Sein Bekenntnis gelangt nicht über Jesu, des „Menschen", Tod hinaus (15,39). Unmissverständlich schärft das der gern überlesene Fortgang ein. Noch einmal erscheint der Centurio, doch nicht unterwegs zum auferstandenen, lebendigen Jesus, sondern bei Pilatus, dem er Jesu Tod bestätigt (15,44f).

Das Präteritum „war" in 15,39 darf also keinesfalls korrigiert werden. Es erinnert an die erschreckte Selbsterkenntnis von Weish 5,4, aber ohne das Vorzeichen von Weish 5,1. Jesus steht nicht, wie der dortige Gerechte, in der Redefreiheit des Rehabilitierten vor seinem Verfolger, sondern hängt vor ihm als einer, der seinen letzten Atemzug tat. Falls die angesprochene apokalyptische Deutung hinzukommt, bremst das Präteritum sogar die Zeitenwende des Kreuzes. Denn es blickt nicht in neue Zukunft.[59]

Mk 15,39 dient demzufolge in der Passionsüberlieferung nicht nur der Hervorhebung Jesu, sondern dito der Entlarvung. Der für die Hinrichtung verantwortliche Soldat findet noch am nächsten zu dem, der da stirbt. Wieviel weiter entfernt sind alle anderen einschließlich derer, die den Sterbenden nach dem Ideal des noblen Todes hätten begleiten müssen, nämlich der Jünger! Falls 15,40–43 mit den Frauen, Josef von Arimatäa und weiteren Personen beim Kreuz zum ältesten Passionsbericht gehört, hält es diesen Jüngern vor Augen: Ihre Flucht wäre nicht nötig gewesen. Die Verfolgung galt nur Jesus, niemand anderem, der „auf das Reich Gottes wartete" (15,43).

Proprium der ältesten Passionsüberlieferung ist demnach eine *Christologie der Beziehungen. Jesu Weg riefe dazu, in Gottes Wirken einzustimmen, und stattdessen versagen die Menschen.* Das erschließt sich rezeptionsästhetisch besser denn autor- oder werkästhetisch. Denn es ist auf Antwort angelegt, auf eine Erkenntnis des Gottesbezugs Jesu, die die erzählten Personen korrigiert.

Mk spürt das. „Konfliktparänese"[60], die den Hörer/innen und Leser/innen gilt, erlaubt ein Wachstum lediglich zum offenen Ende 16,1–8. Die Frauen „suchen" dort Jesus. Aber was sie auch erleben, „niemandem sagten sie etwas" (16,6.8). Leser und Leserin wissen, dass dies nicht das Ende blieb; sonst hätten sie nichts von der Auferweckung erfahren. Der Mk-Schluss gibt ihnen seine Impulse indirekt. Aufatmen dürfen sie, dass die Beziehung zu Jesus doch weitergeht. Wahrnehmen müssen sie, dass das an Jesus, dem Auferweckten hängt (vgl.16,7). Fragen sollen sie, wie es mit dem Nicht-Sagen in ihrer Zeit steht. Die Eigenheit der markinischen Christologie zeichnet sich ab. Dem Mk geht es, angeregt durch den Passionsbericht, in verzweigterem Rahmen ebenfalls um eine *Christologie der Beziehungen, orientiert auf die Leserinnen / Leser des Evangeliums.* Seine rezeptionsästhetische Anlage zeigt eine christologische Option.

---

[59] Vielleicht müssen wir „Gottessohn" zudem in der Tradition indeterminiert lesen (*ein* Gottessohn); vgl. *R. Pesch*, Das Markusevangelium II, HThK 2/2, Freiburg [4]1991, 500.

[60] Vgl. *Theißen* [2]1992 (s. 3.1), 210.

Angesichts der rezipientenorientierten Textmodelle der Gegenwart ist dieser Duktus von hohem Reiz. Die Christologie bestimmt sich an Jesus und ist doch kein abgeschlossenes, vorgegebenes Ganzes. Deutung und Reaktion beteiligen maßgeblich Leserinnen und Leser. Sobald die Ästhetik sich wandelt und ein abgeschlossenes Werk sucht, befriedigt der Duktus dagegen nicht mehr. Die Alte Kirche begegnete dem Mk mit solch gewandelter Ästhetik. In mehreren Varianten ergänzte sie das offene um ein schließendes Ende (16,8 v.l.; 16,9–20).

3.4.8 Ein komplexes *Gesamtbild* entsteht. Die frühe Gemeinde äußerte sich zum Tod Jesu in verschiedenster Weise. Die einfache Feststellung „er starb" wehrte jeder Verdrängung. Das Erzählen forderte zu einem Begreifen in Beziehung heraus. Die Hingabe-Aussagen erinnerten an die Verschlingung göttlichen und menschlichen Tuns. Das „Muss" vertiefte die Beteiligung Gottes, die Zusammenfassung als „Leiden" den Kontrast zum sozialen Ideal heldenhaft-edlen Sterbens. Das Leiden des „Gerechten" gab dem Kontrast sozialkritische Schärfe, das „Für" weiterführenden Sinn. Die Aqedah erleichterte das Reden von Gottes Schonungslosigkeit.

Das sind nur die wichtigsten Aspekte. Die Begegnung mit ihnen fällt unterschiedlich leicht. Dass der Tod nicht verdrängt und Jesu Sterben ungeschützt erzählt wird, spricht nach wie vor fast unmittelbar an. Die Fixierung aufs Leiden bereitet dagegen immer wieder Beschwer. Christentumskritik vermutet seit F. Nietzsche[61] einen Einwand gegen das Leben. Größer sind die Stärken. Das Leiden des Gerechten klagt überall, bis in den heutigen Rechtsstaat, die ethische Prüfung von Recht und Rechtsvollzügen ein. Christi Leid fundiert das Wagnis, sich extremem Leid zu stellen.

Ich zitiere D. Bonhoeffer: Christus „erfuhr alles Leiden aller Menschen an seinem Leibe als eigenes Leiden […], er nahm es auf sich in Freiheit […] wenn wir Christen sein wollen, so bedeutet das, dass wir an der Weite des Herzens Christi teilbekommen sollen in verantwortlicher Tat, die in Freiheit die Stunde ergreift und sich der Gefahr stellt".[62]

Dogmatisch initiierte Jesu Leid die Erwägungen über sein Selbstopfer.[63] Intensiv war und ist die Folge für die „theo"-logische Christologie. Denn wir finden Jesus zwar in einem ihm eigenen, einzigartigen Gottesverhältnis. Doch es ist das eines ausgelieferten, dem verhängten Muss überlassenen Gegenübers Gottes. *Gott definiert sich im Christusgeschehen des Leidens und Sterbens* wie im Christusgeschehen der Auferweckung. Lässt sich das begreifen? „Pathētos", „dem Leiden unterworfen" (vgl. Apg 26,23), war jedenfalls in kein antikes Gottesbild integrierbar. Bei Ignatius begann die Reaktion: Insofern wir in Christus Gott fänden, dürften wir die Leidensaussage nicht verwenden.

---

[61] Vgl. *F. Nietzsche*, Werke, ed. K. Schlechta, III, München 1956, 883f.

[62] *D. Bonhoeffer*, Widerstand und Ergebung, ed. E. Bethge, München 1985, 23f.

[63] *P. Althaus*, Das Kreuz Christi:, Theologische Aufsätze, Gütersloh 1929, 1–50, bes. 22f; *Moltmann* [6]1993 (s. 2.10) 185ff.

Sie gelte allein soteriologisch und geschichtlich begrenzt. Christus sei an sich „apathēs", „leidensunfähig". Nur „unseretwegen dem Leiden unterworfen (pathētos)" (IgnPol 3,2), sei er dies zuerst. Dann, als Erhöhter, sei er „leidensunfähig" (IgnEph 7,2).

Eine dem Neuen Testament nähere Lösung entwarf Luther: Gott „wollte [...], dass er aus den Leiden erkannt werde [...]. So ist es für niemand genug und nütze, Gott in seiner Herrlichkeit und Majestät zu erkennen, wenn er ihn nicht zugleich in der Niedrigkeit und Schmach seines Kreuzes erkennt [...]. Gott [...] kann nur in Kreuz und Leiden gefunden werden."[64] Die Leidenschristologie wurde zum Schlüssel für das Erkennen und Kennen Gottes überhaupt, so paradox das einer antik geprägten Metaphysik erscheinen musste.

Die Metaphysik brach in den Jahrhunderten danach zusammen. Der leidende Gott gewann ungeahnte Aktualität. „Ohne den Begriff eines menschlich leidenden Gottes [...] bleibt die ganze Geschichte unbegreiflich", brachte F.W.J. Schelling in die Philosophie ein.[65] Angesichts der unvorstellbaren Leiden unter den Diktaturen, Kriegen und Völkermorde des 20. Jh.s fällt schwer, Gott überhaupt anders denn als Gott in Ohnmacht und Leiden zu denken. Philosophie jüdischer Wurzeln zeichnet, wie der machtentsagende Gott im leidenden Hiob leidet. Christliche Theologie beschreibt Gottes Ohnmacht über Christi Leiden, das dem unbegreiflichen Leidensverhängnis korreliert.[66] Die urchristliche Leidenschristologie ist ungeahnt modern.

Nach Auschwitz liegt nah, dies in Verbundenheit mit Gottes leidendem Volk Israel zuzuspitzen. Doch bremst das Neue Testament das nicht durch Israelkritik?

3.5 Im Angesicht Israels

Lit.: s.o.; *H.F. Bayer*, Christ-Centered Eschatology in Acts 3:17–26: Green / Turner 1994*, 236–250; *I. Broer*, Antijudaismus im Neuen Testament?: Salz der Erde – Licht der Welt. FS A. Vögtle, Stuttgart 1991, 321–355; *T. Holtz*, Das Gericht über die Juden und die Rettung ganz Israels: Wissenschaft und Kirche. FS E. Lohse, Bielefeld 1989, 119–131; *B.C. Johanson*, 1 Thessalonians 2:15–16: Texts and Contexts. FS L. Hartman, Oslo 1995, 519–534; *R.J. Miller*, The Rejection of the Prophets in Q, JBL 107, 1988, 225–240; *B.A. Pearson*, 1 Thess 2,13–16. A Deutero-Pauline Interpolation, HThR 64, 1971, 79–94; *M. Rese*, Die Aussagen über Jesu Tod und Auferstehung in der Apostelgeschichte, NTS 30, 1984, 335–353; *L. Schenke*, Die Kontrastformel Apg 10,4b, BZ NF 26, 1982, 1–20; *C.J. Schlueter*, Filling up the measure. Polemical hyperbole in 1 Thess 2:14–16, JSNT.S 98, Sheffield 1994; *O.H. Steck*, Israel und das gewaltsame Geschick der Propheten, WMANT 23, Neukirchen 1967; *E. Stegemann*, Zur antijüdischen Polemik in 1. Thess 2,14–16, KuI 5, 1990, 54–64; *P. Wick*, Ist 1 Thess 2,13–16 antijüdisch?, ThZ 50, 1994, 9–23.

---

[64] Heidelberger Disputation 1518, Thesen 20 und 21 (deutsch Münchner Lutherausgabe I 133f).

[65] *F.W.J. Schelling*, Sämtliche Werke, ed. K.F.A. Schelling, Bd. 7, 403 (nach HWP 5,210).

[66] Ersteres *H. Jonas*, Der Gottesbegriff nach Auschwitz, st 1516, o.O. 1987, 48f, Letzteres seit *Bonhoeffer* a.a.O. 394 (16.7.44).

3.5.1 Keineswegs alle neutestamentlichen Schriften thematisieren Jesu Sterben. 2 Thess, Jak, 2 Petr und Jud setzen es je voraus, sprechen es aber nicht explizit an. Wichtiger: andere Schriften thematisieren es, ohne eine Beteiligung aus Israel zu erörtern, vom 1 Petr mit seinem umfangreichen christologischen Gut (trotz 2,7f) über den Hebr (13,12, trotz der schwierigen Auseinandersetzung mit Tradition Israels) bis zur Offb (11,8, trotz der harschen Verwerfung von Juden in 2,9;3,9). Kol und Eph denken bei den „Feinden" bzw. den Christus Fernen sogar zuerst an die Menschen aus den Völkern (Kol 1,21f; Eph 2,11–19).

Die Hervorhebung Israels in der Passion Jesu ist, wo sie erfolgt, deshalb zunächst genau dies, eine *Hervorhebung Israels.* Dass kein urchristliches Traditionsschema eine einfache Schuldzuweisung an Pilatus kennt, sehr wohl aber die an Israel, gehört in diesen Kontext. Kurz gesagt: *Der Vorwurf an Pilatus konnte unterlassen werden, weil er nicht wie Israel in die Christologie involviert ist. Israel ist es – selbst in der Kritik.* Vor diesem Hintergrund müssen wir die beiden großen kritischen Schemata des Neuen Testaments, die Zuordnung des Geschicks Jesu zur Zurückweisung von Propheten durch Israel und die Kontrastaussagen der Missionsreden, hören. Sie erwachsen aus der Anrede an Israel.

3.5.2 *Gewaltanwendung an den Propheten* bildet ein altes Thema in Israel. Spuren gibt es ab Hos 9,8; Jer 26,20–23 und der Tradition der Ermordung Secharjas (2 Chr 24,20ff). Mit dem Exil wuchs das Interesse, erlaubte es doch, in und nach der Katastrophe die Schuld Israels zu bedenken. Propheten hätten gewarnt, doch man habe sie dafür getötet, verbreitete sich in Geschichtserinnerung, Bußgebet und Paränese. Ab der Makkabäerzeit wurde immer mehr Propheten ein gewaltsamer Tod zugeschrieben. Die Buß- und Mahntradition blieb über die neutestamentliche Zeit hinaus erhalten.

Die meisten Zeugnisse gingen nicht ins Alte Testament ein. Darum unterscheidet sich der heutige Eindruck von der Relevanz des Gedankens um die Zeitenwende.

Auf frühere Gestalten blickte das Schema, nicht auf gegenwärtige.[67] Daher wandte keine Quelle es auf Johannes den Täufer an, obwohl er es mit seiner Unheilsbotschaft, seiner Unerschrockenheit vor dem Herrscher und seiner Hinrichtung (Mk 6,17–29; Josephus, ant. 18,116–119) lebendig gefüllt hätte.[68] Auch der irdische Jesus hielt seinen Hörerinnen und Hörern nur die früheren Prophetenmorde als Folie ihres Abstands zu seinem Bemühen vor, Jerusalems Kinder zu sammeln (Lk 13,34 Q).

Die urchristliche Aktualisierung des Schemas nahm, indem sie den Rückblick verließ, einen deutlichen Einschnitt vor. Das verbreitete sich indes nicht überall. Die Belege sind schmäler als ihre theologiegeschichtliche Wirkung. Sie beschränken sich auf die Logienquelle und ihre Redaktoren (samt Apg 7,52), 1 Thess

---

[67] Jer 2,30f; Neh 9,26; Jub 1,12–15; MartJes 1,7f;3,11;5,1ff; Hebr 11,32–38; VitProph u.ö. Ein Prophet kann übrigens auch gerettet werden (1=äthHen 89,51ff). Weiteres *Steck*** u.a.

[68] *Tilly* (s. 4.3) 246f ist insofern zu modifizieren.

2,14–16 und Mk 12,1–9. Zudem sind sie nicht ausschließlich christologisch. Den uns selbstverständlichen Druck, Jesu Tod explizit zu deuten, empfanden Teile der ersten Generation weniger stark, wie die *Logienquelle* zeigt:

Sie richtete an entscheidender Stelle nicht das Geschick Jesu, sondern das der Jünger und Urchristen an der Verfolgung der Propheten aus (Lk 6,22f Q; vgl. Lk 11,47.49ff Q[69]). Den Tod Jesu stellte sie nicht dar. Deswegen ist schwer, in ihr überhaupt eine Deutung des Todes Jesu zu finden. Sie entwirft, wie wir bei ihren Menschensohnworten sehen werden, eine Gültigkeit Jesu in direktem Bogen vom unbehausten irdischen zum leuchtenden kommenden Menschensohn (vgl. 4.9.4). Sie, unsere wichtigste frühe Sammlung von Jesusgut, gibt primär einen Einblick in die Vielschichtigkeit urchristlicher Theologiebildung.

Immerhin bereitete sie gleichwohl in Nebenlinien eine Deutung des Todes Jesu vor. Manche Ausleger erschließen aus dem Wort vom Kreuztragen (Q Lk 14,27 par) eine kynisch-stoische Position. Gewichtiger ist ein Ansatz bei Q Lk 13,34f, der zu unserem Thema führt. Denn die dortige Fortschreibung von Q Lk 11,49ff verweist implizit über das Geschick der Propheten auf den Tod Jesu (explizit spricht sie weiterhin nicht von ihm): Die Tötung der Propheten klagt Jerusalem an, das ihn wie die Propheten nicht will und sich nicht von ihm bergen lässt. Wenn die Logienquelle mit ihrem Abbruch vor der Passion den Abbruch der alttestamentlichen Prophetenbücher vor Erzählungen über das Ende der Propheten imitieren würde, dürften Hörerinnen und Hörer ihr Wissen um den Tod Jesu in Jerusalem sogar unmittelbar ergänzen. Den Vorwurf gegen Israel zu isolieren, gestattete die Logienquelle ihnen darob nicht. Sie, die in Israel entstand, forderte Jerusalem-Israel heraus, doch noch eine positive Stellung zu Jesus zu finden (Q Lk 13,35 Ende).[70]

Eindeutiger als die Logienquelle adaptierten die Erzähler der *Parabel von den Winzern* das Schema christologisch. Sie allegorisierten das ursprüngliche Gleichnis (Mk 12,1–9*): Der Herr (Gott) meldete seinen Anspruch durch Knechte (Propheten; vgl. Am 3,7) und den Sohn (nun anders als im Grundtext Jesus) an. Letzterer folgte auf die Propheten[71] und teilte ihr Geschick. Der Prophetenmord gipfelte an ihm, der sich an Vollmacht von allen vor ihm abhob. Anrede an Israel blieb das trotz aller Kritik bis in die Rahmenbildungen der Evangelien.[72]

Deren Kritik variiert. Mk nutzt die Perikope zum Bogen zwischen 1,11 und der Passion und wagt durch die Fortführung in 12,10f vorsichtig den Gegenakzent: Unheilsgeschehen kann zu Heilsgeschehen werden (nach Ps 118,22f). Mt verschärft in 21,41.43 die Unheilsansage.[73]

---

[69] Mt 23,34 ist redigiert. Vor Q Lk 13,34 stellt erst Lukas v.33.

[70] *D. Seeley*, Jesus' Death in Q, NTS 38, 1992, 222–234; *M. Sato*, Q und Prophetie, WUNT II 29, Tübingen 1988, 382f; zu Q und Israel vgl. *M. Karrer*, Christliche Gemeinde und Israel: Gottes Recht als Lebensraum. FS H.J. Boecker, Neukirchen 1993, 145–163.

[71] Vgl. Hebr 1,1f, dazu *U. Mell*, Die „anderen Winzer" [...], WUNT 77, Tübingen 1994, 74–188,385.

[72] Bei Mk und Mt 21,33–46; Lk 20,9–19; erst EvThom log. 65 abstrahierte den Kontext.

[73] Vgl. *R. Feldmeier*, Heil im Unheil, ThBeitr 25, 1994, 5–22: 15–19. – Zur Parabel bei Jesus s. 4.2.10.

Paulus kombinierte in *1 Thess 2,15* die beiden Linien, die Gemeinde erfahre das Geschick der Propheten und Jesus erfahre es. Der Verweis, wie die „Juden" nach den Propheten am Herrn Jesus *und* an den judäischen Christen gehandelt hätten, sollte die Christen Thessalonichs ermutigen. Die Thessalonicher aber waren mehrheitlich Heidenchristen. Damit löste sich das Schema aus dem jüdisch-judenchristlichen Kontext. Es wurde, obwohl ein Jude sprach, zur Judenkritik von außen. Buß- und Umkehrmoment traten zurück.[74] Dafür drang eine Verwerfung Israels ein, die sich der Verwerfung der Sichemiten von Gen 34 vergleichen ließ.[75] Dankenswert wiederholte Paulus in keinem seiner späteren Briefe die Polemik von 1 Thess 2,15. Die Grenzen des Schemas – es eignet sich eher zur Kritik an Israel als zur inneren Entfaltung der Christologie – verhinderten, dass es in seiner Theologie dominant wurde.

Wer eine Einheit der paulinischen Theologie annimmt und Röm 1,18;3,1–6 mithört, kann 1 Thess 2,14ff abschwächen. Der Zorn Gottes, von dem v.16b spricht, ist dann die Folie für Gottes Gerechtigkeit, auf die sich einzulassen Israel weiter gerufen ist.[76] Doch das Grundproblem des Textes bleibt. Isoliert trägt er einen antijudaistischen Ton.

Für die letzte und schwierigste Variante des Themas, den Duktus des *Mt* zu 27,25, ist einen Augenblick auszuholen. Den Hintergrund bietet Jer 26,11–19 (LXX 33,11–19).[77]

Jeremia, der Israel die Prophetenmorde vorhielt (Jer 2,30), wird dort selbst bedroht. Weil er gegen die Stadt kündete, sprechen die Amtsträger zu „allem Volk" (v.11) sein Todesurteil. Er aber hält Regierenden und Volk (v.12) entgegen, sie lüden „unschuldiges Blut" „auf" sich (v.15). Amtsträger und Volk besinnen sich gegen das Unrecht (vv.16–19).

Mt entdeckt, wie Jesus Jerusalem analog die Prophetenmorde vorhielt, gegen die Stadt kündete (bes. 23,29–39) und mit dem Tod bedroht wurde. Doch gelingt nun anders als bei Jeremia nicht mehr, Amtsträger und Volk vom „unschuldigen Blut" (vgl. Mt 27,4.24) abzuhalten. Das ganze Volk versteift sich, das Blut komme „auf uns und unsere Kinder" (27,25). Unlösbar verstrickt es sich in das Unrecht der Rechtsinstanzen.

Das Alte Testament kennt nur die Schuldzuweisung an den Dritten „sein Blut komme über ihn" (1 Kön 2,31f u.ö.). Mt formuliert das zur Schuldübernahme um.[78]

Ein Bogen entsteht vom Winzergleichnis bis zum Ende des Evangeliums. Was Jesus in ersterem ansagte, das Vergehen gegen seine Person, geschieht. Zu keiner Korrektur kommt es mehr bei Rechtsinstanzen und Volk. Auch wenn 28,15 hin-

---

[74] Wenn wir nicht indirekt die Juden in Thessalonich angeredet hören: vgl. *Broer**** 331.

[75] Vgl. „der Zorn kam ..." (2,16b) in TestXII Lev 6,11. Verbreiternd *Johanson****.

[76] Vgl. *Holtz**** 122f. Schärfer *Schlueter****. Andere Lösungen bei *Pearson**** u.a. (Interpolation) und *Wick**** nach *Stegemann**** 58 (2,16b meine zeitliches Gericht).

[77] Vgl. *J.B. Bauer*, „Sein Blut komme über uns" (Mt 27,25), KNA – ÖKI 28, 1991, Nr. 503 (3.7., p. 18f).

[78] Vgl. *Broer**** 334f; *K. Haacker*, „Sein Blut über uns", KuI 1, 1986, 47–50; *Knowles* (s. 5.1) 201ff u.ö. Um eine Fluchformel / Selbstverfluchung handelt es sich nicht.

ter die Pauschalierung „die Juden“ zurückgeht (die sich in den meisten Übersetzungen findet) und nur indeterminiert von „Juden“ spricht, bei denen ein falsches „Wort“ verbreitet sei (bis 28,11–15[79]), löst sich der Auftrag des Auferstandenen von Israel. Er sendet die Jünger – wohlgemerkt Israeliten – zu allen Völkern („ethnē“ 28,19). Israel erscheint nicht mehr als gesondertes Volk („laos“ o.ä.), wenn Mt es nicht sogar aus dem Jüngerauftrag ausklammert und mit „ethnē“ 28,19 nur nichtjüdische Völker meint. *Die Kritik an Israel nach dem Schema des Prophetenmords* enthüllt ihr Ziel. Sie *begründet den Weg der Christusbotschaft über Israel hinaus.*

Die Perspektive für Israel entnimmt Mt der Logienquelle. Er stellt sie ans Ende der großen Auseinandersetzung Kap. 23. Jesus entzieht sich „diesem Geschlecht“, dem verworfenen Jerusalem, bis es ruft „Gepriesen der Kommende im Namen des Herrn“ (23,39 nach 36.37). An Jerusalem richtet sich damit statt der Sendung die Erwartung Jesu. Sie artikuliert sich am Psalm Israels (Ps 118,26) im Tempel Israels. Unter der Kontroverse birgt sich ein Schimmer der Aussicht, Israel werde Jesus noch einmal ohne Wenn und Aber begrüßen.

Das ist im Mt gut vorbereitet. Obwohl der Tempel keinen Bestand haben wird (24,1f), orientiert sich Jesus an ihm (5,23f;23,16–22 u.ö.). Beim Einzug nach Jerusalem vor Kap. 23 lenkt er seine Schritte in ihn (21,1–12a). Mit eben unserem Psalm grüßen ihn dort die Mengen (21,9). Die Erwartung holt also gewissermaßen eine Möglichkeit der Geschichte Jesu nach.[80]

Die Rezeption des Mt fixierte sich auf das negative Gefälle von 27,25 zu 28,19. Frühere Zeiten verstanden es als direkte historische Beschreibung. Mit Mt 27,25 behaftete die Kirche deshalb Israel bei der Tötung Jesu. Obwohl selbst dann die in Schuld Verstrickten Gottes Verhängnis vollziehen, so dass unsere normalen Schuldkategorien versagen, setzte sich eine antijudaistische Auffassung unaufhaltsam durch.[81] Die Auslegungen der Gegenwart korrigieren sie zu Recht. Manche schlagen eine Gegenlektüre in Verbindung mit Mt 26,28 vor: Jesus sterbe auch für die, die sich selbst den Schuldspruch sprechen. An Israel heute ist das ebenso schwierig zu vermitteln wie die Erwartung von Mt 23,39.

3.5.3 Die Kontrastaussagen in der Apg ergänzen das Bild nur begrenzt. Da andere Belege fehlen und die Formulierungen variieren, liegt kein Formelkreis, sondern ein Aussageschema (*Kontrastschema*) vor, dessen endgültige Gestaltung erst auf Lukas zurückgeht.[82] Wiederum taugt es vor allem zur Vorhaltung: *„den ihr tötetet, hat Gott erweckt“* (so der Grundbestand). Die Apostel legen das dem durchgängigen Kontext nach den Jerusalemer Juden zur Last, nicht den Juden allgemein.

Das schließt an die lukanische Passion an, die zwischen Herodes und Pilatus sowie Sanhedrin und Volk in Jerusalem differenziert: Erstere erkannten Jesu Unschuld, versag-

---

[79] *H. Gollinger*, „... und diese Lehre verbreitete sich bei Juden bis heute“: FS Vögtle (s. bei *Broer****) 357–373.

[80] Zur Diskussion *D.E. Garland*, The Intention of Matthew 23, NT.S 52, Leiden 1979, 206ff u.a.

[81] Augustin, In Joann. 53,4 etc. *R. Kampling*, Das Blut Christi und die Juden, NTA.NS 16, Münster 1984; *H. Schreckenberg*, Die christlichen Adversus-Judaeos-Texte, EHS.T 172, Frankfurt 1982, 129ff.

[82] Apg 2,23f.32.36;3,13.15;4,10;5,30;10,39f;13,27f.30; stärker mit *Rese**** als *Schenke****.

ten jedoch in ihrer Verachtung für Jesus daran, sie durchzusetzen (23,1–25). Letztere forderten das Urteil und vollstreckten es. Sie, nicht römische Soldaten, führten nach 23,26 Jesus zum Kreuz. Die Änderung gegenüber der älteren Passionstradition[83] befremdet historisch wie theologisch und ist doch nicht einfach antijudaistisch intendiert. Denn beide, die Rechtsobrigkeiten übers Judentum und die Rechtsinstanz samt Volk in ihm, sind in die Schuld am Gerechten involviert (vgl. Apg 4,27).

Worum geht es Lukas? Die christologische Aussage ist blass. Die Kontexte erläutern weder Tötung noch Erweckung Jesu.[84] Eine andere Implikation interessiert: Die Verwerfung Jesu in Jerusalem erlaubt den Weg über Jerusalem hinaus. Sie tut das in einem ersten Schritt ins Diasporajudentum (s. den Duktus von Apg 2,14.23f zu 13,26–30), dann weiter in die Völker. Das allerdings ist für unser Thema wesentlich. *Schon dass die Verkündigung von Jesus die Grenzen Jerusalems und Judäas überschreitet, bedarf der Begründung.* Zuerst gehörte Jesus dorthin!

Der Schmerz beider Vorwürfe – der Tötung nach den Propheten und der Tötung, die Gott aufheben muss – korreliert so darin: Er erwächst aus Jesu Sendung an Israel. Die Christologie wäre dieser Sendung nach in Israel zu beheimaten. Ein israeltheologisches Paradox ergibt sich. *Israels Widerstand bildet ein notwendiges Glied, um die Christologie über Israel hinaus entfalten und verkünden zu können.*

Was aber bedeutet das im Blick auf Israel? Ist es im Überschritt seiner Grenzen christologisch zurückzulassen? Müssen wir uns wie Mt 23,39 auf eine kritische Erwartung *an* es beschränken? Lukas wagt mehr:

3.5.4 Noch einmal wende ich mich der Apg zu, nun *Apg 3,20f.* Wir können die Stelle nicht wie früher als älteste Christologie behandeln. Nur von Traditionsmomenten lässt sich sprechen, die Lukas in den archaisierenden Stil seiner Reden einschmolz. Ihr Gewicht schmälert das nicht. Es geht ihnen, wie Apg 2,36 vorbereitet, um den in Israel gekreuzigten Christus. Die Anrede an Israel überbordet aber jetzt allen Schuldvorwurf. Der Tod Jesu tritt zurück gegenüber einem neuen „Muss". Christus (der Gesalbte, der Messias) muss in den Himmel aufgenommen sein, auf dass er zum Aufatmen und der Wiederherstellung aller prophetischen Ansagen gesandt werde.

Das auffällige Christusverständnis erklärt sich am leichtesten, wenn es Israels drängende Messiaserwartung aus den 60er Jahren aufnimmt. Diesen Messias identifiziert Lukas oder die Tradition vor ihm: Er ist der Gesalbte Jesus. Bereit steht er *zum Wohle Israels.* Damit es aufatme, kehrt er zu ihm, dem die prophetischen Ansagen gelten, zurück. Laut Lukas appelliert Petrus damit an Israels Volk, umzudenken (v.19). Der Schuldvorwurf klingt nach. Doch das Ziel richtet

---

[83] Mk 15,20b bezieht sich auf die Soldaten von Mk 15,16. – Diskussion über lukanischen Antisemitismus bes. seit *J. T. Sanders*, The Jews in Luke-Acts, London 1987, 304ff.

[84] Vermutungen, bei ersterer dürften wir das Leiden des Gerechten, bei letzterer die Erhöhung mithören (vgl. *Schenke**** 19f), überschreiten den Befund.

sich gegen die Schuld, darauf, „auszusalben eure Sünden". Auch Lukas geht es – eine wichtige Nuance in seiner Israeltheologie – um den Heilsimpuls.[85] Er entwirft eine Variante zur Hoffnung des späten Paulus für Israel (Röm 11,26f).

Das spezielle Messiasverständnis – der, den die Christen schon glauben, werde als Gesalbter für Israel gesandt werden – steht im Neuen Testament einzigartig da. Es zeigt also nicht die allgemeine urchristliche Lösung des Problems. Indes vervollständigt es die Koordinaten, innerhalb derer sich alle Lösungen bewegen müssen: *Dass Israel in die Tötung Jesu involviert ist, bahnt den Weg der Christologie über Israel hinaus. Zugleich ist die Möglichkeit einer eschatologischen Rückkehr der Christologie in Israel hinein offenzuhalten.*

Die Theologiegeschichte erkannte die Bedeutung unserer Stelle. Sie löste sie aber aus dem Israelkontext und trennte den Ausdruck *„apokatastasis pantōn"* („Wiederherstellung aller" 3,21) vom Verweis auf Gottes Worte durch die Propheten. Die Erörterung verschob sich dahin, ob das Erlösungsgeschehen in Christus allumfassend zu denken sei. Die konkrete Pointe des Textes ging in der Verallgemeinerung unter.

3.5.5 Kehren wir in kurzer *Reflexion* zur Ausgangsfrage zurück: Trägt Christi Leiden und Tod eine Kontur, die stärker von Israel trennt als mit Israel verbindet? Die Frage, zeigt sich, ist schief gestellt. Gewiss tragen die Schemata des Prophetenmords und des Kontrastes zwischen dem Jerusalemer Tun und dem Tun Gottes Impulse der Trennung von Israel. Aber darunter verweisen sie, aus Israel erwachsen, auf ein anderes Problem: Wie lässt sich der Überschritt der Christologie zu den Völkern begründen? Denn in Israel, Gottes Volk, hat Gottes Wirken an und durch Christus seinen Ausgangsort und ersten Adressaten. In Israel hat die Passion ihren Ort. Nach Israel gehört so eigentlich die Christologie. Dass Juden sich ihr versagen, eröffnet den Heils-Weg des gekreuzigten und auferweckten Christus zu den Völkern. Doch *Israel ist nicht aus der Christologie und ihrer Heilshoffnung zu entlassen.*

An dieser Stelle beginnt die hermeneutische Aufgabe. Der Weg Christi zu den Völkern, der im Neuen Testament so sehr der Begründung bedurfte, ist heute selbstverständlich geworden. Eine Wiederholung der neutestamentlichen Kontrastaussagen erhält daher einen anderen Ton. Was nicht antijudaistisch begann, wirkt antijudaistisch. Mehr noch, die urchristlichen Zeugen hatten in ihrem Kontrast das Leiden Christi und der Christen vor Augen. Wir können das heute nicht mehr sagen, ohne gleichzeitig auf das Leiden des jüdischen Volkes – oft gerade durch Christen – zu verweisen. Nicht im engen Sinn exegetisch, wohl aber hermeneutisch ist es legitim, die Passion Jesu nach Israel zurückkehren zu lassen und Jesus nicht mehr durch, sondern mit Israel leiden zu sehen. Der Vorwurf „Ihr habt ihn ans Kreuz geschlagen" muss auf menschliches Handeln schlechthin durchsichtig werden. Die im gottesdienstlichen Gebrauch vordringende Umformulierung des Kontrastschemas zu „den *wir* ans Kreuz geschlagen haben, hat Gott erweckt" nimmt das auf.

---

[85] *Karrer* 1990*, 297–301. Lit. zur umgebenden Diskussion bei 3.1.2 sowie *Bayer****.

3.6 Um das Paschafest

Lit.: s.o.; *M. Barth*, Das Mahl des Herrn, Neukirchen 1987; *P. Colella*, Christo nostra Pasqua? I Cor 5,7, BeO 28, 1986, 197–218; *T. Holtz*, Die Christologie der Apokalypse des Johannes, TU 85, Berlin 1962; *J.K. Howard*, „Christ our Passover", EvQ 41, 1969, 97–108; *B.W. Longenecker*, The unbroken Messiah, NTS 41, 1995, 428–441; *S. Safrai*, Historische Erwägungen zu mPes 10 (hebr.): In Times of Temple and Mishna II, Jerusalem 1994, 610–619; *K. Schlesinger*, Origins of the Passover Seder in Ritual Sacrifice, Psychoanalytic Study of Society 7, 1976, 369–399; *P. Stuhlmacher*, Das Lamm Gottes – eine Skizze: FS Hengel (s. bei Segal 3.3) III 529–542.

3.6.1 In Israel starb Jesus. Er starb dort um das Paschafest, nach der *Chronologie* der Synoptiker am Fest selbst (Mk 15 par), nach der des Joh am Vortag des Festes (Joh 19,14.31.46). Mehr spricht für die johanneische Datierung.

Die Tageszählung begann am Abend, nach heutiger Zählung dem Vorabend. So müsste das letzte Mahl Jesu nach der Datierung der Synoptiker die Spezifika des Paschamahls aufweisen, ungesäuertes Brot, Bitterkräuter und vor allem die Speise des Lamms. Diese Spezifika fehlen in der alten Mahlüberlieferung. War Jesu letztes Mahl ein Paschamahl, gaben ihm „nicht die Passa-Motive" „seinen besonderen Charakter und seine Bedeutung".[86] Wahrscheinlicher überformt die Datierung erst nachträglich die Überlieferung (bis Lk 22,15).

Nach beiden Chronologien starb Jesus am Vortag eines Sabbats, unserem Freitag. Da das Pascha ein bewegliches Fest war, ist das möglich. Der astronomische Kalender ließ in der Festlegung von Monats- und Festdaten dadurch Spielraum, dass die Entwicklung des Lichts empirisch zu beobachten war (wie im Islam bis heute). Sowohl nach der johanneischen wie nach der synoptischen Datierung kann Jesus ca. im Jahr 30 (nach anderen 33) gestorben sein.[87]

Dem modernen historischen Empfinden widersteht die Unklarheit an einer so zentralen Stelle. Für das Urchristentum ist sie signifikant. Wir können den Befund nur erklären, wenn ihm zuerst die knappste Erinnerung genügte, dass Jesus in Jerusalem bei seinem Aufenthalt zu einem Pascha starb. Am Anfang steht mithin – wie uns schon aus anderen Aussagen vertraut – die elementare Knappheit. Die Ausformulierung des historischen Vorgangs folgt wie die christologische Interpretation.

3.6.2 Für die *christologische Deutung* haben wir lediglich ein sicheres frühes Zeugnis, *1 Kor 5,7*: „unser Pascha wurde geschlachtet, Christus".[88] Paulus hält sich im Kontext auffällig nicht beim Nachdenken darüber auf, was das für das Verständnis Christi in sich besage. Er lenkt zu einem theologisch-ethischen Im-

---

[86] *J. Roloff*, Die Kirche im Neuen Testament, GNT 10, Göttingen 1993, 53. – Zu mPes *Safrai****.

[87] Vgl. *Becker* 1996*, 26f; *Theißen / Merz** 152ff u.a. Trotz aller neuen Materialien können wir noch keinen genauen Kalender der uns interessierenden Jahre erstellen.

[88] Das hilft uns nicht bei der Chronologie, da man es auf die Schlachtung der Paschalämmer vor dem Fest beziehen – wie das Joh –, aber auch aufs Paschafest selbst übertragen kann. Die Syntax hebt Christos (der Gesalbte) durch Endstellung hervor; zur Salbungsmotivik vgl. 3.8.6.

puls. Das Paschafest ist ein Tag der *Freude über erfahrene Rettung.* Seine Regeln bekunden die Verbundenheit der Geretteten zu Gott (Ex 12; Num 9; Jub 49 u.ö.). Als Fest mit Regeln gibt es den Typos für das neue Erleben an Christus ab. Da Christus geschlachtet ist wie das Pascha, hat die Gemeinde ihr Leben in lichter, wahrhaftiger Existenz zu feiern (v.8). Unser ältester Beleg einer Pascha-Christologie steht *im Dienst der Ethik.*

Die direkte Verflechtung der Christologie in die Ethik ist für Paulus ungewöhnlich. Deshalb neigt einige Literatur dazu, eine christologische Typologie voranzustellen: Christus wäre das endzeitliche und endgültige, überbietende Gegenstück zum Pascha der einstigen Rettung Israels.[89] Ob der Text so weit reflektiert, ist fraglich. Paulus scheint die Argumentation allein punktuell zu erproben. Bemerkenswerterweise kehrt er in 1 Kor 11,17–34 (dem Abschnitt zur Herrenmahlsfeier) nicht zu ihr zurück.

Die Deuteropaulinen führen den Ansatz nicht fort. In den katholischen Briefen finden wir keine Anspielung auf Christus als Pascha. Nicht einmal der Hebr überträgt die Paschatradition; er belässt sie in der Geschichte der Glaubenszeugen (11,28). Die Feststellung ist zwingend: Das Pascha rückt in der zweiten und dritten christlichen Generation nicht ins Zentrum der Christologie.

In diesem Rahmen ist der Sachverhalt in den *synoptischen Evangelien* zu sehen. Sie, die von Jesus erzählen, strukturieren die Zeit mit dem Paschafest. Sie nützen die Chance, mit den Bezügen aufs Pascha *die Verankerung Jesu und seiner Jünger in Israel* zu zeigen (Mk 14,1.26 par; Lk 22,15). Doch sie explizieren die christologischen Folgen, die sich daraus ergeben könnten, kaum. Nirgendwo gelangen sie zu einer ausdrücklichen Christus-Pascha-Identifikation.

Das ändert sich teilweise, wenn man Jesu letztes Mahl als Paschamahl versteht. Dann ist das Pascha nämlich in die Grunddeutung des Abendmahls einzubeziehen.[90] Warum aber entkleiden 1 Kor 11,23ff und die älteren Synoptiker (Mk und Mt) die Mahlelemente der Propria des Paschas? Und warum weitet Lukas die Pascha-Christologie nicht aus, obwohl er die Mahlfeier gemäß dem jüdischen Paschamahl seiner Zeit fortschreibt[91] und sein Jesus auf das Essen des Pascha(lamms) verweist (22,15)? Die Probleme scheinen mir zu groß. Man müsste geradezu von einer Minderung der Paschadeutung in der Gemeinde sprechen.

Das *Joh* verdichtet die christologischen Möglichkeiten. Es datiert die Salbung von Betanien (12,1) auf den 10. Nisan, an dem die Paschalämmer ausgesondert werden (vgl. Ex 12,3). Jesu Todesstunde fällt auf den Nachmittag der Schlachtung. Joh 19,36 verweist unterm Kreuz auf die Zueignung des Paschas in den Häusern, bei der kein Knochen brechen darf (nach Ex 12,46; Num 9,12). Verfolgen wir diese Spur, ist Jesu Tod ein heilvoll zugeeigneter Tod wie der des Pascha.

---

[89] Lit. bei *W. Schrage*, Der erste Brief an die Korinther I, EKK 7/1, Zürich 1991, 383.

[90] Vgl. *Jeremias* [4]1966 (s. 4.8), 35–56; *Stuhlmacher* 1988*, 70–73 u.a.

[91] Sie namentlich durch Becher Weines gliedert (in seinem Langtext 22,17–20): vgl. Pes 10. Der Genuss von Wein war durch die biblischen Quellen nicht vorgegeben und vor 70 allenfalls punktuell üblich (vgl. Jub 49); 11Q Temp 17,6–9 und Philo, spec.leg. II 148 kennen ihn noch nicht in eigener Relevanz.

Er gibt der Gemeinschaft Geretteter eine Basis.[92] Freilich bricht das Joh überraschend ab. In der neuen Gemeinschaft des Kap. 20 greift es nicht mehr aufs Pascha zurück. Für seine Deutung des Herrenmahls spielt das Pascha keine Rolle (Joh 6). In den Johannesbriefen kommt es nicht vor. Das warnt davor, die Linie von Joh 12,1 zu 19,36 zu überziehen. Das Joh ist kein abgerundeter Schlusspunkt einer Pascha-Christologie.

Nicht einmal Joh 19,36 stützt sich allein auf Paschatradition. Zusätzlich klingt Ps 34,21 an: Behütet vom Herrn, werde dem Gerechten (s. v.20) nicht ein Glied gebrochen. Ohne das besprochene Christusprädikat Gerechter einzuführen, erinnert das Joh daran, wie intensiv Jesus dem gerechten Vater (17,25) verbunden ist. Die Christologie bedarf der Pascha- und der Psalmtradition.

Anders öffnet das Wort vom Lamm, das die Sünde der Welt weghebt (Joh 1,29; vgl. 1,36), die Terminologie. Es spricht von einem „amnos“, nicht „pascha“. So evoziert es vielleicht vorrangig das immerwährende Opfer für die Gegenwart des Herrn, das Tamidopfer (Ex 29,38–42 etc.). Das Verb „airein“, „wegnehmen“, allerdings folgt weder Pascha- noch Tamidtradition. Es wählt überhaupt keinen kultischen Terminus technicus. Vielmehr evoziert es die beseitigende Vernichtung (vgl. 1 Joh 3,8) durch Gottes unvergleichliches Vergeben (vgl. Mi 7,18 LXX). Die Eigenart johanneischer Christologie und Soteriologie lenkt über Pascha-, Opfer- und Sühnetradition hinaus.

Die Vulgata übersetzte sachgemäß mit „tollere“ („zerstörend aufheben“). Daran schloss der beim Abendmahl gesungene Hymnus „Agnus Dei“ an. Luther übertrug ihn „Christe, du Lamm Gottes, der du trägst die Sünd’ der Welt …“ Weithin setzte sich eine Deutung nach der Sühnevorstellung durch, obwohl kultisch gegründete Sühne im Text allenfalls eine Unterschicht bildet.[93]

Die Freiheit spätneutestamentlicher Zeit bestätigt zuletzt die *Offb*. In ihrer Schilderung Christi als „Widder“ („arnion“) – nicht, wie geläufig übersetzt, Lamm – spielt Paschatradition mit. Denn das Paschalamm ist männlich, ein junger Widder (vgl. bes. Offb 5,6). Zugleich übersteigt die Offb die Festlegung. Das abweichende Wort „arnion“ erlaubt ihr eine eigenwillige Vertiefung der weissagenden und kriegerischen Züge (Kap. 6ff; 17,14 u.ö.). Außerdem geht das Opfertier des Schuldopfers ein (vgl. Lev 5,15–19; Num 5,5–8).

Wie in der Auseinandersetzung von 1,18; 20,14 (vgl. 2.8.5) vollbringt die Offb eine überzeugende Kulturleistung. In einen Entwurf aus der Schrift integriert sie den Blick heidenchristlicher Adressaten auf das machtvolle Sternbild des Widders am Himmel und ihre Erinnerung, der Widder verfüge über besondere weissagende Kraft (Manetho, fr. 65a; vgl. Aelian, nat. 12,3). Aus dem Reichtum der Assoziationen entsteht das profilierte christologische Symbol.[94]

---

[92] Vgl. *Obermann* (s. 5.1) 298–309; *Longenecker****.

[93] Divergente Deutungen *Knöppler*** 82–89; *Stuhlmacher****; *M. Hasitschka*, Befreiung von Sünde nach dem Johannesevangelium, IThS 27, Innsbruck 1989, 110–124 u.ö. *U.B. Müller* (s. 3.7) 51f will 1,29b sogar nicht als ursprünglich gelten lassen. – Das Paschalamm ist bis 70 n.Chr. kein Sündopfer. Beim Tamid setzen Bezüge zur Sühne früher ein (vgl. Jub 6,14;50,11).

[94] Paschatypologie bei *Holtz**** 44ff u.a., Tamid bei *Stuhlmacher**** 533ff.

3.6.3 Bis zum Ende des 1. Jh.s liegen damit mehrere Annäherungen an Pascha-Christologie vor. Ein geschlossenes Bild ergeben sie nicht. Gleichwohl dürfen wir sie nicht unterschätzen. Ihre Bedeutung fängt bei der selbstverständlichen Voraussetzung an: Das Pascha ist ein Fest Israels. Wer Christus als Pascha reflektiert, tritt daher in ein Verhältnis zu Israel. Ein Fest Israels belebt sich für ihn, das Freude und Errettung bekundet. Deswegen wird eine Christologie nach dem Pascha Israel nicht zurücklassen, sondern sich vom Pascha Israels auf die Völker ausweiten. Nach dem Fest Israels gewahrt sie über dem Leiden Christi die Freude der Errettung. Das Pascha erlaubt ihr den großen Überschritt vom Leiden und Verhängnis der Passion, das uns bislang vornehmlich beschäftigte, zur Freude des Lebens in Christus, das christlicher Ethik im Fest Fundament gibt.

Diese Akzente schließen sich wesentlich an die Passionserzählung in Israel und 1 Kor 5,7 an. Zahlreichen Handschriften von 1 Kor 5,7 wird der menschenfreundliche Charakter des Pascha (sein „uns zugute") so wichtig, dass sie ein „für uns" in den paulinischen Text eintragen. Wenn wir das nicht gegen das Pascha Israels abgrenzen, hat es guten Sinn. Freilich tauchten in der Kirche rasch die israeltheologischen Probleme auf. Melito von Sardes enthüllte das Dilemma. Durch die Volksetymologie „Pascha"-„paschein" verleitet, nutzte er das Pascha ganz und gar zum Typos auf Christi Leiden („paschein" = „leiden"). Das Pascha vor Christus verlor seine Selbständigkeit, was Israel entwertete (Vom Pascha 41ff,46 und passim). Die Auslösung aus dem Tod, die das Pascha zeigt, übertrug Melito und die Kirche ab seiner Zeit von Israel weg auf Jesus (Justin, dial. 40,1–3;111,3). Demgegenüber müssen wir uns auf das offenere Neue Testament besinnen. Eine Christologie des Pascha von Israel aus ist zu erkunden.[95]

3.7 Für

Lit.: s.o.; *K. Backhaus*, „Lösepreis für viele" (Mk 10,45): Th. Söding ed., Der Evangelist als Theologe, SBS 163, Stuttgart 1995, 91–118; *G. Bader*, Symbolik des Todes Jesu, Tübingen 1988; *J. Becker*, Die neutestamentliche Rede vom Sühnetod Jesu (1990): Annäherungen (s. 2) 334–354; *M. Bieler*, Befreiung der Freiheit. Zur Theologie der stellvertretenden Sühne, FThSt 145, Freiburg 1996; *R. Bieringer*, Traditionsgeschichtlicher Ursprung und theologische Bedeutung der „hyper"-Aussagen [...]: The Four Gospels. FS F. Neirynck, BEThL 100, Leuven 1992, I 219–248; *J.N. Bremmer*, The Atonement: ders. e.a. ed., Sacred History and Sacred Texts in Early Judaism, Contrib. Bibl. Exeg. Theol. 5, Kampen 1992, 75–92; *ders.*, Scapegoat Rituals in Ancient Greece, HSCP 87, 1983, 299–320; *C. Breytenbach*, Versöhnung, Stellvertretung und Sühne, NTS 39, 1993, 59–79; *W. Burkert*, Anthropologie des religiösen Opfers, München 1983; *ders.*, The Problem of Ritual Killing: R.G. Hamerton-Kelly ed., Violent Origins, Stanford 1987, 149–188; *C. Dietzfelbinger*, Sühnetod im Johannesevangelium?: Evangelium, Schriftauslegung, Kirche. FS P. Stuhlmacher, Göttingen 1997, 65–76; *G. Ebeling*, Der Sühnetod Christi als Glaubensaussage, ZThK.B 8, 1990, 3–28; *W. Elert*, Redemptio ab hostibus, ThLZ 72, 1947, 265–270; *J. Frey*, Die alte und die neue „diathēkē" nach dem Hebr: F. Avemarie / H. Lichtenberger ed.,

[95] Vgl. *M. Barth**** 20–37. Die Psychologie beschäftigt daneben die kathartische (reinigend-befreiende) Dimension des Pascha (*Schlesinger****).

Bund und Tora, WUNT 92, Tübingen 1996, 263–310; *H. Gese*, Die Sühne: Zur biblischen Theologie, BEvTh 78, München ²1983, 85–106; *R. Girard*, Das Heilige und die Gewalt, Zürich 1987 (frz. 1972); *ders.*, Das Evangelium legt die Gewalt bloß, Orien. 38, 1974, 53–56; *E. Gräßer*, An die Hebräer I–III, EKK XVII/1–3, Neukirchen 1990/1993/1997; *W. Haubeck*, Loskauf durch Christus, Gießen 1985; *O. Hofius*, Paulusstudien, WUNT 51, Tübingen 1989 (bes. 1–14; 33–49); *H. Hübner*, Rechtfertigung und Sühne bei Paulus, NTS 39, 1993, 80–93; *M.E. Isaacs*, Sacred Space. An Approach to the Theology of the Epistle to the Hebrews, JSNT.S 73, Sheffield 1992; *B. Janowski*, Sühne als Heilsgeschehen, WMANT 55, Neukirchen 1982; *ders. / H. Lichtenberger*, Enderwartung und Reinheitsidee, JJS 34, 1983, 31–62; *D. L. Jones*, The Title „Author of Life (Leader)“ in Acts, SBL.SP 130, 1994, 627–636; *M. de Jonge*, Jesus’ death for others and the death of the Maccabean martyrs: Text and Testimony. FS A.F.J. Klijn, Kampen 1988, 142–151; *E. Käsemann*, Erwägungen zum Stichwort „Versöhnungslehre“ im Neuen Testament: Zeit und Geschichte. FS R. Bultmann, Tübingen 1964, 47–59; *K. Koch*, Der „Märtyrertod“ als Sühne [...] Dan 3,38–40: J. Niewiadomski e.a. ed., Dramatische Erlösungslehre, IThS 38, Innsbruck 1992, 119–134; *H. Merklein*, Der Sühnetod Jesu nach dem Zeugnis des Neuen Testaments: H. Heinz e.a., Versöhnung in der jüdischen und christlichen Liturgie, QD 124, Freiburg 1990, 155–183; *P.G. Müller*, Christos archēgos, EHS.T 28, Bern 1973; *U.B. Müller*, Zur Eigentümlichkeit des Johannesevangeliums, ZNW 88, 1997, 24–55; *S.E. Porter*, *Katallassōn* in Ancient Greek Literature, with Reference to the Pauline Writings, Estud. de Filol. Neotest. 5, Cordoba 1994; *R. Schwager*, Brauchen wir einen Sündenbock?, München 1978; *ders.*, Jesus im Heilsdrama, IThS 29, Innsbruck 1990; *W. Speyer*, Religionen des griechisch-römischen Bereichs: U. Mann ed., Theologie und Religionswissenschaft, Darmstadt 1973, 124–143; *P. Stuhlmacher*, Versöhnung, Gesetz und Gerechtigkeit, Göttingen 1981; *ders.*, Cilliers Breytenbachs Sicht von Sühne und Versöhnung, JBTh 6, 1991, 339–354; *E. Valtink* ed., Das Kreuz mit dem Kreuz, Hofgeismarer Protokolle 273, Hofgeismar ²1991 (R. Strobel [29–51], Ch. Mulack [52–73] u.a.); *S. Vollenweider*, Diesseits von Golgatha, GlLern 11, 1996, 124–137; *M. Wolter*, Rechtfertigung und zukünftiges Heil, BZNW 43, Berlin 1978.

3.7.1 *Einführung*: Der eine Gott, der Gott Israels, definiert sich im Christusgeschehen den Menschen, „uns“, zugute. Diese Spur verfolgen wir seit der Auferstehungsaussage. Beim Tod Christi gräbt sie sich am tiefsten ein. Alle besprochenen Aussagemuster stoßen dazu vor. Die Quellen drücken sie so vielfältig aus, dass es einer Darstellung über die letzten Abschnitte hinaus bedarf. Die Bildfelder, auf die wir dabei stoßen, sind breit. Von der Sozialökonomie reichen sie bis zur kultischen Sühne. Juden und Völker sprechen sie an und übergreifen die Mittelmeerkulturen. Die früher gern angenommenen Antinomien zwischen jüdischen und hellenistischen Traditionen verwischen deshalb.[96]

Beträchtlich ist zugleich der Abstand zur Moderne. Eingebettet in die Kulturen des 1.Jh., entwickelt sich nämlich keine Priorität des Individuums vor dem „Wir“. Das einzige neutestamentliche „für mich“ in Gal 2,20 typisiert das Ich, versteht es kollektiv-existential, nicht individuell (der Sohn Gottes gab sich „für mich“ = Paulus und jedes Ich, das Paulus anredet). Das Für gilt also „uns“ und „euch“. Es vereint. Die Erfahrung der Wohltaten Christi führt in die Ge-

---

[96] S. die Diskussion seit *Wengst* 1972*.

meinde und gehört in sie. Am Einzelnen wie an der offenen Weite aller Lebenden (2 Kor 5,14f) konkretisiert sie sich von diesem Zentrum aus. Der Weg der letzten Jahrhunderte vom „pro nobis" („für uns") zum „pro me" („für mich") und in eine Individualisierung der Lebenswelten, die des Gemeindehorizonts oft nicht mehr bedarf, trennt uns vielleicht stärker vom Neuen Testament als die Fremdheit vieler Deutungsansätze im Einzelnen.

Zu modern angelegt ist parallel der Versuch, die ältesten soteriologischen Formeln individuell aus der Vergebungserfahrung Petri nach der Verleugnung und der Gnadenerfahrung Pauli nach der Christenverfolgung zu entwickeln.[97] Die Schlüsselstelle 1 Kor 15,3b tritt bis in die Wendung „für unsere Sünden" (mit dem doppelten Plural „Sünden" und „für uns") ins übersubjektive Gefälle.

Ich wähle eine thematische Darstellung. Sie gibt weniger beachteten sowie spät ins Urchristentum eingebrachten Deutemustern eigenes Gewicht und erleichtert die Übersicht. Ich beginne mit dem häufigsten Bild, dem Loskauf (uns vertrauter als „Erlösung"). Über eine zweite Metapher aus der Ökonomie und Motive aus den gesellschaftlichen Werten der Antike und Gebiete zwischen Politik und Religion schreite ich bis zur Sühne fort. Diese Anordnung wertet Kategorien der Sozialgeschichte auf und subsumiert sie nicht einfach der Religionsgeschichte. Wer eine chronologische Behandlung bevorzugt, ziehe in der Lektüre Loskauf, Versöhnung und Sühne vor.

3.7.2 Bei der antiken Haltung von Sklaven und Kriegsgefangenen waren Regelungen der Freilassung nötig. Der *Loskauf* entstand. Die neutestamentlichen Bezugnahmen auf ihn sind breit[98] und reichen weit zurück, allerdings kaum bis zum irdischen Jesus, wie manche Ausleger für Mk 10,45 vorschlagen.

Ihre Voraussetzungen liegen stärker in Israel als bei den Völkern. Deren soziales Recht bezog das Wirken der Götter ein. Doch wenn Apoll als Freikäufer für eine Sklavin eintrat (Syll^{2} 845; 200/199 v. Chr.), stellte sie das Geld zur Verfügung. Apoll wurde nicht von sich aus tätig. Gottes freies Handeln in Christus unterscheidet sich fundamental.[99]

Israel erinnerte der Bildbereich (griechisch „[apo]lytroun" etc.) speziell an seine Auslösung aus Ägypten (Dtn 15,15; Mi 6,4 usw.). Gott zeichnete es im Freikauf von dort als ihm eigenes, von ihm machtvoll geleitetes Volk vor allen Völkern aus (2 Sam 7,23 u.ö.). Heilshoffnung überbot das noch. Eine Auslösung zeichnete sie, in der Gott die existenzvertretende Ersatzzahlung verwirkten Lebens überwältigend auf Israel übertrüge (Jes 43,3f).[100]

---

[97] Vgl. *B. Lindars*, Christ and Salvation, BJRL 64, 1982, 481–500 und 2.4.3.

[98] Mk 10,45 par; Röm 3,24; 1 Kor 6,19f;7,23; Gal 3,13;4,5; 1 Tim 2,6; Tit 2,14; Hebr 9,12.15; 1 Petr 1,18f; 2 Petr 2,1; Offb 5,9f;14,3f. Da „apolytroun" etc. den Sinn des Freikaufens übersteigen können, ist der genaue Umfang umstritten.

[99] Und der Forschungsgang entfernte sich von *A. Deißmann*, Licht vom Osten, Tübingen ^{4}1923, 271ff über *Elert**** (Freikauf Kriegsgefangener) zu *Haubeck**** 292–331 (alttestamentliche Bezüge).

[100] Vgl. „lytra" in LXX Ex 21,30; LXX Jes 43,3f allerdings ohne „lytroun" etc. – *B. Janowski*, Auslösung des verwirkten Lebens, ZThK 79, 1982, 25–59, bes. 50.

Unsere Terminologie stellt das Urchristentum in diese Geschichte von Gottes Handeln an Israel. Israels einer Gott handelt, und die Freikauf-Aussagen bekommen mit der Tradition Israels kollektive Gestalt („ihr wurdet erkauft" 1 Petr 1,18f Tradition usw.). Ein Interesse an universaler Weite (vgl. „für alle" 1 Tim 2,6) und breiteren Horizonten der Auslösung lockert indes die besondere Beziehung zu Israel. Der Freikauf bedeutet zwar nach wie vor einen rettenden Herrschaftswechsel; ausgedrückt in der ökonomischen Kategorie des Besitzes, gehören die teuer Erkauften nicht sich selbst (1 Kor 6,19f). Doch woraus erkauft wird, verschiebt sich. Die Befreiung wird nicht mehr als solche aus dem Sklavenhaus Ägypten thematisiert.[101] Auf *Lösung aus aller fremden, rettungslosen Herrschaft* kommt es an (von 1 Kor 6,19f bis Offb 5,9f). Das Verhältnis zu Israel kann sogar spannungsvolle Züge erhalten (Gal 3,13;4,5). Deswegen eignet sich die Loskaufvorstellung bei all ihren Linien in die israelitische Tradition nicht mehr ohne weiteres als christlich-jüdischer und gesamtbiblischer Bogen.

Zentralen Rang haben die Stellen mit den Nomina des Wortfelds, „(anti-) lytron" und „apolytrōsis" *(Mk 10,45; Röm 3,24; 1 Tim 2,6; Hebr 9,15)*. Denn sie entschränken die ökonomische Bildlichkeit von Kauf und Besitzwechsel. Vergleicht man sie mit Jes 43,3f und dem Gebrauch von „lytron" in israelitischen Zusammenhängen der Schuldauflösung, klingt eine *rettende Existenzstellvertretung Christi* an, auch wenn die Nachweise im Einzelnen schwierig sind. „Auslösung" geht zur allgemeineren Bedeutung einer einzigartigen Zuwendung Gottes in Christus über, die vielschichtige Traditionen zu absorbieren vermag. Paulus fasst darin den Sinn der Sühne-Formel von Röm 3,25f zusammen, auf die wir zurückzukommen haben. Die Past veranschaulichen ihre Retterchristologie (1 Tim 2,6; vgl. Tit 2,14),[102] der Hebr die Sühne. Mk stellt mit der Tradition in 10,45 den soteriologischen Spannungsbogen des Evangeliums vom Ungenügen des Menschen 8,37 zur Für-Aussage des Abendmahls (14,24) her.

Mk 10,45 ist also nicht nur der Tradition wegen zu beachten, sondern ebenso als soteriologische Mitte des Mk. Bewegend geht der Lösepreis, dazu vielleicht ein Impuls des Rechtsausgleichs zwischen streitenden Parteien und fraglicher Jes 53,12 (MT) ein. Wie umfangreich und alt die Tradition ist, ist strittig.[103]

Luther beließ in Mk 10,45 noch die Übersetzung „Bezahlung". In Röm 3,24 und 1 Tim 2,6 prägte er die freiere Übertragung „*Erlösung*". Sie war geschickt gewählt. Er-Lösung nahm die Figuren der Aus-Lösung (aus fremden, feindlichen Mächten etc.) in sich auf. Diese Bildgrundlage verblasste allmählich zu Unrecht. Heute stehen wir vor der Aufgabe, sie wiederzugewinnen.

---

[101] In Tit 2,14 trotz Aufnahme von Ex 19,4f (anders *Haubeck**** 296).

[102] Ausgangspunkt ist jeweils eine Tradition der Selbsthingabe Jesu. Die Forschung erwägt gern Querlinien zu Mk 10,45* (bis *Lau* [s.] 82ff).

[103] Zur Diskussion *A. Schenker*, Substitution du châtiment ou prix de la paix? Mc 10,45 par.: La Pâque du Christ. FS F.-X. Durrwell, LeDiv 112, Paris 1982, 75–90; *Stuhlmacher* 1992*, 120ff,128ff; *Backhaus**** 108f; *D. Vieweger* / *A. Böckler*, „Ich gebe Ägypten als Lösegeld für dich", ZAW 108, 1996, 594–607.

Der antike Los- und Freikauf ist allerdings nicht zuletzt deshalb vergangen, weil er mit einer prekären Kategorie des Besitzes von Menschen arbeitete. Viele neutestamentliche Bilder setzen das voraus. Etwa die ethischen Pointen leben davon, einen Besitzwechsel zu verwirklichen (1 Kor 6,20; 1 Petr 1,17f; Tit 2,14). Um der heutigen Vermittlung willen tun wir gut daran, Freiräume der Übersetzung zu wahren.

Auf ein weiteres Problem macht die Offb aufmerksam. Die Auslösung enthält einen so intensiven Sog weg von dem, was die Menschen einst besaß und versklavte, dass wir an die Grenze des Dualismus geraten können. Die Offb erliegt dem partiell. In 14,3 bringt sie einen Freikauf „weg von der Erde" ein. Das folgenträchtige Bild der 144000 entsteht, die in besonderer Weise erlöst und für Christus verpflichtet sind.

3.7.3 Kol 2,14[104] belebt – ob unter Rückgriff auf ein älteres Stück, ist umstritten – ein anderes, bis heute vertrautes Moment der Ökonomie. Ein Schuldner muss im eigenhändig unterzeichneten *Schuldbrief* für seine Belastung einstehen. Theologisch übertragen, haben die Menschen Schulden bei Gott und haften dafür. Gottes Handeln im Christusgeschehen hebt diesen unentrinnbaren Schuldbrief auf. Das Christusgeschehen salbt ihn aus (vgl. Apg 3,19f) und hebt ihn ans Kreuz, um ihn dort festzunageln.

Zur Interpretation reicht dieses Grundbild. Lesen wir es von späteren Quellen her, nach denen Engel die Schulden aufzeichnen (ab ApkZeph 4,2), geht es näherhin um das himmlische Schuldbuch.

Die Übertragung ist gewagt, und Kol 2,14 bleibt mit ihr im Neuen Testament allein. Denn sie stellt zurück, dass Christus schrecklich leidend am Kreuz hängt. Die Kreuzannagelung dient nur dazu, die Schuldurkunde ausgelöscht und gerichtet sichtbar zu machen. Das Kreuz wird zum Triumph (v.15, Tradition oder Kol-Autor). *Das Zentrum der Soteriologie verlagert sich auf eine Überwältigung der Mächte und Gewalten, die auf den verschuldeten Menschen zugreifen könnten.*

Wer auf das Leid und den Schrecken des Kreuzes abhebt, wird darin eine Schwäche sehen. Wer die Bedrängnis durch unverrechenbare Mächte und Gewalten nachvollzieht, die die Kolosser beschäftigte, wird die Bereicherung der Soteriologie würdigen. Bei allen Grenzen liegt in diesem einen Punkte *die Stärke beider genannter Konzeptionen: Das Christusgeschehen löst aus den verfremdenden, versklavenden Mächten und führt so in die Gemeinde als freien Raum.*

3.7.4 Noch mehr über das antike Sozialempfinden verrät uns die Tradition vom *Sterben für Nahestehende und Freunde.* Korrespondierend zu unseren Beobachtungen über den Stellenwert des Individuums galt damals nicht die Rettung des / der Einzelnen, sondern der Einsatz für andere als der höhere Wert.

Das begann bei der leidenschaftlichen Beziehung. „Sterben für (‚hyperapothnēskein') wollten allein die erotisch Liebenden", behauptet Phaidros im Symposion. Alkestis, die

---

[104] *Hoppe* (s. 2.8) 244–259; *N. Walter,* Die „Handschrift in Satzungen" Kol 2,14, ZNW 70, 1979, 115–118; *M. Wolter,* Der Brief an die Kolosser, ÖTK 12, Gütersloh 1993, 125,135ff.

„willens war, für ihren Mann zu sterben", handelte dabei so schön, dass die Götter gaben, „dass ihr Leben aus dem Hades zurückkehrte."[105]

Das 1.Jh. n.Chr. sublimierte es. Der ganzheitliche personale Einsatz schaffe Zuwendung, statt sich auf Zuwendung zu gründen, summierte Seneca (ep.mor. I 9,8–15). Sittliche Vollkommenheit dränge den Weisen, auch wenn er sich eigentlich selbst genügte, zur Betätigung. Zum Freund mache er jemanden, „damit ich habe, für den ich sterben kann". Das ähnle dem Affekt Liebender, öffne sich jedoch auf möglichst viele („quam plurimos").

Israel behielt eine gewisse Distanz. Es forderte die Zuwendung zum Freund, aber nicht die Preisgabe des Lebens für ihn (Sir 14,13). Im eindrucksvollsten Beispiel betete Ijob „für seine Freunde", obwohl sie in seiner Not versagt hatten, und Gott vergab ihnen ihre Sünde (LXX Hiob 42,10).[106]

Im Urchristentum wird die Tradition des Lebenseinsatzes für Freunde spät wirksam, doch dann an zentraler Stelle, in der *johanneischen Literatur.* Sie knüpft einen spezifischen Umbruch daran an: Dass niemand größere Liebe habe, als wer sein Leben für die Freunde hinstelle, gründet in der Beziehung, die Gott, der Vater, durch Jesus eingeht (Joh 15,9–13). Die Hingabe für die Freunde erwächst nicht, weil des Menschen sittliche Vollkommenheit zur Tätigkeit drängt, sondern weil sie in die aktive Liebe des Vaters und Jesu eingebettet ist.

Entsprechend vermeidet das Joh für „lieben" das „erān" („erotisch lieben") der griechischen Tradition zugunsten des auch affektiven, aber urchristlich theologisch konzentrierten „agapān".

Joh 17,9ff.20ff entwickelt darauf das Gebet für die Freunde der jüdischen Tradition zum umfassenden Abschiedsgebet Jesu. Die heute verbreitete Verortung des Joh in Israel an dessen hellenistischen Rändern bestätigt sich. Schwer ist zugleich die Weite des johanneischen Freundesbegriffs zu ermessen. Dem kulturgeschichtlichen Umkreis nach würde der Einsatz für „Freunde" weniger einengen als dynamisch ausgreifen. Andererseits thematisiert das Joh die Feindesliebe nicht. In 1 Joh 3,16 tritt „Geschwister (Brüder)" an die Stelle von „Freunde". Die besondere Beziehung konzentriert sich in der Gemeinde johanneischer Zirkel.

3.7.5 Bleiben wir beim antiken Sozialerleben. Neben den *Lebenseinsatz* für Nahestehende, ja oft über ihn stellte es den Lebenseinsatz *für Gemeinwesen, Heimatstaat und Menschen.* Die kollektiven Gefüge der Menschheit beanspruchten die Einzelnen, und sie dankten denen, die sich bis zum Tod in ihren Dienst stellten. Cicero bemaß an dieser Elle die Besten des Menschengeschlechts. Die seien

---

105 Plato, symp. 179B-180A; vgl. Anth. Graec. 7,691; CIL 10, 7577. Weitere Quellen *Hengel* 1981*, 6ff, *Versnel*** 183.

106 4 Esr 7,103 (griech. Fragment) begrenzt das Gebet für Freunde: Es gilt nicht beim eschatologischen Gericht.

es, die sich zum Helfen, Schützen und Bewahren von Menschen, wegen des allgemeinen Wohls und für das Vaterland dem Tod preisgaben.[107]

Die meisten Quellen der Zeitenwende mit dem uns beschäftigenden „Für" gehören in das Umfeld. Vergil schuf die glänzendste Formulierung. Gefährdet war – schildert er in der Aeneis – Aeneas' Fahrt, und doch brauchte er sich nicht zu ängstigen. Neptun sagte zu, nur einen werde der Strudel wegreißen, „ein Haupt" werde „gegeben für die vielen" („unum pro multis dabitur caput" Aen. 5,815). Die Gottheit verhing (in einer römischen Variante der Dahingabevorstellung) den Tod über den einen so, dass er rettend in offene Weite wirkte.

Das „Für" näher zu deuten, überließ Vergil seinen Leser(inne)n. Sprachlich bot er in „pro multis" ein inkludierendes „viele" (gemeint sind alle außer dem einen Dahingegebenen). Es ist den antiken Sprachen gemeinsam, während sich das Deutsche damit schwer tut. Die Vulgata nützte die Äquivalenz. Sie übersetzte die neutestamentlichen Zentralstellen der Abendmahlsüberlieferung (Mk 14,24) und Mk 10,45 analog mit „pro multis".

Die nachträglichen Annäherungen zwischen dem Christentum und dieser Tradition dürfen wir nicht zum Maßstab des Neuen Testaments erheben. Berührungen wurden eine Zeitlang durch die Skepsis aufgewogen, in Wirklichkeit sterbe ein Mensch kaum einmal für jemand anderen.[108] Das konkrete Motivfeld galt einem Sterben „für das Volk" und bloß davon aus einer offenen Weite von Menschen.

Eine analoge Formulierung finden wir wieder nur einmal präzis im Neuen Testament. Neuerlich geraten wir in das *Joh*. Ein Mensch sterbe „für das Volk", begründet Joh 11,50 den Todesentschluss des Hohenpriesters. Meist wird das in den Auslegungen wenig beachtet. Dabei ist es ein klassisches Beispiel johanneischer Ironie. Der Hohepriester sagt etwas gegen Jesus und trifft in der Sache trotzdem einen christologisch zentralen Sachverhalt.

Damit Leserinnen und Leser das bemerken, schärft 11,51 ein, der Hohepriester äußere es „nicht von sich aus", sondern als Gotteskündung. 18,14 wiederholt das Motiv zudem vor Verhör und Prozess. Gegenstück ist es zum Sterben für die Freunde, das wir soeben besprachen, und rundet somit den johanneischen Befund.

Dass Jesus für das Volk stirbt, wird zu einem soteriologischen Leitmotiv des Joh. Aufschlussreich für die johanneische Theologie insgesamt, trennt es die Gemeinde nur sehr zögerlich von Israel. 11,52 erweitert lediglich, Jesus sterbe „nicht für das Volk allein, sondern damit er desgleichen die zerstreuten Gotteskinder in eins sammle" (11,52). Jesu Sterben drängt in die Weite, ohne den Ausgangspunkt bei Israel zu brechen. Denn die Sammlung der zerstreuten Gotteskinder geht

---

[107] Beispiele waren Herakles, die Töchter des Erechtheus, die den Tod „für das Leben der Bürger" suchten, Iphigenie in Aulis oder Epameinondas: Cicero, Tusc. I 32; 116; vgl. 89 und 101; Euripides, Iph.Aul. 1368–1401 usw. *Williams*** 153ff; *Hengel* 1981*; *Versnel*** 182f.

[108] Vgl. Röm 5,7. Der Einsatz für den Guten (den Wohltäter) v.7b ist eine Variante des Sterbens für Nahestehende (vgl. *A.D. Clarke*, Secular and Christian Leadership in Corinth, AGJU 8, Leiden 1993, 159–169). Paulus aber liegt an der Abhebung Christi (Röm 5,6.8). Das christologische „einer für alle" (Vulgata „unus pro omnibus") 2 Kor 5,14 überbietet Vergil sprachlich noch.

nach der gewählten Begrifflichkeit von der Sammlung des zerstreuten Israel aus (vgl. Jer 23,2f; Ez 34,12 u.ö.). Das Ende allerdings, der eine sammle in eins, übersteigt die Tradition. Es spiegelt das Einssein des Vaters und seine Einheit mit dem Sohn. Verfolgte der Hohenpriester mit der Tradition das Anliegen, dass die vorhandene Gesellschaft bewahrt bleibe, so tritt das nun zurück. Die Heiligung, die von Vater und Sohn ausgeht, gewinnt die Sozietät neu (17,11.17ff.21ff). Die Gründung einer neuen Gemeinschaft auf den, der sein Leben gab, deutet sich an. Das Joh trägt aber auch diesen Akzent unpolemisch vor.[109]

Ein Schlaglicht fällt auf die Israeltheologie des Joh. Die oft diskutierten Konflikte zu Israel entstehen nicht, weil es sich antijudaistisch von Israel verabschieden würde. Sie erwachsen vielmehr gerade, weil es die Christologie besonders auf und an Israel ausrichtet. Nur weil es Israel sucht, vermag es kaum zu bewältigen, dass die Gründung der neuen Gemeinde am Ende vom Judentum trennt.

Die souveräne Aufnahme der Traditionen vom Lebenseinsatz für Nahestehende und Volk findet jenseits der johanneischen Literatur nicht ihresgleichen. Es bleibt *johanneisches Proprium, dass Jesus für seine Freunde und ausgreifend für die zerstreuten Kinder Gottes starb, damit sie eins seien* und die ihnen zuteil gewordene Liebe im Lebenseinsatz untereinander bewährten. Namentlich bildet es einen zentralen Bogen der soteriologischen Christologie und davon abgeleitet der soteriologischen Ethik im Joh (während die Johannesbriefe keine Parallele zu Joh 11,50 bieten).

Zu Recht verweist die Literatur darauf, wie schwer es ist, eine Sühne- oder Versöhnungsdeutung des Todes Jesu im Joh zu finden. Unglücklich ist jedoch die beliebte Entscheidung, wegen solcher Schwierigkeiten zu bezweifeln, ob das Joh überhaupt am Sterben und Tod Jesu grundlegend interessiert sei.[110] Es zieht in allen seinen Schichten soteriologische Kreise, und unsere Linie bietet sich als deren Mitte an. Die Vielschichtigkeit des Joh müssen wir darob nicht verdecken. Es bereichert Jesu Einsatz seines Lebens um weitere Motive und vielleicht in mehreren Stadien.[111] Verschiebungen der johanneischen Theologie sind spätestens unübersehbar, wenn wir die Johannesbriefe beiziehen (s. den Hinweis auf die Sühne im 1 Joh oben und 3.7.10).

Solange die Traditionen des Lebenseinsatzes für Nahestehende und Gesellschaft in der Spätantike lebendig waren, entfaltete die Anknüpfung Kraft.[112] Dann verloren sich die Impulse allmählich. Ob sie in den nächsten Jahrzehnten neu entdeckt werden?

Paradoxerweise ist der bekannteste Strang des Motivfeldes ganz unjohanneisch das militärische Sterben „für das Vaterland". Die Antike war dafür seit den Thermopylen emp-

---

[109] Zur Irritation mancher späterer Exegese (ab Augustin, in Joann. 49,27). Eine johanneische Ironie entsteht an dieser Stelle nur, wenn man unhistorisch einträgt, trotz der Tötung Jesu sei das Volk zugrunde gegangen (vgl. *C.K. Barrett*, Das Evangelium nach Johannes, KEK.S, Göttingen 1991, 403).

[110] Eine Diskussion, die zuletzt *U.B. Müller**** gegen *Knöppler*** austrägt. Weiteres *J. Zumstein*, L'interprétation johannique de la mort du Christ: FS Neirynck (s. 3.7 Bieringer) III 2119–2138.

[111] S. bes. 6,51; 10,11.15; 12,24; 13,6–10; vgl. 4.5.5, 4.7.9 u.ö.

[112] Z.B. Origenes, Cels. I 31; Pseudo-Seneca, epist. Paul. 11.

fänglich. Horaz pries es. Das Judentum eignete es sich mit den Befreiungskämpfen des 2.Jh. v.Chr. an. Im Prinzipat bildete es sich zur Hingabe an den Kaiser („devotio pro principe") fort.[113] Christologisch war und ist diese Linie schlechterdings nicht übertragbar. Jesu Sterben widerstand und widersteht jeder Idealisierung des Soldatentods, sei es in Verteidigung des Vaterlands, sei es im Aufstand für es.[114]

Religionsgeschichtlich verdiente noch ein Vergleich mit der Herakles-Sage nähere Beachtung. Denn Herakles starb wie Jesus einen schrecklichen Tod (durch das Nessos-Gewand). Ein unbekannter Autor gestaltete das im späten 1.Jh. zur eindrucksvollsten griechisch-römischen Alternative des Todes und der Erhöhung Jesu. In seinem Drama Hercules Oetaeus vollendete Herakles' Tod und Erhöhung dessen Lebensaufgabe, das Chaos zu überwinden. Aufgenommen in den Himmel, erschien er Alkmene. Herakles' Einsatz für die Menschen bahnte ihm den Weg zur Vergottung, und seine Erscheinung zeigte diese an.[115] Von neuem tritt die Leistung des frühen Christentums hervor, Jesus den Völkern nicht als vergotteten Heros zu präsentieren, sondern die Christologie aus der Zuwendung des einen Gottes in Israel zu entwickeln.

3.7.6 Weiter ins Feld zwischen Politik und Religion lenkt die Vorstellung des *Anführers zu Leben und Rettung*. Das griechische Leitwort, „archēgos", kombiniert „arch" („Anfang, erster") und „ag(ein)" („führen"). Das Bild eines Ersten im sozialen Kreis, in der Staats- oder Götterwelt stellt sich ein, der anführt. Der sozial- und religionsgeschichtliche Befund versagt einseitige Ableitungen.

Unser Wort benannte Herrscher, den Gründungs- und Schutzheros einer Polis, den leitenden Heros, den Führer der Götter (Zeus) etc. (Sophokles, Öd. Col. 60; Bakchylides 5,179 etc.). Die LXX nutzte es für ein Spektrum vom Vertrauten bis zum Fürsten; neun hebräische Äquivalente übersetzte sie damit. In die messianische Hoffnung trat es gleichwohl nicht ein (wie gelegentlich vermutet). In der zwischentestamentlichen jüdischen Literatur löste es vielmehr vorzugsweise negative Assoziationen – die Archegenschaft für Mühen und Böses (FPhoc. 44; Sib 5,180.231.242) – aus. Hermetische und gnostische Texte verwendeten angrenzende Begriffe für ihren Erlösermythos (Corp.Herm. 1,26;4,11;10,21 usw.). Unseres „archēgos" bedienten aber auch sie sich nur begrenzt und vornehmlich in der Aufnahme biblischer Schriften (Jer 3,4 in NHC II 129,21; Apg 3,15 in NHC VIII 139,27; vgl. 140,4).

Die beiden neutestamentlichen Belegschriften, *Apg und Hebr*, greifen unabhängig auf Tradition zurück. Demnach beginnen die Urchristen mit der eigenen Verdichtung um die Mitte des 1.Jh. oder kurz nach ihr.[116] Sie orientieren sich auffällig am Leiden Christi. Nicht in Stärke begründen sie, dass er der Erste ist, Weichen stellt und die Vollmacht zur Führung besitzt. Er ist vielmehr Archege, weil er durch Leiden zu seiner Erhöhung und Vollendung geht (Apg 3,15;5,30f; Hebr

---

[113] Horaz, Od. III 2,13 („Wohlgefühl verleiht und ziert, für's Vaterland zu sterben") usw. *H.S. Versnel*, Destruction, Devotio and Despair in a Situation of Anomy: Perennitas. FS A. Brelich, Rom 1980, 541–618. Jüdisch s. 2 Makk 14,18 (vgl. 8,21;13,14); 4 Makk nimmt den Grabgesang für Gefallene anverwandelt in Dienst.

[114] Das beliebte Zitat von Joh 15,9 auf Kriegerdenkmälern verzerrt Traditionen und Evangelium.

[115] Pseudo-Seneca (oder doch Seneca?), Herc. Oet. 1940–1982. Die Szene ist ein neuerliches Beispiel des unter 2.4.2 besprochenen Zusammenhangs von Vergottung und Erscheinung.

[116] Kaum archaisch, wie *Schweizer* 1955*, 138 und *P.G. Müller**** 376–389 annahmen.

2,10).[117] Seine Führung ist ausschließlich heilvoll. Zu Leben und Rettung geleitet sie, da er durch Leben und Rettung geprägt ist.

Damit unterscheidet sich der neutestamentliche Ansatz beträchtlich vom kritischen zwischentestamentlichen Akzent.

Wieweit immer die frühen Christen den Reichtum der vorhandenen Deutelinien nutzen, teilen sie ihm somit ihr eigenes Vorzeichen mit. Christus wird kein Gründungsheros des Christentums nach Analogie des griechischen Heroenkults. Das Prädikat in sich gibt weder den führenden Einlöser vorgegebener messianischer Hoffnung noch den Seelenführer nach Art der Hermetik und aufkommenden Gnosis her, die die Forschung gelegentlich erwog.[118] Keine starren Vorgaben, sondern die Kontexte erschließen den Begriff. Die *Apg* hebt auf den Kontrast ab: „Ihr tötetet den Urheber und Anführer des Lebens" (3,15). Das schmerzliche Paradox der Passion nimmt unseren Begriff in seinen Sog, und genau besehen wird das Kreuz zur dunklen Folie der Rettung, nicht ihrem Grund. Es gehört unweigerlich zum Weg des Archegen, der Brennpunkt der Soteriologie jedoch verlagert sich in die Erfahrung des Erhöhten (5,30f).

Unser Prädikat spiegelt damit die Eigentümlichkeit der lukanischen Theologie, die die soteriologischen Akzente um das Kreuz herum lagert, nicht an es selbst, um den Tod Jesu umso stärker in seinem Leiden, Schmerz und Aufweis der menschlichen Ungerechtigkeit hervortreten zu lassen.

Der *Hebr* schafft in seinem Duktus eine gewisse Nähe zur Vor- und Frühgnosis, ohne in ihr aufzugehen. Er deutet zwischen 2,10–16 (vgl. 5,9;6,20) und 10,19ff;12,2 einen Aufstiegsweg des Archegen und Vor-Läufers („prodromos" 6,20) in die Lichtwelt an, der den mitgeführten Geschwistern unter Distanz zur Materie Bahn bricht.[119]

Trotz seiner bedeutenden Farben in Apg und Hebr kam das Prädikat nicht zu großer Wirkung. Neutestamentlich strahlte es nicht über diese Schriften hinaus. Die Alte Kirche gebrauchte es gelegentlich und kombinierte es aufgrund des soteriologischen Tons mit „Sōtēr", „Retter" (2 Clem 20,5). Doch es wurde kein zentrales Bindeglied zwischen Kirche und Gnosis oder in der großkirchlichen Entwicklung der Christologie.

Hie und da versucht die Forschung, es aus seinem halben Dornröschenschlaf aufzuwecken, da es die Christologie schön mit der Ekklesiologie verzahnt; zum Anführer gehören bereits im Bild die Nachfolgenden. Der Missbrauch des Leitbildes durch die „Führer" des 20.Jh. beschwert indessen eine Neubelebung.[120]

---

[117] Die gern angeführten Parallelen über Leiden von Göttern (Plutarch, Is. 357 F 3 u.ö.) bieten nicht „archēgos". Die Wendungen in Apg 3,15 und Hebr 2,10 kombinieren den Zielgenitiv mit einem Moment des Genitivus subiectivus.

[118] Vgl. *G. Delling* s.v., ThWNT I 485f; *G. Johnston*, Christ as Archegos, NTS 27, 1981, 381–385; *E. Käsemann*, Das wandernde Gottesvolk, FRLANT 55, Göttingen ²1957, 81f.

[119] Zum lukanischen Kontrastschema vgl. 3.2.2 (zu Apg 5,30) und 3.5.3, zur Apg *Jones****, zum Hebr bes. *Gräßer**** I 132f.

[120] Vgl. immerhin *Friedrich*** 172ff.

3.7.7 Das deutsche Wort *Versöhnung* entstand als bayrisch-schwäbische Nebenform für „Versühnung". Es leitet sich von Sühne ab und verlässt die politisch-soziale Metaphorik. Das Griechische unterschied dagegen „versöhnen" und „sühnen" („hilaskesthai" etc.). Die Begriffe um „versöhnen" („katallassein" etc.) hoben nochmals im sozialen und politischen Raum an. Es wäre müßig, deswegen bei der Übersetzung einzugreifen. Aber die Vorgaben des Begriffs sind präzis in sich zu erheben:

Bis einschließlich des Neuen Testaments begegnet die Versöhnung, wo es zwischen Menschen und Staaten etwas zu ändern, näherhin zerreißende Trennung aufzuheben und trennendes Böses zu beseitigen galt. Das begann bei zerstrittenen Eheleuten, zerworfenen Geschwistern und Stammverwandten.[121] *Politisch* hieß es (für die Christologie interessanter), Feindschaft zu beenden, Frieden und Freundschaft zu gründen. Gesandte vermittelten das. Wer zur Einsicht kam, dass der Konflikt auf seine Schuld zurückging, bat darum. Wenn der Stärkere sich versöhnen ließ, erwies er „charis" („Gnade") und rettete. Gegen seinen Zorn, der des Bösen gedachte, ließ er sich bitten.[122]

Eine Übertragung ins *Religiöse* war griechisch selten. Doch wenn eine Gottheit durch Versöhnung vorangegangenes menschliches Unrecht zu bewältigen erlaubte, entstand zwischen ihr und dem Mensch keine Partnerschaft wie die menschlich versöhnter Feinde. Der Mensch wahrte vielmehr ihre Überlegenheit und verehrte sie (Plato, symp. 193 im Hymnus), oder es kam zu einer radikalen Krise wie bei Sophokles' Ajax.

Dieser Text ist auch wegen seiner Brücke zur Sühneterminologie von besonderem Rang. Ajax besinnt sich nämlich nach maßloser, die Götter verwerfender (vgl. 589f) Tat, zum *Sühnungsbad* zu gehen, um Athenes Zorn vielleicht zu entrinnen (654ff). Der Chor jubelt, er richte Opfer aus und verehre die Götter nach gutem Gesetz (710–713). Gewendet habe er sich, um sich den Göttern *versöhnen* zu lassen gegen den Zorn (743f). Kultische Sühne legt die Basis für die Versöhnung, die die Götter (nicht mit Sühne identisch) zu gewähren bereit sind. Ajax ist kein gleichberechtigtes Subjekt, kann sich der Versöhnung freilich versagen. Weil er das danach tut und von seinem Schritt zurücktritt, stirbt er tragisch (815–865).

Israel eignete sich das Motiv in religiösem Kontext an. Kein heidnischer, der eine Gott gewähre Versöhnung, erkannte Asenat, die Ägypterin von Gen 41,45, nach JosAs 11,18. So gewiss war ihr die Zuwendung dieses Gottes, dass sie keine kultische Sühne ansprechen musste.[123]

---

[121] „Ändern" steckt im griechischen Stamm „all". Zu den genannten Beispielen s. neutestamentlich 1 Kor 7,11; Mt 5,23f; vgl. Did 14,2; Apg 7,26.

[122] Dion. Hal. II 45–46,1; (Pseudo-?)Plato, ep. 8,356C.D; Josephus, bell. 1,320; Plutarch, Them. 28.

[123] Die Vergebung ist JosAs 11,18 in der Versöhnung enthalten. Das hellenistische Judentum der Diaspora, das zum Tempel einen weiten Weg hatte, band das Versöhnungsmotiv demnach weniger dicht an den Kult als Sophokles' Ajax. Ebensowenig freilich schloss es einen kultischen Bezug aus (vgl. 2 Makk 1,5;8,29). Nach der Tempelzerstörung wuchs die Versöhnungsterminologie in Psalmen u.ä. (Symm. Ps 30,6;69,14; Jes 60,10; Josephus, ant. 7,153).

Mit Versöhnung zwischen Gott und den Menschen *betraut* dachten sich Juden und Griechen gern *eine herausragende Gestalt.* Jüdisch galt Mose, der am Sinai Gott für das frevelnde Volk bat, als „Mittler und Versöhner“ (vit. Mos. 2,166; vgl. Josephus, ant. 3,315). Sein Antipode war nach einer Erinnerung des späten 1.Jh. Alexander der Große. Denn er „bestimmte, von Gott her [...] Versöhner von allen zu sein“. Die dem entgegenstehenden Abgrenzungen löste er mit Wort und Gewalt auf (Plutarch, mor. 329C). Prägte Mose das Versöhnungsgeschehen bittend und für sein Volk, so dieser Alexander mit selbstbewusster Gewalt und universalem Anspruch.

Die Traditionsentwicklung fasziniert. *Versöhnung hebt Feindschaft auf und gründet neue Existenz. Wo Schuld vorliegt, erfolgt Vergebung.* Geht es um Gott und Mensch, *setzt die Gottheit den Rahmen der Versöhnung*, indem sie sich bittend ansprechen lässt, Sühneriten gewährt etc. Der Mensch stimmt in rechter Verehrung ein. Allerdings stirbt nirgendwo eine Person für die Versöhnung (sondern allenfalls wie Ajax, weil es nicht zur Versöhnung kam).

Ein Teil der Forschung versucht, diese Lücke durch die Herleitung des urchristlichen Versöhnungsgedankens aus Jes 52,13–53,12 (in Verbindung mit Jes 44,22f;52,6–10) zu schließen. Das ist bloß begrenzt möglich, da die Terminologie um „kat-“ und „diallassein“ in diesen Texten keine tragende Funktion hat.[124]

Die *Aufnahme* im Neuen Testament *begrenzt sich auf Briefe des Corpus Paulinum.* So gewichtig die Belege sind (Röm 5,10f;11,15; 2 Kor 5,18–20; Kol 1,20.21f; Eph 2,16), finden wir wieder nur eine Linie urchristlicher Soteriologie. *Paulus*, ihr Promotor, bietet mehrere Nuancen. In der bekanntesten Passage, *2 Kor 5,18–20*, setzt Gott nicht allein den Rahmen der Versöhnung. Er bestimmt „durch“ und „in Christus“ deren ganzen, auf den Kosmos ausgreifenden Vorgang (vv.18a.19a). Insofern steht alles bei Gott und dem Christusgeschehen. Gott errichtet „das Wort der Versöhnung“ (19b). Als Gesandtschaft dafür versteht sich Paulus mit seinen Mitarbeitern. Das erinnert an die Gesandtschaften der politischen Übung. Allerdings teilten sie keine geschehene Versöhnung mit, wie vv.18a.19a das artikulieren, sondern suchten die Adressaten zur Einstimmung ins Versöhnungsangebot zu bewegen. Paulus überspielt die Differenz. Er schließt in v.20 wie eine Versöhnungsgesandtschaft: „Wir bitten für Christus, lasst euch Gott versöhnen“.

Die Interpretation gerät zwischen Skylla und Charybdis. Eine Auffassung der Bitte als Proklamation, die schafft, was sie ausruft, widerspricht der Gesandtschaftstradition. Eine gleichrangige Partnerschaft der Angeredeten in Linie der Tradition aber kollidiert mit den vv.18 und 19. Paulus bringt die Dynamik seines Apostolats demnach mit einem Bild zum Ausdruck, das wir nicht ganz auflösen können. Die reformatorische Auseinandersetzung, wieweit trotz allen Handelns Gottes ein Einstimmen des Menschen als dessen eigene Leistung zu denken sei, versagt am Text.[125]

---

[124] In Jes 43,3 ist „allagma“ kollektiv, auf Völker, bezogen. Vgl. aber *Hofius* 1989***, 1–14.

[125] Kontrovers *Breytenbach*** 135f; *O. Hofius*, Rez. ThLZ 115, 1990, 741–745: 744. Im Streit zwischen Luther und Erasmus spielte unser Text keine Rolle.

In *Röm 5,1–10*[126] legt das Versöhnungsmotiv dar, was es heißt, aus Glauben gerecht geworden zu sein: Gottes machtvoll wirksames Handeln bringt sich rettend zur Geltung. Christi Tod, den „wir" als Sühne erfahren („in seinem Blut" 5,9), begründet die Versöhnung, die eine Existenz als Feinde Gottes auflöst (5,10a). Der Tod, den die Versöhnungstradition von keinem Mittler der Versöhnung aussagte, wird zum Schlüsselgeschehen. Denn dadurch, dass Christus nicht in ihm blieb, ist gewiss, dass wir in Christi Leben gerettet werden (5,10b). Sühne, Rechtfertigung und Versöhnung greifen an dieser Stelle ineinander.

Röm 11,15 belebt schließlich das kosmische Ausgreifen der Versöhnung. Paulus erreicht einen Horizont, der universaler ist als der Alexanders. Der Verlust Israels eröffnet die Versöhnung des Kosmos, und diese muss dialektisch zur Annahme Israels weitergedacht werden, weil Versöhnung keine Trennung duldet.

Überschauen wir die Belege, strahlt Gottes machtvoll versöhnende Zuwendung in Christus überallhin rettend aus und heischt Gehör. Andererseits beschränken sich die Stellen mit unterschiedlichen Akzenten auf zwei Briefe. Von einer geschlossenen Versöhnungstheologie des Paulus lässt sich nur reden, wenn wir die Stellen addieren und ihnen die Schattierungen der Briefe ungeachtet etwaiger Entwicklungen und Differenzen subsumieren. Kompliziert ist auch der Fortgang. Es gelingt der Versöhnung nicht, jenseits der paulinischen Gemeinden zum Thema zu werden, und selbst innerhalb dieser schweigen wichtige Briefe (die Past und 2 Thess). Kol und Eph belegen sie umgekehrt hochbedeutsam:

Der Autor des *Kol* entfaltet die Versöhnung daraus, dass die Fülle Gottes in Christus wohne. Den Ansatz dazu findet er in einem Traditionsstück seiner Gemeinden, das in einer Steigerung Pauli auf kosmische Versöhnung verwies. Er fügt das Kreuz in das Traditionsstück ein, und die kosmische Versöhnung gewinnt redaktionell die Tiefe des Kreuzes. „Frieden stiftete" das Kreuz; das ist geschehene Tat (grammatisch Aorist), Vorgabe für den Blick der christlichen Gemeinde auf alles. Vice versa erhält das Kreuz aktive, universale Relevanz und nach manchen Auslegern eine triumphale Note. Eine Versöhnung aus herrscherlicher Stellung klingt mit (1,19f).[127]

Der *Eph* führt das und die Israeltheologie des Paulus fort. Unausgesprochen wächst die schon in Israel und bei Paulus angelegte Gegenpointe zu Alexander. Der Eindruck, den jener hinterließ, beruhte auf seiner Stärke. Christi Friedensstiftung dagegen kannte Gewalt – die Gewalt des Kreuzes – nur gegen seine eigene Person. Er konzentriert Begründung, Vollzug und Ergebnis der Versöhnung auf sich. Daher tötet sein Friede die Feindschaft gültiger. Die einst grundlegende Wand, die zwischen Juden und Völkern, steht nicht mehr (Eph 2,14ff).[128]

---

[126] Vgl. *Wolter**** u.a.

[127] Vgl. 2.8.2, *Karrer* 1996 (s. 2.8), bes. 157f; *Hoppe* (s. 2.8) 179ff,193–204,215–218 u.a.

[128] Tradition in Eph 2,14–16 (*G. Wilhelmi*, Der Versöhner-Hymnus in Eph 2,14ff., ZNW 78, 1987, 145–152) ist umstritten. *E. Faust*, Pax Christi et Pax Caesaris, NTOA 24, Göttingen 1993, 221–430 sucht – weniger nah an den Versöhnungsquellen – Gegenüber und strukturelle Analogien zum Kaisertum.

Kol und Eph geben der Versöhnungsrealität einen enthusiastischen Zug. Der Friede, den das Kreuz aufrichtet, bestimmt die Gegenwart. Die Kirche, von der aus die erfolgte Versöhnung sichtbar wird, erhält kosmische Bedeutung.[129] Wer die Anstößigkeit des Kreuzes nach Paulus akzentuiert und die Realität der Kirche kritischer sieht – wozu es Anlass genug gibt –, wird diese Entwicklung nur vorsichtig mitvollziehen. Das bei der Löschung der Schuldurkunde im Kol bemerkte Problem drängend realistischer Soteriologie wiederholt sich. Gleichwohl hat der universale Versöhnungsgedanke großen Reiz.

Insgesamt sind die von Paulus und in seinen Gemeinden ausgebildeten Koordinaten der *Versöhnungschristologie* somit *weiträumiger und tragfähiger als die zuvor besprochenen Konzepte*. Ein menschliches Ideal, das bis heute lebendig ist – Versöhnung, wo Trennung und Feindschaft herrscht –, erschließt sich christologisch. Rechtfertigungs- und Sühnetheologie grenzen an. Röm 11,15 und Eph 2,14–16 stellen die Kirchen nach langen Irrwegen vor die Notwendigkeit einer versöhnten Gemeinsamkeit mit Israel.[130] Kol 1,20 erlaubt, die Versöhnung zum Vorzeichen jeglicher Begegnung mit der Welt schlechthin zu machen. Dennoch bleiben die neutestamentlichen Belege spärlich. Jeder systematische wie gesamtbiblische Entwurf erweitert über sie hinaus.[131] Die Basisvorstellung einer Feindschaft zwischen Mensch und Gott ist heute weniger einsichtig als in der Antike. Ohne hermeneutische Bemühungen kommen wir nicht aus.

3.7.8 Kommen wir zuletzt zur *Sühne*. Die antiken Gesellschaften erlebten die Zuwendung der Gottheit im heiligen Dienst und Opfer. Wir sind beim *Kult*.[132] Grundzüge waren dem ganzen Kulturraum gemeinsam. Im Einzelnen unterschieden sich die Religionen. Israel erfuhr so exklusiv an seinem Gott: Wo sich die Schuld um den Menschen wie eine abstoßende Beschmutzung legte, gewährte er Reinigung. Er erlaubte, das verwirkte Leben dem Opfertier aufzustemmen. Die Kultgemeinschaft sah, hörte und roch das Opfer. Sie konzentrierte ihre Erfahrung um das Blut des Opfertieres (Lev 17,11). Bilder des Aufhebens, Zudeckens und Verzeihens beschrieben die Beseitigung von Schuld.[133] Sinnenfällig schenkte Gott das Leben neu. Sein unverbrüchlich ethisches Wollen verhinderte, daraus eine Lässigkeit im Umgang mit den Normen abzuleiten.

Die außerisraelitische Antike musste, obwohl oder gerade, weil sie eine im Ansatz verwandte Sühnevorstellung vertrat, das Problem von Ethik und Kult

---

[129] Im Kol (1,18.21ff u.ö.) vorbereitet, im Eph durchgeführt (2,14–16 nach 1,20–23 u.ö.).

[130] Vgl. *Roloff* (s. Anm. 86) 240–244. Kühn *B. Klappert*, Miterben der Verheißung: Israel und Kirche heute. FS E.L. Ehrlich, Freiburg 1991, 72–109.

[131] Skeptisch *Käsemann****; Erweiterung zu gesamtbiblischem Entwurf *Stuhlmacher* 1981***.

[132] Was das deutsche Wort Sühne nicht kenntlich macht. Es leitet sich vom indogermanischen Stamm des Urteilens ab. Daher verband es sich eine Zeitlang ganz unzureichend mit der Vorstellung der Sühneleistung nach einem Urteil. Viel der heutigen Unsicherheit um den Begriff geht auf die Unklarheiten der Übersetzungsgeschichte zurück.

[133] Ex 32,32; Lev 10,17; Dtn 21,8; Jer 33,8 usw. *Janowski* 1982***; *Koch**** 129f u.v.a. Die Forschungsdivergenzen im einzelnen können wir zurückstellen.

diskutieren. Denn Marktschreier hoben in Griechenland einseitig hervor, der Kult heile, löse und reinige von Unrechttaten (Plato, pol. II. 364b-365a). Religionsphilosophie kritisierte dem entgegen die Sühnereinigung durch Blut (ab Heraklit, VS I 22 = B 5). Sie legte den Finger darauf, ob das nicht den Missbrauch erlaube, Unrecht zu tun und die Opfergaben gleichsam als Bestechung des Göttlichen zu handhaben (Theophrast, eus. fr.8). Nichts zeigt deutlicher als diese Debatte, dass ein Einwirken auf die Götter schon in der Antike als verwerflich galt. Die bis vor kurzem kolportierte These, in der Sühne suche der Mensch prinzipiell auf die Gottheit einzuwirken, folgt einem bereits antik kritisierten, nicht dem korrekten antiken Usus der Sühne. Sie ist für den ganzen Mittelmeerraum aufzugeben.

Die Gottheit gewährte den Straf- und Schulderlass. Auf ihre heitere Geneigtheit verwies „hilask", das griechisch zum Leitstamm unseres Feldes wurde (IG II² 1366 = SIG II 380, 9.16 u.ö.). Schuld ließ sich vor ihr offen artikulieren. Nicht nur der Opferkult gab der Aussprache einen Rahmen (vgl. Lev 5,5; Num 5,7 [LXX]). Auch jenseits dessen wurde Schuld laut ausgerufen, und keineswegs überall galt das als blamabel (wie für den Pharisäer von Lk 18,9–14). Israeliten bekannten ihre Schuld im Blick auf Gottes Gerechtigkeit, der sich erbarme (vgl. PsSal 9,2.6–8; 1 QS 1,16–2,1ff). Nichtisraeliten werteten als Freude für die Himmlischen, wenn jemand seine Schuld wie ein Herold künde und sie damit indirekt verherrliche (Ovid, ep. ex Ponto I 51–56).

Der deutlichste Vorläufer des kirchlichen Schuldbekenntnisses findet sich in der Midaslegende („pater! peccavimus", „Vater, wir haben gesündigt" Ovid, metam. XI 132).[134]

Die Freiheit, Schuld einzugestehen, und das im Kult gegründete Vertrauen, die zugeneigte Gottheit vergebe Schuld, bilden demnach den Rahmen der *urchristlichen Aussagen*, Christus sei „für unsere Sünden" gestorben. Der Überschritt vom Judenchristentum zum Christentum der Völker konnte angesichts der verbreiteten Sühnekulte mühelos verlaufen. Die Schwierigkeit liegt an einem anderen Punkt, nämlich bei der Frage, wieweit die kultische Terminologie angesichts des nichtkultischen Todes Jesu überhaupt voll anwendbar war. Jedenfalls stellte die Übertragung einen überaus kühnen Vorgang dar.

Unklar ist folgerichtig, wieweit wir den Belegkreis ausziehen dürfen. Folgen wir dem Stamm „*hilask*", konzentriert sich die Sühnechristologie auf wenige Stellen bei Paulus (Röm 3,25), im Hebr (2,17; vgl. 8,12;9,5) und im 1 Joh (2,2;4,10). Das Motiv des „*Blutes*" Christi (Abendmahlsüberlieferung; Joh 19,34; Apg 20,28; Röm 5,9; Eph 1,7; 1 Petr 1,2.19; Hebr 9,13f;10,19.29;13,11f.20; 1 Joh 1,7–9, Offb 1,5;5,9;7,14 u.ö.) weitet die Belege aus. Allerdings bietet das Alte Testament Blutriten jenseits der Sünd- und Reinigungsopfer, namentlich beim Pascha, beim Bundesschluss und der Priesterweihe (Ex 12,22f;24,8;29,21; Lev 8,30 etc.). Diese

---

[134] Weiter bes. MAMA IV 1933, no. 279–290. Juvenal, sat. 6, 535–541 ironisiert. – *H. Hommel*, Antike Bußformulare: Sebasmata I, Tübingen 1983, 351–370; *H.J. Klauck*, Die kleinasiatischen Beichtinschriften und das Neue Testament: FS Hengel (s. bei Segal 3.3) III 63–87.

nahmen gleichfalls aufs frühe Christentum Einfluss, das Pascha und der Bundesschluss bei der Abendmahlsüberlieferung, die Besprengung der Priesterweihe auf 1 Petr 1,2. So entstehen offene Übergänge.

Besonders fremd wirkt heute die Übertragung der *priesterlichen Blutbesprengung*. Im 1 Petr initiiert sie aber die These über das königliche Priestertum der Gemeinde (1,2 vor 2,1–10), die Grundlage des allgemeinen Priestertums im Protestantismus. Die Offb integriert sie mit der Sühnevorstellung (1,5 vor 1,6;5,9f;20,6;22,3f). Sie bildet insofern einen eigenen wichtigen Akzent soteriologischer Christologie.

Ein offener Rand bleibt auch bei der Rede über den Erlass von Sünden (1 Kor 15,3ff; Röm 8,3; 2 Kor 5,21; Kol 1,14 usw.). Bereits das vorneutestamentliche Judentum kannte deren Zudecken im übertragenen Sinn (Spr 10,12; vgl. Jak 5,20 und 1 Petr 4,8). In der Regel bezeichnete nur der Ausdruck „*[das] für die Sünde*" das Sündopfer, und nicht einmal er hielt sich im Neuen Testament als Terminus technicus.[135]

Um die Eigenart des Neuen Testaments zu erschließen, sind wir letztlich auf *drei alte Schlüsselstellen* angewiesen. Die erste, der Formelkern in *Röm 3,25f**, erlaubt eine streng kultische Interpretation. Blut, Erlass der Sünden und „hilastērion", eine zentrale Ableitung vom Stamm „hilask" begegnen. Das „hilastērion" (den „Sühnestuhl / Gnadenthron") kennt das Alte Testament als Stelle des Sühnekults (Lev 16,2 u.ö.; vgl. Ez 43,14.17.20 LXX und Am 9,1 LXX). Lassen wir uns darauf ein, entsteht ein eigentümliches Gefälle. Die Blutriten am „hilastērion" dienten dem Endtext von Lev 16 nach der Entsühnung des durch die Sünden Israels befleckten Heiligtums. Die Entsühnung des Volkes, der Menschen, an die die Interpretation seit Luther primär denkt, war davon getrennt. Ihr galt ein anderer, der Asasel-Ritus (16,8.10.26), den das Neue Testament nirgends aufnimmt.[136] Die vorpaulinische Formel zentrierte sich also auf das Heiligtum, den Kultort. Sie bezeugt eine archaische, kultnahe Gruppe des Urchristentums. Diese verstand Jesu Tod als Reinigung des Heiligtums, das durch die im An-Sich-Halten Gottes begangenen Sünden befleckt war. Wie das mit dem fortbestehenden Jerusalemer Kult zu korrelieren war, blieb unklar.

Heute wirkt diese Gruppe befremdend. Unser Vorverständnis des Textes geht nicht mehr auf sie zurück, sondern auf Paulus. Er nämlich verschob den Ton vom Ort auf die Menschen, denen sich Gott in Christus zuwendet. Parallel explizierte er die Sühne als Er- und Auslösung aus der Schuld, in der der Glaube Gottes machtvolle Gerechtigkeit erfahre (vv.24–26 Redaktion). Erst seine Vernetzung der soteriologischen Traditionen prägte die Theologiegeschichte. Der Text steht, wie die Kirche ihn seit Rom liest, für eine modifizierte, nicht für die unmittelbare Sühnetradition.[137]

---

[135] „[to] peri [tēs] hamartias" Lev 5,8 usw.; Hiob 1,5; Ez 43,19 LXX (seltener „hyper hamartias": Ez 40,39; Mi 6,7); abweichend Joh 8,46;15,22;16,8. Vgl. *Breytenbach*** 160ff, *ders.**** 74.

[136] Auch Offb 20 nicht (trotz *L.L. Grabbe*, The Scapegoat Tradition, JSJ 18, 1992, 152–167).

[137] Rekonstruktion unter 3.1.2; zur Grunddeutung *Kraus*** 92–193, zur Fortschreibung s. noch 3.7.10 (und vgl. 3.7.2).

In *2 Kor 5,21** ist die Sprache weniger eindeutig. Das seit Augustin geläufige Verständnis des zweiten „hamartia" („Sünde") im Vers als Sündopfer ist philologisch nicht zwingend. In jedem Fall verdichtet der Satz. Gott machte Christus nicht nur zu „dem für die Sünde", er machte ihn paradox zur „Sünde" (wie in Gal 3,13 zum Fluch). Während ein Sündopfer geschehene Sünde sühnt, tritt der Nicht-Sünder[138] an die Stelle von Sünde überhaupt und entleert deren Macht. Die von der Sünde Betroffenen werden, wie Paulus (oder noch die vorpaulinische Tradition) expliziert, zur „Gerechtigkeit Gottes".[139]

Röm 8,3 flankiert das: Gott sandte seinen Sohn in der Gleichgestalt von Sündenfleisch und „für Sünde" wie ein Sündopfer. Doch sühnt er nicht einzelne Sünden – was das Sündopfer nach dem Gesetz vollzieht –, sondern urteilt die Sünde schlechthin nieder, was das Gesetz mit seinen Sühneregelungen nicht vermochte. Das Sühnegeschehen in Christus erhält seine Spitze im Gericht über die Sünde.[140]

Die drei Zugänge zur Sühnedeutung des Todes Jesu zeigen eine spannende Vielfalt. Einig sind sie darin, dass das erlebte Sühnegeschehen der Antike die Christologie anregt. *Die größte Zuwendung Gottes, die Überwindung der menschlichen Schuld, gehört in das Verständnis Christi.* Das bedeutet umgekehrt: *Sühne heißt christologisch*, nicht mehr kultisch im herkömmlichen Sinn *Entsündigung.* Röm 3,25f* bildet einen schmalen Übergang, der rasch den realen Kulthintergrund verlässt. Denn die Sühne in Christus beseitigt die Distanz zu Gott, die die begangenen Vergehen verursachten, obwohl Christi Tod weitab vom Opfer am Tempel stattfand. Über die kultische Basis lagern sich Akzente und Fortschreibungen. Sie klären in unseren Texten, wie das Christusgeschehen grundsätzlich die Sünde überwindet. Die Sühne wird darob zur Auslösung aus den Sünden in einer Freiheit, die wir uns nicht mehr als antik kultische Begehung vorstellen können (Röm 3,24ff). Die Motive der Gerechtigkeit und des Urteilens geben der Sühne einen spezifischen forensischen Ton. In einem sublimierten Erbe des alten Sühnegedankens wird die Sünde verurteilt, nicht die Sünder. Das geschieht, damit „wir" grundsätzlich und in Gänze zur Gerechtigkeit Gottes werden (Röm 8,3; 2 Kor 5,21). Wie stark immer das im Sühnekult vorbereitet war,[141] erreicht die Entlastung von der Sünde einen neuen Ort. *Die Christologie nimmt die kultische Kategorie des Sündopfers nur personal zugespitzt und modifiziert in sich auf.*

3.7.9 Wir dürfen uns freilich mit dieser ersten Entscheidung zur Sühne nicht einfach beruhigen. Auch eine *personale Übertragung der Sühne* kennt die Antike schon vor dem Neuen Testament. Wir müssen deshalb Einflüsse von dort her er-

---

138 S. das vorangestellte „der die Sünde nicht kannte".

139 Vgl. *Augustin*, CSEL 28 (III³), 321; *Stuhlmacher* 1992*, 296; *Merklein**** 168; *Breytenbach**** 73ff.

140 Vgl. *P. Stuhlmacher*, Der Brief an die Römer, NTD 6, Göttingen 1989, 110; Ablehnung der Sündopferdeutung *Breytenbach*** 159–165.

141 Vgl. *Merklein* 1987*, 35: Paulus habe die Rede von der Gerechtigkeit Gottes „im Kontext kulttypologischer Reflexionen übernommen".

wägen. Wegen seines Rangs in der Diskussion behandle ich zuerst das Gottesknechtslied *52,13–53,12*.

Der Sachverhalt ist komplex. Nachdem uns Jes 53,6 und 12 bei der Hingabetradition und v.11 in der Reflexion über die Rehabilitation des Gerechten beschäftigten, geht es nun besonders um v.10 und v.12. Der Knecht Gottes, der durch die Schuld anderer zugrunde gerichtet wird, lädt in der Hingabe seines Lebens die Verpflichtung der Schuldigen zur Schuldableistung auf sich. ʾāšām, der Ausdruck dafür (10b), nähert sich dem Sündopfer.[142] Das könnte eine Deutung Christi als des sühnenden, gesalbten Gottesknechts von hohem theologischem Reiz begründen. Indes dürfen wir sie nicht unmittelbar ins Neue Testament eintragen. Denn Jes 53,10b MT wird nirgends christologisch zitiert. Die Sühnechristologie knüpft dem sprachlichen Befund nach nicht in einem vorgegebenen Traditionskontinuum an den Sühnegedanken im hebräischen Gottesknechtslied an.

Verständlich wird das, wenn wir die *Textgeschichte* von Jes 53 verfolgen. Das Schlüsselglied, das Sündopfer in der Person des Knechtes, war nämlich vor einem lebendigen Sühnekult um die neutestamentliche Zeit schwer zu ermessen. Zwei Fragen drängten sich auf. Wie sollte ein Opfer menschlicher Taten ein Opfer *für* diese Taten vor Gott sein, wo es eigene sühnende Opfer am Tempel gab? Und musste nicht, wo es ein Opfer gab, der Opfernde als Priester gedacht werden? Beide Anfragen nahmen auf die Textrezeption wesentlichen Einfluss. Das Sündopfer des Knechtes schwand oder veränderte seine Gestalt. Noch die geringste, gleichwohl für unseren Zusammenhang signifikante Änderung nahm *1Q Is^a^* vor.

Es variiert in 52,14b, Gott habe das Aussehen des Knechts gesalbt, so dass der Knecht mit den Tropfen des versprengten Salböls segnend und sühnend in die Weite der Völker strahlt. Nach seiner Mühsal macht er die Vielen gerecht (53,11 mit kleinen syntaktischen Eingriffen). Eschatologisches priesterliches Handeln klingt an. Interessanterweise folgt kein neutestamentliches Zitat aus Jes 52,13–53,12 einer sprachlichen Eigentümlichkeit von 1Q Is^a.

Die Übertragungen ins Griechische und Aramäische vor und um die neutestamentliche Zeit korrigierten gravierender. Die *LXX* wandelte ab, Gott reinige seinen Knecht (v.10a), den Gerechten (11 nach Jes 3,10 LXX), der durch die ihm aufgeladenen Sünden (vv.4–6) befleckt sei. Dass er unsere Sünden trage, unseretwegen Schmerz empfinde, durch unsere Gesetzlosigkeiten verwundet und wegen unserer Sünden schwach gemacht sei (vv.4a.5a), verlor den Charakter eines Sühnegeschehens. Die Täter bedürfen vielmehr eigens der Sündopfer. „Wenn ihr ‚für die Sünde' („peri hamartias") gebt, wird eure (Variante: unsere) Seele Samen großen Lebens sehen", heißt v.10b neu. Die LXX drängt das Sühneleiden des Knechtes zurück.[143]

---

[142] Lit. bei 3.3 (*Hengel*: Janowski / Stuhlmacher 1996, 66ff u.a.) und 3.4.4; *A. Schenker*, Die Anlässe zum Schuldopfer Ascham: Studien zu Opfer und Kult im Alten Testament, FAT 3, Tübingen 1992, 45–66: 63f; *Karrer* 1990*, 364ff.

[143] Zum Sühnegedanken vermittelnde Textinterpretation aber bei *Hengel* a.a.O. 77ff.

Anders schrieb das viel diskutierte aramäische *Levi-Apokryphon*, das mehrfach auf die Gottesknechtslieder Bezug nimmt, die Tradition fort. Es sagte einen Priester an, der „für alle Kinder seiner Generation Sühne vollziehen" werde. Auf diese Weise bestätigte es die kultische Rückbindung der Sühne an den Priester. Selbst wenn es das Leid des Priesters bis ans Kreuz ausgezogen haben sollte (was fraglich ist), übertrug es das Sühnegeschehen nicht mehr dorthin (4Q 541 = 4Q TestLev^{d} fr.9 I; fr.24; vgl. Jes 53,3.4).[144]

Ob auch dem Targum ein priesterliches Substrat voranging, bleibt Spekulation. Das erhaltene *TJon* identifiziert (zwischen 70 und 135 n.Chr.?) den Gottesknecht jedenfalls nochmals anders als den herrscherlichen Gesalbten (Messias: 52,13;53,10). Dieser, der sein Leben wagt, setzt sich nun machtvoll in Herrschaft durch. Gott vergibt nicht, da er stirbt, sondern da er für die Sünder bittet (53,4.11f).[145]

Genug, um die neutestamentliche Zeit fällt der Zugang zur personalen Sühneaussage im hebräischen Text von Jes 53 weithin schwer. Die Rezeptionsweisen verzweigen sich (vgl. noch TestXII Benj 3,8 und 4Q 491). *Auf das Neue Testament nimmt namentlich die LXX Einfluss.* Das zeigen beide für die Diskussion verbleibende Kerntexte. *1 Petr 2,21–24* benützt umfangreich die LXX. Jes 53,10b scheidet folgerichtig für die Pointe der Soteriologie aus. Der 1 Petr entwickelt sie frei nach Jes 53,12: Christus trage die Sünden hinauf ans Kreuz (v.24). Das lässt sich nur in einem sehr weiten Sinn Sühne nennen (vgl. 3.3.3). *Hebr 9,28* geht einen Schritt weiter. Wenn es (was nicht ganz unumstritten ist) Jes 52,13–53,12 aufgreift, folgt es sprachlich wieder der LXX. Entsprechend übergeht es 53,10b. Das „Hinauftragen" von v.12 aber deutet es im Sinne des „Darbringens" aus der Opfersprache. Wir erreichen die Sühne im engeren Sinn über die LXX hinaus und gegen sie.[146]

Vor dem Traditionsstück in 1 Petr 2 ist eine Aufnahme von Jes 53 in der soteriologischen Christologie, wie wir sahen, kaum zu erkennen. Falls Jes 53 für Mk 10,45 par eine Rolle spielte, dann über eine dritte Begrifflichkeit, die des Lösegelds („lytron"; in LXX nie zur Übersetzung von ʾāšām verwendet). In 1 Kor 15,3b kommen wir mit einem breiten Verständnis des Für in „für unsere Sünden" aus.[147]

Komplex ist der Befund im *Mt.* Denn es benützt in Erfüllungszitaten (Jes 42,1–4 in Mt 12,18–21; 53,4 in Mt 8,17) eine Fassung der Gottesknechtslieder, die von der LXX, hebräischem Text und Targum abweicht. Die auswählende Redaktion erlaubt ihm zudem eine ungewöhnliche Sinngebung für Jes 53,4. Mt 8,17 liest in v.4a, der Gottesknecht habe unsere Krankheiten genommen und Schwachheiten getragen, und ignoriert den Fortgang

[144] Aram. tlj' an der Schlüsselstelle kann sich von tl' (aufhängen) oder l'j (l'h, ermüdet sein; vgl. Jes 42,4) ableiten. – *E. Puech*, Fragments d'un apocryphe de Lévi: J.T. Barrera, The Madrid Qumran Congress II, StTDJ 11/2, Leiden 1992, 449–501; *G.J. Brooke*, 4Q Testament of Levi^{d}: FS de Jonge* 83–100; *García Martínez* (s. 3.8) 188.

[145] Das Lamm von v.7 werden die Starken der Völker, die er zur Schlachtung hingibt. – *K. Koch*, Messias und Sündenvergebung in Jesaja 53 – Targum, JSJ 3, 1972, 117–148; *H. Haag*, Der „Gottesknecht" bei Deuterojesaja im Verständnis des Judentums, Jud. 41, 1985, 23–36: 27–31; *B.D. Chilton*, The Glory of Israel, JSOT.S 23, Sheffield 1983, 95ff; *Hengel* a.a.O. 74f; *J. Ådna*: Janowski / Stuhlmacher (s. 3.3) 129–158.

[146] Vgl. *Isaacs**** 149 (Lit.). Die LXX regt noch den Übergang zur Schau 9,28b an (vgl. 52,15b).

[147] Da die Präposition „hyper" nicht unmittelbar aus Jes 53 hervorgeht, erforderten Bezüge eine komplexe Rekonstruktion (vgl. *Stuhlmacher* 1992*, 171 u.v.a.).

v.4b (wir meinten, er sei von Gott geschlagen). Der isolierte Wortklang von v.4a erlaubt dem Mt, das mit Heilungen zu assoziieren. Daher findet das vierte Gottesknechtslied seine Füllung nicht in Jesu Tod, sondern in seinen Exorzismen und Heilungen. Das macht schwierig, die Sühneaussagen des Mt einem Einfluss von Jes 53 zuzuschreiben. Das zentrale „zur Vergebung der Sünden" Mt 26,28 wählt mit „aphesis" für Vergebung ein in Jes 53 fehlendes Wort.

Eine *Christologie des sühnenden Gottesknechts erwuchs* – darum kommen wir nicht umhin – *erst allmählich*. Das Neue Testament deckt die Bedeutung, die ihr die Theologie manchmal gibt,[148] nicht. Eine kirchliche und systematische Reflexion darf sich in hermeneutischer Freiheit auf die biblisch angelegte *Möglichkeit* berufen. Vor der Entfaltung bricht das Neue Testament ab.

3.7.10 Die *personale Sühne* begegnet religionsgeschichtlich breiter. In der Makkabäerzeit berührte Jes 53 die neue *Märtyrertheologie*. Juden starben, erlebte man, für andere, und wertete das gelegentlich als eine Art von Gottesdienst. Freilich war der exakte Sühnegedanke nicht leicht zu integrieren. Denn der Ersatz menschlichen Blutes durch Tieropfer hatte sich in Israel strikt durchgesetzt (einer der Anlässe für die Neufassung von Jes 53,10 in der LXX).

Nur im Vergleich und ohne Sühneterminologie formulierte das Gebet Asarjas: „Wie Brandopfer und Schlachtopfer von Widdern und Stieren und wie Tausende fetter Lämmer, so möge das Hinschlachten von uns heute zum Wohlgefallen vor dir werden, damit nicht schmählich zugrunde gehen alle, die dich bekennen" (Dan 3,39b-40, deuterokanonisch).[149]

Dazu kam die Unsicherheit, ob die Aufständischen des 2.Jh., deren Tod die Reflexion auslöste, von Sünde unbefleckt waren (vgl. 2 Makk 7,18.32). Erst gegen Ende der neutestamentlichen Zeit wagte das 4 Makk eine deutlichere Aussage.

Es legt sie Eleasar in den Mund, einem nach seiner Vorstellung kultisch reinen Priester (5,4.35). Er bittet Gott bei seiner Hinrichtung: „Sei gnädig (‚hileōs') deinem Volke. Lass dir an unserer Bestrafung genügen, die wir für sie auf uns nehmen. Zu einem Reinigungsopfer für sie mache mein Blut, und nimm mein Leben als Ersatz für ihr Leben" (6,28f).[150] Sein Martyrium und die anderer werden „gleichsam Ersatzleben für die Sünde des Volkes. Ja, durch das Blut jener Frommen und das Sühnemittel / die Weihegabe ihres Todes (bzw. nach A: durch ihren sühnenden Tod) rettete die göttliche Vorsehung Israel" (17,20ff).

Außerhalb Israels treffen wir die Sühne durch „menschliches Blut" häufiger an. So seltsam, ungewöhnlich, vergangen oder barbarisch das Menschenopfer galt, berichtete man gern über es. In Notsituationen praktizierte, „pharmakos" (heilend) genannte, Riten zur Rettung einer Gemeinschaft stießen einen Menschen

---

148 *Hofius* (Janowski / Stuhlmacher [s. 3.3] 107-127 = NTS 39, 1993, 414–437) u.a.

149 Übersetzung *Koch**** 125. Der Verweis auf Abraham und Isaak stützt die Bitte (v.35; *Kundert* [s. 3.3] 76–81).

150 Übersetzung *H.-J. Klauck*, 4. Makkabäerbuch, JSHRZ III 6, Gütersloh 1989, 716 (vgl. 671).

aus der Gemeinschaft und ihrer Wohnstatt in ein mörderisches Draußen aus.[151] Selbst-Opfer grenzten an.[152]

Die *Rezeption von Röm 3,25f** erhält hier ihren Rahmen. Paulus öffnet die einstige Formel, wie wir sahen, zur personalen Sühne. Seine römischen Adressaten lesen diese Umformung. Sie hat für sie kaum mehr spezielle Bezüge zur Kulttradition Israels. Im Kontext der ihnen vertrauten personalen Übertragungen verstehen sie „Gott stellte ihn (Christus) in seinem Blut als Sühne (= Gestalt seiner vergebenden Zuwendung) hin“. Auch so gewinnt die rettende Auslösung (v.24), die Gott in Christus Jesus zum Aufweis seiner Gerechtigkeit gegen die notbringenden Sünden vollzieht, in ihren Ohren großen Klang. Sie überbietet Leitfiguren ihres Lebens.

Die nächste sprachliche Parallele findet sich bei Lukan. Dessen Leitfigur Roms, Cato Uticensis (vgl. 3.4.2), bietet sich im Sterben den Göttern als Sühnopfer mit den Worten dar: „Dieses Blut löse die Völker (Plural!) aus („redimat“; vgl. Röm 3,24), durch diesen gewaltsamen Tod werde gebüßt, was immer die römischen Sitten zu erleiden / bezahlen verdient haben“ (II 312f). Röm 3,24ff sticht das aus. Gott erfährt keine Darbietung zum Opfer, sondern vollzieht sie selbst. Die Sühne in Christus wird uneinholbar.

Das 4 Makk folgt erst etwas jünger. Anders als Röm 3,25f findet es sein Ziel in der besonderen Seligkeit und Ehre der Sterbenden (17,18ff). Bedeutend ist es demnach nicht als Vorgabe für Paulus, sondern als Zeugnis der religionsüberspannenden Sühnetradition.[153]

Ein späterer Zeuge personaler Sühnechristologie ist *1 Joh 2,2;4,10.* Die Kontexte (2,3;4,9) verweisen auf die johanneische Theologie von Erkenntnis und Enthüllung. Doch mindert sich die Sühne nicht zum Erkenntnisvorgang. Sie greift auf den Kosmos aus, weiter als die besprochene Zuwendung zu den Geschwistern. Die Aussagen beweisen die Stärke der Sühnetheologie und werfen ein Schlaglicht auf die Vielschichtigkeit johanneischer Soteriologie.

Namentlich verwehrt 1 Joh 2,2, die innergemeindliche Konzentration der johanneischen Literatur zu isolieren. 1 Joh 2,1 integriert unterschwellig die Tradition des reinen Opfers: Der für andere Sühnende muss gerecht sein. Früher dachte man gern an mitgeschleppte Tradition. Die Erklärung durch eine redaktionelle Vorliebe des 1 Joh ist aber ebenso möglich. Tradition oder Redaktion schaffen einen beträchtlichen Unterschied zum Joh und 2 / 3 Joh. Dort fehlt nämlich der Stamm „Sühne“ („hilasmos“ etc.) und erklären sich die Für-Aussagen fast durchweg anders.[154] Die Gewichtverschiebung des 1 Joh kann dem Joh zeitlich nachgehen. Gleich interessant ist sie, wenn die Johannesbriefe – wie neuerdings er-

---

[151] Athenaios 13, 602c (Leitzitat); „Leben für Leben“-Inschriften Nordafrikas (*M. Leglay*, Saturne Africain II, Paris 1966); Hipponaxfragmente (5–11 West); Ovid, Ibis 467f (mit Scholion); Caesar, bell. 6,16; Statius zu Vergil, Aen. 3,57; Plutarch, mor. 171C-E; Philon von Biblos FGH 790 F 3b; Tertullian, apol. 9; Porphyrius, abst. 2,54 (Nauck p. 279). Auch wenn man den Ausgestoßenen nicht tötete, erzählen die Quellen wie von einem Tod: *Hengel* 1981*, 24ff; *Bremmer* 1983***; *Burkert* 1987***, 172ff.

[152] Bes. im Sterben für das Vaterland: Pindar fr. 66 etc.; Sühnemotivik ab Livius 8,9,10; 8,10,7.

[153] Anders *Williams*** 38ff,165–197,253f.

[154] Joh 3,17 greift ohne die Sühneterminologie des 1 Joh auf den Kosmos aus etc. Zur weiteren Diskussion *Dietzfelbinger**** und die Lit. Anm. 93, 110. Für den Sühnegedanken am wichtigsten ist das Blutmotiv Joh 19,34 (z.B. *R. Schnackenburg* u.a.: *Kertelge* ²1982**, 222f).

wogen wird – vor dem Joh entstanden. Dann bezeugt die johanneische Entwicklung die allmähliche Verdrängung des Sühnegedankens in einem wichtigen Reflexionskreis des Urchristentums.

Anders vermischt die *Offb* Sühnetradition mit einer Nuance von Kraft und Gewalt. Christus vereint in seinem Tod das kultische Schlachtungsmotiv, das nichtkultische Motiv des Erkaufens und das Bild des machtvoll vielgehörnten Widders (5,6.9.12;13,8; vgl. 3.6.2 und 3.7.2).

Die größte *Wirkung* ging von *Röm 3,24ff* aus, angesichts der Mehrschichtigkeit dieses Textes nicht überraschend. M. Luther fand dort das Zentrum seiner Theologie, „Das alles sünde ist / was nicht durch das blut Christi erlöset / im glauben gerecht wird". Erlösung, Sühne und Rechtfertigung liefen in dieser Erklärung zusammen. Die Stelle eroberte den „Mittelplatz" christologischer Soteriologie, ja „der gantzen Schrifft" überhaupt, suggestiv für protestantische Christologie bis heute.[155]

3.7.11 Einen abschließenden Akzent setzt der *Hebr.* Er wählt den sühnenden Hohenpriester zum Modell (2,17) und greift wie die Tradition von Röm 3,25 auf das „hilastērion" des Tempelkults zurück (9,5). Sein Jesus vereint so zur Sühne den Priester, das kultische und personale Opfer. Die großen Opfertraditionen fließen in seinem Tod zusammen.

Außerhalb des Tores leidet er (13,12), biblisch nahe an Lev 16,27 (dem Versöhnungstag), im gemeinantiken Kulturhorizont wie bei den Pharmakoi-Riten. Die einstigen Unterscheidungen der Opfer für Kult und Volk erübrigen sich deshalb (7,26ff). Das Bundesopfer (9,20 nach Ex 24,8) geht zusätzlich ein, ebenso die Auslösung (9,12.15), ein Anklang an Jes 53 (in 9,28) und vielleicht die Aqedah. All das findet seinen entscheidenden Ort im Himmel (9,23–28).[156]

In der Religionsgeschichte Israels befinden wir uns damit jenseits vollzogenen und vollziehbaren Tempelkultes. Der Erinnerung des rabbinischen Judentum nach 70 vergleichbar, überstrahlt die Sühne alle großen Opfertraditionen (vgl. ARN A 11a etc.). Unübersehbar ist zugleich die Differenz. Im Unterschied zu Eleasar, dem Aaroniden aus dem 4 Makk (7,11f), und dem Angelpunkt der frührabbinischen Überlegungen verlässt der Hebr die aaronitisch-levitische Tradition des Opferdienstes. Er entdeckt in der Schrift (Gen 14,18ff; Ps 110,4) ein Kontrast-Paradigma, Melchisedek (5,6 usw.).

Auch Melchisedek ist biblisch eine priesterliche Gestalt. Von Qumran (11Q Melch) fasziniert er über Philo (all. III 79–82; Abr. 235) bis Josephus (bell. 6,438; ant. 1,180f) und zu den Samaritanern (nach Euseb, praep.ev. IX 17,2–9).[157] Zum Höhepunkt der Spekulation

---

155 Randglosse WA.DB 7,39; vgl. *M. Schloemann*, Die Mitte der Schrift: Theologie und Aufklärung. FS G. Hornig, Würzburg 1992, 29–40: 34ff.

156 Vgl. 3.3.2; 3.7.2; 3.7.9; *Bremmer* 1992***, 90ff; *Loader* 1981 (s. 2.8) 142–260; *Kraus*** 236ff,248ff; *Hengel* 1981*, 25; *Isaacs**** 145ff; *Gräßer**** II passim; *Backhaus* (s. 2.8) 231f; *Frey****.

157 Vgl. *F.L. Horton*, The Melchizedek Tradition, MSSNTS 30, Cambridge 1976; *P.J. Kobelski*, Melchizedek and Melchireša', CBQ.MS 10, Washington 1981; *K.H. Bernhard* u.a., Melchisedek, TRE 22, 1992, 414–423.

– Melchisedek, der Heilsgestalt des eschatologischen Jubiläums in 11Q Melch – liegt der Hebr quer. Philo steht er am vergleichsweise nächsten.

Der Hebr entwickelt seine Konzeption an der Schrift. Gen 14 bricht seiner etymologischen Deutung Melchisedeks auf den „König der Gerechtigkeit" (Melchisedek) und „des Friedens" („von Salem") Bahn (7,2). Ps 110,4 erlaubt das Lob von 7,3 auf den Vater- und Mutterlosen, den Priester für immer. Abrahams Abgabe des Zehnten (Gen 14,20) bestätigt seine Würde über Israels Erzvater (7,4). Vor Levi hat er den Altersvorrang (7,10).

Die etymologische Deutung vernachlässigt das irdische Jerusalem (das Salem von Gen 14). Die Orientierung verlagert sich zum himmlischen Jerusalem (12,22), über das wir breite jüdische Spekulationen kennen (1Q 32; 2Q24; 5Q15 etc.).

All das tritt in den Dienst der Christologie. Ob die Biographie Jesu mit seiner nichtlevitischen Herkunft (7,14) ein Ausgangspunkt dafür ist – was ich beim Interesse des Hebr am irdischen Jesus für möglich halte – oder sich nachträglich dazu fügt, jedenfalls eignet sich die levitische Priesterordnung nicht als Zugang zum kultischen Verständnis Jesu. Die Ordnung Melchisedeks hingegen tut es laut dem Hebr (7,11.17). Durch sie wird Jesus sogar Bürge einer besseren Setzung Gottes (7,20ff). Melchisedek, die Gestalt ohne Stammbaum (7,3), spiegelt die Christologie bis zur Präexistenz.

Genau gelesen, erfährt er seine Farbe von dort her. Er ist nach der verräterischen Mitte von 7,3 „gleichgestaltet dem Sohne Gottes" (vgl. 4,14 etc.).[158]

Den vorfindlichen Kult an Israels Tempel stellt der Hebr dadurch weg (7,18 u.ö.). Er entfernt sich, wenn wir die levitisch-aaronitische Tradition zum Maßstab nehmen, weit von Israel, und das, ohne darunter zu leiden. Die Sühne nimmt er für einen Weg der Vollendung in Dienst, der von den irdischen Gewährungen Gottes in den Himmel, ins himmlische Heiligtum und zum himmlischen Jerusalem führt (7,28ff;10,19ff;12,22ff). Reflexion und eine Soteriologie himmlischer Vollendung überlagern den kultischen Sühnegedanken, nach älterer Diskussion auf dem Weg zur Gnosis, nach jüngerer zu einer Sondergestalt hellenistisch-kultischen Denkens.[159]

Wir können aber auch die Einordnung wagen: Der Hebr ringt parallel zur frührabbinischen Diskussion um eine Neukonstituierung der Gottesverehrung Israels nach dem Zusammenbruch der über lange Jahrhunderte gültigen aaronitischen Gestalt. Mit großen Strömungen Israels teilt er die Expansion des Sühnegedankens nach 70. Seinem Selbstverständnis nach verlässt er Israels Schriften nicht. Während der Hauptstrom des Judentums das Alte kontinuierlicher in eine irdisch tempellose Zeit zu überführen sucht,[160] entscheidet er sich für einen Neu-

---

[158] *P. Pilhofer*, „Kreittonos diathēkēs eggyos", ThLZ 121, 1996, 319–328: 325.

[159] Vgl. 3.7.6, die genannte Lit., *A. Vanhoye*, La „teleiôsis" du Christ, NTS 42, 1996, 321–338 u.a.

[160] Und nicht einmal das können wir ohne Differenzierungen sagen. Auch das rabbinische Judentum sucht Formen der Sühne in Alternative zum (vergangenen) Tempelkult zu etablieren; vgl. ARN A 11 a etc. *A. Aderet*, From Destruction to Restauration: The Mode of Yavneh in Re-Establishment of the Jewish People (hebr.), Jerusalem 1991.

entwurf und stellt darüber das Alte hintan (er erwähnt nicht einmal mehr die Tempelzerstörung etc.). Er gewinnt den Ansatz dazu aus dem Neuen, das in Jesus sichtbar wurde. Das Ein- für Allemal seines Opfers (9,26ff) bewältigt den Zusammenbruch aller Opfer. Die Christologie trennt den Hebr vom Judentum, paradox gesagt, *im* Judentum. Seine Position und Auslegung wird antijudaistisch, wenn wir den Übergangscharakter Israels nach der Zerstörung des Tempels hintanstellen. In seiner Zeit ist sie ein eindrucksvolles Wagnis.

Die Übertragung kultischen Denkens auf das einmalige Geschehen in Christus zeitigte eine Langzeitwirkung über die Kontakte zum Judentum hinaus. In Verbindung mit den anderen Sühnetexten seit Röm 3,25ff höhlte sie letztlich alle Kulte aus. Mit der Christianisierung der Antike verloren sich zudem auch die paganen Sühnekulte.

Solange sie bestanden, war am Rande des Christentums ihre Überbietung möglich. Das EvPhil unternahm sie – im Umfeld einer gnostischen Gruppierung – erschreckend: Gott sei ein „Menschenfresser". Nur vor dem Menschenopfer seien Tiere geopfert worden, da die, denen sie geopfert wurden, keine Götter waren (NHC II 62,35–63,4). Die Großkirche rezipierte das (mit dem EvPhil) zu Recht nicht. Ihr Opfergedanke bleibt gebändigt.

Vice versa wurde das realistische Verständnis von Schuld und Sühne obsolet, die von Gott ermöglichte Beseitigung der Schuld müsse gestalthaft sichtbar werden. Die Sühnechristologie laugte ihren eigenen Bezugspunkt aus. Die Kultisierung des Christentums in Spätantike und Mittelalter fing das vorübergehend auf. In der Neuzeit aber befremdet es nicht zuletzt in Folge der christlichen Sublimierung, einen einzelnen zum Wohle der Vielen opfernd preiszugeben (von der Philosophie bis zur feministischen Reflexion).[161]

3.7.12 *Alles in allem* erprobten die frühen Christen, wie von Gottes rettendem Handeln in Christi Tod zu sprechen sei, an einer breiten Palette von Aussagen, und ich besprach nur Schwerpunkte. Sozialökonomische, politische und religiöse Bildfelder schöpften sie aus. Die ältesten Konzepte – Auslösung, Sühne und Versöhnung – erzielten die größte Wirkung. Doch keines genügte allen Aussageabsichten (und keines geht sicher zum irdischen Jesus zurück).

Die neutestamentlichen Autoren kombinierten und erweiterten die Ansätze. Keiner durchdrang alle Schriften. Gegenläufige Tendenzen gab es vielmehr selbst innerhalb theologischer Kreise (so in den johanneischen Gemeinden bei der Sühnevorstellung). Nicht einmal alle sprachen gewichtig von einem Für im speziellen Sinn eines heilsbedeutsamen Todes Jesu. Offen und öffnend ringt das Neue Testament um das Verständnis von Jesu Tod. Es wartet mit keiner geschlossenen Lösung auf.

Unter den Evangelisten spielt das Für des Todes bei Lukas eine untergeordnete Rolle. Er bietet eine profilierte Soteriologie des irdischen und erhöhten Wirkens Jesu, des Retters

---

[161] Vgl. *Kant* (s. Anm. 134 zu 2) 71f; *Strobel* in Valtink*** 35 u.v.a. – Die Deutung der EvPhil-Stelle auf Christus ist umstritten (bei *H.-M. Schenke*, Das Philippus-Evangelium, TU 143, Berlin 1997, 321ff erleichternder Vorschlag, Gott eigne sich metaphorisch Täuflinge wie ein Menschenfresser an).

und Anführers ins Leben. Sein ausschlaggebendes Interesse am Tod Jesu jedoch gilt der Härte und dem Kontrast. Mit „für euch“ bleibt lediglich der Langtext zum Abendmahl Lk 22,19b.20 (während 22,27 Mk 10,45 verkürzt). Ausgeprägter sind die Lücken jenseits der Evangelien, am markantesten im Jak.[162]

Die folgenden Jahrhunderte drängten zu Systematisierung und Vereinheitlichung. Sie prägen vielfach bis heute die Erwartungen und Vorverständnisse. Freilich dürfen wir nicht pauschalieren. Lediglich mit vielen konkreten Differenzierungen lässt sich sagen: Über die aus dem Neuen Testament nachwirkenden Distinktionen errichtete das Abendland das Dach einer Befreiung von der Sünde. Der Protestantismus bündelte das „Für uns“ um Christi stellvertretendes Opfer, das genug tue und als Sühne Versöhnung und Erlösung bringe.

Die alte und mittelalterliche Kirche legten die Grundlagen bestimmterer Theologie. Versöhnung verengte sich allmählich zur „Besänftigung des göttlichen Zorns über die Sünde Adams durch das im Tode Jesu Gott dargebrachte Sühnopfer“. Die Erlösung (Auslösung) lagerte sich der Sühnetheologie an. Der juristische Gedanke der „satisfactio“ (Genugtuung) bildete sich, und dem neutestamentlichen „anti“ (an Stelle von) entwuchs die Idee der Stellvertretung (der Begriff, ein Nomen ohne neutestamentliches Äquivalent, folgt erst im 18.Jh.). Andererseits hielt sich das Bekenntnis bemerkenswert offen. Das Nicäno-Constantinopolitanum wahrte die freie Sprachform „für uns“ (wegen unserer Rettung) und mied Opferterminologie (DH 150). Keine Position von der Alten Kirche bis zur späten Reformation geriet ganz einlinig (den jüngeren Neubewertungen nach auch Anselms Satisfaktionstheorie nicht).[163]

Die Synthesen werden seit der Aufklärung und bis zur jüngsten feministischen Debatte mit gewichtigen Gründen angefochten. Oft verwahrt sich das leidende Leben gegen jeden Abstrich.[164] Kritik und Skepsis treffen dabei die nachneutestamentlichen Entwicklungen mehr als das Neue Testament. Dessen Reichtum eröffnet Raum, obwohl jeder seiner Ansätze spezifische Probleme birgt. Dass Gott „uns zugute“ Sinn gewährt, wo Jesu nach Klärung schreiender Tod sonst unbegreiflich bleibt, bleibt aktuell.

Der eigenwillige lukanische Ansatz erlaubt zugleich, dem Kreuz als äußerstem Leid zu begegnen. Er hat eine bemerkenswerte Aktualität, darf indes insgesamt die Für-Deutungen des Todes Jesu nicht ins zweite Glied drängen.

Die Transposition scheint bei den aus Sozioökonomie und Politik gewonnenen Feldern leichter als bei dem der antiken Religiosität entnommenen Feld der Sühne und des Sühnopfers. Denn erstere berühren Ideale der Ethik, für die

---

[162] Zu Lukas vgl. die obigen Hinweise (und 4.12.6 zu Apg 20,28), *Weiser* 1993*, 144–147 u.a., zu Jak 4.7.6. Aus verschiedenen Gründen tritt der Tod Jesu in 2 Thess, 2 Petr und Jud zurück.

[163] Vgl. *Pannenberg* 1991 (s. 2.10), 449 (erstes Zitat), 451ff; *Kessler*** 75f; *K.H. Menke*, Stellvertretung, Freiburg 1991, 82ff; *Bieler**** 208–229 u.a.

[164] *M. Sperber* setzt das eindrucksvoll in Erzählung um. Eine fronende, leidende Frau spricht bei ihm vor dem Kreuz: „Wer für uns stirbt, wirft uns aus unserem einzigen Leben hinaus. Gott in deiner Gnade, habe Mitleid mit uns, lass es nicht zu, dass jemand für uns sterbe!“ (Wie eine Träne im Ozean, dtv 1579, München [4]1983, 826).

unsere Zeit sensibel ist: die Befreiung und Entschuldung der Schwachen, den Einsatz für andere und die Versöhnung von Feinden. G. Barth schließt die Deutung des Todes Jesu daher mit dem Begriff der Solidarität: Das Geschehen in Christus zeigt Gottes Solidarität und begründet ein Eintreten der Menschen füreinander.[165]

Die Stärke der Sühne liegt in dem Gewicht, das sie Gottes zuvorkommender Zuwendung gibt. Für die Antike ist sie ein heiteres, entlastendes Geschehen. Seit der existentialen Interpretation reißen deshalb aus gutem Grund neben einer harschen Beanstandung der Sprachform die Versuche nicht ab, dieses ihr Proprium wiederzugewinnen, es um- und neu zu formulieren.

Um Verständnis bemüht sich etwa eine Typologie, in der das Christusgeschehen den Kult, indem sie ihn überbietet, auf eine neue Basis hebt. Anderswo erleichtert wiederum moderne Ethik den Zugang. Im Widerspiel zwischen dem einzelnen und dem anderen erfüllt sich nach der ethischen Philosophie E. Lévinas' Subjektivität in einer Bürgschaft für den anderen, die bis zur Sühne reicht; französisch klingt „expier" nicht so fremd wie unser „sühnen".[166]

Erhellend ist die Diskussion über die Anthropologie des Opfers nach W. Burkert und R. Girard.

Burkert entwarf vom Mahlopfer aus, um seines Lebenserhalts willen müsse der Mensch aggressiv töten. Das Opfer sei der Not, dies exkulpativ zu bewältigen, erwachsen. Ein theologisches Echo ist die Theorie, im Kreuz werde der Schuldcharakter des Lebens vor Gott gebracht.[167]

R. Girard entdeckte das verborgene Zentrum sozialer Dynamik im Ausbruch zwischenmenschlicher Gewalt: Das Opfer diene dazu, die Aggression durch kathartische Gewalt zu erübrigen. Das Ersatz- und Ablösungsopfer, zu dessen Kreis die Pharmakosriten und die Mehrzahl der christologischen Opferaussagen gehören, lässt sich leichter über diese Theorie aus erfassen. Allerdings entsteht in den Voraussetzungen eine problematische Hervorhebung der menschlichen Aggression.[168]

Burkert brachte in der Diskussion mit Girard eine wesentliche Korrektur ein: Das kathartische Opfer ist weniger auf eine Grundsituation menschlicher Aggression als auf Angst in außergewöhnlicher Gefahr zurückzuführen. Eine Gruppe rettet sich, indem sie moralisch bedenklich ein Glied preisgibt. Ihr Opfer wird gleichzeitig Ausgestoßener und Retter.[169] Wechseln wir den Grundmodus in dieser Weise, entlarvt Jesu Tod nicht mehr die menschliche Gewaltneigung. Sondern:

---

[165] Vgl. *Barth*** 162.

[166] *Bultmann* 1948 (s. 2.10) 42 (Kritik); *R. Schnackenburg* u. a., Ist der Gedanke des Sühnetodes Jesu der einzige Zugang zum Verständnis unserer Erlösung durch Jesus Christus?: Kertelge ²1982**, 205–230; *Merklein**** 155–158,181; *Dalferth* (s. 2.10) 306(ff); *E. Lévinas*, Ethique et infini, L'espace intérieur 26, Paris 1982, 101–108.

[167] *W. Burkert*, Homo Necans, RGVV 32, Berlin 1972; *ders.* 1983***, bes. 26f,33ff; *Vollenweider**** 133–137.

[168] *Schwager* 1978***, 189ff übertrug entsprechend, zur Zeit Jesu hätten im jüdischen Volk allseitige Rivalitäten und Gewalttätigkeiten geherrscht. Jesus legte die untergründige Leidenschaft offen. Er provozierte, dass sich alle gegen ihn, den einen sammelten und er zum Sündenbock wurde.

[169] *Girard* 1972 (1987)***; *ders.* 1974***; *Burkert* 1987***, 172f (vgl. 178f).

Wenn ich den Ertrag der Diskussion theologisch bündle, deckt das Opfer Christi existential die menschliche Grundszene der Angst auf, aus der Schuld entsteht.[170] Es geschieht für die Menschen. Damit löst es die Grundangst des Lebens. Es bietet einen Weg aus der Schuld, die sich mit der Angst verwebt, und rettet die schuldigen Opfer der Angst. So gründet es sie neu.

Das Opfer Christi enthüllt mithin noch in der Entlastung den Abgrund des Horrors, der dem Menschen eignet. Es öffnet die Augen und befreit. Seine Fremdheit zeigt die Fremdheit des Menschen. Seine Befreiung zeigt die Zuwendung Gottes. Diese hat das letzte Wort. Sie gewährt ein Aufatmen über allem Schrecken, auf dass wir leben können.

3.8 Der litt und starb: der Gesalbte (Christus)

Lit.: s. o.; *M.G. Abegg*, The Messiah at Qumran, DeadSeaDisc 2, 1995, 125–144; *M. Becker*, 4Q521 und die Gesalbten, RdQ 18, 1997, 73-96; *K. Berger*, Die königlichen Messiastraditionen des Neuen Testaments, NTS 20, 1974, 1–44; *I. Broer*, Versuch zur Christologie des ersten Evangeliums: FS Neirynck (s. 3.7 Bieringer) II 1250–1282; *R.H. Charlesworth* ed., The Messiah, Minneapolis 1992; *J.J. Collins*, The Works of the Messiah, Dead Sea Discoveries 1, 1994, 98–112; *N.A. Dahl*, Die Messianität Jesu bei Paulus: Studia Paulina. FS J. de Zwaan, Haarlem 1953, 83–95; *F. Fendler*, Studien zum Markusevangelium, GTA 49, Göttingen 1991; *H. Frankemölle*, Jüdische Messiaserwartung und christlicher Messiasglaube, Kairos 20, 1978, 97–109; *F. García Martínez*, Messianische Erwartungen in den Qumranschriften, JBTh 8, 1993, 171–208 (der ganze JBTh-Band zum Thema Messias); *H. Gese*, Der Messias: Zur biblischen Theologie (s. 3.7) 128–151; *K. Haacker*, Jesus – Messias Israels? EvTh 51, 1991, 444–457; *R. Horsley*, Jüdische Gruppen in Palästina und ihre Messiaserwartungen in der späten Zeit des zweiten Tempels, Conc(D) 29, 1993, 14–24; *H.-J. Kuhn*, Christologie und Wunder, Untersuchungen zu Joh 1,35–51, BU 18, Regensburg 1988; *W.A. Meeks*, The Temporary Reign of the Son: Texts and Contexts. FS L. Hartman, Oslo 1995, 801–811; *B.M. Metzger*, The Punctuation of Rom 9:5: Christ and the Spirit in the New Testament. FS C.F.D. Moule, Cambridge 1973, 95–112; *F.J. Moloney*, The Fourth Gospel's Presentation of Jesus as „the Christ", DR 95, 1977, 239–253; *J. Neusner* e.a. ed., Judaisms and their Messiahs at the Turn of the Christian Era, Cambridge 1987; *ders.*, Wann wurde das Judentum eine messianische Religion?, Conc(D) 29, 1993, 33–41; *G.S. Oegema*, Der Gesalbte und sein Volk, SIJD 2, Göttingen 1994; *T. Pekáry*, Das römische Kaiserbildnis in Staat, Kult und Gesellschaft [...], Röm. Herrscherb. III 5, Berlin 1985; *É. Puech*, Une apocalypse messianique (4Q 521), RdQ 60 (15), 1992, 475–522; *H. Räisänen*, Das „Messiasgeheimnis" im Markusevangelium, SFEG 28, Helsinki 1976; *R. Radford Ruether*, Christologie und das Verhältnis zwischen Juden und Christen, Conc(D) 29, 1993, 85–93; *U. Schnelle*, Gerechtigkeit und Christusgegenwart, GTA 24, Göttingen ²1986; *H. Seebaß*, Herrscherverheißungen im Alten Testament, BThSt 19, Neukirchen 1992; *G. Sellin*, Die religionsgeschichtlichen Hintergründe der paulinischen „Christusmystik", ThQ 176, 1996, 7–27; *E. Stegemann* ed., Messias-Vorstellungen bei Juden und Christen, Stuttgart usw. 1993; *H. Strauß*, Messianisch ohne Messias, EHS.T 232, Frankfurt a.M. 1984; *M.L. Strauss*, The Davidic Messiah in Luke-Acts,

---

[170] Vgl. *S. Kierkegaards* Begriff Angst (Gesammelte Werke 11/12, Düsseldorf 1952, bes. 39–50).

JSNT.S 110, Sheffield 1995; *C. Thoma*, Das Messiasprojekt, Augsburg 1994; *P.M. van Buren*, Christ in Context 3, San Francisco 1988; *W. Wrede*, Das Messiasgeheimnis in den Evangelien, Göttingen 1901 (^{4}1969).

Die Aussagen über den Tod Jesu verbinden sich vorzugsweise mit dem Prädikat des „Gesalbten". Die Grundmitteilung „Christus starb" markiert einen Anfang der Christologie. Rasch verbreitet sich „Christos" (der „Gesalbte", „Messias") darauf über alle urchristlichen Schriftengruppen mit Ausnahme der beiden großen Quellen, die vor der Passion Jesu abbrechen, der Logienquelle und des EvThom (ansonsten fehlt es allein im kurzen 3 Joh). Mit ca. 531 Belegen wird das Prädikat die gängigste christologische Bezeichnung im Neuen Testament. So gehört seine Besprechung in unser Kapitel und erlaubt seine umfassende Verbreitung zugleich einen wesentlichen Einblick in die Entwicklung und den Facettenreichtum der Christologie bis zum Ende des Neuen Testaments.

3.8.1 Die *Vorverständnisse* klaffen weit auseinander und behindern das Verständnis des Neuen Testaments oft mehr als sie ihm dienen. Zum einen erhielt „Christus" in der Christentumsgeschichte den Charakter einer universalen Chiffre. Umgangssprachlich schliffen seine Inhalte ab. Außerhalb und am Rand der Gemeinden, oft aber auch bis in die Theologie hinein gilt es als zweiter Name Jesu, der inhaltlich verblasst sei.

In seiner hebräisch-aramäischen Wurzel Messias dagegen wurde „Christus" ein Schlüsselbegriff der christlich-jüdischen Auseinandersetzung. Lange steckte es den Bereich ab, in dem „der essentielle Konflikt zwischen Judentum und Christentum sich entscheidend entwickelt hat."[171] Die christliche Neubesinnung nach der Shoa forderte die Korrektur. Die Rheinische Synode fasste 1980 einen Beschluss mit dem Bekenntnis „zu Jesus Christus dem Juden, der als der Messias Israels der Retter der Welt ist und die Völker der Welt mit dem Volk Gottes verbindet."[172] Der Wandel ist augenfällig, der gewählte Messiasbegriff nicht eindeutig. „Messias Israels" entstand in der Bekennenden Kirche oder kurz vor ihr als ein berechtigter Verweis auf Israel. Im Neuen Testament indessen fehlt die Redewendung.

Wenden wir uns dem Ausdruck „Messias" in sich zu, gilt die erste Assoziation in der Regel einem erhofften bzw. in Christus anders als erwartet gekommenen Heilsherrscher. Viel stärker als normalerweise bewusst, geht das auf die Geistesgeschichte der frühen Neuzeit zurück. Bis zur späten Reformation verlief die Wahrnehmung komplexer. Nach altkirchlicher Tradition verwies der Name Christus, angeregt durch die Breite des Alten Testaments, auf die Salbung der Hohepriester, Könige und Propheten (Lev 4,5 u.ö.; Ps 2,1f u.ö.; 1 Kön 19,16b u.ö.).[173]

[171] *G. Sholem*, Judaica I, Frankfurt a.M. 1963, 7.
[172] Zitiert nach Kirche und Israel, Düsseldorf 1993, 30 (vgl. *Haacker**** 444).
[173] Euseb, h.e. I 3 usw. (Belege bei *N.A. Dahl* in *Charlesworth**** 382–403: 394).

Die Dreiheit verlor sich allmählich. Die Dispute des Mittelalters konzentrierten sich auf die Konkurrenz jüdischer und christlicher Messiasvorstellung.[174] Die Reformation begann, von später her gesehen, mit einem Seitenweg:

M. Luther fand in seiner Übersetzungsarbeit „mašiaḥ" an keiner der herrscherlichen (nachmals messianisch genannten) Ansagen der Schrift. Singulär las er es in Dan 9,25f, einer heute wenig bekannten Stelle. Mehr noch, er bezog es dort unmittelbar auf Christus und übertrug: „So wisse nu und merck [...] Bis auff Christum den Fürsten sind sieben Wochen und zwey und sechzig wochen [...]. Und nach den zwey und sechzig wochen wird Christus ausgerottet werden Und nichts mehr sein." Er deutete, das sage Christi Fürstentum „von seiner Auferstehung an" voraus; „die Jüden" sollten erfahren, „das kein Messias mehr sein wird / weil sie diesen Messiam ausgerottet haben."[175] Beide Aspekte sind in den Text, der vom Angriff eines Fremdvolkes auf einen gesalbten Hohenpriester im 2.Jh. v.Chr. spricht, eingelesen.

Indes hallt ihr Echo weit. Die Ansetzung der Messianität Jesu bei der Auferstehung wirkte über andere Texte bis in die religionsgeschichtliche Schule.[176] Die Konfrontation des Messias und der Juden belastet uns bis heute.

Im späten 16. und 17.Jh. finden wir gleich mehrere Linien. Die altkirchliche Tradition über den Gesalbten erlaubte den Schritt zur Drei-Ämter-Lehre, der bis heute namentlich in den reformierten Kirchen Bedeutung zukommt.[177] Der lutherischen Orthodoxie diente das Prädikat in der Naturenlehre: Die Salbung von Ps 45,8 und Hebr 1,9 bezeichne die Mitteilung der Eigenschaften der göttlichen an die menschliche Natur Christi.[178] Das dogmatische System instrumentalisierte beide Male den exegetischen Befund. Mit dem herrscherlichen Absolutismus vertiefte sich aber vor allem die Vorstellung, Christus sei, wie problematisch immer die irdischen Könige sind, der ideale König. Im 17./18.Jh. setzten sich die Dominanz des davidischen Messianismus und die Lektüre der herrscherlichen Heilsgeschichte der Bibel auf Christus hin durch, die heute als die nächstliegenden Assoziationen erscheinen.

Im frühen 18.Jh. verdrängte das hebräische Wort „Messias" das dogmatische „Christus" (ob durch Begegnungen mit dem Judentum gefördert, wäre dringend zu prüfen). Händels Messias (1741) und Klopstocks Meßias (1748–1773) machten die neuen Synthesen zum allgemeinen Kulturgut. Die Würdigung des rabbinischen Judentums mit seinen zahlreichen Belegen einer hoheitlichen Messiaserwartung – die heute fast vollständig als nachneutestamentlich erkannt sind – stützte sie bis in die letzten Jahrzehnte.[179]

---

174 Vgl. *H. Schreckenberg*, Die christlichen Adversus Iudaeos-Texte 3, EHS.T 497, Frankfurt 1994.

175 WA.DB 11/2, 126 und 28f.

176 Vgl. *Bousset* 1921 (1967)*, 3 (nach bes. Apg 2,36). Nach gegenwärtigem Stand sind die Texte über den Parusiechristus eine Ausstrahlung, nicht der Ausgangspunkt des Titels (*Dahl* a.a.O. 395f).

177 Erstmals *A. Osiander*, Schirmschrift: Werke IV, Gütersloh 1981, 82; wirksam Heidelberger Katechismus Frage 31. – Vgl. auch Paul Gerhardt, EG 133,4.

178 *J. Gerhard*, Loci, Jena 1610, I 551 (loc. 4, 210,2) u.a.

179 Nachweise *Karrer* 1990*, 15ff,28ff.

Durch die Prüfung der dogmatischen und heilsgeschichtlichen Systeme wird, was einst als Lösung galt, inzwischen zu Fragen. Ich formuliere sie zu den angesprochenen Weichenstellungen: Dürfen wir von Christus als Messias auch gegen das Judentum sprechen? Eignet sich „Christus“ zur Summa dogmatischer Systeme? Bezieht sich „Christus“ entscheidend auf die eschatologische Fülle heilsherrscherlicher Verheißungen, oder müssen wir den Ausgangspunkt des Begriffs breiter suchen?

Die *Quellenlage* für die Entscheidungen hat sich dank der Funde bei Qumran grundlegend geändert. Mussten bis vor kurzem nachneutestamentliche Texte über Begriffslücken zwischen Altem und Neuem Testament hinweghelfen, können wir die Vorstellungsgeschichte nun nach Quellen der Zeit ordnen.[180] Sie verschieben den Mittelpunkt. Die in unserem Vorverständnis tief verankerte Priorität des königlichen Messianismus und die „messianischen“ Weissagungen des Alten Testaments treten zurück. Letzteren fehlt nämlich unser Wort Messias (soweit hatte Luther in seiner Übersetzung Recht). Es wird in Jes 7,10–17;8,23–9,6;11,1–5; Mi 4,14–5,5; Jer 23,5f; Ez 17,22–24;34,23f;37,24f; Hag 2,20–23 und Sach 3,8;6,12; 9,9f textgeschichtlich bis zum 1.Jh. nicht eingefügt.[181] Eine Mehrzahl von Gesalbtentraditionen und Messiasbildern löst die geläufige Orientierung an *einem* Messias, dem eschatologischen Heilsherrscher nach David, ab. Ich beginne bei den

3.8.2 *Salbungs- und Gesalbtentraditionen*. Israel und Juda kannten – das bleibt der Ausgangspunkt – die Salbung des *Königs* (1 Sam 9,16 usw.).[182] Wo sie diese als göttliche Legitimation verstanden, nannten sie ihn „Gesalbter des Herrn“ (2 Sam 19,22 usw.). Psalmen sprachen von seiner Auszeichnung über den Zusammenbruch am Anfang des 6.Jh.s hinaus (Ps 2; 45; 89 etc.). Trotzdem kam es in keiner Epoche mehr zu einer Erneuerung des gesalbten Königtums. Das Königtum, das Hasmonäer und Herodianer bei der Staatenbildung ab dem 2.Jh. v. Chr. erstrebten und teils erreichten, begnügte sich mit dem Titel „König“ („Basileus“), ebenso die Aufstandsführer, die seit dem Tod Herodes d.Gr. auftraten (Josephus, ant. 17,250–298; bell. 2,433f etc.). Es fügte sich damit in die Umwelt mit ihren vielen Königen ein und ignorierte die einstige Kritik an einem menschlichen Königtum in Israel (1 Sam 8,7.11–18 usw.). Eine Herrschersalbung stand nirgendwo auch nur zur Debatte. Noch im Jüdischen Krieg erwog keine Partei ihre Restauration.

Kein Zeichenprophet davor und kein Thronprätendent während des Krieges beanspruchte den Gesalbtentitel. Die häufig zu lesende Rede von den messianischen Bewegungen des 1.Jh. ist eine sozialhistorische Einordnung in weitem Sinn.

---

180 Die Belege aus 17 Qumranschriften bei *Abegg**** 143 Anm. 64 (4Q 381 frg. 15 gehört kaum hierher). Nur vorsichtig lässt sich eine Geschichte des Messianismus in Qumran rekonstruieren. Das lange zum Ausgangspunkt dienende Fehlen der messianischen Anspielung im ältesten Manuskript von QS hängt mit der Erhaltungslage zusammen. Vgl. *Charlesworth* (26f) und *L.H. Schiffman* (119f,128) in *Charlesworth****.

181 Vgl. *H. Strauß****; *Seebaß****.

182 Nachwirkung bis „Gesalbter mit dem Öl des Königtums“ 4Q 458 fr.2, II 6.

Das Exil wirkte also einschneidend. Nach ihm brach, wenn wir zu den Salbungen zurückkehren, zuerst die Hoffnung auf eine *doppelte Spitze* des Volkes auf. Herrscher und Hoherpriester sollten „Ölsöhne“ sein (Sach 4,14). Diese Hoffnung erfüllte sich nicht. Die Salbung der *Hohenpriester* setzte sich – zu Unrecht heute weniger bekannt – alleine durch. Sie diente der Heiligung für ihren Dienst und verlieh ihnen weit ausstrahlende Vollmacht. Im frühen 2.Jh. v.Chr. konnte der Hohepriester kurz – noch kürzer als vorher der König – „der Gesalbte“ heißen (an der genannten Stelle Dan 9,25f). Mit dem Konflikt unter Antiochos Epiphanes brach diese Linie ab. Die Spur der „gesalbten Priester“ verlor sich in Ägypten (2 Makk 1,10b).

Das hasmonäische Hohepriestertum erneuerte die Salbung nicht, obwohl die Erinnerung an „das Priestertum und all seine Gesalbten“[183] blieb. Zur Zeit Jesu und der Urchristen gab es daher keine gesalbten Priester. Die Mischna (redigiert im späten 2.Jh.) griff aber auf den Ausdruck „Gesalbter“ für den Hohenpriester zurück, eine eindeutige Bevorzugung dieser Linie gegenüber der der Herrscher (Hor 3,4a).

Fortgeführt wurden über die Zeitenwende ausschließlich die umfangreichen, heute fast vergessenen Salbungen im Kult, die einst die priesterliche Salbung umgaben. Sie entnahmen die Kultstätte und die Kultvollzüge dem Alltag und wiesen sie Gott zu (Ex 30,22–29;40,9–11; Philo, spec.leg. I 231,233 u.ö.). Ihr Mittelpunkt um das Allerheiligste des Tempels stützte direkt oder indirekt eine ideale Entwicklung des Begriffs „Gesalbter“. „Gesalbt“ sein hieß Gott zugewiesen sein.[184]

Das wirkte sich bei den *Übertragungen* aus, die nach den Zusammenbrüchen der Herrscher- und der Hohepriestersalbung entstanden. Nur Gestalten der Grundgeschichte Israels und Judas, die in besonderer Weise von Gott befugt galten, zogen unser Prädikat Messias (im Plural Messiasse) an sich: zuerst die Patriarchen (Ps 105,14f), ab dem 2.Jh. v.Chr. – durch 1 Kön 19,16b und Jes 61,1f vorbereitet – die Personen, die des Herrn Bestimmungen sahen und vollmächtig kündeten, Mose (4Q 377 fr.2 II 4ff)[185] und die Propheten (1Q M 11,7f).

Daneben gilt wiederholt das ganze Gottesvolk im idealen Anspruch als „Gesalbte des Herrn“ (sicher ab Hab 3,13 LXX; in Sib 5,68 die Kontraktion „theochristoi“, „Gottgesalbte“). Vielleicht findet sich eine Ausstrahlung dessen in Hebr 11,24ff.[186]

„Gesalbter“ rückte mit Heiligkeit und Gottes Geist zusammen,[187] bis ihm keine Person jenseits der idealen Zeit Israels mehr genügte. Das traf auch die

---

183 4Q 521 fr.8,9 (*Puech**** 509 deutet unzureichend); vgl. 4Q 375 fr.1, I 9; 4Q 376 fr.1, I 1; TestXII Lev 17,2f.

184 Das Allerheiligste blieb gesalbt in Erinnerung (bis bShevu 16b; bKer 5b; bHor 11b). Umstritten ist, ob es in Dan 9,25f LXX kurz „das Gesalbte“ genannt wird (*Karrer* a.a.O. 161f,176 versus *Stuhlmacher* 1992*, 113). Daher fasse ich die Schlussfolgerung vorsichtiger als *Karrer* a.a.O. 406.

185 Der nicht befriedigend edierte Text spricht davon, verflucht sei, wer nicht nach der Sinai-Weisung handle, die „aus dem Mund Moses, seines (= Gottes) Gesalbten“ erging. „Gesalbter“ gibt „Knecht Gottes“ aus Neh 10,30 verdichtet wieder. Für die Mitteilung danke ich Herrn J. Zimmermann.

186 *Karrer* a.a.O. 217ff,222ff,228–241; modifizierend *Isaacs* (s. 3.7) 141ff u.a.

187 CD 2,12;6,1; 11Q Melch 2,18; 4Q 287 fr.10,13 [x3,1]); vgl. PsSal 17,37; TJon Jes 53,2.

einstigen Könige. Keine einzige Quelle zwischen Eupolemos (2.Jh. v. Chr.) und Josephus (spätes 1.Jh. n. Chr.) nennt einen von ihnen „Gesalbten (des Herrn)". Selbst für David erlauben die Quellen einschließlich des Neuen Testaments keine Ausnahme.

Sogar wenn ein neuer Psalm einmal von Davids Salbung mit „heiligem Öl" spricht, stößt er nicht zum Gesalbtenprädikat vor (11Q 05 Kol. 23,8–12 = Ps 151A,4ff). Das Gefälle wirkt sich bei der Wiederaufnahme des Prädikats am Ende des 1.Jh. aus. Nicht einfach „Gesalbter", „heiliger Gesalbter des Herrn" heißt David nun (LibAnt 59,2). Wer gesalbt ist, darf keine ihn von Gott trennende Depravierung erfahren haben.[188]

Die Entwicklung der Realien, die Übertragungen des Gesalbtenbegriffs auf große Gottesgestalten der Vergangenheit und das Misstrauen, ihn auf Gestalten der politisch erlebten Geschichte anzuwenden, verweisen auf ein- und dieselbe Mitte: Als Gesalbter lässt sich zur Zeit Jesu und der Urchristen allein bezeichnen, wer Gott einzigartig und durch nichts beeinträchtigt zugehört. Das Bekenntnis zu Jesus beginnt sich zu erschließen. Denn seine Benennung als Gesalbter hebt ihn von allen Gestalten des 1.Jh. ab. Analogielos hebt sie ihn in Israel für Israel hervor. *In Jesus sammelt sich der ideale Gottesbezug, den Israel dem Begriff des Gesalbten beilegt.*

Die elementare *Sterbeaussage* („Christos starb") fängt das in äußerster Knappheit ein. Ihre Intention liegt in der weitestmöglichen Verdichtung, „Christos", Gesalbter schlechthin sei er. Der karge Satzanfang – „Christos" steht ohne Artikel – erklärt sich. Am Satzanfang ist das artikellose „Christos" nach antiker Syntax betont. „*Gesalbter* (Gott einzigartig und ideal Verbundener) war er, der (für uns) starb", ist zu paraphrasieren.

3.8.3 Die *Eschatologisierungen* des Begriffs vertiefen die Bedeutung. Die bekannte *herrscherliche Erwartung* verband sich im Alten Testament, wie angesprochen, noch nicht mit dem Messiasbegriff. Die inzwischen zur Verfügung stehenden Quellen ergeben einen komplexen Befund: Die speziell *davidische* Messiaserwartung ist eine junge und punktuelle Erscheinung. Die unter weisheitlichem Einfluss stehenden PsSal weisen sie für die Mitte und 2. Hälfte des 1.Jh. v. Chr. nach. In ihren Psalmen 17 und 18 ist der „Gesalbte Jahwes (des Herrn)", der in der „Weisheit seiner Gerechtigkeit" richten werde, „König" und „Sohn Davids" (bes. 17,21.29.32).

Allerdings fehlt jedes Fragment unter den Schriftfunden der judäischen Wüste. So können wir nicht von ihrer allgemeinen Verbreitung im für uns entscheidenden 1.Jh. n. Chr. ausgehen. Auch die Übernahme ins Christentum, dem wir die Erhaltung verdanken, ging nicht ohne Eingriff ab. Die Tradenten übersetzten das hebräische „Gesalbter des Herrn" mit „Gesalbter (= Christos), der Herr" (17,32 u.ö.; vgl. Thr 4,20 in der christlichen LXX-Überlieferung). Das Verständnis Christi überschritt den Grundtext.

---

[188] Der Höchste salbt aus seiner Fülle, führen OdSal 16,6 fort.

Wie die PsSal entstand 4Q PB, die einzige der vielen Quellen von Qumran, die den „Spross Davids“ als „Gesalbten“ (nun „Gesalbten der Gerechtigkeit“, 3f) erwartet, in der 2. Hälfte des 1.Jh. v.Chr.

4Q PB entstammt einem Pescher zu Genesis (4Q pGen), dessen weiteres inzwischen bekanntes Fragment 4Q 254 auf „die zwei Söhne des Öls der Salbung“ von Sach 4,14 verweist. Daher erschien der Herrschergesalbte der Forschung womöglich nur durch die zerstückelte Erhaltung des Textes als Einzelgestalt.[189]

In der 2. Hälfte des 1.Jh. v.Chr. müssen wir demnach mit dem Aufbruch eines davidischen Messianismus rechnen. Freilich war er nicht einheitlich und ist mit zwei Quellen nicht sehr breit belegt. Den Indizien nach verlor er rasch Relevanz. Kein Zeugnis kommt im ersten Drittel des 1.Jh. n.Chr., der Zeit des Wirkens Jesu und der ersten Christen, hinzu. Als die Quellen über einen herrscherlichen Gesalbten in der Mitte und 2. Hälfte des 1.Jh. wieder einsetzen, beginnen sie nicht mit dem davidischen Messias. Allenfalls vereinzelt und zögerlich finden sie zu ihm zurück.

Die älteste dieser Quellen, die Bilderreden des 1 (=äth) Hen 52,4,[190] bezeugt lediglich, dass der Herrschergesalbte überhaupt wieder in die Heilshoffnung eindringt. David erwähnen die Bilderreden nicht.

Es folgt – wohl schon im Jüdischen Krieg – der Aufruf „schau, geh, der Gesalbte!“ (ARN Vers. B, Schechter p.67; vgl. Mk 13,21). Ihm genügt die Zuversicht, „den Gesalbten“ gebe es, und es gebe ihn nah. Woher er komme und von wem er stamme, lässt der Aufruf offen.

Am Ende des 1.Jh. finden wir ausgedehntere Entfaltungen eines richterlich-herrscherlichen Messianismus in 4 Esr (11,36–46;12,10–39;13) und syrBar (29–30;39–40;70/72–73). syrBar ist nicht an einer davidischen Genealogie des Gesalbten interessiert; David kommt nur im Geschichtsrückblick 61 vor, nicht in den messianischen Kapiteln. 4 Esr ist es nur, wenn „aus dem Samen Davids“ 12,32 dem ursprünglichen Text angehört, was die Handschriftenlage in Frage stellt.

Das Königsprädikat für den Gesalbten meiden alle Schriften nach den PsSal. Es ist im ganzen 1.Jh. durch die realen Könige (einschließlich des Kaisers, der griechisch „basileus“, „König“, hieß) besetzt und wird auf den von Gott erhofften Gesalbten nicht übertragen.[191] Auch weitere Motive, die im nachhinein wegen der rabbinischen und christlichen Fortentwicklung als selbstverständliche Bestandteile der messianischen Hoffnung erscheinen, spielen kein Rolle. Namentlich Betlehem interessiert nirgendwo. Menschensohn und Gesalbter verbinden sich nicht eindeutig.

---

[189] *Karrer* a.a.O. bes. 249–258,262–266; *García Martínez**** 177.

[190] Wegen der fehlenden Überlieferung in Qumran nicht älter als Mitte des 1.Jh. 48,10 dürfte kollektiv zu verstehen sein; die Forschungslage (vgl. *J.C. Vanderkam* in *Charlesworth**** 171f) befriedigt nicht.

[191] Besonders auffällig ist die Lücke in 4Q PB. Denn die Herrschermotive häufen sich dort (Thron, Herrschaft, Zepter etc.).

Rabbi Akibas Votum über Bar Kochba zwischen 132 und 135 – die erste Aktualisierung auf einen Zeitgenossen nach Jesus – schließt den Zusammenhang. Es spricht erstmals vom „mlk' mšiḥ'" („gesalbten *König* / Königsgesalbten"; yTaan 4,5). Doch nach wie vor besteht genealogische Offenheit. Bar Kochba ist unbekannter Herkunft. Das Königsprädikat ist zudem zu „Messias" beigefügt. D.h. der einfache Begriff „Messias" enthält noch in dieser Zeit nicht in sich König / Herrscher (nicht erstaunlich, wenn wir die Fortführung von „Gesalbter" für den Hohenpriester zur Mischna beachten).[192]

Von einer Dominanz königlich-davidischen Messianismus im 1.Jh. lässt sich, das ist eindeutig, nicht sprechen. Die *weiteren* dank der Texteditionen unseres Jahrhunderts bekannten *„Messias"-Linien* in Israel vor dem Auftreten des Christentums haben kein geringeres Gewicht. Wie die herrscherliche Erwartung entwarfen sie Komplemente zur idealen Vergangenheit. Die Erinnerung an das aaronitische gesalbte Hohepriestertum fand ihr Gegenstück in der Hoffnung, mit der Vollendung der Zeiten werde es einen gesalbten Hohenpriester geben (TestXII Rub 6,8). Der Erinnerung an einstige gesalbte Gotteskünder (Propheten) korrelierte die Erwartung eines „Gesalbten des Geistes" (11Q Melch 2,18; vgl. wieder Jes 61,1).[193] Das Motiv zweier Ölsöhne aus Sach 4,14 nahm 4Q 254 auf.

Die Regel der Gemeinschaft von Qumran erwartete Propheten, priesterlichen Gesalbten und herrscherlichen Laienführer. Dem priesterlichen „Messias Aarons" gab sie den Vorrang vor letzterem, dem „Messias Israels" (1Q S 9,10f). Die Damaskusschrift (CD) verstand den „Messias Aarons und Israels" in einer Phase der Textgeschichte anders mit hoher Wahrscheinlichkeit als eine einzige Person (14,19;19,10f;20,1).[194] 4Q 521 spitzte nochmals zu, „Himmel und Erde" würden „auf seinen / seine (Gottes) Gesalbten[195] hören" (fr. 2 II 1).

Der weitere Text beschreibt die Heilszeit. Subjekt dessen ist Gott, während der / die Gesalbte(n) nicht mehr erwähnt werden. D.h. der Gehorsam gegenüber dem / den Gesalbten gehört zur Heilszeit. Aber deren Geschehen setzt allein Gott in Gang. Das Herrschaftsmoment überträgt er auf die Frommen (Chasidim); sie (und nicht den / die Gesalbten von Z. 1) ehrt der „Thron ewiger Königsherrschaft" (Z. 7).[196]

---

[192] Näheres bei *Karrer* a.a.O. 243–267,294–309,316ff.

[193] Vgl. *Karrer* a.a.O. 337–344,351–355; *T.H. Lim*, Appendix zu *G. Vermes*, The Oxford Forum for Qumran Research Seminar on [...] 4Q 285, JJS 43, 1992, 84–94: 90ff. Das Alter von TestXII Rub 6,8 ist umstritten.

[194] Vgl. *G.J. Brooke*, The Messiah of Aaron in the Damascus Document, RdQ 57f (15), 1991, 215–230. Die Diskussion ist trotz der Edition von 4Q D^b fr. 18 III 1.12 (zu 14,19) nicht abgeschlossen (vgl. *Schiffman* in *Charlesworth**** 118f).

[195] Eine Vokalisation ist zum Singular wie zum Plural möglich. Der Plural erlaubte einen Parallelismus zu Z.2 „nicht vom Gebot Heiliger weichen". Setzte das die Linie der „heiligen" Gesalbten fort, oder ergänzte es ein Verständnis von Gesalbten im Sinne von „heilige Engel", evtl. auch „heilige Glieder des Gottesvolkes" (vgl. die angeführte kollektive Begriffslinie)? Die Diskussion ist unabgeschlossen, der Singular „Gesalbter" trotz des Plurals in fr. 8,9 wahrscheinlicher (für Plural zuletzt *Becker****; Numerus unklar in fr. 9,3).

[196] Vgl. *García Martínez**** 182ff; *Puech**** 485–494; *Collins**** (Bemühung um prophetischen Messias) u.a. Der Text entstammt dem 2., das Manuskript dem frühen 1.Jh. v.Chr.

Demnach entstand schon vorneutestamentlich die Steigerung, Himmel und Erde um den / die Gesalbten zu lagern, und der Impuls, die verschiedenen Schattierungen der Hoffnung auf einen Gesalbten zu konzentrieren. Im 1.Jh. knüpft an letzteres das zitierte Wort „schau, geh, der Gesalbte!" an, das so mehr noch zu den komprimierenden als zu den herrscherlichen Gesalbtentexten gehört (ARN Vers. B, Schechter p.67). *Im Gesalbten begegnet je eine zentrale eschatologische Gestalt; in welcher Weise, bleibt der Entfaltung anheimgestellt.*

Die Applikation auf Jesus erhält damit vor aller Differenzierung nach einzelnen Erwartungen auch aus der Eschatologie einen konzentrierenden Rahmen. Sie nutzt ihn souverän. Die *Sterbeaussage* verzichtet auf eine Differenzierung vor eschatologischem Hintergrund nicht minder als vor dem Hintergrund der geschichtlichen Traditionen. *In Jesus sammeln sich* für sie der ideale Gottesbezug und *die eschatologischen Hoffnungen, die das Gesalbtenprädikat in Israel ansprach.* Die Hoffnung, die bis dahin mehrere Zentren und Entfaltungsmöglichkeiten hatte, erhält in ihm ihre bestimmende Mitte.

Theologisch hat das eine wesentliche Folge. Das urchristliche Verständnis Christi als Gesalbten erwächst, auch wenn wir den Horizont über die herrscherlichen Hoffnungen erweitern, in Israel. Es unterscheidet sich von anderen Äußerungen in Israel und verbindet doch noch in der Unterscheidung mit Israel.

3.8.4 Warum aber setzt sich „Christos" in der Ausbreitung des Christentums voller Schwung *über Israel hinaus* durch? Schon Paulus, der bahnbrechende Verkündiger an die Völker, verwendet ja kein einziges Mal mehr das hebräisch-aramäische „Messias" (das wir neutestamentlich überhaupt nur durch zwei Belege kennen, Joh 1,41 und 4,25). Er gibt „Christos" sogar den Vorrang vor „Jesus" (in den unumstrittenen Paulinen ca. 270 gegenüber ca. 143 Belege). Es muss für seine Adressaten leicht und gut verständlich gewesen sein.

Die verbreitete Erklärung, „Christos" sei, da es Griechen nichts sagte, semantisch verblasster zweiter Eigenname Jesu geworden,[197] gerät nicht nur angesichts der Chronologie in Schwierigkeiten; es stehen einfach zu wenige Entwicklungsjahre zur Verfügung. Gravierender widerspricht sie dem semantischen Namensbewusstsein der Antike. Im Namen verblasste die Bedeutung damals nämlich nicht. Sie festigte sich vielmehr durch die Stereotypisierung. Name und Titel gingen ineinander über (vgl. 2.7.2). Der philologische Befund bei Paulus reflektiert das. Christos steht teils mit, teils ohne Artikel, teils vor dem Namen Jesu, teils nach ihm. All diese Sprachvarianten ergeben sich, wenn ein Prädikat über seine Apposition zum semantischen Namen (oder Namensteil im Doppelnamen) wird.[198] Die gut 20 Jahre bis zu den Paulusbriefen genügen der semantischen Verfestigung; die syntaktische braucht länger (Beispielen werden wir im 2 Thess und den Past begegnen). Die Verblassung kommt, wenn wir dieser Linie folgen, letztlich erst mit dem Ende des antiken Namensbewusstseins. Der Erklärung bedarf lediglich die Vorliebe für „Christos", Gesalbter, im Überschritt des Christentums zu den Völkern.

---

[197] Bes. wirkungsvoll trotz von ihm vorgenommener Differenzierungen *Dahl**** (83f,89,91).

[198] *Karrer* 1990*, 48–81; modifizierend *D. Zeller*, Zur Transformation des ‚Christos' bei Paulus, JBTh 8, 1993, 155–167: 158f.

Wir stoßen auf eine mit den antiken Religionen untergegangene, einst weittragende Eigenart des Mittelmeerraums. Die Menschen lebten mit *sakralen Salbungen*. Die Götter salbten sich mit unsterblichem Öl, stellte man sich vor (seit Homer Od. 8,364f etc.; der Ausdruck „Ambrosia" stammt daher). Die Kulte spiegelten das. Vielerorts salbte man bis zur Spätantike die Statuen, die für die Götter standen (und oft einfach Gott hießen). Deren Segensausstrahlung spürten die Kultteilnehmer im herab triefenden Öl.

Die Beispiele reichen von Ägypten (mit „chrio" PGrM 7,862–875; Reflex in Weish 13,14) über Griechenland (z.B. Kallimachos, lav. Pall. 23–32) und Sizilien (Cicero, Verr. IV 77) bis Rom. Nach Seneca gab es auf dem Kapitol sogar (von ihm kritisiert) „Salber", die ständig die Handbewegungen des Salbens vollzogen (fr.36 Haase; Augustin, civ. Dei 6,10). Da dort seit 54 Neros Statue stand, könnten sie den anfangenden Kaiserkult einbeziehen.[199]

Riten zeigten die Partizipation am göttlichen Salbungsvollzug. Salbungen an Opfern und Kultteilnehmern eröffneten und dokumentierten so den Zugang zur Gottheit.[200] Einen Schritt weiter *gewährten die Gottheiten selbst Salbungen*, um Menschen auszuzeichnen und sie in ihren, den göttlichen, Lebensraum zu integrieren. Mythen und Kultlegenden steigerten das bis zur *Vergottung*.

Pseudo-Homer überliefert aus der Kultlegende der berühmtesten antiken Mysterien, der Eleusinien: Demeter „salbte" den Königssohn Demophon, um ihn unsterblich zu machen. Nur die Mutter Metaneira, die das Geschehen nicht erkannte, verhinderte das Gelingen (hymn. 2,233–266).

Anders war dies laut Ovid beim Gründer Roms, dem Trojaner Aeneas. Entsühnt, im Wasser von allem Sterblichen gewaschen, „salbt" ihn Venus „und macht ihn zum Gott". Als solcher kann er unter dem Namen Indiges verehrt werden (metam. 14,599–608).[201]

Bei alledem begegnet die semantische Verdichtung „Gesalbter" nur in Israel. Dass wir den Gesalbtentitel Christi in Israel begründeten, behält sein Recht. Doch gleichfalls wird deutlich, warum er sich als Missionsbegriff eignete. *Dass eine Person singulär der Gottheit verbunden sei und heilvolles Geschehen ausstrahle, verbanden Hörer und Hörerinnen außerhalb Israels nicht minder mit „Gesalbter" denn in Israel.* Die Übersetzung ins Griechische des hellenisierten Mittelmeerraums eröffnete einen religiösen Assoziationsbereich höchsten Ranges, von der Auszeichnung Christi als Opfer bis zu einer geradezu göttlichen Würde.

Hüten müssen wir uns dabei, Israel und hellenistische Welt gegeneinander auszuspielen. Das Mittelmeer bildete einen übergreifenden Kulturraum. Kultische Salbungen begegneten, wie wir sahen, auch in Israel (selbstredend abgesehen vom Gottesbild und der Vergottung). Der kulturelle Überschritt hebt inso-

---

199 Lateinisch steht „unguere" etc. (und „unctus" begegnet für Gesalbter 4 Esr 12,32); vgl. jünger BGU 362; *Pekáry**** 117f.

200 Aischylos, Agam. 92–95; Pausanias IX 39,7; Nonnos, Dion. 34,141f; 47,733; Vergil, georg. 2, 380–384 (Askoliasmos); Cicero, Philipp. 13,31,4ff (Lupercalien).

201 Weitere Beispiele *Karrer* a.a.O. 378–384 (nach 185–197). Auch in der Vergottung an Gräbern dringt Salbungsmotivik vor, freilich durchkreuzt von Skepsis (so CIL VI 3,21521; vgl. 2.4.2).

fern beim Gemeinsamen an, und die Tradition Israels wird jede vereinfachende Paganisierung bremsen.

Erst ab 1900 ging das Wissen um die Salbungen der ägyptischen, griechischen und römischen Antike verloren. Bis dahin finden sich in Dichtung und Philosophie oft Reflexe. Heute freilich bedürfen die Anspielungen weithin der mühsamen Wiederentdeckung.

Die Voraussetzungen für eine große *Geschichte des Christusprädikats* sind damit gegeben. Aufgrund der anhaltenden Überzeugung, es habe im Übergang zum Griechischen seine semantische Valenz verloren, ist sie weniger als wünschenswert erschlossen. In Wirklichkeit erschwert eher die nachhaltige Verbreitung eine präzise Beschreibung. Fast alle Ströme der Christologie fließen in es ein. Dennoch sorgen der Ausgangspunkt bei der Passion und der Assoziationsraum um Salbung / Gesalbter für innere Stringenz. *„Der Gesalbte"* konzentriert die Ausstrahlung der Gesalbten- und sakralen Salbungstraditionen auf *Jesus*, der anderen (uns, euch etc.) zugute starb. Es benennt ihn *in seiner singulären Verbundenheit mit dem einen Gott, dessen Zuwendung er trägt und schenkt und dem er umgekehrt zueignet.* Die Vertiefungen und Verzweigungen des Neues Testaments loten das aus:

3.8.5 *Paulus* wird zum entscheidenden Promotor unseres Prädikats. Er legt gut die Hälfte der neutestamentlichen Belege in einem faszinierenden Bogen zwischen Traditionen und Redaktionen vor.

3.8.5.1 Er beginnt bei den bis zu ihm entwickelten *Traditionen.* An der *Sterbeaussage*, dem ältesten uns bekannten Kern, entfaltet er das Gewicht der *Zuwendung* Gottes durch den Gesalbten. Die vielen angesprochenen Varianten um das „für uns" / „für euch" bringt er durch seine Briefe zur Verbreitung. Nicht minder gewichtig nützt er die alte Wendung *„in Christus (Jesus)"*, die spätestens in der Frühzeit seines Wirkens entstand. Sie umschrieb von Anfang an die Übereignung in der Taufe an den Gesalbten und seinen Tod sowie den Ort, den die Getauften dadurch bekamen (Gal 3,27; Röm 6,3.4.11 u.ö.). Paulus vertieft: Wer „in Christus" ist, erfährt seine Identität durch Christus. Er wird in den geschichtlichen Raum der Gemeinde gestellt, und sein tätiges Leben wird ein Leben „in Christus". Ob wir das „in" lokal, modal oder (umstritten) mystisch fassen, stets leuchtet der Gesalbte in *Ekklesiologie und Ethik* hinein.[202] „In Christus" wird namentlich mit dem Bild des Leibes Christi zusammen zu einer ekklesiologischen Grundbestimmung.

Letzteres Bild konzentriert sich auf 1 Kor 12,12–30 und Röm 12,4–8. Die religionsgeschichtliche Diskussion erbrachte vielfältige Einflüsse aus der antiken Staats- und Sozialphilosophie. Strittiger blieben Einwirkungen der korporativen Persönlichkeit aus dem Judentum (eine Person steht für das Ganze der Gruppe / des Volkes) und eines geistigen Ur-Menschen der Prägnosis. Paulus kommt es auf die Metapher des lebendigen Organismus an. Vielleicht gibt das Herrenmahl dazu den entscheidenden Anstoß (vgl. 1 Kor 10,16f).

---

[202] Lit. bei *Hartman* (s. 2.8) 39–52,57 u.ö.; *Schnelle**** 106–122; *Sellin**** 19ff.

Vielleicht gewinnt auch ein selbständiges Ideal der Gesellschaftsordnung in der Gemeinde Relevanz und verankert Paulus es erst abschließend „in Christus“ (vgl. den Duktus von Röm 12,4f). Die Christologie ist in ersterem Fall Anfang, in letzterem Ziel.[203]

Die Salbungsmetaphorik benützt Paulus zur bildhaften Verdeutlichung: Gott salbt uns. Ja, er tat das schon. Gott führt die pagane Sehnsucht, von einer Gottheit gesalbt an deren Göttlichkeit und Segen zu partizipieren, über den Raum Israels zu Christus. Er macht an Christus, dem Gesalbten, fest. Den Völkern begreiflich, entsteht eine Gott nahe Gemeinde wie beim gottgesalbten Israel (2 Kor 1,21).

Angrenzende präpositionale Wendungen schafft Paulus neu. „*Durch Jesus Christus*“ handelte Gott rettend (eine Fortführung des Impulses aus der Sterbeaussage), handelt er in der Gegenwart (einschließlich der Berufung des Paulus) und handelt er weiter bis zum Gericht. Durch ihn wenden wir uns daher an Gott (Röm 1,5.8;2,16;5,8 usw.). „*Mit Christus*“ vollzieht sich die Existenz seit der Taufe, bis sie sich in den eschatologischen Hoffnungen erfüllt (Röm 6,8; 2 Kor 13,4; 1 Thess 4,14.17 usw.; vgl. 2.8.4/5).

Die Selbstverständlichkeit, mit der wir diese Wendungen heute gebrauchen, gilt im Neuen Testament noch nicht. „Mit Christus“[204] und „durch Christus“ finden sich im Neuen Testament nicht jenseits der Paulinen und Deuteropaulinen.

Ihr Impetus strahlt durch Paulus aus: Christus (der Gesalbte) bestimmt die Identität des Apostels (Gal 2,20) und im Wirken des Geistes diejenige aller, die zu ihm gehören (Röm 8,9–11). „Nachahmung“, genauer Prägung aus Christus wird eine Chiffre der *Ethik* (1 Kor 11,1).[205] Röm 8,9–11 und 1 Kor 11,1 klingen dabei einer pneumatischen *Christusmystik* nahe. Die hellenistischen Gedanken von der Einwohnung einer Gottheit und Ekstase helfen zum Verstehen, ohne dass das paulinische Gefälle darin aufginge.[206]

3.8.5.2 Das Für, das dem Prädikat seit der Sterbeaussage anhaftet, bleibt der maßgebliche Fluchtpunkt. Über die *Adam-Christus-Typologie* verwurzelt Paulus es in der Reflexion des Menschseins.

Adam-Spekulation war um die Zeitenwende verbreitet. Die Abfolge von Gen 1,26f zu Gen 2 veranlasste Erwägungen, der ebenbildliche Adam (hebräisch „Mensch“) sei himmlisch gebildet und existent, bevor Gott ihm irdische Materie gab (Philo, all. I 31; op.mund. 134 u.ö.). Gen 3 warf die Frage auf, ob Adam (nun die irdische Person) mit seiner Sünde nicht nur für alle den Tod brachte, sondern letztlich auch alles Sündigen ihm zu attribuieren sei (abgewehrt in syrBar 54,15.19).[207]

Der irdische Adam, der sich verging und durch den der Tod kam, steht bei Paulus für den Menschen, den das Sterben kennzeichnet. Jesus, der Gesalbte, wird zum Gegentypus. Dem Tod Adams entgegen zeigt er die Auferstehung an

---

[203] *Roloff* a.a.O. (Anm. 86) 88f,92ff,100ff; *A. Lindemann*, Die Kirche als Leib, ZThK 92, 1995, 140–165; *W. Schmithals*, Theologiegeschichte des Urchristentums, Stuttgart 1994, 71f,160ff,183ff.

[204] Eine Formel, die dem antiken Wunsch, „mit Gott“ (*W. Grundmann*, ThWNT VII, 772f) zu leben, die christologische Kehre gibt. Andere Aspekte *Schade* (s. 2.8) 144ff.

[205] *O. Merk*, Nachahmung Christi: Neues Testament und Ethik. FS R. Schnackenburg, Freiburg 1989, 172–206. Nachpaulinisch vgl. Eph 5,1f usw. – Zur Ethik unter anderem Aspekt 4.7.6.

[206] Zur Diskussion *Schweitzer* (s. 2.4) 125f; *Schnelle**** 54ff; *Sellin**** 15ff.

[207] Weiteres *J.R. Levison*, Portraits of Adam in Early Judaism, JSPE.S 1, Sheffield 1988.

(1 Kor 15,21–50). Im Überreichtum der Gnade Gottes überwältigt er die Verflechtung von Schuld und Tod (Röm 5,12–21). An der – antik gesagt – Segensausstrahlung des Gesalbten bündeln sich Auferstehungshoffnung (1 Kor 15) und Soteriologie der Gerechtigkeit Gottes (Röm 5).

Die Typologie zu Adam veranlasst Paulus in Röm 5,15 und 1 Kor 15,21, den Gesalbten „Mensch" zu nennen. Freilich bleiben wir auf der Reflexionsebene. Der irdische Jesus interessiert nicht in Konkretionen. Am Ziel von 1 Kor 15 gewinnt der himmlische Mensch höheres Gewicht (15,47).[208]

Am ebenbildlichen, Gott vor allem Irdischen verbundenen Adam erprobt Paulus darüber hinaus die *Herrlichkeit* des Gesalbten.

Adam-Spekulation grundiert die Ebenbild-Aussage in 2 Kor 4,4.6. An der Erkenntnis Christi kristallisiert sich geradezu das Licht Gottes (vgl. Gen 1,3). Der Glanz auf seinem Angesicht gewinnt dabei im hellenistischen Horizont göttlichen Gesalbtseins besondere Plastizität.[209]

3.8.5.3 Die Zuwendung des Gesalbten ragt schließlich über unsere Zeit hinaus. Er, der starb und auferweckt wurde, tritt unverbrüchlich zur Rechten Gottes „für uns" ein (Röm 8,34). Hoheit und Kraft eignet ihm gegen alles, was gefährdet. Bis zum Ende der Geschichte erweist er sich aufgrund seiner Auferstehung als Träger einer Königsherrschaft, die er mit Macht durchsetzen wird, damit Gott alles in allem sei (*1 Kor 15,23–28*).

Am deutlichsten von allen Paulusstellen tritt in dieser Passage, teilweise wohl nach Tradition, das herrscherlich-königliche Moment des Christustitels hervor. Paulus entfaltet es unter Anlehnung an die Psalmen 110,1 und 8,7 (je Psalmen ohne Gesalbtenprädikat). So entsteht eine eigene, von irdisch-davidischer Königshoffnung unterschiedene Perspektive. Ihr Ziel ist Gottes allumfassende Gottheit, das Anliegen soteriologisch. Was in Christus für uns geschieht, kommt in der Überwältigung aller entgegenstehenden Mächte zum Abschluss.

Die Niedrigkeitsperspektive von v.28 hat ihren Ort in der Rhetorik des 1 Kor. Paulus wendet sich gegen die Auffassung, Christsein heiße schon zur Herrschaft gelangt sein (4,8). Christus, der Gottessohn, verkörpert die korrigierende Haltung, indem er am Ende Gott alles in allem sein lässt.[210] Diese Beobachtung hat für die Einordnung des subordinatianischen v.28 Bedeutung. Situative Komponenten beeinflussen Pauli Argumentation weit stärker, als moderne Isolierungen der Stelle wünschen. Ein Kontrapunkt im Röm bestätigt die Vielseitigkeit Pauli:

---

[208] Zur Diskussion *K.M. Fischer*, Adam und Christus: K.-W. Tröger, Altes Testament – Frühjudentum – Gnosis, Gütersloh 1980, 283–298; *Schade* (s. 2.8) 69–87; *K. Kertelge*, Adam und Christus: FS Hahn 1991*, 141–153; *O. Hofius* in: Dunn (Anm. 284 zu 4) 165–206.

[209] Weisheits- und Logosspekulation nimmt zusätzlich Einfluss (vgl. Weish 7,26; Philo, all. I 43). Hellenistisch-gnostische Spekulation folgt jünger: Poimandres (CH I) 12f; NHC II 108–113; Hippolyt, ref. 7,28.2 etc. Zur Diskussion *J. Eckert*, Christus als „Bild Gottes": Vom Urchristentum zu Jesus. FS J. Gnilka, Freiburg 1989, 337–357; *Gräßer* (s. 5.2) 190ff u.a.

[210] Vgl. 3,21–23 und *Meeks****; außerdem *G. Sellin*, Der Streit um die Auferstehung der Toten, FRLANT 138, Göttingen 1986, 261–276; *Schmithals* (s. Anm. 203) 52–69 u.a.

3.8.5.4 Die Heidenchristen verweist der Gesalbte auf *Israel.* Denn wieviel Segenserfahrung und göttliche Hoheit immer sein Prädikat in ihrem Lebenskontext evoziert, geschichtliche Person ist er aus Israel. Die Verheißungen, an denen er sie partizipieren lässt, sind Verheißungen Israels (Röm 9,4 vor 15,7–13). Die Wahrnehmung des Gesalbten aus Israel provoziert den Lobpreis: „der über allem seiende Gott, gelobt (sei er) in die Ewigkeiten" (*Röm 9,5*). Der Vers ist ein theologisches Kabinettstück. Denn Paulus formuliert ihn in schwebendem Satzbau. Wir hören eine Eulogie des einen Gottes, des Gottes Israels (vgl. bes. Ps 41,14). Aber syntaktisch bezieht sich „der über allem seiende Gott" zugleich auf „der Gesalbte". Paulus schließt nicht aus, dass seine heidenchristlichen Adressaten angesichts ihrer Salbungstraditionen eine göttliche Hoheit Christi hören. Wichtig ist ihm nur die richtige Zuordnung der ihnen möglichen Assoziation: Allein von der Gottheit des einen Gottes Israels aus lässt sich wagen, Christus in den göttlichen Lobpreis hinein zu denken.[211]

Röm 9,5 bildet damit, durch 2 Kor 4,6 vorbereitet, das Gegenstück zu 1 Kor 15,23–28 und darf wiederum nicht isoliert werden. Die Übersetzungen spiegeln den theologischen Wandel der Epochen. M. Luther löste die Syntax zur göttlichen Hoheit Jesu auf (WA.DB 7,56f). Heute wird der Lobpreis fast durchweg von der Christologie getrennt.

Israel verpflichtet, beginnt Paulus die *Rezeption der großen Verheißungen* der Schrift. Am bedeutsamsten ist die von Jes 11 in Röm 15,7–13. Der Schwerpunkt gelangt auf v.10 LXX: Die Wurzel Isai und der, der aufstehe, um über die Völker zu herrschen – auf ihn würden die „Völker hoffen" (Röm 15,12). Der Christos (v.7) bekräftigt die Verheißung an Israel (v.8) im Erbarmen Gottes über die Völker (15,9). Mit Gottes Volk sollen sich darum die Völker freuen (vgl. Dtn 32,43 LXX). Messianische Hoffnung öffnet sich zu ihnen[212] und behält doch ihre bestimmende Mitte in Israel.[213]

Röm 9–11 steht zwischen dem Lobpreis 9,5 und den Verheißungen 11,26; 15,9ff. Das Christusprädikat konzentriert sich nach der Eröffnung auf 10,4 mit den Folgerungen 10,6.7.17. Die Eröffnung 9,1–5 stellt die Weiche. Paulus denkt über den Christus nach, „der aus den Israeliten stammt" (9,5a). Der *Gesalbte aus den Israeliten* tritt Israel, das dem Gesetz nachjagt (vgl. 9,31), gegenüber. Er, der aus Israel zu Schauende, ist das „telos" des Gesetzes zur Gerechtigkeit einem jeden, der glaubt. Er *ist Summa, Ziel und nur davon abgeleitet Ende des Gesetzes* (so die griechischen Bedeutungen von „telos").[214] Die scheinbare Selbst-

---

[211] Vgl. *Metzger****.

[212] Während 4Q 161; 4Q 285 fr.5 und syrBar 40,1f sich besonders mit der gewaltsamen Kraft der verheißenen Person befassen. In 4Q 285 fr.5 Z.4 wurde zwar teilweise gelesen, der Schößling aus dem Wurzelstock Isais werde getötet. Doch eher tötet der Spross: *García Martínez**** 181; *Vermes* a.a.O. (Anm. 193) 88ff.

[213] Vgl. *B. Schaller*: EKD (ed.), Christen und Juden II, Gütersloh 1991, 30f; *Kraus* (s. Anm. 85 zu 2) 326–333.

[214] Im Sprachgebrauch des 16.Jh. enthielt auch Luthers Übersetzung „Ende" die Nuance „Ziel". Zur Diskussion *Luz* (s. Anm. 85 zu 2) 139ff; *R. Badenas*, Christ the End of the Law, JSNT.S 10, Sheffield 1985; *Hofius* (s. 3.7) 64ff,110f; *Sänger* (s. Anm. 85 zu 2) 279 u.v.a.

verständlichkeit einer Gerechtigkeit aus dem Gesetz löst er auf. Das Gesetz im Sinne der Grundlage, die Gott zuteilt,[215] bleibt bestehen. Christus wird gerade darin zum Maßstab der Lektüre des Gesetzes (s. 10,5ff mit den Zitaten aus der Tora). Der Glaube, nach dem Israels Prophet fragt (Jes 53,1 LXX), kommt aus dem Wort, in dem er, der Gesalbte, sich zur Geltung bringt (10,16f). Weil der Gesalbte die Christologie an Israel verpflichtet, verpflichtet Israels Schrift an ihn.

Das Problem, das Paulus seit dem 1 Thess umtreibt, ist damit nicht abgeschlossen. Nach den schwierigen Auseinandersetzungen in 2 Kor 3,4–4,6 und im Gal und vor der in Phil 3,7ff weist der Röm die Völker in Gemeinschaft mit Israel und die Verherrlichung des Gottes Israels ein. Die Christologie wird ein Zentrum der Zuwendung zu Israel.[216] Doch was bedeutet das für Israel? Hier ist die hermeneutische Aufgabe unverändert offen.

3.8.5.5 Genug: Christos ist nicht durch Zufall das zentralste Prädikat Jesu bei Paulus. Denn an ihm kristallisiert sich der komplexe Übergang der Verkündigung von Israel an die Völker, und an ihm veranschaulicht sich für die Völker besonders, was über Jesu Person und die Zuwendung Gottes in ihm zu sagen ist. Paulus wagt in verschiedenen Situationen und vielleicht einer inneren Entwicklung immer wieder neue Angänge. Die Einheit entsteht durch den lebendigen Christus, der Paulus und seine Leserinnen / Leser in Bann schlägt.

Ein System können und müssen wir nicht bilden. Je nach Zugang des Lesers / der Leserin fällt es anders aus. Wer klassisch christologisch fragt, wird die Aussagen nach Person und Werk Christi ordnen. Wer die Berufung des Paulus zum Ausgangspunkt nimmt und sie zwischen dem Gal und Phil gesetzeskritisch versteht, entdeckt eine Christologie des Endes des Gesetzes. Wer bei den Zukunfts- und Parusieaussagen ansetzt, bemerkt apokalyptische Ansätze. Wer auf das Sein in Christus und Christi in uns schaut, mag an eine Gestalt der Mystik denken.[217]

3.8.6 In den *paulinischen Gemeinden nach Paulus* stereotypisieren sich die Wendungen um Christos. Der *2 Thess* konzentriert sich auf die Appositionsstellung „Jesus Christos“ und bereitet am eindeutigsten im Neuen Testament den heutigen Doppelnamen „Jesus Christus“ vor.

Am Rand hilft ein semantisches Gefälle in Christos, die Zukunftsdimension des Glaubens wiederzugewinnen (das Hauptanliegen des Briefs): Gemäß der eschatologischen Gesalbtenerwartung ist auf den Gesalbten zu warten (3,5; vgl. die Variante in 2,2). Falls eine Tugend, die Geduld Christi, das Warten grundiert (wie sich 3,5 ebenfalls übersetzen lässt), ethisiert der Brief zugleich die alte Leidenstradition des Titels.

---

[215] Im griechischen Wort für Gesetz steckt, der Antike stets bewusst, das Verb „nemein“, zuteilen.

[216] Vgl. 2.7.3 zu Röm 11,26. 1 Thess 2,14ff besprach ich in 3.5.2. In 2 Kor 3 verblasst Moses' Glanz vor Christus oder dient als Typos für Christi noch größeren Glanz (*E. Stegemann*, Der Neue Bund im Alten, ThZ 42, 1986, 97–114). Gal 3,16 zeichnet Christus allein als Samen Abrahams.

[217] Vgl. für die Zugänge paradigmatisch *Strecker* 1996*, 84ff,124ff; *Stuhlmacher* 1992*, 283ff; *Schade* (s. 2.8); *A. Schweitzer* (s. 2.4).

Die *Past* bevorzugen die umgekehrte Appositionsstellung „Christus Jesus". Ihr häufiges „in Christus Jesus" (1 Tim 1,14; 2 Tim 3,12 etc.) können wir fast mit „christlich" übersetzen. Die Definition der neu entstehenden Religion nach Christus zeichnet sich ab. Inhaltlich wirkt sich die Emphase der Past auf dem Retter aus (2 Tim 1,9f u.ö.; vgl. 2.7.4). Tit 3,4.6f kombiniert die Glieder. Es nützt die Semantik des Rettens in „Iēsous" und den griechischen Gleichklang von „Christos" und „Güte" („chrēstotēs", gesprochen „chrīstotīs") zur herausragenden hymnischen Vergegenwärtigung: Durch den Christos Jesus, den Retter, erscheint die „chrīstotīs" (Güte) unseres Retter-Gottes.

Noch imponierender treiben Kol und Eph die Entwicklung des Christusprädikats voran. Der *Kol* integriert Sterben, Auferweckung und Himmelsherrschaft des Gesalbten über Paulus hinaus. Christi Sterben fundiert, dass er in seiner Hoheit „euer Leben" wird (3,1–4). Das Gewicht verlagert sich somit zur Auferweckung. Der Gemeinde gelten Reichtum und Friede Christi (3,15f). Mit Christus gestorben zu sein, bedeutet einen Wandel ihres Lebens weg von den „Elementen der Welt" zu neuer Menschheit (2,11f.20;3,9f). Das Christusgeschehen, ein Geheimnis unter den Völkern, ist der Gemeinde (den Heiligen) offenbart (1,26f).

Schon Paulus rang um die Differenz Gottes zu Wahrnehmung und Weisheit der Umwelt (bes. 1 Kor 2,6ff). Seine Gemeinden entwickelten seine Kontraste unter Einflüssen der Apokalyptik, Weisheitsspekulation und (begrenzt) der Prä-Gnosis weiter. Aus den Gegensätzen verborgen – offenbart und Vergangenheit – Gegenwart gewannen sie Gestalten eines Offenbarungsschemas.[218] Es erlaubte, Paulus eine einzigartige Rolle in der Geschichte Gottes zu geben (2 Tim 1,9–11 etc.). Der Autor des Kol fügte dem Schema unser Prädikat ein.[219]

Im Gesalbten erschließt sich genauerhin das Geheimnis der Weisheit, die Gott zugänglich macht (2,2f). Leibhaft wohnt in ihm die Fülle der Gottheit (2,9 nach „Christos" 2,8). Die Christologie überbietet damit neuerlich die paganen Vorstellungen, Salbung gewähre Anteil an der Gottheit. Christus, der Gesalbte, ist nicht der mythischen Götterwelt zuzuordnen. Er ist Wohnstatt *des* Gottes schlechthin und leibhaft.

Im Bild wirkt das Wohnen des einen Gottes nach, Shechina und Allerheiligstes. Pagane Leserinnen und Leser hörten wohl auch, wie ein Gott Leib annahm (vgl. Strabo 9,3,11; Euripides, Bakchen 300 u.ö.). Deshalb regte die Stelle ab der Alten Kirche Inkarnationsspekulationen an.

Der Gesalbte teilt seine Fülle mit (2,10 u.ö.). Der Kol nähert sich einem christologischen Heilsenthusiasmus. Doch findet er in der Dialektik von enthüllen und verbergen einen eschatologischen Vorbehalt: „Euer (der angeredeten Christen) Leben ist verborgen mit dem Christus in Gott" (3,3). Der Gesalbte bekundet die Gottesnähe, ohne dass im irdischen Raum schon alles wäre.

---

[218] *Reichert* (s. 2.8) 379–405; *M. Wolter*, Verborgene Weisheit und Heil für die Heiden, ZThK 84, 1987, 297–319; *Hoppe* (s. 2.8) 107ff,220ff.

[219] Vgl. danach bes. Eph 3,8–11 und die in Röm 16,25f angewachsene Doxologie.

Der *Eph* übernimmt Christos als beherrschendes Attribut.[220] Zur *soteriologischen* Grundierung formuliert er in 1,3–14 eine Summa von Segen und Gnade. Sie erweist den Herrn Jesus Christus als Hauptpunkt und Zusammenfassung („anakephalaiōsis") der Zeiten, Räume und allen dessen, was in ihnen ist (1,10). In „Christos" klingt wieder „chrēstotēs" an (2,7); der Gesalbte dokumentiert Gottes Güte. Dazu vertieft der Eph die Erfahrung gesalbter Opfer (5,2; vgl. 5,25).

Schon der Satz Pauli „als unser Pascha wurde Christos (= der, der gesalbt war; der Gesalbte) geschlachtet" evozierte ein Opferfest (1 Kor 5,7f). Eph 5,2 stellt das Pascha zurück. Es erweitert dafür die Assoziation. Von einem gesalbten Opfer steigt guter Duft auf. So ist das bei dem Gesalbten, der sich für uns als Opfer darbrachte.

Das Hauptinteresse aber gilt der *Hoheit*. Der Eph verschmilzt Weisheits- und Herrschertradition im auferweckten Gesalbten über den Kol hinaus. Über alle Mächte und Gewalten sieht er ihn erhöht, über Gegenwärtiges und Zukünftiges erhoben (1,20f in Rezeption von Ps 110,1 mit unserem statt dem Kyriosprädikat). Seine Macht entfaltet er über seinen *Leib*. Das Bild kennen wir im Zusammenspiel aller Glieder von Paulus. Der Eph hebt, vorbereitet durch Kol 1,18, das Haupt ab. Der Organismus ändert sich. Das Haupt ist mit Christus zu identifizieren (was bei Paulus so fehlt). Es bestimmt und festigt die Harmonie des Leibes (4,15f nach 1,22). Wie nach außen, gewinnt der Ton des Bestimmens und Herrschens im Gesalbtenbegriff nach innen den Vorrang.

Die soteriologischen Konnotate treten in dienende Funktion (5,23). Das wirkt sich auf Ekklesiologie und Ethik aus. Der Leib – die Kirche – erhält ein himmlisch verankertes Sein. Er wird zu einer eigenständigen Größe im Heilsvorgang, wie der Christus von kosmischer Bedeutung.[221] In die Ethik dringen, abgeleitet vom Haupt, Züge herrscherlicher Über- und Unterordnung ein. Beides beschäftigt jüngere Kritik. Das Bild der Kirche muss gegen einen Triumphalismus geschützt, 5,21–6,9 antipatriarchal korrigiert werden.

Neben die Problematik tritt eine Stärke. Mit aller Entschiedenheit übernimmt der Autor von Paulus, der Gesalbte verweise die Völker an *Israel*. Durch Christus werden sie Miterben von Israels Verheißungen (2,12 und – in einer Variante des Revelationsschemas – 3,4ff). Aufgrund dessen endet ihre Gottesfremde. Pauli These, Christus bekräftige die Verheißungen, lebt fort. Aufschlussreich genug, geht die These im Eph immer noch dem Aufsuchen einzelner Schrifterweise voran. Die hohe Relevanz der Schriften setzt demnach bis ins späte Urchristentum einen ausschlaggebenden Impuls. Das Syndrom der messianischen Verheißungen im engeren Sinn jedoch entsteht erst viel später.

Der Eph folgt Paulus nicht im Interesse an Jes 11. Statt dessen bezieht er den nicht messianischen Ps 68,19 und Ps 110,1 auf Christus (4,7ff; 1,20f). 2,17 kombiniert Jes 52,7 und 57,19; wenn eine Gesalbtentradition, klingt die des endzeitlichen Freudenboten (vgl.

---

[220] 46 (im Kol 25) Belege von Christos gegenüber 26 (im Kol 16) für Kyrios und 20 (im Kol 7) für Jesus.

[221] Und die religionsgeschichtliche Frage stellt sich über Paulus hinaus: Lit. Anm. 203; *H.E. Lona*, Die Eschatologie im Kolosser- und Epheserbrief, fzb 48, Würzburg 1984, 272ff.

11Q Melch II 18) an.[222] Der Befund macht darauf aufmerksam, wie viele der sog. messianischen Verheißungen neutestamentlich noch keine nennenswerte Rolle spielen.[223]

3.8.7 Unser Prädikat nimmt über den paulinischen Schriftenkreis hinaus großen Einfluss. Das bekundet die sich ausbreitende *Definition der neu entstehenden Religion nach Christus*. Das paulinisch-deuteropaulinische Leib-Bild und „in Christus (Jesus)" sind dafür lediglich Wurzeln unter anderen.[224] Das geschichtsträchtigste Wort, „*christianoi*" („Christen" = zu dem Gesalbten Gehörige), entsteht früh in Antiochien (Apg 11,26).

Da die Paulinen es nicht aufnehmen, kommt es im Neuen Testament langsamer zur Geltung als heute scheint (nur noch Apg 26,28 und 1 Petr 4,16). Ob Binnen- oder Fremdbezeichnung, es setzt voraus, dass die Gemeinde an ihrem Bezug auf Christus identifizierbar ist. Nichtchristen erleben das als Provokation. Vielleicht vernehmen sie in Auswirkung der königlichen Gesalbtentradition einen Gegenanspruch zum Herrscherkult. Ebenso zu berücksichtigen sind ihre Assoziationen um einen Gesalbten als zur Gottheit Ausgezeichneten. Beides mag sich in der Kritik kreuzen, wenn der Name „Christen" als solcher ab dem 2. Jh. die Verfolgung auf sich zieht (Plinius min., ep. 10, 96).

Innerhalb der Gemeinde tritt ihm der zuordnende Genitiv „Christi seid ihr" (Mk 9,41) zur Seite. Dazu hält sich die Umschreibung mit Salbungsmetaphorik (1 Joh 2,20.27). Das Zentralmotiv des Stammes „salben", die unverbrüchlich-herausragende Zuordnung zu Gott, verfestigt sich um die Christologie herum.

Bald nach dem Neuen Testament inszenieren Taufsalbungen, wie sich vom Gesalbten die Salbungszugehörigen (= Christianoi) ableiten (Const. Ap. III 16). Mehrernorts gipfelt die Sehnsucht, an der Gestalt Christi und der Macht seines Kreuzes teilzuhaben, sogar im Wunsch, „Gesalbte" („Christoi") und nicht nur „Christianoi" zu heißen (Origenes, Joh 6,6,42 u.ö.). An den Rändern der Kirche werten Salbungsriten die Taufe ab, wie das Öl der Salbung in der umgebenden Religionskultur das Wasser überbietet.[225] Ein Verblassen unserer Motivik liegt in weiter Ferne.

3.8.8 Der *1 Petr* verdient besondere Aufmerksamkeit. Er beginnt wie die alte Tradition beim Leidenskontext des Gesalbtentitels und wird nach Paulus zum wichtigsten Zeugen für den soteriologischen Fluchtpunkt von „Christos". All seine Umschreibungen des „Für", die wir besprachen, lagert er um unser Prädikat (mit 22 Belegen sein leitendes Attribut Jesu). In einem kühnen Wortspiel noch über Tit 3,4.6 und Eph 2,7 hinaus resümiert er den für ihn entstehenden Sinn: In „*Christos*" steckt, dass „*Gütig* der Herr" ist (1 Petr 2,3 nach

[222] Weiteres *Th. Moritz*, A Profound Mystery, NT.S 85, Leiden 1996.

[223] So wird Jer 23,5f nur in 1 Kor 1,20 leicht gestreift, Ez 37,24 in Joh 10,11.16, Sach 3,8;6,12 in Lk 1,78.

[224] Jenseits der paulinischen Gemeinden verbreitet sich „in Christus" zögernd (1 Petr 3,16;5,10.14; häufiger ab 1 Clem 32,4; IgnEph 1,1), das Leibbild nicht vor 1 Clem (38,1 etc.).

[225] EvPhil 74,12–22; 77,7–15; vgl. 67,19–27; ActThom 26f; 120f; 132; 157. *M. Turner*, The Gospel according to Philip, NHS 38, Leiden 1996, 218ff; *Karrer* 1990*, 79–87.

Ps 34[LXX 33],9). „Gesalbter“ („Christos“) und „Gütiger“ („Chrēstos“, gesprochen „Chrīstos“) lauten gleich. Im Gesalbten bündelt sich Gottes Güte.

Antike Handschriften verwenden für „chrēstos“ und „Christos“ dieselben Kürzel (XPC oder XC). p[72], der älteste Zeuge des 1 Petr, bietet so beide Male XPC. Die Paronomasie weitete sich nachneutestamentlich aus. Christus im Sinne von „der Gütige“ begegnet von NHC I 48,19 etc. über PGrM IV 1233 bis IG 14 nr. 2413,7.[226] In Mittelalter und Neuzeit ging das Gespür dafür verloren. Das Prädikat des Gesalbten stellt uns vor die Aufgabe, das antike Sprachbewusstsein wieder einzuholen.

Der leidende, zur Herrlichkeit gehende Gottgütig-Gesalbte[227] geleitet in 1 Petr 4,12–16 zu einem paränetischen Skopus. Christen gewinnen Anteil an den Leiden Christi. „Christianos“ wird im Gegenzug zu seiner angesprochenen Rolle bei den entstehenden Verfolgungen Name ihrer freudigen Verherrlichung Gottes im Leiden.

Der *Hebr* – noch einmal eine Schrift mit überdurchschnittlich viel Belegen – erfährt seinen Rang anders durch seine Aufnahme der *kultischen*, Priestertum und Opfer geltenden Konnotate von Salbung. Der Gesalbte ist Hoherpriester neuer Ordnung (9,11f; mit Anspielung auf Dan 9,24) und zugleich Opfer (9,14.28).

Das Bild gewinnt vor den antiken Sühnekulten Leben. 9,28 evoziert das Opfer, das dargebracht wurde, um die Sünden auf den Opferaltar des Gottes zu legen, der Sühne gewährt. 9,14 verschmilzt es mit dem gesalbten darbringenden Priester. Die Alte Kirche wird, davon angeregt, gegen Hebr 7,11 den engeren Anschluss an Aaron suchen. Denn das erlaubt ihr die These von der dreifachen Vorbereitung Christi (des Gesalbten) in herrscherlicher, priesterlicher und prophetischer Salbung.[228]

Hinzu kommt eine herausragende Rezeption des ursprünglich herrscherlichen Ps 45. Christus ist der dortige Sohn, den Gott salbte (Hebr 1,8f nach v.8 LXX [dort Ps 44]). Vor dem Hintergrund der antiken Salbungsvorstellungen ist die Hoheit des Gesalbten damit aus der Gottheit des Salbenden zu verstehen. Der Hebr wagt die Anrede des Sohnes als Gott, „*theos*“, über die Entwicklung in der paulinischen Literatur hinaus.[229]

Seltener, aber wichtig zur Vervollständigung des Bildes, begegnet „Christos“ in der *Offb*. Das Zeugnis, das er in seinem Sterben ablegte, geht nicht verloren (vgl. 1,2). Doch beherrscht nun der königliche Blickwinkel das Feld. Darauf, dass die *Herrschaft* Gottes und seines Gesalbten wurde, kommt es an. Deshalb überträgt die Offb die Wendung „sein Gesalbter“ aus der königlichen Tradition und steigert ihren Gottesbezug (11,15;12,10; vgl. 4.12.6). Der Gesalbte teilt vor Gott seinerseits Herrschaft mit. Die Märtyrer, die zum Leben kommen, erfahren

---

[226] Vgl. *Karrer* a.a.O. 71–79; *M. Harl*: dies. / G. Dorival e.a., La bible Grecque des Septante, ICA, Paris 1988, 283f.

[227] Vgl. noch 1,11 etc. Anders als bei Paulus fehlt eine Theologie der Gerechtigkeit Gottes.

[228] In einer Legende formt sie dazu die Herkunft Jesu um: Er sei vom Priestergremium des Jerusalemer Tempels zum Priester ernannt und ins Priesterregister eingetragen worden. Eine weit problematischere antijudaistische Wendung als im Hebr folgt: Die Juden hätten das Priesterregister verborgen (Suda s.v. Jesus, ed. Adler II 620–625; *P.W. van der Horst*, Hellenism – Judaism – Christianity, Contr. Bibl. Ex. and Th. 8, Kampen 1994, 151–161).

[229] Vgl. *Karrer* a.a.O. 332f; *Isaacs* (s. 3.7) 169ff u.ö.; *L.C. Allen*, Psalm 45:7–8 [...] in Old and New Testament Settings: Christ the Lord. FS D. Guthrie, Leicester 1982, 220–242 u.a.

die Auszeichnung königlichen Herrschens mit ihm (20,4). Sie erleben sie, da ihr Leiden danach schreit, als Sonderauszeichnung. Die singuläre Vorstellung eines messianischen Reiches vor dem Endgericht entsteht. Sie wird Wurzel vieler chiliastischer Bewegungen.

Die Entwicklung des königlichen Messianismus im zeitgleichen Judentum erklärt den Befund kaum. Die messianische Zeit, über deren Dauer (400 Jahre) 4 Esr 7,29 nachdenkt, endet nämlich mit dem Tod des Gesalbten. Die Zahl der 1000 Jahre ist durch griechische Gerichtstradition mit angeregt (vgl. Plato, pol. 10,615a).[230] So bietet die Offb einen eigenständigen christlichen Entwurf, der religionsgeschichtlich vielschichtig ist und hermeneutisch vor große Probleme stellt.

3.8.9 Wenden wir uns zuletzt den *Evangelien* zu. Sie gehören nicht zu den Hauptzeugen unseres Prädikats. Keines bietet so viele Belege wie der 1 Petr, und zusammen enthalten sie weniger Belege als Röm oder 1 Kor allein (Mk 6 bzw. 7, Mt 16, Lk 12, Joh 19). Bei Mk steht die Hälfte der Belege in den Passionskapiteln (12,35;14,61;15,32). Das bestätigt den Ansatz: Das Gewicht des Prädikats begann beim Tod Jesu. Nur allmählich wandert es ins irdische Wirken Jesu zurück.

Mk erhebt den Ansatz pointiert in die Theologie. *Jesus ist als der Gesalbte dem Leiden ausgesetzt*, so hart das ist. 8,27–33 bildet dazu die berühmte Doppelszene von Petrusbekenntnis und Satanswort. Das Schweigegebot nach dem Petrusbekenntnis setzt dessen Richtigkeit voraus (8,29f), bevor die Menschensohn-Aussage in v.31 zum Leiden Jesu führt. Demnach geht es um den Ausgleich dessen, dass der Messiasbegriff durch seine Traditionsgeschichte keine Nähe zu Leidensaussagen hatte, weniger die gern vermutete politische Korrektur.[231] Die Kombination von Messiasbekenntnis, Schweigegebot und Vorandrängen im Evangelium gibt dem markinischen *Messiasgeheimnis* seinen Charakter.

W. Wrede***, der die Theorie des Messiasgeheimnisses entwickelte, ging vom weiten Messiasbegriff um 1900 aus. In den häufigen Schweigegeboten bei Mk (1,34.44 usw.) sah er eine Reaktion darauf, dass Jesus sich nicht in personaler Würde zu erkennen gegeben habe. Die frühe Gemeinde stimmte das – schlug er vor – durch eine dogmatische Theorie von Geheimnis und österlicher Entschleierung mit der Messianität Jesu ab, von der sie aus seiner Auferstehung überzeugt war (s. 9,9). In den 1950er Jahren erkannte die Forschung, dass erst Mk die Schweigegebote zusammenstellte und teils selbst formulierte. Das Messiasgeheimnis ging in die markinische Christologie über. Die Schweigegebote zerfielen mit fortschreitender Analyse auf verschiedene Attribute und Orte. Die Durchbrechungen (1,45;7,36f; vgl. 5,19f) erwiesen sich in Wortschatz und Stil als ebenso markinisch. Allmählich barst das Gefüge der Theorie.[232]

In der rezeptionsorientiert offenen Anlage des Mk, die wir seit 3.4.7 verfolgen, gewinnen die Indizien einen vorzüglichen Platz. Die Dialektik des Schweigege-

---

[230] Vgl. außerdem persische Tradition: Bahman Yascht 3,60–62 West; Plutarch, mor. 370B.

[231] Die großen jüdischen Traditionen zum leidenden Messias (bSan 98a; bSuk 52a; PesR 34–37 etc.) sind nachneutestamentlich. Weiteres zur Stelle 3.9.1; 4.9.4.

[232] *Räisänen**** u.a. Forschungsüberblick *Fendler**** 105–146. Zur Situation um 1900 vgl. 2.8.4.

bots drängt die Leserinnen / Leser vorwärts zu Kreuz und Auferstehung (s. 9,9). Seine Durchbrechungen ermutigen sie zum Widerspruch gegen das schweigsame Ende in 16,8. Denn wenn bereits vor Jesu Leiden und Tod Menschen das Schweigen brechen, wieviel mehr gilt das dann mit der Gewissheit der Auferweckung.

Zurück zum engeren Gesalbtenprädikat. Das Mk favorisiert es nicht. Doch 1,1 und 9,41 verraten die Teilhabe an seiner Ausbreitung. Das Zögern, es extensiver zu setzen, dürfte deshalb einen zusätzlichen Grund haben: Mk 13 begegnet – über ein apokalyptisches Flugblatt oder mündliche Tradition – der jüdischen Vorstellungsentwicklung der späten 60er Jahre, der Gesalbte stünde bereit. Es erlebt das als Kollision zum Verständnis Jesu. 13,21f schärft ein, dem „schau, der Gesalbte" dürfe kein Glaube geschenkt werden. So bremst die Konfrontation den Gebrauch des Attributs für Jesus.

Das hat einen heiklen Nachhall. Mk verwahrt sich gegen eine jüdische Position, und die Hohenpriester und Schriftgelehrten in Mk 15,32 verhöhnen umgekehrt den Gesalbten Jesus. Aber es geht dabei um Varianten des Verständnisses von Messias / Gesalbter *im* Judentum, keine Lösung Jesu *aus* dem Judentum. Zu letzterem verschob das deutschchristliche Verständnis den Befund. Die herrscherliche Interpretation von „Messias" kam seiner Karikatur des Judentums zur Religion der Weltherrschaft entgegen. In Mk 8,27–33 las man (über den Einschnitt nach v.30 hinweg), der galiläische, eigentlich nichtjüdische Jesus widerstreite dem Messias, der „siegen und herrschen" soll.[233]

Die Erinnerung mahnt die genaue Lektüre an. Mk befremden an den Pseudochristoi von 13,21f Zeichen und Wunder, und die Hohenpriester und Schriftgelehrten von 15,31f kombinieren das Gesalbtenprädikat aufgrund des Kreuzestitulus, nicht aufgrund einer spezifischen Messias-Königs-Erwartung mit dem Königsprädikat. Das Bild des Mk vom Judentum geht, obwohl es einseitig ist, nicht in einem Messias von Sieg und Herrschaft auf.

Mt korrigiert Mk 13,21f nur geringfügig (in 24,23ff). Dennoch wächst die Freiheit in der Verwendung unseres Prädikats. Jesus heißt „der Gesalbte" (1,16), das drängt zur Expansion. Die Vorgeschichte belebt durch Herodes' Nachfrage von 2,4 die herrscherlichen Konnotate. Trotzdem verläuft der Einfluss herrscherlicher Messiaserwartung komplex. Das Königsattribut, das Mt begleitend setzt (2,2), stammt nicht unmittelbar aus messianischen Parallelen (dort begegnet der „König Messias" ja erst im 2.Jh.), sondern bahnt den Weg zu eigenem Verständnis. Mt entwirft ein Bild Jesu als demütiger, niedriger König, das die Regierenden und Gegner missverstehen (27,22.28f.42).

21,5 (ohne Parallele bei Mk und Lk) fügt in die Perikope vom Einzug Jesu flankierend ein Zitat aus Sach 9,9 ein. Das ist im 1.Jh. kein messianischer Text (keine vorrabbinische Quelle und kein Evangelium fügt „Messias" / „Christus" ein), sondern ein solcher über die Niedrigkeit des Königs, der der Hilfe bedarf (nicht, wie die meisten Übersetzungen bieten, hilft).[234]

---

[233] *W. Grundmann*, Wer ist Jesus von Nazareth?, Weimar 1940, bes. 8.

[234] MT; die LXX korrigiert teilweise. Zentrum der rabbinischen Rezeptionsgeschichte in BerR 30. Modifizierende gesamtbiblische Erwägungen bei *W.H. Schmidt*, Hoffnung auf einen armen König: Jesus Christus als die Mitte der Schrift. FS O. Hofius, BZNW 86, Berlin 1997, 689–709.

Ebenso bedeutsam ist ein zweiter Eingriff. Die Gesalbtenhoffnung verband sich mit der Erwartung heilvoller, wunderbarer Zeit, ohne unmittelbar von Wundern des Gesalbten zu reden. Der wichtigste Beleg dafür ist 4Q 521 2 II 7–12, Gefangene würden befreit, Blinde sehen, Krumme aufgerichtet, Tote aufleben und gute Nachricht gekündet (vgl. Jes 61,1 u.ö.). Demnach antwortet Jesus in Q Lk 7,22 par auf die Anfrage des Täufers, ob er der sei, der da kommen solle, mit einer in Israel vertrauten Beschreibung der Heilszeit. Mt stellt der Beschreibung voran, der Täufer habe von den „Werken des Gesalbten" gehört (11,2). Die Heilszeit bestimmt sich aus den Taten Christi.

Der matthäischen Korrektur verdanken wir die heutige Selbstverständlichkeit, von Wundern *Christi* zu sprechen, nicht allein. *Lk* bestätigt den Vorgang an anderer Stelle (4,40f über Mk 1,32ff hinaus) und weitet ihn auf nachösterliche Heilungen aus (Apg 9,34 u.ö.). Das *Joh* stützt ihn im Gefälle zwischen 1,41; 7,31 und 20,30f (falls man eine Wunder- / Semeia-Quelle annimmt, nach dieser).[235] Wir stehen also in einer breiteren Strömung des späteren 1.Jh., in der das Prädikat dem ganzen Wirken Jesu zuwächst.

Mt 23,10 ergänzt den einzigartigen ethischen Lehrer. Die jüdische Tradition ist mit Händen zu greifen und erhält doch einen neuen Ton. Der matthäische Messias wird in kühner Kombination der Traditionen *der eschatologisch helfende, heilende und lehrende Niedrigkeitskönig, den die Rechtsinstanzen falsch verfolgen.*[236]

Lukas, der seine Anliegen über die Apg verstärkt, hat ein Faible für Israel. Tragender als seine Vorgänger rezipiert er Momente des davidischen Gesalbten (vorbereitet und grundgelegt Lk 1,32f;2,11;3,31). Jesus wird „der Gesalbte des Herrn", wie PsSal 17,36 den herrscherlichen Messias nannte (Lk 2,26).[237] Prophetische Traditionen gehen darin ein (vgl. Lk 9,8.19f, das Bild Davids in Apg 1,16; 2,25.31 etc.). Zugleich vertieft sich sein Leiden (Lk 24,26.46; Apg 3,18;17,3; 26,23). Apg 4,25–28 beansprucht auch den wichtigsten Psalm über Gottes herrscherlichen Gesalbten, Ps 2,2, zur Deutung der Passion: Verbündet haben sich die, die auf der Erde herrschen, gegen Christus, Gottes Gesalbten. Durch sein Leiden findet dieser Gesalbte zur Hoheit des Menschensohns (Lk 22,67–69) und seiner Herrlichkeit (24,26). Das Gesalbter-Sein Jesu erhält nach der Passion deshalb einen Schwerpunkt in österlicher Hoheit (Apg 2,36).

Die Heilsbedeutsamkeit speziell des Todes des Gesalbten tritt dagegen zurück. Lk 24,26 enthält kein „Für". Bevor man das kritisch isoliert, ist zu beherzigen, dass wir, was das Christusprädikat angeht, auf eine gemeinsame Eigentümlichkeit der Evangelien stoßen. Durchgängig fehlt ihnen die Zusammenfassung „Christus starb für", mit der Paulus begann. Ihr Erzählanliegen führt nicht unmittelbar die älteste Sterbe-Formeltradition fort. Bereits mit „Christus litt" schreitet Lk über Mk hinaus.

Bei seinem Gefälle muss Lukas die drängende Erwartung der 60er Jahre „schau, geh, der Gesalbte" nicht mehr wie Mk 13,21f und Mt 24,23ff verwerfen

[235] *W. Nicol*, The Sēmeia in the Fourth Gospel, NT.S 32, Leiden 1972, 72ff; *Kuhn**** 504–517.

[236] Vgl. *Broer**** 1262–1266 (Lit.). Zum „Lehrer" Christus vgl. 4.4.4, 4.7.6, zu 4Q 521 4.6.2.

[237] Vgl. 23,35 und die Änderung in 9,20 gegenüber Mk 8,29 (*W. Stegemann*: *Stegemann**** 27ff). Starke Ausweitung bei *M.L. Strauss****. Anders *Kellermann* (s. 4.11) 17ff (prophetischer Gesalbter).

(Lk 17,21.23 streicht das Stichwort „Gesalbter"). Mit einer judenchristlichen Sondertradition kann er sie in der Christologie beheimaten: Der Gesalbte (Christus) steht für Israel bereit (Apg 3,21; s. 3.5.4). Komplement ist das zum Tragen des Lichts in die Völker (vgl. Apg 26,23).

Auffällig ist angesichts dessen der Schluss der Apg. Die Verkündigung und Lehre über den Herrn Jesus Christus (den Gesalbten) gilt dort den Völkern (28,28–31). Gibt Lukas also Israel am Ende doch noch den Abschied? Das hängt am Verständnis des Verstockungsauftrags in 28,27. Geläufig lesen die Bibelübersetzungen ihn nach dem hebräischen Grundtext von Jes 6,9f: Verhärtet werde das Herz dieses Volkes, damit es sich nicht bekehre und nicht geheilt werde. Die Apg zitiert aber die LXX, die das letzte Glied entscheidend ändert: So schwerhörig das Volk sei und seine Augen schließe, damit sie nicht sähen, nicht hörten und nicht umkehrten, sage Gott zu „und ich werde sie heilen".[238] Lesen wir die Apg von der LXX her, lenkt Israels Verweigerung, das Evangelium zu hören, den Weg der Verkündigung zu den Völkern. Doch der Christus steht zur Wiederherstellung all seiner Verheißungen bereit. Lukas ringt um Israel zwischen Verstockung und Verheißung, eine bemerkenswerte Variante zu Röm 9–11.[239]

Zugleich belebt Lukas die Tradition des verkündigenden *Gesalbten des Geistes.* Lk 4,18f zitiert dafür Jes 61,1f. Apg 10,38 löst den Christustitel über das Gesalbtsein mit heiligem Geist auf. So kombiniert Lukas den *verkündigend-prophetischen, leidenden, herrschenden und für Israel bereitstehenden Gesalbten* mit seiner Tendenz zu einer Geist-Christologie.

3.8.10 Das *johanneische Schrifttum* führt in eine letzte Zerreißprobe. Expliziter als allen anderen Schriften des Neuen Testaments liegt dem *Joh* an unserem Prädikat (20,31) und der Klärung, es stamme aus Israel. Joh 1 stellt vor Augen, Christos übersetze Messias (1,41; einzigartig im Neuen Testament) und sei angesichts Elijas, der Prophetie, Johannes d.T.s zu diskutieren (1,20.25). Joh 4,25 wiederholt aus dem Blickwinkel einer Samaritanerin, er, der komme, heiße Christus.[240] Die Samaritaner treten als Gestalt Israels neben das Judentum (ein Indiz der religionsgeschichtlichen Sonderstellung des Joh).

Die christliche Begriffsentwicklung und die Erwartung Israels / Samarias zu verfugen, ist freilich nicht nahtlos möglich. Bei den Samaritanern kennen wir aus eigenen Quellen keine Messiaserwartung um das 1.Jh.,[241] und die jüdisch-judäischen Traditionen passen nicht ganz zum Joh. Einen Einfluss des gesalbten kommenden Propheten kann man allenfalls für eine Grundschicht von Joh 11,27 kon-

[238] Eine analoge Rezeption des hebräischen Textes folgt in bRHSh 17b; bMeg 17b; Raschi zu Ps 30,3 und Kimchi zu Jes 57,18. Vgl. auch TgJon z.St. (*C.A. Evans*, To See and Not Perceive, Sheffield 1989, 69ff). Das erhellt den Ort der LXX: Lukas zitiert jüdische Rezeptionsgeschichte.

[239] Andere Aspekte *K. Haacker*, Das Bekenntnis des Paulus zur Hoffnung Israels nach der Apostelgeschichte des Lukas, NTS 31, 1985, 437–451; *H. Merkel*, NTS 40, 1994, 371–398.

[240] „Der heißt / genannt wird", ist Nameneinführungsformel (vgl. Mt 4,18; Joh 9,11 etc.). Die meisten Textausgaben und Übersetzungen berücksichtigen das nicht. Zur Auslegung vgl. 4.5.3.

[241] An der Tora orientiert, entfalten sie die Hoffnung auf einen Propheten nach Mose (Dtn 18,15.18) und diese ohne Gesalbtenbegrifflichkeit: *F. Dexinger*, Der Taheb, Kairos 27, 1985, 1–172. Origenes, Cels. I 49 ist christlich formuliert.

struieren.[242] Vorstellungen um den Gesalbten aus Davids Samen nimmt Joh 7,41f nur ironisch auf. Johanneische Anliegen setzen die Kategorien mithin stärker als die Tradition. Letztlich legt das Joh den erzählten Personen Israels in den Mund, worauf es ihm zur Füllung ankommt: Niemand wisse, woher der Gesalbte komme (7,26f), solange die Auflösung durch Jesus fehlt (17,3), und immer bleibe er (12,34).

Diese Erzählweise schließt keine Kluft zur Synagoge. Das Joh beklagt, wer Jesus als Gesalbten bekenne, scheide aus ihr aus (9,22). Der Synagogenausschluss wird eine schmerzliche Erfahrung der johanneischen Gemeinde (sei es in Kleinasien, sei es in Syrien), geht aber nicht auf das umfassende Verdikt einer jüdischen Synode (der sog. Synode von Jamnia nach 70 n. Chr.) zurück. In den 50er Jahren vermutete man vorab eine missionarische Absicht des Joh unter hellenistischen Juden. Joh 20,30f spricht allerdings nicht nach außen.[243]

Trotz des Konflikts wirkt die jüdische Vorstellungsentwicklung auf die Autoren der johanneischen Gemeinde suggestiv. Der *1 Joh* greift die Assoziation von Salbung und Geheiligtsein auf, um die Intensität des göttlichen Handelns durch Jesus zu bekunden. Jesus, der Gesalbte (1,3;2,1.22 etc.), wird der Heilige (2,20). Der *2 Joh* öffnet sich für eine Christus-Parusie-Erwartung und sieht im vergangenen Auftreten wie gegenwärtigen Wirken Jesu nicht ganz eingelöst, dass der Gesalbte komme. 2 Joh 7 spitzt sogar zu, Jesus der Gesalbte „komme *im Fleisch*". Philologisch müssen wir das futurisch deuten: Jesus ist gültig Gesalbter und wird doch als Gesalbter noch kommen. Das geht über Apg 3,21 hinaus. Die fleischliche Parusie steht im frühen Christentum irritierend singulär.

Ob der 2 Joh damit an den Anfang der johanneischen Theologiebildung gehört oder – wie herkömmlich – nach dem Joh zu datieren ist, mag offen bleiben. Die meisten Bibelübersetzungen und viele Ausleger korrigieren das Tempus zum inkarnatorischen Bekenntnis, Jesus Christus sei im Fleisch gekommen.[244]

Die Zerreißprobe ist damit nicht erschöpft. Da das Gesalbtenverständnis aus dem Judentum erwächst, müssen wir damit rechnen, dass einzelne Christen aus der neuen Gemeinde ins Judentum zurückkehren. Da es sich vom Judentum löst, müssen wir gewärtigen, dass Christen aus den Völkern es paganisieren. Die Konfrontation des *1 Joh* mit Leuten, für die der Gesalbte und Sohn Gottes ins Bekenntnis gehört, nicht Jesus (2,22; vgl. 4,3;5,1), mag beiden Richtungen gelten. Wenn Gemeindeglieder von Jesus zu einem Gesalbtenverständnis der Synagoge zurückkehren, erscheinen sie dem 1 Joh deshalb als „Anti-Gesalbte". Wenn sie sich im Kontext der paganen Mythen um vergottende Salbungen vorstellen, der

---

[242] Zu 7,41f vgl. 4.2.2, zu 11,27* *J. Wagner*, Auferstehung und Leben, BU 19, Regensburg 1988, 418f.

[243] Zum Wandel der Diskussion *W.C. van Unnik*, The Purpose of St. John's Gospel, StEv 1, 1959, 382–411; Moloney***; *K. Wengst*, Bedrängte Gemeinde und verherrlichter Christus, München ³1990, 49ff u.a.

[244] Zur Diskussion *M. Günther*, Die Frühgeschichte des Christentums in Ephesus, ARGU 1, Frankfurt a.M. 1995, 116f; *H.-J. Klauck*, Der zweite und dritte Johannesbrief, EKK 23/2, Zürich 1992, 53ff.

Sohn gehöre als Gesalbter in die Göttersphäre, und irrelevant sei, wer er irdisch gewesen sei, verlassen sie dadurch die christologischen Grundlagen.

Das Schlusswort in 1 Joh 5,21 legt das Gewicht entschiedener auf Letzteres; es warnt vor einer Paganisierung des Christentums. Die merkwürdige Anspielung in 5,6, weder Christus- noch Sohnesprädikat dürften von Jesus und dem Blut seines Tods getrennt werden, passt dazu: Das Wasser, das uns im paganen Salbungs-Vergottungs-Mythos zum Abwaschen des Sterblichen begegnete, genügt nicht (5,6). Das Prädikat Gott („theos") ist für Jesus, den Gesalbten, möglich und legitim, doch nicht, weil ein Vergottungsmythos es begründete, sondern weil der Sohn Gottes seine Erkenntnis schenkt (5,20).[245]

Wie immer es sich mit den johanneischen Konflikten verhält, genügen die hier und seit Paulus vorgenommenen Sicherungen, um den Gesalbten in der Kirche aus der Gottheit des einen Gottes heraus zu verstehen. Das theonome Gefälle verdichtet sich im christlichen Hauptstrom ohne Paganisierung. In *Jud 5* (p^{72}) erreicht es die knappe Bündelung „theos christos", „Gott Christus".

Aufgrund der schlechten Überlieferung des Jud ist nicht zu sagen, ob das den ursprünglichen Text wiedergibt, also noch ins Neue Testament gehört. Ansonsten ist der früheste Beleg für „Jesus Christus den Gott", IgnSm 1,1, unmittelbar nachneutestamentlich.

3.8.11 Überblicken wir den Bogen, beeindruckt die Vielschichtigkeit der neutestamentlichen Quellen. Gewiss wird „Christos" Name, aber nicht im modernen Verständnis des „bloßen", in der Bedeutung verblassten Namens, sondern im Sinne des inhaltlich verdichteten Prädikats. Wenn wir ein *Ergebnis* erreichen, liegt es daher in der Entdeckung der *vielen semantischen Verzweigungen*. Nirgendwo dürfen wir die Konturen verwischen, die *um die Gottesnähe, Lebenshingabe, Ausstrahlung, Macht und Würde des Gesalbten* entstehen. Divergenz gehört zum Urchristentum. Stereotypisierung und neue Facetten gehen Hand in Hand. Wo Kohärenz durch Einheitlichkeit gesucht wird, mag das Beschwer bereiten. Der heutigen Vorliebe für plurales Denken kommt es entgegen.

Die religionsgeschichtlichen Erkenntnisse helfen, den fast verwirrenden Reichtum des Prädikats zu verstehen. Die Vielfalt der Gesalbten- und Salbungstraditionen Israels und die nichtjüdischen Salbungskonnotate des Mittelmeerraums kommen zusammen. Die jüdische wie gemeinantike Überzeugung, „der Gesalbte" benenne eine einzigartige Gottesbeziehung, öffnet den Weg zur christologisch-theologischen Reflexion. Im Ringen zwischen paganer Sehnsucht nach der Weite gesalbten Gottseins und dem Monotheismus Israels erwächst an unserem Prädikat hohe Christologie.

Kehren wir damit zu unseren Ausgangsfragen zurück. Leicht beantwortet ist die *religionsgeschichtliche*: Wir müssen den Ansatz des Christustitels über heilsherrscherliche Verheißungen und Hoffnungen hinaus erweitern. Prophetische,

[245] Lit. bei *F. Vouga*, Die Johannesbriefe, HNT 15/3, Tübingen 1990, 46ff; *Karrer* 1990*, 390–395; *Müller* 1990 (s. 4.11), 84–101. Die Forschung sieht in den Gegnern gern frühe Gnostiker, Doketen oder Vertreter eines himmlischen Pneuma-Christus.

priesterliche, kultische und weitere Assoziationen gehen, in produktiver Rezeption gebrochen, ebenso ein, und dies nicht allein aus Israel.

Anregend ist die *systematische* Frage. Das Christusprädikat eröffnet einen Zugang zu den beiden großen Gebieten der Christologie, zum soteriologischen Sterben Christi für andere und zum theologischen Feld, der einzigartig Gott verbundene Gesalbte sei von Gottes Gottheit her zu denken. Der Einschnitt zwischen dem Neuen Testament und der dogmatischen Reflexion ist, sieht man es so, kein Bruch. Doch dürfen wir darob die Konturen nicht verwischen.

Theologisch bedeutet der Zugriff auf die philosophische Sprache einen Einschnitt. Das Chalcedonense spricht von „ein und demselben Christos", dem Gott einzigartig verbundenen Gesalbten des Neuen Testaments, in der nicht mehr neutestamentlichen Wendung von den „zwei Naturen" (DH 302). Der Zugriff auf Salbungsterminologie in der Communicatio idiomatum setzt das voraus. Die Drei-Ämter-Lehre integriert die Vielfalt der Salbungstraditionen aus Israel zu rasch über die exegetischen Spannungen hinweg.

Verwickelt ist die hermeneutische Aufgabe. Die religionsgeschichtliche Ausweitung entlastet nur ein Stück von der Fremde, die ein königlich entworfener und konzentrierter Messianismus in einer nachmonarchischen Epoche aufweist. Königliche Aussagen bleiben ja in vielschichtigem Wachstum bis zur Offb. Die hinzukommenden Dimensionen um Kult und Opfer – die Salbungsteilgabe, das gesalbte Opfer – muten heute nicht weniger seltsam an. Denn der Christusbegriff hat mit dem Ende der antiken sakralen Salbungen sein ursprüngliches Umfeld verloren. Weite Teile der Kirchen haben die Salbungen aufgegeben, mit denen sie der Semantik einst einen Praxisbezug gaben. Wo Tauf- oder Firmungssalbung noch geübt werden, stellt sich kaum ein Konnex zu „dem Gesalbten" her. Salben evoziert heute keine Faszination und Schauder singulärer Auszeichnung vor Gottes Heiligkeit, sondern Kosmetik.[246] „Christus" verblasst, wie eingangs angesprochen, unausweichlich und wohl irreversibel zur religiösen Chiffre.

Eine Chiffre wird verfügbar. Manche moderne Redeform ist nur dadurch zu verstehen, etwa die vom „kosmischen Christus" einer Religionstheologie, die den Himmel weit öffnet. „Christus" hat dort manchmal religionsphilosophische Konturen ohne genauere Zusammenhänge mit der alten Semantik des Prädikats.[247]

Gegenläufig wirkt die *christlich-jüdische* Begegnung. Verfehlt ist die Frage, ob wir von Christus als Messias gegen das Judentum sprechen dürfen. Christus verweist das Christentum begrifflich, vorstellungsgeschichtlich und theologisch auf Israel. Das löst jedoch nicht die hermeneutische Gesamtaufgabe. Vielmehr führt es zu einem eigenen Problem. Wir können den Christus (Messias), der aus Israel kommt und Israels eschatologische Hoffnungen konzentriert, exegetisch nicht aus einer Relevanz für Israel trennen. Der Vorschlag, in ihm den „Gesalbten" zu

---

[246] In der Antike war das ein Bereich neben dem religiösen und dank Aphrodites Bedeutung für die Schönheit in Überschneidung mit diesem.

[247] *A. Rössler*, Steht Gottes Himmel allen offen?, Stuttgart 1990; differenziert aber *Moltmann* 1989 (s. 2.10), 297–336.

sehen, der die Heiden gegenüber dem Israel Gottes zurechtbringt, ohne dass das den Begriff des „Messias" für Israel antastete, ist neutestamentlich nicht gangbar.[248] Die schwebende Redeweise vom „Messias Israels" aus dem zitierten Rheinischen Synodalbeschluss befriedigt exegetisch nicht, weil sie im Neuen Testament fehlt und in Qumran den eschatologischen Laienführer neben dem Messias Aarons bezeichnet.[249] Immerhin löste sie systematisch eine wertvolle Diskussion aus und behält allemal Gewicht, wenn wir in ihr den Messias aus Israel hören, der für die Völker und für Israel Bedeutung hat.

Wie allerdings ist eine Bedeutung für Israel festzuhalten, ohne über Israel zu verfügen? Jede Möglichkeit stößt an Grenzen, auch die wichtigste: Das Neue Testament nimmt hilfreich Entwicklungen auf, die in Israel erst während der Christentumsgeschichte Gewicht gewannen. Dadurch gibt es der Messianität Jesu an einzelnen Stellen einen wichtigen Zukunftsaspekt (bes. Apg 3,20f). Es erlaubt, die Orientierung des Judentums in seinen durch die Rabbinen und Maimonides geprägten Teilen am zukünftigen Messias und der zukünftigen messianischen Zeit christlich zu hören und den eschatologischen Aspekt der Christologie zu verstärken.[250] Freilich werden wir neutestamentlich nicht umhin können, den kommenden, für Israel bereitstehenden, von uns hörend zu bedenkenden Messias mit dem gekommenen, christlich geglaubten Christus zu identifizieren, und nicht das ganze Judentum denkt messianisch. Kein Gespräch wird zu einem Konsens geleiten.

3.9 Das Rätsel von Prozess und Tod

Lit.: s.o.; *P.N. Anderson*, The Christology of the Fourth Gospel, WUNT II 78, Tübingen 1996; *E. Bammel*, The titulus: Jesus and the Politics of His Day, Cambridge 1984, 353–364; *R. Baum-Bodenbender*, Hoheit in Niedrigkeit, fzb 49, Würzburg 1984; *O. Betz*, Probleme des Prozesses Jesu, ANRW II 25.1, 1982, 565–647; *P. Beskow*, Rex Gloriae. The Kingship of Christ in the Early Church, Stockholm 1962; *W. Bösen*, Der letzte Tag des Jesus von Nazareth, Freiburg 1994; *N.A. Dahl*, Der gekreuzigte Messias: *H. Ristow / K. Matthiae*, Der historische Jesus und der kerygmatische Christus, Berlin 1960, 149–169 (engl. *Dahl* 1991*, 27–47); *E. Dinkler*, Petrusbekenntnis und Satanswort (1964): Signum Crucis, Tübingen 1967, 283–312; *P. Egger*, „Crucifixus sub Pontio Pilato", NTA NF 32, Münster 1997; *K. Haacker*, Wer war schuld am Tode Jesu?, ThBeitr 25, 1994, 23–36; *K. Kertelge* ed., Der Prozess gegen Jesus, QD 112, Freiburg 1988; *H. Lietzmann*, Der Prozess Jesu (1931): Kleine Schriften II, TU 68, Berlin 1958, 251–263; *F.J. Matera*, The Kingship of Jesus, SBLDS 66, Chico 1982; *J.S. McLaren*, Power and Politics in Palestine, JSNT.S 63, Sheffield 1991; *W.A. Meeks*, The Prophet-King, NT.S 14, Leiden 1967; *D. Neale*, Was Jesus a *Mesith*?, TynB 44, 1993, 89–101; *C. Paulus*, Einige Bemerkungen zum Prozess Jesu bei den Synoptikern, ZSRG 102, 1985, 437–445; *G.N. Stanton*, Jesus of Nazareth: A

[248] Impulse dazu erwachsen freilich aus den Nötigungen der Geschichte: vgl. *van Buren**** III 86. Zu weitgehend *W. Schweitzer*, Der Jude Jesus und die Völker der Welt, VIKJ 19, Berlin 1993, 117f; *G. Begrich*, Rez. zu Schweitzer, ThLZ 119, 1994, 925f.

[249] Verständnisbemühung aber bei *Haacker****.

[250] Vgl. *Frankemölle****, *E. Stegemann* (*ders.**** 101) und *Radford Ruether**** 90.

Magician and a False Prophet Who Deceived God's People?: Green / Turner 1994*, 164–180; *A. Strobel*, Die Stunde der Wahrheit. Untersuchungen zum Strafverfahren gegen Jesus, WUNT 21, Tübingen 1980.

Ein letzter Bogen der Retrospektive führt vom Gesalbtenprädikat zur Geschichte, zu Prozess und Tod Jesu und von ihnen wieder zur Theologie.

3.9.1 Ich verfolgte das *Christusprädikat* ab der Sterbeaussage. Aber kommen wir ohne einen *vorösterlichen Impuls* aus? Der Formel „Gesalbter war er, der starb", inhäriert ein Blick vor den Tod. Die Begriffslücke der Logienquelle und die Vorsicht, mit der die Evangelien „Christos" in Rede *über* und Anrede *an* Jesus setzen, erweisen zwar: Jesus beanspruchte das Prädikat in seinem galiläischen und judäischen Wirken nicht selbst. Doch die Anrede an ihn könnte vor die Passion, die Debatte über und mit ihm in den Prozess Jesu zurückgehen. Die Entscheidung über Ersteres fällt am Petrusbekenntnis *Mk 8,27–30*.

Solange die Religionsgeschichte durch die herrscherliche Messiaslinie präokkupiert war, ergab sich ein Bruch zwischen den vv.28 und 29. Die Ansicht der „Menschen" über Jesus kreiste um prophetische Identifikationen (28), die Petri wählte den Herrschergesalbten (29). Herrschafts- und Machtmomente trafen allerdings das Wirken Jesu nur gebrochen, so dass die Identifikation Petri Jesus nicht besser als die der Leute beschrieb. F. Hahn und E. Dinkler schlugen daher 1963/64 unabhängig von der älteren deutschen Tradition vor, das Problem durch eine überlieferungsgeschichtliche Verbindung mit dem Satanswort 8,33 zu lösen. V.28 wäre danach nicht älteste Überlieferung, und die Identifizierung Petri hätte Jesus aufs schärfste abgewiesen; wer in ihm den Messias sähe, dächte nicht das Gottes, sondern das der Menschen.[251]

Auch wer dem Grundimpuls der These folgt, das Petrusbekenntnis ins Wirken des irdischen Jesus zu verfolgen, wird religionsgeschichtlich modifizieren müssen. Petrus identifiziert Jesus nicht speziell als herrscherlichen Messias; dafür müsste „der Gesalbte des Herrn" o.ä. stehen. Er integriert vielmehr die messianischen Linien im Prädikat „der Gesalbte" (schlechthin). Zu v.28 ergibt sich kein Bruch, sondern eine Steigerung und Erweiterung von der prophetischen Reflexionslinie aus. V.28 muss nicht aus dem Überlieferungsgut ausgeschieden werden, und die literarisch bedenkliche Kombination mit v.33 – zwischen v.29 und v.33 liegt ein Perikopenbruch – erübrigt sich. Der Zwang, Petri Bekenntnis gegen den vorliegenden Mk-Text als falsch zu klassifizieren, schwindet.

Schwerwiegende Einwände raten freilich ab, das Petrusbekenntnis historisch stark zu belasten. Es ist in seinem Kern vv.27–29* kein Jesus-, sondern ein Petrusapophthegma. Die gemeindliche Zentralgestalt Petrus vergegenwärtigt, wie Jesus richtig – nämlich in einer von Jesus selbst gefragten Weise – zu identifizieren und akklamieren sei. Die Sprache verrät kaum aramäisches Substrat. Der Gesalbtentitel summiert die Traditionen. Nachösterliche Entstehung ist wahrscheinlicher als vorösterliche.[252]

---

[251] *Dinkler****; *Hahn* 1963 ([5]1995)*, 227–230.

[252] Vgl. *Karrer* 1990*, 356–359.

Joh 6,69 bietet eine Variante mit anderem Prädikat. Weiter zur Gattung gehört EvThom, log. 13, wo Thomas die entscheidende Antwort für die Thomasgemeinde gibt.[253]

Vorsicht gegenüber einem Haftpunkt unseres Prädikats vor der Passion ist also angebracht. Wie steht es dort? Nach *Mk 14,61f* gesteht Jesus auf die Frage des Hohenpriesters, ob er der Gesalbte, der Sohn des Hochgelobten sei, „Ich bin's". Das Bekenntnis der Jünger vor der Passion und der Anlass seiner Verurteilung verschränken sich. In seiner einzigartigen Gottnähe erkannt und von ihm selbst bestätigt, geht Jesus in den Tod. Die, die ihn erkennen, lassen ihn allein (die Jünger) oder verurteilen ihn (Hoher Rat). Dieser markinische Chiasmus hat eine Nebenfolge. Unklar bleibt, wieweit die Formulierung in 14,61f vor Mk zurück reicht, und wenn, wie eine getreue Schilderung des Geschehens an die Gemeinde kam.

Seit H. Lietzmann*** wird darüber gestritten. Angesichts des Zeugenproblems nicht überraschend, differieren die Überlieferungen über die Rolle des Sanhedrins zwischen Synoptikern und Joh. Nur bei ersteren lässt sich von einem Prozess sprechen. Joh 18,12–14.19–24 schildert ein Verhör. Das Christusprädikat spielt in der johanneischen Passion (Joh 18;19) keine Rolle. N.A. Dahl durchschlug den historischen Knoten: Der Kreuzestitulus setze voraus, dass Jesus wegen eines königlich-messianischen Anspruchs angeklagt war und dies, vor die Anklage gestellt, zumindest durch Schweigen eingestanden habe. Ein messianisches Wirken und Bewusstsein, zumindest ein messianisches Eingeständnis Jesu bei der Passion anzunehmen, sei damit für die historische Kritik plausibel, ja notwendig. Seine These vom „gekreuzigte(n) Messias"[254] wirkte weit. Die traditionsgeschichtliche Distanz zwischen Christus- und Königstitel im 1.Jh. zwingt jedoch wie die Unsicherheit um Mk 14,61f zur Zurückhaltung. Wir müssen den Kontext genauer analysieren:

3.9.2 Der Kreuzestitulus bietet den sichersten Anhalt zum Verständnis der *Verurteilung und Hinrichtung Jesu*, obwohl auch er gelegentlich historisch angefochten wird. Er enthält wie die Überlieferung über den Prozess vor Pilatus bei Mk (15,2.9.12) und Joh (18,33.37 usw.) ausschließlich das Königs-, nicht das Gesalbtenprädikat.

Basis des Titulus war der Brauch, bei einer Urteilsvollstreckung dem Publikum auf einer Tafel das Verbrechen des Delinquenten zu nennen (vgl. Sueton, Cal. 32,2; Dom. 10,1). In der Angabe des Urteilsgrundes koinzidieren die synoptische und die johanneische Tradition bei „der König der Juden" (Mk 15,26; Joh 19,19). Dies dürfte daher den Grundtext bilden.[255] Keine Parallelen gibt es zur Auffassung, der Titulus sei über Jesus angebracht gewesen (nach Joh 19,19 auf dem Kreuz), die in der Kunstgeschichte zu der uns geläufigen Kreuzform † (der sog. „crux immissa") führte. Mk 15,26 setzt sie noch nicht voraus. So

[253] Vgl. *M. Fieger*, Das Thomasevangelium, NTA.NS 22, Münster 1991, 66–71.

[254] *Dahl****, Zitat Titel.

[255] Vgl. *Brown*** II 962–968; skeptischer *H.-W. Kuhn*, Jesus als Gekreuzigter, ZThK 72, 1975, 1–46: 6f.

kann das Kreuz Jesu auch die Form eines T gehabt haben und der Titulus vorangetragen oder daneben gestellt worden sein. Das altkirchliche Christussymbol T knüpft daran an. Moderne Darstellungen variieren die Kreuzesform noch stärker.

Der Schuldvorwurf ist aufschlussreich. „König der Juden" hießen jüdische Herrscher von den Hasmonäern bis Herodes d.Gr. (Diodorus Sic. 40,2; Josephus, ant. 14,36;16,311). Dann verweigerte Rom Prätendenten den Titel bis 37 n.Chr., über die Kreuzigung Jesu hinaus. Varus exerzierte nach Herodes d.Gr. Tod, wie auf eine Usurpation des Titels zu erwidern sei; er ließ Aufständler, die ihn beanspruchten, in großer Zahl kreuzigen (Josephus, bell. 2,75; ant. 17,296). Vor diesem Hintergrund löst sich der Prozess aus römischer Sicht ohne Schwierigkeiten auf. Er war ein politisches Verfahren. Jesu Hinrichtung statuierte für Judäer, Galiläer und nicht zuletzt die Nachkommen Herodes d.Gr. ein Exempel, sich mit der von Rom gewährten nichtköniglichen Verwaltungsstruktur zu bescheiden.[256] Dass Jesu Anhänger ungeschoren blieben, zeigt, dass es im Unterschied zum Geschehen 4 v.Chr. um ein politisches Signal, nicht um die Niederschlagung eines großen Aufstands ging.[257]

Verurteilungsbasis Jesu wäre in den Rechtskategorien der Zeit die Verletzung der römischen Hoheit (das „crimen maiestatis") bzw. der Angriff auf Staatseinrichtungen (die „perduellio"). Nur im Sinn der übergeordneten Kategorie über diese beiden Vorwürfe ist von „seditio" (Aufstand) zu sprechen.[258]

Die Komplikation für unser Prädikat liegt auf der Hand. Die Vorstellung des „Gesalbten" setzt sich, wie wir sahen, in unserer Zeit vom realpolitisch depravierten Königstitel ab. Der Anspruch, gesalbt zu sein, führt in all seinen Schattierungen auf eine theonome Ebene, auf die die politische Königs-Anklage nicht unmittelbar anwendbar ist.

Eine Ausstrahlung dessen reicht in die lukanische Prozessdarstellung. Sie fügt redaktionell ein, Jesus werde vor Pilatus als „gesalbter König" angeklagt (23,2). Aber das führt nicht zur Verurteilung. Pilatus findet vielmehr „keine Schuld". Angesichts der Unterscheidung aufständischen und gesalbten Königtums ist das evident. Der Gesalbte ist im Unterschied zum Aufstands-König nicht justitiabel.[259]

Eine Anklage Jesu als Gesalbter vor Pilatus liefert demnach kaum den Schlüssel seiner Verurteilung. Aber auch im jüdischen Prozess bzw. Verhör stellt sie vor erhebliche Probleme. Für die These, dass sich die Frage des Hohenpriesters angesichts des unerhörten Anspruchs Jesu „einstellen musste",[260] spricht, dass das Gesalbtenprädikat auf Jesu einzigartige Gottverbundenheit deutet. Andererseits

---

[256] Antipas zeigte Affinitäten zum Königstitel. In Mk 6,14.22.25–27 par ging er (falsch) als „König" ein.

[257] Bei all seinem Interesse an den Aufständen des 1.Jh. ordnet Josephus denn auch Jesus nicht unter diese ein (trotz „Christos" ant. 20,200).

[258] Verschiedene Nuancen bei *Gnilka* 1990*, 308; *Becker* 1996*, 432; *Reinbold*** 311f, 314ff; *Bösen**** 228ff.

[259] Die vielfache Mühe um Korrekturen am Text (Übersicht *Brown*** I 725,736–743) entfällt.

[260] *F. Mußner*, Rez. zu *Kertelge****, ThRv 84, 1988, 353–358: 357.

gibt es keinen Rechtsgrund, eine in ihrem Anspruch Gott verbundene Gestalt zu verurteilen. Eine Verurteilung wird juristisch nicht klar ersichtlich.

Alle Schattierungen der jüdischen Gesalbtenhoffnung sind – daran ist zu erinnern – durch ihren idealen Charakter Gott verbunden. In keinem Falle sind sie einem Gericht unterworfen. Allenfalls richtet der Gesalbte selber.

Die Forschung hilft sich auf zweierlei Weise. Zum einen orientiert sie sich an Jesu letztem Wirken in Jerusalem, das sich um den Tempel konzentriert. Der Sanhedrin könnte unter der römischen Verwaltung die Kapitalgerichtsbarkeit besessen haben, wo es um Urteile wegen einer gegen den Tempel gerichteten Haltung ging. Aber die Rechtskraft der Tempelanklage ist in Mk 14,53–59 alles andere als eindeutig, und unklar bleibt die Überstellung an Pilatus; ein Römer musste in einer Verletzung des Jerusalemer Tempels keine „perduellio" sehen.[261]

Zum anderen bezieht sie Jesu Wirken vor Jerusalem ein. Früher dachte sie besonders an seine Gesetzeskritik, zumal der erste Tötungsbeschluss nach Mk auf einen Sabbatkonflikt folgt (Mk 3,6). Wegen der Differenzierungen um Jesu Haltung zum Gesetz tritt das inzwischen in der älteren Gestalt zurück. Nach verbreiteter Ansicht kommt jedoch eine Anklage als Volksverführer, der mit Zeichen und Wundern eine falsche Verkündigung stütze, nach Dtn 13 (bes. vv.2f.6) in Frage.[262] Dass dieses Thema Israel beschäftigte, zeigen 11Q Temp 54,8–18 und noch Mk 13,22b. Eine gewichtige Rolle spielt es in Joh 7,12.47. Trotzdem wird Dtn 13 in keiner Überlieferung des Prozesses Jesu zitiert. Schwer fällt, Jesus die Irreführung zu anderen Göttern zu unterstellen, in der die Rechtsvorschrift kulminiert. Eventuelle jüdische Bezugnahmen sind erheblich jünger (bSan 43a.47a). Deshalb entsteht wiederholt auch die Erwägung, Jesus sei als politisch relevanter eschatologischer Prophet verfolgt worden.[263]

Wir werden am besten daran tun, die jüdische Verurteilung Jesu offen zu lassen. Wieweit immer der Sanhedrin Jesu religiösen Anspruch erkannte, stützen die schwer zu wägenden Quellen keine forensisch eindeutige Aktion. Viel spricht für eine fatale Verstrickung. Ein einmal begonnenes Handeln gegen Jesus gewann eine Eigendynamik, der sich die Rechtsinstanz im Verhör Jesu (vielleicht dazu seiner Verurteilung) und seiner Übergabe an Pilatus unterstellte.

Verstrickt war ebenso das Volk, soweit es in das Prozessgeschehen gehört. Seine Rolle wächst im Lauf der Evangelienüberlieferung. Am Anfang dürfte die feindselige Haltung eines Teils der Jerusalemer Bürger stehen.[264] Noch die Christen, die das Testimonium Flavianum (Josephus, ant. 18,63f) erweitern oder formulieren, begnügen sich mit dem Verweis auf eine Anzeige oder Denunziation Jesu durch die „ersten Männer" der Juden (griechisch „endeixis", nicht Prozess) bei Pilatus.

Mutatis mutandis gilt die Eigendynamik ebenso für das Geschehen vor Pilatus. Das Ergebnis können wir gut rekonstruieren. Tacitus[265] bestätigt es in der rö-

---

[261] Plausibelster Begründungsansatz bei *K. Müller*, Möglichkeit und Vollzug jüdischer Kapitalgerichtsbarkeit im Prozess gegen Jesus von Nazareth: *Kertelge**** 41–83; zum Einwand vgl. *Kümmel* 1994 (s. 4), 689.

[262] Vgl. *Strobel**** 81ff, *Betz**** 639 und *Neale****. Vgl. schon TestLev 16,3.

[263] *Egger**** 208ff. – Eine Anklage Jesu als Magier ist aus Joh 18,30 schwer zu erschließen: gegen *M. Smith*, Jesus der Magier, München 1981, 63f,76; Fortgang der Diskussion *Stanton****.

[264] Nach *Theißen / Merz* 1996*, 407f wegen der möglichen Bedrohung des Wallfahrtsheiligtums.

[265] Tacitus, ann. 15, 44,3. Vgl. *Reinbold*** 299–302.

mischen Geschichtsschreibung: Jesus wird *durch* Pilatus hingerichtet, nicht „unter" Pilatus, wie die christliche Tradition einschließlich des Credo entschärfte. Er wird das nach Tacitus ohne jüdische Beteiligung. Die Anklage dahinter beschäftigt Tacitus nicht. Nach unserem Rechtsverständnis ist sie anfechtbar, da sie nur indirekt Anhalt hat. Der Hinrichtungsbefehl verbiegt Jesu Botschaft, Gottes Basileia (Königsherrschaft) komme mit seinem Wirken, und sein dies vollziehendes Handeln in eine justitiable Kategorie. Den Nachweis, wie das den Staat tödlich tangiere, erbringt der Prozess nicht. Der Träger der Basileia, der auf Gott verwies und den Königstitel nicht beanspruchte, wird durch Prozess, Verspottung und Kreuz selbst zum Basileus (König) gemacht.

Von der Basileia-Botschaft führt demnach der Weg zur Hinrichtung, ohne dass wir das Zwischenglied der Messias-Anklage benötigen (die den begrifflichen Duktus von Basileia zu Basileus nur verfremden würde). Spät sucht Lk nach einem Motiv, das den Prozess genauer zu motivieren vermöchte. Er vermutet ohne Vorgabe in der alten Überlieferung, Jesu Antwort auf die Zinsgroschenfrage könnte als Steuerverweigerung interpretiert worden sein (23,2 nach 20,20–25).[266] Anders reagiert das außerkanonische EvPetr. Es verlagert die Hinrichtung von Pilatus zu Herodes und „den Juden" (1–11 [1–4]), nach den historischen Indizien zu Unrecht.

Sowie die Anklage zu Stande gekommen ist, läuft Jesu Prozess nach römischem Recht korrekt ab. Es sieht eine Verurteilung ohne weitere Nachweise beim Geständnis wie beim Verzicht des Beschuldigten, sich zu verteidigen, vor. Die mögliche Äußerung Jesu (Mk 15,2 par) wie sein Schweigen (Mk 15,5 par) rechtfertigen daher den Hinrichtungsbefehl in rascher Verhandlung. Jesus nimmt durch sein Verhalten den Tod auf sich, obwohl die Anklage fragwürdig ist. Er findet paradox im verhängten Schicksal seinen *„ureigenen Tod"*.[267] Höchstes Unrecht und höchstes Recht des Strafverfahrens koinzidieren: *„Summum Ius, Summa Iniuria."*[268]

3.9.3 Kehren wir von da zur Genese des *Gesalbtenprädikats* zurück, erklärt es sich gut aus einer unmittelbaren Erwiderung auf die Hinrichtung. Die Hinrichtung karikiert Jesu Wirken und Würde unter dem Titel König (Basileus). „Gesalbter" bietet den Jüngern und der entstehenden Gemeinde die Möglichkeit, seine Gottesnähe dem entgegen und noch dichter auszusagen. „Gesalbter war er, der starb" gibt eine zugleich kritische und selbstbewusste Antwort auf „König (der Juden) ist er, der stirbt". Etwaige vorangehende Ansätze in der Begegnung mit dem irdischen Jesus gehen darin ein.

Gravierend ist die Folge fürs *Königsprädikat*. Obwohl nach urchristlicher Überzeugung von einer Herrschaft Christi zu sprechen ist, kann es erst in gehörigem Abstand zur Passion positives Gewicht für die Christologie erhalten. Paulus bietet keinen einzigen Beleg (trotz 1 Kor 15,23–28), ebensowenig die Deute-

266 Was er 20,26;23,4 gleich wieder entkräftet.

267 *Haacker**** 33f,36 (Zitat, angeregt durch *H. Schürmann*, Jesu ureigener Tod, Freiburg 1975).

268 *Paulus**** 445.

ropaulinen (trotz Eph 1,20–22a). Sollte *1 Tim 1,17* das brechen, verrät es die entscheidende Ermöglichung: Mit „König" wird ein Attribut Gottes, nicht der staatsrechtliche Titel, auf den Gesalbten Jesus übertragen.

Syntaktisch ist ein Bezug auf den Gesalbten Jesus von v.16 möglich, der die beobachtete Tendenz zur Anlagerung des Gott-Attributs an Christos verstärkte. Die feste Prägung von „König der Äonen" (vgl. Jer 10,10; Tob 13,7.11; 1 Clem 61,2) und das Stichwort „einziger Gott" lassen aber eher an den beibehaltenen Charakter einer Doxologie Gottes denken.[269]

1/2 Petr, Jak, Jud und 1–3 Joh meiden das Königs-Prädikat christologisch, ebenso der Hebr trotz seines königlichen Melchisedek-Bildes (7,1f). Die Evangelien jedoch können einer Klärung wegen der von ihnen aufgenommenen Prozesstraditionen nicht ausweichen. Das *Mk* verrät noch die erste Reaktion, eine Brandmarkung als missverstehender Hohn (15,32; vgl. Mt 27,42; EvPetr 3,7). Aber zugleich trifft Jesus, dass er König sei, in spezieller Weise (Mk 15,2, evtl. nach einer jungen Tradition). Menschen erwarten vom Träger rechter Königsherrschaft Hilfe. Das geht ein (vgl. 11,9f), und das Geschick Jesu setzt es der Spannung des Kreuzes aus. Eine Analogie entsteht in diesem Gefälle zum Prädikat des Gesalbten. Sie gestattet die erste Zuordnung von Gesalbter und König im Neuen Testament (15,32).[270]

Die markinischen Vorgaben und eigene Interessen nötigen die jüngeren Synoptiker zur Verdeutlichung. Den Akzent des *Mt* auf dem irdischen Niedrigkeitskönig sahen wir (21,5). Wir müssen nun ergänzen: Dieser von politischer Macht entbundene König erfährt, obwohl er Israel durch die Schrift angesagt ist, nicht von Juden, sondern von fremden Magern die erste Proskynese (2,1–12). Ja, er wird nach seinem Leiden richtender König in Hoheit sein (25,34, evtl. wieder die Übertragung einer Gottesbeschreibung). Aus der Auferstehung erhält er epochale Vollmacht. In ihr wendet er sich den Völkern zu (vgl. 25,32; 28,18).

Dem *Lk* könnte sein Gewicht auf dem herrscherlichen Gesalbten einen noch unbefangeneren Umgang mit Jesu Königtum nahelegen (vgl. Lk 1,33; 22,29f). Doch die Polemik, ein König Jesus verstoße gegen die Gesetze des Kaisers (Apg 17,7), widerrät dem unverändert. Das Lk reagiert, Jesus sei „der König im Namen des Herrn", der anders bestimme als die Könige der Völker (19,38; 22,25). Als gesalbter König ist Jesus deshalb nicht justitiabel (s.o.). Doch er ist bis zum Kreuz darauf ansprechbar, er komme zu seiner Herrschaft. Lk 23,37–43 löst dafür Mk 15,31f auf. Das Motiv der helfenden Zuwendung wandert in die Kraft und den Raum des kommenden Königtums Jesu.[271] Aus der Gewissheit dessen ergeht die Zusage von v.43 („heute wirst du mit mir im Paradiese sein"). Das Lk bietet eine große soteriologische Konzeption bis zum Kreuz.

---

[269] Gegen *G.C. Oke*, A Doxology not to God but to Christ, ET 67, 1956, 367f.

[270] Zu 11,9f mit dem Hosanna („hilf doch") 2.7.2. Weitergehend *Matera****.

[271] Die Textvarianten mit dem Dativ und dem Akkusativ von „basileia" schreiten das aus.

Streng gelesen, stirbt Jesus am Kreuz freilich nicht „für" den anderen. Die rettende Kraft ist der neuen Dimension von Jesu Königtum eigen, während die Formulierung ein „Für" sühnenden Sterbens vermeidet. Die lukanische Soteriologie langt – wie mehrfach bemerkt – mit geringem Gewicht auf dem Sühnetod Jesu (im engeren Sinn) aus.[272]

Nochmals eindrücklicher bewältigt das *Joh* die Aufgabe. Denn Jesus ist nun sachgemäß vom Anfang seines Wirkens an „König Israels" (1,49; vgl. 12,13.15). Verstanden als „König der Juden", widerspricht das dem Kaiser (19,12). Die Spannung des im Kern vorjohanneischen Passionsberichts durchzieht so den Gang der Geschichte Jesu, freilich in eigentümlicher johanneischer Wendung. Die Menschen wollen Jesus während seines Wirkens zum König in ihrem Sinne machen. Sie streben nach dem Besitz eines Königs wie einst, als Israel verwerflich einen König begehrte (vgl. 1 Sam 8). Davor entweicht er (6,15). Im Prozess kehren „die Juden" das um. Sie unterstellen ihm, er selbst wolle „König der Juden" sein (19,12.15). Der Erzählgang entlarvt den Widersinn. Die Kläger blicken nicht nach oben, wohin der Fortgang von 1,49 (in 1,51) wies. Sie erinnern sich nicht, dass des Volkes „Gott und König", Mose, sein Königs-Attribut wegen seiner erhabenen Gemeinschaft mit dem Vater trug (vgl. Philo, vit. I 158). Jesus aber verweist noch über Mose hinaus auf den Ort seiner Königsherrschaft in Gottes Wahrheit (18,36f). So wenig Pilatus das versteht und so sehr die Huldigung der geißelnden Soldaten es verzerrt (18,38–19,3), klingen im Ecce homo 19,5 Worte des Herrn aus 1 Sam 9,17 auf: „Siehe der Mensch, von dem ich dir gesagt habe, er wird über mein Volk herrschen". Die johanneische Ironie nimmt das Handeln des Volkes und des Pilatus bis zum Kreuzestitulus in Dienst, der „geschrieben" ist, wie Handeln Gottes nach der Schrift verbürgt wird (19,19). Was Pilatus schreibt, verselbständigt sich daher. Der Titulus löst sich von der juristischen Benennung des Verbrechens (erzählerisch umgesetzt 19,21). Er hält Jesu König-Sein für Juden und Nichtjuden fest.[273]

Die erzählerische Leistung ist enorm, allerdings mit einem problematischen Bild der Juden erkauft. Ihre Bedeutung im frühen Christentum ist schwer einzuschätzen. Nicht einmal die Johannesbriefe spielen auf sie an; sie enthalten das Königs-Prädikat nicht.

Die *Offb*, der letzte neutestamentliche Höhepunkt, verschmilzt das Thema mit ihrem eigenwilligen Messianismus. In 11,15 setzt sie für den Herrn und seinen Gesalbten den gemeinsamen Singular, „er" werde herrschen. Der Gesalbte übt so die Königsherrschaft mit Gott zusammen aus. Er tritt voll in Gottes Herrschaft ein. Jesus ist deswegen in Übertragung der Gottestitulatur von Dan 4,33 LXX (nach Dtn 10,17) „Herr der Herren und König der Könige" (17,14; vgl. 19,16)[274] gegen die Könige der Erde (19,19 u.ö.). Einen Vorläufer dafür im herrscherlichen Messianis-

---

[272] Vgl. 3.7.12 u.ö. Die souverän-machtvolle Bitte Jesu „Vater, vergib ihnen, denn sie wissen nicht, was sie tun" Lk 23,34a würde sich zum Gefälle fügen. Allerdings fehlt sie in wichtigen Handschriften.

[273] Vgl. *Kuhn* (s. 3.8) 521–531; *Anderson**** 177ff; *Meeks**** (partiell); *D. Böhler*, „Ecce homo!", BZ 39, 1995, 104–108; *Obermann* (s. 5.1) 48ff.

[274] Vgl. *G.K. Beale*, The Origin [...], NTS 31, 1985, 618–620; *T.B. Slater*, „King of Kings" [...], NTS 39, 1993, 159f.

mus gibt es nicht. Das Königsprädikat entfaltet, weil es theonom neu gewonnen wird, die kritischst mögliche Funktion gegen alle Herrschaft auf Erden.

Überblicken wir den Befund, dann ist das neutestamentliche Königsprädikat keine einfache Variante zu herrscherlicher Gesalbtentradition. Es fängt die Rolle des irdischen Jesus, alle kaiserliche, königliche und sonstige Herrschaft auf Erden zu relativieren, ein und transponiert sie in das Leben der Kirche. In seiner Distanz und Korrektur an den Herrschern der Erde hat es eigenen Wert. Die *hermeneutische Relevanz* liegt vor Augen. Unübersehbar traut kein neutestamentlicher Zeuge den Herrschenden auf Erden zu, in Gottes Herrschaft und Jesu Königtum einzustimmen. Skepsis und Entlarvung sind angebracht. Die Sprache dessen ist in nachmonarchischen Republiken zu modernisieren, die souveräne Distanz unverändert von Gewicht.

Die Alte Kirche unterschied, noch stärker von Lk als von Joh angeregt, die irdische Anwesenheit Jesu in Niedrigkeit und kommende Anwesenheit in Hoheit. Die Königsvorstellungen konzentrierte sie auf letztere. „Seiner Herrschaft wird kein Ende sein“ rückte ans Ende des zweiten Glaubensartikels (im Nicäno-Constantinopolitanum etc.). Doch schlug das nicht in eine nur futurische Relevanz um. Jeder Herrentag vergegenwärtigte, dass der Herr „großer König“ sei (seit der produktiven Aneignung von Mal 1,11.14 in Did 14,3). Die Herausforderung durch die Kaiser (lateinisch: Imperatoren) führte zur Neubildung „Christus imperator“ ab Tertullian, fug. 10,1.[275]

Die älteste nichtchristliche Rezeption könnte bei Mara bar Sarapion vorliegen. Sein „weiser König“ Jesus, der zu Unrecht hingerichtet wurde, ohne dass die Hinrichtenden einen Nutzen davon hatten, kombiniert die christliche Aufwertung mit der Tradition des leidenden Weisen; Mara nennt vor Jesus Sokrates und Pythagoras.[276]

Die Drei-Ämter-Lehre der späten Reformation entdeckte die Kraft des königlichen Amtes Christi im Kampf gegen Teufel, Sünde und Tod. Mittelbar erreichte auch sie eine politische Dimension (vgl. Calvin, Inst. 1559, II 15,3ff). Die Potenz zur Kritik erhielt sich im Absolutismus. Jesus sei „alleine (!) Haupt und König der Gemeine“, stellte das damalige Kirchenlied fest (G. Tersteegen, EG 252,1). Theologen der Bekennenden Kirche gaben einer Ethik der *Königsherrschaft Christi* im Kirchenkampf neue Gestalt und Intensität.[277]

3.10 Schlussreflexion

Lit.: s.o.; *O. Bayer*, Kreuz IX, TRE 19, 774–779; *E. Bloch*, Atheismus im Christentum, GA 14, Frankfurt a.M. 1968; *M. v. Brück / J. Werbick* ed., Der einzige Weg zum Heil?, QD 143, Freiburg 1993; *H. Busse*, Messianismus und Eschatologie im Islam, JBTh 8, 1993, 273–289; *W. Dietrich / Chr. Link*, Die dunklen Seiten Gottes, Neukirchen 1995; *S. Hurwitz*, Die Gestalt des sterbenden Messias, SJI 8, Zürich / Stuttgart 1958; *M.L. Frettlöh /*

[275] Vgl. *Beskow****; *H. Cancik*, Christus Imperator: H. v. Stietencron ed., Der Name Gottes, Düsseldorf 1975, 112–130. Zentrale Texte außerdem Origenes, Joh. 1,28 (p.35); NHC VII 111,14–20.

[276] Die Quelle s. Anm. 2 zu 2.

[277] Vgl. *H. Lindenlauf*, Karl Barth und die Lehre von der „Königsherrschaft Christi“, Spardorf 1988.

Chr. Frey / M. Hoffmann / H. Zirker u. a., GlLern 11, 1996, Heft 2 (p. 103–195); *B. Jaspert*, Das Kreuz Jesu als symbolische Realität, ZThK 88, 1991, 364–387; *E. Jüngel*, Das Opfer Jesu Christi als Sacramentum et Exemplum: Wertlose Wahrheit. Theologische Erörterungen 3, München 1990, 261–282; *C.G. Jung*, Aion, Zürich 1951; *ders.*, Symbolik des Geistes, Zürich 1953; *U. Luz*, Theologia crucis als Mitte der Theologie im Neuen Testament, EvTh 34, 1974, 116–141; *J.B. Metz*, Theologie als Theodizee?: W. Oelmüller ed., Theodizee - Gott vor Gericht?, München 1990, 103–118; *E. Moltmann-Wendel / L. Schottroff / D. Sölle*, Kreuz etc., WFT, 1991, 225–236; *U.B. Müller*, Die Bedeutung des Kreuzestodes im Johannesevangelium, KuD 21, 1975, 49–71; *J. Nabert*, Essai sur le mal, Paris ²1970; *P. v.d. Osten-Sacken*, Leistung und Grenze der johanneischen Kreuzestheologie, EvTh 36, 1976, 154–176; *B. Petersen*, Theologie nach Auschwitz?, VIKJ 24, Berlin 1996; *G. Riße*, „Gott ist Christus, der Sohn der Maria". Eine Studie zum Christusbild im Koran, Begegnung 2, Bonn 1989; *O.H. Schumann*, Der Christus der Muslime, KVRG 13, Köln. Wien ²1988; *Th. Söding*, Das Wort vom Kreuz, WUNT 93, Tübingen 1997; *D. Strahm*, Vom Rand in die Mitte, Theologie in Geschichte und Gesellschaft 4, Luzern 1997; *Th. Sundermeier*, Konvivenz und Differenz, MWF.NF 3, Erlangen 1995; *S. Vollenweider*, Großer Tod und großes Leben: ein Beitrag zum christlich-buddhistischen Gespräch, EvTh 51, 1991, 365–382.

Jesus stirbt dahingegeben in verhängtem Leid. Er leidet und stirbt als Gerechter, an dem die Rechtsinstanzen versagen. Im Angesicht Israels tut er das und um das Paschafest. Er stirbt für andere, Nahe und Ferne. In seiner Passion legt sich Gott fest. Gott erklärt sich an seinem Geschick, wie er sich daran bestimmt, dass er ihn auferweckt. Deshalb gehört Christus (der Gesalbte) Gott in Leid und heilvoll ausstrahlendem Glanz zu. Sein Verständnis wächst in das Gottes ein und vice versa das Verständnis Gottes in die Christologie. Das kristallisiert sich als Tenor unter der Vielfalt des neutestamentlichen Nachdenkens über Tod und Leiden Christi heraus (Übersicht S. 173).

Die systematischen und hermeneutischen Folgefragen habe ich von Ort zu Ort angeschnitten. Ich summiere mit einigen Strichen:

3.10.1 Überaus eindrücklich ist der *Tod Christi* angesichts der Verstrickung der Menschen ins *Böse*. In dem an Christus sich vollziehenden Verhängnis scheint diese Verstrickung des Menschseins auf. Jesus wird ihr Opfer. Gott setzt ihn und setzt dadurch sich dem aus. Wir bedachten das über die Theorien des Opfers (s. 3.7.12). Eine Reflexion des Bösen erweitert die Wahrnehmung. Erhellend ist der philosophische Entwurf J. Naberts***. Er durchdenkt das Böse nachmetaphysisch auf seine Erscheinung hin. Nicht zu rechtfertigen (injustifiable) ist das ursprünglich Böse, ergibt sich am Phänomen. Es ist unverschuldet. Doch dem, der es erfährt, kommt es zu. Es wird ihm zugerechnet und erzwingt seine Verantwortung. Am Passionsgeschick Jesu können wir diese Struktur entdecken: Unverschuldet und menschlich unentschuldbar ist, was Jesus geschieht. Indes wird es Jesus im Prozess zugerechnet. Mehr noch, durch das gültige Rechtsverfahren geht es ganz in seine Verantwortung über. Der nicht zu rechtfertigende wird Jesu ureigener Tod.

Gott nimmt das Böse, das Übel damit nicht vom Menschen. Es dauert befremdend und schwer an. Aber da Gott sich in es hineinbegibt, scheidet es nicht von ihm. Selbst im äußersten Falle begegnet dem Menschen im Bösen *der* Gute. Wenngleich das Böse böse bleibt und das Übel übel, verliert es einschließlich der Schuld in der Dichte der Christusbegegnung seine trennende Kraft. Der Mensch ist ihm nicht ohne Halt ausgeliefert. Das Zusammenspiel von Evidenz und Entmächtigung des Bösen macht den Passionschristus zu einem grundlegenden Identifikationsmodell im Leiden. Sein Tod erlaubt, dem Bösen und dem Tod ins Auge zu sehen.

Durch die Generationen verschiebt sich die Erfahrung dessen. Nichts signalisiert das deutlicher als die Veränderungen in der Kruzifixdarstellung durch die Jahrhunderte. In der strengen Romanik zeigt der Gekreuzigte das überwundene Leid, den Sieg über den Tod und das Böse. Hochmittelalter und Mystik rücken den Schmerzenschristus den Bürgern näher. Die Schlange des Bösen krümmt sich am Fuße des Kreuzes. Die Gestalt des Gekreuzigten verzerrt sich, angefangen bei den Gabelkruzifixen. Blutüberströmt trägt er örtlich vor der Reformation sogar menschliches Haar. Das Reformationsbild sieht wieder die Überwindung des Todes, nun als des Todes, der der Sünde Sold ist. Es aktualisiert mittelalterliche Darstellungen mit der Wunde unter dem Herzen, aus der das Blut rettend zu den Menschen strömt. Die Moderne kehrt unter den Schreckenserfahrungen des 20.Jh. zum Bild des Leidens zurück, gern mit provokativen Zügen, um zu mahnen: Eine Identifikation darf nicht beruhigen. Sie schreit nach Veränderung.[278]

Das Leiden Christi wirkt auf das Verständnis Gottes zurück. Es lässt Gott nicht unberührt. Die frühe Abwehr dessen sprachen wir ebenso an wie den Wandel im 20.Jh.: Was der Antike undenkbar war, ein *Mitleiden Gottes*, wird nach den Umbrüchen der Theologiegeschichte und unter den Schmerzen der neueren und neuesten Zeit denkbar.[279]

3.10.2 Das Neue Testament bleibt beim Schrecken und Schmerz des Todes nicht stehen. Es nimmt *Gottes Zuwendung* darin wahr. Christi Leiden und Tod geschieht *für* die Menschen. Der Tenor dessen gerät nicht einheitlich, und nicht jeder Zeuge widmet dem Für des Todes Jesu Aufmerksamkeit. Andrerseits sind die Für-Deutungen ein zentraler, unaufgebbarer Zug des Neuen Testaments. Sie sind das um des Menschen willen, um ihn mit dem Nichtwiedergutzumachenden, das er vollbringt, nicht allein zu lassen.[280]

Die soteriologische Christologie ruft so nicht minder als die des schmerzhaften Leidens nach aktueller, lebendiger Vergegenwärtigung. Der kritische Wandel der Jahrhunderte verwehrt einen hermeneutischen Königsweg. Jeder der Deutungsansätze bietet spezifische Schwierigkeiten. Die Vielfalt des Neuen Testaments entlastet. Vielschichtig und unter Berücksichtigung der religiösen Individualisie-

---

[278] *E. Hürkey*, Das Bild des Gekreuzigten im Mittelalter, Worms 1983; *G. Rombold / H. Schwebel*, Christus in der Kunst des 20. Jahrhunderts, Freiburg 1983; *F. Mennekes / J. Röhrig*, Crucifixus, Freiburg 1994.

[279] S. 3.4.8; *K. Kitamori*, Theologie des Schmerzes Gottes, ThÖ 11, Göttingen 1972; *Moltmann* [6]1993 (s. 2.10) u.a.

[280] Zur Vertiefung *Jüngel**** u.a.

rung ist es in die heutigen Lebenswelten zu übersetzen. Die wichtigsten Aspekte sprach ich an. Ich rekapituliere sie hier nicht. Oft zielen sie auf das Individuum und seine Befreiung von Schuld und Not.

Die Tiefenpsychologie überträgt die Entlastungs- und Rettungserfahrung in ein Geschehen der Selbst-Werdung (Individuation). Nach einem Vorschlag aus der Jungschen Schule erfährt der Mensch im Zusammenstoß des Bewusstseins mit dem Archetypus – in unserem Fall dem leidenden (und nach dem Leiden auferstandenen) Messias – „sein eigentliches Schicksal". Schwer ist zu sagen, wieweit das dem Neuen Testament Resonanz gewährt. Der Archetypus begegnet nach der psychologischen Theorie ähnlich im leidenden Messias ben Josef des nachneutestamentlichen Judentums. Das Ein-für-Allemal des Christusgeschehens verwandelt sich, sein Außerhalb von uns verliert sich, und Archetypen mutieren in der Auseinandersetzung mit dem Bewusstsein.[281]

Daneben behauptet sich die Möglichkeit, Schuld, Sühne und Versöhnung, die menschliche Verzerrung der Gerechtigkeit und die dies aufdeckende, widerlegende und auslöschende Zuwendung Gottes überindividuell zu begreifen.

Schuldgeschichte ist oft genug die Geschichte von Gruppen oder Völkern und der Anspruch der Gerechtigkeit gegen herrschende Strukturen zu richten. Das Sterben Jesu deckt solches Unrecht und Unfreiheit auf. Es klagt Gerechtigkeit ein. Gestalten befreiender Theologie greifen das auf. Sie begegnen jenseits Europas gewichtiger als in unserer Gesellschaft, werden jedoch auch für uns virulent. Das Grauen der Kreuzigung verweist darauf, „dass Gott sich unten hat finden lassen, [...] vergleichbar geworden ist – nicht mit den Herren dieser Welt, sondern den Opfern ihrer Brutalität." Davon geht die „verändernde, lebensschaffende Kraft solidarischen Leidens aus", gewiss keine Für-Deutung im engeren Sinn, aber eine wesentliche Transponierung.[282]

Gewiss fällt der Schritt von einer Kritik an Schuld zum Geständnis schwer, in die Schuld ohne menschlichen Ausweg verstrickt zu sein. Gerade darin aber eröffnet die befreiende Kraft des Todes Jesu Einzelnen und ihrer Gemeinschaft ein vor Gott entlastetes Leben.[283]

3.10.3 Das Kreuz gibt nicht allein Einblick in den lichten Gott. Es tut ebenso den verborgenen Gott kund. Dass Gott sich in Jesu Tod affiziert, zerbricht die normale Logik des Denkens. Ein Stück der Torheit wiederholt sich, der sich Paulus nach 1 Kor 1,23 ausgesetzt sah. Wir kommen zur *Kreuzestheologie*.

Vor der Reformation fehlte deren Begriff trotz Kreuzespredigt und -mystik. M. Luther fand darum im Rückgriff auf Paulus (und den Hebr) eine unverbrauchte Kategorie für seine These, der Theologie eigne eine eigene Erkenntnis, nicht die der Spekulation im Vertrauen auf die Vernunftbegabung des Menschen, sondern die der Erscheinung Gottes in der gegensätzlichen Gestalt des Leidens

281 Vgl. *Jung* 1951***, bes. 157ff,281ff und 1953***, 383f; *Hurwitz**** (Zitat 218 hervorg.).

282 Von *L. Schottroff* (in Jost / Valtink**, Zitate 115,116) u. a. auch für die feministische Theologie zur Geltung gebracht.

283 Die Not, das zu begreifen, zeigt die fast unmögliche Rezeption des kollektiven Stuttgarter Schuldbekenntnisses von 1945 in unserer Gesellschaft.

Christi am Kreuz.[284] Kreuzestheologie wird dank dieser reformatorischen Weichenstellung zu *erkenntnistheoretischer Reflexion*, und protestantische Kreuzestheologie entfaltet ihre besondere Qualität in der polemischen Aufdeckung von Lösungen vereinfachender menschlicher Weisheit. Das übernimmt gewichtige Impulse der Exegese. Sachgemäß verweist es auf die letzte Unbegreiflichkeit des Todes Jesu. Doch koinzidiert es nicht ganz mit dem Ausgangspunkt bei Paulus.

Die Gegner des Paulus und Parteiungen seiner Gemeinden gehen nicht in den Gegnern und Kritikern des Kreuzes späterer Zeit auf. Vor allem aber lässt Paulus sich provozieren, eine konkurrierende Erkenntnisstruktur mit weisheitlich-spekulativen Zügen zu entwerfen (1 Kor 2,6–15). Die Kreuzestheologie des paulinischen Leittextes spannt sich zwischen Kritik und dem Suchen nach grenzüberschreitenden Artikulationen aus. Der Luther der Heidelberger Disputation ist rigoroser als Paulus.[285]

Kreuzestheologie erlaubt auch einen weiteren Sinn. Als *christologisches Theologumenon* verstanden, geht sie in die inhaltliche Deutung des Kreuzes über. Der Protestantismus entschränkte sie in dieser Linie allmählich. Das „Wort vom Kreuz“ (1 Kor 1,18) wurde Synonym und Kennwort des gesamten Evangeliums von Gottes rettender Kraft.[286] Gegenüber dem Neuen Testament entstand abermals eine gewisse Unschärfe. Dieses bietet nämlich, in sich gelesen, uneinheitliche Impulse. Seine Kreuzesaussagen sind einerseits schmaler als die Rezeption. Andererseits verweisen sie neben Fluch und Schmach, Für und Glanz des Kreuzes außerdem in die Ethik.

Die *Schmach* benennt neben Paulus der Hebr. Er wurde deshalb für Luther ein Hauptzeuge seines Anliegens (WA 57, 79 Z.20f). Freilich geht er darin nicht auf. Nach Hebr 12,2 achtet Jesus das Kreuz angesichts der vor ihm liegenden Freude gering und nimmt es auf sich.

Das *Für* des Kreuzes erhält viele Nuancen. Paulus entwirft in Gal 3, Christus habe uns durch den Fluch des Kreuzes von dem Fluch freigekauft, den Gottes Weisung nach der Schrift enthielt (3,10–14 nach Dtn 27,26; 21,23). Der 1 Petr nuanciert anders, Christus trage die Sünden aufs Holz hinauf (2,24), der Kol, Christus nagle unseren Schuldschein dort an (2,14). Das Joh wählt den Typos der ehernen Schlange, dessen Errichtung in der Wüste rettete (3,14; vgl. Num 21,8f). Dass Christus für uns starb, als wir noch Sünder waren, tritt allerdings im Joh gegenüber seiner Erhöhung und der Vergewisserung des Lebens für die, die glauben, zurück (vgl. 3,16 mit Röm 5,8). Je nach Blickwinkel keimen Zweifel, ob wir von einer johanneischen Kreuzes-Theologie sprechen dürfen.[287]

Nach vielen Traditionen prägt das Kreuz das *Leben* der Christen. In der Nachfolge muss es auf sich genommen werden, stellen Logienquelle und Synoptiker fest (Lk 14,27 Q; Mk 8,34 par; vgl. EvThom log. 55 und anders Hebr 13,13). Es tötet die Begierden, ja den Leib der Sünde, hebt Paulus hervor (Gal 5,24; Röm 6,6).

---

[284] Bes. Heidelberger Disputation (WA 1, 350–374), Thesen 19,20.

[285] Kaum mehr gesagt werden muss heute, dass das Judentum auch neben Paulus weiß, kein Weiser könne schwierige Fragen um einen Opfertod beantworten (LibAnt 40,4). Das Skandalon des Kreuzes erlaubt keine antijudaistische Polemik.

[286] *K. Barth* löste den Spannungsbogen zum erkenntnistheoretischen Ansatz dialektisch kühn: KD II 1, §§ 25–27.

[287] Zur Diskussion *Müller**** und *ders.* 1990 (s. 4.11), 71ff; *Osten-Sacken****; *Kohler* (s. 2.3) 8ff u.ö.; *Schnelle* 1987 (s. 4.6) 208,256; *Knöppler*** u.a.

Wenn bei einem Theologen das Kreuz zum hermeneutischen Schlüssel aller Theologie wird, dann bei Paulus. Es markiert seine ganze Existenz (vgl. Gal 6,14). Die einstige Trennung reformatorischer und nichtreformatorischer Theologie darüber ist erfreulich gefallen.[288] Dennoch kommen wir nicht ohne eine gewisse Vorsicht aus. Im frühesten der Briefe Pauli, dem 1 Thess, fehlt unser Thema.[289] Danach entfaltet es seine größte Relevanz in den Kontroversen (Gal; 1 Kor; Phil). Im Röm tritt es hinter die Leitschnur der Gerechtigkeit Gottes zurück (und wird allein 6,6 explizit). In den paulinischen Gemeinden verliert es rasch an Bedeutung.[290]

In der Kreuzestheologie die Mitte des Neuen Testaments zu entdecken, stellt also eine beträchtliche theologische Leistung dar.[291] Heute ist sie als Ruhestörer ebenso wesentlich wie als Versprechen der Zuwendung Gottes. Sie nimmt die Beruhigung menschlicher – einschließlich theologischer – Weisheit. Sie stellt ein Potential zur Sachkritik zur Verfügung, das vor dem Neuen Testament nicht Halt macht. Und sie leuchtet über alle Zerrissenheit des Menschen. Auch wo die Aussage des Kreuzes nicht mehr artikulierbar ist, dauert sein Hoffnungsbild am Horizont.

Eindrucksvoll fängt Chr. Wolf das im „Nachdenken über Christa T." ein: „Das hohe hölzerne Kreuz auf dem Westgrat über dem Gebirgstal hebt sich schwarz vom gelben Abendhimmel ab. Wir können wohl nur, sagt Christa T., in aller Ruhe damit rechnen, dass nicht verloren gehen wird, was noch so dringend gebraucht wird."[292]

Allerdings ist für manche schon der Gott der Aqedah, die in die Deutung des Weges Jesu eingeht, ein sadistischer Gott.[293] Viele hindert mehr noch das Kreuz, „Abstand zu nehmen von einem allmächtigen und dann auch grausamen Gott".[294] Von Kreuzestheologie ist nicht leicht zu reden.

3.10.4 Die Deutung des Todes Jesu erlaubt und fordert ein *Wirken in der Welt* gegen feindliche Abgrenzungen. Gewichtig formuliert der Kolosserhymnus: Die Fülle Gottes versöhnte im Christusgeschehen. Sie wies der Schöpfung gültig die Struktur des Friedens zu (Kol 1,19f vor 2,9). Machen wir davon keine Abstriche, ist die Schöpfung als versöhnte wahrzunehmen. Eine Theologie der Versöhnung und des Friedens korreliert dem. Die aktuelle Wirklichkeit löst das nicht ein. Doch die Kirche hat dafür einzustehen.[295] Ein Prüfstein wird die *Religionstheologie*.

---

[288] Vgl. *Merklein* 1987*, 1–106; *Söding**** (bes. 153–182).

[289] *J. Becker*, Paulus, Tübingen 1989, 209–223 schlägt zur Lösung vor, die Kreuzes- radikalisiere die Erwählungstheologie des 1 Thess.

[290] Kol (noch 1,20) und Eph (2,16) verselbständigen sich teilweise. Die Past sind am Kreuz nicht mehr erkennbar interessiert.

[291] Vgl. *Luz**** u.a.

[292] Neuwied 1971, 147.

[293] Vgl. *Bloch**** 220 (bei ihm aufgefangen über den befreienden Exodus).

[294] *Strobel* in Strahm / Strobel 1991*, 188. Weiteres zur feministischen Diskussion *Valtink* (s. 3.7); *Schüssler Fiorenza* 1995*, 98–128; *Frettlöh**** 107–112; *Strahm**** 50ff u.ö.

[295] Vgl. *Karrer* (s. 2.8) bes. 161f; 3.7.7.

Abzuheben ist der Austausch mit dem Judentum. Das Urchristentum ist ihm in der Wurzel verpflichtet. Erst eine frühchristliche Schrift, der die Kirche den Eingang in den Kanon verwehrt, schreibt die Scheidung über dem Kreuz endgültig fest (Barn 7–9;11–12). Das muss kein Ende des Dialogs und der Dialog kein „finis crucis", kein Ende des Kreuzes im Sinne von Kreuzestheologie, bedeuten. Die Shoa berührt vielmehr tief das Leidenskreuz. Der „Schrei jenes Gottverlassenen" am Kreuz, „der seinerseits Gott nie verlassen hatte", erhält eine Durchsichtigkeit, die Israel nicht überzustülpen ist, aber die Christenheit mahnt.[296] Zu prüfen ist außerdem, wieweit die Christologie um die großen Teilen des Judentums wesentliche eschatologisch-messianische Dimension erweitert werden kann (vgl. 3.8.11).

Schwierig und gleichzeitig notwendig ist das Gespräch mit dem Islam. Denn in unserem Bereich liegt eine Schlüsseldifferenz. Die am Tod Jesu hängende soteriologische Christologie entfällt im Koran.[297] Das zieht Kontraste bis in die Eschatologie nach sich.

Muḥammad fand in seiner jüdisch-christlichen Umwelt sowohl den Christustitel als auch die Nachricht über Christi Tod vor, letztere zugleich bezweifelt (ein spätes Erbe wahrscheinlich des Doketismus). In der Auseinandersetzung des Korans mit dem Judentum erwuchs Sure 4,157: Die Juden würden in Fortsetzung der Morde an den Propheten (4,155) behaupten, sie hätten Christus Jesus getötet; sie hätten ihn aber nicht getötet und nicht gekreuzigt. Das einstige Prophetenmord-Schema erhält ein neues Gesicht, und dass der Gesalbte starb, wird fraglich (obwohl Sure 5,117; vgl. 3,55 es nahelegen).

Das wirkt sich auf den Tag der Auferstehung aus. Sure 4,159 zufolge liegt er nach Jesu (künftigem?) Tod am Ende der Zeiten (bis zu dem Jesus erhöht lebt). Jesus erhält eine Zeugenfunktion beim Gericht (ebd.), ohne dass der Koran seine weitere Rolle bei den Endgeschehnissen ausführt.[298] Die islamische Tradition entwickelt von da aus die Erwartung, Jesus werde am Ende der Tage gegen Juden und Christen Zeugnis ablegen und die Einheit der Menschheit herstellen. Welcher Rang dem theologisch zukommt, ist zu diskutieren.[299]

Über die Kulturen hin weiten sich die Horizonte. Die fernöstlichen Religionen erlauben eine Vertiefung ins Leiden, die in mancherlei Hinsicht die abendländische Leidensmystik einholt und überholt. Im Hören aufeinander schärfen sich die Konturen um das christliche Proprium des Kreuzes und des Leidens Gottes im Gekreuzigten. Wir dürfen auf kontextuelle Kreuzestheologien und interreligiöse Kontakte, wie schwierig immer Gespräche und Erfahrungen im Einzelnen werden, gespannt sein.[300]

---

[296] Problemanzeige *Jaspert**** (erstes Zitat: 387); Fortschreibungen der Theologie z.B. *Metz**** (weitere Zitate: 114); *Petersen****.

[297] Nicht freilich die Assoziation Christus – Salbung (s. *A. Th. Khoury*: K.-W. Niebuhr u.a., Glauben Christen und Muslime an denselben Gott?, FuH 34, Hannover 1995, 35). Weiteres *Schumann**** 27–30; *Riße**** 194–204; *Zirker* (GlLern 1996***, 150–159; Brück / Werbick*** 107–143).

[298] Ob Sure 43,61 (das Erkennungszeichen der Gerichtsstunde) ursprünglich auf Jesus zu beziehen ist, ist unklar.

[299] Al Baidawi, Kommentar zu 43,61 usw.; *Busse****.

[300] Vgl. *Vollenweider****; *Sundermeier**** 185–208 u.v.a.

Die wichtigsten Deutungen von Jesu Tod (Übersicht)

Die Angaben beschränken sich auf die sicher nachgewiesenen Deutungshorizonte. Viele Schriften betten sie in modifizierende Kontexte und enthalten zusätzliche Akzente. Oft (bes. bei der Rezeption von Jes 53, dem Pascha und der Sühne) entsteht ein Feld offener Übergänge. Gelegentlich verdeckt die Tabelle notwendige Differenzierungen. So verläuft die Rezeption von Jes 53 vielschichtig (vgl. 3.3.3 zu Apg 8,32f etc.) und lenkt die Anführung ins Leben bei Lukas vom Kreuz zur Erhöhung; aus der Tabelle geht das geringe lukanische Gewicht auf der soteriologischen Deutung des Todes Jesu nur bei genauer Beachtung hervor. 2 Thess, Jak, 2 Petr und Jud finden sich nicht in der Tabelle, da in ihnen keine Deutungen des Todes Jesu nachweisbar sind.

	Mt	*Mk*	*Lk / Apg*	*joh Lit.*	*Paulus*	*Eph / Kol*	*Past*	*Hebr*	*1 Petr*	*Offb*
Aqedah		x			x			(x)		
Erhöhung				Joh						
Fluch					x					
Führung zu Leben / Rettung			x					x		
Hingabe	x	x	x		x	x			x	
Jes 53	(x?)	(x?)	x		(x?)			x(?)	x	
Kontrastschema			x							
Leiden	x	x	x		x			x	x	
… des Gerechten	x		x	1 Joh					x	
Löschung der Schuldurkunde						x				
Loskauf / Erlösung	x	x			x	x	x		x	x
Muss	x	x	x	Joh						
Pascha	x	x	x	Joh	x					x
Sterben für das Menschengeschlecht				Joh						
Sterben für die Freunde				Joh						
Sühne (im engeren Sinn)	x	(x?)		1 Joh	x	(x)		x	(x)	x
Verfolgung wie bei Propheten	x	(x)	x		1 Thess					
Versöhnung					x	x				

4 Der Sohn und sein irdisches Wirken

Lit.: s. allg. Bibliographie; *M.J. Borg*, Jesus, Freiburg 1993 (amer. 1987); *G. Bornkamm*, Jesus von Nazareth, UB 19, Stuttgart [14]1988; *R. Bultmann*, Jesus (1926), Tübingen 1958 (Neuausg. 1988); *C. Burchard*, Jesus von Nazareth: J. Becker ed., Die Anfänge des Christentums, Stuttgart 1987, 12–58; *J.H. Charlesworth*, Jesus within Judaism, AncB Ref. Libr., New York 1988; *B.D. Chilton / C.A. Evans* ed., Studying the Historical Jesus, NTTS 19, Leiden 1994; *C.A. Evans*, Jesus and His Contemporaries, AGJU 25, Leiden 1995; *D. Flusser*, Jesus, RoMo 140, Hamburg 1968; *R.W. Funk* e.a., The Five Gospels. The Search for the Authentic Words of Jesus, New York 1993; *R. Hoppe*, Jesus, Stuttgart 1996; *W.G. Kümmel*, Vierzig Jahre Jesusforschung, BBB 91, Weinheim 1994; *B.L. Mack*, The Lost Gospel, San Francisco 1993; *J.P. Meier*, A Marginal Jew. Rethinking the Historical Jesus, AncB Ref. Libr., I, New York 1991; *H. Merklein*, Die Jesusgeschichte – synoptisch gelesen, SBS 156, Stuttgart 1994; *N. Perrin*, Was lehrte Jesus wirklich?, Göttingen 1972 (engl. 1967); *J. Roloff*, Das Kerygma und der irdische Jesus, Göttingen [2]1973; *E.P. Sanders*, Sohn Gottes. Eine historische Biographie, Stuttgart 1996 (engl. 1993); *ders.*, Jesus and Judaism, London 1985; *H. Schmidinger* ed., Jesus von Nazaret, Graz usw. 1995; *H. Stegemann*, Die Essener, Qumran, Johannes der Täufer und Jesus, Herder Spektrum 4128, Freiburg [4]1994; *G. Vermes*, The Religion of Jesus the Jew, Minneapolis 1993; *B. Witherington*, The Christology of Jesus, Minneapolis 1990; *ders.*, The Jesus Quest, Downers Grove, Ill. 1995; *G.F. Willems*, Jezus en de chassidim van zijn dagen, Baarn 1996.

Der Hingerichtete und Auferstandene ist der Jesus, der zuvor auftrat, redete und handelte. Wir kommen zu Jesu irdischem Wirken. Die christologische Aufgabe entwickelt wieder ihre eigene Dynamik. Fragen entstehen wie: Wie bringt Jesus Gott in seinem Reden und Tun zur Geltung? Reicht es gedanklich zu, sein Wirken vorübergehend auf Erden stattfindend zu denken? Gibt es einen angemessenen theologischen Deutenamen mit Proprium in unserem Kapitel? Das Interesse der Quellen öffnet sich bis vor die Geburt und hinter die Passion. Wegen der besonderen Rolle von Gottessohn- und Menschensohn-Prädikat nenne ich den Abschnitt „Der Sohn und sein irdisches Wirken".

4.1 *Vorklärungen*

Lit.: s.o. und bei 1; *M. Baumotte* ed., Die Frage nach dem historischen Jesus, Reader Theologie, Gütersloh 1984; *B. Gerhardsson*, The Gospel Tradition, CB.NT, Malmö 1986; *E. Gräßer*, Die Frage nach dem historischen Jesus: Altes Testament und christliche Verkündigung. FS A.H.J. Gunneweg, Stuttgart 1987, 270–286; *E. Güttgemanns*, Offene Fragen zur Formgeschichte des Evangeliums, BEvTh 54, München 1970; *W. Herrmann*, Schriften zur Grundlegung der Theologie I, TB 36/I, München 1966; *M. Kähler*, Der sogenannte historische Jesus und der geschichtliche, biblische Christus (1892), TB 2, München [4]1969; *E. Käsemann*, Das Problem des historischen Jesus (1954): Exegetische Versuche und Besinnungen I, Göttingen [6]1970, 187–214; *S. Kierkegaard*, Einübung im Christentum. Der Augenblick, WA 2, Düsseldorf 1971; *G.E. Lessing*, Über den Beweis des Geistes und der Kraft: Werke VIII, Frankfurt a.M. 1989, 437–445; *A. McGrath*, The Making of Modern German Christology, Oxford 1986; *J.M. Robinson*, Die Bedeutung der gnostischen Nag-Hammadi Texte für die neutestamentliche Wissenschaft: Religious Propaganda and Missionary Competition in the New Testament World. FS D. Georgi, Leiden 1994, 23–41; *W. Schmithals*, Kritik der Formkritik, ZThK 77, 1980, 149–185; *A. Schweitzer*, Geschichte der Leben-Jesu-Forschung, Tübingen [9]1984 ([2]1913); *H.-F. Weiß*, Kerygma und Geschichte, Berlin 1983.

Anders als in den vorangehenden Kapiteln muss ich mit Vorklärungen über die Quellen hinaus beginnen: Hat der irdische, historische Jesus für die Christologie überhaupt Relevanz? Wie verschränken sich historische und theologische Aufgabe? Wir stoßen auf eine der langwierigsten Debatten der Theologie.

4.1.1 Mühsam erworben ist schon die Feststellung, vom „historischen Jesus" *können und dürfen* wir theologisch wissen. Wir können es, da das historische Instrumentarium bei allen Einschränkungen nicht ganz versagt. Wir dürfen es, „weil die Wahrheit des Evangeliums zusammengehört mit der Wahrheit, die Jesus in Person gelebt und verkündigt hatte."[1] Offen steht nach wie vor: Ist das, was wir können und dürfen, auch unabdingbar? *Müssen wir christologisch* den Schritt vollziehen und hinter den österlich geglaubten Christus *zum irdischen Jesus zurückfragen?* Hier zu zögern, ist uralt. Die Weiche stellte die *Alte Kirche* nach Wurzeln im Neuen Testament.

Dessen christologische Formeln, Eulogien und Lieder erwähnen Jesu Reden und Tun nämlich nicht. Halten wir uns an sie (Phil 2,6–11*; Kol 1,15–20*; Eph 1,3–14*; Joh 1,1–18*; 1 Tim 2,5f;3,16*; Hebr 1,3* usw.), erfahren wir von der Sendung Jesu und seinem Menschsein ohne jeden Hinweis auf seine Verkündigung und seine machtvollen Taten. Das Gegengewicht der Evangelien nutzte die Alte Kirche für die Dogmenbildung nicht:

Apostolicum, Nicäno-Constantinopolitanum und Chalcedonense ordneten das irdische Wirken Jesu seiner Menschwerdung, Passion und Auferstehung unter. Wesentliche Züge der am Neuen Testament erkennbaren Biographie Jesu gerieten außer Blick. Logienquelle wie Mk hatten beim Täufer begonnen (Mk 1,4–11; Lk 3,1–9 par; vgl. Joh 1,6ff und noch Apg 1,21f); im Bekenntnis suchen wir vergeblich nach ihm. Dass Jesus Zimmermann war (Mk 6,3), schwand[2], ebenso all sein Wirken, sein Reisen, sein Wort – einschließlich der Bergpredigt – und seine Tat. Ein dogmatisches Gefüge lagerte sich über den historischen Eigencharakter von Jesu Wirken. Die Theologie nahm Jesus darauf in seinem irdischen Wirken bis ins 18.Jh. über alle Umbrüche hinweg von der Dogmatik aus wahr, nicht umgekehrt. Interessant ist eine Begleiterscheinung. Jesu Wunder gehören in sein irdisches Wirken. Sie wurden deshalb anders, als das heutige Allgemeinbewusst-

---

[1] *Gräßer* 1987*** 284; vgl. *Kümmel*** 691ff.

[2] *Origenes*, Cels. 6,36 wollte es nicht einmal mehr im Evangelium finden.

sein erwartet, in der klassischen Theologie mit keinem christologischen Beweis belastet.

Nicht mehr als alle Tätigkeit Jesu zeigten sie laut Thomas v. Aquin, dass in seinem Handeln menschlicher Natur die Kraft der Gottheit waltete (Comp. Th. 212). Noch in der protestantischen Orthodoxie trugen sie christologisch beschränkten Beweiswert. Erkauft war das freilich mit einem Wechsel ihres theologischen Ortes. Die Wunder wanderten unter die Einleitungsfragen der Theologie. Bei der Offenbarung Gottes, seiner Gestaltung der Naturgesetze, den Engeln etc. wurden sie verhandelt. Korrespondierend begann die neuzeitliche Wunderkritik bei der grundsätzlichen Frage von Wundern, nicht bei der Christologie.[3] Das überschattet die Wunderdiskussion bis heute.

Unübersehbar steht, was „wir heute als Orthodoxie kennen, [...] keineswegs in kontinuierlicher Linie zu den Taten und Lehren Jesu und seiner Jünger, sondern ist lediglich die Selbstbezeichnung derjenigen, die sich später mit ihrem eigenen Anliegen durchsetzen konnten."[4] Eine Korrektur ist unerlässlich. Wie weit soll sie gehen? Der christliche Gottesdienst, in dem die altkirchlichen Bekenntnissen einen begründeten Ort finden, enthält ein starkes Moment der Beharrung, und die Reflexion seit der Aufklärung ringt so vielschichtig mit der Geschichtsdiskussion, dass ein eindeutiges Ergebnis schwer fällt:

Mit der *Aufklärung* wurde der „Jesus der Geschichte" zum „Helfer im Befreiungskampf vom Dogma." Allerdings bedeutete das keine historisch genaue Einsicht. Jede Epoche suchte weiterhin „ihre Gedanken in Jesus", und mit den Epochen verging ihr Bild.[5] Der gegen das Dogma gewonnene ‚historische' Jesus unterlag – und unterliegt – der Gefahr der Konstruktion kaum minder als der vom Dogma aus gewonnene. Zum tieferen Problem wurde die Geschichtstheorie. *G. E. Lessing* bemerkte den Abstand der Geschichte zur Vernunft und trieb mit dem berühmten „garstige(n) breite(n) Graben" die Wunderkritik voran: „Zufällige Geschichtswahrheiten können der Beweis von notwendigen Vernunftswahrheiten nie werden."[6]

S. Kierkegaard wagte die Metakritik, wegen des unendlich klaffenden Unterschieds zwischen Gott und Mensch sei Christus „eine überaus ungeschichtliche Person". Um Christ zu sein, bedürfe es der Gleichzeitigkeit des Glaubens. Denn dem Vergangenen fehle „die Bestimmung *für dich*. Das Vergangene ist nicht Wirklichkeit: für mich; nur das Gleichzeitige ist Wirklichkeit für mich." Die historische Konstruktion des Selbstverständnisses Jesu etc. ging demnach in die Irre. Der Gott-Mensch erschien inkognito auf der Erde.[7] *M. Kähler* erneuerte sein Urteil eine Generation später in anderer Konstellation: „Der wirkliche, d.h. der wirksame Christus, der durch die Geschichte der Völker schreitet", sei „der

---

[3] *Quenstedt*, Syst. I, 535; *Chemnitz*, loci theol. I, 128 u.a. Wunderkritik ab *Spinoza*, Tractatus theologico-politicus, 1670 (Darmstadt 1979), cap. 6.

[4] *Robinson**** 35.

[5] *Schweitzer**** 4 (Zitate) und passim.

[6] *Lessing****, Zitate 443,441 (hervorg.).

[7] *Kierkegaard**** 70ff,130ff (Zitate 71 [XII 60f]).

gepredigte Christus. Der gepredigte Christus, das ist aber eben der geglaubte". Der geglaubte, wirksame Christus wurde der „geschichtliche(n) Christus der Bibel" und dem „sogenannte(n) historische(n) Jesus" entgegengestellt.[8]

Die Unterscheidung „geschichtlich" (in etwa: geschichtswirksam) versus „historisch" bereitet Schwierigkeiten. Folgt man ihr, kann sich alles Gewicht des Historischen zugunsten des Glaubenszeugnisses verlieren. Christus wird, wie *W. Herrmann* pointierte, „Inhalt des Glaubensbekenntnisses und eben deshalb [...] nicht das, worauf gegründet der Glaube zu einem solchen Bekenntnis erwachsen kann." Die Verkündigung in sich kann „nicht gegen den Zweifel schützen, dass wir unsern Glauben auf etwas gründen wollen, was vielleicht gar nicht geschichtliche Tatsache, sondern Erzeugnis des Glaubens ist."[9]

Am Anfang des 20.Jh. brach die nachaufklärerische Jesusforschung als Folge ihrer Subjektivität zusammen. Die Impulse Kierkegaards und Kählers rückten in den Mittelpunkt. Ab 1919 bildete sich am Kerygma orientierte Theologie mit Exponenten in K. Barth und R. Bultmann. Beide verwiesen den Glauben auf das Wort. In der Entfaltung divergierten sie. *R. Bultmann* gab der Verkündigung Jesu nur noch unter den „Voraussetzungen der Theologie des NT" einen Ort und kombinierte strikteste historische Kritik mit einer existentialen Interpretation.[10] Der historische Rückbezug ließ sich freilich nicht auf Dauer in dieser Weise klein schreiben. Bultmanns Schüler *E. Käsemann**** initiierte die „neue" Frage nach dem historischen Jesus. Sie erhob die Eigenart der Sendung und Verkündigung Jesu wieder zum Gegenstand, während sie eine Repristination der liberalen Bemühung um die Persönlichkeit Jesu ausschloss. In der Diskussion gestand Bultmann zu, nach einer in Jesu Auftreten und Verkündigung implizierten Christologie zu fragen, sofern der Unterschied zwischen dem Verkündiger und dem Verkündigten nicht verwischt werde.[11] Die in Jesu Wirken *„implizite" Christologie* ist seitdem ein Grundbaustein kritisch verantworteter Eruierung unseres Themas.

Eine weitergehende Balance suchte *L. Goppelt* (1975/76; ³1985*). Er *gab dem irdischen Jesus seinen einst zentralen Platz in der neutestamentlichen Theologie zurück* und verband deutend Kerygma und Geschichte. Sein Ansatz beeindruckt nach wie vor. Doch war der von ihm ausgelöste Impuls nicht stark genug, um die auseinander driftenden Zugangsweisen auf die Dauer zusammenzuhalten. Der „neuen" folgte die „dritte" Frage nach dem historischen Jesus, die die Scheu vor Montagen verlor, Methodik und Quellen weitete. Ihre Hypothesenfreudigkeit bestimmt die Gegenwart, in den Vereinigten Staaten manchmal mit einer fast lässigen Zwanglosigkeit, in Europa etwas zögerlicher. Eine gewisse Konstante wurde lediglich die zunehmende Wahrnehmung der Verwurzelung Jesu in Israel.

---

[8] *Kähler****, Zitate 44,42, Titel (Zitate teils hervorg.)

[9] *Herrmann**** 168 (im Jahr 1892).

[10] Bes. *Bultmann* ⁹1984*, 1 (Zitat); *ders.*, Zur Frage der Christologie (1927): GuV I, Tübingen ⁸1980, 85–113: 107ff und *ders.* (1941) 1948 (s. 2.10). Vgl. 1.2.1.

[11] Bes. *Bultmann* 1967 (1960) (s. 1) 456f,467f.

„Jesus als Juden" zu verstehen, ist kein neues Forschungsthema. Doch bis vor kurzem begleitete es die implizit judentumskritische These, dass Jesus „nur als Jude das Judentum radikal überwinden konnte". Die christliche Selbstbesinnung nach der Shoah und jüdische Leben Jesu-Darstellungen setzten dagegen durch, dass Jesus das Judentum nicht so sehr überwinde als ins Judentum gehöre.[12] Jüngste Differenzierungen, die Jesus verstärkt in der hellenistischen Welt verankern, dürfen diese Erkenntnis nicht mehr grundsätzlich in Frage stellen. In Einzelfragen ist die Debatte unabgeschlossen.

Seit der Damm zur historischen Nachfrage gebrochen ist, *wächst zum einen die Bedeutung des irdischen Jesus* für die Christologie. Für uns besonders wesentlich, scheint in vielen Varianten theologisch nicht mehr unmöglich, aus den Beziehungen, Taten und Worten Jesu christologische Folgerungen zu ziehen. Ein paar Beispiele verdeutlichen die Bandbreite des Forschungsübergangs.

B. Witherington suchte 1990** den Jesus der Geschichte mit dem christlichen Glauben zu verknüpfen, ausgehend von einer Untersuchung des Jesusgutes in seinen vielfältigen Dimensionen. Vorausgesetzt ist – wofür gute Gründe sprechen –, dass zwischen Jesus und der nachösterlichen Gemeinde kein radikaler Einschnitt vorliegt, vielmehr Impuls und Interpretation einander korrespondieren. Der Schritt zu einer „Christologie Jesu" (so der Titel) einschließlich einer Erhebung von Jesu Selbstverständnis ging aber sehr weit.

P. Stuhlmacher rückte den irdischen Jesus in die Mitte eines Traditionskontinuums zwischen Altem und Neuem Testament. Er unternahm, Jesus, den Juden, der sein Werk in Israel und für Israel begann, als zentrale Heilsgestalt so darzustellen, dass sich zugleich die urchristliche Christusbotschaft zu Recht in ihm gründe. Ein Entwurf Jesu als messianischen Menschensohns resultierte, der seinen Tod bejahte und als Existenzstellvertretung für die Vielen zur Geltung brachte. Das Traditionskontinuum ergab sich allerdings historisch nicht zwingend. Theologisch erwuchs vor der Reflexionsgeschichte seit Kierkegaard die Anfrage, ob „die Einheit des Kerygmas von der vorgängig mit den Mitteln des Historikers erwiesenen Einheit und Kontinuität der Geschichte abhängig" werde.[13]

K. Berger machte namentlich Spannungen in der Jesusüberlieferung fruchtbar. „Jesus ist Jude" wurde Zentrum eines antiideologischen und antiliberalistischen Panoramas, zu dem die frühe Hoheitschristologie als Glied zählt (u.a. in einer neuen Öffnung für die christologische Bedeutung der Wunder). Sein Modell entspricht der Postmoderne vielleicht am stärksten, und deren Blickwinkel fließt in die Wertung der Quellen ein.[14]

Kontrolliert flechten zuletzt *G. Theißen* und *A. Merz* die christologische in die dritte Frage nach dem historischen Jesus ein. Über Jesu Charisma finden sie eine implizite und über seine Menschensohnworte Ansätze einer expliziten Christologie. Er vertrat – schlagen sie vor – „eine Human-Christologie", indem er „den Ausdruck ‚Mensch' zum entscheidenden Hoheitstitel" machte.[15]

Zum anderen bleibt attraktiv, wie die *klassische Kritik* von der „Unerkennbarkeit und Unerforschlichkeit des ‚historischen' Jesus" auszugehen. Die Rückfrage nach Jesus liefert dann, an Kierkegaard erinnernd, allein die „Grundlage für die

---

[12] Zitate *Bultmann* a.a.O. 449. Forschungswandel *Flusser* 1968**, *Vermes* 1993 (1973)*, 1993** u.v.a.

[13] *Stuhlmacher* 1992*, 1–161; Kritik *J. Roloff*, Rez., ThLZ 119, 1994, 241–245: 245 (Zitat).

[14] *Berger* 1995* (Zitat 10; Behandlung der Wunder im Kapitel „Jesus als Gott" 121ff).

[15] *Theißen / Merz* 1996*, Zitate 487. Zur Human-Christologie vgl. am Ende von 4.9.7.

eigentlich bewegende Frage: Wer ist Jesus Christus für mich, für die Gemeinschaft der Glaubenden, für alle Menschen?"

R. Schnackenburg wählte diesen Ausgangspunkt und wandte sich der „Sicht der Evangelisten" von der Person Christi zu. Ein „Glaubensbild" erwuchs, das unter aller neutestamentlichen Vielfalt in Messianität und Gottessohnschaft des von Gott her Leben bringenden Jesus konvergiere.[16]

Die historische Frage entwickelt zum dritten ihre Eigendynamik. Methodisch veranlasst sie dann, die christologische Deutung auszuklammern oder ins zweite Glied zu rücken, so gewiss die vorbereitenden Züge für die nachösterliche Christologie zu beachten sind. *J. Gnilka* (1990* und 1994*) trennte deshalb die Studien über Jesus von Nazaret und die neutestamentliche Theologie. *J. Becker* (1996*) widmete sich dem irdischen Jesus mit einem vorsichtig zur Christologie öffnenden Schluss.

G. Lüdemann[17] ficht unsere Aufgabe aus der Warte des Historikers sogar an. Er vertritt eine Berufung auf Jesus, die die auf Ostern fußende christologische Entwicklung historisch kritisiert. Die von mir begangenen Schritte von Ostern zum irdischen Jesus wären damit umzukehren und, wo sie sich von einem rekonstruierten historischen Jesus entfernen, zu missbilligen. Genug der Facetten. Was bedeutet der Befund für unsere Aufgabe? Ich nähere mich der Antwort auf einem Umweg, über

4.1.2 *Geschichte und Fiktion.* Alle historische Rückfrage muss sich neben der theologischen Kritik dem Dilemma stellen: *Wir besitzen nur Quellen über Jesus, nicht unmittelbar von ihm.* Sie sind Sekundärzeugnisse und nach den Maßstäben der Geschichtswissenschaft kritisch zu prüfen. Im Lauf der mündlichen Überlieferung können sie verfremdet, bei der Verschriftung neu strukturiert worden sein.

Die Erörterung erfolgt seit 1920/21 als Form- und Überlieferungskritik. Die Kriterien wurden immer enger gefasst, bis nur das aus Judentum und Urchristentum unableitbare Gut einigermaßen sicheren Boden bot (E. Käsemann). Viele Forscher ergänzten Texte, die den unableitbaren Traditionen kohärent waren. 1970 kritisierte die Linguistik beides: Schriftliche Texte bildeten autosemantische Formen. Die Diskussion seither sicherte zwar die Möglichkeit, trotzdem Kontinuitäten zum mündlichem Gut anzunehmen. Aber die Vorherrschaft der Rückfrage zum Mündlichen ist gebrochen.[18]

Um dem Dilemma zu entgehen, postulierten Forscher, Jesusgut sei grundsätzlich treu überliefert worden. Die Worte Jesu wären trotz ihres Durchgangs durch dritte Hände im Zeugnisrang Primärquellen (in neuerer Methodik: Überresten) vergleichbar. Allerdings blieben im Nachweis Lücken.

---

[16] *Schnackenburg* 1993*, Zitate 12,19,12,340. Die methodische Klarheit besticht. Doch ließ sich W. Herrmanns Nachfrage wiederholen (Rez. *H. Weder*, ThLZ 119, 1994, 658–660: 658).

[17] *Lüdemann* 1994 (s. 2) und *ders.*, Ketzer. Die andere Seite des frühen Christentums, Stuttgart 1995.

[18] *Käsemann* 1954***, 204,205; *Perrin*** 73; *Güttgemanns****; *Schmithals**** u.v.a.

Memoriertechniken u.ä. findet man im rabbinischen Schulwesen. Undeutlich sind jedoch dessen Anfänge vor 70 und mehr noch, ob wir Jesus und seinen Jüngerkreis in Analogie dazu setzen dürfen. Denn die Evangelien verwenden „Lehrer“ als theologische Kategorie, die Jesus weniger einbettet als abhebt. Am ehesten lässt sich dem Mt entnehmen, ein Jüngerkreis habe die Verpflichtung vernommen, Traditionen ungeachtet aller eigenen Kreativität treu zu wahren. Aber gleichzeitig ändert Mt die Jesusworte des Mk. So ist das Problem nicht grundsätzlich gelöst.[19] Andererseits ist auch die Kreativität urchristlicher Propheten zur Bildung neuer Jesusworte, die eine umfassende Ergänzung des Gutes am leichtesten erklärte, schwer nachzuweisen.

Eine letzte Komplikation ergibt sich aus den Erkenntnissen über den Sprachstand Palästinas (vgl. 1.3.4; 2.7.2). Lange leitete die Forschung aus Jesu Vorzug für die aramäische Sprache ab, die Rekonstruierbarkeit im Aramäischen bilde ein Kriterium für Jesusgut.[20] Doch spricht inzwischen viel dafür, dass Jesu Worte von seinem Auftreten an ebenso griechisch wirkten, gleichgültig ob er selber oder seine Umgebung sie ins Griechische transponierte. Die griechische Sprachgestalt führt nicht unbedingt von ihm weg. Der Umfang seiner Worte öffnet sich in kaum endgültig zu klärender Weise.

Die Folge der Problematik liegt auf der Hand. *Auch die neue Frage nach dem historischen Jesus kann kein Jesusbild erbringen, das* anders als im 19. Jh. *gesichert wäre. Vielmehr treten wiederum verschiedene Bilder gegen- und nebeneinander.* Schon die Wahl der Rekonstruktionskriterien schließt eine christologische Vorentscheidung ein.

Wer sich an Unableitbarkeit und Kohärenz orientiert, findet eine bedrängend eindrucksvolle Verkündigung Jesu. Ihre Intensität speist sich aber wesentlich daraus, dass sie Jesus vom Judentum, aus dem er kommt, und von der Gemeinde, die sich auf ihn stützt, trennt. Die Forschung hat dem vor allem wegen der potentiell antijudaistischen Implikationen den Abschied gegeben.

Auflockerungen sind auf nicht gleichermaßen eindeutige Kriterien angewiesen. Am bedeutendsten ist das der mehrfachen Bezeugung eines Stoffes in unabhängigen Quellen. Hinzu kommt eine Ausweitung der Kohärenz auf die Kontexte Jesu und seiner Wirkung. In beiden Fällen wächst die Kontinuität Jesu zur überliefernden Kirche. Gegenläufig zur Unableitbarkeit tritt hervor, „was im jüdischen Kontext plausibel ist und die Entstehung des Urchristentums verständlich macht“.[21]

Betonen wir als Folge des linguistischen Aufbruchs die Differenz von Schriftlichem und Mündlichem, müssen wir uns mit der Distanz der Texte zum irdischen Jesus bescheiden (was in der Nachfolge Bultmanns möglich wäre). Ein Befreiungsschlag kann die Mosaiksteine der Evangelien dann prinzipiell für die historische Rückfrage gelten lassen und der Verkündigung Jesu all die Widersprüche erlauben, die wir in ihnen finden (Mk 12,28–34 versus Lk 14,26 usw.; *K. Berger* 1995*).

Wählen wir den Typus konstanter Überlieferung, erhalten wir nicht nur eine große Bandbreite von Jesusworten. Wir entscheiden uns indirekt dafür, Jesus als Lehrer zu verstehen, der ungeachtet aller Kreativität seiner Jünger und der Gemeinde eine korrekte Weitergabe seiner Worte initiierte.

---

[19] Zu *Gerhardsson****, *Riesner* (s. 4.4) und (in Konzentration auf Mt) *Byrskog* (s. 4.4).

[20] Mit bedeutenden Erträgen bei *Jeremias* [4]1988*.

[21] Zitat *Theißen / Merz* 1996*, 29; vgl. *Evans* 1995**,13–26 u.a.

Greifen wir zuletzt auf möglichst breite und außerneutestamentliche Quellen sowie die neuen Erkenntnisse über die hellenistische Kultur- und Sozialgeschichte des Mittelmeerraums zurück, gerät Jesus ins Spannungsfeld agrarischer Impulse Nordpalästinas und einer dynamischen, im Hellenismus durch die Kyniker breiter vertrauten Sozialkritik. Jesus wird zu einem imponierenden, gegebenenfalls kynischen Glied in der ethischen Kultur der Antike (*J.D. Crossan* 1994* u.a.).

An den alten Kriterien gemessen, spräche die Disparatheit der Zugänge für ein neuerliches Scheitern der Jesusforschung. Wir dürfen differenzierter Stellung nehmen. Der Dissens führt uns in das *Grundproblem historischer Erkenntnis, dass Fakten und Vorgänge der Geschichte nur zugleich mit der sie ordnenden Wahrnehmung feststellbar sind.* Historikerin und Historiker sind an der Geschichte (bzw. deren Kreation als Geschichte) beteiligt. Geschichtsschreibung wird nie deckungsgleich zur Geschichte, sondern erzählt sie unter Verklammerung von Beschreibung und Interpretation. Prägnant artikuliert das die analytische Geschichtsphilosophie.[22] Die verschiedenen Modelle der Geschichtsschreibung durch die Zeiten spiegeln es.

Die neuzeitliche Geschichtsschreibung unterscheidet sich durch ihr kontrolliertes Vorgehen nach Ordnung der Quellen etc. vom Neuen Testament. Das „historein" der antiken Historiographen, das der Disziplin ihren Namen gab, akzentuierte anders die persönliche, vorzugsweise mündliche Erkundung. Die Wahrheit, die es erstrebte, war die einer inneren Klarheit des Besonderen, Geschehenen.[23] Dem Urchristentum genügte auch eine solche vom Erkunder bestimmte Forschung nicht, um Jesus zu begegnen.[24]

Jede neutestamentliche Darstellung Jesu enthält ein Mehr über die Erwartung geschichtlicher Fachbücher – sei es der Antike, sei es der Moderne – hinaus. Geschichte, deutende Schilderung und freies Erzählen gehen von Autor zu Autor unterschiedlich, fließend ineinander über. Nicht ungeeignet markiert dies das deutsche Wort „Geschichte" (ähnlich dem englischen „story"). In seiner Mehrdeutigkeit berühren Geschichte als Historie und Geschichte als Erzählung einander. Sie trennen sich, wo die Historie einen unmittelbaren Bezug in der Wirklichkeit außerhalb des Autors beansprucht, während die Erzählung sich mit einem mittelbaren Bezug begnügt oder auf einen solchen verzichtet. Aber beide bedürfen, um zur Gestalt zu werden, gleichermaßen eines sie bildenden – im Fremdwort: fiktionalisierenden – Zugriffs. Deshalb versagt eine strikte Unterscheidung von Geschichte und Fiktion an der Jesusüberlieferung (und weit über sie hinaus). Selbst die strittigsten Perikopen im Neuen Testament sperren sich gegen einen einfachen Begriff der Fiktivität. Indem sie von Jesus handeln, stellen sie einen Bezug zur externen Person her. Wie kritisch immer die historische Analyse gefasst wird, gibt das überkommene Gut über Worte und Wirken Jesu einen Sonderfall der expositorischen (darstellenden) Literatur mit fließenden Übergängen zur Geschichtsdarstellung ab, ohne in dieser aufzugehen. Wir können die

[22] Vgl. *A.C. Danto*, Analytische Philosophie der Geschichte, stw 328, Frankfurt a.M. 1980 u.a.

[23] Vgl. bes. Aristoteles, Poetik 1451AB; Thukydides I 22,4 und Polybius XII 12 (7).

[24] Der einzige Beleg von „historein" im Neuen Testament gilt Kefas (Gal 1,18). Selbst Lukas vermeidet den Begriff.

4.1.3 *Folgerungen* ziehen: Die aktuellen Jesus-Darstellungen erweisen sich als Modelle einer Historiographie, die die Geschichte nie einholen kann, aber auch nicht einholen muss. Hinter dem Ideal einer „wahren“ Darstellung, der „adaeqatio“ (Angleichung) der Wahrnehmung zur externen Sache,[25] bleiben sie zurück. Dafür gewinnen sie die Geschichte lebendig für die Gegenwart. Ungewohnte Blickwinkel dürfen Freiraum beanspruchen, wenn sie sich methodisch verantworten und intersubjektiv bestehen.

Wichtiger für uns ist, wie sich das Neue Testament dem erkenntnistheoretischen Problem stellt. Es vernimmt Jesus so, dass er selbst das auslösende Wort ergreift (daher die viele direkte Rede Jesu). Doch diese Worte und sein Wirken konserviert es nur im Prozess des Weitererzählens. Damit bietet es uns die Geschichte Jesu nicht als abstrahiertes, gegen unser Tun gleichgültiges Geschehen. Vielmehr *gehört die von Jesus ausgelöste Geschichte zur Geschichte Jesu*, egal ob wir sie als Fortführung der Geschichte des Irdischen oder als Geschichte unter dem Erhöhten fassen. Das Neue Testament trifft die dritte der philosophisch diskutierten Optionen, „ob durch die Thematisierung von Geschichte diese erst entsteht, oder ob die Thematisierung das Bewusstwerden eines Prozesses ist, der als Prozess auch gleichgültig gegen seine Thematisierung ist, oder: ob *das Thematisieren von Geschichte selbst* als *notwendiges Moment des geschichtlichen Geschehens* gedacht werden muß“.[26]

Wenn wir Jesus Christus im Neuen Testament darstellen, rücken deswegen historische und theologische Rezeption zusammen. Die Person Jesu, die allem Erzählten voraus ist, gibt dem Erzählten Boden. Sie wirkt durch die überkommenen Texte geschichtlich. Auf einer neuen Reflexionsbasis begegnen wir dem Ergebnis der Einführung. *Der irdische Jesus gehört in unser Thema.* Er gehört dies *jedoch in dem Echo, das sein Wirken, sein Wort und das an ihm Geschehene auslösten.* In der Fortschreibung der Zeugnisse bleibt und wirkt er lebendig. Die Rückbindung an den Irdischen sichert, dass die Christologie nicht halt-los wird, wie spekulativ immer sie sich entwickelt. Sie schützt – schroff gesagt – vor einem „vagierende(n)“ Glauben, „der sich bei jeder x-beliebigen Person festmachen kann“,[27] und bereichert die Christologie. Der Irdische bleibt dabei nicht ferne historische Gestalt. Er gewinnt Züge lebendiger, aktueller Begegnung und Relevanz. Er ist schon ein Jesus der Christologie. Jeder Generation zeigt er sich mit neuen Facetten. Er löst überraschende Begegnungen und Herausforderungen aus. Die Darstellung hat sich den Impulsen verzahnt mit den christologischen Entfaltungen zu widmen. Nicht bei der Geschichte, sondern bei der Wahrnehmung und Deutung der Geschichte ist zu beginnen.

4.1.4 Ich verfahre nach dem Gesagten analog zu den bisherigen Abschnitten. Von den *Quellen* aus nähere ich mich der Geschichte. Ich setze bei alten Formeln

---

[25] So das klassische Wahrheitsideal (vgl. Thomas v. Aquin, quaest. disp. de ver. q. 1, a. 1).

[26] *U. Anacker / H.M. Baumgartner*, Geschichte, HPhG 2, 1973, 547–557: 548 (Hervorh. Karrer).

[27] Vgl. *E. Jüngel* in Schmidinger** 26 (Zitate).

und Verwandtem ein. Durchlässig halte ich die Grenze zu außerneutestamentlicher Jesusüberlieferung.

Bereits dem Neuen Testament ist zu entnehmen, dass nicht alles wichtige Jesusgut in die Evangelien einging. Ein „Agraphon", in den Evangelien nicht geschriebenes Wort, bildet schon Apg 20,35 („geben ist seliger denn nehmen"). Zum nachneutestamentlichen Wachstum kommen wir mit der Perikope von der Ehebrecherin. Im Evangeliengrundbestand fehlend, war sie der Alten Kirche so wichtig, dass sie sie einfügte, bis sie sich als Bestandteil des Joh (7,53–8,11) durchsetzte. Weitere über das Neue Testament hinausgehende Jesusworte sind seit langem aus Kirchenvätern und anderen Quellen bekannt und werden seit gut 100 Jahren untersucht.[28]

Funde unseres Jahrhunderts vermehren die Quellen. Namentlich dem seit gut einer Generation bekannte EvThom geben Forscher – vornehmlich in den Vereinigten Staaten – hohe Bedeutung. Wiewohl eine Abhängigkeit vom Gut der kanonischen Evangelien oft wahrscheinlich ist, sind die inhaltlichen Verschiebungen und die Ergänzungen instruktiv. Ich werde wiederholt darauf zurückgreifen. Stärkeren Bedenken müssen sich die übrigen neuen Quellen stellen.[29]

Ihre wichtigsten stammen aus den Funden bei Oxyrhynchos (OxyPap 840 u.a.) und Nag Hammadi (EvPhil etc.) sowie gelegentlichen Papyruskäufen (Papyrus Egerton samt dem Bruchstück Pap. Köln 255). Zu vernachlässigen, da fragwürdig ediert und inhaltlich sekundär, ist das örtlich populäre Fragment eines „Geheimen Evangeliums des Markus" (angeblich aus dem Sinaikloster) mit einer eigenartigen Szene liebevoller Zuwendung Jesu zu einem Auferweckten.[30]

Eine Sonderrolle unter den länger bekannten Quellen nimmt das Testimonium Flavianum ein, eine textkritisch umstrittene Passage bei Josephus, die von Jesus als herausragender Gestalt spricht (ant. 18,63f) und uns schon gelegentlich begegnete. Sie ist christlich zumindest überarbeitet. Versuche, einen neutralen Grundtext zu rekonstruieren, erobern aber in jüngerer Zeit Boden. Obgleich die Einwände verbieten, zu viel auf den Text zu stützen, bleibt er in seinem Wachstum von Belang.[31]

Zugleich bieten die kanonischen Schriften weiterhin das breiteste Bild Jesu. Die wichtigsten neuen Texte, EvThom und EvPhil, sind nur an Äußerungen Jesu interessiert, nicht an Machttaten. Somit blätterte das Gesamtbild Jesu ohne unsere kanonischen Evangelien ab. Das Neue Testament bietet nach wie vor den repräsentativsten Querschnitt durch das insgesamt mögliche Jesusgut. Der Schwerpunkt liegt auch nach kritischer Prüfung der Quellenlage auf ihm.

Ungelöst ist die interessanteste Frage der neutestamentlichen Quellenentwicklung: Warum kommt es zur Entstehung der Evangelien? Blicken wir aufs 2.Jh., dessen Verengung des Jesusgutes durch doketische und gnostische Tendenzen viele der neuen Quellen spiegeln, reizt die Vermutung, sie wehrten einer beginnenden Verflüchtigung des irdischen

---

28 Erträge in NTApo 5I, 1987 (*O. Hofius*, *W. Schneemelcher* u.a.).
29 *J.H. Charlesworth* / *C.A. Evans* in Chilton / Evans** 479–533 versus *Funk e.a.***, *Robinson****.
30 *H. Merkel*, NTApo 5I, 1987, 89–92; *Evans* 1995**, 26ff versus *Crossan* 1994*, 541ff u.a.
31 Lit. bei *C.A. Evans*: Chilton / Evans** 466–477; *Theißen* / *Merz* 1996*, 74ff.

Jesus. Bedenken wir die Logienquelle und den Generationenwechsel zwischen 60 und 70, spricht einiges für Verschriftungen parallel zur Institutionalisierung der Gemeinde(n). Sammeln wir den Gang der christologischen Aussagen, stoßen wir auf eine Eigendynamik des Interesses an Jesus. Vielleicht befruchteten sich die Aspekte wechselseitig.

4.2 Der gesandte Sohn

Lit.: s.o.; *M.R. d'Angelo*, Abba and „Father", JBL 111, 1992, 611–630 (= 1992a); dies., Theology in Mark and Q: Abba and ‚Father' in Context, HThR 85, 1992, 149–174 (=1992b); *J. Barr*, Abba isn't ‚Daddy', JThS 39, 1988, 28–47; *R. Bauckham*, The Sonship of the Historical Jesus in Christology, SJTh 31, 1978, 245–260; *J. Becker*, Ich bin die Auferstehung und das Leben [...], ThZ 39, 1983, 138–151; *L. Bernhard*, Das frühchristliche Verständnis der Formel „Iēsous pais theou": Lingua restituta orientalis. FS J. Assfalg, ÄAT 20, Wiesbaden 1990, 21–29; *J.-A. Bühner*, Der Gesandte und sein Weg im 4. Evangelium, WUNT II 2, Tübingen 1977; *C. Burger*, Jesus als Davidssohn, FRLANT 98, Göttingen 1970; *J.J. Collins*, The Son of God Text from Qumran: FS de Jonge 1993*, 65–82; *C. Colpe*, Gottessohn, RAC 12, 1983, 19–58; *G. Dautzenberg*, Studien zur Theologie der Jesustradition, SBAB 19, Stuttgart 1995, 98–105,222–239; *D.C. Duling*, Matthew's Plurisignificant „Son of David", BTB 22, 1992, 99–116; *ders.*, Solomon, Exorcism, and the Son of David, HThR 68, 1975, 235–252; *ders.*, The Therapeutic Son of David, NTS 24, 1977/78, 392–410; *R. Feneberg*, Abba – Vater, KuI 3, 1988, 41–52; *J.A. Fitzmyer*, The Palestinian Background of „Son of God" as a Title for Jesus: Texts and Contexts. FS L. Hartman, Oslo 1995, 567–577; *ders.*, The „Son of God" Document from Qumran, Bib. 74, 1993, 153–174; *F. García Martínez*, Qumran and Apocalyptic, StTDJ 9, Leiden 1992; *A. v. Harnack*, Die Bezeichnung Jesu als Knecht Gottes, Berlin 1926; *O. Hofius*, Johannesstudien, WUNT 88, Tübingen 1996; *H. Humbach*, Herrscher, Gott und Gottessohn in Iran [...]: Zeller 1988 (s. 4.11), 89–114; *J. Jeremias*, Abba, Göttingen 1966, 15–67; *F.A. Johnson*, Jesus, the Wisdom of God, EThL 61, 1985, 261–294; *M. de Jonge*, Jesus, Son of David and Son of God: Jewish Eschatology, Early Christian Christology and the Testaments of the Twelve Patriarchs, Leiden 1991, 135–144; *E. Kränkl*, Jesus der Knecht Gottes, BU 8, Regensburg 1972; *J. Kremer*, „Dieser ist der Sohn Gottes" (Apg 9,20): Der Treue Gottes trauen. FS G. Schneider, Freiburg 1991, 137–158; *W.L. Kynes*, A Christology of Solidarity, Lanham 1991 (zu Mt); *W.R.G. Loader*, The Christology of the Fourth Gospel, BET 23, Frankfurt a.M. 1989; *H. Merklein*, Ägyptische Einflüsse auf die messianische Sohn-Gottes-Aussage des Neuen Testaments: FS Hengel (s. bei Segal 3.3) 21–48; *J.P. Miranda*, Die Sendung Jesu im 4. Evangelium, SBS 87, Stuttgart 1977; *U.B. Müller*, „Sohn Gottes" [...], ZNW 87, 1996, 1–32; *B.M. Nolan*, The Royal Son of God, OBO 23, Göttingen 1979; *A. Polag*, Die Christologie der Logienquelle, WMANT 45, Neukirchen 1977; *G. Schelbert*, Sprachgeschichtliches zu ‚Abba': Mélanges Dominique Barthélemy, OBO 38, Fribourg 1981, 395–447; *H. Schlier*, Zu Röm 1,3f: Neues Testament und Geschichte. FS O. Cullmann, Zürich 1972, 207–218; *G. Schneider*, Auf Gott bezogenes ‚Mein Vater' und ‚euer Vater' in den Jesus-Worten der Evangelien: FS Neirynck (s. 3.7 Bieringer) III 1751–1781; *E. Schüssler Fiorenza*, Jesus – Messenger of Divine Wisdom, StTh 49, 1995, 231–252; *E. Schweizer*, Röm 1,3f. [...]: Neotestamentica, Zürich 1963, 180–189; *ders.*, Was meinen wir eigentlich, wenn wir sagen ‚Gott sandte seinen Sohn ...'?, NTS 37, 1991, 204–224; *S.H. Smith*, The Function of the Son of David Tradition in Mark's Gospel, NTS 42, 1996, 523–539; *Th. Söding*, Gottes Sohn von Anfang an: Laufen (s. 4.11) 57–93; *A. Strotmann*, „Mein Vater bist du!" (Sir 51,10) Zur Bedeutung der Vaterschaft Gottes [...],

FTS 39, Frankfurt a.M. 1991; *M. Theobald*, „Sohn Gottes" als christologische Grundmetapher bei Paulus, ThQ 174, 1994, 185–207; *B. van Iersel*, „Sohn Gottes" im Neuen Testament, Conc(D) 18, 1982, 182–193; *S. Vollenweider*, Christus als Weisheit, EvTh 53, 1993, 290–310; *D. Wider*, Theozentrik und Bekenntnis, BZNW 87, Berlin 1997 (Hebr); *W. Wrede*, Jesus als Davidssohn: Vorträge und Studien, Tübingen 1907, 147–177; *J. Zmijewski*, Die Sohn-Gottes-Prädikation im Markusevangelium, SNTU 12, 1987, 5–34.

Das christologische Bild Jesu nimmt weit vor den Evangelien seinen Auftakt. Die frühe Gemeinde erzählt von seinem Wirken und bemüht sich gleichzeitig, seine Bedeutung auf die „Formel" zu bringen. Wie bei der Passion expandiert das Erzählen nicht geradlinig die Kurzaussagen. Ebensowenig extrahieren die Kurzaussagen Erzählungen. Den Kurzaussagen kommt die Priorität zu. Denn sie werden früher verschriftet. Wenige sind es, „nur" die Sendungsaussage und Röm 1,3f*. Inhaltlich verblüffen sie durch eine Gemeinsamkeit, das Motiv des Sohnes. Ich habe dieses Motiv deshalb für die Überschrift des Kapitels gewählt. Es ist komplex, wie sich schnell zeigt.

4.2.1 Die *Sendungsaussage* bietet in uns schon vertrauter Weise keine feste Formel, sondern einen Aussagekern: „*Gott sandte seinen Sohn zwecks / damit …*" Dessen Ziel ist *soteriologisch*. Die Sohnschaft strahlt aus, und Menschen oder der Welt wird im „zwecks / damit" Sühne und Rettung gewährt (Gal 4,4–6; Röm 8,3; Joh 3,16.17; 1 Joh 4,9). Der Tod Jesu muss dafür nicht eigens erwähnt werden. Die Rettungserfahrung der frühen Christen setzt – wie öfter beobachtet – beim Irdischen ein und gilt für den Auferstandenen weiter. Sie konzentriert sich auch nicht allein auf die Sühne. In Jesu Geschichtswirksamkeit erfährt die Gemeinde vielmehr Gottes Zuwendung in großer Breite. Sie erhält eine stabile, enge und verbürgte Beziehung zu dem Gott, der sich den Menschen unbedingt zuwendet. Ein Status wie der von rechtsfähigen, dem Vater unlösbar verbundenen Kindern erwächst (Gal 4,4ff).

Aus dem Verb „*senden*" schloss ältere Forschung (z. T. wirksam bis zur Gegenwart), ein Gesandter müsse vorab existieren. Jesus wäre demnach vor seinem irdischen Wirken bei Gott gedacht. Mit unserer Aussage begänne früh nach Ostern die christologische Präexistenzvorstellung. Hymnen und verwandte Texte folgten. Wir werden zurückhaltender sein müssen. Gott sendet Israel zentrale Gestalten von Mose an (Ex 3,10; Jes 6,8; Jer 1,7 usw.). Ihre Sendung markiert Gottes *geschichtliche* Initiative. Um die Aktivität Gottes im *irdischen* Auftreten der gesandten Gestalten geht es. So *erhält Jesu irdisches Wirken* durch die Sendung *ein theonomes Vorzeichen*, ohne von vornherein die Präexistenz einzuschließen.

Die Erzählüberlieferung konzentriert sich korrespondierend auf Jesu Besonderheit, im Sinne der Kriterien M. Webers[32] auf Außeralltägliches. Die nicht außeralltäglich erlebten ersten dreißig Lebensjahre Jesu, seine Ausbildung, Ausübung des Zimmermann-Berufs etc. vernachlässigt sie dagegen. Nach der verstehenden Religionssoziologie wäre das die

[32] Vgl. *M. Weber*, Wirtschaft und Gesellschaft, Tübingen [5]1972, 654,661f u.ö.

Wirkung einer charismatischen Person (und die beliebten Spekulationen über die Lücken verfehlt).

Der Überschritt zur Präexistenz, der später folgt, ist gleichwohl religionsgeschichtlich vorbereitet. Jüdische Theologie charakterisiert zur Zeitenwende nämlich nicht nur Menschen als Kinder Gottes, sondern zuletzt das, was dem irdischen Leben Ort und Bindung gibt, Weisheit, Tora und Vernunft-Ideenwelt (Logos). Über die Weisheit (heute müssten wir sagen: die gute Ordnung und spielerische, anspruchsvolle Lebensvernunft) spekuliert sie mit den Motiven der Sendung, Gottesgegenwart und Rettung vor aller Existenz (Weish 9,9f.18f; vgl. 10,9). Sobald die Christen ihre an Christus gemachte Erfahrung daran anlehnen, gewinnt die Sendung des Sohnes analoge Tiefe. Allen Menschen zuvor ist er dann bei Gott und mit Gott vertraut, um Schöpfung und Existenz zu ordnen und zu retten.

Strukturanalogien in nichtjüdischem Denken bestätigen die Möglichkeit nahtloser Rezeption im Heidenchristentum. Cornutus identifiziert so den Götterboten Hermes mit dem Logos (der Vernunft und dem Vortrag), der zu Recht als Retter gelte, da er zum Retten da sei (nat.deor. 20,15ff).[33]

Wir stoßen auf ein bemerkenswertes Phänomen. Die Frage, wie die Herkunft von Jesu außeralltäglicher Gestalt zu denken sei, tritt im frühen Christentum unmittelbar nach dem Wirken Jesu auf. Grundlagen zur Präexistenzvorstellung entstehen, obwohl wir diese nicht mehr so eng wie früher mit der Sendungs- und Sohnesaussage verbinden dürfen. Was dagegen heute weithin zuerst interessiert, das konkrete Auftreten, Wirken und Reden Jesu, wird in den ältesten Formeln und christologischen Aussagestrukturen nicht zum Thema. In der ersten christlichen Generation mag die lebendige Erinnerung an den irdischen Jesus das teilweise auffangen. Der Neuzeit fehlt sie. Die neutestamentlichen Aussagen, die Jesu Sendung „in dem Bekanntsein Gottes“ und erst in einem zweiten Schritt umgekehrt „Gott in dem Bekanntsein Jesu“ verankern, wandeln sich zu einer schwierigen Christologie von oben.[34]

Eine Christologie von unten, vom menschlichen Wirken Jesu aus, liegt heute näher. Trotzdem sollten wir die Perspektive der Sendungsaussage nicht vorschnell aufgeben. Auch und gerade sie erlaubt eine intensive Zuordnung Jesu zu den Menschen in ihrer Schwachheit. Wo sie auf die irdische Person Jesu zu sprechen kommt, hebt sie mit Entschiedenheit hervor, was die spätere Theologie – angeregt durch Phil 2,8a – Jesu Niedrigkeit nennt: Von einer Frau ist er geboren wie alle, die Staub und sterblich sind (Gal 4,4, zu unterscheiden von der später formulierten Jungfrauengeburt). Sündengestalt trägt er, selbst wenn er mit ihr nicht unmittelbar zu identifizieren ist (Röm 8,3).[35] *Der theonome Ansatz befreit zu einer ungeschützten, eindringlichen Menschheitsaussage.*

---

[33] Weitere Nachweise zum Judentum (Philo, quaest. Gen. 4,97; agr. 51u.ö.) *Hengel* 1975*, 78–84.

[34] Begriffe nach *G. Ebeling*, Dogmatik des christlichen Glaubens II, Tübingen ³1989, 37.

[35] Zu Gal 4,4 vgl. Hi 14,1; 1 QS 11,21; 1 QH 13,14ff, zu Röm 8,3 z.B. *Müller* 1990 (s. 4.11), 16.

4.2.2 Einen deutlich anderen, aber ebenso frühen Zugang zur Reflexion des irdischen Jesus bietet die Formel in *Röm 1,3f**. Sie verweist auf Jesu Herkunft aus dem Samen Davids und auf seine Gottessohnschaft aus der Auferstehung.

W. Bousset sah hier älteste Theologie. Er gründete darauf (und auf Apg 2,36) die These, Jesus sei für die Urgemeinde erst „durch die Auferweckung zum Messias" erhöht. Als die Forschung eine Formel herauskristallisierte, wirkte das nach. *E. Schweizer* bemerkte eine „sehr alte Christologie", „die eine erste Stufe in Niedrigkeit und eine zweite Stufe in Hoheit, auf der Jesus erst zum ‚Sohn' eingesetzt wird, unterscheidet", und verstand die Sohnschaft königlich. Die Forschung der letzten Jahrzehnte erzwang wesentliche Differenzierungen:

Nach der Sendungsaussage (und namentlich Gal 4,4) fällt schon das erste Glied auf. Es blickt auf Jesu Menschsein in sozialer Auszeichnung. Er wurde „aus Davids Samen". Zu hohem Prestige ist er privilegiert. Unsere Formel bekundet der früheren Forschung entgegen keine Zwei-Stufen-Christologie aus Niedrigkeit (erstes Glied) und königlicher Hoheit (zweites Glied), sondern eine *Zwei-Aspekte-Christologie*:[36] Der erste Aspekt zeichnet den Irdischen sozial aus. Der zweite Aspekt deklariert die Gottessohnschaft aus der Auferstehung.

Das Wort „horizein" („deklarieren") ist vieldeutig. Die Etymologie erinnert an die Grenze (horos), von der aus etwas besonders klar sichtbar wird. Gemeint ist also: Der aus Davids Samen stammt, ist aufgrund der Auferstehung als der Gottessohn in seinen Konturen sichtbar geworden. Die über die Königstheologie in die Forschung eingedrungene Deutung als Adoption gibt das Verb nicht her (in Ps 2 etc. fehlt es).[37]

Mit der Korrektur zur Zwei-Aspekte-Christologie ändert sich das Bild des ältesten Judenchristentums. Die Schematisierung eines judenchristlich niedrigen gegenüber einem hellenistisch hohen christologischen Ansatz weicht einer doppelten – irdischen und erhöhten – Aufwertung Jesu. Das „aus Davids Samen" entnimmt Paulus dabei der Tradition. Sein Interesse an Israel lenkt im Röm sein Augenmerk darauf. Doch er verfolgt es nicht weiter. Obwohl er David im Röm noch erwähnt (4,6;11,9; vgl. 15,12), spricht er in Röm 9,5 statt von davidischer Herkunft Jesu nur mehr von solcher aus den Israeliten. In seinen übrigen Briefen schweigt er von David überhaupt. Auch in den alten Formeln, Hymnen und Liedern neben ihm spielt eine davidische Herkunft Jesu keine Rolle. Jesu Davidität bildet demnach einen einzelnen, nicht zu stark zu gewichtenden Strang alter Christologie.

2 Tim 2,8 lässt sich schwer zur Ausnahme machen. Die dortigen Kernglieder „auferstanden aus den Toten, aus Davids Samen" stehen Röm 1,3f so nah, dass eine selbständige alte Tradition unwahrscheinlich ist.

---

[36] *Bousset* ⁶1967*, 3; *Schweizer* 1955*, 62 (Zitat), 86f; zum Stand *de Jonge**** 141ff, *Müller**** 7ff. Die Zugehörigkeit von „nach dem Fleisch", „nach dem Geist der Heiligkeit", „in Macht" zur Formel ist umstritten.

[37] Zum Verb *Schlier**** 214f; es begegnet bis zum „Bestimmen" einer Person als „Gott" (AGr XII 158,7). Abweisung adoptianischer Deutung mit anderen Argumenten *Stuhlmacher* 1990*, 187f.

Formuliert ist die Davidität Jesu nicht titular, sondern genealogisch. „Aus dem Samen" ist eine Herkunfts-, keine theologische Bezeichnung (vgl. Tob 1,1 usw.). Röm 1,3f (und 2 Tim 2,8) verdichtet sie nicht einmal in die Individualisierung „Sohn (= Nachkomme) des", die wir andernorts kennen.[38] Eine beinahe schon selbstverständliche These des 20. Jh.[39] wird brüchig. Es ist nicht zu erweisen, dass die Gemeinde Jesu Davidität theologisch, um des Nachweises der Messianität Jesu willen, entworfen hätte. Die Religionsgeschichte zwingt sogar zur Kritik daran.

Denn beide Glieder der Formel in Röm 1,3f gehen nicht in konzentrierte davidische oder messianische Aussagen über, wie wir sie nach den Quellenfunden unseres Jahrhunderts erwarteten. Im ersten Glied müsste messianisch „Spross" o.ä. stehen (vgl. 4Q PB etc.), im (ersten oder) zweiten Formelglied „christos" (Messias). Statt dessen begegnet „Gottessohn", ein Prädikat, das alle Herrschergesalbten-Texte der Zeitenwende trotz der lebendigen Kenntnis von 2 Sam 7,14 übergehen (einschließlich PsSal 17;18; s. 3.8.3).

Röm 1,3 mag mithin einen Weg zu davidischer Messiasreflexion bahnen. Begründet wird es durch sie nicht. Der Gemeindekreis, der die dortige Aussage formulierte, hebt Jesus *genealogisch* durch *davidische Herkunft* hervor. Seine Position kommt nur begrenzt zur Wirkung, im ältesten Christentum kaum über unsere Formel hinaus.

Die Zurückhaltung reicht bis ins späte Neue Testament. 2 Tim 2,8 bleibt in den gegenüber Genealogien skeptischen (Tit 3,9) Deuteropaulinen singulär. Dem Hebr genügt Jesu Herkunft aus Juda (7,6.14), obwohl er David zitiert (4,7) und in der Liste der Glaubenszeugen streift (11,32). Das Joh nützt die Ambivalenz für eine Ironie (7,41f). Die Johannesbriefe kommen nicht einmal auf diese zurück.

Die Genealogie benennt zudem kein im heutigen Sinn historisch präzises Wissen. Sie verortet die Anhänger Jesu, die sie verwenden, in einer Gesellschaft, in der Familien und Stämme eine bedeutende Rolle spielen. Ihre Überzeugung, Jesus sei davidischer Herkunft, drückt seine soziale Schätzung, nicht einen in unserem Sinn nachweislichen Stammbaum aus. Jede historisch präzisierende Nachfrage ist müßig.

Die Genealogien der Davididen brechen in persischer Zeit ab (APFC 30,19 wie 1 Chr 3,1–24). Während wir die Füllung solcher Lücken als unzulässig empfinden, eröffnen sie im 1.Jh. den Raum für Rekonstruktionen. Die Teile der zweiten / dritten christlichen Generation, in denen das genealogische Interesse zunimmt, nutzen ihn theologisch. *Mt 1,1–17* interessiert die Reihe der Könige; um der Öffnung der Botschaft willen bezieht es zugleich Frauen und Nichtjüdinnen ein. *Lk 3,23–38* kommt es nach David auf Natan – also auf eine prophetische Mitherkunft Jesu – und darauf an, den Stammbaum des Gottessohnes (1,35) auch über Josef bis zu Gott zurückzuführen.

---

[38] S. nur „Davidssohn" für Josef Mt 1,20.

[39] Wirksam *Bill.* I 11f nach *Wrede**** 165f.

4.2.3 Uns interessiert mehr als die Genealogie die theologische Frage, die Relation von Davidide und *Davidssohn*. Im heutigen Allgemeinbewusstsein hängt beides positiv gewertet zusammen. Das Neue Testament kennzeichnet eher eine vorsichtige Ambivalenz. Auf der einen Seite steigert es. *Jesus konzentriert das Bild des idealen Davidsnachkommen (Davidssohns) auf sich.* Daher wird Salomo, der einstige und nach der Geschichtserinnerung der Zeitenwende ideale „Sohn Davids" (Prov 1,1; vgl. Koh 1,1), zur Folie Jesu. Dieser Salomo besang – stellte man sich vor – Gott und Gottes künftiges Handeln in einem neuerlichen „Sohn Davids" (PsSal mit 17,21). Er hatte medizinische Kenntnis (Weish 7,20) und Macht über die Dämonen (11QPsAp[a] I; vgl. LibAnt 60,3 und Josephus, ant. 8,45–49).

Das meiste Material entstand über den weisen Salomo und den helfenden Heiler. Wichtig zum Vergleich mit dem Neuen Testament ist die gelegentliche Anrede des heilenden Salomo als „Sohn Davids" (TestSal 1,7;20,1). Denn Salomos heilende Kraft leuchtet hinter der entsprechenden Anrede Jesu als Davidssohn in den Heilungsperikopen auf, die die meisten Belege unseres Prädikats stellen (Mk 10,47f par; Mt 9,27;12,22f;15,22;20,30). Bei Mt reichen sie bis 21,14f, der Akklamation des *heilenden* Jesus als „Sohn Davids" im Tempel. Mt 12,22–42 sichert zugleich die Grenze des Vergleichs: „Siehe, mehr als Salomo ist hier" (12,42). Jesus überbietet den Typos des therapeutischen Davidssohns.[40] Er geht in der Davidität nicht auf.

Wir stoßen auf die zweite, einschränkende Linie. *Das Davidssohn-Prädikat genügt christologisch nicht.* Schon stellenmäßig begegnet es in größerem Umfang allein bei Mt. Mk und Lk begnügen sich mit der angesprochenen Heilungsanrede (Mk 10,47f par) und der Davidssohnfrage (Mk 12,35ff par). Die Logienquelle und mit ihr alle übrigen urchristlichen Quellen schweigen.

Der Schlüsselbeleg, die Davidssohnfrage, enthüllt das Dilemma: Kann Christus überhaupt Davids Sohn sein? Würde das nicht seinen personalen Rang mindern? Gewiss vermöchte das Lied Salomos zu einem „Ja, er ist der besungene und der erhoffte Sohn Davids" zu ermuntern (vgl. PsSal 17,21). Für die frühe Gemeinde, die unsere Perikope gestaltet, reicht diese Antwort nicht zu. Sie greift statt dessen zu Ps 110,1, wo David von seinem Herrn spricht. Die Genealogie und Ableitung der Würde Christi von David her zerbrechen. Mk hört eine so intensive Ablehnung, dass er im gesamten Evangelium Jesu davidische Herkunft nicht darlegt. Selbst in den jüngeren Schichten des Neuen Testaments bleibt ein relativierender Ton. Lk wagt trotz 1,27.32.69 usw. nicht, die Ablehnung zu annullieren (20,41–44). Nur bei Mt kommt es zur schwebenden Frage, in welcher Weise der, den David Herr nennt, sein Sohn sei (22,45). Die Lösung überlässt der Evangelist den Leserinnen und Lesern.[41]

---

[40] Lit. vor *Duling**** unzureichend (*Burger**** etc.). Vgl. auch *Broer* (s. 3.8) 1256ff (Lit.).

[41] Die Perikope ist in der Gemeinde entstanden. Dem irdischen Jesus ordnet sie erst der markinische Rahmen (12,35a) zu. Die offenste Deutung entsteht bei einer Auffassung als Haggada-Frage, die beide Antworten (Herr und Sohn) zulasse (von *M.L. Strauss* [s. 3.8] 128,316f auch für Lk vertreten).

Begreiflich wird die in 3.8.3 erwähnte Umformulierung der PsSal. Bei ihrer christlichen Überlieferung begegnen sie unserer Fragestellung. Sie entscheiden sich für einen Mittelweg. Christus ist Sohn Davids zu nennen, aber als der Gesalbte, der Herr ist („christos kyrios" 17,32).

Die Offb, die letzte neutestamentliche Schrift mit einem Rekurs auf David (3,7), verfährt härter. Sie meidet „Sohn Davids" und formuliert die Verheißung von Jes 11 paradox um. Ihr Löwe „aus dem Stamm Juda" (wie Jesu Herkunft in nun schon vertrauter Weise charakterisiert wird) ist nicht Spross, sondern Wurzel Davids. Er trägt dessen ganzes Geschlecht (5,5;22,16).

Bekenntnisrang kann Jesu davidische Herkunft angesichts dieser Spannungen weder neutestamentlich noch nachneutestamentlich erhalten. Im 2.Jh. dient sie dem Verweis auf Jesu wirkliche Menschheit (IgnEph 18,2;20,2 u.ö.), wenn sie nicht völlig abgelehnt wird (Barn 12,10f). In keines der altkirchlichen Bekenntnisse (Apostolicum, Nicaenum, Chalcedonense) geht sie ein. Noch nicht einmal in der Reformation spielt das Davidssohn-Prädikat eine wesentliche Rolle. So verdankt es seine heutige Bekanntheit vor allem der davidisch-herrscherlichen Prägung der Christologie im 17./18.Jh, nicht dogmatischer Tradition und nur begrenzt dem Neuen Testament.[42]

Nach unserem Befund wird die beliebte These, eine alte Davidssohn-Christologie sei um der Integration des Christentums ins römische Reich willen entschärft worden,[43] durch die Quellen nicht gedeckt. Für die neutestamentliche Ambivalenz spielt eine Rolle, dass David bei aller Wertschätzung im 1.Jh. nicht die unüberbietbare Gestalt war, zu der ihn die Erinnerung anderer Epochen machte, und dass familiäre Herkunft eine geringere Rolle spielte als Stammesherkunft. Wichtiger noch scheint mir ein Kontrast im Auftreten Jesu selbst. Die Urchristenheit konnte keine Äußerung überliefern, in der er seinem sozialen Status oder David Gewicht gab. Im Gegenteil, sie musste mit Worten gegen die soziale Orientierung an der Familie ringen (Mt 10,21.35f par; Mk 3,31–35; EvThom log. 55;99;101;105). So spiegelt die Ambivalenz davidischer Christologie zuletzt eine *historische Eigenart Jesu* wider. *Auch und gerade wenn er nach dem Geschichtssinn der Zeit als Davidide galt, kennzeichnete ihn die Verunsicherung sozialer Statusurteile.* Er selbst stellte die Weiche, sein Auftreten und seine Person nicht nach menschlichem Status zu bemessen.

4.2.4 Das entscheidende Prädikat in der Sendungsaussage wie Röm 1,3f* ist *Gottessohn*. Aufgrund der Dogmen- und Theologiegeschichte löst es weithin zuerst herrscherliche Assoziationen und dogmatische Erwartungen aus, ein diffuses Bild von Königtum und göttlicher Person Jesu. Wir dürfen das nicht zu schnell ins Neue Testament hineinlesen.

---

[42] Vgl. *Karrer* 1990*, 283–294. Die Nachlässigkeit gegenüber dem Prädikat (s. bei Luther die Predigten zu Mt 21,10–17; 22,41–46 und Lieder) endet bei Philipp Nicolai 1599 („Wie schön leuchtet der Morgenstern", EG 70, 1 und 2).

[43] Varianten bis *Smith****.

Zum einen beeinflusst die altkirchliche Theologie das Vorverständnis. Sie ordnete Jesu Gottessohnschaft ab dem späten 2.Jh. vor die Menschwerdung. Irenäus prägte die Wendung „der Gottessohn wurde Menschensohn" (adv. haer. III 19,1). Das Prädikat erhielt eine große Rolle im Sprechen über die göttliche Natur Jesu.[44] Luther intensivierte zwar den Bezug auf den Mensch Gewordenen.[45] Gleichwohl verfestigte sich der Zugang zum Prädikat von der „ganze(n) göttliche(n) Person" aus auch in den reformatorischen Kirchen (BSLK FC 8,6).

Zum anderen begann die Diskussion bei den jüdischen Königstraditionen (Ps 2; 2 Sam 7,14). Die religionsgeschichtliche Schule, die wegen der altkirchlichen Bedeutung des Prädikats (von Röm 1,3f abgesehen) seine Entstehung auf griechischem Boden favorisierte, drang nicht durch. R. Bultmann schlug vermittelnd vor, Sohn Gottes sei in der Urgemeinde „orientalischer Königstitel"; im hellenistischen Christentum bezeichne es „die metaphysische Qualität, das göttliche Wesen Christi" als Aussage seiner „Bedeutsamkeit", noch nicht seiner „Natur" im dogmatischen Sinn. Die Ableitung vom königlichen Gottessohn gewann darauf wieder Vorrang. In der letzten Generation folgte, von einer sich zum Pluralismus öffnenden Religionstheologie ausgelöst, ein Streit um die Präexistenztheologie (J. Hick u.a.).[46]

Beginnen müssen wir bei der *Religionsgeschichte*. Nicht nur der viel beachteten Königsideologie, sondern ebenso dem Verständnis der Israeliten und dem des himmlischen Hofstaats als Söhne Gottes ist Rechnung zu tragen. Die *Königsideologie* hat ihren Schwerpunkt sogar für das Neue Testament relativ ungünstig, in älteren Schriften: In Ägypten galt der Pharao als Sohn des (Sonnen-) Gottes. Israel entzog sich der Ausstrahlung nicht ganz. An vereinzelten, doch zentralen Stellen hörte es einen Herrscher von Gott als Sohn gewürdigt (2 Sam 7,14; Ps 2,7; 1 Chr 17,13; „Erstgeborener" Ps 89,27f). Physische Sohnschaft wie in Ägypten meinte es dabei nicht mehr. Die rechtliche Auszeichnung durch Gott stand im Vordergrund. Nach Ps 2 wäre sie einer Adoption vergleichbar.[47] In der Perserzeit laufen die Belege aus. In die vorneutestamentliche Messiashoffnung dringen sie nicht ein.

Die früheste Kombination mit dem Messiasbegriff, 4 Esr 7,28f (vgl. 13,32.37.52;14,9; Ende 1.Jh. n.Chr.) ist textlich umstritten,[48] und nach ihr fehlen im ganzen 2.Jh. wie zuvor Belege. Origenes gelten „Gesalbter" und „Gottessohn" folgerichtig als jüdisch nicht kombinierbar (Cels. I 49).

Der Befund erklärt sich, wenn wir den Wandel der Umwelt beachten. Israel zögert, positiv vom königlichen Gottessohn zu reden, weil das Attribut nochmals dezidiert durch Fremdherrscher besetzt wird. Nach dem „Zeussohn" Ale-

---

44 Vgl. *Grillmeier* (s. 1) 48–57 und 4.9.7. Für die altkirchliche Präexistenzdiskussion erhielt der Logos eine größere Rolle, doch heute verwischen diese Konturen.

45 Luther, WA 33,155: „du sollt von keinem [...] Sohn Gottes etwas wissen, es sei denn der, so da heiße geboren aus der Jungfrauen Marien und der da sei Mensch worden".

46 Vgl. *Bousset* 61967 (21921), 52–57; *G. Dalman*, Die Worte Jesu I, Leipzig 21930, 219ff; *R. Bultmann*, Das christologische Bekenntnis des ökumenischen Rates (1951), GuV II, Tübingen 1952, 246–261 (Zitate 249,250,253,252); *Hick* 1979 und 1993 (s. 4.11; kritisch *Dunn* 21992*).

47 Nötige Differenzierungen bei *Merklein**** 22–31.

48 Sie ist allein in christlichen Übersetzungen erhalten, die möglicherweise interpolieren oder ein grundsprachliches „mein Knecht" (wie syrBar 70,9) übertragen.

xander verbreitete sich nämlich die Meinung, der Herrscher sei „Gottessohn", weit über das einstige Kernland Ägypten hinaus. Der Titel wurde Glied der hellenistischen Herrscherideologie (bei Seleukiden und anderen). Zur Begründung dienten die irdischen Väter. „Gottessohn" wurde, wessen Vater Gott (= vergotteter Herrscher) war. Nach der Vergottung Cäsars brachte Octavian (Augustus) das ins römische Imperium ein. Ab 27 v.Chr. beanspruchte er, zuerst in Ägypten, „Gottessohn" zu sein („theou hyios" BGU 543,3). Er wurde „Gott aus Gott" („theos ek theou" OGIS 6552) und setzte damit einen Maßstab, den seine Nachfolger aufnahmen.[49]

Der viel besprochene Text 4Q 246 (aram., entstanden im 2./1. Jh., geschrieben etwa 25 v.Chr.) fügt sich zum Bild. Seine erste Kolumne beschäftigt sich mit einer Fremdherrschaft. Deren Macht und Schrecken wächst bis zu einem Herrscher, der „groß" (? Text schlecht erhalten) genannt werde (1,4–9). Die zweite Kolumne setzt darauf ein: „Er wird der Sohn Gottes genannt werden, und sie werden ihn den Sohn des Höchsten nennen" (2,1). Der letzte der fremden, negativen Herrscher usurpiert unser Prädikat. Er zieht die Herrschervorstellung der Völker und die einstige judäische Königsauszeichnung an sich. Als angeblicher „Sohn des Höchsten" provoziert er Israel aufs äußerste.[50] 2,4(ff) fährt fort, „das Volk Gottes" werde „erscheinen und allem Ruhe verschaffen von Zerstörung".[51]

Israel wahrt die eigene Tradition, wie das Zitat von 2 Sam 7,11–14 in 4Q Flor 1,10ff zeigt.[52] Es scheut sich jedoch, den im paganen Herrscherkult beanspruchten Titel für einen erhofften eigenen Herrscher neu zu setzen. Das macht gegenüber den alten Forschungsthesen über einen königlich-messianischen Titel Jesu stutzig. Tatsächlich reicht das Dilemma auch im Christentum bis ins frühe 2.Jh. Das beweist die Did. Für sie ist „hyios theou" unverändert fremdbesetzt. Es beschreibt den Weltverführer, in dessen Hände die Erde gegeben wird und der nie dagewesene Freveltaten begeht (16,4). Christus heißt - an die Vorsicht Israels erinnernd - zur Unterscheidung „Sohn" (7,1.3), nicht „Sohn Gottes".

Welche Rolle dürfen wir angesichts dessen der herrscherlichen Tradition im Neuen Testament geben? Die Entscheidung hängt an den Alternativen. Ihre wichtigere, die *Hervorhebung Israels und seiner herausragenden Glieder*, lebt wie die herrscherliche Linie von der rechtlichen Auszeichnung des Sohns in der Antike. Ins Religiöse übertragen, verbürgt die Sohnschaft die Nähe Gottes.

---

[49] Weitere Belege (von Kallisthenes, FGH 124 F 14a und Appian, hist. 11, 65f bis zur römischen Kaiserzeit) bei *Colpe**** 30f und *Humbach**** 95–98.

[50] „Sohn des Höchsten" nimmt das Gottesprädikat „Höchste(r)" auf, das pagan für zahlreiche Götter und Göttinnen nachgewiesen ist (vgl. *A.Th. Kraabel*, Judaism in Western Asia Minor, Diss. Harvard, Cambridge 1968, 93–108). Die LXX beansprucht diese Bezeichnung aber für den einen Gott (2 Reg [= 2 Sam] 22,14 usw.).

[51] Nach dem Bekanntwerden des Textes wurde 2,1 gern zu 2,4 gezogen, um den „Sohn Gottes" als Heilsherrscher Israels (jenseits der Messiashoffnung, da „Messias" fehlt) oder himmlische Gestalt („Sohn Gottes" als himmlisches Wesen) zu interpretieren. Die Edition erwies die Verbindung zu Kolumne 1. Text und Übersetzung *K. Beyer*, Die aramäischen Texte vom Toten Meer. Erg.-Bd., Göttingen 1995, 111ff. Positionen *Collins****, *Fitzmyer****, *García Martínez****, *Müller**** 2ff.

[52] Zuerst erweitert Israel das Prädikat wohl in Urvergangenheit: s. die Reminiszenz an Ps 89,27f in 4Q 369 fr. 1, II 6; die Geschichtslinie dieses (schlecht erhaltenen) Textes endet bei Henoch (fr. 1, I).

Belege für *Israel* als Gottes Sohn (Ex 4,22f; Hos 11,1 u.ö.) und dessen Kinder als Gottes „Söhne und Töchter" (Dtn 32,19; Jes 43,6; vgl. Dtn 32,5 u.ö.) sind alt und verbreitet. Die Konkurrenz zum herrscherlichen Gottessohn lösen die PsSal vor der Zeitenwende markant. Ihr königlicher Gesalbte des Herrn ist, wie besprochen, nicht „Sohn Gottes". Er erkennt statt dessen im vom Herrn geheiligten Volk Gottes „Kind",[53] in all dessen Gliedern die „Kinder (Söhne) Gottes" (17,21.27).

Das Gefälle vom Kollektiv zu den geheiligten, für Gott beanspruchten und ausgegrenzten Gliedern barg die Chance einer *Individualisierung* jenseits des Königtums. Einer ihrer Anfänge liegt im weisheitlichen Nachdenken über den Menschen, der sich vorbehaltlos denen zuwendet, die seiner bedürfen. Dieser Mensch wird, heißt es Sir 4,10 (LXX), „wie ein Sohn des Höchsten" sein. Der Höchste wird ihn „mehr lieben als seine Mutter". Laut Weish 2,12–18;5,4f ist dann insbesondere der leidvoll verfolgte Gerechte „Sohn" (das Gottesprädikat „Höchster" folgt 5,15). Bei Philo sind es die hervorragenden Menschen (quaest. Gen 1,92), die, gestützt auf Erkenntnis (conf. 145), unter der Fürsorge Gottes das Schöne tun. Sie sprengen jede Enge und irdische Verwandtschaften (spec.leg.I 317f). Insofern ist die Relativierung der davidischen Genealogie in der Christologie, die uns begegnete, vorbereitet.

Generell zeichnet überwältigend aus, Gottes Sohn zu sein.[54] Zugleich wiederholt sich mutatis mutandis die Scheu, die wir beim Gesalbtenprädikat kennenlernten. Einzigartige Nähe zu Gott gab es. Einzigartige Beziehung zu Gott wie die eines Sohnes soll es geben. Doch dass eine aktuell antreffbare Person das so erfüllte, dass sie unmittelbar und uneingeschränkt Sohn Gottes zu nennen sei, bleibt die Ausnahme. Wir haben vor der Antwort auf Jesu Auftreten keinen Beleg dafür, dass eine mit Namen bekannte zeitgenössische Person Sohn Gottes genannt würde.

Zuletzt ist die *dritte Tradition* anzusprechen. Umgeben von polytheistischen Religionen, bildete sich in Israel die Ansicht, Gott habe einen *himmlischen Hofstaat* (Ps 29,1;89,7). Dessen Glieder – in jüngerer Terminologie Engel – erschienen als Gottessöhne (Ps 82,6; Hi 1,6–12;2,1–6;38,7; in 1QS 11,8 umschreibend Himmelssöhne). Wie Lk 20,36 verrät, lebte diese Vorstellung bis ins 1.Jh. Die frühe Christologie gerät, bislang wenig wahrgenommen, zu ihr in Kontakt, sobald es um die himmlische Hoheit des Gottessohnes geht. Wir werden also auch diese Tradition zu beachten haben.

4.2.5 Mit der differenzierten Religionsgeschichte verbieten sich einlinige Ableitungen. Mehrere Impulse markieren den Anfang des *urchristlichen Verständnisses*. Neben königliche Traditionen gelangen solche der Erwählung und der himmlischen Nähe zu Gott. „Gottessohn" ist im Neuen Testament kein eindeutiger Begriff, sondern *eine vielschichtige, reich füllbare Metapher*.

---

[53] Oder Knecht: „pais" 17,21 gibt beides wieder.

[54] Levi (TestXII Lev 4,2) oder Josef (JosAs 6,3.5; vgl. 18,11 u.ö.) gelten um die Zeitenwende als „Sohn Gottes"; Josef erhält in den Fragmenten der OrJos Züge eines Engels.

Ihr wesentlichstes Profil, der *Bezug auf den irdischen Jesus*, beginnt bei der *Sendungsaussage*. „Gott sandte seinen Sohn" zielt auf ihn, den gekommenen Jesus. Eschatologisch gesandt ist er, wie Gott einst Gestalten an Israel sandte. Die individuelle Gottessohnmetapher ordnet ihn Israel zu und hebt ihn aus Israel hervor. Pate steht sie dafür, dass er von Gott her wahrzunehmen und seine Sendung bindend ist. Denn der Gesandte der Antike repräsentiert den, der ihn sendet, mit juridischer Vollmacht. Der Sohn ist mehr noch als ein anderer Gesandter dem Sendenden zugehörig. Jesus ist der gesandte Sohn Gottes, auf den sich der Blick verbindlich richtet. Er ist der Sohn Gottes schlechthin.

*Röm 1,3f** setzt einen Gegenakzent. Auf Jesu irdische Existenz verweist nun die davidische Genealogie. Aber Jesu Gottessohnschaft überflügelt, angesichts der besprochenen Probleme nicht zufällig, alle irdisch-herrscherliche Geschichte. Sie erfährt ihre Proklamation und ihre Konturen aus der Auferstehung. Ihre Kraft mag sich auf die Erde beziehen und die Macht des Herrschers steigernd überbieten. Zu sprechen ist von ihr nach dem Ostergeschehen und, wie spätestens Paulus erläutert, gemäß dem Geist. Ein kühner, schwebender Entwurf lenkt die herrscherlichen Bezüge auf einen Grat zur himmlischen Tradition. Freilich geht der Gottessohn auch darin nicht auf. Kein Hofstaat Gottes, sondern seine einzigartige Proklamation interessiert.[55]

Paulus rezipiert Sendungsaussage und Röm 1,3f*. Er selbst bevorzugt unser Prädikat nicht (15 Belege seiner Briefe stehen neben ca. 270 für Christos und 187 für Kyrios; in Phil und Phlm fehlt es). Immerhin verwurzelt er es in seiner Berufungserfahrung (Gal 1,15). Mit Hilfe der Sendungstradition bringt er die *Liebe und die Hingabe des Sohnes in den Tod* zum Ausdruck (Röm 5,10;8,32; Gal 2,20). Damit trägt er wesentlich zur Konzentration des Attributs auf den gekommenen Sohn bei. Die Präexistenz des Sohnes, für die er früher umfassend beansprucht wurde, thematisiert er dagegen an keiner Stelle neben Röm 1,3a, wo er sich auch nur vorsichtigst dorthin öffnet. Ein wenig deutlicher verfolgt er die Linie zum himmlischen Ort des Sohnes (1 Kor 15,23–25; 1 Thess 1,10).

Röm 1,3a leitet den Verweis auf die irdische Herkunft Jesu ein. Es sichert, dass Jesu Menschheit zur Gottessohnschaft gehört, was die Formel nicht eindeutig ausdrückte. Ein Gefälle zur Präexistenz muss man aus der Dynamik der Vorordnung ablesen.[56]

Nach Paulus überrascht der Befund der *Deuteropaulinen* nicht. In 2 Thess und Past fehlt unser Prädikat gänzlich. Kol und Eph bieten je nur einen Beleg. Kol 1,13 verschmilzt dabei den himmlischen und den herrscherlichen Hintergrund, so dass uns der Gottessohn als Herrscher für Himmel und Erde (vgl. v.20) gegen die Macht der Finsternis begegnet. Der Gottessohn wird, in Eph 4,13(ff) nicht unproblematisch, zur kraftvollen Idealgestalt (vgl. 4.2.12). Gott ist er in der Vertrautheit der Liebe verbunden (Kol 1,13).

---

[55] Divergente Aspekte in der Lit. bei 4.2.2; *Hengel* 1993 (s. 2.8), 139; *Müller**** 9ff; *Merklein**** 31f.

[56] Weiteres *Theobald**** u.a. Höhere Gewichtung der Präexistenz bei Paulus durch *M. Hengel*: FS Hofius (s. Anm. 234 zu 3) 479–517 und *Söding**** 59–69.

4.2.6 Wenden wir uns den neben- und nachpaulinischen Schriften zu. Logienquelle und Mk beginnen wiederum beim irdischen Jesus, doch mit unterschiedlichen Akzenten. Die *Logienquelle* legt den Schwerpunkt auf das Wirken des Sohnes ab der Versuchung. Der himmlische Gottessohn interessiert sie nicht. Der herrscherlichen Gottessohn-Tradition steht sie kritisch gegenüber (Lk 4,5ff). Die Passion klammert sie aus. Ihrer Versuchungserzählung nach geht es ihr um ein hermeneutisch-christologisches Grundproblem. Der „Prüfer" und „Durcheinanderbringer" (so Namen des Satans) provoziert Jesus und benützt dazu die Schrift. Schriftwort steht gegen Schriftwort. Der Gottessohn löst das Problem durch umgehende, definitive Entscheidung (Q Lk 4,4.8.12).[57] Er urteilt in Bindung an die Schrift gegen den Satan. Das kann er, wie Q Lk 10,22 klärt, weil er ohnegleichen von Gott weiß. Die Logienquelle nutzt dazu ein altes Jesuswort. Ursprünglich war es ein Bild in der distanzierten Rede dritter Person: Ein Vater und ein Sohn kennten einander einzigartig (Mt 11,27 par Lk 10,22*). Die Gemeinde bezog den Vater auf Gott und wendete das Wort exklusiv christologisch an. Die Logienquelle stützt sich auf diese Entwicklung, und ihr Gottessohn wird *der einzigartige Kenner Gottes*. In dieser Kenntnis ist er *dem Satan überlegen* und bietet er *der Gemeinde Gewähr* für ihren Weg vor Gott. Denn er enthüllt seine Kenntnis, wo er will.[58]

Das *Mk* beginnt die Linie etwas früher, bei der Taufe, und zieht sie bis in die Passion weiter. Die Taufe identifiziert den Gottessohn (1,11, der erste textlich unumstrittene Beleg). Die Geister erkennen ihn (3,11;5,7), abwehrend der Hohe Rat (14,61–64) und abschließend der Hauptmann unter dem Kreuz (15,39). Dabei geht es je so intensiv um den Irdischen, dass Mk sogar das Präteritum „dieser *war* Gottes Sohn" in 15,39 stehen lässt (worin ihm Mt 27,54 folgt).[59] Erhöhungs- und Gerichtsaussagen verbinden sich folgerichtig nicht mit unserem Prädikat, und die Präexistenz müsste eine textkritisch fragliche Lektüre in Mk 1,1 einlesen.

Q entgegen vernachlässigt das Mk die Autorität der Schriftentscheidung und Kenntnis Gottes zur inhaltlichen Füllung des Prädikats.[60] Es wählt andere, für die Geschichte der Christologie ebenso bedeutende Züge. Vor allem schöpft es aus der Tendenz des 1. Jh., die Hilfe des erwählten, charismatischen Gottessohns im Heilen zu entdecken (3,11; 5,7). Seinem Gottessohn wächst daher die Dimension des charismatischen *Wundertäters* zu.[61] Im Heilen greift er machtvoll ein

---

[57] Nicht modern durch eine Diskussion der Auslegung. Vgl. aber *Chr. Kähler*, Satanischer Schriftgebrauch, ThLZ 119, 1994, 857–868.

[58] Zur Diskussion *Polag**** 148–151,160–162,167f.; *Bauckham**** 251; *P. Hofmann*, Die Offenbarung des Sohnes, Kairos 12, 1970, 270–288, *C. Deutsch*, Hidden Wisdom and the Easy Yoke, JSNT.S 18, Sheffield 1987; *Schneider**** 1755ff.

[59] 14,61 steht die Variante „Sohn des Hochgelobten". Zum Präteritum 15,39 in der Tradition s. 3.4.7. In 1,11 gehe ich davon aus, dass keine Benützung von Q durch Mk vorlag.

[60] Die Versuchung ist äußerst verknappt (Mk 1,12f); Q Lk 10,22 hat bei Mk keine Parallele.

[61] Vgl. die Übertragung des Prädikats auf Ḥanina ben Dosa (vgl. *Charlesworth*** 149ff,162 Anm. 51; *Hengel* 1975*, 76f,86; *Willems*** 38f). Das bis *Hahn* 1963 (⁵1995)*, 292–296 herangezogene „Gottessohn" paganer Thaumaturgen ist jünger (PGM 4,535 etc.). Lk 7,1–10 par, die einzige Heilungserzählung in Q, meidet unser Prädikat. *Borg* 1993**, 57f überstrapaziert die Befunde.

(Mk 5,7). Seine Macht schlägt zugleich einen Bogen zum *herrscherlichen* „Sohn Gottes". Die Scheu vor der herrscherlichen Tradition tritt zurück. Freilich wird ihr Einfluss nicht so stark wie lange angenommen. Die Schlüsselstelle Mk 1,11 geht nicht in Königstradition auf.

Ph. Vielhauer summierte die ältere Auffassung. Er behauptete einen „Inthronisationsvorgang" von der Taufe über die Verklärung (9,7) zum Kreuz (15,39). Die Himmelsstimme „Du bist mein geliebter Sohn" 1,11 deutete er von Ps 2,7 (neben Jes 42,1) und altorientalischer Königstitulatur aus als „Adoptionsformel" (= du sollst es sein).[62]

„*Geliebter* Sohn", die Variante unseres Attributs in Mk 1,11, findet sich alttestamentlich allein in der *Aqedah* (Gen 22,2.12.16 LXX). So vertieft die Himmelsstimme die individuelle Sohn-Gottes-Linie über die engste Beziehung zum Vater aus Israels Väterüberlieferung. Der Tod, der dem Kind Abrahams erspart blieb, überschattet das Wirken Jesu. Wie der geliebte Sohn von Gen 22 zur Bindung geführt wurde, bereitet sich der Weg zur Passion vor (3,6 usw.). Die Herrschertradition (Ps 2,7 in 1,11) bricht zur Vorausdeutung darauf, dass Fremde über Jesus den Titulus des Königs errichten werden (15,26). Der „geliebte Sohn", auf den zu hören ist (9,7), erfährt statt Achtung den Tod (12,6).

Schließlich legitimiert laut Mk 1,10f der *Geist* die Sohnschaft, bevor irgend jemand, sei es Mensch oder drittes Wesen, sie erkennen kann. Beim Herabkommen des Geistes ergeht die Himmelsstimme „an dir nahm ich Wohlgefallen" (1,11). Sie ist deutsch im Präsens wiederzugeben:[63] Auf Jesus ruht das Wohlgefallen Gottes. Die Stimme benennt, was grundsätzlich – und nicht erst durch einen neuen Akt – gilt. Die Herabkunft des Geistes und Stimme Gottes adoptiert Jesus nicht, sondern identifiziert ihn vor seinem Weg zu den Machttaten wie ins Leiden. Dieser Tenor und seine Rezeption bis Lk 3,21f wird (neben Röm 1,3f) zum wichtigsten neutestamentlichen Ansatz für eine *Geist-Christologie*.

Mt führt die Szene zur Proklamation in der dritten Person und vor Zeugen fort (3,17). Lk deutet sie als Präsentation der Gottessohnschaft, die er schon 1,32.35 einführt.[64] Geist-Christologie ist nach allen Fassungen der Tauftradition keine Adoptionschristologie.

Begeben wir uns unter das Kreuz. Als der „König der Juden" an ihm hängt, kommentiert der Hauptmann in Mk 15,39: Er war „*in Wahrheit* Gottes Sohn". Eindeutig gerät nun unser Attribut in den Kontext königlicher Herrschaft. Aber es nimmt die vorangehenden Assoziationen mit, und der Hauptmann findet erst zu seinem Urteil, als der Tempelvorhang reißt und sich damit die Begegnung *Gottes* am Kreuz öffnet (15,38).[65] Daher impliziert es den Kontrast. Es verbindet Jesus „in Wahrheit" nicht mit den Herrschern des Hellenismus und Roms, sondern mit Gott (vgl. 14,61f).

---

[62] *Ph. Vielhauer*, Geschichte der urchristlichen Literatur, Berlin 1975, 344.

[63] Wie das „du liebtest" LXX Gen 22,2. Die Aoriste sind analog zum hebräischen Perfectum praesens zu verstehen.

[64] Vgl. *Müller**** 18; *D. Vigne*, Christ au Jourdain, EtB. NS 16, Paris 1992, 107–132. Weiteres 4.3.1.

[65] Vgl. *R. Feldmeier*, Der Gekreuzigte im „Gnadenstuhl": M. Philonenko ed., Le Trône de Dieu, WUNT 69, Tübingen 1993, 213–232.

Neben Mk entsteht die *lukanische Vorgeschichte*, die Herrschertradition souveräner aufnimmt. Denn mit einer Thronverheißung sagt der Engel Maria an, Jesus werde „Sohn des Höchsten genannt werden" (Lk 1,32). Die besprochene Fremdbesetzung von „Sohn des Höchsten" in der Herrscherideologie bremst nicht mehr. Für *Lukas* ist allerdings die Fortführung ebenso wichtig: Der *Geist* überschattet Maria, damit das geschehe (Lk 1,35). „Er wird genannt werden" geht ins Futur über. So liegt der Ton nicht auf einer Inkarnation des präexistenten Gottessohnes, sondern auf der Prägung dessen, der geboren wird, durch den Geist. Lukas entfaltet die in der alten Tauferzählung begonnene *Geistchristologie*. Entsprechend fügen Lk 4,1a;10,21 den Geist in zentrale Gottessohn-Perikopen ein. Auch Lk 3,21f vertieft weniger die Bezüge auf Ps 2,7 als die auf Jes 42,1 (und Jer 31,20; Jes 44,21). Der ganze Weg des Gottessohnes wird vom Geist erfüllt, und erst die Auferweckung gibt dem herrscherlichen Ps 2,7 volle Geltung (Apg 13,33).[66]

Die Vorgeschichte bei *Mt* bevorzugt nochmals anders die kollektive Tradition („Gottessohn" für Israel). Jesus ist Gottessohn, weil er *Israels Gottessohnschaft* verkörpert (2,15 im Erfüllungszitat von Hos 11,1).[67] Im Gehorsam gegenüber Gott kommt er dem nach (4,1–11). Unter dem Kreuz erhält darauf die Tradition des missachteten Gerechten das entscheidende Wort (27,43; vgl. Weish 2,18; Ps 22,9). Die Christologie des leidenden, gerechten Sohns bestimmt die Linie zu Mt 27,54. Da die Rechtsinstanzen Israels sich gegen ihn wenden, wird der Repräsentant Israels in Israel verkannt. Das Sohnesprädikat bündelt die Israel-Spannung der matthäischen Christologie.

Der herrscherliche Gottessohn hat dagegen bis unter den Titulus des Königs (27,37. vgl.42) weniger Gewicht. Auch die Geistchristologie tritt etwas zurück (trotz 1,18.20; 3,16).[68]

Zuletzt ringt die *Offb*, die zwischen 1,5 und 19,16 herrscherliche Konnotate fast unmittelbar erwarten ließe, mit der Herrschertradition. Sie setzt „Gottessohn" für Christus einzig in 2,18 und erläutert es dort in Anlehnung an eine Himmelsvision (Dan 10,6). So gehört Jesu Gottessohnschaft und Herrschaft zu seiner himmlischen Stellung. Wir nähern uns der *himmlischen Begriffstradition*. Die Entrückung des „Sohns" im Mythos 12,5 unterstreicht zugleich die Sonderstellung Jesu gegenüber allen Engeln.[69] In der Auseinandersetzung mit dem Herrscherkult wagt die Offb noch eine weitere Pointe. Sie bezieht 2 Sam 7,14 auf die Glieder der Gemeinde, die im eschatologischen Konflikt siegen (21,7). Ana-

---

[66] Zu den weiteren Stellen der Apg (9,20.22) vgl. *Kremer****.

[67] Dagegen gehört unser Prädikat bei Mt nicht zu Jesu wunderbarer Geburt. Erst in der Wirkungsgeschichte verwischen sich die unterschiedlichen Konturen der Evangelien.

[68] Weiteres *Kynes****; *U. Luz*: FS *Hahn* 1991*, 231ff; *Broer* (s. 3.8) 1270–1278; *J.D. Kingsbury*, The Theology of St. Matthew's Gospel: W.R. Farmer ed., New Synoptic Studies, Macon 1983, 331–361; *W. Kraus*, Die Passion des Gottessohnes, EvTh 57, 1997, 409–427. Ps 2 und 2 Sam 7,14 erscheinen nicht unter den matthäischen Erfüllungszitaten.

[69] Die Offb berührt christologisch Angelophanien, vermeidet aber eine Engelchristologie: vgl. 4.9.6.

log überträgt sie in 2,26f den Ps 2 kollektiv. Unter dem Sohn Christus, der bei Gottes Thron ist (12,5), übernimmt die *Gemeinde als Gottessohn* den Affront zur fremden Herrschaft des Staates, zum Sohn Gottes des Herrscherkultes.

4.2.7 Überblicken wir die Belege soweit, stellt Sohn Gottes ein zentrales Prädikat Jesu dar, doch wegen des Reichtums seiner Assoziationen, nicht wegen einer klaren Linie zur Zwei-Naturen-Lehre der Dogmengeschichte. Die besprochenen Schriften erproben Sendungs-, Erkenntnis-, Geist- und Israelchristologie. Die Präexistenz göttlicher Natur dagegen drücken sie mit „Gottessohn" kaum aus. Die Theologiegeschichte beruft sich daher vornehmlich auf die johanneische Literatur und den Hebr.

Das *Joh und 1 / 2 Joh* verschmelzen die juridisch verbindliche Sendung des Sohnes und seine Erkenntnis des Vaters, die wir aus der Sendungsformel und Logienquelle kennen. Das Joh verknüpft damit noch die Tradition des Königs Israels (1,49). Der Sohn Gottes wird zum „Sohn" schlechthin (3,17 usw.), der in der Einheit mit dem Vater zu denken ist (Joh 10,15.30;17,11.21–23). Seine Gottesrelation verbürgt, dass die Glaubenden Leben und Gemeinschaft mit dem Vater haben und die Welt Rettung erfährt (Joh 20,31; 1 Joh 2,23;4,9f.14). Deshalb wird der Glaube, dass Jesus der (Gesalbte und) Sohn Gottes ist, Ziel der Verkündigung und Kern des Bekenntnisses (Joh 20,31; 1 Joh 2,22ff;5,5 usw.). Das Sohnesprädikat wird eine Summe johanneischer Christologie. Die jüngere Forschung rückt das vorzugsweise unter die Perspektive der *Sendungschristologie*.

Als Sohn ist Jesus demnach Gesandter in der dichtest möglichen Gottesbeziehung, aus der Einheit mit dem Vater (Joh 17,1ff.21ff). Seine Herkunft „von oben" unterscheidet ihn von irdischen Königen und aller irdischen Zunge (vgl. 3,31 nach 3,16ff; 18,36 vor 19,7). Seine Sendung ist rechtlich verbindlich. Da das nicht akzeptiert wird, löst sein Auftreten einen Prozess aus. Die Juden, unter denen er wirkt, behaupten ein Kapitalverbrechen seinerseits (ab Joh 5,16.18). Er indes weiß sich vor Gott als Richter (5,22). Das Joh durchzieht von da an ein doppelter Gerichtsvollzug, vordergründig gegen Jesus, in Wirklichkeit gegen die Welt.

Aus dem Konflikt ergibt sich der johanneische Dualismus. Gleichwohl hält das Joh an der Zuwendung Gottes durch den Sohn fest, der Basis seiner Soteriologie. Trotz des Konflikts weigert es sich auf der heute vorfindlichen Textebene, die Soteriologie von der Welt zu lösen und auf die Jünger zu beschränken (s. Joh 3,17 und vgl. 3.7.4/5). Vielleicht bergen sich unter den Spannungen der Textebenen Entwicklungen und Diskussionen der johanneischen Gemeinde.[70]

Die Präexistenz sichert das Joh in seinem Prolog mit einem anderen, dem Logosbegriff (1,1–18). Unserem Prädikat wächst die Präexistenzaussage indirekt zu. In sich bildet es nach wie vor nicht ihren Ausgangspunkt und stärksten Motor.

Das spüren wir auch beim letzten zu nennenden Zeugen, dem *Hebr.* Er beginnt in 1,2a beim *gekommenen* Jesus, damit, dass Gott „zu uns im Sohn sprach". Die geschichtliche Äußerung Gottes dient zum Einsatz (ab 1,1). Die Schöpfungs-

---

[70] Diskussion *Bühner****; *Miranda**** 21 u.ö.; *Becker****; *Loader**** 76–92,172f u.ö.; *U.B. Müller* 1990 (s. 4.11), 62–83 und 1997 (s. 3.7), 31ff; *R. Schnackenburg*: FS Hahn 1991*, 275–291.

mittlerschaft folgt erst im übernächsten Teilvers (2c). Indessen liegt der Akzent von Hebr 1 nun vor und über der Schöpfung. Christi Sohnschaft führt in die Präexistenz und mit ihr in den Raum Gottes. Die *himmlische* Tradition des Prädikats wird dadurch und durch die Erhöhung zu einer wesentlichen Folie. Die unterschwellige Konkurrenz zwischen den Engeln als Gottessöhnen und Christus tritt ab 1,4 an die Oberfläche. Hebr 1–2 löst sie: Allein Christus ist – erhabener als die Engel – der Sohn. Die Schrifttexte der herrscherlichen Tradition, Ps 2,7 und 2 Sam 7,14, stützen diese Überbietung der Engel (Hebr 1,5; vgl. 5,5). Die Menschheit des Sohnes bleibt der notwendige Gegenhalt, um die Menschen von Fleisch und Blut zur Herrlichkeit zu führen (2,6–18).[71]

Die Ansätze im Hebr und Joh unterscheiden sich beträchtlich. Sendungschristologie spielt im Hebr eine geringere Rolle, obwohl er den Hohenpriester, der uns zugute Mensch wird, in seiner Sendungsvollmacht von Gott einmal kurz „apostolos", „*Gesandten*", nennt (3,1).

Das Sendungsinstitut hat seine christologische Grenze im Hebr daran, dass dienende Geister gesandt werden (1,14). Das Joh stellt das Prädikat „Gesandter" wahrscheinlich aus anderem Grund zurück; es dürfte durch die Apostel besetzt sein (vgl. 13,16). Dennoch erhält es in der Christologie eine gewisse Wirkung (Justin, I apol. 12,9 u.ö.).

In einem Ergebnis berühren sich johanneische Literatur und Hebr. Der Sohn ist selbst *Gott* zu nennen. Johanneisch ist er das, weil er die Erkenntnis Gottes mitteilt (1 Joh 5,20), im Hebr, weil er allen Engeln überlegen machtvoll dessen Recht vertritt (Hebr 1,8f). Diese Berührung löste den dogmengeschichtlichen Prozess am stärksten aus.

Beide Stellen werden durch Salbungs- / Gesalbtenaussagen gestützt (s. 3.8.8, 3.8.10). Sohnschaft und gesalbte Heiligkeit fließen im Gottesprädikat zusammen. Das bestätigt *Joh 1,18*, das bis vor kurzem als die bedeutendste Gottessohn-Aussage des Neuen Testaments galt. Die in den letzten Jahrhunderten edierten Handschriften zwingen dort zur Korrektur von „Sohn" in „Gott". Eine großartige Szene beschließt die Aussagen über den Logos (1,1ff), den *Einziggeborenen* (= einziggeborenen Sohn; 1,14 vor 3,16.18) und *Gesalbten* Jesus (1,17). Er tut, was wir aus der Vertrautheit eines Kindes (und der Weisheit: Prov 8,30) oder aus dem antiken Symposion, Fest und Festmahl kennen. Er ruht wie ein Kind im Schoß des Vaters oder liegt an ihm, wie man auf den Liegen des Festzimmers beisammen liegt, den Kopf am Schoß des vertrauten Gefährten. „Einziggeborener" verweist auf die Menschwerdung, „Gott" auf die Einheit mit dem Vater. Das Bild des Unabbildbaren (vgl. v.18a) macht plastisch, was sich sonst nicht sagen lässt: Der Gesalbte, Einziggeborene legt den Vater aus und leitet zu ihm (v.18c in einem Verb zusammengedrängt). Ja, er tat das schon, so dass wir uns im Geleit zum Vater befinden. Deshalb heißt er Gott wie der Vater.[72]

---

[71] Diskussion *Loader* 1981 (s. 2.8) 62–80; *L.D. Hurst*, The Christology of Hebr 1 and 2: The Glory of Christ in the New Testament. In Memory of G.B. Caird, Oxford 1987, 151–164; *Isaacs* (s. 3.7) 178–204; *Gräßer* (s. 3.7) I 46–69; *Wider**** 22–71.

[72] Ob wir in v.18 „der einziggeborene Gott" oder „der Einziggeborene, der selbst Gott ist" übersetzen. Vgl. *Hofius**** 24–32; *Obermann* (s. 5.1) 338ff; zum Verb „auslegen" / hinleiten" *R. Robert*, Le mot final du prologue johannique, RThom 89, 1989, 279–288 (und RThom 90, 1990, 634–639) versus *I. de la Potterie*, „C'est lui qui a ouvert la voie", Bib. 69, 1988, 340–370.

4.2.8 Der Metapher „Sohn“ tritt im späten Neuen Testament eine Variante zur Seite: *„pais“*. Sie beinhaltet *„Kind“* (wie „hyios“) und *„Knecht“* (Apg 3,13.26; 4,27.30; vgl. Mt 12,18). Nachneutestamentlich nehmen ihre Belege zu. Demzufolge bringt sie Anliegen der zweiten / dritten christlichen Generation zur Geltung.

Die These scheitert, „pais“ (Knecht) sei ein allmählich verdrängtes Prädikat ältester palästinischer Christologie. Wir haben, da die Frühdatierung der Christologie der Apg zusammenbrach, nicht einmal mehr einen Hinweis, dass es sich um ein sehr altes Prädikat handelt (so gewiss das bis heute gelegentlich angenommen wird).[73]

Apg 4,27.30 und sämtliche Vorkommen des 1 Clem und der Did gehören in Gebete. Der 1 Clem bietet sie im großen Schlussgebet (59,2.3.4), die Did in den Mahlgebeten (9,2f;10,2f, dazu koptisch 10,7 bei der Danksagung über dem Salböl par Const. Ap. VII 27). Vor allem das Gebet also sperrt sich gegen „Sohn Gottes“. Die Anrede Gottes „durch dein Kind Jesus“[74] erwidert am halböffentlichen Ort auf die Schwierigkeit des Gottessohn-Prädikats. „Pais“, das keine Vorgeschichte im Herrscherkult hat, ist in der entstehenden Liturgie unverfänglicher als „hyios“ Gottes.

Damit ist schon gesagt, dass wir „pais“ vorzugsweise mit „Kind“ zu übersetzen haben. Die Apg signalisiert das durch die sprachliche Unterscheidung Christi, des Kindes (nie „doulos“), von den Christen als Knechten Gottes (4,29 dafür „douloi“). Die Übersetzungen der Alten Kirche[75] und Luther übertrugen folgerichtig „Kind“ (Apg 3,13.26;4,27.30). Die Revisionen und Neuübersetzungen, die das zu „Knecht“ korrigieren, signalisieren einen späten Rezeptionswandel. Er hat seinen Grund: In „Kind“ geht eine Nuance des Knechtes ein. Denn in der LXX übersetzt „pais“ das hebräische „Knecht Gottes“, eine Auszeichnung der Israeliten, die Gott grundlegend dienen (Gen 32,11; Jos 1,13; Ps 18,1; Ijob 1,8 etc.). Die Übersetzer des Jesajabuches verwenden es für den dortigen „Gottesknecht“ (42,1;52,13 etc.).

Trotzdem dürfen wir nicht einmal bei ihnen unmittelbar das hebräische „Knecht“ hören. Vielmehr differenzieren sie zwischen unserem „pais“ und anderen Stellen, an denen sie „ebed“ (Knecht) mit „doulos“ (Knecht, Sklave) übertragen (Jes 14,2;42,19 etc.). Der „pais“ nähert sich in seiner Gottesrelation dem Kind. Daran knüpft das Neue Testament an. Mt 12,18 rezipiert das Gottesknechtslied Jes 42 mit der Übertragung „pais“. Er wird bei Mt zudem der „Geliebte“, eine Anspielung auf den geliebten Sohn von 3,14. „Sohn“ Gottes bleibt das Leitmotiv (und Mt spricht redaktionell immer von „hyios“). Die heutige Übersetzung mit Knecht hat ihr Recht also weniger im sprachlichen Befund als in der sachlichen Verdeutlichung: Im Gotteskind Jesus erfüllt sich die Ansage über den Gottesknecht von Jes 42.[76]

---

[73] Zur Forschungsentwicklung *v. Harnack****; *J.E. Menard*, Pais theou, CBQ 19, 1957, 83–92; *Kränkl**** 125–129; *D.L. Jones*, The Title Pais in Luke-Acts, SBL.SP 1982, 217–226.

[74] So die häufigste Formel bis MartPol 14,3;20,2; Const. VII 27.

[75] An allen Apg-Stellen: *Bernhard****; vgl. auch die koptische Übersetzung von Did 10,3.7.

[76] Was schon Luther an dieser Stelle zur Übersetzung mit Knecht veranlasste.

Mt und Lukas kommt die enge und ausschließliche Bindung des „pais" an Gott aus der Knechts-Tradition entgegen. Gott wählt laut Mt 12,18–21 das Kind und bestimmt wie bei einem Knecht seinen Weg. Gott und niemand anders hat über das Knecht-Kind zu gebieten. Welcher Eingriff erfolgt daher in Gottes Recht, wenn andere, indem sie Christus töten, über es verfügen (so Apg 3,13; 4,27)!

In den Apg-Stellen lässt sich der Einfluss der Gottesknechtslieder, den die Forschung unseres Jahrhunderts über zwei Generationen postulierte, nicht nachweisen.[77] Unterscheiden müssen wir Mt und Apg von Phil 2,7, dem einzigen neutestamentlichen Beleg von „doulos" für Christus. Ihm geht es nicht um Christi Auszeichnung, sondern seine Entäußerung. Dafür eignet sich nur das erniedrigende „Sklave" („doulos" im engeren Sinn).[78] Dieses erfährt im frühen Christentum keine Fortbildung zum Prädikat.

Das Rechtsgefälle, das hinter dem Übergang von „hyios" zu „pais" steht, bereitet heute Schwierigkeiten. Dasselbe Wort bezeichnet ja Kind und Knecht, weil das Kind in der Antike, wo der Vater lebt und bestimmt, kein eigenes Rechtssubjekt ist. Der frühen Christologie erlaubt jedoch gerade das die Korrelation zum Monotheismus: Rechtssubjekt ist der Vater, der sich an das Kind und im Kind bindet. Er tut das nach Apg 3,26 zum Segen. Deswegen ergeht sein Wirken und richten sich Gebet, Danksagung und Bitte an ihn „durch das Kind" (vgl. Apg 4,30; 1 Clem 59,2 etc.). Die heute fremde Rechtsgrundlage ist theologisch von hohem Gewicht. Ihre Sprachform ist zu modifizieren.

4.2.9 Das Prädikat eröffnet noch weiteren Raum. Das Kind hat *Geschwister*. Der Sohn ist *Bruder*. Das Neue Testament bemerkt diese Valenz selten, obwohl es neben der Gotteskindschaft Jesu in großer Breite von der Gotteskindschaft der Gemeinde spricht. Drei Stellen deuten immerhin den Durchbruch an.

Die erste, bei Paulus (Röm 8,28f), keimt aus der eschatologischen Hoffnung. Gott wirkt denen, die ihn lieben, alles zum Guten. Er bestimmt sie im voraus zu „Mitgestalten des Bildes seines Sohnes". Dieser komplizierte Ausdruck wahrt eine Reserve. Doch die Metapher schwimmt sich frei. Der Sohn wird „Erstgeborener unter vielen Geschwistern (Brüdern") sein, schließt 8,29.

Die zweite Passage, im Hebr, speist sich aus Sühnetheologie und Reflexion des irdischen Jesus. Der Sohn (1,2 etc.) führt die vielen Söhne (= Kinder), die wie er „aus dem einen" sind, zur Rettung. Um dessentwillen wird er ihnen gleich und scheut sich nicht, sie Geschwister zu nennen (2,11f.17).

Die dritte Stelle, in Offb 12, erwächst aus dem Mythos über aller Geschichte. Der Wirklichkeit der Gemeinde voraus ist Christus, der Sohn, geboren (12,5). Die Frau, die ihn gebar – in Vorstufen des Mythos eine Gestalt wie Isis, für den Autor der Offb das Gottesvolk –, hat weitere Nachkommen. Deren Herkunft

[77] Wirkungsvoll etwa *J. Jeremias*, „Amnos tou theou – pais theou", ZNW 34, 1935, 115–123; ThWNT V 702. Zum Stand *Buckwalter* (s. 2.3) 247ff u.a.

[78] Vgl. *U.B. Müller*, Der Brief des Paulus an die Philipper, ThHK 11/1, Leipzig 1993, 97ff u.a.

und ihr Verhalten schweißt sie mit dem Sohn zusammen, vom Einstehen für die Gebote Gottes bis zur Verfolgung.

Der Drache, der den Zugriff auf Christus verliert, geht, um mit den übrigen des „Samens" der Frau Krieg zu führen (12,17). Über seine Geschwisterschaft sucht er Christus, das männliche Kind, zu treffen. Allerdings erscheint der Ausdruck Geschwister nicht. Der Zugang ist anders und das Hemmnis stärker als bei Paulus und im Hebr.

Die Stellen ergeben ein eindrucksvolles Gemälde. In der Hoffnung werden die, die Gott liebt, Geschwister seines Sohnes (Paulus). Aus Gott, dem einen und im rettenden Geleit des Sohnes sind sie es (Hebr). In der Geschichte konkretisiert sich das über die gemeinsame Mutter Israel, in verwandtem Leid, Gehorsam und Zeugnis (Offb). Im Neuen Testament freilich sind die Auffassungen noch nicht aufeinander abgestimmt. Wir dürfen sie nicht überfrachten.

Zu einem egalisierenden Bild Jesu als Bruder taugen alle drei Impulse schwer. Denn die Perspektive geht jeweils vom Sohn zu den Geschwistern, nicht umgekehrt (wie analog die Jesuserzählung Mk 3,35 par von Jesus aus auf die Neukonstituierung einer Familie Jesu blickt[79]). Die Metapher vom „Bruder Jesus", die heute gelegentlich begegnet (soweit ich sehe, nicht vor dem 20.Jh.), erwuchs nicht unmittelbar aus dem Neuen Testament. Sie gehört in die veränderten Bedingungen des 20.Jh.s. Im umgangssprachlichen Gebrauch steht sie für die Bemühung, die historisch-theologische Ferne Jesu abzustreifen. Einen wichtigen Ort hat sie im christlich-jüdischen Gespräch.[80] Die theologische Durchdringung der modernen Anliegen und neutestamentlichen Anregungen steht an.

Die breitesten Möglichkeiten bietet wohl Hebr 2,11f. Nur auf den ersten Blick am stärksten mit dem Judentum verbindet Offb 12. Denn die Offb neigt dazu, das nichtchristliche Judentum aus den Geschwistern herauszulösen (2,9 u.ö.).

4.2.10 Unsere Ausgangsstellen für die Besprechung des Gottessohnprädikats, die Sendungsaussagen und Röm 1,3f*, sind nachösterlich, nicht minder die angrenzenden Aussagen über das Kind / den Knecht Gottes. Sie sprechen über Jesus. Trotzdem befriedigt nicht, die Genese damit abzuschließen. Zu erklären ist, wie das intensive Metaphernfeld in der Jüngerschaft und Gemeinde Jesu aufkam. Vorsichtig und mittelbar müssen wir *vor Ostern zurück*. Auf die tragenden Motive, *Sendung, Vater und Sohn*, müssen wir uns dabei konzentrieren.

Wie schon beim Christusprädikat ist ein Nachweis unmöglich, dass Jesus sein Selbstverständnis mit diesem Attribut artikulierte. Es wird an den entscheidenden Stellen der Evangelien an ihn herangetragen. Er erfährt es (ab Mk 1,11 par) und akzeptiert es gegebenenfalls (Mk 14,61f). Bis zum erweiterten Petrusbekenntnis Mt 16,16ff nimmt er es nicht direkt in den Mund.[81]

---

[79] Wirkungsgeschichte bei *U. Luz*, Das Evangelium nach Matthäus II, EKK I 2, Zürich 1990, 289f.

[80] Seit *Buber* (s. Anm. 130 zu 2) 657; *Sch. Ben-Chorin*, Bruder Jesus, München [6]1983.

[81] Weniger vorsichtig *Stuhlmacher* 1992*, 115ff. Zu Mt 11,27 s.o.; auch Mk 13,32 ist der Verweis auf den Sohn (in dritter Person) nur unsicher vor Ostern rückführbar.

Ich beginne bei der *Sendung*. Mit Varianten führen alle Stränge der Evangelienüberlieferung folgenden Gedanken auf ein Wort des irdischen Jesus zurück: Gott habe ihn gesandt, so dass, wer ihn aufnehme, den aufnehme, der ihn sandte (Mk 9,37; Q Mt 10,40; Joh 13,20). Auch wenn die Varianten die Rekonstruktion schwer machen, verweist die mehrfache Überlieferung auf einen ursprünglichen Kern. D.h. schon der irdische Jesus pointiert die angesprochene Sendungsstruktur: Der Gesandte repräsentiert den, der ihn sendet. So sendet Gott ihn. Daher beansprucht er in Wort und Wirken Gehör in Gottes Namen. Vergleichbar ist das zunächst den Propheten. Jesus macht eine mittelbare, keine glatte und keine titulare Selbstaussage. Er gibt aber der Erfahrung, dass in seinem „Reden und Wirken Gott selbst den Menschen begegnet", eine Artikulationsbasis. Die frühe Gemeinde führt das fort. Ihre christologische Konzentration verdichtet den Impuls Jesu, nach der einzigartigen Ostererfahrung sachgemäß, über das Gotteswirken durch die Propheten hinaus.[82]

Für das *zweite* Moment, die Relation des irdischen Jesus zum *Vater* („Abba" Mk 14,36), ist weiter auszuholen. Sie gilt als Zentrum von Jesu Gottesrede, zumal die Gemeinde das „Abba" in seiner Sprache, Aramäisch, tradierte.

M. Luther übertrug frei. In der Getsemani-Szene las er „ABBA / MEIN VATER" (Mk 14,36, Hervorhebung Luther). In Röm 8,15 und Gal 4,6 präzisierte er – vor den schwierigen Vatererfahrungen seiner Person und Zeit verständlich –, „abba" meine „lieber Vater". Weil Jesus den Menschen zugute lebte, dass Gott sein Vater sei, könnten sie – hörte er – Gott mit „lieber Vater" und „unser Vater" (Mt 6,9 par Lk 11,2) anreden.

Die Philologie unseres Jahrhunderts verstärkte vorderhand Luthers Impuls. J. Jeremias postulierte, Abba sei kindliche Lallform, und schloss für Jesu individuelle Anrede „mein Vater" palästinische Parallelen aus. Eine einzigartige Vertrautheit Jesu zu Gott in der Vaterbeziehung leuchtete auf, ureigenes Wort Jesu und Herzstück seines Gottesglaubens. Das erlangte breiteste Wirkung, zumal sich die Doppelung des Mittelkonsonanten so zu erklären schien. „Abba" erinnerte an die Lallworte anderer Sprachen wie das deutsche „Papa". Allerdings musste bereits Jeremias vorsichtig mit der Korrektur beginnen.[83] Sie ist mittlerweile grundlegend nötig:

Die griechische Übersetzung in Mk 14,36 (und Röm 8,15; Gal 4,6) verstand „abba" nicht als Lallwort, sondern als betonte[84] Form von „ab": „der Vater / Vater" („ho patēr"). Dem ist philologisch zu folgen. Außerdem ist die Gottesanrede „mein Vater" inzwischen für das Jesus umgebende Israel mindestens so klar belegt wie für den irdischen Jesus.

Die Konsonantendoppelung in der Mitte des griechischen Wortes ist nämlich eine Eigenheit griechischer Umschrift im 1.Jh. (vergleichbar der Doppelung „messias" für „mašiaḥ").[85] Das betonte „abb-a" *kann* „mein Vater" bedeuten (griechisch wäre das

---

[82] Vgl. *Schweizer**** 213f, Zitat 214.

[83] These *Jeremias**** und ders. ²1973*, 67–73; Beginn der Korrektur *Jeremias**** 63f. Aramäisch lautete „(der) Vater" nach heutiger Umschrift 'b(') („ab[a]").

[84] Im Fachausdruck: determinierte, emphatische.

[85] Als solche wiederholt sie sich beim Namensbestandteil „Bar-abbas" („Sohn des Vaters" bzw. des „Jahwe ist mein Vater"; vgl. LXX B 2 Chr 29,1) Mk 15,7.

„patēr mou"). Doch war hebräisch wie aramäisch um die Zeitenwende das suffigierte 'bj („abi") „mein Vater" geläufig. Die Quellenfunde der letzten Jahrzehnte wiesen es sogar als individuelle Anrede Gottes nach.[86] Dagegen begegnet ein ausgeschriebenes „mein Vater" im Munde Jesu bei Mk überhaupt nicht und in Q nur an einer Stelle, deren Rückführung auf den irdischen Jesus fraglich ist (Mt 11,27a par). Gewicht erhält es erst in den jüngeren Evangelien (Lk 2,49; Joh 2,16 u.ö.). Aber noch Joh 17,1.5 kehrt in der Anrede Gottes zum absoluten „patēr" („Vater") zurück.

Die früher gern angenommene bipolare Struktur in der jüdischen Vorstellung des Vaters – er heische zum einen Gehorsam, helfe zum anderen barmherzig – erweist sich als zu einfach. Majestät und Macht gehören weiterhin zu den Vateraussagen. In den Vordergrund tritt um die Zeitenwende indes die Zuwendung des Vaters, sein Erbarmen, seine Treue und Liebe.[87] Entsprechend kann die Umschreibung Motive der Mutter anfügen (seit Jes 66,13 nach 63,16; 1QH 17 [alt 9],35f). All das ist nicht nur für die hermeneutische Vermittlung wichtig. Jesu Ort im Judentum tritt anders als früher zutage. Wenn er *Gott als sich zuwendenden Vater* versteht, *konstituiert* er *nicht ein neues Gottesverhältnis, sondern führt das Israels fort*. Das Unableitbarkeitskriterium der historischen Kritik verpufft.[88]

Umgehend folgt die nächste Auffälligkeit. Während die Urchristenheit nur zögernd artikuliert, Jesus habe Gott speziell als seinen Vater beansprucht, entstammt die Wendung „euer Vater" in seiner Jüngerunterweisung ältesten Wurzeln. Gott, der Vater, ist an diesen Stellen barmherzig, gütig, den Seinen zugewandt, wie wir es aus Israel kennen. Er ist es in Israel für die Jünger (Mk 11,25 par; Mt 5,45;6,26;10,29; Lk 6,36 par;12,30 par.32). Ein verblüffender Schluss drängt sich auf: Anliegen des irdischen Jesus ist weniger, Gott, den zugewandten Vater, exklusiv an sich zu binden, als seine Jünger damit anzusprechen. Für sie verdichtet er eine ihnen in Israel vertraute Seite des Gottesbildes, die des Gottes, der bis in seine Weisung hinein wie ein Vater zugeneigt ist. Erst nach Ostern rückt die christologische Konzentration an die erste Stelle, und auch sie erstickt den Zuspruch „euer Vater" nicht. Das Vaterunser bleibt ein Wir-Gebet (Mt 6,9 par; Did 8,2). Das Joh findet die Formel, Gott sei „mein (Jesu) Vater und euer Vater", „mein Gott und euer Gott" (20,17).[89] *Jesu Gottesbeziehung lässt sich nicht isolieren; zur Christologie gehört die Ausstrahlung in die Ekklesiologie.*

Wir stoßen darauf, warum das Sohnesprädikat Christi die Gotteskindschaft der Gemeinde nicht verdrängt. Keine Konkurrenz liegt vor, sondern eine Korrelation entwickelt sich (ab Gal 4,4ff). Nur eine neutestamentliche Schrift, die Offb, isoliert „mein Vater" für die Gottesbeziehung Christi, um seine Hoheit angesichts der Geschwisterschaft und der großen Verheißungen für die Gemeinde zu sichern (2,28;3,21 u.ö.).

---

[86] 4Q 372 fr.1, 16 („mein Vater und mein Gott" hebr.); vgl. 4Q 460, 5, dazu in der Diaspora griech. Sir 51,10; Weish 14,3 und 3 Makk 6,3f.8. Weiteres *Schelbert**** 405ff und *E. Schuller*, The Psalm of 4Q 372 1, CBQ 54, 1992, 67–79: 75ff.

[87] *Strotmann**** (Erg. 377ff) unter Korrektur etwa an *Jeremias**** 22f.

[88] Für manche Literatur verliert sich die Gewissheit, dass die Vateranrede Jesu eigenes Wort darstellt (*d'Angelo**** 1992b, 173). Nach dem methodisch Gesagten empfiehlt sich solche Skepsis nicht.

[89] Vgl. *Schneider**** 1751f und passim.

Der Fortführung des aramäischen „Abba" im Griechischen wächst eine weitere Nuance zu. Die Gemeinde erinnert sich und andere angesichts ihrer paganen Umwelt an das ihr durch Jesus vermittelte Proprium ihres Gottesverständnisses aus Israel, obwohl es, ja womöglich gerade weil es die Anrufung anderer Götter als Väter ausschließt. Heute unauffällig, beinhaltet das im 1.Jh. die schwerwiegende Distanz von den hellenistisch-römischen Hochgöttern und nicht zuletzt den Kaisern, die eine Verehrung als „Vater" an sich zogen.

Die Metapher „Vater" war für Gottheiten jenseits Israels seit alters verbreitet. In Griechenland wie Rom wurde sie zu einer der höchsten Gottheitsbenennungen, oft verbunden mit dem Schöpfer („Schöpfer und Vater" Plato, Tim. 28C etc.). Augusteische Panegyrik initiierte, der Vater-Gott herrsche durch den Caesar. Darauf stilisierten Momente der Fürsorge und des Rechts vom „pater familias" („Vater für die Familie") die Kaiser des frühen Imperiums zum Vater und „Vater für das Vaterland" („pater patriae"). Sogar die Anrede „Pater noster" („Vater unser") kann es pagan gegeben haben. Das in Pompeji gefundene Sator-Rotas-Quadrat (an Saturn, Horus oder einen anderen Gott) bindet sie in sein Buchstabenspiel ein, umgeben von der Symbolik A und O.[90]

Die Erinnerung an Jesu Abba sichert die Unverwechselbarkeit des einen Gottes mit diesen anderen Götter-Vätern. Der Vater der persönlichen Beziehung tritt zudem vor den Schöpfer-Vater.[91] Als Träger umfassender Herrschaft („basileia", wie auch das Kaiserreich hieß) legt er den Grund für eine mögliche Resistenz gegenüber der kaiserlichen Ordnung Roms. Wir können Jesu Auftreten *politische Impulse und Wirkungen* nicht absprechen, auch wenn wir sie nicht ins erste Glied rücken.[92]

Der notierte Eingriff der Offb bei der Vateraussage gehört ins staatskritische Extrem dieser Wirkungen. Denn die christologische Isolierung von „mein Vater" erlaubt ihr nebenbei, die Gebetsanrede „Vater" zu vermeiden, deren staatliche Varianten uns eben begegneten. Sie überbietet diese mit Varianten von „Herr" (6,10;15,3.4).

Zum *dritten*: Folgen wir dem irdischen Jesus, müssen wir nach dem Gesagten zu seiner Person wie von ihr fort lenken. Das spiegelt zuletzt sein Reden von *Vater und Sohn*. Es gehört nämlich entscheidend nicht in seine Rede über sich, sondern in seine Gleichnisse und Bildworte. Dort freilich entstehen Relationen von Vater und Sohn, wie sie dichter nicht gezeichnet werden können.

Vom uneinholbar vertrauten Wissen zwischen Vater und Sohn spricht Mt 11,27b par in der Grundgestalt des Bildwortes. Von einer Beziehung, in der ein Vater verwirkte Nähe neu konstituiert, handelt die Parabel vom verlorenen Sohn (dem Vater und den zwei Söhnen) Lk 15,11–32. In der rechtsverbindlichen Vertretung einer Person durch ihren Sohn gipfelt das Winzergleichnis (Mk 12,1–9*).

---

[90] Plutarch, zet. Pl. (mor.) 1000E ff; Horaz, Od. I 12,49ff; Dio Chrysost., Or. 1,39.40; Plinius d.J., Panegyricus II 3; *K. W. Müller*, König und Vater: *Hengel / Schwemer* (s. 4.4), 21–43; *U. Ernst*, Satorformel, EKL IV³, 1996, 58ff.

[91] Das Neue Testament übernimmt die Formel „Schöpfer und Vater" anders als etwa Philo, op.mund. 10 und 21 nicht.

[92] Vgl. *d'Angelo* 1992a***.

Die Intensität dieser Texte kollidiert mit der Blässe des irdischen Vaters Jesu, Josefs, in der Überlieferung. Er kommt weder in der Logienquelle noch bei Mk, sondern erst in den jüngeren Geburtsgeschichten und Evangelien vor (Mt 1,16–24 usw.; Lk 1,27 u.ö.; Joh 1,45;6,42). So scheint es, als habe das Interesse an Josef im Urchristentum eher zu- als abgenommen (von Joh durch 6,42 als unzureichend herausgestellt). Die Lücke einer Hervorhebung Josefs durch Jesus gewinnt an Gewicht. Verfehlt wäre, sie zu psychologisieren. Jeder Anhalt, eine Psychologie Jesu zwischen realer Vaterbegegnung und kontrastierender Idealisierung des Vaters aufzubauen, fehlt. Ausschlaggebend ist ein theologisches Gefälle. Der irdische Jesus konzentriert seine und seiner Jünger Vaterbeziehung so sehr auf Gott, dass alle irdische Verwandtschaft in den Hintergrund tritt (vgl. Mk 3,31–35 etc.).

Diese Konzentration ist es, die seine Hörerinnen und Hörer zur baldigen Identifikation des Vaters seiner Gleichnisse und Bildworte mit Gott veranlasst. Ursprünglich sind „Vater" und „Sohn" dort aber eigentliche Sprache. Die Söhne sind erzählte Personen (was beim Gleichnis vom verlorenen Sohn in Erinnerung blieb) und gleichfalls die Väter, soweit sie vorkommen. Für Mt 11,27 par habe ich das angesprochen. Es gilt ebenso für das Winzergleichnis. Dieses ist beim irdischen Jesus, soweit sich rekonstruieren lässt, ein Gerichtswort. Wie einst Jesaja (Jes 5,1–7) hält er seinen Hörern und Hörerinnen ein Bild aus dem Weinbau vor, um sie aufzurütteln: Untreue Pächter vergriffen sich an den Boten und zuletzt am Sohn des Besitzers, der sein Recht beanspruchte. Sie mordeten sogar. Stärkstes Entsetzen soll das auslösen, damit die Hörer und Hörerinnen sich von eigener Untreue, nun gegen Gott, abwenden. Das Bildgefälle von Boten, Pächtern und Sohn genügt diesem Anliegen. Unnötig ist, den Besitzer als Vater zu konkretisieren, und „Vater" fehlt im Gleichnis. Ebenso bedarf der Sohn keiner Identifikation mit einer externen Gestalt.[93]

Alles in allem pointiert der irdische Jesus, er beanspruche, von Gott gesandt, verbindlich das Gehör Israels. Die, die zu ihm kommen, verweist er auf den einen, zugewandten Gott als ihren Vater. Dazu spricht er in Bildern von einer engen und nach außen verbindlichen Beziehung zwischen Vater und Sohn. An keiner Stelle kombiniert er alle drei Motive für sein Selbstverständnis. Nicht schon sein explizites Wort, die Begegnung mit ihm provoziert die Kombination. In dieser Begegnung freilich ist der Schritt klein, ihn, der in überragender Sendung und beeindruckenden Bildern auf den Vater aufmerksam macht, Sohn oder „der Sohn", der „Sohn Gottes", des „Hochgelobten", zu nennen. Ob das schon für den Weg zur Passion eine Rolle spielt, also Mk 14,61 ein Moment historischer Erinnerung enthält, mussten wir offenlassen (s. 3.9.1). Etwas wahrscheinlicher ist, dass die Ostererfahrung vorausgeht. Doch nach ihr schließen sich die Bezüge.

4.2.11 In mehrfacher Hinsicht erhalten wir ein interessantes *Resultat*. Der *geschichtliche*, *irdische Jesus* tritt uns nicht unmittelbar vor Augen. Das ließ sich nach

[93] Vgl. EvThom log. 65 (Parallele bis v.8). Falls doch, hätte der Sohn am ehesten auf den Täufer verwiesen (*Th. Schmeller*, Der Erbe des Weinbergs, MThZ 46, 1995, 183–201: 198ff; anders *Zager* [s. 4.4] 153–167). Der Gleichniskern ist ohne v.5 und mit einer einfacheren Gestalt von v.6 zu lesen. Weiteres in 3.5.2, *Charlesworth*** 142ff, *Scholtissek* (s. 4.4) 197–206(ff). – Zu Mt 11,27 vgl. 4.2.6.

den Beobachtungen über Geschichte und Erzählung, Historie und Fiktion auch nicht erwarten. Jesus gibt der frühen Gemeinde weniger explizite als implizite Anstöße, ihn zu verstehen. Mittelbar immerhin sind geschichtliche Erkenntnisse abzuleiten. So hält Jesus am semitischen Namen fest und spricht zu seinen Jüngern in Israel von Gott als „dem Vater" („abba"), der ihnen in seiner Weisung wie seinem Erbarmen nah und zugewandt sei. Ohne direkt politisch einzugreifen, macht er eine gewisse Distanz zum politisch-religiösen Anspruch des römischen Imperiums unausweichlich. Er orientiert sich und die ihn hörenden Menschen ganz auf Gott hin und sucht keine Auszeichnung nach menschlichem, sozialem Status. Ja, er tritt, obwohl er im Rahmen der halboffenen Genealogien des 1.Jh. als Davidide gelten könnte, einer Bestimmung der Identität durch die Familie entgegen. Gottes *Sendung*, die ihn für Wort und Tat voll in Dienst nahm, stellt ihn – vermittelt er – unter die leidenden, schuldigen Menschen.

Eine *davidische Christologie* vermag sich daher im Urchristentum nur begrenzt zu entwickeln. Nachdrücklicher gelangt Jesu Niedrigkeit, sein Ort auf der Seite geminderten, schuldbeladenen Menschseins in die christologische Aussagestruktur. Gerade dass er seine Person vor Gott zurücknimmt, löst den entscheidenden Impuls aus. Denn wenn er derart von sich auf Gott lenkt, sind seine Sendung und Person von Gott her in den Blick zu nehmen. Das Prädikat des *Gottessohn*s fängt das ein und gewinnt im Urchristentum immer höheres Gewicht, bis seine christologische Applikation laut Mt 16,17 durch Gott offenbart wird. Andererseits fehlt das Prädikat in Teilen der Deuteropaulinen, im Jak, 1 Petr und Jud (eher zufällig gleichfalls 3 Joh). Es eignet sich deshalb neutestamentlich nicht ganz so zu einer Gesamtübersicht und Summa der Christologie wie Christos.

Das Ergebnis bedarf angesichts der nachneutestamentlichen Entwicklungen der *Reflexion*. Beim *Davidssohn*-Prädikat obliegt uns, die Schichten der Überbewertung aus den letzten Jahrhunderten abzustreifen. Die *Sendung*saussage haben wir in eine Zeit zu vermitteln, deren Verständnis für eine persönliche, stellvertretende Sendung nachgelassen hat. *Gottessohn* müssen wir mit dem Neuen Testament wieder zu vielschichtigem Klingen bringen. Zu Recht wurde es ein Zentrum der systematischen Christologie, wo es um den Gottesbezug Christi ging. Aber die neutestamentliche Basis in der Metapher fordert gegenüber der dogmatischen Personenlehre Raum. Zur Dominante macht sie die enge Beziehung zwischen Sohn und Vater, somit eine Relation, und nicht eine philosophische Ontologie. Mehr noch, diese Relation ist nach dem Gefälle der Belege vom irdischen Wirken des Sohnes aus zu entwickeln und von diesem aus in die Präexistenz und himmlische Hoheit zu führen, nicht umgekehrt.

Die Alte Kirche umschrieb im Aussagetyp Gottessohn – Menschensohn mit „Gottessohn", wie angemerkt, die Gottheit Jesu. Das Chalcedonense sprach darauf hochreflektiert von „ein- und demselben Sohn" (DH 301). So gewiss eine Linie des Neuen Testaments das anbahnt,[94] darf es die dort viel breiteren Aspekte nicht verdrängen.

---

[94] Kritischer *van Iersel**** 193, *Hick* (s. 4.11) u.a.

Unter Korrektur am Neuen Testament nahm die Alte Kirche außerdem die Panegyrik der römischen Herrscherideologie in Dienst. Konstantins Karfreitagspredigt 323 (?) griff Vergils 4. Ekloge auf (Z. 49 „geliebter Spross / Sohn der Götter"). Das Nicaeno-Constantinopolitanum adaptierte die auf Augustus zurückgehende Formulierung „Gott aus Gott". Gesichert durch das Stichwort „wahr" des Hauptmanns unter dem Kreuz, bekannte es Christus in Überbietung der einstigen Herrscherideologie Roms als „wahren Gott aus wahrem Gott" (DH 150).[95] Zu bewundern ist die Souveränität dieses Vorgangs, zu beklagen, dass Freiheit und Distanz zur Staatsideologie zurücktreten. Das bis heute verbreitete Empfinden, „Sohn" bezeichne Christus als Herrscher, geht letztlich wohl ebenso darauf wie auf die jüdische Königstradition und die neutestamentlichen Ansätze zurück.

Die neutestamentliche Dynamik ist noch auszuschreiten. Die Entdeckung der Tauftradition und lukanischen Gottessohn-Christologie in Christologien des Geistes bildet einen Schritt dazu.[96] Gefordert ist parallel das Gespräch mit dem Judentum. Denn die dortigen Begriffswurzeln sind eindeutig. Der eine Sohn Gottes verweist bleibend auf Israel. Wie, darum muss gerungen werden.

Abzuweisen ist das Schema, Israels Geschichte gehe bis zum Sohn und zerbreche am Sohn, das in der in der Kirchengeschichte aus einer verzerrenden Vereinfachung des Winzergleichnisses (Mk 12,1–9) erwuchs. Aber auch die Lösung „Wie für den einzelnen Juden die kahal, die Gemeinde Israels, ontologischer Ort seiner Gottesbeziehung ist, so der ‚Sohn' Jesus für die der Menschheit",[97] ist vom Gefälle des Neuen Testaments her schwierig. Christi Sohnschaft zwingt nach urchristlicher Auffassung, alle Gottessohnschaft und gerade die Israels zu ihm in Beziehung zu setzen (Röm 8,16f.29; Gal 3,26–4,7; Mt 2,15).

Ein schwerwiegendes Missverständnis belastet den Dialog mit dem Islam. Am Rand der Alten Kirche nahm die Gottessohnschaft physische Züge an und verschmolz mit einer natürlichen Vaterschaftsbehauptung. Aus der Metapher wurde ein Mythos. Ihn hörte Muḥammad. Der Koran schloss auf eine physische Zeugung des Gottessohnes durch Gott und Beigesellung zu Gott. Beides lehnte er scharf ab. Nur „Sohn der Maria" ließ er bestehen (Sure 9,30f; 5,116 u.ö.). Die Wiederentdeckung des offeneren neutestamentlichen Ansatzes ist Voraussetzung für eine freiere Begegnung.

Die Abwehr des Koran reicht weit. Da er Gottessohn und beigesellende göttliche Natur identifiziert, darf kein Mensch überhaupt das Attribut beanspruchen. Das widerspricht Vielfalt und Ansatz des Begriffs im Alten und Neuen Testament. Daher wird das Gespräch schwierig bleiben, wie sehr immer man das metaphorische Verständnis im Neuen Testament (einschließlich Lk 1,35) in den Vordergrund setzt.[98]

4.2.12 Die hermeneutische Aufgabe hat eine weitere Dimension. „Vater" und „Sohn" erhalten heute nicht nur für feministische Ohren einen einseitigen Klang,

---

[95] Nach wie vor gibt es keine nähere Parallele als OGIS 6552 (vgl. *Humbach**** 98).

[96] Vgl. *P. Schoonenberg*, Der Geist, das Wort und der Sohn, Regensburg 1992, 19ff,28 u.ö.; *M. Welker*, Gottes Geist, Neukirchen 1992, 179ff u.a.

[97] *F.-W. Marquardt*, Das christliche Bekenntnis zu Jesus, dem Juden, II, München 1991, 74.

[98] Vgl. *H. Zirker*: A. Bsteh Hg., Der Islam als Anfrage an christliche Theologie und Philosophie, Studien zur Religionstheologie 1, Mödling 1994, 43–52/90: 48ff,87f u.ö.

aber besonders für sie. Das Verdikt „Wenn Gott männlich ist, muß [...] das Männliche Gott sein“[99] kulminiert an unserem Prädikat. Es ist nicht nur grammatisch maskulin und in maskulinen Traditionen verankert wie die anderen besprochenen Attribute. Mit der Beziehung zwischen Vater und Sohn führt es in eine Mitte patriarchalen Denkens.

Das Neue Testament ist dem in jüngeren Schichten punktuell zunehmend verhaftet, sei es aus gesellschaftlicher Rücksichtnahme, sei es aus einer inneren Dynamik. Ich nenne die signifikantesten Beispiele: In *Eph 4,13* zeitigt unser Prädikat den Gedankenschritt zum „vollkommenen Mann“.[100] Das Bild des Gottessohns, der das Ziels unseres Unterwegs-Seins ist, geht zudem fließend in das Bild der vollendeten Kirche über.[101] Die feministische Anfrage kann eine frappante Auswirkung des maskulinen Christusverständnisses in Ekklesiologie und Ethik entdecken (vgl. die Haustafel in 5,21–6,9).

Die *Offb* bemüht Gottes und Christi Macht gegen die Gewalten von Drachen und Satan, die sie schaut. Die Brechung der Christologie der Macht im geschlachteten (!) Widder gerät darob schwächer als das Anliegen an der Männlichkeit des Sohnes. Die Offb nennt ihn pleonastisch „Sohn, Männliches“, kurz „den Männlichen“ (12,5.13).

Immerhin findet die Formulierung von Eph 4,13 weder im Neuen Testament Parallelen noch nach ihm eine direkte Fortführung. Ab IgnSm 4,2 löst die Wendung „vollkommener Mensch“ sie ab, die Jesu Menschlichkeit im Leiden in den Vordergrund stellt. In liturgischen Kontexten entspannt das aufkommende „pais“ (Kind) die maskuline Linie etwas.

Die Notwendigkeit der Korrektur drängt sich auf, ohne dass wir einen leichten Weg fänden. Die Jesusüberlieferung hat – von heute aus gesehen – fremde Züge. Keine christologische Beschreibung als „männlich und weiblich“ dringt ins Urchristentum. Die Absetzung von den paganen Kulten mag dafür seit dem irdischen Jesus eine Rolle spielen. Doch gewichtiger ist eine eigentümliche, in ihrer Weise zugespitzte Orientierung in Israel, da wir im Neuen Testament keine Auseinandersetzung mit den paganen männlich-weiblichen Gottesvorstellungen nachweisen können.

Jesu Gleichnisse und Bildworte über Vater und Sohn finden kein Korrelat in Bildern um Mutter und Sohn oder Mutter und Tochter, obwohl oder gerade, weil in Israels und sein Verständnis Gottes als Vaters Aspekte einer mütterlichen Zuwendung eingehen. Jesus ergänzt die Anrede des Vaters nicht einmal um den Vergleich „der du wie eine Mutter bist / am Schoß birgst“, den ihm die Schriften Israels erlaubten (Jes 66,13 nach 63,16; 1QH 17 [alt 9],35f). Das männlich-weibliche Gottesbild, zu dem pagane Mystik und Spekulation vordringen, ist ihm mit Israel fern. Die pagane Literatur belegt es interessanterweise für Zeus, *den* Gott, der Erster, Letzter, Haupt und Mitte ist: Er sei „männlich“ und „junge Frau“ und zeige sich darin als der „eine“, besingt ein Hymnus.[102] Ein verschobenes Pen-

---

[99] *M. Daly*, Jenseits von Gottvater, Sohn & Co, München ²1982, 33.

[100] Er ist im Verständnis der Zeit mündig (im Gegensatz zu den Unmündigen), ethisch untadelig (bis vor das Gericht Gottes) und weise: vgl. Philo, cher. 114.

[101] Vgl. *R. Schnackenburg*, Der Brief an die Epheser, EKK 10, Zürich 1982, 187f; *P. Pokorný*, Der Brief des Paulus an die Epheser, ThHK 10/2, Leipzig 1992, 179f.

[102] Pseudo-Aristoteles, De mundo 7 = 401AB. Vgl. „Zeus ist männlich, Zeus ist weiblich“ bei Philodem (Diels, Dox. p. 549 = SVF III p.217). Weitere Belege *F. Siegert*, Philon von Alexandrien, Über die Gottesbezeichnung „wohltätig verzehrendes Feuer“ – De Deo, WUNT 46, Tübingen 1988, 56.

dant zum monotheistischen „einen“ Gott Israels (Dtn 6,4) entsteht. Jesus und die frühe Gemeinde ignorieren es.

Wollen wir in Israel weiterkommen, lenkt das Nachdenken über dessen einen Gott den Blick auf die *Weisheit* (griech. „sophia“, wie hebr. feminin). Sie, der wir beim Mutterboden der Sohnes- und Sendungsaussagen begegneten, gewann angesichts der Transzendierung Gottes nach dem Exil Personalität und brachte Züge, die wir pagan bei einer Göttin finden, in die Entfaltung des strikten Monotheismus ein.[103] Nicht nur bei Sendungs- und Sohnesaussage kreuzt sie die Wurzeln der Christologie. Sie steht für christologische Lieder Pate, ohne terminologisch zu erscheinen, und wird eine Voraussetzung der Präexistenz- und Hoheitschristologie.[104]

Andererseits ist die explizite Bezugnahme selten und dürfen wir ihr Femininum um die Zeitenwende nicht universalisieren. Die Ansicht, eine zeugende Kraft müsse männlich sein, widerstritt dem. Philo entschied deshalb, die „Tochter Gottes“ Weisheit sei lediglich grammatisch weiblich. In der Sache sei sie maskulin, „Vater“ zu nennen (fug. 51f). Wieweit seine Auffassung ausstrahlte, ist unbekannt. Wahrscheinlicher ist, dass das Gespür für das Femininum in weiten Kreisen ohne große Auseinandersetzung zurückging. Ein Zeuge dessen könnte *Paulus* sein. Er identifiziert Christus zwar als „Gottes Kraft und Gottes Weisheit“ (*1 Kor 1,24*). Indes verdeckt seine Abstraktion den möglichen femininen Impuls.

In 1,30 fährt er mit einer Reihe von Begriffen fort, deren Geschlecht divergiert. Falls die Korinther die Weisheit in Richtung auf eine feminine himmlische Gestalt stilisierten (eine Vorgängerin der himmlischen Sophia in den späteren gnostischen Systemen), träfe sie darin freilich seine Kritik (seit 1,19). Seine Spitzenformulierung erhält so oder so keine feministische Relevanz.

Der Eph erweitert die kritische Position. „Gottes vielfältige Weisheit“ ist in ihrer zerbrechenden Kraft (ein maskulines Moment) den Mächten und Gewalten des Himmels bekannt zu machen (3,10). Das geschlechtsspezifische Gefälle der Christologie von 3,11 zu 4,13 vermindert das nicht.

Die Suche nach einer Korrektur stützt sich vor allem auf die *vorsynoptische Überlieferung*. Die weisheitlichen Züge im Auftreten des irdischen Jesus (Wortverkündigung etc.) kommen dem entgegen, desgleichen seine Autoritätskritik. Seine Orientierung an Gottes Vaterschaft nimmt in der Spitze von Mt 23,9 nämlich die Möglichkeit, jemanden auf Erden Vater zu nennen. Der Kern des patriarchalen Systems gilt nicht mehr. Trotzdem müssen wir eine Strukturierung der

---

103 Vgl. Weish 7,22–27 mit der Oxyrh.-Litanei auf Isis; Weish 9,18;10,9 mit Apuleius, metam. 11,25 etc. Interessant sind auch philosophische Konnotationen: vgl. Weish 7,22–24;8,1 zur Stoa (bes. Poseid. fr. 1 [Strabo 1,1.7]).

104 Übersichten *Vollenweider****, *H. v. Lips*, Weisheitliche Traditionen im Neuen Testament, WMANT 64, Neukirchen 1990, 267–355. Kritisch zu einem Sophia-Mythos z.B. *L. Schottroff*, Itinerant Prophetesses: *R.A. Piper* ed., The Gospel Behind the Gospels, NT.S 75, Leiden 1995, 347–360: 355ff.

Christologie unter femininen Vorzeichen der Weisheit mit einiger Mühe suchen. Die markinische Tradition fällt weitgehend aus.

Eine Diskussion erlaubt immerhin die Taufe. Der Geist erscheint dort in Gestalt einer Taube (Mk 1,10 par; Joh 1,32), die wir als Allegorie für die Weisheit kennen (Philo, her. 126f). Falls sie ausschlaggebend sein sollte (was fraglich ist), begleitet Weisheit die Auszeichnung Jesu als Sohn Gottes an zentraler Stelle.[105]

Um so deutlicher nutzt die *Logienquelle* den Gedanken, die Weisheit begebe sich Generation für Generation in „heilige Leben", rüste „Freunde Gottes und Propheten zu" (Weish 7,27). In einer Schicht ihrer Entwicklung versteht sie Jesus mit und nach Johannes als entscheidenden Boten und Träger der Weisheit. Jesus zitiert die Weisheit (Q Lk 11,49) und übertrifft die Weisheit Salomos (Q Lk 11,31). Schließlich blickt Q Lk 7,33ff darauf zurück, dass er und Johannes kamen und abgelehnt wurden, und kommentiert: „Recht bekam die Weisheit von ihren Kindern."[106]

Dürfen wir Jesus danach *Kind der Weisheit* nennen?[107] Jesus würde ein solches Kind neben Johannes. Mit der Sprachform öffnete sich die Vorstellung. Raum entstünde für ein feminines Gottesbild und eine Christologie, die Jesus nicht exklusiv hervorhebt. Allerdings meidet die Logienquelle den Singular „teknon", Kind. Nur der Plural begegnet, und ihn bezieht die Logienquelle durchweg auf die Kinder Israels oder Kinder im gesellschaftlichen Sinn (Q Lk 3,8;11,13;13,34). So meint sie im Endtext von Q Lk 7,35 mit den Kindern nicht Jesus und Johannes, sondern die Menschen, die der Weisheit Recht geben, indem sie sich von der Verwerfung Johannes' und Jesu trennen. Über die Logienquelle in ihrer Gesamtentwicklung können wir den inklusiven Impuls in keinem Falle stellen.

Vielmehr bringt sie die Vater-Sohn-Relation ein und unterstreicht deren exklusiven Charakter (im besprochenen Text Q Lk 10,21f). Ein Teil der Forschung favorisiert deshalb eine Entwicklung von Q.[108] Die inklusive Weisheitschristologie gerät in ein frühes, bald durch Gegentendenzen durchkreuztes und verdecktes Stadium. Ihre Basis lenkt zum irdischen Jesus zurück. Vermittelte er in Lk 7,34f* – wie vermutet wird –, die zugewandte, rettende Sophia-Gottheit erkenne alle Israelitinnen und Israeliten als ihre Kinder, träte er in eine Abfolge von Propheten / Prophetinnen und Botschaftern / Botschafterinnen der Weisheit, deren Ende offen ist. Kein Titel Kind der Weisheit löste den Titel Sohn Gottes ab, sondern verschüttete Tradition führte zu einer noch grundsätzlicheren Richtigstellung.[109] Die Rekonstruktion der verschütteten Grundlagen bietet freilich erhebliche Unsicherheiten.

Mt versteht Jesus zwar noch über Q hinaus als Weisheit (different zu Lk). Jesus spricht an ihrer Stelle (Mt 23,34; vgl. Q Lk 11,49) und tritt in ihre Rolle

---

105 Vgl. *U. Mell*, Jesu Taufe durch Johannes, BZ 40, 1996, 161–178: 174f. Eine alternative Allegorie LibAnt 23,7.

106 Rekonstruktion in Anlehnung an Lk 7,35. Lit. bei *R.A. Piper*, Wisdom in the Tradition, MSSNTS 61, Cambridge 1989, 124–126 u.a.

107 *Johnson**** 280 u.a.

108 Angeregt durch *J. Kloppenborg* (The Formation of Q, Stud. Ant. Chr., Philadelphia 1987; *ders.* Wisdom Christology in Q, LTP 34, 1978, 129–147), doch über ihn hinaus.

109 Vgl. bes. *Schüssler Fiorenza**** 235ff (und dies. 1995*, 131–162).

(11,28–30; vgl. Sir 6,24–28;51,23–30). Insofern ist mattäische Christologie Weisheitschristologie.[110] Doch die Weisheit wird Jesus zu- und untergeordnet (12,42;13,54; vgl. die Korrektur von Q in Mt 11,19), nicht umgekehrt. Die anderen christologischen Konsequenzen, die sich aus der Weisheitstradition ziehen ließen, scheinen nicht mehr bewusst.

Gelegentlich findet aufgrund dessen das *Joh* besondere Aufmerksamkeit. Es greift vom Prolog an Weisheitstraditionen auf und würdigt Frauen direkt und indirekt stärker als andere Schriften (von Joh 4 bis 20). Die These, es zeichne einen „Jesus Sophia", in dem sich männliche und weibliche Ausdrücke der Gottheit inkarnierten, lockt im antiken Kontext, muss allerdings das Schweigen des Joh zum Terminus „sophia" kühn lösen. Der Sachverhalt scheint den *Christusliedern* nicht unähnlich (Phil 2,6–11; Kol 1,15–20), die deutlich auf jüdisch-hellenistische Sophia-Theologie zurückgreifen, ohne Jesus Sophia zu nennen oder explizit weiblich zu erschließen.[111]

Am Ende stehen wir wieder am Anfang. Unsere Aufgabe ist eine hermeneutische. Historisch-kritisch müssen wir eingestehen, dass ein möglicher Strang femininer Christologie bald verloren ging und im Überschritt zur heidnischen Umwelt nicht erneuert wurde, obwohl ein männlich-weibliches Bild Christi und Gottes Faszinationskraft gehabt hätte. Diese Entscheidung dürfen wir indessen nicht einfach festschreiben. Die Christentumsgeschichte kennt seit langem Öffnungen, kaum zufällig am stärksten in der Mystik. Die Metapher des Sohnes erlaubt und fordert - wie jede Metapher - die Fortschreibung, um ihren Impuls unter neuen Bedingungen aufrechtzuerhalten. Eine Sprachaktualisierung ist notwendig, die das lange dominante, inzwischen brüchige Sex-Geschlecht-System unseres Kulturkreises überwindet.

E. Schüssler Fiorenza wird mit der Reformulierung weisheitlicher Rede und Praxis zur Dekonstruktion androzentrischer und geschlechtsfixierter Sprache initiativ. In der Liturgie sind die Umschreibungen „Vater-Mutter" oder „Vater, der du auch wie eine Mutter bist" statt „Vater" (auch beim Vaterunser) für viele Gemeinden ein wichtiger Schritt. Die Ersetzung von „Sohn" durch „Kind Gottes", die eine Revision der King James Bible parallel vertritt, scheint mir dagegen von geringer Sprachkraft, obwohl sie exegetisch wenig Beschwer bereitet.[112]

4.3 Der Beginn mit Johannes dem Täufer

Lit.: s.o.; *K. Backhaus*, Die „Jüngerkreise" des Täufers Johannes, PaThSt 19, Paderborn usw. 1991; *J. Becker*, Johannes der Täufer und Jesus von Nazareth, BSt 63, Neukirchen 1972; *O. Böcher*, Johannes der Täufer in der neutestamentlichen Überlieferung (1978): Kirche in Zeit und Endzeit, Neukirchen 1983, 70–89; *ders.*, Johannes d.T., TRE 17, 1988,

[110] *C. Deutsch*, Wisdom in Matthew, NT 32, 1990, 13–47 u.a.

[111] Zum Joh *Scott* (s. 4.11) 170ff und passim; Lit. zur feministischen Diskussion der Christuslieder bei *Strahm* (s. 3.10) 53ff.

[112] Vgl. *Schüssler Fiorenza*: Strahm / Strobel 1991*, 142f; dies. 1995*, 161f u.ö. – The New Testament and Psalms. An Inclusive Version, Oxford 1995 zu Mt 6,9; Mk 1,11 etc.

172–181; *S. von Dobbeler*, Das Gericht und das Erbarmen Gottes. Die Botschaft Johannes des Täufers und ihre Rezeption, AM.T (BBB) 70, Frankfurt a.M. 1988; *J. Ernst*, Johannes der Täufer, BZNW 53, Berlin 1989; *H. Frankemölle*, Johannes der Täufer und Jesus im Matthäusevangelium, NTS 42, 1996, 196–218; *H. Giesen*, Die Johannestaufe, ThG 39, 1996, 114–127; *R.A. Horsley / J.S. Hanson*, Bandits, Prophets and Messiahs, Minneapolis 1985; *R.D. Kaylor*, Jesus the Prophet, Louisville 1994; *U. Kellermann*, Wer kann Sünden vergeben außer Elia?: FS Boecker (s. Anm. 70 zu 3) 165–177; *J.D. Kingsbury*, Jesus as the „Prophetic Messiah" in Luke's Gospel: FS Keck 1993*, 29–42; *H. Lichtenberger*, Täufergemeinden und frühchristliche Täuferpolemik im letzten Drittel des 1. Jh., ZThK 84, 1987, 36–57; *H. Merklein*, Die Umkehrpredigt bei Johannes dem Täufer und Jesus von Nazaret, BZ 25, 1981, 29–46; *G. Nebe*, Prophetische Züge im Bilde Jesu bei Lukas, BWANT 127, Stuttgart 1989; *M. Öhler*, Elia im Neuen Testament, BZNW 88, Berlin 1997; *D.A.S. Ravens*, Luke 9.7–62 and the Prophetic Role of Jesus, NTS 36, 1990, 119–129; *M. Reiser*, Die Gerichtspredigt Jesu, NTA 23, Münster 1990; *F. Schnider*, Jesus der Prophet, OBO 2, Fribourg 1972; *M. Tilly*, Johannes der Täufer und die Biographie der Propheten, BWANT 137, Stuttgart 1994; *R.L. Webb*, John the Baptizer and Prophet, JSNT.S 62, Sheffield 1991.

Wollen wir mehr über das irdische Wirken Jesu erfahren, müssen wir die Formeln und Kurzaussagen der ältesten Christenheit verlassen. Die Wort- und Erzählüberlieferung tritt in den Vordergrund. Durch sie gibt es einen relativen Konsens über die Lebensdaten Jesu: „Tod nach einer Wirksamkeit von gut zwei Jahren ca. 30 n. Chr., Eltern: Josef, Davidide, wohl früh gestorben, und Maria. Als Holzarbeiter ist Jesus weder reich noch arm. Geschwister sind wahrscheinlich, Heirat nicht. Sprache: Aramäisch".[113]

Diese Daten sind dürftig und teilweise mühsam erschlossen. So erleichtert der Tod Josefs, seine Bedeutungslosigkeit in den frühen Schichten der Überlieferung zu begreifen, ist dadurch aber natürlich nicht erwiesen. Vor allem geleiten die Daten nur begrenzt zum wirk-lichen, in seinem Wirken bedeutsamen Jesus. Um zu ihm zu kommen, müssen wir mit einer Person beginnen, von der die späteren Bekenntnisse der Kirche schweigen, mit Johannes dem Täufer. Bei ihm setzen das Mk, die Logienquelle und noch das Joh ein. Er ist für die Christologie wichtiger, als die Lücken im Nicänum wie Apostolicum vermuten lassen.

4.3.1 Das *Taufen* des Johannes sticht unter den Waschungen und Reinigungsriten der Antike hervor. Um Gott begegnen zu dürfen, reinigten die Menschen sich. Übertragen gedacht, reinigte Gott sie. Dass ein anderer Mensch die Reinigung vollzog und das in einem einmaligen Untertauchen, war religionsgeschichtlich neu. Josephus schildert diese besondere Taufe als Reinigung (Heiligung) des Körpers, die die Gerechtigkeit der Person voraussetze (ant. 18,117). Die Mehrheit der christlichen Texte nennt sie dagegen eine Umkehrtaufe zur Vergebung der Sünden.[114] Nach Josephus kämen Gerechte zum Untertauchen, nach letzteren Texten Menschen voller Schuld, und die Taufe würde sühnende Züge einschließen.

---

113 *E. Schweizer*, Jesus – made in Great Britain and U.S.A., ThZ 50, 1994, 311–321: 312 nach *Meier*** 205–350.

114 Mk 1,4 par; Apg 13,24;19,4; vgl. NHC II 6, 135,22ff. Abweichend notiert das Joh Reinigung (3,25).

Die Forschung sieht in der Regel Josephus stärker eingreifen. Aufgrund des Ineinanders von ethischer und körperlicher Reinigung in zeitgenössischen Quellen möchte ich eine Mittelposition favorisieren: Der Täufer verstand seine Hörer als schuldig und rief sie auf, zur Gerechtigkeit umzukehren. Die Taufe ging aus dieser Umkehr hervor und besiegelte sie. Mit ihr begann das gereinigte Leben. Die Taufe gewahrte, dass Gott die Sünden vergebe, war jedoch nicht Sühneakt und nicht sakramental im engeren Sinn. Der Täufer vollzog sie vor dem Kommen (Erscheinen) des richtenden Gottes,[115] der in seinem Geist „taufen" = verzehrend untertauchen würde (Mk 1,7f; Lk 3,16 par).[116]

Auffälligerweise sieht nun gerade die Tradition Jesus zur Johannestaufe gehen, die den Reinigungsritus für schuldbeladene Menschen betont (Mk 1,4f.9ff* par). Jesus stellt sich dem Kern der Taufüberlieferung nach in der Begegnung mit dem Täufer unter die, die den Leib der Schuld tragen und daher der Reinigung bedürfen. Der Beginn seines Weges mit der Taufe stützt eine *Christologie der solidarischen Niedrigkeit* des Menschen *unter schuldbeladenen Menschen.*

Die Entwicklung in den Evangelien entschärft das. Die Redaktion des Mk hebt Jesu Nähe zu den Schuldigen in der Taufe nicht mehr hervor. Mt korrigiert sie. Wie sehr der Täufer auch zur Umkehr ruft, müssen er und Jesus laut Mt 3,14 „alle Gerechtigkeit erfüllen" (unabhängig vom Täuferbild des Josephus). Das Joh übergeht den etwaigen Bußcharakter der Taufe des Johannes ganz, ordnet Jesus vor den Täufer (1,15) und überspielt, dass Jesus getauft wird. Dass Jesus die Schuld wegschafft (1,29.36), wird gewichtiger als die Solidarität mit den Schuldigen im Getauft-Werden.[117]

In der Erzählung verschmilzt die Jünger-Gemeinde außerdem die Taufe Jesu und das vom Täufer erwartete eschatologische Taufgeschehen des Geistes. Der Geist kommt nicht erst in Zukunft. Er kommt bei der Taufe auf Jesus herab und zeichnet ihn vor all seinem Wirken aus (Mk 1,9ff). Die Geist-Christologie der Tauferzählung, die wir besprachen, hat Gottes Gericht zum Horizont. Sie würdigt den Jesus der solidarischen Niedrigkeit und wandelt den Sturm des Gerichts in Gottes auszeichnende Zuwendung. Gottes eschatologisches Handeln bindet sich an Jesus.

4.3.2 Die *Verkündigung* des Täufers hatte ihren Schwerpunkt in der Ethik. Johannes mochte sie in äußerster Härte (Lk 3,7–9.16f par) oder philosophisch (Josephus a.a.O.) vortragen (für manche Forscher neuerdings auch mit einer Nähe zum Kynismus), er aktualisierte die Tradition, das Gottesvolk harsch zu seinem Gott zu rufen. Er duldete Anklänge an Elija und belebte die Prophetie von Got-

---

[115] Weniger wahrscheinlich dem Kommen einer Gestalt von Gott her (etwa dem Menschensohn: *Becker**** 35f). Lit. bei *von Dobbeler**** 144–147.

[116] Lit. o. (bis *Webb**** 214ff; *Stegemann*** 303; *Giesen**** 115f,120ff) und bei *Zager* (s. 4.4.) 114–136. Wichtige Ausgangstexte Sach 13,1 und Ez 36,24–29a, Vergleichstexte 1QS 3,8ff; TestLev 2,3(4) Ms. E (4Q 213 I); 4Q 414.

[117] In der Alten Kirche drängt die dogmatische Frage – wie könne Jesus, der nicht gesündigt habe, sich taufen lassen? –, die Tradition weiter ab (Hebräerev. nach Hieronymus, adv. Pel. 3,2 etc.).

tes Recht und Gericht.[118] Jesus erfuhr dies nicht nur. Als er – wohl nach der Verhaftung des Täufers – öffentlichkeitswirksam auftrat (Mk 1,14), nahm er die großen Themen des Täufers mit. Das Gesetz Israels thematisierte er (ob er es nun vertiefte, einschärfte oder korrigierte; s. bes. Mk 7,1–23*; Mt 5–7* und Mt 23*). Zur Umkehr rief er (vgl. Mt 4,17 usw.). Gerichtsworte sprach er in nicht geringerer Härte sowie historisch nicht minder glaubhaft als der Täufer (Mt 11,21–24* par u.ö.). Bis ins einzelne berühmte Bild, das vom Baum, der notwendig gute Früchte tragen müsse, knüpfte er an ihn an (Mt 7,17 par; vgl. 3,8.10 par). So groß war die Nähe, dass sich das Gerücht bildete, er habe wie Johannes getauft (Joh 3,22f, korrigiert in 4,2). Ob er deswegen für eine Phase seines Lebens unter die Täuferjünger einzureihen ist, lässt sich nicht sicher klären.

Die indirekten Indizien (der „hinter" dem Täufer Joh 1,15.27 u.a.) sind nicht eindeutig. Der Bezeichnung Jesu als Nazōraios (Mt 2,23 u.ö.) kann man über aramäische Rekonstruktionen den Sinn von Observant oder Bewahrer geben; Jesus würde eventuell Glied der „Bewahrer" vor dem Gericht um den Täufer. Doch wahrscheinlicher ist ein Deutungsfeld zwischen Herkunft Jesu (Nazarener) und „Heiliger".[119]

Wie beim Täufer schimmerten durch Jesu Wirken Bezüge auf *Elija*. Sein unbedingter Nachfolgeruf erinnert an die Elija-Elischa-Tradition (Lk 9,59f.61f verschärft 1 Kön 19,19–21), Armut, Wanderschaft und Züge der Wunder an 1 Kön 17; 2 Kön 2;5 u.ö. Regte Jesus demnach an, ihn als „charismatischen Propheten wie Elia" zu verstehen? Die vielfache Überarbeitung der Überlieferung erschwert Schlüsse. Impulse und Verweigerung von Eindeutigkeit kennzeichnen Jesus gleichermaßen.[120] In jedem Fall erlebten Zeitgenossen ihn und Johannes als benachbarte eschatologische Bußzeugen (bis zur denkwürdigen Tradition von Mk 6,14–16). Nach ihrer beider Tod verstanden manche sie mutmaßlich eine Zeit lang als die nach antikem Recht ausschlaggebenden zwei Zeugen Gottes vor dem Ende.

Diesen Aufschluss bietet nach einem interessanten Interpretationsvorschlag[121] die Tradition hinter Offb 11,3–14. Von zwei Zeugen spricht sie, die zur Buße riefen, prophetisch redeten und machtvolle Zeichenhandlungen ausführten. Erfolg hatten sie, bevor sie getötet wurden. Gott richtete sie auf und erhöhte sie. Elija- (und Mose-) Erwartung Israels verschmilzt mit Eigenheiten des Täufers und der – auf beide Zeugen übertragenen – Erfahrung der Auferweckung Jesu. Jüngere Überlieferung oder die Offb ergänzt freilich, um Jesus hervorzuheben, 11,8c: Er sei über beide Zeugen hinaus der Herr, der gekreuzigt wurde. Dadurch verlieren die Zeugen ihren etwaigen ursprünglichen Bezug auf den Täufer und Jesus.

4.3.3 Wieviel wir immer über die Botschaft des Täufers erfahren, der Ausdruck *Gottesherrschaft* kommt in ihr nach Ausweis der alten Quellen nicht vor (Q, Mk,

---

[118] Am stärksten beeinflusst von Mal 3 (*Stegemann*** 300f). Die Kynismusthese (vgl. *R. Cameron*, Semeia 49, 1990, 35–69 u.a.) gerät angesichts dessen in Schwierigkeiten.

[119] Vgl. 4.6.6; *R.L. Webb* (Chilton / Evans** 223 u.ö.); *Stegemann*** 303f; *Backhaus**** 35–112.

[120] Vgl. aber *U. Luz*, Nachfolge Jesu I, TRE 23, 1994, 678–686: 679f (Zitat 680).

[121] Vgl. *Böcher* 1983***, 81–86. Anders zuletzt *Öhler**** 263–288.

Josephus, auch Joh). Der Täufer sprach von der drängenden Zukunft Gottes. Diese „basileia tou theou“ zu nennen, wurde zum Novum Jesu. Mit ihm bezeichnete Jesus oder – falls Lk 7,28 par nachösterlich sein sollte – die frühe Gemeinde den *Einschnitt gegenüber dem Täufer*: Unter den von Frauen Geborenen ist niemand größer als Johannes der Täufer, der Kleinste in der Gottesherrschaft aber größer als er. Der Täufer signalisierte die Zeitenmarke und blieb doch hinter ihr zurück. Bis zu ihm reichten Gesetz und Propheten. Die Schwelle zur Basileia gab er an, nicht die Basileia selbst (Lk 16,16f par).[122]

Das EvThom bestätigt die Zäsur. Die Geschichtsmarke beim Täufer nimmt es auf (log. 46), obwohl es auf seine Verkündigung wie Geschichte sonst nicht anspielt und selbst die Tradition von Lk 7,24f par vom Täufer löst (log. 78).

Wir erkennen, warum der Täufer kein Bestandteil der christologischen Formeln wurde. Er bezeichnete den Anfang der Geschichte Jesu und drückte ihr sein Siegel auf. Aber die Geschichte Jesu reicht über ihn hinaus. Die Intensität der Basileia bildet ein Proprium in ihr.

Das ist wichtiger als die geläufige Unterscheidung, der Täufer habe das Gericht, Jesus die rettende Zuwendung Gottes verkündet. Gericht und Heil sind bei beiden „zwei Seiten einer Medaille“. Wir dürfen beim Täufer (dessen Name Jo-ḥanan auf des Herrn Gnädig-Sein verweist) die Heilshoffnung, bei Jesus die Gerichtsworte nicht einfach ins zweite Glied stellen. Nur innerhalb der gemeinsamen Härte ist die dialektische Differenzierung erlaubt, der Täufer sage: „Wer dem Gericht entrinnt, gelangt ins Heil. Jesus sagt: Wer das Heil verwirft, verfällt dem Gericht.“[123]

Die Christenheit deutete, Jesus stelle in noch größerer Intensität als der Täufer vor Gott. Am bemerkenswertesten ist die Würdigung des Mt. Sie gleicht Johannes ein Stück an Jesus an (und das sogar im Thema der Basileia[124]). Insgesamt jedoch christianisiert sie den Täufer nicht, sondern ordnet ihn und Jesus anerkennend zusammen. Auf dem Boden der Schrift stehen beide für den Willen Gottes ein und verwirklichen ihn (Mt 3;11;21,25ff). Nicht allein das Bild des Täufers gewinnt dadurch. Gleichermaßen vertieft sich die Erkenntnis Jesu. Denn er überbietet den Täufer nicht durch dessen Minderung, sondern dadurch, dass Gott sich in ihm noch einmal anders, vollends zu erkennen gibt, „als ‚Immanuel, das heißt übersetzt: Gott (selbst ist) mit uns‘“ (1,23).[125]

Größere theologiegeschichtliche Wirkung entfaltete der johanneische Entwurf, Jesus und Johannes d.T. zeugten nicht in gemeinsamem Gewicht für Gott, sondern Johannes zeuge für Jesus (Joh 1,6ff.15ff;3,27ff).

---

[122] Lit. bei *Zager* (s. 4.4.) 119–126.

[123] *Reiser**** 307; anders etwa *Merklein* 1987*, 109–126 und *von Dobbeler**** 239f.

[124] Mt 3,2 macht ihn wie Jesus (s. 4,17) zum Künder der Gottesherrschaft, eine singuläre Redaktion im Neuen Testament. Sie wirkt in den Teilen der Forschung, die die Kategorie des Reiches Gottes für die Täuferbotschaft verwenden, indirekt bis heute nach (z.B. *Zager* a.a.O. 116ff zu Mt 3,12).

[125] Vgl. *Frankemölle**** (Zitat 317).

4.3.4 Der Täufer vermied einen expliziten Selbsthinweis. Er nannte sich, obwohl priesterlicher Herkunft (vgl. Lk 1,5ff), nicht Priester, und obwohl Zeuge und Künder Gottes vor dem Ende, nicht Prophet. Soweit er sich an der Biographie der Propheten orientierte,[126] tat er das im Vollzug, nicht in einem abstrahierenden Satz. So scheint Jesus auch in der Scheu, seine Person in einem Begriff fangen zu lassen, sein Erbe. Die Zeitgenossen indes suchten, ob eine vertraute Rubrik den Täufer treffe. „Zeuge" erprobten sie (s.o.), der „edle (gute) Mann" (Josephus, ant. 18,117) und *der Prophet* (impliziert etwa in Mk 8,28).

Prophet war ein positiv besetzter und nicht ganz scharfer Ausdruck. Er erinnerte an die Schriftpropheten, durch die Gott sich maßgeblich künden ließ (vgl. 11QMelch 2,15ff; 1QpHab 2,9f;7,5 etc.). Mehr noch rief er die Hoffnung auf einen Propheten des Endes wach, auf den wiederkehrenden Elija (Mal 3,23), einen Propheten wie Mose (Dtn 18,15.18) oder allgemein auf Propheten heilvoller politischer Vollmacht (vgl. Sib 3,781f). Bald nach Jesus und Johannes traten Zeichenpropheten auf (Josephus, ant. 20,167–172 etc.). Sozialgeschichtliche Untersuchungen erarbeiteten an ihnen und dem weissagenden Agabus aus Apg 11,27f Arten der Prophetie, die aufs Volk wirkten. Freilich formen der Tora-Prophet nach Mose, die Zeichenpropheten in der Wüste, die Orakelpropheten sowie die Propheten der Taten nach dem Muster Elijas und Elischas kein einheitliches Panorama. Die Variante des eschatologischen Propheten konnte alle Typen beeinflussen.[127] Das belastet theologisch eindeutige Rückübertragungen auf Jesus und Johannes. In das Bild des Täufers gingen um den skizzierten eschatologischen Schwerpunkt herum wohl mehrere Züge ein.

Jesus schloss sich der Bemühung, im Täufer einen Propheten auszumachen, nur mit Einschränkung an. Laut Lk 7,26 (Logienquelle) hieß er ihn „mehr als einen Propheten". Seine Pointe unterstreicht die Eigenheit des Täufers und bestätigt dessen singulären Rang. Wir geraten an einen Scheidepunkt zwischen theologischer Bestimmung und sozialgeschichtlicher Kategorisierung. Die Gemeinde hielt sich an erstere. Sie schrieb Jesu Wort fort und nahm den Prophetentitel für den Täufer lediglich punktuell auf (Lk 1,76 nach Mal 3,1).

Die Entscheidung wirkte sich auf das *Verständnis Jesu* aus. Ihn Prophet zu nennen, mochte sich von außen in Nähe zum Täufer (vgl. Mk 6,14ff neben 8,28) und wegen der Elija-Assoziationen anbieten. Jesu Spruch, ein Prophet werde in seiner Heimat nicht geehrt,[128] mochte es stützen (Mk 6,4; Joh 4,44; EvThom log. 31). Doch die Ehrung bereits des Täufers über einen Propheten hinaus rieb sich damit. Die ältesten Quellen reagierten hart. „Prophet" trifft ihrer Ansicht nach Jesus nicht wirklich. Christologische Formeln etc. schweigen zum Attribut des

---

[126] Was *Tilly**** vorschlägt.

[127] Zum Prophet wie Mose zuletzt *J. Maier*, Der Lehrer der Gerechtigkeit, FDV 1995, Münster 1996, 12ff, zum sozialen Feld *Horsley / Hanson**** u.a. Die Überzeugung des Ps 74,9, es gebe keine Propheten mehr, lockerte sich in Israel weithin (Weish 7,27; vgl. Lk 2,36). Auch die paganen Religionen kannten Propheten in beträchtlicher Bandbreite (vgl. Rehm, Did. II 214B, 258 u.ö.; SEG 30, 1286; Corp. Herm. Traktat 13; Isis- und Osiriskult; ironisch Tit 1,12).

[128] Charakteristisch für Jesus ein Wort in dritter Person, keine unmittelbare Selbstbezeichnung.

Propheten. Die Logienquelle überträgt es trotz ihres Schemas von Jerusalems Tötung der Propheten nicht auf Jesus (erst Lk wagt diese Rückwendung in 13,33b vor Q 13,34). Sie übergeht sogar das Wort von der Missachtung des Propheten in seiner Heimatstadt.

Parallel erlangten die Impulse der *Elija*-Tradition, die die Christologie berühren, in der Bildung der Evangelien keine titulare Auswirkung. Die Informationen gestatten die These einer alten judenchristlichen Elija-Christologie, die bald verschüttet worden sei, nicht.

Zu den besprochenen Berührungen der Tradition mit Elija kommt die Sündenvergebung (Mk 2,5), wenn man sie vor dem Anliegen deutet, Israel möge am Tag des Herrn bestehen, und die Naherwartung in Mk 9,1, falls sie Mal 3,1.23f in Verbindung mit Sir 48,11 zum Hintergrund hat.[129] Doch dominiert Elija explizit nur in einem Teil der Fremdwahrnehmung (Mk 6,15;8,28 par).[130] Die Entwicklung vor und in den Evangelien können wir mit der Faszination Elijas ohne eine Elija-Christologie erklären:

Mk 9,11–13 ordnet das Geschick des Menschensohnes dem eschatologischen Drama zu, das mit dem Täufer in elijanischer Dimension beginnt. Elija und der wiederkehrende Elija erlauben, die Geschichte Jesu zu verstehen. Aber Jesus wird nicht Elija. Mk 9,2–8 zeichnet ihn im Angesicht Elijas und Moses unter Vermeidung des Prophetenprädikats aus.[131]

Das Mt verstärkt die Bezüge zum Propheten und Elija. Derweil bleibt es dabei: Allein die Menge begnügt sich damit, Jesus sei Prophet (21,11.46). Bereits Johannes ist mit dem wiederkommenden Elija zu identifizieren (11,14;17,13). Jesus ist über ihn hinaus der Gesalbte, der Sohn Gottes (16,14ff).

Beachten wir das, spricht nicht viel für eine begrifflich alte Propheten-Christologie.[132] Am Anfang steht vielmehr die Spannung. *Nach empirischer Außenbeobachtung sowie indirekter Selbstbeschreibung könnte die Kategorie Prophet Jesus sozialgeschichtlich treffen* und eine Rezeption des kommenden Elija sie vertiefen. *Die Vielschichtigkeit des Begriffs und verwickelte Relation zum Täufer hält jedoch ihre direkte Aneignung durch die Gemeinde auf.*

4.3.5 Den Schritt zur *Prophetenchristologie* bahnen nach dem schwierigen Anfang Lukas und Joh. *Lukas* gibt der Jesusgeschichte durch mehrere Eingriffe eine prophetische Gussform. Natan erscheint im Stammbaum. (Lk 3,31). Jesu Antrittspredigt verweist auf die Schriftprophetie (Jesaja), Elija, Elischa und intoniert, kein Prophet werde in seiner Heimat anerkannt (4,16–30). Die Missachtung des Propheten weitet sich im Fortgang von der Heimatstadt aus. Denn ein Prophet muss in Jerusalem umkommen (13,33f; trotz 7,16). Die Emmausjünger blicken darauf nach Jesu Tod auf den Propheten zurück, der vor allem Volk Großes getan und gesagt habe (24,19). Der eschatologische Prophet nach Mose sei

---

[129] *Kellermann**** (der wichtigste Vertreter der These; vgl. auch seinen Beitrag unter 4.10). Die Interpretationen von Mk 2,5 und 9,1 sind unsicher.

[130] Nochmals eingeschränkt durch Mk 15,35ff / Mt 27,47ff.

[131] Vgl. *P. Müller*, „Wer ist dieser?“ […], BThSt 27, Neukirchen 1995, 96–107; *G. Dautzenberg*, Elija im Markusevangelium: FS Neirynck (s. bei 3.7 Bieringer) II, 1992, 1077–1094. – Allg. *Öhler* 111–253***.

[132] Trotz *G. Friedrich*, ThWNT 6, 849 s.v.; *Hahn* 1963 (^{5}1995)*, 404 u.a.

er, ergänzen die Grundreden der Apg (Apg 3,22;7,37). Der Prophet nach Mose (vgl. Dtn 18,15.18) wird im lukanischen Gesamtbild wichtiger als die Elijatradition.[133]

Gleichwohl löst sich nicht jede Spannung. Die Jünger sehen und hören, was viele Könige und Propheten (!), obwohl sie es wollten, nicht sahen und hörten (Lk 10,23f). Der Prophetentitel bleibt sparsam verwendet (bloß im Duktus Lk 7,16;24,19). Trotz gelegentlicher Bemühungen gelingt nicht, das lukanische „Christos" zum gesalbten Propheten überzuleiten.[134] Die Vita eines Propheten, der aus Gott redet, handelt und in Jerusalem stirbt, weil die Mitbürger sich, der Geschichte ihrer Väter folgend, an ihm vergehen, taugt stärker zur erzählerischen Form als zum abschließenden, summierenden Hoheitstitel.

Das *Joh* geht einen Schritt weiter. Johannes negiert ausdrücklich gleich am Anfang, „der Prophet" zu sein (1,21.25).[135] Damit wird das Attribut ganz für die christologische Adaption frei. Jesus ist in seinem souveränen Wissen und Handeln „wahrhaftig der Prophet", wie die Menschen erkennen (6,14; 7,40; vgl. 4,19; 9,17). Eine Partie Elischa-Erbe dringt ein (vgl. 1 Kön 17,24; 2 Kön 4,42ff), dazu der Prophet wie Mose (Dtn 18,15–20), fraglicher die Hoffnung auf den gesalbten Propheten (vgl. 3.8). Die Aufwertung zum Bekenntnis deutet sich an (s. das analoge Sprachgefüge von 6,14;7,40 und 4,42). Indes räumt auch das Joh nicht alle Irritationen aus, von der Nachfrage der Juden 8,52f bis dahin, dass Jesus sich das Prädikat nicht selbst zu eigen macht. Die Irritation scheint gezielt: Menschen können Jesus ansprechen und die bekennende Einstimmung in ihn suchen. Ihn in ihrem Begriff fangen, für sich in Besitz nehmen dürfen sie nicht. Keine menschliche Definition genügt der Christologie, und mag sie noch so positive Assoziationen eschatologischer Vollendung, Vollmacht und Kenntnis Gottes auslösen wie das gesteigerte Attribut „der Prophet".

Die Entwürfe des Lukas und Joh beweisen, wie gut sich Motive des Propheten zur Organisation der Erzählüberlieferung über Jesus eignet. Um einer Propheten-Christologie in der *Breite der Kirche* Bahn zu brechen, sind sie zu offen. Nicht einmal die Johannesbriefe treten ihnen zur Seite. Dasselbe gilt von den anderen neutestamentlichen Schriften zwischen Paulus und der Offb. Nach Lukas und dem Joh verstummt die Rede über Jesus als Propheten länger als eine Generation (einschließlich der Prädikatsreihe bei Justin, dial. 34,2).

4.3.6 Das *Fazit* führt uns in zweierlei Richtung. Zum einen gewinnt die Christologie durch Johannes den Täufer an *geschichtlicher Kontur in Israel*. Denn in Israel geben die Verkündigung des Täufers und die Taufe Jesu Profil vor, und von Israel aus zeitigen sie ihre theologischen Folgen. Die brüske Herausforderung für Gott

---

[133] Letztere behält trotz 9,8 ihren primären Haftpunkt am Täufer (1,17).

[134] Diskussion *Schnider****; *Busse* (s. 4.6); *Nebe****; *Ravens****; *Kingsbury****; weitergehend *Kellermann* (s. Anm. 237 zu 3.8.9).

[135] Und eine Parallele zu Lk 7,26 fehlt. Diskussion des Joh *Meeks* (s. 3.9), *Kuhn* (s. 3.8) 294–352 u. a.

rücken sie an den Anfang dessen, was von Jesus zu sagen ist. Gleichzeitig begibt er sich in die Nachbarschaft der Sünder. Dass der Täufer nicht ins Bekenntnis einging, beraubte die Theologiegeschichte um diese Spitze und um ein Bollwerk gegen Jesu entjudaisierende Verzeichnung.[136]

Zum anderen erhalten wir einen Zugang zum Verständnis Jesu im Attribut *Prophet*. Wir dürfen es freilich nicht überschätzen und moderne Sprachregelungen nicht mit dem Neuen Testament in eins setzen. Von Jesus als Propheten zu sprechen, erleichtert den historischen Anweg. Es organisiert sinnvoll das Erzählen über ihn. Eine große Chance bietet es offener, narrativer Christologie. Doch müssen wir die Unschärfe, wo es ums Detail geht, beherzigen. Die frühchristliche Entfaltung enttäuscht Erwartungen, wir hätten ein Gegenprädikat gegen hohe Christologie.[137] Das späte Neue Testament macht in der vorsichtigen Verwendung unseres Attributs auf die Besonderheit Jesu aufmerksam und verwehrt ein einfaches Schema von Niedrigkeit und Hoheit.

Im 2.Jh. dauerte unser Prädikat wohl zuvörderst im Judenchristentum fort. Jedenfalls gelangt der „wahre Prophet“ Jesus in den Grundschriften der judenchristlichen Pseudoclementinen erstmals wieder kraftvoll ans Licht. Sie schlagen vor, in ihm komme der Propheten-Weg durch die Welt wie die Salbung von Priestertum und Herrschaft zur Ruhe (Hom. I 19,1; III 27,3; Rec. I 16,1; II 22,4). Die Großkirche entdeckt unser Motiv ab dem Ende des 2.Jh. neu. Es wächst, unter anderem durch Rezeption der Pseudoclementinen, bis ins 4.Jh. an Bedeutung. Euseb formuliert die Trias des Königs, Priesters und Propheten im Gesalbten Jesus (h.e. I 3; dem.ev. IV 15,20), die die spätreformatorische Drei-Ämter-Lehre vorbildet. Augustin beschreibt, Christus sei Herr der Propheten und selber in seiner irdischen Existenz („dem Fleisch nach“) Prophet (in Ioann. 24,7 zu Joh 6,14). Die *Prophetenchristologie eignet sich als Pendant zur Gottheit Christi.*[138]

Erst im 19./20. Jh. tritt das Attribut des Propheten in der katholischen Kirchenlehre wieder zurück und lockert sich protestantisch das Korsett des Drei-Ämter-Gedankens. Als dieser Prozess abgeschlossen ist, gewahrt E. Schillebeeckx Anfang der 1970er Jahre einen unverbrauchten Leitbegriff für die *Niedrigkeitschristologie*. Seine These, der eschatologische Prophet deute den historischen Jesus am besten und solle das Bindeglied zum Credo werden, verbreitet sich. Die sozialgeschichtlichen Untersuchungen der 80er Jahre untermauern die Koordinaten, ohne die Komplexität der Zeugnisse über Johannes und Jesus lösen zu können. So konkurrieren in der dritten Frage nach dem historischen Jesus die Skizzen.[139] Eine Abgleichung mit anderen aus dem sozial- und geistesgeschichtlichen Überblick gewonnenen Modellen (dem kynischen Jesus etc.) steht aus und wird nicht ohne weiteres zu erbringen sein.

---

[136] Die Deutschen Christen reduzierten die Bedeutung des Täufers auf einen Rumpf der Tauferzählung, ignorierten die Zusammenhänge seiner Botschaft und lösten Jesus so von seinen jüdischen Wurzeln (vgl. z.B. *Die Botschaft Gottes*, Leipzig 1940, 3–7).

[137] Die z.B. *Casey* 1991* beeinflussen.

[138] Weiteres *Grillmeier* (s. 1) 35–40.

[139] *E. Schillebeeckx*, Jesus, Freiburg 1975, 389–398; *Sanders* 1996**, 348f,378–383 u.ö.; *R.A. Horsley*, Jesus and the Spiral of Violence, San Francisco 1987; *Kaylor**** u.a.

4.4 Die Gottesherrschaft

Lit.: s.o.; *M.J. Borg*, A Temperate Case for a Noneschatological Jesus, Foundations & Facets Forum 2, 1986, 81–102; *O. Camponovo*, Königtum, Königsherrschaft und Reich Gottes in den frühjüdischen Schriften, OBO 58, Fribourg 1984; *J.H. Charlesworth*, The Historical Jesus in Light of Writings Contemporaneous with Him, ANRW II 25.1, Berlin 1992, 451–476; *C.H. Dodd*, The Parables of the Kingdom (1935), rev. ed. Glasgow 1961; *H. Giesen*, Herrschaft Gottes – heute oder morgen?, BU 26, Regensburg 1995; *M. Hengel / A.M. Schwemer*, Königsherrschaft Gottes und himmlischer Kult im Judentum, Christentum und in der hellenistischen Welt, WUNT 55, Tübingen 1991; *F.W. Horn*, Die synoptischen Einlaßsprüche, ZNW 87, 1996, 187–203; *M. de Jonge*, The Christological Significance of Jesus' Preaching of the Kingdom of God: FS Keck 1993*, 3–17; *A. Lindemann*, Herrschaft Gottes / Reich Gottes IV, TRE 15, 1986, 196–218; *G. Lohfink*, Die Not der Exegese mit der Reich-Gottes-Verkündigung Jesu: Studien zum Neuen Testament, Stuttgart 1989, 383–402; *B.L. Mack*, The Kingdom Sayings in Mark, Foundations & Facets Forum 3, 1987, 3–47; *H. Merklein*, Jesu Botschaft von der Gottesherrschaft, SBS 111, Stuttgart [2]1989; *H. Schürmann*, Gottes Reich – Jesu Geschick, Freiburg 1983; *J. Sobrino*: I. Ellacuría ed., Mysterium Liberationis, Luzern 1996, 461–504.567–591; *H. Stegemann*, The ‚Teacher of Righteousness' and Jesus: S. Talmon ed., Jewish Civilization in the Hellenistic-Roman Period, JSPE.S 10, Sheffield 1991, 196–213; *H. Weder*, Gegenwart und Gottesherrschaft, BThSt 20, Neukirchen 1993; *J. Weiss*, Die Predigt Jesu vom Reiche Gottes, Göttingen [3]1964 (=[2]1900); *W. Willis* ed., The Kingdom of God in 20th-Century Interpretation, Peabody 1987 (*J.J. Collins* 81–95 e.a.); *M. Wolter*, „Reich Gottes" bei Lukas, NTS 41, 1995, 541–563 (=1995a); *ders.*, „Was heisset nu Gottes reich?", ZNW 86, 1995, 5–19 (= 1995b); *W. Wrede*, Die Predigt Jesu vom Reiche Gottes: Vorträge und Studien, Tübingen 1907, 84–126; *W. Zager*, Gottesherrschaft und Endgericht in der Verkündigung Jesu, BZNW 82, Berlin 1996.

Zu Jesus als Lehrer: *H.-J. Becker*, Auf der Kathedra des Mose, ANTZ 4, Berlin 1990; *S. Byrskog*, Jesus the Only Teacher, CB.NT 24, Stockholm 1994; *F.G. Downing*, The Social Contexts of Jesus the Teacher, NTS 33, 1987, 439–451; *O. Glombitza*, Die Titel „didaskalos" und „epistatēs" bei Lukas, ZNW 49, 1958, 275–278; *R. Kampling*, Jesus von Nazaret – Lehrer und Exorzist, BZ 30, 1986, 237–248; *M. Karrer*, Der lehrende Jesus, ZNW 83, 1992, 1–20; *F. Normann*, Christos Didaskalos, MBTh 32, Münster 1967; *R. Riesner*, Jesus als Lehrer, WUNT II 7, Tübingen [3]1988; *V.K. Robbins*, Jesus the Teacher, Minneapolis 1992; *Ch. Safrai*, Jesus and His Disciples: The New Testament and Jewish Christian Dialogue. FS D. Flusser, Imm. 24/25, Jerusalem 1990, 95–108; *K. Scholtissek*, Die Vollmacht Jesu, NTA 25, Münster 1992; *W. Weiß*, „Eine neue Lehre in Vollmacht", BZNW 52, Berlin 1989.

Die Verkündigung und der Einbruch der Gottesherrschaft („basileia tou theou") bezeichnen den Einschnitt des Auftretens Jesu. Doch wie umfassend kennzeichnet das Jesu Wirken, was meint es und wie wirkt es sich auf die Christologie aus?

4.4.1 Die *Debatte* kommt, seit sie am Ende des 19.Jh. zum Brennpunkt der Theologie wurde, nicht zur Ruhe. Lange war Konsens, die Basileia bestimme und ordne geschlossen Jesu gesamtes Wirken. J. Weiss' These über Jesu drängende, apokalyptisch gespannte Naherwartung prägte die deutschsprachige Forschung: „Das Reich (oder die Herrschaft) Gottes hat sich soweit genähert, dass es vor der Thür steht. Also da ist die Basileia noch nicht, aber ganz nahe." Jenseits der deutschsprachigen Länder erhielt dieses Konzept geringeres Gewicht. C.H. Dodd entwarf die schärfste Alternative: Die Zeit habe ihre Fülle erreicht, und das Königreich Gottes sei gekommen. Eine präsentische Interpretation der Basileiabotschaft Jesu trat neben die futurische.

Zwischenlösungen suchten den sog. Terminworten (Mk 9,1; vgl. Mk 13,30; Mt 10,23) ebenso gerecht zu werden wie den Gegenwartsworten (Lk 11,20 par Mt 12,28; Lk 16,16 par Mt 11,12; Lk 17,20f). Das Reich Gottes wäre, schlugen sie vor, gegenwärtig angesagte Zukunft; Jesus hätte eine sich realisierende Eschatologie vertreten (J. Jeremias u.a.). Doch die Verständigung blieb brüchig. Ein zusätzliches Dilemma schuf der Einschnitt zwischen Jesus und der Gemeinde. War es nicht möglich, dass Jesus trotz apokalyptischen Hintergrundes „die Unmittelbarkeit des nahen Gottes verkündigte" und erst in der Gemeinde ein neuer apokalyptischer Einbruch erfolgte (E. Käsemann)?[140]

Jesu Anspruch elementarisierte sich in der Diskussion. Gerade die Ferne seiner apokalyptischen Deutung erlaubte eine paradoxe Nähe. „Wenn wir nur das Zwingende in seiner Person und seiner Predigt vom Reich Gottes zu Worte kommen lassen, so kann das Fremdartige und Anstößige ruhig festgestellt werden", konstatierte A. Schweitzer. Denn es „erledigt sich von selbst". Ohne Modernisierung erkennten wir den, der für uns „gewaltiglich predigt." R. Bultmann fasste eine Generation später zusammen, in Jesu Ruf erginge „Gottes letztes Wort vor dem Ende". Er stelle existential vor die Entscheidung. Das sei eine Voraussetzung der neutestamentlichen Theologie.[141]

Jüngere Beobachtungen am Neuen Testament beschränken die Belege. Gleichzeitig führen sie die Aufgabe weiter. Denn es zeigte sich: Erst *Teile der Gemeinde* gaben dem Wort, die „Gottesherrschaft" sei „nahe herbeigekommen", den Charakter der Überschrift über Jesu Wirken (Mk 1,15). Sie *machten unser Proprium Jesu*, die Rede von der Gottesherrschaft, *nachträglich zur Summe. Jesus selbst* bündelte seine Botschaft dagegen noch nicht systematisierend. Ihn *kennzeichnete das konkrete Reden und Handeln.*

Mk 1,15 tritt kein anderes summierendes Wort gleichen Charakters zur Seite, und ob Mk 1,15 auf den irdischen Jesus zurückgeht, ist fraglich. Wenn ja, war es eine Einzeläußerung und keine Summe. Die Rezeption erhielt sich entsprechend Freiheit. Lk übernahm das Wort nicht.[142]

Den Vorgang spiegelt das Corpus von Worten, das Jesu Basileia-Botschaft im Allgemeinbewusstsein am stärksten repräsentiert, die Gleichnisse. Die bekannte Eröffnung „mit der Gottesherrschaft verhält es sich wie mit" tritt ihnen bis zum Abschluss der Evangelien bloß teilweise hinzu (10 bis 12mal), oft eindeutig spät (vgl. Mt 22,2).

---

140 *Weiß**** 220 (= 12, Zitat); *Dodd**** 29; *Jeremias* ²1973*, 99–110; *E. Käsemann*, Die Anfänge christlicher Theologie (1960): Exegetische Versuche und Besinnungen II, Göttingen ²1965, 82–104: 99.

141 *Schweitzer* (s. 4.1) 640 (Zitate); *Bultmann* ⁹1984*, 8 (Zitat; zum Zusammenhang vgl. 1.2.1, 4.1.1).

142 Vgl. *Merkel*: Hengel / Schwemer*** 135ff; *Weder**** 41f und die Kommentare.

Mk kennt die indikativische Gestalt lediglich einmal (4,26), Lk nie (was EvThom log. 9 für Mk 4,1–9 par. stützt). Die Variante als Frage ist bei Mk und Lk ebenfalls selten (Mk 4,30; Lk 13,18.20). Die johanneischen Bildreden enthalten unseren Begriff nicht. Die stereotype Einleitung in Mt 13,31 etc. provoziert zur literarkritischen Abtrennung.[143] Immerhin stützt das EvThom wichtige Stellen (log. 20; 96; 57; vgl. Mk 4,30ff par; Mt 13,33 par; Mt 13,24). Dazu würde eine gänzliche Amputation die traditionsgeschichtliche Aufgabe erschweren. Eine einzelne christliche Gruppe müsste die Ausstrahlung zu Q, Mk und EvThom initiieren. Wie käme sie zu diesem Einfluss? Dass Jesus den Impuls auslöste und die Gleichnisse einen gewissen Bezug zur Basileia behalten, ist wahrscheinlicher.

Die Gottesherrschaft bleibt auch nach diesen Beobachtungen eine zentrale Eigentümlichkeit von Jesu Wirken. Doch wir stehen mutatis mutandis am selben Punkt wie in den letzten Abschnitten. Geschichte und geschichtliche Wirkung Jesu gehen ineinander über. Schon die Quellen, die Jesu Wirken auf den Begriff bringen, verschmelzen sein Wort, sein Handeln und seine Ausstrahlung mit dem Widerschein in der Gemeinde. Historisch wäre die Eigentümlichkeit Jesu nur in Konkretionen zu erörtern. Unter dem Leitmotiv der Basileia vernehmen wir sie in christologischer Brechung. Die Unterscheidung zwischen Voraussetzung neutestamentlicher Theologie und christologischer Durchdringung greift nicht recht. *Jesu Reden und Wirken im Angesicht der Gottesherrschaft zu erschließen, ist von vornherein ein christologisches Thema.*

Wie unterschiedlich die Brechung ist, demonstriert das Joh. Es beachtet die Gottesherrschaft nicht allein in den Bildreden, sondern überhaupt wenig (Begriff ausschließlich Joh 3,3.5, modifiziert 18,36). Ob sich das auf die historische Rekonstruktion auswirken wird, steht offen. Mit Sicherheit müssen wir von historischen Modellen Abschied nehmen, die sich einzig auf einen der Quellenkomplexe stützen.[144]

Das EvThom spricht gegenüber dem Joh ausgiebig von der Basileia, stärkt indessen gleichfalls die Gegenwartsdeutung. Jesus antwortet auf die Frage, wann das Königreich kommen werde, es sei ausgebreitet. Die Menschen sähen es nicht. Aber die Erwählten seien aus ihm und gingen dorthin. Die Jünger sollten es deshalb in sich wie außerhalb ihrer erkennen. Wer auf den Himmel blicke, dem kämen – in modern anmutender Ironie – die Vögel zuvor (log. 113; 49 und 3; vgl. 20; 57; 76; 96–98; 107).

Die Quellenbasis für ein nicht-apokalyptisches Bild bereichert sich damit. Der apokalyptisch gedachte historische Jesus der deutschen Theologie des früheren 20.Jh. findet seit den 1980er Jahren international einen immer schwereren Stand. Selbst in Deutschland tritt er allmählich zugunsten etwa weisheitlicher Züge zurück.

4.4.2 Jesus „hat nie seinen Jüngern gesagt, dass seine Anschauung vom Gottesreiche eine andere sei als die landläufige. Ueberall ist der Eindruck, dass er ein bekanntes Wort in demselben Sinne gebraucht, in dem man es allgemein verstand."[145] Das macht einen Blick auf die *Begriffs- und Religionsgeschichte* unausweichlich.

---

[143] *Vouga* 1987 (s. 4.5), bes. 69f.

[144] „Tyrannei" brauchen wir dem wankenden synoptischen Jesusbild dabei nicht gleich vorzuwerfen (vgl. aber *C. W. Hedrick*, Semeia 44, 1988, 1ff).

[145] *Wrede**** 88.

Beginnen wir beim Begriff. Kein Lehnwort um das hebräisch-aramäische „malkut“ findet sich im Neuen Testament. Die Urchristen kommen mit der Wiedergabe „basileia“ aus. Das ist der Wortbildung nach ein Handlungswort (Nomen actionis), verweist also darauf, dass Gott seine Königsherrschaft vollzieht, aus ihr gebietet. „Malkut“ reicht etwas weiter, von der Eigenschaft über die Macht Gottes bis zum Ort. Die Bedeutungen lassen sich zusammenfassen: Der königlich gebietende Gott ist machtvoll und hat ein ausgreifendes Königreich. Oft formulieren unsere Quellen räumlich.[146] Doch erst die Kombination der Nuancen macht die Pointe aus. *Gott ist* demnach *seine Herrschaft zu eigen. Sie ist von Gott bestimmter Raum und sich durchsetzendes Geschehen.*

Innerhalb dessen ordnet die Forschung die Belege herkömmlich nach Sammelbegriffen des 19.Jh., *Apokalyptik und Weisheit*, obwohl dieses Schema kaum mehr genügt.

Apokalyptisch nannte die Forschung Texte, die den Schrecken fremder Mächte mit der Perspektive eines nahen Endes konfrontierten. Aus der Zeit machen diese Texte Endzeit, auf dass Gott seine Herrschaft unverbrüchlich, in Ewigkeit gründe (Dan 2,44 etc.). Überzeugt sind sie, Gott werde seinem Volk die Würde der Herrschaft geben (so der Duktus zu Dan 7,14.18). Ja, Gott realisiere diese Güte und Rettung seiner Herrschaft gegenwärtig (4Q 491). Für die Völker bedeute sie Gericht (vgl. PsSal 5,18;17,3 u.ö.). Der Teufel schließlich werde nicht mehr sein (AssMos 10,1; vgl. TestDan 5,10b-13). Freilich bildet der Begriff der Gottesherrschaft keineswegs das Herz aller sogenannten apokalyptischen Texte, auch wenn sich das Feld noch etwas bereichern lässt (1QM 6,6;12,7 u.ä.). Besonders auffällig fehlt er in 4 Esr.

In Weisheit und jüdischer Philosophie trat an die Stelle drängenden Endzeitdenkens die allgemeine Gültigkeit der Herrschaft Gottes. Ihrer Unüberwindlichkeit und Gerechtigkeit war zu trauen. Irdisch wirkte sie durchs Gesetz (Philo, spec.leg. IV 164 u.ä.) und zeigte sich den Gerechten. Diese würden bei ihrer universalen Verwirklichung die Völker richten (Weish 3,8;10,10).

Schwer findet das Schema einen Zugang zu heilsgeschichtlichen Aspekten, die wir nicht ausschließen dürfen: Das „Eingehen“ in die Basileia erinnert daran, dass Israel schon einmal in einen von Gott gewährten Raum hineinging, beim Einzug ins Land, und auf den Eingang in den kommenden Äon hofft. Noch in der polemischen Zuwendung zu denen, deren Eingang in Gottes Raum sonst bezweifelt wird,[147] bildet Gottes Herrschaft, die den Satan entmachtet, deshalb zugleich ein Ziel der Heilstradition Israels.

Vor allem aber rücken die Textfunde unseres Jahrhunderts einen Kontext, den man aufgrund Jes 6,1–5, Ps 68,25ff und der Gott-König-Psalmen (Ps 93 u.ö.) bis dahin gerne älteren Zeiten zuordnete, in den Vordergrund, den *Kult*: Die Gruppen des Judentums beziehen sich bis 70 n.Chr. auf den Tempel, sei es ihm nah, sei es in Distanz. Sie dachten in Kategorien des Heiligen für Gottes Herrschaft. So hat Gott seine Herrschaft im Himmel wie in einem Heiligtum inne. Er nimmt

---

[146] „Hineingehen“ ins Reich u.ä. Mk 9,47;10,15.23ff; Mt 5,20;7,21; Joh 3,5.

[147] Mt 23,13 par u.ö.; vgl. *Horn**** (mit Beizug auch von Dtn 23,2–9).

im Himmel seinen heiligen und herrlichen Wohnsitz (seit Jes 63,15f), und dort steht sein Thron (vgl. Ps 103,19). Die psalmistische oder psalmennahe Form vieler Texte ist signifikant.

Psalmen sind die angesprochenen PsSal und AssMos 10.[148] In gebundener Sprache intoniert TestDan 5,13, der Heilige Israels werde König sein. Loblieder, Psalmen oder Gebete sind die meisten Belege aus Qumran.[149] Ein Lobgebet ist nicht minder Tob 13 (in einer Weisheitsschrift). Herkömmlich der Apokalyptik wie der Weisheit zugeordnete Texte über die Gottesherrschaft erhalten also Bezüge auf Gottes Heiligtum, Texte aus Palästina wie der Diaspora. Ich zitiere exemplarisch das Psalmgebet der drei Männer im Feuerofen: „Gepriesen bist du (scl. Gott) in dem Tempel deiner heiligen Herrlichkeit ..., gepriesen und Empfänger des Loblieds ... auf dem Thron deiner Herrschaft“ (LXX Dan 3,53f, aus der Diaspora).

Auch die Sabbatlieder (ShirShab) aus Masada und Qumran, die um die neutestamentliche Zeit besonders viele Belege bieten, finden ihre Basis beim himmlischen Heiligtum. Dort wird Gott als König durch die Liturgie der Engel verherrlicht. Irdische Personen erhalten Zugang, indem sie deren Lieder erfahren und in sie einstimmen. Die Zeit- und Raumstruktur der Gottesherrschaft verdeutlicht sich. Gott ist himmlisch König. Insofern hat seine Herrschaft Raum, ist sie gegenwärtig und gültig. Erkannt wird sie von denen, die in sie einstimmen. Für alle anderen muss sie sich noch durchsetzen und sichtbar werden. Dass das geschieht, ist gewiss. Denn (so die Sabbatlieder) im „Himmel ist ewige Gegenwart, was auf Erden in der Heilszukunft erwartet wird.“[150]

Eine Spannung entsteht zur Erde und zum irdischen Kultort, die sich in keinem der Texte ganz auflöst. Der himmlische Ort der Herrschaft bietet die Chance, das Jerusalemer Heiligtum zu relativieren, und stützt es ebenso.

Selbst die Relativierung birgt neben dem kritischen ein entlastendes Potential. Der Thron Gottes im Himmel erlaubt, sich nach der Entweihung des Tempels im frühen 2.Jh. v.Chr. auf den „Gott des Himmels“ zu stützen (Dan 2,36).[151] Nach der Tempelzerstörung 70 n.Chr. gestattet er, das jüdische Gebet fortzuschreiben. Bis heute heiligt das Judentum im Kaddisch der Tradition gemäß Gottes Namen, bevor es ihn – dem Vaterunser verwandt – um das Aufrichten seiner Herrschaft bittet.

4.4.3 *Jesu Botschaft von der Gottesherrschaft* gewinnt Schattierungen. Manche Exegeten vermuten ihren Einsatz in einer überwältigenden Erfahrung des Rückzugs von Dämonen oder Sturzes Satans, die Jesus von Johannes trennte (Lk 11,20

---

[148] Und der Sitz der Gottesherrschaft befindet sich AssMos 10,3 in der heiligen himmlischen Wohnung Gottes.

[149] Angesichts der Kritik Qumrans an Jerusalem mit einem ausgesprochenen Zug zum himmlischen Tempel: 1QSb 4,25f; 1 QH 10,8; 4Q 381 fr. 19; 4Q 509 fr. 51.

[150] S. Q ShirShab VII u.ö. Einzelnachweise *A.M. Schwemer*, Gott als König und seine Königsherrschaft in den Sabbatliedern von Qumran: Hengel / Schwemer*** 45–118 (Zitat 117).

[151] Anderweitig verknüpfte sich die „basileia“ besonders stark mit dem Jerusalemer Tempelkult (vgl. 2 Makk 1,7). – Weiteres *B. Chilton* in ders./ Evans** 274–279; *Schwemer* a.a.O. 116 versus *Camponovo**** 186ff.

par; 10,18 par).[152] Das ist reizvoll, zumal die exorzistischen Heilungen, die 11,20 par mit der Basileia verbindet, gleichfalls über den Täufer hinausgehen. Die Anordnung der Quellen sichert den biographischen Ort allerdings nicht. Was wir von Jesus wissen, sperrt sich gegen eine klare Biographie. Uns genügt die Sachaussage. Jesus gibt seinem Wirken einen Aspekt *apokalyptischen Hintergrunds*, die Auseinandersetzung mit dem Satan.

Mt 12,25–29 par bestätigt das. EvThom log. 98 fügt das plastische Bild des Attentäters bei: Die Basileia greift die widergöttliche Macht an, was wie ein Attentat wohl vorbereitet sein muss.[153]

Gottes Herrschaft greift in dieser Auseinandersetzung mit Macht und Gewalt aus. Sie tut das bis zum Gericht[154] drängend in Raum und Zeit (in johanneische Theologie umgesetzt Joh 12,31). Der Raum erhält Priorität. Räumlich sind die Verben an Zentralstellen (Lk 11,20 „ankommen"; vgl. Mk 1,15 „nahe kommen"; Lk 17,20 „kommen" etc.; Joh 3,3 setzt das in „von oben" um). Auf „die irdische Präsenz des Himmlischen" zielen die Aussagen.[155] Verwandt zur Umwelt bildet die räumliche Ausdehnung der Gottesherrschaft den Schlüssel für die zeitliche Nah-Erwartung (Mk 9,1; 13,30; Mt 10,23, soweit die Worte auf Jesus zurückgehen), nicht umgekehrt (weshalb das Joh mit der zeitlichen Naherwartung souverän umspringen kann).

Jesu Botschaft und Wirken steht auch mit dieser Beobachtung der apokalyptischen Tradition nahe. Denn das Gewicht des Raums in den apokalyptischen Texten ist unübersehbar (bis einschließlich der Offb mit ihrem Kontrast von Himmel und Erde). Insofern schließt sich ein Bogen zu den Entscheidungen der Forschung um 1900 und besteht keine Notwendigkeit, zu einem uneschatologischen Jesusbild zu wechseln.[156]

Gleichwohl sind Modifikationen unumgänglich. Die Befreiung Israels gegen die Schrecken einer fremden politischen Suprematsmacht und damit die Abwertung der Völker, die das apokalyptische Modell kennzeichnet, tritt in keines der Worte über die Gottesherrschaft. Deswegen ist zumindest von einer neuen Variante oder von *weisheitlicher Öffnung* zu reden. Dank der offenen Strukturbildung ist das gangbar.[157]

Aufgrund der religionsgeschichtlichen Erkenntnisse der letzten Jahrzehnte ist der Horizont noch stärker zu weiten. Wir müssen damit rechnen, dass *Gottes, des als heilig zu Ehrenden, Herrschaft* in seinem himmlischen Heiligtum die apokalyptischen Züge bei Jesus grundlegend ergänzt. Ich verdeutliche das am Vaterunser.

---

[152] *Stegemann*** 323f; *ders.**** 204.

[153] Vgl. *Funk e.a.*** 524f. Im gelegentlich verglichenen fr. 15 (5) von 4Q 525 (*C.A. Evans*: Chilton / Evans** 563) ist „malkut" nicht zu rekonstruieren.

[154] Nach *Zager**** (309f u.ö.) wären authentische Gerichtsaussagen mit dem Basileia-Motiv jedenfalls Mk 9,43.45.47* und 10,25.

[155] Vgl. mit Varianten der Deutung *Weder**** 27ff u.ö. und *Wolter* 1995b*** 14 (Zitat).

[156] Entgegen einer Strömung in den Vereinigten Staaten: *Mack****, *Borg***,*** u.a.

[157] *Merklein* 1987*, 131f u.a. *Wolter* verfolgt die Modifikation des Israelthemas bis Lukas (1995a***).

Die frühe Gemeinde sprach es in unterschiedlichen Fassungen (Mt 6,9–13; Lk 11,2–4; Did 8,2). Vielleicht formte sie es aus einzelnen Teilen; in zu viele dürfen wir es angesichts der relativen Konsistenz nicht zerlegen. Keine Quelle gestaltet es zu einer Abhebung vom Judentum fort. Das „Wir" der Bitten greift auf Israel aus, bevor es sich auf die Völker entschränkt. Diese Eigenart führte zur Vermutung, die Bitten seien im Judentum vor oder neben Jesus entstanden. Freilich stimmt die Überlieferung darin überein, das Gebet kennzeichne Jesus. Entweder formulierte daher Jesus den Grundbestand des Vaterunsers selbst als Jude im Judentum (die wahrscheinlichere Position), oder er gab den Jüngerinnen und Jüngern den Impuls, ein jüdisches Gebet als ihm gemäß weiterzuentwickeln. Beide Male dürfen wir Rückschlüsse auf die Verankerung und den Ort Jesu im Judentum wagen.[158]

Die Anrede „Vater" (Lk 11,2) lässt an Gott nicht nur allgemein in seiner väterlichen Autorität und Zuwendung denken. „Du bist unser Vater" sprach Israel nach Jes 63,15f gerade zu Gott an seinem himmlischen Wohnsitz (vgl. kritisch Mal 1,6). Die Anrede erweckt darum die Assoziation des Vaters, der aus seinem himmlischen Heiligtum wirkt. Mt und Did sichern das beim Generationswechsel in der christlichen Gemeinde durch die Beifügung „im Himmel / in den Himmeln". „Dein Name werde geheiligt", lautet daraufhin die erste Bitte. Beterin und Beter bedienen sich eines kultischen Begriffes und stimmen in die Heiligkeit ein, die Gott in seinem Raum eignet und die von ihm ausgeht. Sie bildet die Basis für das Kommen seiner Herrschaft.

So wendet sich das Vaterunser der Gottesherrschaft im kultischen Konnotationsfeld zu. Die Abfolge seiner Bitten „Vater, geheiligt werde dein Name, deine Herrschaft komme" gibt Sprecherinnen und Sprechern einen Ort in Israels Verehrung des heiligen Gottes. Von Zukunft spricht das Gebet im strengen Sinne dessen, dass Gottes Herrschaft auf die irdische, zu Gottes Heiligung gewiesene Welt zu kommt. „Dein Wille geschehe" in der jüngeren Vaterunser-Überlieferung (Mt 6,10; Did 8,2) schließt an. Denn der Wille ist bei Gott in seinem Thronraum vorab gegenwärtig und vorhanden.[159]

Das Gebet bindet nicht unmittelbar an den Jerusalemer Tempel. Es kann in Distanz zu ihm und nach seiner Zerstörung weiter gesprochen werden. Die wichtigste inhaltliche Fortschreibung, die neue Schlussbitte „rette uns" (Mt 6,13; Did 8,2) lehnt sich aber nach wie vor an eine große Bitte Israels an (Jes 63,15f LXX, weniger Ps 17,30 LXX). Das Vaterunser bleibt ein Gebet mit Israel. Mt 6,7 setzt es hart von den Völkern ab.

Gottes Kommen verweist die Menschen laut den Wir-Bitten auf ihre Blöße, ihre Schulden und die Gefahr, vor einer Prüfung nicht zu bestehen. Beterin und Beter begnügen sich mit dem Minimum, dessen es bedarf, um vor Gott zu leben. Das tägliche Brot – nach anderer Übersetzung die Gewissheit, heute vom Brot

---

[158] Zur Diskussion um die Authentizität *Funk e.a.*** 149; *U. Mell*, Gehört das Vater-Unser zur authentischen Jesus-Tradition?, BThZ 11, 1994, 148–180 (ablehnend) versus *K. Haacker*, Stammt das Vater-Unser nicht von Jesus?, ThBeitr 27, 1996, 176–182. Die Kombination der Bitten ist in Israel neu. In Sabbatliedern und Kaddisch fehlt das Vaterprädikat.

[159] Vgl. das Hören des Willens Gottes von seinem Thron her in ApkAbr 22,2: *G. Lohfink*, Der präexistente Heilsplan: FS Schnackenburg (s. Anm. 205 zu 3) 110–133.

für morgen zu wissen –, der Traum Hungernder, ist vor Gott angemessener als jeder Wunsch nach Mehr. Wir stoßen auf eine Gestalt von *Armentheologie*. Die bedeutendste Gegenwartsaussage über die Basileia, die erste Seligpreisung, vertieft das: „Selig die Armen, denn ihrer ist die Gottesherrschaft" (Mt 5,3 par Lk 6,20b*).[160] Die Armen – Habenichtse, materiell und sozial gefährdete Menschen – erfahren bei Gott verbindlichen, weltverwandelnden Rückhalt. Kritik des Reichtums tritt dem zur Seite (Mk 10,23 u.ö.). Der Anspruch des heiligen Gottes auf die Welt entlarvt und widerstreitet einem unheiligen, verfehlten Sozialgefüge.

Auch andere Gruppen Israels entwickelten Theologien der Armut. Ein großer Midrasch zu Ps 37 entwirft, Land und Heiligtum (!) Israels gebühre der „Gemeinde der Armen" (4Q 171 fr. 1,9ff.16ff; fr. 3/4,10ff; fr. 13,1).

Überblicken wir den Befund, vereint Jesu Botschaft von der Gottesherrschaft apokalyptische, weisheitliche, heilsgeschichtliche, kultische und soziale Bedeutungszusammenhänge. Die Basileia-Worte, die auf ihn zurückgehen, entstammen mitreißenden Konkretionen. Konkret und aktuell nimmt Jesus den Menschen ihre Selbstverständlichkeiten und stellt sie vor den einen Gott, der, ihnen zugewandt, unbedingten Anspruch auf sie erhebt. Die Systematisierung gehört wie die Ausweitung des Materials in die Gemeinde.

4.4.4 Die Gemeinde stand nicht allein vor der Aufgabe, die Worte und Taten Jesu unter einem Leitbegriff Jesu zu summieren. Sie musste zugleich erzählen, *wie* er redete und handelte. Jesus bot ihr auch dafür wenig Hilfe. Er vermied, die Art seines Auftretens zu beschreiben. Von außen war er zu charakterisieren. Oft findet sich das Stichwort: Jesus *lehrte* (41 Belege).

Häufiger ist in der Überlieferung allein das einfache „er sprach". Manche Ausdrücke, die wir heute bevorzugen würden, spielen dagegen kaum eine Rolle: Eine direkte Selbstaussage Jesu mit dem Verb „euaggelizesthai" („*die gute Botschaft mitteilen*") bildet erst Lukas (Lk 4,43).[161] „*Prophetisch künden*" ist nach Ansicht der Gemeinde kein geeignetes Leitverb für Jesu Reden (vgl. 4.3.4/5), sondern durch die Erinnerung an die alten Propheten (Mk 7,6 u.ö.), die Verfremdung in der Passion (Mk 14,65 par) und Dritte besetzt (Mt 7,22). Das „*Verkündigen*" schließlich, das die kerygmatische Theologie unseres Jahrhunderts bevorzugte, ordnet die Gemeinde zuerst dem Tun der Jünger und Apostel zu. „Botschafter / Herold" („Kēryx") wird in einem Teil des Urchristentums Paulus (1 Tim 2,7; 2 Tim 1,11; 1 Clem 5,6). Die Synoptiker übertragen wenigstens das Verb auf Jesus zurück (Mk 1,14 etc.; nie Joh). Aber „Kēryx" wird nirgends ein Attribut Jesu. Schon „Botschaft" bleibt einzig die Botschaft des Jona (Mt 12,41 par).

Mehr noch, das Nomen *Lehrer* („didaskalos") wird in allen Evangelien zu einem herausragenden Attribut Jesu in seinem irdischen Wirken (ca. 43mal). Weil das Neue Testament es jenseits der Evangelien meidet, gehört es fast zwingend

---

160 Rekonstruierter Wortlaut nach *Merklein* 1987*, 132.

161 Obwohl das Verb in Mt 11,5 par alt begegnet. Im Joh fehlt der ganze Wortstamm.

zum Rückblick auf Jesus. Haben wir es also gar mit einer historischen Reminiszenz zu tun? Dann könnten wir Aufschlüsse über den Irdischen, die Autorität seiner Worte und die Weise ihrer Überlieferung erhalten.[162]

Der Befund ist wieder einmal komplizierter. Denn gewiss müssen wir damit rechnen, dass Jesus als „Rab / Rabbi" angeredet wurde, was die Evangelien mit „Lehrer" übersetzen (vgl. Joh 1,38). Doch der Einzelnachweis ist schwierig. Die umfangreiche Wortüberlieferung der Logienquelle bietet kein einziges Beispiel. Die Anrede „Rab" (eigentlich „Großer"), „Rabbi" und „Rabbuni" („mein großer / geehrter Herr, Gebieter") wies in der vorrabbinischen Zeit eine beträchtliche Bandbreite auf (die ihre Verwendung etwa bei der Heilungsbitte Mk 10,51 etc. erlaubte). Ein Lehrer (Rabbi in solch engerem Sinn) konnte geehrt, aber auch gering geachtet werden.[163] Lehrer zu sein, wurde nirgendwo eine Selbstaussage Jesu.

Die Paulusbriefe führen ihr Jesusgut (1 Thess 4,15; 1 Kor 7,10 usw.) nicht durch „lehren" ein. Das Wort „ein Schüler ist nicht über den Lehrer" in Lk 6,40a par, der einzige Beleg für „Lehrer" in der Logienquelle, gehört im Ausgangspunkt wahrscheinlich zu den abschätzigen Äußerungen. Denn es erläutert „kann ein Blinder einen Blinden führen?" (6,39). Die nachösterliche Gemeinde wertet es allmählich auf (6,40b; Mt 10,24f).

Nach den letzten Paragraphen überraschen diese Beobachtungen nicht. Das Wirken Jesu enthielt lehrende Züge wie solche der Sendung, der Vertrautheit zum Vater, der Prophetie oder der Hoheit. Die Impulse gehen auf den irdischen Jesus zurück. Die Verdichtung in Prädikate indes ist Leistung der Gemeinde. Lehrer macht davon keine Ausnahme. Wir verlieren biographische Eindeutigkeit und gewinnen christologischen Reichtum.

Genauerhin erlaubte eine positive Begriffstradition Israels, Jesu Lehr-, Streitgespräche und seine ethisch lehrenden Taten unserem Prädikat zu subsumieren (Mk 10;12; vgl. 4.7.6). Unser Stamm „jemanden etwas annehmen lassen" („didask") umschrieb an zentralen Stellen Israels das sachgemäße und gebietende Lehren von Gott, wie Gott selbst es trägt. Jes 30,20 und Ijob 36,22 bereiteten vor, Gott „Lehrer" zu nennen.[164] Philo übertrug darauf das Attribut auf Gott (congr. 114 u.ö.). Gott wurde Lehrer und Leiter für die Weisen, diese Lehrer und Leiter für die Unvollendeten (her. 19). Mose galt als einzigartiger Lehrer, anderswo Henoch, in einer hellenistischen Predigt Jona, in Qumran der Lehrer der Gerechtigkeit. Griechische Analogien wären der herausragende Philosoph als Lehrer oder der Lehrer des Göttlichen in den Mysterien, gewagt gegebenenfalls der kynische Lehrer.[165] Genug: Wer Jesus Lehrer nannte, konnte das zum *einzigartigen Lehrer Gottes* steigern, und eben dies ist in den Evangelien der Fall.

Das *Mk* stellt die Weiche. Ausschließlich Jesus nennt es Lehrer (4,38 usw.), sein Wirken der Gottesherrschaft „Lehre in Vollmacht" (gleichfalls ein intensiv theo-

---

[162] Vgl. bes. *Riesner****; *Safrai****.

[163] Vgl. *A.F. Zimmermann*, Die urchristlichen Lehrer, WUNT II 12, Tübingen 1984, 69–91 (Quellen).

[164] Vgl. das Lehren Gottes LXX Ijob 22,2; Ps 93 [MT 94], vv.10.12 u.ö.

[165] Philo, Gig. 54; TestAbr B 11,3; De Jona 45/179; CD 1,11; 1 QpHab 1,13 (und vgl. *Maier* [s. Anm. 127]); Epiktet, diss. I 9,12 u.ö.; *Downing****.

nomer Begriff; 1,22.27 nach 1,14f). Ohne religionsgeschichtliche Vorläufer treten der *Exorzismus und das heilende Helfen in Jesu Lehren* ein (1,21–28; vgl. 5,35; 9,17). Es ist eschatologisch neu (1,27) und gibt Jesus uneinholbaren Rang vor allen Lehrern Israels (weshalb das Mk Mose, Henoch oder Jona nicht mehr „Lehrer“ nennt).[166]

Auch die neue Kombination von Exorzismus und Lehre hat dabei einen Ort in Israel, wie wir im Nachhinein deutlicher als Mk erkennen: Wohl kurz nach Mk entsteht die vergleichbare jüdische Legende, Ḥanina ben Dosa (gest. vor 70?) habe das Wirken einer Dämonin lehrend begrenzt (bPes 112b).

Mt übernimmt die Einzigkeit Jesu, des Lehrers. Er lehrt Israel, und ausnahmslos Vertreter von dessen Gruppen wenden sich an ihn als Lehrer.[167] Über die Gesetzesauslegung geraten sie in eine Zerreißprobe mit ihm. So betrifft die Pointe das Gesetz, kennzeichnend für das theologische Hauptinteresse des Mt: Im Konflikt zeigt sich der „eine“ Gott (in v.8 klingt Dtn 6,5 an) Jüngern und Volk über den „einen“ Lehrer, Christus (den Gesalbten 23,10). Dieser Lehrer verwirft die, die auf dem Stuhl des Mose sitzen, wegen ihrer falschen Praxis (23,1–10). Was er bestimmt, setzt den Maßstab des ethischen Lebens in Israel und dafür, was den Völkern zu lehren sei (28,20). Falls Mt 23,10 sich an Jes 30,19–21 anlehnt, überträgt das Mt dazu sogar eine Gottesaussage auf Jesus. Das ungewöhnliche Wort „kathēgētēs“ („der *Lehrer, der gebietend den Weg weist*“; different zu LXX) erhält jedoch eine gewisse Schwebe.

Zu beachten ist, dass es um die Handhabung, Auslegung und Verbreitung des Gesetzes geht. Der Jesus von Mt 23 löst in all seinen Weherufen das Gesetz nicht auf, sondern steuert seiner Praxis. Er ist in seiner Weise Gesetzeslehrer. Mehr als auf die Auseinandersetzung mit Israel ist auf die theonome Steigerung der Christologie zu merken.[168]

Lk differenziert, dass Jesus „handelte *und* lehrte“ (Apg 1,1). Das Lehren muss nicht alle *Vollmacht* tragen, sondern zeigt speziell die *des Wortes* (Lk 4,31f). Die Szene um den zwölfjährigen Jesus im Tempel leitet das am Ort Gottes unter den Lehrern Gottes (die erstmals ein Evangelium erwähnt) in die Wege (2,46). Wenn in einem Evangelium, dann entsteht im Bogen danach eine gewisse Nähe zum hellenistischen Idealbild der wandernden Philosophen (vgl. 10,25;12,13;18,18), freilich gebremst. Bereichert über die Begegnung mit dem Täufer (nun gleichfalls einem „Lehrer“: 3,12) und das Wirken in Galiläa und Judäa, mündet Jesu Lehren wieder ins Heiligtum (19,47;20,1;21,37f). Die Übersetzung in griechische Sprache herrscht vor (und „Rabbi“ scheut Lukas), ohne ein speziell griechisches Bild Jesu zu entwerfen. Das zusätzliche Attribut des „Meisters“, dessen, der über und vor anderen steht („epistatēs“ Lk 5,5 etc., nie außerhalb des Lk), hat kein klares hebräisches oder aramäisches Äquivalent, doch gleichfalls keine besonderen phi-

[166] Weiteres *Kampling****, *Robbins****, *Weiß****, *Scholtissek**** 119–125 u.ö.

[167] S. das Lehren 5,2 bis 21,23 und die Anrede 8,19 bis 22,36.

[168] Weiteres *Becker****; *B.W. Winter, The Messiah as Tutor*, TynB 42, 1991, 152–157; *Byrskog****. *Frankemölle* 1996 (s. 4.7) 97f,106 und passim.

losophischen Konnotate. Der Lehrer Jesus verbleibt bis zum Vorwurf, er verbreite eine aufwiegelnde Lehre, der in die Passion führt, in Judäa und Galiläa (23,5).

Wie Lk greift das *Joh* das Wissen um Lehrer Israels auf. Nikodemus ist ein solcher (und der einzige, demnach paradigmatisch im Evangelium erwähnte). Doch vor Jesus steht er als einer, der, um das Reich Gottes zu schauen, ganz des Lehrers bedarf, der *„von Gott gekommen“* ist (3,1–10). „Von Gott gekommen“ (3,2) heißt johanneisch, dass Jesus spricht, was ihn „der Vater lehrte“ (8,28). Der theonomen Steigerung korreliert der Ort. Jesus lehrt vorzugsweise am Ort des Vaters, dem Tempel, frei und öffentlich (7,14.28;8,20;18,20). Er tut dies verbindlich. Nach seinem Weggang setzt der Paraklet (Geist) es fort (14,26). Parallel übersteigt die Anrede Jesu als Lehrer erstmals in den Evangelien die Ostergrenze (20,16).

Wie so oft bei christologischen Attributen, driften die Akzente auseinander. Lk wählt den plastischsten erzählerischen Rahmen, Mt den härtesten Kontrast. Mk, Joh und Mt 23,8–10 bieten die theologischen Höhepunkte, an denen das Attribut sich dem christologischen Titel nähert. Die Deutungen eint der Rückbezug auf Jesu Wirken. „Lehrer“ beschreibt Jesu Gestalt in der Reflexion über seine Ausstrahlung, die Vollmacht seines Wortes und seiner Tat, seine Anfechtung und seine dauerhafte Geltung über die Ostergrenze hinweg.

Es beschreibt Jesus schließlich in der Zuordnung von Schülern. Ich habe das nicht in den Vordergrund gestellt. Einige Indizien weisen nämlich darauf, dass wir nicht zu schnell an „Jesus und seine Jünger“ (griechisch „Schüler“) denken dürfen: Die ehrende Anrede, bei der das Attribut beginnt, gab Freiraum. Mk verdichtet sie auf die Jünger (4,38;9,5.38; 10,35;11,21;13,1;14,45), doch nicht überall (9,17;10,17.20;12,14.19.32). Mt legt sie hingegen nur Nichtjüngern in den Mund, das Korrelat Rabbi dem Auslieferer Judas bei der Gefangennahme (Mt 26,49). „Lehrer“ kennzeichnet matthäisch also nicht die enge Bindung der Jünger an ihren Meister; dafür wäre etwa an „Herr“ zu denken (s. die Korrektur von Mk 9,5 in Mt 17,4). Bei Lk ist das Gefälle lockerer. Jünger (21,7) und die verschiedensten Gesprächspartner reden Jesus als „Lehrer“ an (von 7,40 bis 20,39), in einer ironischen Pointe 19,39 die Pharisäer, damit er seine „Schüler“ zurechtweise. Das Joh hält die ehrende Anrede für Nikodemus offen (3,2).

Die „Schüler“ sind, ziehe ich die Konsequenz, ein Teil derer, die sich an Jesus als Lehrer wenden, mit offenen Grenzen. Die Sprache spiegelt, dass der Kreis um Jesus jenseits seines engsten Kerns durchbrochene Konturen aufwies. Wie „Lehrer“ ist „Schüler“ eine Hilfsbezeichnung, mit der die Umgebung Jesu und die frühe Gemeinde die historische Wahrnehmung auf den Begriff bringt. Im eigenen Wort Jesu können wir sie schwer nachweisen. Die Logienquelle weitet die Belege für „Jünger“ noch nicht aus (die besprochene Karikatur in Lk 6,40 Q und der Verweis auf Johannesjünger 7,18 Q sind die einzig sicheren Belege), die Evangelien ab Mk um so mehr.

4.4.5 Es ergibt sich ein interessantes Zusammenspiel. Die Botschaft von der Gottesherrschaft bildet ein Charakteristikum Jesu und gleichwohl kein allumfassendes System. Die Lehrerschaft gibt einen markanten Abriss seines irdischen Wirkens und gehört dennoch nicht in die unmittelbar historische Beschreibung. *Lehrerschaft und Basileia berühren sich* von Mk 1 bis Joh 3 und *decken sich* trotzdem *nicht.* Die Gottesherrschaft drängt zur Mitteilung über das Lehren hinaus (jedenfalls wenn wir es nicht so umfassend verstehen wie Mk), und von Jesus dem Lehrer können wir immer noch sprechen, wenn wir die Basileia zugunsten anderer Umschreibungen in den Hintergrund rücken (wie Joh).

In der Offenheit liegt der hermeneutische Reiz. Jede Generation kann ihr Lehrerverständnis an Jesus gewahren. Jesus, der Lehrer, bietet – wenn wir die außerneutestamentlichen Passagen einbeziehen – schon um 100 die ganze Bandbreite zwischen Biographie und sich immer höher schraubender Theologie. Das Gesicht des Weisen trägt er, den ein Jude in achtungsvoller Distanz beschreiben kann, das des Lehrers, in dem seine Gemeinde Gottes Vollmacht erkennt, und das des Unbeschreibbaren, der mehr mitteilt und mehr ist als jeder Lehrer.

Für eine achtungsvolle jüdische Position steht das Testimonium Flavianum, wenn man es in einem jüdischen Grundtext liest. Es spricht Jesus als einem „weisen Mann" und „Lehrer" vor Gott vergleichbar den Lehrern von Philo, her. 19 (Josephus, ant. 18,63f). Die Überbietung markiert das EvThom: Jesus, der weise, kluge Mensch und Lehrer, sei Auffassung der Jünger. Jesus überflügle sie. Wer trunken sei aus seiner sprudelnden Quelle, für den sei er nicht Lehrer (log. 13). Das bereitet den Gang zur Gnosis vor (vgl. z.B. ApokrJoh NHC II 1,1.10).

Wie sämtliche Kategorien beobachtet die des Lehrers den irdischen Jesus von außen. Der neutestamentliche Befund wahrt einen Vorbehalt. Ob wir bei Jesu Orientierung am Vater beginnen, bei seiner Unterstellung unter die Forderung des Täufers, sich zum kommenden Gott und dessen Forderung zu kehren, oder nun bei der Herrschaft Gottes, erfahren wir: Jesus verstand sich „in jeder Hinsicht in Beziehung zu Gott existierend".[169] Die Beschreibungen, die *ihm* gelten, ändern den Blickwinkel. Sie schauen nicht mit ihm gemeinsam auf Gottes Eingreifen, sondern von Gottes Eingreifen her auf ihn. Ihr Schritt ist notwendig, ihre Sprachform zeitgebunden.

Die Alte Kirche behielt so das Attribut und nutzte es in Apologetik wie Auseinandersetzungen. Sie nahm es jedoch nicht ins Bekenntnis auf (Justin, ap. I 12,9 u.ö.).[170] Das schuf den Freiraum, den die neuzeitlichen Fortschreibungen beanspruchen:

Die liberale Theologie um 1900 liebte den Lehrer Jesus. A. Schweitzer ersetzte ihn um des apokalyptischen Horizontes willen durch den „Gebieter und Herrscher". R. Bultmann skizzierte den jüdischen Rabbi und lenkte theologisch über ihn hinaus.[171] Der Generation nach dem Holocaust erlaubte der Lehrer Jesus die zögernde Wiederaufnahme des Gesprächs mit dem Judentum.[172] Volkstümliche Filme vermittelten den Rabbi. M. Gandhi würdigte den Lehrer der Menschheit.[173]

Die Erkenntnisse weisheitlicher Einflüsse führten zum Versuch, mit dem messianischen Lehrer der Weisheit zum Ursprung der Christologie zu gelangen (M. Hengel 1979*).

---

169 *E. Jüngel* in Schmidinger** 33 (dort teilw. hervorg.).

170 Weiteres *Normann****.

171 *H.J. Holtzmann*, Lehrbuch der ntl. Theologie I, Tübingen ²1911, 296; *Schweitzer* (s. 4.1) 630; *Bultmann*** 43ff.

172 Vgl. die große Wirkung von *J. Klausner*, Jesus of Nazareth, Berlin ²1934 (New York 1945 etc.).

173 Quellen bei *S.J. Samartha*, Hindus vor dem universalen Christus, Stuttgart 1970, 96–101.

Derzeit ringt der kynische Jesus um Gehör (J.D. Crossan 1994*, F.G. Downing***, B.L. Mack** u.a.), teilweise mit einer gewagten Interpretation der Herrschaft Gottes. Denn die Basileia Gottes ist kein eigentliches Thema der Philosophie. Sucht man dort ein Korrelat, muss man sich mit der Glückseligkeit (Eudaimonie) und den stoischen Paradoxen („der Weise ist König" u.ä.) behelfen. Der Denkhorizont ändert sich.[174]

Christologisch ist über die Zeiten hin das Grundgefälle zu übersetzen. Das passende Wort ist gegebenenfalls neu zu ermitteln. Ausschlaggebend erfordert Jesu Verweis auf Gott ein wechselseitiges Verständnis seiner Person von Gott her. Ob das abgeschliffene Lehrer-Attribut dafür taugt, scheint mir fraglich. Falls wir es beibehalten, erfordert es eine theonome Entfaltung und Umschreibung für unsere Zeit.

4.4.6 Wenn Jesus die Basileia mitteilt und etabliert, so dass sie mitten unter den Menschen ist, wo er ist (vgl. Lk 17,20f), lehrt er sie nicht nur. Er gehört zu ihr. Die Schwingungen rufen darum zur *Fortschreibung der Gottesherrschaft in Richtung auf eine Christusherrschaft.*

Die Gemeinde beginnt zögernd, dies zu durchdenken. Der erzählenden Jesusüberlieferung genügt bis einschließlich Logienquelle und Mk die Ausgangswendung von *Gottes* Königsherrschaft. Auch Paulus spricht meistens ähnlich (Gottes Königsherrschaft Röm 14,17; 1 Kor 15,50 etc.). Einmal ertastet er immerhin eine *Königsherrschaft des Gesalbten und Sohnes* (1 Kor 15,24). Damit eröffnet er das christologische Sprachfeld. Es verzweigt sich von seinen Gemeinden aus, ohne Herz der theologischen Diskussion zu werden.

Das *Sohnesprädikat* wirkt in Kol 1,13 nach: Gott ordnet seine Herrschaft (vgl. 4,11) seinem geliebten Sohn zu. Lukas entdeckt noch eine Chance der Vertiefung. Der Sohn ist im antiken Recht Erbe. Lk 22,29 schließt, die Herrschaft sei Jesus vom Vater in der Rechtskraft des Erbes zugeeignet, und Jesus eigne sie mit analoger Rechtskraft denen zu, die bei ihm bleiben.

Eph 5,5 nimmt das *Gesalbtenprädikat* auf. Die Königsherrschaft ist dem Gesalbten und Gott zu eigen. Der Gesalbte tritt in der Reihenfolge der Nennung sogar vor Gott. Die herrscherliche Tradition von Gott und seinem Gesalbten bricht christologisch um.

Das Bild des Erbes ist auch bei diesem Konzept verwendbar. Allerdings schränkt es sich auf die Teilgabe ein, die Gott und Christus an ihrem Herrschaftsraum gewähren. Diese Teilgabe mag noch so rechtlich verbürgt sein, sie ist nicht selbstverständlich. Ein Erbe wird bei Fehlverhalten entzogen. Aus der Herrschaft des Gesalbten mit Gott ergeht deshalb an die Erben, Gottes geliebte Kinder (vgl. 5,1), ein enormer ethischer Anspruch.

Anders kommt es der an paulinische Gemeinden gerichteten Offb in der Bedrohung der Gemeinden auf Stütze und Entlastung an. Die Königsherrschaft Gottes und Vollmacht des Gesalbten beschränkt in ihr Raum und Zeit der Widersacher Gottes und Christi zur Rettung der christlichen Geschwister (12,10ff).

---

[174] *Vaage* (s. 4.7) 36 (vgl. 59ff); *Mack****.

In den Past tritt zum Gesalbtenprädikat das des *Herrn*, der in sein himmlisches Reich hinein retten wird (2 Tim 4,1.18). Mt wagt die Verbindung der Traditionen zur Herrschaft des kommenden, richtenden *Menschensohns*. Wie Unkraut unter dem guten Samen bleibt dann momentan noch das Verderbte zwischen den Gerechten. Doch die richtende Königsmacht des Menschensohns ist gewiss (Mt 13,37ff;16,28). Den Reigen beschließt das besprochene *Königs*-Attribut mit seinem Höhepunkt im Joh: Die Königsherrschaft ist Jesus zu eigen. Er ist König quer zur Welt seiner Hinrichtung (Joh 18,36f).

Sohn, Gesalbter, Menschensohn, Herr und König, eine Vielzahl von Attributen erprobt also das neutestamentliche Christentum, um aus der Gottesherrschaft christologisch zu abstrahieren. Ein eindeutiger Anstoß des irdischen Jesus in eine Richtung fehlt,[175] und das frühe Christentum findet keinen Konsens. Die Lösungsversuche – das Reich des Sohnes, des Gesalbten usw. – haben ihren Wert in der Unruhe, die sie aufnötigen: Jesu Botschaft hat keine Beliebigkeit. Jesus und sein Ausgreifen gehören dazu. Er schenkt die Basileia verbindlich zum Erbe und erlaubt kein nachlässiges Einrichten in der Welt. Aber die Vielstimmigkeit warnt davor, einen Lösungsversuch zu verabsolutieren. Das Paradox der Herrschaft in Ohnmacht, das wir bei der Passion Christi sahen, durchkreuzt die Ansätze, einlinig auf eine Königsmacht Christi zu setzen. Wie beim Prädikat des Lehrers enden wir vor einem glatten Resultat und einer klaren Übertragung über die Zeiten.

Werfen wir einen Blick auf die Alte Kirche. Ihr Hauptstrang wartet auf das Reich Gottes als Reich Christi (1 Clem 50,3 nach 42,3 u.ö.) und erfährt aus ihm die Aufforderung zu einem verwandelten wie verwandelnden Leben (2 Clem 12 u.ö.). Futurisierung und Ethisierung reichen sich die Hand. Wo die Kirche Jesu Reich gegenläufig auf dem „Holz“ (Kreuz) beginnen sieht, wachsen die „schlimmen Tage“ der Geschichte in es ein und vermittelt es die Zuversicht, gerettet zu werden (Barn 8,5f). Begrifflich-theologisch bleibt die Durchdringung beide Male schwer. Origenes durchschlägt den Knoten: Jesus sei in gewisser Art die Gottesherrschaft in Person, erkennbar für die Einsichtigen (in Mt 14,7; GCS 40, 289). Seine direkte christologische Identifikation setzt sich jedoch nicht durch. Auffällig zögernd gelangt die Basileia Christi ins Glaubensbekenntnis. Erst die Synoden des späteren 4.Jh. tragen sie im Nicaeno-Constantinopolitanum nach.[176] Das Apostolicum übergeht sie.

4.4.7 Insgesamt kommt der Gottesherrschaft hoher Rang in der Erschließung von Jesu Wirken zu, wenngleich nicht der dominierende Rang wie in letzten Generationen. Die christologische Explikation bereitet einige Mühe, ob wir das Lehrerprädikat oder die Terminologie der Gottesherrschaft in sich verfolgen. Der Stamm „Basileia“ vermehrt die *hermeneutischen Probleme*. Das Moment des Königs / Königtums in ihm entfernt uns nämlich von den neuzeitlichen demokratischen Verfassungsidealen. Die im Heiligen Römischen Reich aufgekommene, in der deutschen Sprache lange bevorzugte Übersetzung mit „Reich“ ist durch die Politik des 20. Jh. depraviert. Der Ersatz durch die Wendung „Herr-

---

[175] Abweichend *M. de Jonge*, Jesus, the Servant-Messiah, London 1991, 62–75; *ders.****.

[176] Sie bewältigen die Frage futurisch: „dessen Königsherrschaft kein Ende sein wird“ DH 150.

schaft Gottes" ist aus der Not geboren. Unbefriedigend bemüht er einen Herren-Begriff, der etymologisch nicht in „basileia" enthalten ist und als Sprache in Geschlechterrollen missverstanden werden kann.

Vielleicht wird das auf die Dauer zu einer Aufwertung des Joh führen. Denn auch wenn oder eben weil es Jesu Sprachweise stärker als die Synoptiker fortprägt, erbringt es eine bedeutende hermeneutische Leistung. Es erhält den Ausdruck „basileia" zur Bezeichnung des Raumes Gottes, der in seiner mächtigen Eigenart und Verheißung vom Kosmos zu unterscheiden ist (3,3.5;18,36). Aber es entfaltet das Gemeinte mit einem anderen Begriff, dem des *Lebens*, das Jesus gewährt (Joh 5,24;6,47.68f;11,25f u.ö.).

Dieser Begriff ist gleichfalls alt, in der synoptischen Überlieferung nur seltener (Mk 9,43ff; 10,30 u.ö.). Er schlägt tragfähige Brücken zur Soteriologie und spricht heute an. Wir müssen uns angesichts der universalen Basileia Gottes allerdings davor hüten, das Leben mit einer johanneischen Linie auf die glaubende Gemeinde einzuengen (vgl. Joh 3,15 bis 20,31). „Leben" verdrängt die „Basileia" weder im Joh noch im EvThom ganz, in letzterem, obwohl „der Lebendige" / „Sohn des Lebendigen" zum ausschlaggebenden Christusprädikat wird (Prolog; log. 37;52;59;111).

Spricht doch etwas für das Festhalten am alten Begriff? Er hat eine überragende Wirkungsgeschichte. Über die Christologie und in den letzten Jahrhunderten oft neben ihr strahlte er auf Ekklesiologie und Sozialethik aus.

Augustin entwarf im Widerspiel zwischen Gottesherrschaft und Erdenherrschaft und unter einer eigenwilligen Rezeption von Offb 20,1–6, die Kirche sei in gewisser Weise das Reich Christi („regnum Christi" civ. Dei 20,9). M. Luther entwickelte die ethische Unterscheidung wie Zuordnung von Gnadenreich und weltlichem Regiment unter Christus, dem „herr und König ym Reich Gottis" (WA 11,249). Die linke Reformation wünschte „das Reich Christi" auf Erden.[177] Alle drei Konzeptionen verflechten die Christologie des Reiches Gottes mit ihren Konsequenzen für das Leben in Kirche und Welt. Momente gingen ins königliche Amt Christi ein (vgl. 3.9.3).

Heute ist der christologische Zusammenhang all dieser Konzeptionen weniger bewusst. Denn in der Aufklärung verselbständigte sich die ethische Aufgabe. I. Kant überführte das Reich Gottes in die praktische Philosophie. Es wurde Zielangabe der Vernunft, ging vom Kirchenglauben in einen transzendentalen Religionsglauben über. Die Versöhnung der Theologie damit suchte besonders A. Ritschl.[178] Die Diskussion seit J. Weiss*** (s.o.) führte wieder auf die neutestamentlichen Ursprünge zurück, ohne die ethische Herausforderung zu verdrängen.[179]

Für viele Christen drückt sich die gesellschaftspolitische Relevanz von Jesu Wirken nach wie vor am besten mit der Terminologie der Gottesherrschaft aus. Das Reich Gottes bricht fremd und deshalb zu Recht befremdlich unsere Vorverständnisse und fragwürdigen Selbstverständlichkeiten des Lebens auf. Beachten

---

177 Vgl. *B. Rothmann*, rest. cap. 17 (Die Schriften Bernhard Rothmanns, ed. R. Stupperich, München 1970, 270) u.a.

178 *I. Kant*, Kritik der praktischen Vernunft, Akad.-A. 5, Berlin 1913, 126–130; Religion (s. Anm. 134 zu 2) 115,131f; *A. Ritschl*, Unterricht in der christlichen Religion, Bonn 1875, §§ 5ff.

179 Bekannt *A. Schweitzer* (bis Reich Gottes und Christentum, Tübingen 1967, 107–110 u.ö.).

wir das, dann trat nach der Aufklärung freilich unglücklich zurück, dass die Erfahrung mit der Gottesherrschaft ein spezifisches, anspruchsvolles Verständnis Jesu involviert. Die Neubemühung um eine Christologie der Gottesherrschaft steht an. Wie immer wir sie in unsere gesellschaftliche und kirchliche Situation transponieren, entspricht das Erzählen der Sache wahrscheinlich besser als die rationale Abstraktion. Das Votum der Evangelien, die Abstraktionen durch Erzählung zurechtzurücken, hat viel für sich.

Möglichkeiten und Grenzen veranschaulicht etwa die Befreiungstheologie. Sie belebt das Erzählen. Die Umschreibung soll den titularen Zugriff ersetzen. Trotzdem kommt sie um verfestigende Termini, z.B. den „absolute(n) Mittler des Reiches Gottes", nicht umhin.[180]

4.5 Gleichnisse und Bildworte

Lit.: s.o.; *J.G. Coetzee*, Jesus' revelation in the Ego eimi sayings in Jn 8 and 9: J.H. Petzer e.a. ed., A South African Perspective on the NT, Leiden 1986, 170–177; *P. Dschulnigg*, Rabbinische Gleichnisse und das Neue Testament, JudChr 12, Bern 1988; *K. Erlemann*, Das Bild Gottes in den synoptischen Gleichnissen, BWANT 126, Stuttgart 1988; *P. v. Gemünden*, Vegetationsmetaphorik im Neuen Testament und seiner Umwelt, NTOA 18, Göttingen 1993; *W. Harnisch*, Die Gleichniserzählungen Jesu, UTB 1343, Göttingen 1985; *J. Jeremias*, Die Gleichnisse Jesu (1947), Göttingen [8]1970; *A. Jülicher*, Die Gleichnisreden Jesu I/II, Tübingen [2]1910; *E. Jüngel*, Paulus und Jesus, HUTh 2, Tübingen [6]1986; *Chr. Kähler*, Jesu Gleichnisse als Poesie und Therapie, WUNT 78, Tübingen 1995; *H.-J. Klauck*, Allegorie und Allegorese in synoptischen Gleichnistexten, NTA NF 13, Münster [2]1986; *H. Klein*, Vorgeschichte und Verständnis der johanneischen Ich-bin-Worte, KuD 33, 1987, 120–136; *J.S. Kloppenborg*, Jesus and the Parables of Jesus in Q: Piper a.a.O. (s. Anm. 104) 275–319; *B. Kowalski*, Die Hirtenrede (Joh 10,1–18), SBB 31, Stuttgart 1996; *R. Kysar*, Johannine Metaphor, Semeia 53, 1991, 81–112; *E. Rau*, Reden in Vollmacht, FRLANT 149, Göttingen 1990; *Th. Schmeller*, Das Reich Gottes im Gleichnis, ThLZ 119, 1994, 599–608; *H. Thyen*, Ich bin das Licht der Welt, JAC 35, 1992, 19–46; *D.O. Via*, Die Gleichnisse Jesu, BEvTh 47, München 1970; F. *Vouga*, Formgeschichtliche Überlegungen zu den Gleichnissen: FS Neirynck (s. bei 3.7 Bieringer) I 173–187; *ders.*, Jesus als Erzähler, WuD 19, 1987, 63–85; *H. Weder*, Die Gleichnisse Jesu als Metaphern, FRLANT 120, Göttingen [4]1990 ([1]1978); *ders.* ed., Die Sprache der Bilder, Zeitzeichen 4, Gütersloh 1989; *H. Zimmermann*, Das absolute „Ego eimi" als die neutestamentliche Offenbarungsformel, BZ 4, 1960, 54–69.266–276.

In Jesu Wirken spielen Wort und Tat zusammen. Uns interessieren die Auswirkungen auf die Christologie. Ich beginne bei den Gleichnissen.

4.5.1 *Gleichnisse* galten der griechisch-römischen Rhetorik als „sokratisches", auf das Schlussvermögen ihrer Hörer/innen setzendes Beweismittel (Aristoteles, rhet. II 20,1–4 etc.). Alle Kulturen des Mittelmeerraums bieten Beispiele. Lässt

[180] Vgl. *Sobrino**** (Zitat 567); weitere hermeneutische Akzente *Lohfink**** u.a.

sich das auf Jesus übertragen? Die *ältere Gleichnistheorie* bemühte die Rhetorik des Vergleichs. Dann erschließen sich die Gleichnisse im Vergleichspunkt, dem „tertium comparationis" von Sache und Bild. Um die Sache müssen Hörerinnen und Hörer allerdings im Grundsatz schon wissen. Die Evangelien erlauben das, wo sie voranstellen „mit der Gottesherrschaft verhält es sich wie mit". Die Gleichnisse erläutern wichtige Gesichtspunkte dessen, das überwältigende und gewisse Kommen der Gottesherrschaft, ihre Kontraste zur Gegenwart und den unbedingt geforderten Einsatz (Mk 4 par etc.). Was indes ist, wenn die Voranstellung der Formel „mit der Gottesherrschaft verhält es sich wie mit" literarkritisch wankt?

Die *jüngere Gleichnistheorie*, die bei der *Metapher* ansetzt, gewährt Raum zur Schwebe. In ihrem Sinn verstanden, ziehen die Gleichnisse die Hörerinnen und Hörer Jesu in ihr inneres Geschehen hinein. Bereits ihr Erzählen trägt in sich, worum es geht. Theologisch gesagt, sind die Gleichnisse nicht nur bildliche Einkleidung und Vergleich. Sie bilden eine selbständige Gestalt der Rede. Ja, sie sind die eigentliche Sprache, wo Geschehen, Handeln und Wirken Gottes zum Sprechen kommt oder noch kühner: sich zur Sprache bringt.[181]

Die Autonomie der Metapher hat einen wichtigen Hintergrund. Das Judentum des 1. Jh.s praktiziert nicht überall, doch in Teilen strikt sein altes Bilderverbot (Ex 20,4f; Dtn 5,8f). Es versagt ihm, streng ausgelegt, die materiale Gottes-, Menschen- und Tierdarstellung (Philo, gig. 59). Alles spricht dafür, dass Jesus diese rigorose Auffassung teilte. Keine alte Überlieferung sieht ihn von einer Zeichnung o. ä. zur Verdeutlichung seiner Verkündigung Gottes Gebrauch machen.[182] Die bildliche Rede seiner Gleichnisse vertritt so die nicht malbaren Bilder. Gleichzeitig partizipiert sie am Verbot, auf Gott in einem Bild zuzugreifen, ihn sich zu eigen zu machen. Das Gleichnis hat aus theologischem Grund Autonomie. Der Gleichniserzähler hält die Sprache offen. Sie zum Leuchten und sich durch sie zur Sprache zu bringen, ist Angelegenheit Gottes.

Freilich kommt es gerade auf solches Leuchten an. Was die Gleichnisse bei Hörer und Hörerin bewirken (ihre Pragmatik), bildet das notwendige Pendant. Weit vor Jesus führte das zur Ausbildung konventionalisierter, durch Wiederholung leicht erkennbarer, Metaphern, um das Hören zu erleichtern. Israel entnahm sie Land und Vegetation (Weinberg, Saat, Baum und Frucht etc.), Tätigkeiten (des Hirten etc.) und alltäglichem Erleben (Lohnauszahlung etc.). Jesus gehört in die Geschichte jüdischen Gleichniserzählens.[183] Häufig benützt er Bilder des Alltags, dazu kühne Metaphern. Konventionalisierte Metaphern der Herrschaft dagegen stellt er ins zweite Glied.[184] Sofern seine Gleichnisse von der Herrschaft Gottes sprechen, tun sie das also in einer offenen, verfremdenden Sprachform.

---

[181] S. mit Varianten die Forschung seit *Jüngel****, *Via****, *Harnisch****, *Weder****, *Rau****.

[182] Die Perikope von der Ehebrecherin, nach der er einmal „auf die Erde malte / schrieb" (Joh 8,6), findet nur zögernd ins Neue Testament Eingang. In der einzigen alten Szene, in der ein materiales Bild eine Rolle spielt, reagiert er entlarvend. Er beschämt kritische Fragesteller dadurch, dass *sie* ein Bild des Herrschers in die Hand nehmen. Er tut das nicht (Mk 12,13–17*).

[183] Zur Vertiefung *v. Gemünden****, *Dschulnigg****, *Erlemann**** u.v.a.

[184] Deren bekannteste, die Zeder, übergeht er.

Die Einteilung in Gleichnisse im engeren Sinn, Parabeln und Beispielerzählungen können wir zurückstellen. Die Frage nach der Urheberschaft müssen wir nur streifen. Erzähler neben und nach Jesus mögen einen ähnlichen Ton finden. Die etwaige Nachahmung bestätigt sein Gewicht.

Obwohl viele der Gleichnisse erst im Sondergut der jüngeren Evangelien begegnen (8 im Mt, 17 im Lk), dürften die meisten „Urgestein der Überlieferung"[185] sein. Überarbeitungen sind oft durch eine Schwächung der Sprachkraft abhebbar. Neu gebildete Beispiele passen sich auch jenseits des Neuen Testaments dem Grundton an (oder sind, wo sie ihn verfehlen, als unecht zu erkennen). Die Sondergutgleichnisse des EvThom, die den ernsthaftesten Anspruch auf Authentie erheben, überraschen so wie im Neuen Testament die Hörer/innen. Sie stoßen sie auf ein aufrüttelndes, zur Stellungnahme forderndes Geschehen und entsprechen darin der Pragmatik der Gleichnisse Jesu: Das Königreich des Vaters gleicht einem Krug, der sich bei Unachtsamkeit leert (log. 97) und – wie angesprochen – einem Attentäter, der seine Waffe prüft, bevor er mit ihr tötet (log. 98).[186]

Die ästhetische Selbständigkeit der Gleichnisse hat eine ebenso schwierige wie wesentliche Beigabe. Ein Gleichnis ist vor der Rezeption nicht eindeutig. Es bringt bei Hörerin und Hörer ein sagenhaftes „Gehe hinüber" zum Klingen, eine indirekte Aufforderung, in ihm zu leben. Doch erst in der Realisierung ergibt sich, wie es das Leben wandelt. Daher hat das Gleichnis für die, die sich nicht auf seine innere Dynamik einlassen, etwas Rätselhaftes. Es bleibt ihnen letztlich verschlossen.[187]

Die ältere Gleichnistheorie hatte dazu weniger Zugang. Der Vergleichspunkt und Sinn der Gleichnisse war nach ihr rational erkennbar. Die Vernunft-Autonomie der Hörer/innen erhielt größeres Gewicht als die autonome Verfügungskraft der Texte. Die Entscheidung des Hörers / der Hörerin, der Gottesherrschaft zu gehorchen, folgte nach dem Hören (oder konnte / kann ausbleiben).

Verständlich wird, warum der Haupttterminus für die Gleichnisrede in Israel, „maschal", zwischen Spruch, Parabel und Rätsel schillert. Positiv gewendet, teilen die Gleichnisse mit, was sonst „von Grund auf" verborgen ist; Mt 13,35 bringt das für Jesu Gleichnisrede in Anschlag. Negativ besetzt, beinhalten die Gleichnisse eine Verrätselung.[188] Gleichnisrede befreit, wo sie vollzogen wird, für Gottes Handeln. Wo dies nicht geschieht, erregt sie Anstoß. Die frühe Gemeinde hört diese doppelte Wirkung bereits von Jesus selbst angesprochen: Seine Gleichnisse sind in einem enthüllende und verhüllende Rätselrede (Mk 4,10ff*).

Das widerspricht der rationalen Einsichtigkeit der Gleichnisse aus der älteren Gleichnistheorie. Umgekehrt kongruiert es recht genau dem besprochenen „Gehe hinüber", auch wenn offen zu lassen ist, ob das Wort vor oder nach Ostern formuliert wurde. Die apokryphe Jesustradition nimmt es auf (NHC I 7,1ff).

---

[185] *Jeremias**** 7.

[186] Vgl. *Funk e.a.*** 523ff. Manchmal gelten außerdem NHC I 7,22–35 und 12,21–30 als authentisch.

[187] Bemerkenswert verwandt *F. Kafka*, „Von den Gleichnissen": Sämtliche Erzählungen, Frankfurt a.M. 1970, 359 (von dort das Zitat).

[188] Derer sich nach 4Q 300 fr.1 II 1 Lehrer von Abtrünnigkeit bedienen können.

4.5.2 Der Erzähler gewährt der bildlichen Rede Selbständigkeit. Der irdische Jesus macht sich deshalb nicht selbst zum Gegenstand seiner Gleichnisse. Die Gemeinde beruhigt sich dabei nicht. Sie nennt den exzeptionellen Erzähler bei der Weitergabe seiner – und, falls solche zuwachsen, verwandter – Gleichnisse. Der Weg zur *Christologisierung* beginnt.

Interessen um Ethik und Ekklesiologie beschäftigen *die Tradenten* freilich zunächst dringlicher. Sie greifen zögernd ein. Primär nützen sie offene Übergänge. Namentlich die Bilder von Vater und Sohn beziehen sie früh auf den Vater und Sohn (Q Mt 11,27 par wie die Überlieferung des Winzergleichnisses vor Mk 12,1–12). *Mk und Logienquelle* illustrieren zugleich das Versagen „dieser Generation" (Q Lk 7,31f; 14,16–24 usw.).

Die Logienquelle fängt es teilweise durch die Suche nach dem Verlorenen auf (Q Lk 15,3–10). Nach Mk erzählt Jesus derweil die Gleichnisse gerade denen, denen ihr letzter Sinn verschlossen bleibt. Mk 4,10–12.33f gerät zur Verstockungstheorie.[189] Wir stoßen auf das beschwerliche Gegenstück der leserführenden Christologie des Mk. Die Christologie der Beziehungen zeichnet die aus, die „um Jesus" sind (vgl. 4,10). Wer außerhalb ihrer steht, bei dem / der zerbricht die Beziehung.

Mt und Lk vervollständigen ihre Quellen durch Sondergut. Dem *Mt* liegt daran, über die Gleichnisse die Ethik der Gemeinde und die Geschichte zu begreifen, die trotz Gottes Güte (Mt 20,1–15) mahnend und erschreckend aufs Gericht zugeht. An diesem Ende erweitert es die Christologie und fügt ein, Jesus werde als Menschensohn richten (13,41ff; 25,31–46).[190] Dem *Lk* geht es neben der Aufdeckung menschlichen Verfehlens (z.B. 12,13–21) und der Ermutigung, aus gutem Herzen Frucht zu bringen (8,15), vor allem um die Freude der Umkehr. In die Begegnung mit der Sünderin 7,36–50 integriert es deswegen das Bildwort von den Schuldnern (7,41ff).[191] Nach Kap. 15 illustrieren die Beispiele in Kap. 18 Gottes freies, gewährendes Recht: Vor niemandem verschließe er die Ohren, der zu ihm schreit, und den Niedrigen erhöhe er (18,1–14). Jesu Gleichnisrede belichtet die paulinische Rechtfertigungstheologie (Apg 13,38f), wie Lukas sie versteht.

Eine lukanische Nuance überlagert sie. Dem in den Gleichnissen Jesu und in der Gottesgerechtigkeit bei Paulus involvierten Schritt, sich von der überraschenden Erfahrung Gottes umstürzen zu lassen, korrespondiert ein Schritt des Menschen. Lukas betont ihn und gerät auf den Grat, des Menschen Eintreten in die Rettung zu fordern: Der Knecht solle die auf den Straßen und an den Zäunen „nötigen, hereinzukommen" (Lk 14,23). Das bleibt jedoch drängende Metaphorik. Es wird nicht textexterne Aufforderung. Das „cogite

---

[189] Zu Q *Kloppenborg**** u.a., zu Mk *Dautzenberg* (s. 4.2) 188–221 und *K. Scholtissek*, Der Sohn Gottes für das Reich Gottes: Th. Söding ed., Der Evangelist als Theologe, SBS 163, Stuttgart 1995, 63–90: 78f.

[190] Weiteres *Luz* (s. Anm. 79) 366–376; *J. Roloff*, Das Kirchenverständnis des Matthäus im Spiegel seiner Gleichnisse, NTS 38, 1992, 337–356; *J. Lambrecht*, Out of the Treasure, LThPM 10, Löwen 1992.

[191] *B. Heininger*, Metaphorik [...] bei Lukas, NTA.NF 24, München 1991, 97f deutet es prophetenchristologisch.

intrare" („zwingt sie, hereinzukommen") aus Phasen der Kirchengeschichte verlor das Gespür für diese Differenzierung.[192]

Insgesamt behalten die synoptischen Gleichnisse eine Widerständigkeit gegen schnelle christologische Lektüre. Ein Beispiel bietet das Bild des Hirten. So früh die Gemeinde beginnt, es auf Jesus anzuwenden (vgl. Mk 6,34 par Mt 9,36) überformen christologische Anspielungen das Hirtengleichnis bis in die Redaktionen von Mt 18,12–14 und Lk 15,1–7 nicht. Ob sie durch die Kontexte der Evangelien – bei Mt durch das Hirtenbild für Jesus, bei Lk durch 19,10 – entstehen, ist eine offene Frage. Erst in der Parallele des EvThom (log. 107) ist eine direkt christologische Lektüre etwas wahrscheinlicher.[193]

4.5.3 Neben die Gleichnisse tritt ein zweiter, weit christologischerer Strang der Bildrede. Über seinen Anfang könnten wir nur spekulieren. Ausgebildet finden wir ihn im *Joh*. Zweierlei kommt zusammen, Bilder, die der irdische Jesus gebrauchte (das des Hirten) oder die eine große Geschichte in Israel haben (vom Brot bis zum Weinstock), und die Selbst-Vorstellung „Ich bin".

Den Auftakt müssten wir, wenn wir das EvThom beiziehen, über das Wort „ich bin das Licht" suchen. Es begegnet in log. 77 wie Joh 8,12 als Wort Jesu. Beide Quellen stehen indes weitab von den Anfängen. Jesus bescheint in ihnen nicht einzelne Bilder, sondern ist Licht über allem. Immerhin dürfte eine Metapher des irdischen Jesus die Erfahrung angestoßen haben, auf Dunkles falle in seiner Gegenwart Licht (vgl. Joh 11,9f).

„Ich bin" begegnet schon vorjohanneisch. Bereits in Mk 6,50 ist es Erscheinungsterminologie. Kurz „ich bin" sagt Jesus dort (das deutsche „ich bin's" vereinfacht), und das epiphane „fürchtet euch nicht" begleitet es. Das theologische Motiv schimmert ebenfalls durch Jesu Antwort „Ich bin('s)" Mk 14,62. Konkurrenten, die behaupten „Ich bin", kritisiert umgekehrt Mk 13,6. Sie missbrauchen nicht allein Jesu Namen (v.6a), vernehmen wir. Sie tasten dazu das „Ich bin" der Schrift an. Denn der eine Gott, außer dem kein Retter ist, benennt sich im „Ich bin" (Jes 43,10f; noch exklusiver Jes 45,18 LXX). Er ist in Anklang an Ex 3,14 der „Ich bin" schlechthin (weshalb in LXX Jes 43,25;51,12 „ich bin Ich Bin" steht).

Freilich, könnte die Kritik des Monotheismus nicht analog Jesus treffen? Das Joh löst überragend das Problem. Es gewahrt die Begabung der Sprache, die Erscheinung etwas zu öffnen: Die Antike kennt das „Ich bin" neben Offenbarungen von Gottheiten und anderen Gestalten (vom Isiskult Plutarch, Is. 354C bis zu Vorläufern der Gnosis) in der Sendungstradition. Der Gesandte der Antike stellt sich vor, wenn er im Rechtsakt für den Sendenden tätig wird. Das Joh spielt darauf an (und ein Bogen entsteht zur besprochenen Sendungschristologie). Gleichzeitig übersteigt das absolute „Ich bin" die Sendungstradition. Es leitet die Leserinnen und Leser unter der Sendungschristologie dazu an, die Patenschaft

[192] *A. Vögtle*, Gott und seine Gäste, BThSt 29, Neukirchen 1996 erschließt für Jesus ein Drohwort an Israel. In der Vulgata steht noch „conpelle intrare". Vgl. das zu Apg 4,12 in 2.7.5 Gesagte.

[193] Weiterhin nicht zwingend: vgl. *Fieger* (s. Anm. 253 zu 3) 267.

der Epiphanie des einen Gottes zu erkennen. Die Offenbarungsformel Israels erhält, ob das Joh bei ihr beginnt oder endet, das größere Gewicht (8,24.28.58; 13,19 u.ö.).

Die fließenden Grenzen genügen zur Balance. Jesu „Ich" prägt und trägt das ganze Joh (mehrere hundert Mal steht das betonte „Ich", „egō", für Jesus), ohne dass eine simple Identität mit dem „Ich bin" Gottes entstünde (auch 10,30). Der Vater ist größer, hält 14,28 fest. Die theologische Schwebe ermöglicht, durch Jesus Gott zu schauen (vgl. 14,9), und wahrt gleichzeitig die eigene Identität Jesu.[194]

Die Eigenheit verdeutlicht sich gegenüber der zitierten Passage in Mk 13. Die dortigen Prätendenten usurpieren – wie der Text es sieht – fremde Identität und schlüpfen hinter deren Namen.[195] Der johanneische Jesus wahrt den Namen des Vaters (12,26–28 etc.), „in" dessen Namen er auftritt (5,43a usw.).

Gerade darum dreht sich der Blickwinkel. Die Erscheinung überstrahlt, was und wer Jesus ist. Das schlägt auf die Sprache zurück. Die, die Jesus begegnen, benennen und beschreiben ihn in ihrem Sprachvermögen. Ihre Diktion bedarf der Aufnahme durch Jesus, damit Licht auf sie fällt. Erst dadurch leuchtet sie. Wir können das beispielhaft an 4,25f ablesen. Eine Frau, die Jesus begegnet, zeichnet ein Bild des Messias (Gesalbten). Jesus gibt ihm Glanz. „Ich bin", erwidert er, „der zu dir spricht". Deswegen scheint hindurch, wie Gott seine Erkenntnis gewährt.[196]

Die *Ich-bin-Bildworte* schließen hier an. Auch sie greifen auf die menschliche Sprache zurück und beleuchten sie. Einfache Sätze lösen das Wechselspiel von Rede und Antwort ab: „Ich bin das Brot (des Lebens) / das Licht der Welt / die Auferstehung (und das Leben) / der Weg, die Wahrheit und das Leben" (Joh 6,35.41.48.51;8,12;11,25;14,6). Der johanneische Zusammenhang, wie wir ihn bislang ermittelten, spricht dafür, sie als Formeln zur vertiefenden, umstürzenden Erkenntnis zu deuten. Jesus begegnet Grundanliegen der Menschen in ihrem Leben vor Gott. In der Gestalt leuchtender Bilder treten diese Anliegen an ihn heran (sie haben oft große biblische Tradition). Er greift sie auf „*ich* bin (es)". Damit beansprucht er die Anliegen, bestätigt und korrigiert sie zugleich. Das Vorverständnis genügt nicht; Jesus ist kein Licht, das jemand material sehen, kein Weg, den er / sie mit Füßen gehen kann etc. Der eigentliche Sinn ist nicht von außen zu benennen. Er ergibt sich allein in der personalen Begegnung. Diese hat ein eindeutiges Gefälle. Das „Ich bin …" Jesu bestimmt sie. Sobald eine Person sich an die Person Jesu anlehnt, erfasst ihn / sie Jesu Wahrheit und darüber die Wahrheit des Vaters (vgl. „Wahrheit" in 14,6 und „wahr" in 6,32). Wenn die Person die Vorerwartung aufgrund dessen um- und neu formuliert, begibt er /

194 Zur Diskussion *Thyen**** 24ff nach *Zimmermann**** und *Coetzee****; *Bühner* (s. 4.2) 118–180 u.v.a.

195 Oder gar über ihn; griechisch steht v.6a „epi".

196 Vgl. „Ich bin, selbst der Sprechende" LXX Jes 52,6. Mit der theonomen Perspektive bejaht Jesus seine Messianität und wird sie zugleich eine Kategorie über die menschlichen Traditionen hinaus: vgl. 3.8.10; *E.D. Freed*, CBQ 41, 1979, 288–291 und JThS 33, 1982, 163–167; *Klein**** 125f u.a.

sie sich auf einen gefährlichen Grat (wie Marta in 11,27). Das menschliche Wort beruhigt nicht, kann nicht letztes Wort werden (und folgerichtig führt die erzählende Christologie in Joh 11 über 11,27 hinaus). Der ungeschaute und ungetastete Weg Jesu ist – um im Bild zu bleiben – zu betreten. Dann ist zu schmecken, wie sich das Leben aufrichtet, die Person Speise von Gott her erhält und auf(er)steht.

Insofern lässt sich für das Joh von einem „enklitischen" – sich an die Begegnung Christi „anlehnenden" – Personverständnis reden. Um die Eigenart der Ich-bin-Worte auf den Begriff zu bringen, verdient nach wie vor R. Bultmanns Vorschlag Aufmerksamkeit. Er bestimmte die Mehrzahl der Worte nach dem lateinischen Wort „recognoscere" (wieder-erkennen) als „Rekognitionsformel". Zu mindern ist freilich der polemische Akzent, dem er aufgrund der damaligen religionsgeschichtlichen Forschung hohen Rang gab. Er traf mit der Auflösung, das Brot des Lebens / Licht der Welt … sei Jesus *und niemand sonst*, den Nerv seiner Zeit (sein Kommentar erschien 1941). In der ruhigeren Epoche danach wuchs das Interesse an der von ihm erwähnten Alternative der „Präsentationsformel". Jesus stellt sich dann auf die Frage „wer bist du?" hin vor. Das korrespondiert vorzüglich der Sendungstradition. J. Becker schlug daher vor, die johanneische Gesandtenchristologie schreibe eine „Präsentation mit soteriologischer Funktionsangabe" (bes. geeignet für 8,12 vor 8,26) fort. Mir scheint jeder Begriff seine Stärke und seine Einseitigkeit zu haben.[197]

Sprachlich einen Schritt weiter führen die *Reden vom Hirten und vom Weinstock* (10,1–18/21; 15,1–17). Um die konventionalisierten Metaphern des Hirten (einer leitenden Gestalt) und des Weinstocks (eines kollektiven Gefüges) entwerfen sie eine metaphorische Welt. In sie fügen sie Ich-bin-Worte ein: „Ich bin die Tür / der gute Hirte / der Weinstock" (10,7.9.11.14; 15,1.5). Die Bildvorgabe unterscheidet ihre Ich-bin-Worte von den bisherigen Beispielen, die Konstruktion und die Mehrschichtigkeit die Bildreden von den synoptischen Gleichnissen. Wir haben es demnach mit einer eigenen, vielleicht jüngeren Schicht johanneischer Theologiebildung zu tun. Sie gewinnt die Möglichkeit der allegorischen Identifikation Jesu. Die Tür, der Hirte, der Weinstock stehen für ihn. Das heißt freilich, dass wir aus der Bildrede wissen müssen, was die Türe etc. über ihn aussagen; bei der Türe, die keine Chiffre des Allgemeinbewusstseins wurde, ist das bis heute deutlich. Wir können uns auf die Allegorie nur verlassen, wenn wir uns ins Bildfeld begeben. Die Bildreden transponieren das johanneische Anliegen, es bedürfe der Anlehnung an Jesus und seiner unsere Möglichkeiten übersteigenden Selbsterschließung, um ihn zu verstehen, in eine fortgeschrittene Sprachgestalt.

Im komplizierten Gefüge erstehen Grundbilder für die johanneische Ekklesiologie und Soteriologie (der Hirt, der Türe ist, andere zur Herde dazuholt und sein Leben gibt) sowie Ethik (der Weinstock, der Rebzweige und Früchte trägt und Gott zum Winzer hat). Die Erschließung Christi eint die großen Felder der Theologie.[198]

---

[197] *R. Bultmann*, Das Evangelium des Johannes, KEK II, Göttingen [21]1986, 168; *J. Becker*, Das Evangelium des Johannes I, ÖTBK 4/1, Gütersloh 1979 ([3]1991), 209.

[198] Weiteres *Kysar****; *J. Beutler / R.T. Fortna*, The Shepherd Discourse, MSSNTS 67, Cambridge 1991; *J.G. v. d. Watt*, „Metaphorik" in Joh 15,1–8, BZ 38, 1994, 67–80 u.v.a.

4.5.4 Die *christologische Bedeutung* der Gleichnisse und Bildreden liegt im Sprachgewinn. Zur begrifflichen Christologie, deren Abstraktion lockt und doch stets an Grenzen stößt, und zur narrativen, die Jesus im freieren Erzählen mitteilt und unmittelbarer anspricht, tritt die *metaphorische Christologie*. Sie vereint das Moment des Erzählens mit der Kraft des Bildes. Das Bild zieht zu sich herüber. Trotzdem wird es nie so eindeutig, dass der Mensch darüber verfügen könnte. Immer entzieht es sich am Ende und fordert dadurch neu heraus. Das vermittelt das Faszinosum der Christologie: Christus ist nicht zu „haben", nicht von Menschen, nicht von menschlichen Institutionen, nicht einmal von der Sprache. Dennoch gibt er sich dar. Er tut das durch die Sprache. Wo sie, in all ihren Möglichkeiten erprobt, versagt, bringt er sie zum Klingen.

Meister dieser Dimension in der Jesusüberlieferung ist das Joh. Seine Bildworte und Bildreden vermitteln das „Gehe hinüber" und das Rätsel der Christologie (und werden nicht zufällig gelegentlich Rätselreden genannt). Seine metaphorische Einfühlung reicht darüber hinaus.

Mit Leerstellen und Kontrasten reizt das Joh Leserinnen und Leser, sich hinein zu begeben. Die äußerste Anstrengung des Bildvermögens geleitet zu dem Punkt, an dem die Sprache umbricht und ihnen der lebendige, Leben stiftende Jesus begegnet (eine Fundgrube für Ästhetiken der Rezeption und der Leserantwort). Als Beispiel nenne ich die Worte vom lebendigen Wasser. Das Gespräch am Jakobsbrunnen entwickelt sie in äußerster Nähe zu den Ich-bin-Bildworten (4,7–15). Aber die Erwartung einer Ich-bin-Formel bleibt leer (bzw. nimmt 4,25f eine andere Wende). Leser und Leserin dürfen und sollen den Zusammenhang herstellen und sich zugleich neugierig weiterführen lassen. Das Bild setzt sich nämlich fort. Die Quelle des lebendigen Wassers springt auf sie über, wie 7,37ff in einer rezeptionsästhetischen Kehre anschließt.[199]

Was indes geschieht in der Christologisierung gegenüber dem irdischen Jesus? Die Gleichnisse verlieren ihren ersten Ort. Bei Jesus waren sie bildliche Rede zur Begegnung des Menschen mit dem Einbruch Gottes in sein / ihr Leben. Jesus lenkte von sich weg. Nun lenken die Worte, die Metaphern zu ihm hin. Wo eine Hermeneutik der Gleichnisse die christologische Frage ausklammert, bereitet das Unbehagen. Innerhalb der Christologie bedarf es des Gegenhalts, obwohl es in dem „Irgendwie" verankert ist, in dem Jesus für alle frühen Christen – und die Überlieferungsstränge von der Logienquelle bis zum EvThom – in seine Gleichnisse gehört. Kurz: Die johanneische Bildrede braucht die Widerständigkeit der synoptischen Gleichnisse. Sie und ihre Verwandten in der apokryphen Literatur sichern die Unruhe der Christologie. Sie schützen die Rezeption der johanneischen Sprachform davor, in einen innerchristologischen Zirkel zu geraten. Weil sie eine abgeschlossene Lösung der Probleme um das Zueinander von Christologie und Verständnis Gottes verweigern, drängen sie weiter und behalten einen

[199] In 7,37f sind verschiedene Zeichensetzungen möglich. Leser und Leserin stellen her, ob, wer glaubt (v.38 Beginn), zuerst trinkt (somit syntaktisch noch zu v.37 gehört), oder ob das Strömen der Wasser gleich aus ihm / ihr hervorgeht (und ans Ende von v.37 ein Punkt gehört). Lit. bei *J.-W. Taeger*, Johannesapokalypse und johanneischer Kreis, BZNW 51, Berlin 1989; *G. Bienaimé*, RTL 21, 1990, 281–310.417–454; *D. Bodi*: Johannesstudien. FS J. Zumstein, 1991, 137–158.

überschießenden Eigenwert. Das Neue Testament stellt sie und die johanneischen Reden insofern nicht bedeutungslos nebeneinander.

Der Rezeption gewährt das Nebeneinander Raum. Für die Gegenwart scheint schon die Form in sich interessant. Ihr listiger Umgang mit der Sprache bricht jeden geschlossenen Diskurs auf. Gleichnisse verändern, noch bevor von Gott und Christus gesprochen wird.[200] Manchmal verschiebt das die Betrachtung. Die Gleichnisse genügen dann als groteske, tragikomische oder ganz einfach kurze Geschichten, die Staunen und Lachen auslösen. In ästhetischer Autonomie erwachsen Erzählspiele lachender Befreiung.[201]

4.5.5 Sehen wir von Vater und Sohn ab, erhält der *Hirte* („poimēn") die größte Wirkung unter den Bildern.

Israels Schriften hatten „Hirte" zur Metapher für „leitende Gestalt" konventionalisiert. Das überstand die Kollision mit der sozialen Realität, die Hirten um die Zeitenwende keinen hohen Status einräumte.[202] Wir bemerken den Einfluss an zentralen Stellen früher Christologie: Mk 6,34 – die Menschen „waren wie Schafe, die keinen Hirten haben" – zitiert die Beschreibung Israels aus Num 27,17 vor der Einsetzung Josuas (27,18). In der LXX heißt Josua „Jesus"; Jesus bildet Josuas eschatologischen Antitypus. Er geht ins Leid. Das evoziert das Wort vom Hirten, den der Herr erschlägt, obgleich er ihm vertraut ist (Sach 13,7 in Mk 14,27). Die Hirtenhoffnung von Ez 34;37,24 tut ein Übriges, und das Urchristentum erkennt Jesus in beträchtlicher Breite als seinen Hirten.[203] Er ist der „große", heilvoll vom Tod heraufgeführte Hirt (Hebr 13,20), der „Hirt und Aufseher über unsere Leben", der „Erzhirte" (1 Petr 2,25;5,4). Die Offb kombiniert das kühn mit dem Widder, der die Herde bestimmt (7,17). Mt ergänzt die Hirtenansage aus Mi 5,1–3 (Mt 2,6) und den Hirten, der beim Gericht scheidet (25,32f).

Unberührt bleibt davon der paulinische Schriftenkreis. Ein Korrektiv liefert Lukas. Denn ihm liegt an den Hirten als Paradigma der sozial Geminderten (2,8–20).[204] Das erschwert die Übernahme in die Christologie. Das Lk übergeht deswegen Mk 6,34 und 14,27 und vermeidet die Metapher „Hirt" für Jesus. Die Fassung des Hirtengleichnisses Lk 15,3–7 verweigert sich einer christologischen Allegorisierung.

Jesus, den Hirten, kennzeichnet, überblicken wir die Metapher, seine verfügende Macht und Gefährdung in der Tiefe der Schrift. Die johanneische Bildrede gibt dem die Wende, der „schön-gute Hirte" setze „sein Leben für die Schafe ein". Das ist genau zu hören. Denn im Bild sind die Schafe bereits gewonnen. Sie sind durch die Türe eingetreten (Joh 10,7.9). Nun gefährdet sie der Wolf und schützt sie der Lebenseinsatz des Hirten. Die Bildrede bereichert die Soteriologie

---

200 Vgl. *A. Grözinger*, „Ich suche nicht. Ich finde" (P. Picasso), WzM 47, 1995, 13–24: 23f.

201 Vgl. *Vouga* 1987***.

202 Verwandte Hirtenmetaphorik in den Kulturen des Mittelmeerraums stützte das (Nachweise *J. Engemann*, Hirt, RAC 15, 1991, 577–607: 579ff).

203 Und sich als „Herde"; vgl. 1 Petr 5,2 u.ö.

204 Die Begrüßung Mithras' nach seiner Geburt durch Hirten (vgl. *R. Merkelbach*, Mithras, Königstein 1984, 97f) ist weniger zu vergleichen. – Zum Joh im Folgenden vgl. *Kowalski*** u.a.

um die Dimension der Bewahrung. Sprachlich und sachlich markiert sie den Höhepunkt des Aussagekreises.

Der Akzent zieht aus der fortgeschrittenen Geschichte mit ihren Bedrohungen (vgl. das Bild der Wölfe in Apg 20,29) die Konsequenz. Um sie mit dem erfolgten Tod Jesu zu verschweißen, begibt sich Joh 10,17f auf den Grat, Jesus habe die Macht, sein Leben zu geben und wieder zu nehmen. Das verrätselt mehr als es löst.

Christus, der Hirte, überbietet damit alle Hirtentätigkeit in den Gemeinden. Hirte, in unserem lateinischen Lehnwort Pastor, heißen Aufgabenträger der Gemeinde neutestamentlich bloß im Ausnahmefall (Eph 4,11). Erst die Kirchengeschichte vereint Jesus, den Erzhirten, und die Hirten der Kirche.

Eph 4,11 steht im paulinischen Gemeindekreis, in dem Hirte nicht christologisch besetzt ist. Das lukanische Schrifttum, dessen Vorsicht gegenüber der christologischen Metapher wir sahen, nennt in Apg 20,28 „Aufseher" der Herde (vgl. Lk 12,32). Das verbindet sich später mit 1 Petr 5,2f und Joh 21,15ff zur Ausbildung des kirchlichen Hirtenamts.

In der griechisch-römischen Verherrlichung des Landlebens stößt der „Hirte" auf ein verwandtes Motiv. Der Schafträger verkörpert dort die Menschenfreundlichkeit. Die christliche Metapher zieht das im 2.Jh. an sich. Die Begegnung der Kulturen bricht an unserem Motiv dem *materialen Bild* im Christentum Bahn.[205] Die Ästhetik des „Gehe hinüber" erhält dadurch eine neue Ebene. Auch das materiale Bild ist nämlich zweideutig, und viele Objekte mit dem Schafträger lassen sich pagan wie christlich verstehen. Erst wer in die Begegnung mit Jesus hinübergeht, für den / die wird die Kunst zum christlichen Erleben. Dieses Erleben hat auf der materialen Ebene wiederum eine Geschichte. Nichts zeigt das deutlicher als der gute Hirte. In Katakomben, auf Sarkophagen, in Buchmalereien, Fresken, Altären und auf Bildern des 19.Jh.s begleitet er uns. Doch er verflacht allmählich. Im 20.Jh. wandelt sich der bukolische Schafträger zum vereinsamten Menschen, der einzig ein Tier zum Bruder hat (P. Picasso, Der Mann mit dem Lamm, Vallauris). Bedarf es der nochmaligen Verfremdung, um den ästhetischen Ursprungsimpuls wiederzubeleben?

4.6 Wunder

Lit.: s.o.; *G. van Belle*, The Signs Source in the Fourth Gospel, BEThL 116, Leuven 1994; *B. Blackburn*, Theios Anēr and the Markan Miracle Traditions, WUNT II 40, Tübingen 1991; *G. Bornkamm / G. Barth / H.J. Held*, Überlieferung und Auslegung im Matthäusevangelium, WMANT 1, Neukirchen [7]1975; *E.K. Broadhead*, Teaching with Authority, JSNTSS 74, Sheffield 1992; *U. Busse*, Die Wunder des Propheten Jesus, FzB 24, Stuttgart 1977; *S.L. Davies*, Jesus the Healer, London 1995; *W.R. Domeris*, The Holy One of God as a title for Jesus, Neotest. 19, 1985, 9–17; *S.M. Fischbach*, Totenerweckungen, fzb 69, Würz-

[205] Um 200 benützen Christen Schmuckbecher mit dem Schafträger gegen das einstige Bilderverbot. Sie deuten ihn auf Christus, der sich dem Sünder zuwendet (Tertullian, pudic. 7). Vgl. *A. Effenberger*, Frühchristliche Kunst und Kultur, München 1986, 19ff.

burg 1992; *L.P. Hogan*, Healing in the Second Tempel Period, NTOA 21, Fribourg 1992; *W. Kahl*, New Testament Miracle Stories, FRLANT 163, Göttingen 1994; *H.-Ch. Kammler*, Die „Zeichen" des Auferstandenen: ders. / O. Hofius, Johannesstudien, WUNT 88, Tübingen 1996, 191–211; *K. Kertelge*, Die Wunder Jesu im Markusevangelium, StANT 23, München 1970; *G. Klein*, Wunderglaube und Neues Testament: Konfrontationen mit dem Neuen Testament, München 1970, 13–57; *D.-A. Koch*, Die Bedeutung der Wundererzählungen für die Christologie des Markusevangeliums, BZNW 42, Berlin 1975; *B. Kollmann*, Jesus und die Christen als Wundertäter, FRLANT 170, Göttingen 1996; *H. von Lips*, Anthropologie und Wunder im Johannesevangelium, EvTh 50, 1990, 296–311; *E. Lohse*, Glaube und Wunder: Die Vielfalt des Neuen Testaments, Göttingen 1982, 29–44; *H.K. Nielsen*, Heilung und Verkündigung, AThD 22, Leiden 1987; *N. Perrin*, The Christology of Mark: A Modern Pilgrimage in New Testament Christology, Philadelphia 1974, 104–121; *R. Schmücker*, Zur Funktion der Wundergeschichten im Markusevangelium, ZNW 84, 1993, 1–26; *U. Schnelle*, Antidoketische Christologie im Johannesevangelium, FRLANT 144, Göttingen 1987; *G. Theißen*, Urchristliche Wundergeschichten, StNT 8, Gütersloh [6]1990; *D.S. du Toit*, Theios Anthropos, WUNT II 91, Tübingen 1997; *D. Trunk*, Der messianische Heiler, Herders Bibl. St. 3, Freiburg 1994; *G.H. Twelftree*, Jesus the Exorcist, WUNT II 54, Tübingen 1993; *Th. Vogt*, Angst und Identität im Markusevangelium, NTOA 26, Göttingen 1993; *Th.J. Weeden*, Mark: Traditions in Conflict, Philadelphia 1971; *C. Welck*, Erzählte Zeichen, WUNT II 69, Tübingen 1994.

4.6.1 Der Begriff *Wunder* stammt aus der Antike. Er beschreibt, was im Sehen erstaunt und insofern wundert. Das häufigste und sachlich dem Deutschen nächste Wortpaar, „thauma / thaumasion", leitet sich vom Stamm „thea-",„schauen", ab. Alles, was ungewöhnlich ist, fällt darunter. Das antike Publikum interessiert sich dafür. Schriftsteller sammeln es vor und nach der Zeitenwende.

Apollonios der Paradoxograph (Autor von Geschehnissen, die dem Schein widersprechen) interessiert sich im 2.Jh. v.Chr. besonders für Erstaunliches in der Natur (mir. 6). Phlegon von Tralles spannt im 2.Jh. n.Chr. einen Bogen vom Geschlechtswandel, von Missgeburten und Hermaphroditen bis zur vorübergehenden Belebung eines Toten. Der Verweis auf „paradoxe" (unerwartete) Taten Jesu in Josephus, ant. 18,63 fügt sich hier ein, falls er alt ist. Lk belebt die Usance in 5,26, dem einzigen Beleg für „paradoxos" im Neuen Testament.

Unser Gedanke einer Durchbrechung des Naturgesetzes spielt dagegen im Griechischen, Lateinischen und im deutschen Übersetzungswort Wunder eine untergeordnete Rolle. Letzteres bezeichnet alles Verwundernde, Außerordentliche. Das lateinische „miraculum" benennt etwas präziser, was „lächelnd" außergewöhnlich ist (der indogermanische Stamm begegnet in „schmeicheln"). Die bedeutendsten „Mirakel" sind deshalb lateinisch die größten menschlichen Leistungen. Seit dem 1.Jh. v.Chr. stellt man sie unter der Zahl 7 zusammen; die sieben Weltwunder sind geboren (Plinius, nat.hist. 36,30 etc.).

Die Umwelt des Neuen Testaments geht somit in unseren Entmythologisierungsinteressen nicht auf. Die Bedeutungsverschlechterung des Wortes Mirakel bringt die Divergenz sinnfällig zum Ausdruck. Gegen seinen antiken Kern wurde es der Inbegriff des fragwürdigen, vor unserer Vernunft zu löschenden Wunders. Allenfalls indirekt, verschoben, ist daran das Neue Testament mit schuld. Denn es bezeichnet Jesu Machttaten, so gewiss sie Staunen auslösen („thaumazein" Mk 5,20 etc.), wiederum gegen neuzeitliche Erwartung nur ein einziges Mal als „Wunder" („thaumasia" Mt 21,15). Ebenso begründet es die Skepsis: Das „thauma" gehört zur fremden, verführerischen Umwelt. Es summiert sich an der Hure Babylon (Offb 17,6; vgl. die Stichwortassoziation von „thauma" und Satan 2 Kor 11,14).

Jesu Wunder verweigern sich – das zeigt dieser erste Blick – einer raschen Kategorienbildung. Sie sind nicht lächelnde, Sensationsinteressen oder menschliche Bewunderung befriedigende „miracula", aber auch nicht ohne weiteres Durchbrechungen der Naturgesetze in unserem Sinn. Jeder Begriff summiert konkrete Erscheinungen, die ihm vorausliegen und zu entschlüpfen trachten. Was sind sie genauerhin? Die Frage wird zu der nach ihrem theologischen Belang.

Hinter unserem Vorverständnis steht die nachneutestamentliche Geschichte. Die Volksfrömmigkeit interessierte sich für die abweichenden Geschehnisse. Thomas von Aquin definierte sie als das, was von Gott gegen die uns bekannten Ursachen geschehe (STh I q. 105,6–8). Die protestantische Orthodoxie spitzte zu, durch die „miracula" werde die Ordnung der Natur aufgehoben. Gott könne das, da er sie gegeben habe. Die Wunderkritik setzte dort an.[206]

Historische Erwägungen sind gleichwohl unerlässlich. Die Bedeutung auch der Wunder entsteht, wie beschwerlich immer, aus Geschichte und macht Geschichte. Was die Quellen angeht, sind wir auf Rückschlüsse aus den kanonischen Evangelien angewiesen. Außerkanonische Schriften bieten keine wesentliche alte Ergänzung.

Bereits die Logienquelle überliefert trotz Lk 7,21 par; 11,20 par lediglich eine Heilung (Lk 7,1–10 par) und erwähnt einmal knapp einen Exorzismus (Lk 11,14 par). Das EvThom übergeht darauf die Traditionen von Lk 7,21 par und 11,20 par sowie korrigiert in log. 35 die Tradition von Mk 3,27 // Mt 12,29. Es, das EvPhil und verwandte Offenbarungsschriften aus Nag Hammadi ignorieren die Wundererzählungen und Wunderhinweise ganz. Das Interesse an besonderen Wort-Enthüllungen befremdet anscheinend die Materialität der Wunder.

Vitaler bleibt die Wunderüberlieferung in der Großkirche. Wirkungsgeschichtlich bedeutsam wachsen Legenden in der Abgarsage (Euseb, h.e. I 13; II 1,6f) und den Kindheitsevangelien (bes. der Kindheitserzählung des Thomas und dem arabischen Kindheitsevangelium). Ich referiere als Beispiel das Sperlingswunder aus der Kindheitserzählung des Thomas 2. Der fünfjährige Jesus bildet an einem Sabbat aus weichem Lehm zwölf Sperlinge. Er verletzt den Tag der Ruhe von der Schöpfung (Ex 20,11; vgl. Gen 2,1–3). Der herbeigerufene Josef herrscht ihn an. Darauf klatscht Jesus in die Hände und schreit den Sperlingen zu: „Fort mit euch!" Sie werden lebendig und fliegen davon. Jesus durchbricht den Sabbat, erfahren wir, mit Schöpfungshandeln. Der Lehm, den er benützt, ist eine Variante des Erdstaubs, aus dem Gott den Menschen schuf (vgl. Gen 2,7). Jesus setzt Gottes Schöpfertun an dem Tag fort, an dem Gott ruhte. Kein Evangelium, nicht einmal das Joh, geht soweit.

---

[206] S. 4.1.1 mit Anm. 3 (*Quenstedt*, Syst. I, 535 etc.); *Klein****.

4.6.2 *Jesu Wundertätigkeit* ist nicht einfach zu rekonstruieren. Die ältesten und wichtigsten Hinweise gibt die Logienquelle (wiewohl sie am Erzählen der Wunder nicht sonderlich interessiert ist). In *Lk 11,20* Q bietet sie eine der steilsten Aussage Jesu überhaupt. Mit dem Finger Gottes treibe er die Dämonen aus, sagt er; damit breche Gottes Reich ein. Das ist so drastisch formuliert, dass es selbst das strenge Unableitbarkeitskriterium erfüllt. Jesus wirkte als *Exorzist*, daran gibt es historisch keinen wirklich begründbaren Zweifel (vgl. bei Mk 3,23–27).

Es verwurzelt Jesus in einer uns fernen Zeit mit Dämonenvorstellungen. Dabei gibt es keinen eindeutigen Hinweis auf Exorzisten unmittelbar vor ihm.[207] Neben ihm walteten punktuell andere (Lk 11,19 Q), nach ihm mehr (Mk 9,38; Apg 19,13–17; Josephus, ant. 8,46–48; bell. 7,180–185). Jesus agierte mithin in der Anfangsphase einer exorzistischen Welle, die wir räumlich und religiös nicht zu sehr ausweiten dürfen. Pagane Beispiele sind rar. Krankheiten galten der ägyptisch-griechischen Medizin als natürlich entstanden (Hippokrates, morb. sacr. 1) und ein „daimon" (Dämon) in der Regel nicht als feindliche Gestalt, sondern als Repräsentation des göttlichen Numen. Der Eremit am Roten Meer, der Jesus zeitlich und räumlich von nichtjüdischen Gestalten am nächsten steht, lebte so laut Plutarch positiv mit Nymphen und Dämonen (mor. 421AB).[208]

Die Logienquelle macht 11,20 nicht zum Schlüssel der gesamten Biographie Jesu und verzichtet bis auf die kurze Erwähnung in Lk 11,14 par auf das Erzählen von Beispielen. Mk hingegen liegt an plastischen Exempeln (1,23–26 etc.). Weil der historische Einzelnachweis bei jedem Text schwierig ist, entziehen sich Umfang und Vollzug der exorzistischen Tätigkeit Jesu einer genauen Bestimmung.

Theologisch wiederholt sich ein Problem, das wir von den Gleichnissen kennen. Die Realisierung von Gottes Handeln ist nicht eindeutig. Wer sich der theonomen Interpretation verschließt, nimmt Anstoß. Im Dämonendenken der Zeit könnte Jesus so statt aus Gott durch den Obersten der Dämonen handeln (Lk 11,14–23 par; Mk 3,20–30). Jesus weist diesen Vorwurf ab. Doch ist er vielleicht ein Anlass dafür, dass die Logienquelle die Konkretisierungen scheut.

Neben die Exorzismen zählen die *Heilungen*. Wenn man die Krankheiten in der antiken Religions- und Sozialgeschichte dämonisch verursacht sieht, gehören beide zusammen. Unsere Quellen lockern diesen Zusammenhang. Die Logienquelle beschreibt die eine Heilung, die sie aufnimmt, ohne einen Hinweis auf Dämonen o. ä. (Lk 7,1–10 par Mt 8,5–13). Ähnliches gilt für Mk (2,1–12 etc.) und Joh (5,1–9 usw.).

Brisanter ist eine andere Beobachtung. Die Heilung in Q zieht einen Abstand Jesu zur heilungsbedürftigen Person. Es genügt, von außen zu konstatieren: Da nimmt jemand drängend Kontakt mit Jesus auf, und danach ist der, für den jener bittet, gesund (Q Lk 7,10). Eines unmittelbaren Handelns Jesu bedarf es nicht.[209] Das Mk bewahrt in anderer Gestalt, dass an Jesus schon vor Heilungswort und

[207] 1Q GenApokr 19,11–20,32 und 11Q 11 fr. A bestätigen das Interesse an Exorzismen, ohne zeitgenössische zu berichten.

[208] Überblick zur jüdischen Heilungs-Geschichte *Hogan****, zu nichtjüdischen Wundertätern *Koskenniemi* (s. 2.3) 206–229.

[209] Erst die Redaktion des Mt erweckt den Eindruck dessen durch das Heilungswort 8,13a.

Heilungsgestus Heilung erwächst. Eine Frau wird durch eine von ihr ausgehende Berührung geheilt, bevor Jesus sie bemerkt (Mk 5,27ff). Die heilende Wirkung übersteigt demnach Jesu Person. Sein Auftreten ist *ein Kristallisationspunkt* für das Einbrechen des Handelns Gottes *mit offener Aura*. Die Aura erweitert sich laut Q Lk 10,9 und Mk 6,13; Jesus bezieht seine Jünger in die Heiltätigkeit ein.[210]

Lk 7,21f par Mt 11,4f, der zweite Deutungstext der Logienquelle, ist vor diesem Hintergrund zu verstehen. Gefragt, wie er zu verstehen sei, abstrahiert Jesus in seiner Erwiderung. Ob authentisch oder gut nachempfunden, charakterisiert die Antwort: Um hin herum geschieht etwas, werden Blinde sehend, Lahme gehend, Aussätzige rein, Taube hörfähig, Tote aufgerichtet und wird Armen gekündet. Die allgemeine Beschreibung dessen ist wesentlicher als ein „*ich* tue das".[211] Die Beschreibung zehrt aus der Schrift (Jes 35,5f;29,18f;61,1; Ps 146,7f), und 4Q 521 bietet eine Parallele. Wo Gott endgültig heilvoll wirkt – heißt es dort –, tritt ein, was nicht gewesen und nicht ist. Durchbohrte werden geheilt, Tote belebt, Armen wird (Gutes) verkündet und Hungernde werden reich.[212] Das Wissen der Frommen, dass der Herr Gebundene löst, Blinden die Augen öffnet und Gebeugte aufrichtet, bestätigt sich (fr. 2 II 4–12). Das also ist es, was sich um Jesus ereignet. *Gott greift ein.*

Der Beschreibung korrespondiert die Dynamik, die anderweitig die Wendung von der Königsherrschaft Gottes einfängt. Die Wendung fehlt an unserer Stelle, ein neuerlicher Beleg, sie nicht schon bei Jesus zum System zu machen. In der Sache haben wir eine Kohärenz. Um Jesus und seine Jünger geschieht Erstaunliches, Erstaunliches wohlgemerkt in weitem Sinn. Nach unserem Text gehört dazu ebenso die Verkündigung wie die Heilungen.

Die medizinische Frage nach Spontanheilungen, ungewöhnlichen Heilpraktiken oder einer Durchbrechung natürlicher Gesetze dagegen wird nicht gestellt. Mit dem Zurücktreten der Mythen- und Mirakelkritik in der Postmoderne könnte aber der Deich der Forschung gegen Bezüge zur Magie brechen.[213]

Der Vergleich mit 4Q 521 bringt eine Erschwernis mit. Dessen Autoren könnten die Motive bildlich verstanden haben. In endzeitlicher Erneuerung ist dann Israels (Ver-)Blendung vorbei, sieht es, wird weise (vgl. Ps 146,8 in der LXX [145,8]) und richtet sich wie aus dem Tod auf (vgl. Hos 6,2; Ez 37,1–14; Jes 57,15). Jesu Wunder konkretisieren analog endzeitliche Bilder. Sind sie mithin womöglich selber teilweise aus Bildern formuliert worden statt Erzählung tatsächlichen Geschehens?[214] Immerhin enthält die Reihe in Mt 11,5 par ebenso ein überschießen-

---

[210] Mk 6,13 Heilungen und Exorzismen; vielleicht sprach die Tradition zuerst von letzteren (vgl. 3,15).

[211] Letzteres ergänzt erst Lk 7,21 (Redaktion): In jener Stunde habe Jesus geheilt. Die Authentizität ist umstritten (z. B. *Funk* e.a.** 177f). Ich interpretiere vorsichtiger als *Stuhlmacher* 1992*, 65f.

[212] Oder satt; der Text ist an dieser Stelle beschädigt.

[213] *O. Böcher*, Wunder 2, EKL³ 4, 1996, 1336–1339: 1336; *Kollmann****; anders noch etwa *Stegemann*** 323ff.

[214] Lit. zu 4Q 521 bei 2.3.1 (mit Anm. 12) und 3.8.3; vgl. 3.8.9. Wie fest die Tradition der Schilderung ist, zeigt sich in der Lücke von Exorzismen Mt 11,5 Q. Dass die Exorzismen erst durch Jesus zum eschatologischen Ereignis wurden, betont *Twelftree**** 217–224. Lk ergänzt sie v.21.

des Moment, die Reinigung Aussätziger. Weder einer der alttestamentlichen Verheißungs-Texte noch 4Q 521 erwähnt sie. Für ihre Einfügung in die Reihe hat die Beobachtung, wie es scheint, Vorrang vor der Verheißungstradition.

An anderen Stellen müssen wir mit einem Einfluss der Elija- und Elischatradition rechnen (Lk 4,27 etc.). Am bekanntesten sind die Einflüsse beim Geschenkwunder, der großen Speisung (vgl. Mk 6,30–44 par und 2 Kön 4,42–44). Es erscheint in der Aufzählung Lk 7,21f par nicht. Vielleicht hat es einen eigenen Ursprung in einer herausragenden Mahlfeier Jesu.[215]

So ist historisch am plausibelsten, dass Beobachtungen und Erwartungen aufeinander trafen und sich gegenseitig befruchteten. Es gab Heilungen und Exorzismen. Aber wenig spricht dafür, im gegenwärtigen Wandel der Jesusforschung die alten Gewichte zwischen Verkündigung und Wundern umzukehren und Jesus primär als geistbesessenen Heiler und Exorzisten in die Geschichte eingehen zu lassen.[216] Paradigmatische Ereignisse um Jesus und seine Jünger neben seiner Verkündigung und den Provokationen, auf die wir später kommen, genügen, um die berichtete Grunderkenntnis auszulösen: Um ihn geschieht Überwältigendes, Heilvolles, die Zeit Umstürzendes von Gott her. Historisch liegt sogar ein besonderer Reiz in der Spannung, falls einmal jemand geheilt wird, ein andermal die soziale Stigmatisierung bereits durch Jesu Anwesenheit ohne Heilung aufbricht. Denn menschliche Klassifizierungen in gesund und krank, gesellschaftlich und religiös integriert oder inakzeptabel versagen beide Male. Gott zerbricht die vorhandenen Gefüge.

Signifikant ist die Überlieferung über die Begegnung mit Aussätzigen. Q verweist ohne ein Beispiel auf deren Reinigung (Mt 11,5 par). Mk bietet ein Exempel (1,40–45 par), erst und allein im Neuen Testament Lk ein zweites (17,11–19). Zugleich trägt nach Mk 14,3 par Mt 26,6 Simon, der Gastgeber Jesu in Betanien, den Beinamen „der Aussätzige" (ohne Verweis auf eine Heilung). Was immer dem zugrunde liegt, unübersehbar ist die Provokation: Jesus verkehrt mit jemandem, der leprös heißt. In seiner Gegenwart fällt jede soziale Minderung.

Der Chorschluss nach Heilungen und Exorzismen bewahrt unter aller nachträglichen Stereotypisierung den Gottesschrecken und erlaubt damit die Ausweitung zur Epiphanie im Rettungswunder (vgl. Mk 4,41 mit 5,15 u.ö.). Dass Jesus alle Kranken geheilt habe, die zu ihm kamen, ist hingegen nicht nötig. Es fällt unter die nachträglichen Steigerungen.

Den wachsenden Summarien (Mk 3,10; Mt 4,23ff; Lk 6,18f) widerspricht schon der Hinweis, er habe an seinem Heimatort keine Machttat zu vollbringen vermocht (Mk 6,5a; vgl. zum Versagen der Jünger 9,18). Eine weitere Steigerung sieht die Forschung bei den Totenerweckungen. Da antik bereits Schwerkranke vom Tod gezeichnet galten, sind für viele Ausleger Krankenheilungen der Ausgangspunkt (erkennbar in Mk 5,22–24a.38a.41–43*).[217]

---

[215] Jüngere Diskussion seit *Roloff*** 173ff.

[216] Vgl. *Davies****. Älter ein Magier Jesus bei *M. Smith* (Hoffmann e.a. 1986*, 47–54: 51f u.ö.).

[217] Weiteres *Fischbach****; *Kollmann**** 263–266 u.a.

Eine letzte Auffälligkeit rundet den Befund. Die Wundertat hängt am *Glauben*.[218] „Dein Glaube hat dich gerettet", hört die Gemeinde von Jesus geäußert, nicht „ich, Jesus, habe dich gerettet" (Mk 5,34;10,52). Bis in jüngere Schichten bewahrt sie diesen Kommentar. Wo keine Machttaten geschehen, beruht das entsprechend auf Unglauben (Mt 13,58 par). Die Begegnung mit Jesus wird Anlass zur Kristallisation des Glaubens. Dieser macht sich ganz und gar fest und erhält himmelschreiende Kraft. Jesus konstatiert ihn. Doch der Glaube wird darob in den Perikopen noch kein Glaube „an" ihn. „Pistis", Glaube, steht in der Regel absolut.

Die Festigkeit des Glaubens ist der Schlüssel auch für Lk 17,6; Mt 17,20; Mk 11,22f). Glauben an Jesus finden wir in den Überlieferungsstadien bis einschließlich der Logienquelle (Mt 8,10;17,20 par) kein einziges Mal. Die Teilung der Handschriften in Mk 9,42 (ein Teil mit, ein Teil ohne den Zusatz „an mich") indiziert den Übergang.

Was also sind Jesu Wunder? Sie sind ein Einbruch von Gottes Handeln und verlangen, sich ganz und gar Gott auszusetzen. Durch und um Jesus erfolgen sie. Sie versehen Jesus mit einer ausstrahlenden Aura. Zugleich wiederholt sich ein vertrautes Phänomen. Wie die Gleichnisse verweisen sie bloß mittelbar auf ihn. Der irdische Jesus fixiert in ihnen nicht primär sein Selbstverständnis, sondern enthüllt Gottes Zugriff auf sein Volk und seine Welt. Darüber allerdings fordern die Wunder „eine Stellungnahme zur Botschaft und letztlich zur Person Jesu".[219] Diese Stellungnahme ist, auch das ist vertraut, gefährdet (Lk 7,23 par u.ö.). Es gibt keine Eindeutigkeit.

4.6.3 Die Erzählung der Wunder braucht einen *Namen*. Die größte Verbreitung erhält „dynamis", *Kraft / Macht und Machttat* (ab Q Lk 10,13 par). Es ist plastisch und erlaubt, von der Kraft Jesu in seinen Taten zu erzählen (Mk 5,30 neben 6,2 usw.). So bahnt es den Weg zu seinem Verständnis in der Vollmacht über Krankheit und Tod (Heilungen), Mangel und Not (Geschenkwunder), Wachsen und Bedrohung der Natur (Naturwunder).[220]

Auch „dynamis" ist zweideutig, nicht gegen eine Zuordnung zum Satan geschützt (vgl. 2 Thess 2,9). Vielleicht deswegen kommt doch noch die Chiffre „*Wunderbares*" auf (Mt 21,15). Die Klärung der LXX, Wunderbares sei Gottes Tat (Ex 3,20 u.ö.; LXX Ps 9,2 u.ö.), erleichtert sie. Keiner der Synoptiker ringt sich dagegen dazu durch, Jesu Wunder ungeheuerliche Geschehnisse („terata") oder Zeichen zu nennen, die auf die Person weisen („semeia").

Jesus wies vielmehr, erinnern sie sich, ein Zeichen zurück, aus dem seine Person hätte erschlossen werden können (Mk 8,11f par; die Kohärenz mit dem Gesagten spricht für einen authentischen Kern). „Zeichen" und „Wunder" werden zum einen für die Kritik frei; endzeitliche Verführer handeln so (Mk 13,22 par Mt 24,24; vgl. Dtn 13,2ff). Zum anderen

[218] Vgl. *Roloff*** 152–173, *Lohse**** u.a.

[219] Vgl. *Merklein* 1987*, 138 (Zitat teilw. hervorg.).

[220] Diese heute geläufige Systematisierung ist freilich im Neuen Testament allenfalls begonnen.

gehen sie in die urchristliche Mission über und kennzeichnen die pneumatische Erfahrung der neuen Gemeinden an den Aposteln (2 Kor 12,12; Apg 5,12 etc.).[221]

Mit der Überlieferung geraten die Geschehnisse unter die Gesetze des Erzählens. *Erzählperspektive* löst die erlebte Perspektive ab. Die Erzähler/innen tragen dabei Jesu Verzicht, sich selbst durch die Wunder zu definieren, Rechnung. Sie gestalten keines der Wunder im Ich Jesu. Statt dessen optieren sie für einen wissenden und sympathisierenden, nicht direkt beteiligten Erzähler. Ihre Abstraktion distanziert vom Geschehen. Durch den Chorschluss u. ä. suchen sie das auszugleichen. Die Spannung überträgt sich gleichwohl auf Leserinnen und Leser. Durch die erzählten Wunder blicken sie auf Jesus, erfahren ihn nicht unmittelbar. Die Abstraktion wird Ausgangspunkt für ihre Distanz, die Bejahung Anlass zum Einstimmen oder – in der neueren Zeit häufiger als von den Erzähler/inne/n beabsichtigt – zum Widerspruch.

Näherhin verschmilzt die Erzählung *Form-Traditionen.* Sie überträgt den Dreischritt Not – Errettung – Lobpreis der Psalmen (vgl. bes. Ps 50,15) in ein seit dem Elija-Elischa-Erzählkranz vorbereitetes Genus. Das Genus erlaubt den Einsatz an verschiedenen Orten, in der Mission, zur Katechese und Apologetik oder im Gottesdienst (die Forschung erwägt diese Möglichkeiten teils alternativ). Erzählungen über *andere Wundertäter* treten zur Seite. Ob die neutestamentliche Form durch letztere mit angeregt wird oder sich ihnen im Zuge der Stereotypisierung nähert, hat das eine ambivalente Folge. Es erleichtert das Verstehen bei Hörerinnen und Hörern. Dafür nimmt es eine Eigendynamik der Ähnlichkeiten in Kauf. Wechselseitige Einflüsse beginnen und mit ihnen die Frage, ob manche in der Umwelt erzählten Wunder womöglich sekundär auf Jesus übertragen werden.

Die Einflüsse gingen sicher nicht nur in einer Richtung. Die Erzählungen über den Wundertäter Apollonios etwa, die häufig verglichen werden, sind jünger, eine indirekte Beeinflussung durchs Christentum wahrscheinlicher als umgekehrt.[222]

Die *Christologie* gerät in eine Zerreißprobe. Jesus wird anderen Wundertätern vergleichbar. Wieviel Göttliches immer die Welt des frühen Kaiserreichs in Wundertätern aufleuchten sieht, Jesus wird von außen gesehen durch seine Wunder – anders als wir heute erwarten würden – zunächst zu einer erstaunlichen, überragenden Gestalt unter mehreren. Die Wunder sind keineswegs eo ipso ein sichereres Indiz seiner unterscheidenden Göttlichkeit als die Gleichnisse etc.

Die Forschung diskutierte das lange unter der Terminologie des „göttlichen Mannes" („*theios anēr*"): Die Antike bezeichnete Personen, in denen Göttliches dem Menschlichen begegnete, gern als „göttlich". Die Grenzen zwischen Göttlichem und Menschlichem zog sie weniger starr, als jüngere Zeiten sie empfinden. Jesus konnte durch das Erzählen seiner Wunder zu einem solchen Grenzgänger menschlicher Existenz werden, hervorgehoben unter den Menschen, doch auf einem gefährlichen Grat zum hellenistischen Synkretismus.

---

221 Vgl. *W. Weiß*, „Zeichen und Wunder", WMANT 67, Neukirchen 1995. Lukas, der die meisten Belege bietet, übernimmt Mk 13,22 nicht.

222 Vgl. zur Form in der Antike *Kahl****, zu Apollonios *Koskenniemi* (s. 2.3) 203f u.ö.

Neuere Studien mahnen begrifflich zur Vorsicht. Nicht allein das Neue Testament vermeidet jede Benennung Jesu als „göttlicher Mann“ (oder kurz „göttlich“, „theios“), was immerhin eine abwehrende Reaktion sein könnte. Die Wendung ist um das Neue Testament überhaupt kein fest umrissener Typos und gilt, wo sie aufkommt, Personen weniger als Wundertätern denn als Anleitern in einer Erkenntnistradition.[223] Trotzdem bleibt das Dilemma. Jesu erzählte Wunder betten ihn religionsgeschichtlich mindestens so stark ein, wie sie ihn abheben.

Falls frühe Christen darauf mit einer Steigerung der Wunder reagieren und mitzuteilen suchen, Jesus vermöchte mindestens so machtvoll agieren wie etwa Dionysos (was Ausleger beim Erzählen des Weinwunders von Kana Joh 2,1–12 für möglich erachten),[224] verlagert sich die Konkurrenz von den göttlichen Menschen zu den göttlichen Wesen. Die Herausforderung durch den Synkretismus verlagert sich in eine nächste Dimension. Die verbesserte missionarische Chance ist teuer erkauft.

Wenn wir umgekehrt einen besonderen Typus des jüdischen Wundertäters suchen und die spärlichen Hinweise auf fromme Männer ungewöhnlicher Taten in Galiläa von Ḥoni (1.Jh. v. Chr.) über dessen Enkel bis Ḥanina ben Dosa (späteres 1.Jh. n. Chr.) nutzen, gerät Jesus in die Mitte einer jüdischen Wundertäter-Linie, die er nicht grundsätzlich bricht. Der Jude Jesus bereichert sich um eine Facette, für die wir dankbar sein dürfen, obgleich der Nachweis aufgrund der Quellenlage beschwerlich ist. Der Historiker gewinnt einen Zugang. Aber die christologische Frage führt er an ihren Ausgangspunkt zurück.[225]

4.6.4 Die *Evangelien* stehen somit, als sie die Wunder verschriften, christologisch vor einer ungelösten Aufgabe. Sie müssen die Erinnerung an Gottes erstaunliches Handeln durch und um Jesus in eine fortgeschrittene Situation transponieren. Erzählungen finden sie dafür vor, die um ein Einstimmen in die besondere Person Jesu werben und dies doch nur vieldeutig können, dazu einzelne Deute- oder Auseinandersetzungsworte Jesu.

Das *Mk* macht die Wunder neben der Passion und noch vor den Gleichnissen zum zweiten Hauptstoff des Evangeliums (nach geläufiger Zählung mit vier Exorzismen, acht Heilungen, dazu Geschenk- und Naturwundern sowie fünf Summarien). Zugleich übergeht es die Kommentarworte (Lk 7,21f par; 11,20 par) und gibt der Verteidigungsrede 3,22–30 einen abgrenzenden, nicht positiv deutenden Zweck. Was die Wunder mitteilen, sollen Hörerin und Hörer, Leserin und Leser demnach aus den erzählten Wundern erschließen. Der Anfangshinweis 1,21–28 lenkt ihre Sinnstiftung auf den uneinholbaren Lehrer und Heiligen.[226] Danach lotst es sie von den ersten Auseinandersetzungen Jesu (2,1–3,6) bis Jerusalem. Der Impuls verlagert sich zur Nachfolge.

---

[223] Vgl. *Blackburn**** 13–96; *du Toit**** (401–406 und passim) u.v.a.
[224] Vgl. *W. Lütgehetmann*, Die Hochzeit von Kana, BU 20, Regensburg 1990; Philostrat, VA 6,10.
[225] Vgl. *Vermes* 1993 (1973)*, 45–68; *Blackburn*: Chilton / Evans** 375ff; *Willems*** 22–53.
[226] Vgl. 4.4.4 und 4.6.6.

Prägnant endet die letzte Heilung Mk 10,52. Einer, der blind war, wird sehend, und sehend geworden folgt er Jesus „auf dem Weg". Danach kommt noch das Fluchwunder am Feigenbaum (11,13f.20f). Es gibt den Wundern im Mk zum Schlusswort „habt Glauben an Gott" (11,22) und bekräftigt den Duktus zur Nachfolge.

Jesu machtvolles, vollmächtiges Handeln fordert die Leserinnen und Leser gerade dadurch heraus. Der Wunder-Glaube gelangt in der erzählten Welt genau bis an die Grenze zu einem Glauben an Jesus. Ob sie diese Grenze überschreiten, überlässt das Mk, rezeptionsästhetisch unterfangen, ihnen[227] bis zum offenen Schluss 16,7f. Die erstaunlichen und kraftvollen Taten Jesu sind – zeigt es zuvor – Taten dessen, der in den Tod geht. Nur in Macht *und* Ohnmacht ist er zu kennen. Je nach religionsgeschichtlicher Option und historischem Ort mögen die Leserinnen und Leser diese Spannung christologisch vertiefen.

Kommen sie mit der Neugier auf einen quasi göttlichen Menschen, erfahren sie eine Klarstellung (ob sie diesen „theios anēr" nannten oder nicht). Bis Mk 6,45–52 lesen sie die von ihnen erwartete Macht, die nicht einmal Göttern nachsteht (vgl. Dio Chrysostomus, or. 3,30). Dann müssen sie sich über die Zeichenverweigerung (8,11–13) irritieren und durch den Weg in die Passion korrigieren lassen: Eine Göttlichkeit Jesu ohne das Kreuz ist nicht zu haben.

Kommen sie mit der Suche nach dem Ort Jesu in Israel, vernehmen sie in 1,21–28, Jesus sei eine eschatologisch neue Gestalt. Der Exorzismus gehöre zu seiner Lehre in Vollmacht, gehe somit in der bisherigen Religionsgeschichte Israels nicht auf. Mk übergeht folgerichtig die etwaigen Wundertäter von Ḥoni bis Ḥanina und lässt allein einen Exorzisten nach Jesus zu (9,38ff). Für die Israelorientierung steht Johannes der Täufer, den Jesu Machttaten in überbietender Kraft erwecken (vgl. 6,14).

Kommen die Rezipientinnen / Rezipienten mit der Frage nach einer beglaubigenden Kraft für den Weg, den sie in ihrem Leben mit dem Auferstandenen gehen, finden sie an Jesu Machttaten die Verlässlichkeit seines Handelns und seiner Ausstrahlung. Rückblickend können sie sich an ihr festmachen, ohne seinen Tod überspringen zu dürfen. Denn der Gang der Schweigegebote ab 1,25 hält die Manifestationen seiner Macht und Würde halb im Verborgenen, bis sie nach seiner Auferstehung frei zu erzählen sind (vgl. 9,9).

All diese Optionen erwägt die Forschung. Die Korrekturlösungen treten in jüngerer Zeit zurück. Varianten der offeneren Rezeptionslösungen dürften zunehmen.[228] Uns genügt die Feststellung:

Die eigentliche Leistung des Mk liegt im Engagement der Rezipientinnen / Rezipienten. Es vertagt eine abrundende Autor-Entscheidung zu ihren Gunsten. Eine geschlossene Christologie des Wunders fehlt, der Anstoß zu einer offenen ist gegeben.

Die jüngeren Synoptiker kombinieren das markinische Gut mit den Worten der *Logienquelle*, die gleichfalls eine ausgesprochene Adressatenorientierung aufwies: Jesu Wunder sollten Israel zur Korrektur des Satzes reizen, er finde dort keinen Glauben wie beim Hauptmann von Kafarnaum (Lk 7,1–10 Q). Hart wur-

[227] Jenseits der Wunder ist 9,42 zu vergleichen, wo die Handschriften im Lesen reagieren und zu „glauben" teils „an mich" ergänzen.

[228] *Weeden****; *Perrin****; *Kertelge****; *Koch****; *Broadhead****; *Schmücker**** u.a.

den sie zur Mahnung. Denn wo Orte ungeachtet der Machttaten keine Augen für das Gottesgeschehen hatten, drohte ihnen das Gericht (Lk 10,13f Q).[229]

Das *Mt* kürzt darauf die Wunder. Es übergeht Mk 1,23–27;7,31–37;8,22–26 und in den übernommenen Wundern magische Züge. Schön-gut handle Jesus, um Menschen zu helfen, unterstreicht es (12,12) bis nach Jerusalem hinein (21,14f in singulärer Erweiterung). Die Distanz Israels aus Q wird zur Folie der Verheißung für die vom Osten und vom Westen (8,11f, in 8,5–13 integriert). Das Wort des Propheten klärt die Evidenz (8,17 nach Jes 53,4), und die christologischen Implikationen objektivieren sich: *Die Wunder weisen auf Jesus als Gesalbten der Heilszeit* (11,2–6). Nach wie vor flankiert eine Linie zur Gemeinde dieses christologische Interesse. Die Wunder der Jünger korrespondieren Jesus (vgl. 10,8 mit 11,5), und die Gemeinde soll eigene Erfahrungen des Glaubens gewinnen (vgl. 17,19f).[230]

Lukas entwirft eine nicht minder interessante Linie: Jesus heilt aus der Kraft des Herrn (Lk 5,17). Deshalb ist Gott über den Wundern zu loben,[231] und Gott verweist die Öffentlichkeit durch die Wunder auf Jesus; der Sohn Gottes und Gesalbte beglaubigt sich nicht selbst (Lk 4,41; Apg 2,22;10,38). Auf diese Weise überträgt Lukas den Ausgangscharakter indirekter Christologie.

Vor dem theonomen Hintergrund steigt die Kraft des Wortes, dem zu willfahren ist. Stets findet Jesus in seinem Tatvollzug Gehorsam (Lk 4,35 und 6,8 präzisieren dazu die Vorlage). Das Ineinander von Glaube und Wunder verfestigt sich (8,48.50;17,19;18,42).

Mag es für die fernere Umgebung bei der Ambivalenz der Wunder bleiben,[232] unter den Aposteln und Zeugen Jesu setzen sie sich fort. Wie Jesus aus der Kraft Gottes handelt, so die Apostel durch den Namen Jesu (Apg 4,30). *Das Handeln Gottes macht Jesus zur bleibenden Mitte aller noch geschehenden Zeichen und Wunder.*

Die Apg berichtet reichlich von ihnen. Nach außen erscheinen die Wundertäter als Gestalten eigener Macht (ab Apg 3,12), und die pagane Umwelt will sie wie herabgestiegene Götter verehren (Apg 14,11f;28,6). Aber jede Vergöttlichung verfehlt den einen Gott (Apg 14,14ff). Lk stellt das Handeln Jesu aus der Kraft des einen Gottes nicht zuletzt um des Signals in der Missionssituation willen heraus: Die Christologie der Wunder ist aus dem biblischen Monotheismus zu entwickeln.[233]

Alle Synoptikern insistieren auf den Wundern, ohne die christologische Explikation erstarren zu lassen. Es gibt keine abgeschlossene Lösung, vermitteln sie. Der fortgesetzten Deutungs-Bemühung bedarf es in lebendiger Begegnung.

---

[229] In Q aus Israel heraus und damit nicht antijudaistisch vorgetragen: *Karrer* (Anm. 70 zu 3) 156ff.

[230] Weiteres von *Held* (Bornkamm u.a.*** 155–287) bis *Luz* (s. Anm. 79) 64–73 und *Trunk****. Mt 8,11f par stand in Q getrennt.

[231] Theozentrisch sind die Chorschlüsse Lk 5,25f;7,16;9,43;18,43; vgl. 8,38f;13,13;17,15.18.

[232] S. die übernommenen Texte aus Q und 6,11;13,14; vgl. 8,37.

[233] Weiteres *Busse****; *B. Williams*, Miracle – Mission – Competition, Diss. theol. Erlangen 1988 (masch.), 256–373.

4.6.5 Das *Joh* nennt die Wunder Jesu bei einem Namen, den die synoptische Tradition vermied. *Semeia* sind sie, Zeichen, die auf die Person des Täters und seinen Glanz verweisen (vgl. 2,11;11,4.40 etc.). Kein Wunder von Jüngern oder anderen tritt ihnen zur Seite. Eine „Semantik“ Christi vermitteln sie, wenn wir das deutsche Lehnwort benützen. Wir wechseln zu einer Gestalt direkterer und exklusiver Christologie.

Vielleicht hat dies ein altes Fundament. Die Grunddeutung und Konzentration der Wunder könnte eine *Semeia-Quelle* des Joh entworfen haben.

R. Bultmann postulierte sie aufgrund der Zählung in 2,11;4,54 und anderer Indizien. Zunächst fand er viele Nachfolger. Die Quelle müsste die sieben Zeichen – eine von Gott bestimmte Vollzahl – zwischen Joh 2,1–11 und 11 aufnehmen. Als Einstieg kämen Teile von Kap. 1 (ab 1,19), als Abschluss 12,37f;20,30–31a hinzu (wenn wir die Quelle nicht zu einer Grundschrift des Joh ausweiten). Wie die Logienquelle bräche sie vor der Passion ab.

Über die Wunder vermittelte die Semeiaquelle ein Bild Jesu als Gottessohn und Gesalbter, und umgekehrt gäbe sie Gesalbtem und Gottessohn die Note des Wundertäters (vgl. 20,30–31a). Sie würde das in einem Konflikt mit Juden, die nicht glaubten, vortragen (12,37f). Die anfangs vielleicht ausgreifende, israelmissionarische Gemeinde verschlösse sich mehr und mehr in sich (in die „Ihr“ von 20,31a).

Als Einflussmoment auf die johanneische Theologie wäre das gut denkbar. Ebenso reizvoll wäre der Vergleich mit der Logienquelle: Zwei frühe, nachträglich verschüttete Quellen ringen im Erbe Jesu um Israel, die eine mit dem Wort vor dem Wunder, die andere mit dem Wunder vor dem Wort. Beide entstehen in Israel, und beide bekunden im Schmerz – nicht einem Antijudaismus von außen – das Auslaufen der auf Israel zentrierten Bemühungen um eine Nachfolge Jesu. Beide haben Zukunft allein eingebettet in die Schriften einer nächsten christlichen Epoche.

Freilich ist das eine idealtypische Konstruktion. Die Analysen divergieren außerordentlich, und sämtlich haben sie ein unlösbares Problem: Sprachlich lässt sich die Quelle nicht klar aus dem Joh abheben. Die Stege zur johanneischen Theologie sind zu breit, und eine zweite Rezeptionsschrift fehlt, die den Entscheidungen Plausibilität verliehe. Existenz und Umfang der Quelle sind deswegen zu unsicher, um ihr einen eigenen Ort zu sichern.[234]

Ob mit oder ohne Semeia-Quelle, gebührt die vorliegende theologische Leistung dem Joh. Wie bei den Bildworten steigert und schattiert es die Christologie. Zentrale Paradigmata genügen ihm.[235] Realistisch wirkende Details gewähren Halt und wehren einem Doketismus, mit dessen Aufkommen wir zur Zeit des Joh rechnen müssen.[236] Neben dem Erzählen klärt der Parallelbegriff „ergon“, Werk / Tat: Die Zeichen sind nicht autonom. Jesus vollzieht in ihnen die ihm gewiesenen „Taten des Vaters“. Daher gilt unverändert, sich am Einbrechen Gottes und an nichts daneben festzumachen (10,37f).

„Die Taten / Werke Gottes (des Herrn)“ ist ein geläufiger jüdischer Ausdruck (vgl. 1QS 4,4; 1QH 5,36; CD 1,1;2,14;13,7 u.ö.). Sie „zu tun“, reicht in kultische Tradition zurück. Denn

---

[234] Vgl. nur *Bultmann* (s. Anm. 197) 78,131,149f u.ö.; *Nicol* (s. Anm. 235 zu 3)*; van Belle****.

[235] Exorzismen, Heilungen von Aussätzigen und Taubstummen fehlen (vgl. *v. Lips****).

[236] Vgl. *Schnelle**** 87–182. Die früher angenommene johanneische Wunderkritik überzeichnet den Befund.

beim Kult konzentrierte sich Weisung, Gegenwart und Geschehen Gottes (Num 8,11 LXX). Von dort aus weitete es sich aus (4 Esr 7,24;57,2). Gott beanspruchte Personen als seine Handlungsträger (vgl. Jer 31,10 LXX / 48,10 MT). Das belegt nun Jesus mit Beschlag.[237]

Die Zeichen geben *Gottes* Handeln zu erkennen. Deshalb sind Jesu Werke rechtsverbindliches Zeugnis für seine Sendung vom Vater (5,36; vgl. 10,25). Sie sind beglaubigt und verbindlich und gelten auch, wo sie Erwartungen befremden. Das Joh demonstriert das an der Sabbatfrage.

Jesus heilte nach gemeinurchristlicher Tradition, ohne alle Regeln des Sabbats zu berücksichtigen (Mk 3,1–6 u.ö.). Die Synoptiker bemühten sich, das mutatis mutandis aus seiner Zuwendung zu den Menschen zu verstehen und das Sabbatgebot nicht grundsätzlich zu verlassen (Mt 12,11f; Mk 2,28 etc.). Joh verfährt radikaler: Jesu Heilen am Sabbat ändert den Einblick in das Gebot und, mehr noch, ins Verständnis Gottes überhaupt. Denn Jesus zeigt, sagt und vollzieht, dass der Sabbat statt aus der Ruhe Gottes (Ex 20,11) oder aus dem Exodus (Dtn 5,15) daraus zu bestimmen sei, dass Gott handle (5,17 mit den Kontexten von Joh 5 und 9). Nach dem Wortlaut des Gesetzes ist das ein Eingriff in die lebengewährende Weisung, ja deren Umkehrung, weil die Differenz von Tat und Ruhe Gottes durch ein angebliches Handeln Gottes fällt. Jesus insistiert darauf. Er verstößt, von außen gesehen, vorsätzlich gegen das Gesetz. Da er dafür seine Gottesbeziehung beansprucht, macht er sich Gott gleich (5,16ff; vgl. 9,16).

Jesu Verstoß und Zeichen provozieren einen *Prozess*. Ihre äußere Geschichte läuft ab 5,18 auf einen Prozess gegen Jesus zu. Von der Bevollmächtigung der Zeichen aus gesehen, kehrt sich der Prozess um. Das Recht Gottes steht hinter Jesus, und maßgebliche Zeugen werden es bestätigen (einschließlich Mose 5,45ff). Gottes Gericht bindet sich an ihn (5,19–30). Die johanneischen Zeichen scheiden die Menschen (vgl. 9,8–41), und wer sich darin von der Person Jesu scheidet, verfällt dem Gericht.

Die Zeichen ähneln damit theologisch den Bildworten und rücken zentrale Ich-bin-Worte 6,35;11,25f nicht zufällig in die Mitte. Sie *verlangen das „Gehe hinüber"*. Die Menschen hören, sehen und schmecken das. Sie müssten sich hineinbegeben. Aber die einen wenden sich ab. Andere suchen eine Definition Jesu, die sie verstehen und letztlich eigenmächtig bestimmen (6,14f). Ambivalent ist selbst, wenn jemand ein Zeichen als solches sucht.

Die johanneische Transposition modifiziert dafür die synoptische Zeichenkritik. Wer ein Zeichen sucht, neigt dazu, über Jesus zu verfügen, statt sich ganz von ihm leiten zu lassen. Nur wenn Jesus kritisch auf seinen Weg einschwenkt, entspringen Schritte sich erfüllenden Glaubens (erzählerisch umgesetzt in 4,46–54).

Das Joh verlängert das Subjektsein Jesu. Er, der die Tat der Zeichen vollzieht, bestimmt durch Gottes Festsetzung ebenso vorher und nachher. Er ist aufgrund seines Vollzugs von Gottes Handeln das Subjekt überhaupt. Zum richtenden Moment gesellt sich ein prädestinatianischer Zug. Ihn spiegelt die Bestimmung

---

[237] Falls sich bereits der irdische Jesus in solcher Weise äußerte (vgl. *P. W. Ensor*, Jesus and his Works, WUNT II 85, Tübingen 1996), wäre das in die fortgeschrittene johanneische Theologie eingeschmolzen.

des *Glaubens*. Das Joh geht über die ältere Tradition des absoluten Glaubens hinaus: Menschen glauben an Jesus (in Varianten ab 1,12;2,11). Indes genügt das nicht. Wo Jesus nicht seinerseits bereit ist, sich und das Handeln Gottes festzumachen, gehen sie ins Leere (2,23f[238]).

Wer außerhalb der Gemeinde steht, wird dies kaum anders denn beängstigend verstehen können. Die „Ihr", die das Joh anredet, stärkt es in ihrer Gewissheit des Lebens (20,31). Sie sehen, wie Jesus vom ersten Zeichen an Erwartung korrigierte und ihr korrigiert dennoch nachkam (2,3f.7ff). Die für sie wichtigen Gestalten, die Jünger und Maria (vgl. 19,26f), zogen von da an mit ihm. Sie begleiteten ihn, der ihren Weg bestimmt (2,12a etc.). Wenn nach Ostern Bedrängnis ansteht, ist das aus der personalen Anlehnung vertraut, die am Zeichen entspringt; nach 12,10 drohte dem auferweckten Lazarus parallel zu Jesus der Tod. Wenn die Umwelt sich von der Gemeinde trennt, erwidert dem das Gericht der Zeichen. In der Gegenwart schließlich bedarf die Gemeinde keiner Zeichen mehr, ist selig, wer nicht sieht und doch glaubt (20,29).

20,30 nennt nur die Jünger und öffnet die Zahl der Zeichen. Das passt nicht recht zu den Zeichen zwischen Kap. 2 und 11 (und der These der Semeiaquelle). Der Primärkontext werden die Ostererscheinungen Kap. 20. Der Nachtrag 21,1 könnte voraussetzen, dass sie (und anderes?) speziell Zeichen für die Jünger sind.[239]

Der Reflexionsgang beeindruckt. Wie in der alten Wundertradition vollzieht der irdische Jesus Taten Gottes. Das Joh transponiert: Gott bindet sich in den Taten. Aufgrund dessen weisen sie auf die Person Jesu. Sie werden Zeichen und bleiben doch, die Erinnerung an den alten Zwiespalt der Wunder wachhaltend, nach außen zweideutig. Keine Definition Christi entsteht, die rational allgemein nachzuvollziehen wäre. Alle Bestimmungen – Christus, Sohn Gottes, Prophet und sogar „Zeichen" – sind, solange Jesus sich nicht in sie begibt, nutzlose Hülsen. Erst wo er das tut, erwächst Leben.[240]

Auch die johanneische Zeichenchristologie ist damit keine im strengen Sinn begriffliche Christologie. Gedanklich und erzählerisch bietet sie einen bedeutenden Fortschritt – und tut eine neue Beschwer auf. Die Erzählperspektive des vorsynoptisch-synoptischen Erzählens erlaubt, ja wünscht eine distanziert werbende Erfassung, die außen begreifbar ist. Das Joh stellt sie um der unbedingten Jesusbeziehung willen zurück. Der modernen Rationalität steht es ferner.

4.6.6 Die anderweitig entstandenen Prädikate Christus, Sohn Gottes und Lehrer genügen im allgemeinen, um die Wunder weiterzugeben. Um so auffälliger ist Mk 1,23ff. Der Dämon – oder besser der dämonenbesessene Mensch – schreit dort, als er Jesus begegnet, auf: „Ich kenne dich, wer du bist, der *Heilige Gottes*".

---

[238] Die meisten Übersetzungen übergehen das griechische Wortspiel „viele fanden Glauben an seinen Namen" / „er band sich nicht glaubend an sie".

[239] *Kammler****.

[240] Weiteres in der genannten Lit. und bei *Kuhn* (s. 3.8), *Welck****, begrenzt *W. Bittner*, Jesu Zeichen im Johannesevangelium, WUNT II 26, Tübingen 1987.

Wir stoßen nochmals auf ein bedeutsames Prädikat („hagios", anderswo gelegentlich „hosios"). Seine Besprechung gehört hierher, obwohl es die Wunderüberlieferung bald überschreitet:

Mk wiederholt das Attribut nach 1,24 nicht mehr. Es eignet sich nach ihm, unserem ersten verschriftenden Zeugen,[241] speziell zur *Einführung der Machttaten* Jesu. Der Dämon / besessene Mensch schreit dabei schon, bevor Jesus sich an ihn wendet. Er verfolgt die Absicht der Trennung: „Was ist dir und uns gemeinsam?" (v.24a). Das beschwört die antike Transzendenz der Heiligkeit. Gott, der Heilige schlechthin (6,3 usw.), unterscheidet sich von den Menschen (Hos 11,9). Die Heiligkeit grenzt ihn und, was seiner ist, aus. Der Dämon beruft diese Grenze. Der zu Gott gehörige Heilige soll nichts befleckend Dämonisches berühren.

Pendant ist das Beelzebul-Gespräch (Mk 3,23–30; Lk 11,15–23): Wer Dämonen austreibt, begibt sich gefährlich in deren Raum. Selbst wenn der unreine Geist einen Menschen verlässt, ist seine alte Behausung nicht geschützt. Der Dämon mag zurückkehren (Lk 11,24ff Q).

Mk 1,24ff widerspricht. Wenn die Heiligkeit Gottes in Jesus einbricht, hält keine Abgrenzung der Dämonen. Sie werden nicht allein vertrieben. Sie werden zerstört (vgl. v.24b). Unser Prädikat radikalisiert die machtvolle Heiligkeit von Gottes Herrschaft in der Begegnung mit den widergöttlichen Kräften. Es *bekräftigt*, soweit wir die Querlinie ziehen dürfen, *den Aspekt der zugewandten, ausgreifenden Heiligkeit in Jesu Basileia-Botschaft*. Der „Heilige Gottes" erinnert zudem an den „heiligen Menschen Gottes" der Elija-Elischa-Tradition (2 Kön 4,9). Israels Erzählen helfender Wunder nach Elija kulminiert in Jesus.[242]

Vertiefungen gibt das Mk durch seine Rezipientenorientierung partiell frei, stützt sie jedoch nicht durch seine Autorhaltung: Die Aussonderung und Stärke gemahnt an Simson, der in LXX B zu Ri 13,7;16,17 „Gottes Heiliger" heißt. Allerdings verrät nichts an Jesus einen engeren Bezug zur Institution des Nasiräats (der rituellen Aussonderung für Gott), die sich auf Simson berief. Noch weniger erweist der markinische Kontext eine Steigerung hohepriesterlicher Tradition (vgl. Aaron als Heiligen / Heiligen des Herrn in Sir 45,6 und Ps 106,16).

Subtile Spekulationen erlaubt die verwandte Konsonantenfolge in „Nazir" und „Nazarener" Mk 1,24 (oder „Nazoräer" Mt 2,23; Lk 18,37; Joh 18,5.7 u.ö.). Neben der Verschmelzung der Heiligkeits-Tradition mit dem Ortsnamen Nazaret[243] gestattet sie Ableitungen von „neṣær", „Spross" (somit der Verheißung Jes 11,1) und dem Verb „nṣr" „beobachten, bewahren, bewachen" (was eine Brücke zum Täuferkreis schlagen könnte; vgl. 4.3.2).

Zuletzt weitet ein Blick auf die heiligen Engel nach Ansicht mancher Ausleger den Radius. Denn Michael ist ein großer Kämpfer gegen den Satan (vgl. 1 = äthHen 10,11–15; AssMos 10,1ff). In Jesu Exorzismen erführen die Dämonen dann wie durch Michael die

---

241 In den christologischen Formeln sowie bei Paulus fehlt es (wie Hinweise auf Jesu Wunder).

242 Vgl. auch 1 Kön 17,18 mit 1,24a.

243 Die Variante Nazōraios könnte auf die Nebenform „nṣwr*" des Ortsnamens zurückgreifen.

eschatologische Niederlage. Freilich verrät Mk keine Liebe zu Michaelstraditionen. Jede Entscheidung rekonstruiert und konstruiert.[244]

Das Mt übergeht Mk 1,23–27 und beschreibt Jesus nicht als Heiligen Gottes, ohne dass wir seine Gründe genau erkennten. Anders verfahren Lukas und Joh. *Lukas* dehnt die theologische Basis aus. Er verbindet Mk 1,23–27 (Lk 4,33–36) mit seiner Geist-Christologie. Weil der Überschattung Mariens *durch den Heiligen Geist* gemäß Heiliges geboren wird (1,35), *ist Jesus auf seinem ganzen Weg der Heilige Gottes* (4,34), kurz der Heilige („ho hagios" Apg 3,14).

Apg 3,14 überträgt die alte Beschreibung des Täufers als „gerechter und heiliger Mann" aus Mk 6,20 auf Jesus. Gleichzeitig löscht Lukas im Evangelium Mk 6,20. Dadurch wird „der Heilige" zur einzigartigen Auszeichnung Jesu. Apg 4,26f.30 kombiniert sie mit den Attributen des Gesalbten und Knechtes.

Die Wunder behalten eine bedeutsame Rolle. Denn sie bekunden das Ausgreifen seiner Heiligkeit (Apg 4,30). Den Bogen schließt Apg 13,34ff (nun „hosios") mit einer eigentümlichen Auslegung davidischer Verheißung: LXX Jes 55,3 gab einer davidischen Hoffnung dadurch Unverbrüchlichkeit, dass, was heilig ist, Bestand habe und irdischer Verwesung widerstehe. David indessen entschlief. Lukas deutet, die Unverweslichkeit des Heiligen erfülle sich in der Geschichte Jesu. Der Davidspsalm LXX Ps 15 (MT 16) v.10 besinge den Auferweckten, der die Verwesung nicht schaute (13,35.37; vgl. schon Apg 2,27). Durch ihn werde die Vergebung der Sünden verkündet und zuteil (13,38ff).[245] Geist-, Wunder- und davidische Christologie bilden damit ein neues Ganzes. „Der Heilige" ist nicht Lukas' häufigstes Christusprädikat, aber ein bemerkenswert aussagekräftiges.

Das *Joh* verwendet es nicht minder signifikant. Vor der Einführung klärt es die Struktur der Enthüllung Jesu und der Scheidung über seinen Zeichen. So vollzieht sich am Heiligen Scheidung. Nach dem Zeichen der großen Speisung in Kap. 6 verlassen auch viele Jünger Jesus, als sie erfahren, vom Vater müsse es gegeben sein, zu ihm zu kommen (6,65f). Jesus indes treibt die Reflexion der Verbliebenen voran. Er provoziert sie zum Bekenntnis: „Wir haben geglaubt – und das gilt[246] – und haben erkannt – und das gilt –, dass du der Heilige Gottes bist" (6,69). Aus Gottes Heiligkeit ergibt sich, wer Jesus ist.

Wie in Apg 3,14 redet Petrus. Das hat Vermutungen ausgelöst, „Du bist der Heilige Gottes" bilde älteste petrinische Tradition.[247] Doch weisen die Quellen eher ins späte 1.Jh. Die Zuordnung zu Petrus indiziert dessen Bedeutung für die frühe Kirche.

Jesu Fortführung versieht das Bekenntnis mit einem harten johanneischen Ton. Heilig ist ein erwählter und abgegrenzter Raum. Er, *der Heilige Gottes, er-*

---

[244] Diskussion *Abramowski* (s. 4.10) 441–446; *Brown* (s. 4.11) 207–213,223–225; *Domeris**** 11; *G. Friedrich*, Auf das Wort kommt es an, Göttingen 1978, 66ff; *R.A. Pritz*, Nazarene Jewish Christianity, SPB 37, Leiden 1988, 12–14.

[245] Zur Diskussion *M.L. Strauss* (s. 3.8) 160–175 u.a.

[246] So die Nuance im griechischen Perfekt.

[247] Für manche älter als die Variante Mk 8,29. Vgl. *Anderson* (s. 3.9) 227f.

wählt daher *seine Jünger und benennt die Grenze zum Teufel*. Er tut letzteres an Judas Iskariot (Joh 6,70f), und unser Prädikat erhält einen dualistischen Zug.

Die Jüngergemeinde vergewissert das in ihrer Gottesbeziehung. Denn Jesus, den der Vater heiligt (vgl. 10,36), bittet den Vater um ihre Heiligung. Gottes in einem ruhende und ausgreifende Heiligkeit eint die Gemeinde mit ihm und dem Vater (17,17.19 im Kontext).[248] Das Prädikat findet eine fast erschreckend geschlossene Gestalt.

1 Joh 2,20 bestätigt sie und schafft einen Konnex zur Salbungsterminologie: Vom „Heiligen"[249] hat die Gemeinde die Salbung, der sie ihr besonderes Gotteswissen verdankt.

Der *Hebr* setzt den Schwerpunkt auf die kultische Tradition der Heiligung.[250] Jesus ist der angemessene Hohepriester (7,26). Heilig („hosios"), getrennt von Sünden und – vor dem Hintergrund des himmlischen Heiligtums – erhöht über die Himmel tritt er allenthalben und allezeit für uns ein. Im Sendschreiben der *Offb* endlich geht es um die Verbindlichkeit und kraftvolle Wahrheit des heiligen, erhöhten Christus für das Leben in schwieriger Lage (3,7 vor 15,4;16,5). Die Wunder des Irdischen spielen dort und im Hebr keine Rolle mehr.

Die wertvollste Fortführung der Alten Kirche ist soteriologisch. Gott „gab den eigenen Sohn als Auslösung für uns, den Heiligen („hagion") für Ungerechte [...]", heißt es Diog 9,2. Nicht Abgrenzung, sondern Zuwendung der Heiligkeit behält das letzte Wort. Heute ist „Heiliger" als Beschreibung Christi fast vergessen, zu Unrecht, wenn wir die Anfänge beachten. Die Verehrung *der* Heiligen besetzte das Bewusstsein. Christus wurde ihre „Krone" (DH 4170). Merkwürdig verschoben wirkt in der Geschichte der Heiligsprechungen dabei ein Ausgangsimpuls weiter: Zur Heiligkeit gehören wunderhafte Erscheinungen.

4.6.7 Das *Resultat* gerät mehrschichtig. *Heilungen und Exorzismen* sind Bekundungen des überwältigenden Eingreifens Gottes. Deswegen *nötigen* sie, *sich in Jesu Gottesbezug hineinzubegeben*. Sie schenken seinem Verständnis als Gesalbter, Sohn und vollmächtiger Lehrer Farbe und scheiden über ihm. Andererseits sind sie nicht mehr als ein Teil seines Wirkens. Wir dürfen sie christologisch nur zögernd separieren. Selbst das Prädikat, das in ihrer Beschreibung anhebt, übersteigt sie rasch: Jesus ist der *Heilige* Gottes in seinen machtvollen Taten, steht aber bald weit über sie hinaus für die Bekundung der Heiligkeit Gottes, die anders ist als unsere Welt, gleichwohl den Menschen (manchmal eingeschränkt: den Seinen) zugewandt in die sie einbricht.

Nach der klassischen Theologie gibt es deshalb trotz der neutestamentlichen Ansätze *keine eigene Christologie der Wunder*, sondern was die Wunder zeigen,

---

[248] Zur Diskussion *Domeris**** 13ff, *Knöppler* (s. 3) 210–215 u. a.

[249] Der am besten auf Christus zu deuten ist: vgl. *H.-J. Klauck*, Der erste Johannesbrief, EKK 23/1, Zürich 1991, 159.

[250] Wieweit priesterliche Konnotate auch in die johanneische Christologie eindringen, ist umstritten. Am ehesten sind sie beim ungenähten Rock Joh 19,23 zu erwägen; vgl. Ex 40,13 u.ö.

ist in die Christologie insgesamt zu integrieren.[251] Erst späte Volksfrömmigkeit assoziierte eine Göttlichkeit Jesu stärker aus seinen Wundern als seinem sonstigen Auftreten. Protestantische Theologie konnte angesichts dessen der neuzeitlichen Wunderkritik entgegenkommen. F. Schleiermacher eruierte, die Frömmigkeit erfahre die schlechthinnige Abhängigkeit von Gott eher am einheitlichen Naturzusammenhang als an dessen partieller Aufhebung.[252]

Das rationale Problem ist seither entschärft. Die Herausforderung des Handelns Jesu aus der Heiligkeit Gottes, in der er die Welt befreiend wandelt, und damit auch die Herausforderung der Wunder jedoch erhielt und erhält sich. Postmoderne und multikulturelle Welterfahrung lockern die Koordinaten der Aufklärung. Ohne ein tätiges Eingreifen in die Welt verblasst die Gültigkeit und Wirklichkeit Gottes.

In afrikanischen Gesellschaften eröffnet der Heiler Jesus darum einen innigeren Zugang zur Christologie als die meisten Prädikate der europäischen Theologiegeschichte. Im säkularisierten Europa und Nordamerika gibt es charismatische Unterströmungen. Die Abwehr des Exorzismus hält sich im Allgemeinen aber mit Grund. Tiefen- und sozialpsychologische Zugänge vermitteln in unserem Kulturkreis die befreiende, angstlösende Kraft der Wunder Jesu besser als Vollzüge (und ihr Gegenstück, die historische Kritik).[253]

Große Aufmerksamkeit verdient das interreligiöse Gespräch. Außeralltägliche Geschehnisse spielen für die meisten Religionen eine Rolle. Der Ambivalenz des Anfangs indes fügen sie eine neue Dimension bei. Jesu Wunder leiten keineswegs notwendig in die Kirche. Nichts zeigt das deutlicher als der Koran. Er, der mit dem Tod Jesu äußerste Beschwer hat, stilisiert sie in Konkurrenz zur Kirche höher als alle neutestamentlichen Zeugen.

Er stellt das Sperlingswunder der Kindheitserzählung des Thomas (vgl. 4.6.1) an ihre Spitze und passt dessen Sprache der Schöpfung Adams an: „Ich werde aus Lehm etwas bilden / schaffen […], dann hauche ich es an“, sagt Jesus (Isā) in Sure 3,49 (vgl. 5,110; Gen 2,7). Er partizipiert – auffällig für Koran und christliche Theologie – an Allahs (Gottes) Schaffen. Dazu heilt er im Nachklang der Schrift Blinde und Aussätzige, macht Tote lebendig etc. Ähnlich dem Joh sind die Wunder „Zeichen“, erkennbar, wenn jemand gläubig wird.[254] Nichts Vergleichbares wird über Muḥammad berichtet. Eine eminente Schätzung des irdischen Jesus und seines Wunderzeugnisses äußert sich. Doch ändert sich der Rahmen. Gott „schafft, was er will“, bereitet Sure 3,47 die Aufnahme der Legende vor. Jesus schafft als „Gesandter“ Gottes, „mit Gottes Erlaubnis“ (3,49).

So behalten die Wunder für die Christologie etwas Erratisches, ob wir sie durch rationale Vernunft mindern oder in der postmodernen Begegnung der Kulturen und Religionen wieder entdecken.

---

251 Vgl. 4.1.1 zu Thomas v. Aquin etc.

252 *Schleiermacher* (s. Anm. 135 zu 2) § 47. Bedenklicher das kath. Lehramt: DH 2907, 3009, 3033f.

253 Zur Diskussion *Trunk**** 431f; *Vogt****; *E. Drewermann*, Das Markusevangelium I-II, Olten 1987/88 (kritisch *G. Lüdemann*, Texte und Träume, Göttingen 1992) u.v.a.

254 Ohne dass die Sure unmittelbar aufs Joh zurückgriffe; zur Erklärung genügen die Thomaserzählung und das arabische Kindheitsevangelium.

4.7 Die Provokation

Lit.: s.o.; *H.D. Betz*, Jesus and the Cynics […], JR 74, 1994, 453–475; *I. Broer* ed., Jesus und das jüdische Gesetz, Stuttgart 1992; *J.P. Brown*, From Hesiod to Jesus: Laws of human nature, NT 35, 1993, 313–343; *B. Chilton*, The Temple of Jesus, Univ. Park, Penns. 1992; *F.G. Downing*, Cynics and Christian Origins, Edinburgh 1992; *ders.*, Christ and the Cynics, JSOT Manuals 4, Sheffield 1988; *H. Frankemölle*, Die Tora Gottes für Israel, die Jünger Jesu und die Völker: Schrift und Tradition. FS J. Ernst, Paderborn 1996, 85–118; *M. Hengel*, Nachfolge und Charisma, BZNW 34, Berlin 1968; *D. Kosch*, Die eschatologische Tora des Menschensohnes, NTOA 12, Göttingen 1989; *P. Kristen*, Familie, Kreuz und Leben. Nachfolge Jesu nach Q und dem Markusevangelium, MThSt 42, Marburg 1995; *P.V. Legarth*, Tempelsymbolik und Christologie bei Ignatius von Antiochien, KuD 42, 1996, 37–64; *H. Mödritzer*, Stigma und Charisma im Neuen Testament und seiner Umwelt, NTOA 28, Freiburg / Schweiz 1994; *T. Schmeller*, Brechungen […], SBS 136, Stuttgart 1989; *U. Schnelle*, Die Tempelreinigung und die Christologie des Johannesevangeliums, NTS 42, 1996, 359–373; *W. Schottroff / W. Stegemann* ed., Der Gott der kleinen Leute 2, München 1979; *D. Seeley*, Rulership and Service in Mark 10:41–45, NT 35, 1993, 234–250; *G. Theißen*, Studien zur Soziologie des Urchristentums, WUNT 19, Tübingen [3]1989; *ders.*, Gruppenmessianismus. Überlegungen zum Ursprung der Kirche im Jüngerkreis Jesu, JBTh 7, 1992, 101–123; *E. Vaage*, Galilean Upstarts, Valley Forge 1994; *F. Vouga*, Jésus et la loi, MoBi, Genf 1988.

Exorzismen, Heilungen und die Gleichnisse sind in das Auftreten Jesu eingebettet. Dieses erscheint den Zeitgenossen als Herausforderung, oft gar Affront. Gegen eine lineare Biographie sperrt es sich. Uns kommt es auf die Charakteristika an, die sich, sei es direkt, sei es gebrochen, auf die Christologie auswirken. Ich skizziere zuerst solche Charakteristika, dann Auswirkungen und Korrespondenzen in der Christologie.

4.7.1 Jesus richtet seine Sendung *herausfordernd auf ganz Israel.* Mit einem *Zwölferkreis* umgibt er sich. Dessen Glieder dürfen schwanken. Manche erhalten besondere Namen. Andere kennen wir kaum. Die Zwölfzahl erinnert an Israels zwölf Stämme. Lk 22,30 Q gemahnt an Israels einstige Richter und Gottes eschatologisches Gericht.[255] Der Herausforderung eignen Schauder und Verheißung.

In der synoptischen Überlieferung (Mk 3,14–19 usw.) ist der Kreis als Zeichen an Israel stabil verankert. Nachösterlich verliert er trotz der Auferstehungserfahrung (1 Kor 15,5) bald an Gewicht (vgl. Gal 1,17–2,10). Seine erst nachösterliche Genese ist deswegen unwahrscheinlich.[256]

Härter noch als einst Elija ruft Jesus in die *Nachfolge.* Er verzichtet auf die Sicherheit von Besitz und stabilem Ort und verlangt das ebenso von Menschen, die

---

[255] Die Listen Mt 10,2ff; Mk 3,16ff; Lk 6,14ff stimmen nicht überein. Sozialgeschichtlich reizt der Kreis dazu, einen „Gruppenmessianismus" Jesu zu erwägen, der richterliche Erwartung integriert; vgl. *Theißen* 1992***.

[256] Vgl. *Roloff* (s. Anm. 86 zu 3) 36f versus *H. Stegemann* (s. 4.4) 207 u.a. (nachösterliche Genese); *Karrer* (s. Anm. 70 zu 3) 159f.

ihm folgen (Mt 10* par). Unbequem versteht er seine und ihre Sendung. Die Zuwendung in Heilen und Lindern von Not verflicht er wieder mit einer Dimension des Richtens (vgl. Lk 10,10ff Q; Mk 6,11).

Auch das Wort vom Menschenfischen Mk 1,17 hat ambivalenten Klang. Weil ein Fisch, der gefangen wird, äußerste Gefahr läuft, verwendet Israel dieses Bild zum Schrecken der Schuldigen (Jer 16,16) und pejorativ (Ez 13,18; CD 4,15f; TestDan 2,4). Jesus wertet es nur paradox auf. Der Gewinn der Jünger vollzieht sich – das bleibt Horizont – angesichts des Gerichts.[257]

Das Volk und Frauen sind bei alledem oft wichtiger als der enge Kreis aus Männern. Den größten, offenen Ring bildet eine Art „familia dei" (Gottesfamilie; vgl. Mk 3,35).[258] Eingebettet in Israel, umgibt sie Jesus.

4.7.2 In Israel *weicht Jesu Auftreten gesellschaftlich ab*. Die Stadtkultur des 1.Jh. würdigt er wenig. Er beachtet die Nachbarstädte seines Heimatortes Nazaret (Sepphoris, Tiberias) der Überlieferung nach nicht. Der Stadt entnimmt er den gottlosen Richter (Lk 18,2), die positiven Bilder seiner Gleichnisse (Saat, Ernte etc.) dem Land. Er vertritt Sozialkritik und Armentheologie (vgl. 4.4.3). Ohne dass uns ein explizites Urteil überkommen wäre, steht er im Konflikt zwischen herodianisch-römischer Urbanisierung und ländlicher Orientierung Galiläas eher auf letzterer Seite.

Allerdings wählt er mit Kafarnaum einen Schwellenort zum Zentrum seines Wirkens. Sozialgeschichtliche Eindeutigkeit fehlt. Die Sozialkritik und seine Armentheologie verfangen auch, wenn er und seine Anhänger das Los der Armen nicht zwangsweise teilten.[259] Ja, vielleicht wirkt die Provokation gerade, weil sie sich einer vereinfachenden Verortung versagt.

Die Auffälligkeit wiederholt sich bei den gesellschaftlichen Kontakten Jesu. Angesehene Juden, besonders Pharisäer, laden ihn ein. Indes, er kritisiert sie (Mt 23,13* u.ö.). Sozial und religiös problematischen Gestalten, Randsiedlern der Gesellschaft und Schuldigen, wendet er sich vorzugsweise zu. Zu Begegnungen mit Personen kommt es daher, die nach Ansicht der Zeit verunreinigen (Mk 5,25–34* etc.), und zur Auseinandersetzung um Reinheitsvorstellungen (Mk 7,1–15*).[260] Andererseits zeigt er keine Berührungsängste gegenüber Personen von gesellschaftlichem Status und verlässt nicht das Reinheitsdenken überhaupt.

---

[257] Das im heutigen Bewusstsein positive Verständnis bahnt Lk 5,10 an. Es wählt (wohl nach einer anderen Übersetzung des Aramäischen) die Metapher lebendigen In-Gewahrsam-Nehmens: vgl. *Hengel**** 85ff u.a. Mt spiegelt den Gerichtston noch im Gleichnis vom Fischnetz 13,47–50 (eine abweichende Variante in EvThom 8).

[258] Vgl. *Theißen / Merz* 1996*, 201–208 (Zitat 202).

[259] Was *W. Stegemann* in Schottroff / Stegemann*** 8 vorschlägt; vgl. noch *ders./E. W. Stegemann*, Urchristliche Sozialgeschichte, Stuttgart ²1997, 177ff.

[260] Halachischer Ort bei *R.P. Booth*, Jesus and the Laws of Purity, JSNT.S 13, Sheffield 1986, Redaktionsgeschichte bei *H. Sariola*, Markus und das Gesetz, AASF.DHL 56, Helsinki 1990, 23–64.

Mk 7,15a ist vor dem Zielsatz v.15b zu hören, was aus dem Menschen komme, mache ihn unrein. Jesus verzichtet also keineswegs auf den Impuls, der Unreinheit entgegenzutreten. Er intensiviert ihn vielmehr, an dieser Stelle anthropologisch. Die Reinheit hängt am Menschen selbst, nicht an dem, was von außen auf ihn zu kommt.

Die Heilungstradition von 1,40–45 tritt dem zur Seite, die Mk so wichtig ist, dass er sie noch in den ersten Tag von Jesu öffentlichem Wirken stellt: Jesus berührt strengem Reinheitsdenken entgegen einen Aussätzigen (v.41). Aber danach fordert er ihn zu einem Opfer auf, das die Reinheitsriten in Kraft setzt (v.44; vgl. Lev 14,2–32). Die Perikope mag judenchristlich gebildet sein. Die Spannung zwischen Missachtung und Bekräftigung der Reinheitsregel reflektiert einen Impuls des irdischen Jesus.[261]

Die Entwurzelung im Nachfolgeruf trifft somit alle gesellschaftlichen Orte. Überall selbstverständliche Verpflichtungen einschließlich derjenigen zur Beerdigung hebelt Jesus aus (Lk 9,60 par). Er bahnt ein afamiliales Ethos an (Mt 10,34ff).[262] Dieses sein Verhalten befremdet bis heute.

Beerdigungsriten etwa haben sich in der Christenheit durchgesetzt und Familienbindungen sich erneuert. Den Brauch, sich die Hände vor dem Essen zu waschen, den die Pharisäer nach Mk 7,2ff vergeblich einklagen, pflegen wir.

Eigentümlich tastet Jesus das *Gesetz* über die Reinheitstora hinaus an. Er hebt es nicht auf, wie ältere Forschung meinte. Er verfremdet es, nimmt ihm die Leichtigkeit unmittelbaren Verstehens. Gehen wir wichtige Beispiele durch: Bei Heilungen und gelegentlich sonst ignoriert er Sabbatregeln. Zum grundsätzlichen Konflikt steigert das jedoch erst die Erinnerung.

Am Tag der Ruhe und der Begegnung, um Gott zu segnen, erleben seine Mitbürgerinnen und Mitbürger, dass ein Leben ohne Hunger höchsten Rang hat und Gott „im Vernichtungskampf gegen das Böse in der Welt seine einst verordneten Ruhepausen selber nicht mehr ein(hält)“. Das Verständnis der Tora öffnet sich, die Tora als solche verliert sich nicht.[263]

Nach dem Kern der sogenannten Antithesen Mt 5,21–48* irritiert er die vorfindliche Praxis der zwischenmenschlichen Regelungen des Gesetzes und der Berufung Gottes im Eid. Es genügt nicht einfach, sich an die Normen zu halten, wie jemand sie liest oder gesellschaftlich erlebt. Jesus nötigt die Handelnden in Israel unmittelbar vor Gott, der sie in seiner Weisung beansprucht.

---

261 Vgl. *Broer**** 23ff,161ff (J.W. Taeger, G. Dautzenberg) u.a. Die Variante PapEgerton fr. 1 r verstärkt die Reinheitszüge (*K. Erlemann*, Papyrus Egerton 2, NTS 42, 1996, 12–34: 20ff,31).

262 Vgl. 4.2.3 u.ö.; *A.D. Jacobson*, Divided Families and Christian Origins: Piper (s. Anm. 104) 361–380; *Kristen**** 124–148.

263 Mk 1,21–27;2,23–28;3,1–6 etc., gesteigert im Joh (s. 4.6.5). Beim Prozess Jesu spielt der Sabbat keine Rolle. In Qumran und seiner Umgebung (CD 11,13–17; 4Q 251, PAM 43,307f) erführen Mt 12,11 und Lk 13,15 eine negative Antwort. Anderweitig war die Praxis milder (mit Nachwirkung in mYom 8,6; MekhEx 31,14; bSabb 128b). Vgl. *H.A. McKay*, Sabbath and Synagogue, EPRO 122, Leiden 1994; *Stegemann*** 345ff (Zitat 346); *B. Schaller*, Jesus und der Sabbat, FDV 1992, Münster 1994.

Als Gesetzesauslegung gelesen, bieten die Worte halachische (ethische) Entscheidungen. Meist verschärfen sie die gängige Tora-Auslegung. Der Einrede „ich aber sage euch“ ist das „ich sage“ aus rabbinischen Diskussionen zu vergleichen.[264]

Im *Vergebungszuspruch* Mk 2,5b schließlich übernimmt Jesus – erzählt die Gemeinde – Handeln Gottes. Denn Sünde zu vergeben, ist Tat dessen, von dem die Sünde trennt (vgl. Jes 43,25; Jer 33,8 usw.). Andererseits behält das Vaterunser die Sündenvergebung Gott vor (Mt 6,12a par). Gott erschließt sich umbrechend an Jesu Tun, und doch gilt gleichzeitig noch das Bisherige. Den scheinbaren Widerspruch (und Mk 2,5b) müssen wir Jesus nur absprechen, falls wir ein geschlossenes Jesusbild suchen.[265]

Wir können die Spannungen erweitern. Neben das Eidverbot von Mt 5,33–37 tritt Mt 23,18–22, neben die eschatologische Motivation und Darlegung der Ethik die weisheitliche Orientierung am Schöpfer und seiner dauerhaften Zuwendung (Mt 5,45b;6,26 usw.).[266]

Lassen wir die *Spannungen* zu, finden wir *ein Kennzeichen Jesu.* Er zerrüttet selbstverständliches Wissen und Handeln, ohne es durch eindeutige Kontradiktionen abzulösen. Er provoziert Israel durch Zuwendung und Gericht Gottes, damit es um so mehr auf seinen Gott höre. Sein normativer Anspruch ist hoch. Gott begegnet überraschend, in einem vertraut und fremd. Die frühere These, Jesus durchbräche das Judentum, vereinfacht das irreführend.

Die Forschung der letzten Generation erinnern Impetus und Struktur in mancher Hinsicht an die *Kyniker* des Mittelmeerraums. Volkstümliche wandernde Philosophen waren das, die ähnlich bedürfnislos und provokant lebten. Um voll ethischer Ambition in die Gesellschaft zu wirken, marginalisierten sie sich. In Parabeln, Aphorismen etc. redeten sie, und ihre Worte wurden wie die Jesu in der Gestalt kurzer Gebrauchsliteratur, sog. Chrien, überliefert. Für Sozialkritik standen sie ein. Allein, ein Auftreten von Kynikern im unmittelbaren Lebensbereich Jesu ist nicht nachweisbar. Angefangen bei den Reiseregeln – wo die Kyniker Stab und Vorratssack zulassen –, wirkt Jesus eher noch radikaler. Seinen spezifischen Hintergrund im Judentum erfasst die Kynismus-These nicht.[267]

Die Archäologie Galiläas erlaubt nach derzeitigem Stand[268] apokalyptische und – abgestuft – weisheitliche Impulse. Die Ausbreitung des Kynismus in Galiläa und Judäa dagegen ist unklar.

---

[264] Zur Diskussion *M. Hengel*, Zur matthäischen Bergpredigt, ThR 52, 1987, 327–400: 375ff; *Vouga**** 189–301; *D. Sänger*, Schriftauslegung im Horizont der Gottesherrschaft: H. Deuser e.a. ed., Christlicher Glaube und religiöse Bildung. FS F. Kriechbaum, GSTR 11, Gießen 1995, 75–109; *H. Frankemölle*, Die Bibel [...], Paderborn 1994, 61–92.

[265] Zur Diskussion *P. Fiedler*, Jesus und die Sünder, BET 3, Frankfurt a.M. 1976, 107–112; *O. Hofius*, Vergebungszuspruch und Vollmachtsfrage: Wenn nicht jetzt, wann dann? FS H.-J. Kraus 1983, 115–127; *K. Scholtissek* (s. 4.4) 137–173.

[266] Einzelnachweise *v. Lips* (s. Anm. 104) 197–266 u.a.

[267] Ob sie bei ihm oder bei der Überlieferung über ihn in der Logienquelle beginnt: Vgl. *Betz****; *Theißen / Merz* 1996*, 200 versus *Downing****, *Vaage****, *Crossan* 1994*, 119–139,553f u.a.

[268] Vgl. *R.A. Horsley*, Archaeology of Galilee and the Historical Context of Jesus, Neotest. 29, 1995, 211–229; *S. Freyne*, Jesus and the Urban Culture of Galilee: FS Hartman (s. 3.5) 597–622.

Fruchtbar bleibt die typologisch vergleichende Betrachtung. Jesus verhält sich nicht unähnlich den Kynikern *selbststigmatisierend.* Er provoziert durch die Übernahme abgewerteter Außenseiterpositionen (durch Selbst-Brandmarkung, wenn ich den Fachausdruck übersetze). Das erzwingt die gesellschaftliche Stellungnahme, direkt zu seinen Äußerungen, indirekt zu seiner Person. Er, der Außenseiter, löst einen charismatischen Prozess aus. Er wird zur Zentralgestalt der sich um ihn bildenden, gesellschaftsändernden Gruppe. Denken wir noch einen Schritt weiter, leitet die mitgelebte und im Leben bedachte Abweichung (die „Devianz") zu den Anfängen der Christologie. Umgekehrt führt die Abweisung der Devianz zur am Ende tödlichen Auseinandersetzung. Soziologische Kategorien helfen, den historischen Vorgang zu verstehen.[269]

4.7.3 Jesu Abweichungen tangieren die Organisation der Gesellschaft. Für *Staat* und *Kult* klingen sie subversiv. Soweit sich rekonstruieren lässt, übernimmt er von Johannes dem Täufer die Erwartung des Gerichtsfeuers und wünscht nachgerade, dass es entbrenne (Lk 12,49). Die Zukunftserwartung raubt den vorhandenen Gefügen ihre Stabilität. Das EvThom hört Jesus sogar sprechen: „Ich warf Feuer auf die Welt, und siehe, ich bewahre es, bis sie brennt" (log. 10). Er stiftet Brand und schützt das Feuer, damit es sich ganz entfache. Manche Forscher halten dieses Wort für ursprünglicher als Lk 12,49f.[270]

Simultan verweigert sich Jesus dem römisch geliebten Zweitnamen und vertritt ein Gottesbild, das keinen Vater des Vaterlandes neben dem einen göttlichen Vater zulässt.[271] Eine Vorstellung von Leitung vermittelt er, die zur erlebten *Regierung der Völker* kollidiert: „Ihr wisst, dass die, die unter den Völkern im Ansehen stehen, zu herrschen, sie im Herrschen niederdrücken und dass ihre Großen sie in ihrer Vollmacht ducken. Nicht so steht es bei euch. Sondern wer unter euch groß werden will, sei euer Diener, und wer unter euch der Erste sein will, sei aller Knecht / Sklave" (Mk 10,42b-44).

„Herrscher" und „Große" in v.42 klingen deutsch wie eine unnötige Verdoppelung. Hebräisch-aramäisch entsteht ein Parallelismus, ebenso zwischen v.43 und v.44 (Großer – Erster / Diener-Sklave). V.43 setzt den Schluss von v.42 voraus. Falls der Text um v.43 gewachsen ist, blieben damit als Kern v.42 und das dann selbständige Wort von v.44. Den Parallelismen nach kann ebenso das ganze Textgefüge auf Jesus zurückreichen. Ob seine „ipsissima vox" (ureigenes Wort) oder gemeindliche Nachempfindung, bekundet es eine an Jesus erfahrene Haltung. Sie spricht, lesen wir die Sätze ohne die markinische Einleitung (v.42a), nicht die Jünger an, sondern die offene Menge Israels. Die „Völker" stehen jenseits, sind dem gewählten Begriff nach die Fremdvölker. Die Distanz zu ihnen spiegelt Jesu Anspruch auf Israel.

---

269 Vgl. *Mödritzer**** 7–36,95–167 u.ö. (Devianztheorie).

270 Ob die Redaktion des EvThom dabei noch ans Gerichtsfeuer denkt, ist unklar. Eine Interpretation ist von nicht-apokalyptischer Sozialkritik bis zu vorgnostischer Theologie möglich: *E. Arens*, The ēlthon-Sayings, OBO 10, Göttingen 1976, 64ff,89; *S.J. Patterson*, The Gospel of Thomas and Jesus, Sonoma 1993, 235f; *Funk*** 478f; *Fieger* (s. Anm. 253 zu 3) 55ff.

271 Vgl. 2.7.2; 4.2.10.

Wenn Israel sich von den Völkern bis in seine Machtgestaltung unterscheiden soll, hat das im ersten Jahrhundert einen guten Kontext. Seit der Tempelrolle des 2.Jh. v.Chr. (11QTemp) kommen Verfassungserwägungen in Israel nicht zur Ruhe.[272] Der Jesus unseres Wortes entwirft freilich kein theoretisches Staatsmodell. Er greift ein Moment des Machtvollzugs auf. Dieser soll niemanden ducken. Vielmehr sollen sich die Großen durch das bestimmen lassen, was dienende Personen – vom Tischdiener über den bevollmächtigten Beauftragten[273] bis zum Sklaven – leisten. Für andere tätig, sind sie Herren nur als Diener, einer Machtausübung im Gehorsam gegenüber den Menschen verpflichtet.

In Israel ist dieser Aspekt einer Macht im Dienst schmal vorbereitet. Stärkere Berührungen gibt es zur griechischen Staatsphilosophie. Daher schlug D. Seeley*** vor, unser Wort zeige hellenistischen, über den Kynismus vermittelten Einfluss. Mir scheint fraglich, wie stark wir es theoretisch belasten dürfen. Hermeneutisch übertragen und aus dem drängend eschatologischen Horizont gelöst, finden wir allerdings, wenn man so will, einen Vorläufer unserer Volkssouveränität.

Nach Mk 12,13–17 fragen Vertreter gesellschaftlich relevanter Gruppen Jesus, wie er es mit der Steuer für den Kaiser halte. Er wirft – erinnert sich die erzählende Gemeinde – die Frage auf sie zurück. Er entlarvt ihre Inkonsequenz, nehmen sie doch ohne Kritik eine Münze mit dem Kaiserbild in die Hand. Eine weitergehend eindeutige Erwiderung verweigert er. Denn „Gebt dem Kaiser, was des Kaisers ist, und Gott, was Gottes ist!“ (12,17) löst das Problem, streng besehen, nicht. Die Fragesteller müssen selber besiegeln, ob ihre Münze zum Kaiser gehört, wie das Bild auf ihr lehrt, oder in die Gosse, wie die Bilderkritik der Schrift weisen könnte. Jesus gibt dem Problem lediglich, nein: ausschlaggebend seinen Ort. Er ordnet die ethische Entscheidung den Menschen zu, die so gerne wissen würden, wieviel nun genau Gottes und wieviel des Kaisers sei. Er verweist sie auf ihre Urteilskraft vor Gott.

Wer hermeneutisch einen Ansatz zur Volkssouveränität sucht, findet ihn hier bestätigt. Allein, wieder ist festzuhalten: Jesu Wort gibt keine theoretische, sondern eine verweigerte Antwort. Zu vergleichen ist die nachfolgende Sadduzäerfrage, die die eschatologische Orientierung zur Aufgabe macht (Mk 12,18–27; vgl. 2.3.1). Eine gewisse Parallele bildet die Bezichtigung des Diogenes, er habe an der staatlichen Münze (oder Ordnung: griechisch steht „nomisma“) gekratzt (Diogenes L. 6,20f). Die Gemeinde wünscht eine eindeutigere Lösung. Das hebt bei Lk an, der der Interpretation als Steuerverweigerung begegnet und sie abweist (Lk 23,2.4), und durchzieht die Auslegungsgeschichte.[274]

Jesus lässt sich nicht auf den Rebellen festlegen. Indessen bejaht er noch weniger die Zustände und Institutionen in der Phase relativer politischer Stabilität zwischen den Aufständen nach Herodes des Großen Tod und der eskalierenden sozialen Unruhe ab der Hungersnot unter Claudius, auf die Apg 11,28 anspielt.

---

[272] Vgl. die Berichte des Josephus bis zur Theokratie nach Ap. 2,165.

[273] Beides steckt in „diakonos“.

[274] Die Auslegungen reichen von Staatsbejahung bis Staatsverachtung: vgl. die Kommentare, *M. Bünker*, „Gebt dem Kaiser, was des Kaisers ist!“, Kairos 29, 1987, 85–98 u.a.

Seine Devianz verwehrt sich Schablonen. Er wirkt durch Leerstellen und gewagt unaufgelöste Widersprüche ebenso wie durch Entscheidungen.

Seine Destabilisierung macht vor den *religiösen Instanzen* nicht Halt. Freilich müssen wir die Gewichte recht ermessen. In Palästina gibt es nicht nur den Tempel des einen Gottes, sondern auch andere Kulte. Die dem Kaiser gewidmete Stadt Sebaste (ehedem Samaria) und die Verwaltungsstadt Caesarea Maritima sind deren Zentren. Doch jeder pagane Kult liegt außerhalb Jesu Interesse. Seine Auseinandersetzung mit dem Jerusalemer Priestertum atmet deshalb die Relevanz, die dem einen Tempel vor Gott eignet. Er nimmt die Bedeutung des Tempels zur Voraussetzung (vgl. Mt 5,23f;23,16–22).[275]

Jesus schont in diesem Rahmen Priester und Leviten nicht. In der Erzählung provoziert er, besser als sie handle ein Samaritaner (Lk 10,30–35). Das spart immer noch den Heiden aus. Aber dem Maßstab Gottes gerät der Samaritaner näher, der die Tora in Konkurrenz zum Judentum des Jerusalemer Tempels beansprucht.

Lukas stellt die Perikope hinter 9,52f und sichert damit Jesu Jerusalem-Orientierung. Den Bezug auf die Tora expliziert er im Rahmen (9,25–29.36f). Verfasste er die Erzählung, wie manche Ausleger meinen, hätte er die Absicht Jesu bemerkenswert erfasst.

In Jesu letzten Tagen kommt es zum Zusammenstoß in Jerusalem, der Tempelreinigung (Mk 11,15–19). Jesus beschränkt sich aufs Handeln. Seine Aktion breitet die Heiligkeit Gottes anstößig aus. Auf der Minderung der Reinheitsansprüche vom Allerheiligstem zu den Vorhöfen und von den Vorhöfen zur Stadt basierte nämlich der Geldwechsel und der Verkauf der Opfertiere im äußeren Tempelbezirk und vor den Tempeltoren. Die Abstufung war seit langem nicht unumstritten (vgl. 11QTemp 29–47). Jesus zerstört ihre Praxis. Ein Verlangen wie Sach 14,20f leuchtet auf: Alles wird dem Herrn heilig, und keine „Chananaioi" (übersetzbar als Krämer) werden mehr in des Herrn Haus sein. Um dessentwillen gefährdet Jesus den Kultvorgang, der der Kultgefäße bedarf (Mk 11,16).

Die uneingeschränkte Heiligkeit Gottes und der Umgang mit ihr im Tempel kollidieren demnach. Hingegen gibt Jesus das kultische Denken nicht auf, wie die kultkritische Neuzeit gern liest. Er treibt es vielmehr bis zum inneren Umbruch vorwärts. Folgerichtig verzichtet die Fortschreibung Mk 11,17[276] nicht auf den Gedanken des Tempels. Sie öffnet ihn lediglich unter Berufung auf Israels Schriften (Jes 56,7; Jer 7,11) parallel zur urchristlichen Mission auf die Völker.

In der Sache gibt es einen Zusammenhang zur Basileia-Botschaft. Die Heiligkeit, in der Gott seine Herrschaft trägt und ausübt, spitzt sich zu, wo die Welt Gottes Gegenwart am stärksten vernimmt, an seinem heiligen Wohnsitz in Jerusalem. Gleichwohl fehlt der explizite Verweis auf die Gottesherrschaft. Der Kreis schließt sich zur Feststellung des Anfangs: Jesu Wort und Wirken definiert sich selbst noch nicht geschlossen unter diesem Stichwort, so gewiss es sich zur Überschrift eignet.

[275] Ob komplementär die harschen Absetzungen von den Heiden und ihrem Gebetsplappern, die Mt überliefert, auf ihn zurückgehen, ist schwer zu sagen (Mt 6,7; vgl. 6,32;18,17). Der redaktionelle Anteil des Mt mag erheblich sein.

[276] Wahrscheinlich ein Deutewort der Gemeinde.

Sofern der Tempel vor Gottes machtvoller Prüfung nicht besteht, nimmt prophetische Kultkritik Einfluss. Äußerste Schroffheit erreicht sie, falls der Kern des Tempelworts (Mk 13,2 par; vgl. Lk 19,43f; EvThom log. 71) auf Jesus zurückgeht (was umstritten ist). Aber selbst dann umgibt Jesu Vorgehen die breite Priester- und Kultkritik der Zeit (vgl. neuerdings 4Q 390). Das Rätsel seines Prozesses bleibt (vgl. 3.9.2).[277]

4.7.4 Überblicken wir die Befunde, durchzieht sie ein Faden scheinbarer *Paradoxien*. Jesus beansprucht Israel und vernachlässigt Israels gesellschaftliche Mitte. Er verweist, umgeben von einem Nachfolgekreis, auf Gottes Willen und irritiert dessen geläufiges Verständnis. Er versichert des Gerichtes schuldige Menschen der Zuwendung Gottes und kündet Gottes Gericht. Er hält sich von der Politik fern und mischt sich doch entschlossen in sie ein. Er handelt kultisch und kultkritisch.

Es ist unnötig, die Paradoxien aufzulösen oder in unterschiedliche Phasen zu verteilen (obwohl wir Letzteres nicht auszuschließen brauchen). Sie holen – darauf kommt es in *christologischer Brechung* an – aus den Selbstverständlichkeiten des Lebens und des Gotteswissens. Jesus duldet keine Institutionalisierung angesichts des Ausgreifens Gottes. Die Mächtigen verlieren ihre Sicherheit, die Gerechten die alltägliche Lebenserfahrung ihrer Gottesnähe, die Schuldigen die seufzende Beruhigung, sie seien nun einmal Gott fern. Der Schatten des Gerichts und das Licht der Rettung ergänzen sich für alle zur Mitteilung: *Gott ändert Dein Leben.*

Jüngere Wirkungsästhetik und Sprachpragmatik erleichtern, das in seiner Eigenart wahrzunehmen. Für ihre Blickänderung von der festgelegten Aussage auf die Wirkung bietet Jesus ein glanzvolles Paradigma. Er tritt in Person so für ein anderes ein, dass die Menschen sich dem unausweichlich stellen müssen. Den Menschen, die dies erfasst, stellt sich die Folgefrage: Hängt der Vorgang nicht letztlich an Jesu Person? Das Erleben der Provokation Jesu drängt zur Christologie. Ich zeichne einige Aspekte aus dem Neuen Testament korrespondierend zu den letzten Abschnitten nach.

4.7.5 Ich beginne bei einem Rahmenelement. Jesus ruft in *Israel* in die Nachfolge. Ein „ekklesialer Keim"[278] entsteht deshalb, soweit wir bei ihm davon überhaupt reden dürfen, in Israel. Er richtet sich auf Israel, nicht eine Gemeinde neben ihm. Auch als die Klammer zu Israel zerfällt, nimmt die Gemeinde mit, dass Jesus nach Israel gehöre. Noch spät im 1.Jh. summiert sie, er habe sich und seine Jünger allein an Israel gesandt verstanden (Mt 10,5f).

---

[277] Divergierende Aspekte *Kraus* (s. 3) 206–209; *Schwemer* (in Hengel / Schwemer, s. 4.4) 118,356f; *Th. Söding*, Die Tempelaktion Jesu, TThZ 101, 1992, 36–64; *Evans* 1995**, 319–380,459; *Broer**** 173–213 (*J. Maier* u.a.); *Chilton**** 91–111.

[278] *Luz* a.a.O. (Anm. 120) 682.

Die im Neuen Testament singuläre Stelle ist Glied des Spannungsbogens von Mt 1,21 über 9,36; 15,24; 18,12 zu 28,19. Sie könnte daher matthäisch sein, obwohl sie oft als Wort des historischen Jesus gilt.[279]

Eine Zuwendung Jesu zu Nichtisraeliten ist umgekehrt die große Ausnahme. Sie geschieht als Anreiz für Israel, dem der Nichtjude zeigt, wie es sich verhalten soll, erinnert sich die Logienquelle (Mt 8,5–13 par). Jesus lässt sich zu ihr bewegen, wo eine Frau die Priorität der Kinder Israels anerkennt, weiß alte markinische Tradition (Mk 7,24–30).[280] Beobachtungen vertiefen sich, die uns seit der Auferweckung und der Passion Jesus begleiten:

Die *Christologie als Reflexion über Jesus – den Jesus, der irdisch aus Israel und für Israel wirkte – verweist die christliche Gemeinde an Israel.* Folgen wir dem irdischen Jesus, muss die Gemeinde freimütig bereit sein, hinter Israel zurückzustehen. Das ist für eine heidenchristliche Gemeinde nicht leicht. Ebenso dornig ist freilich der Vorgang für Israel. Die Herausforderung Jesu gehört eben dorthin. Die Impulse des irdischen Jesus erlauben noch weniger als die Deutungen von Passion und Auferstehung, die Bedeutsamkeit Jesu, des Juden, auf Nichtjuden einzuschränken.

4.7.6 In Israel ergeht Jesu *ethischer Anspruch*. Die Irritation und gleichzeitige Geltung der Tora ruft dabei nach Auflösung. Die Konsequenzen zu erfassen, wird nun aber vielschichtiger und schwieriger. Ich vergegenwärtige das an Beispielen:

Ein Strang der *Evangelien-Überlieferung* gewahrt in Streit und Gesetzeserläuterung den vollmächtigen *Lehrer* Jesus, den sie aus den Worten und Wundern der Gottesherrschaft kennt (Mk 10,17;12,14.19.32 u.ö.). Er stellt die Menschen mit Hilfe der Tora vor Gott. Im Doppelgebot der Liebe kombiniert er Sätze *der Tora* (Mk 12,29–31 nach Dtn 6,4f; Lev 19,18). In der Antwort an den reichen Jüngling Mk 10,19–21 fasst er die Gebote Ex 20,12–17 zusammen und spitzt die jüdische Weisung der Barmherzigkeit zu. Die christologische Stellungnahme erwächst nicht in einer Korrektur der Tora, sondern im jeweiligen pragmatischen (handlungsorientierten) Textgefälle: Vom reichen Jüngling fordert Jesus die unerhörte Umsetzung in die Tat (10,21ff). Beim Doppelgebot ist er am Anfang der Befragte und Beurteilte. Am Ende urteilt er (12,28.34). Er ist, erkennen Leserinnen und Leser durch die Art der Erzählungen, das eigentliche Subjekt des Geschehens.[281]

Mt vertieft das durch Assoziationen um *Mose* und die eschatologische Heilszeit. Bereits seine Vorgeschichte enthält Anspielungen auf Mose (vgl. 2,13 mit Ex 2,15; 2,20 mit Ex 4,19f). Der Berg der Bergpredigt erinnert an den Sinai (5,1),

---

279 Zur Diskussion *Luz* a.a.O. (Anm. 79) 90–93 u.a.

280 Vgl. bes. *R. Feldmeier*, Die Syrophönizierin (Mk 7,24–30): ders. / U. Heckel Hg., Die Heiden, WUNT 70, Tübingen 1994, 211–227.

281 Lit. bei *M. Ebersohn*, Das Nächstenliebegebot in der synoptischen Tradition, MThSt 37, Marburg 1993; *H. Meisinger*, Liebesgebot und Altruismusforschung, NTOA 33, Göttingen 1996.

die Zehn-Zahl der Wunder danach manche Ausleger an Moses Zeichen. Die Leserinnen und Leser dürfen mit der Eschatologisierung einen Schritt zu „messianischer“ Tora vernehmen, andererseits die Einflüsse der Mose-Überlieferung nicht überschätzen. Der matthäische Jesus erschließt und erfüllt das Gesetz Moses (vgl. 5,17ff), wird im Spannungsfeld von 8,4 über 17,3f zu 19,7f;23,2 aber nicht neuer Mose. Er interpretiert die Tora in eigener Vollmacht Gottes (vgl. 7,29).[282]

Den Zusammenhang dessen bildet die Mahnung des Lehrers Jesus an die rechte Praxis des Gesetzes (vgl. bes. 4.4.4).

Schon zuvor benützt *Paulus* das Wort Jesu zur Entscheidung in ethischen Fragen (1 Kor 7,10f;9,14; vgl. Mk 10,11f; Mt 5,32; Lk 16,18). Er versteht sich indessen nicht in unmittelbarer Nachfolge des irdischen Jesus. Seine Bezugssphäre verlagert sich unter den erhöhten Herrn. In einen Gesetzesraum Christi, des Gesalbten, erfährt er sich eingewiesen, auch wo das Gesetzlosigkeit bedeutet (vgl. 1 Kor 9,21). Zugleich lässt ihn die Tora um ihrer Würde (vgl. Röm 7,12) und der ethischen Herausforderung Christi willen nicht los. Er sieht eine *Verknüpfung der Tora mit der Christologie gefordert* und erprobt Möglichkeiten zwischen Distanz und Nähe. Er strukturiert die Weisung durch das Liebesgebot von Lev 19,18 (Röm 13,9f; Gal 5,14)[283] und gibt der Paränese hohen Rang. *Gleichwohl bringt er die Verhältnisbestimmung* zwischen Tora und Christus *nicht zum Abschluss*. Er findet keine eindeutige christologisch-ethische Formel zum Gesetz, die seine Briefe durchzöge. Eine schwebende Interpretation von Röm 7 und Röm 10,4ff (s. 3.8.5) trägt am weitesten; in seinen Briefen insgesamt spiegeln sich an unserem Thema die Spannungen aus den Grundlagen seiner Christologie.

Bis heute währt daher der Streit um seine Position. Dem Verweis auf ein Ende des Gesetzes und die Prägung christlicher Ethik durch das Wirken des Geistes im Schema von Indikativ und Imperativ (vgl. Gal 5,25) treten in der jüngeren Forschung situationsbezogene Auflösungen sowie eine Aufwertung der Halacha (frühjüdischen Ethik) und Lebensweisung für die Heidenchristen zur Seite.[284]

Am komprimiertesten spricht Gal 6,2 von einem *Gesetz Christi* (des Gesalbten). Worauf es in der Ausdrucksweise ankommt, ist der pragmatische Akzent, der Anspruch des Christusgeschehens auf das Leben und dessen ethische Gestaltung. Sobald wir dagegen eine genau auflösbare Fixierung suchen, schafft die Wendung fast so viele Rätsel wie sie löst: Wir wissen nicht, ob Paulus, seine Gegner oder Dritte sie zuerst prägten. Ihr Stichwort des Gesetzes wertet, wie es scheint, zunächst die mosaische Tora auf; sie erhält Relevanz für die Christen aus Israel *und* den Völkern. Doch dann zitiert die Konkretisierung

---

[282] Vgl. *Hengel* (s. Anm. 264) 347,375ff; *Weiser* 1993*, 104ff; *Frankemölle**** 97f (je Lit.). – Auch sonst im Urchristentum bleibt der christologische Bezug auf Mose trotz Typologien komplex (vgl. Hebr 12,18–24 und die Hinweise in 4.3.5).

[283] Das ist ein gesetzesinterner Maßstab: Paulus zitiert je aus der Tora, nicht einem Wort Jesu.

[284] Stationen: *R. Bultmann*, Das Problem der Ethik bei Paulus: Exegetica (s. 1) 36–54; *H. Räisänen*, Paul and the Law, WUNT 29, Tübingen ²1987; *P.J. Tomson*, Paul and the Jewish Law, CRI III 1, Assen 1990; *K. Finsterbusch*, Die Thora als Lebensweisung für Heidenchristen, StUNT 20, Göttingen 1996; *J.D.G. Dunn* ed., Paul and the Mosaic Law, WUNT 89, Tübingen 1996.

in 6,2 die Tora nicht unmittelbar. Der vorangehende Text des Gal relativiert sie in gewissem Grade. Eine Anspielung auf messianische Tora, die wir dank des Gesalbtenprädikats vermuten dürfen, können wir nicht verifizieren. Ein Bezug auf die Verheißung von Gottes Recht für die Völker in Jes 42,1-4 bleibt gewagt.[285]

Der *Jak* riskiert, gleichfalls unter dem erhöhten Herrn, eine eindeutigere Lösung. Das Gesetz ist für ihn, wie die Antike es erlebt, gute Gabe und Recht der Freien. Wer Gottes Gesetz hat, findet ein Bürgerrecht (Jak 1,17.25), einen Status als Person. Etwaige Minderungen der christlichen Diaspora-Gemeinde durch die umgebende Gesellschaft wiegt das weit auf.[286] Jesu ethische Weisung wird integrierter Bestandteil solch freien, von Gott gewährten Rechts. Auf Schritt und Tritt begegnen deshalb Parallelen zu Jesusüberlieferung (vgl. 1,4 mit Mt 5,48; 1,5 mit Mt 7,7; 1,10f mit Mt 6,30; 1,22f mit Mt 7,24.26 etc. bis 5,12 par Mt 5,34-37). Keine einzige von ihnen ist indes mehr als Wort Jesu gekennzeichnet. Denn das Wort Jesu tritt in der Theologie des Jak nicht zum Gesetz hinzu oder provoziert es. Alles gehört ins Gesetz.

Sehr schön hält sich als Ziel des Gesetzes die Handlung durch. Das Tun interessiert, nicht die Norm als abstrakter Gegenstand. Das Geschenk des Rechtes Gottes erlaubt dem Menschen, in seiner dauerhaften, tätigen Lebens- und Glaubenswirklichkeit vollkommen zu sein (vgl. 1,4). Umgekehrt gibt es am vollkommenen Geschenk (1,17) keine Abstufungen. Ihm eignet Ganzheit ohne Abstriche in auch nur einer Einzelheit. Darum ist wichtig, sich in keinem Lebensbereich zu verfehlen. Der Jak hebt die Tat des Liebesgebotes hervor (2,8, zitiert nach Lev 19,18), ohne die Verletzung irgendeines Gebotes zu dulden (2,10).[287]

Gravierend sind die Folgen für die Christologie. Jesus interessiert nicht als eigenständige, irritierende Person. Ganz und gar überstrahlt ihn die Herrlichkeit Gottes, damit seine Anstöße und Gottes Gesetz eins werden. Der Jak vertritt *um der Ethik willen eine eigenwillige Hoheitschristologie*. Er drückt sie in schwebenden Formulierungen aus: Knecht sei Jakobus „(des) *Gottes und Herrn* Jesu Christi" (1,1), des „Gesalbten" oder „Herrn der Herrlichkeit" (2,1 je nach grammatischer Zuordnung). In 1,1 steht „Gott" selbständig, verweist auf den einen Gott und kann doch genauso als Attribut Jesu gelesen werden. Jesu Herrlichkeit führt ihn in den Raum des einen Gottes, und Gott trägt eigentlich das Prädikat „Herr der Herrlichkeit" von 2,1 (vgl. 1 = äthHen 40,3;63,2). Der Jak zählt damit

---

[285] *Stuhlmacher* 1981 (s. 3.7) 157-161; *Hofius* (s. 3.7) 50-74; *R.B. Hays*, Christology and Ethics in Galatians, CBQ 49, 1987, 268-290; *Betz* (s. Anm. 16 zu 3) 510f; *H. Räisänen*, Zionstora und biblische Theologie: The Torah and Christ, SESJ 45, Helsinki 1986, 337-367.

[286] Um das zu würdigen, müssen wir uns von neuzeitlicher Gesetzeskritik freimachen. Im antiken Rechtsraum haben Bürger ein Gesetz im Unterschied zu den Rechtlosen (den Sklaven etc.). Daher ist es äußerst erstrebenswert, ein Gesetz zu haben, nicht, wie wir heute oft empfinden, ein einschnürendes Korsett. Der Jak nützt das jüdisch-weisheitliche Verständnis des Gesetzes als Lebensrahmen und steigert: Gottes Gesetz ist ein Bürger-Recht über alle irdischen Bürgerrechte hinaus. Es bricht die Grenzen irdischen Rechtes samt der Grenzen, wo Personen unter den Völkern Recht versagt wird.

[287] Wie stark dieses quantitative Moment zu gewichten ist, ist umstritten; vgl. bes. *M. Klein*, „Ein vollkommenes Werk", BWANT 139, Stuttgart 1995 (samt der Rez. in ThLZ 121, 1996, 663ff).

zu den neutestamentlichen Schriften, die das Prädikat „Gott" tendenziell auf Jesus übertragen.[288]

Folgerichtig ergibt sich aus dem Verständnis Gottes als Gesetzgeber und Richter ein ebensolches Verständnis Jesu. Der „*eine Gesetzgeber* (nomothetēs) *und Richter*" in 4,12 meint der Tradition nach Gott. Im Jak intendiert die Beschreibung Christus. Gemäß der strikten Vorgabe der Einheit Gottes (s. das betonte „einer" in 4,12) geht der als Richter wiederkehrende Herr (5,8f Christus) letztlich völlig in der Einheit Gottes auf.

Die christologischen Gerichtsaussagen des Jak sind somit keine einfache Weiterentwicklung der Gerichtsansagen des irdischen Jesus. Hohes Gewicht hat nach 5,8f die Parusievorstellung.[289]

Die eigentümliche Hoheitschristologie wirkt sich in der Soteriologie aus. Dem Jak liegt wie allen neutestamentlichen Schriften an der Stütze für die Gestrauchelten. Erbarmen triumphiert bis zum Gericht. Allein, auch das muss aus der Hoheit des Herrn erwachsen (2,13b; 5,15). Dem Tod Jesu kommt keine soteriologische Bedeutung zu. Vom Leiden und Kreuz Jesu findet sich kein Wort. Der Schock der Passion verliert sich wie die befremdliche Selbständigkeit des Redens und Handelns Jesu. Kurz: Gut treibt der Jak das Gesetz und befriedigt christologisch dennoch nicht. Er vermag die Hoheit Christi nicht in einer Dynamik zu denken, die Jesus in der Einheit Gottes eine spannungsvolle Besonderheit gestattet.[290]

Die Mehrdimensionalität des Neuen Testaments erhielt in der *Alten Kirche* Schieflagen in zweierlei Richtung. Eine Linie betonte den *Freiraum* der Christen. Der israelkritische Barn wählte die Pointe, sie seien ihre eigenen guten Gesetzgeber (21,4). Die darin beschlossene Distanz zur Tora verfing im Christentum vielfach bis zur Gegenwart.

Ein anderer Strom der Kirche erhob Jesus zum neuen „*Gesetzgeber*" („nomothetēs"). Den Siegeszug dieses Prädikats eröffnete Justin (dial. 12,2;14,3). Die konstantinische Wende vertiefte ihn. Christus gab, schlug Euseb vor, ein königlich-kaiserliches Gesetz (laud. Const. III 5f). Ein verbreiteter Typos der Kunst, die „traditio legis" (Übergabe des Gesetzes an die Apostel), stellte die Aushändigung dar. Den christologischen Namen scheint der Jak angeregt zu haben; das Ergebnis steht ihm fern.

Greifbar wird, wenn wir den Abschnitt überschauen, die heute gestellte Aufgabe. Die pragmatischen Akzente der frühen Christologie antworten überlegt auf die Handlungsorientierung Jesu. Sie reklamieren unter all ihren Differenzen, Gottes verbindliche Weisung in den Herausforderungen des Lebens durch Chris-

---

[288] Da die meisten Übersetzungen 1,1 und 2,1 vereinfacht wiedergeben, ist das heute fast unbekannt.

[289] Vgl. 2.8.4. Überblick über die Ausformung der Gerichtsvorstellung *E. Brandenburger*, Gericht Gottes III, TRE 12, 1984, 469–483. Zum Jak vgl. *Klein* a.a.O. 163–184.

[290] Schlüssig spielte der Jak in der trinitarischen Diskussion der Kirche keine Rolle. Weithin verlor sich sogar das Bewusstsein für eine Christologie im Jak überhaupt (mit Auswirkung auf *M. Luther*, WA.DB 7, 384–387; TR 5,157). – Zum Stand *M. Karrer*, Christus der Herr und die Welt als Stätte der Prüfung, KuD 35, 1989, 166–188; *Chr. Burchard*, Zu einigen christologischen Stellen des Jak: FS Hahn 1991*, 353–368; *H. Frankemölle*, Der Brief des Jakobus, ÖTK 17, Gütersloh 1994, II 376–387 u.ö.

tus aktuell, situativ zu vernehmen. Die Christologie und das christliche Leben behalten daher einen Bezugspunkt an der Tora, mögen sie sich an ihr reiben oder messen. Der Christus der Weisung heischt wie die Tora und indirekt oder direkt auf sie bezogen nach dem Tun. Dass diese tiefgründige ethische Dimension schwer auf den Begriff zu bringen ist, ist kein Schade. Jedes ethisierende Attribut Jesu – Lehrer, Gebieter, weisender Gesalbter, Gesetzgeber – ist allenfalls eine Hülle. Was wiegt, ist das Leben mit Christus in der Verwirklichung des Handelns. Unser Aspekt verweist gegen die Einengung reflexiver auf die *Bedeutung gelebter, in Handlung bekundeter Christologie.*

4.7.7 Trotz aller in der Zeit gebotenen Vorsicht liegt Überlieferungen der Urchristenheit an der kritischen Dimension Jesu *in politicis*. In seiner Gemeinde wenigstens soll so das Dienstideal gelten (Mk 10,42b-44 in der markinischen Rahmung). Bei Verfolgung legitimiert er nach einer rekonstruierbaren Fortschreibung von Lk 22,36 begrenzten Widerstand.[291] Auswirkungen seiner Tat ironisieren die römische Herrschaft.

Das markanteste Beispiel bietet die Weitererzählung von Mk 5,1–20*. Ein unreiner Geist stellt sich als „Legio“ vor, mit dem römischen Lehnwort für Legion. Vertrieben, befällt er Schweine, die Rom als Opfertier und Legionszeichen kennt. Die Schweine ertrinken (5,9.13). Sobald die Schweine – wohl einige Zeit nach Jesus – bekanntes Zeichen der judäischen zehnten Legion werden, vertieft sich die entlarvende Subversion.[292] Jesus wird aber in keiner neutestamentlichen Überlieferung zum Zelot.

Der Affront geht in die Christologie des Auferstandenen über. *Gerechter* ist er zum Anstoß der Institutionen und Ausruf des Rechtes unter den Völkern. *Retter* ist er mehr als alle Rettergestalten des Hellenismus und Roms. Das Attribut des *Königs* gebührt ihm, mochten die Regierenden der Welt ihn auch darob verurteilen. Er behält in der Christologie etwas Rebellisches.[293] Die Akzente haben wir bei den Attributen besprochen (s. 2.7.4, 3.4.5/6, 3.9.3). Darum kann ich mich in diesem Abschnitt kurz halten: Die Christologie untermauert die Autonomie der Menschen gegenüber den Staatsgewalten in der politischen Ethik, doch als eine theonom-christonome Autonomie. Der Mensch erfährt seine politische Souveränität durch Christus und bekundet sie angesichts Christi. Die Begegnung mit Christus nimmt ihn vor Gott in Pflicht. Wie dies im Einzelnen geschieht, ist ebenso schwer zu definieren wie die urchristliche Staatsethik zwischen Zinsgroschen, Röm 13 und Offb 13. Die Provokation zur Distanz, zur Prüfung aller Gewalten und zur Mahnung an die Gerechtigkeit, die den Menschen hilft, ist wieder eine pragmatische, eine Lebensdimension der Christologie. Jeder Begriff

---

291 Vgl. *R. Heiligenthal*, Wehrlosigkeit oder Selbstschutz?, NTS 41, 1995, 39–58 zu Lk 22,36ff. Der Text bleibt allerdings sehr schwierig.

292 Vgl. *N. Avigad*, Discovering Jerusalem, Nashville 1983, 206; *A. Feldtkeller*, Identitätssuche des syrischen Urchristentums, NTOA 25, Göttingen 1993, 107ff u.a.

293 Hervorgehoben etwa bei *E. Bloch*, Das Prinzip Hoffnung, GA 5, Frankfurt a.M. 1959, 1482–1493.

leistet dafür lediglich Hilfestellung, in unserem Jahrhundert am deutlichsten der der Königsherrschaft Christi.[294]

Eine Besonderheit des Urchristentums ist, die politische Frage nicht zu isolieren. Die Mächte und Gewalten, die das 1. Jh. erlebt, gehen über den irdischen Radius hinaus. Entsprechend ordnet das Lob der Gemeinde Christus allen Gewalten zwischen Himmel und Unterwelt über (von Phil 2,10 bis 1 Petr 3,22). Gelegentlich entsteht ein Widerstreit zu dämonischen Mächten (z.B. Eph 6,10ff), den wir bloß unter Bedenken aktualisieren können.

4.7.8 Für die Eigenart von Jesu Zuwendung, die alle hinterfragt und niemanden bei sich selbst lässt, findet die Gemeinde das Bild des *Arztes*. Im Hintergrund steht Israels Wissen um Gott als seinen Arzt (Ex 15,26): Gott verlangt, dass es ihn hört, und bewahrt es im Hören vor Krankheit. Menschlichen Ärzten gewährt es deshalb nur begrenzt und verbunden mit der Aufforderung „bete zu Gott [...]; fliehe vom Unrecht" Raum (Sir 38,9f).[295] Jesu Heilungswirken gehört in diesen Kontext. Es verkeilt sich mit ärztlicher Therapie des Hellenismus und ignoriert die natürlichen Heilmethoden.[296]

Das Wort aus *Mk 2,17b* par „Nicht die Gesunden bedürfen des Arztes, sondern die Kranken" wertet auf den ersten Blick anders den Arzt unter Menschen auf. Die Forschung vermutet herkömmlich eine frühhellenistische Gemeindebildung (vgl. Plutarch, mor. 230F). Das ist nicht nötig, ja fast kontraproduktiv. Ob Wort Jesu oder ihm nachempfunden, schafft der Überlieferungskontext nämlich eine Pointe, die Jesu Provokation trifft. Das Wort dient nicht zur Einleitung einer medizinischen Heilung. Es kontrastiert sie. Die erzählten Kranken sind nicht krank im physischen Sinn der Umwelt. Sie sind Schuldige. Gegen Ex 15,26 mindert das Wort auch noch die Gerechten. Denn wer sich gerufen hört, gerät unter die Schuldigen. Wer widersteht, mag sich gerecht und gesund empfinden. Ist er es wirklich (2,17c)? Unserem Wort eignet das „Gehe hinüber". Es *erfasst Jesu irritierende Zuwendung zu den Stigmatisierten.*

Lk 4,23 und EvThom log. 31 überliefern weitere Arzt-Worte. Das Sprichwort „Arzt, hilf dir selber!" ironisiert Jesu Fähigkeit. Wie die Ärzte heilt er zudem die nicht, die ihn kennen. Gehen die Logien auf Jesus zurück, enthalten sie eine implizite Selbstkritik: Seine Stärke und Machttaten haben Grenzen. *Er geht in keinem Bild nahtlos auf, auch nicht in dem einer berechenbaren Stärke*, und provoziert damit nochmals die Menschen um ihn (vgl. Lk 4,24–30).[297]

Für uns ist das Prädikat wegen dieses neutestamentlichen Anfangs wichtig. Beachten wir ihn, ist es zu Unrecht fast unbekannt. Freilich fügt sich Jesu Füllung

---

[294] Vgl. 3.9.3 mit Anm. 277, 4.4.6/7.

[295] *Hogan* (bibl. bei 4.6) 42ff; *D. Lührmann*, Neutestamentliche Wundergeschichten und antike Medizin: FS Georgi (bibl. bei Robinson 4.1) 195–204.

[296] In der Erzählung der Gemeinde schiebt Jesus die Ärzte sogar unter die Geldschneider (Mk 5,26).

[297] Die Forschung erwägt besonders, das Wort des EvThom (ein Arzt heile die nicht, die ihn kennen) komme ihm nahe: *Funk* e.a.** 490f. – Teils andere Akzente *H.-J. Klauck*, Heil ohne Heilung?: H. Frankemölle Hg., Sünde und Erlösung im Neuen Testament, QD 161, Freiburg 1996, 18–52:22ff. EvThom log. 31 könnte statt an Jesus auch an Glieder der Gemeinde denken.

nicht zu dem ebenso antiken wie modernen Vorverständnis eines Arztes, der sich durch einen Eid geradlinig zum körperlichen und seelischen Helfen verpflichtet. Wir müssen Jesu Zuwendung zu den Stigmatisierten und seine provokante Selbstbescheidung wohl ohne unser Prädikat in der Christologie zu artikulieren suchen.

Es hatte bis ins Mittelalter eine beeindruckende Geschichte. Ignatius mit seiner Vorliebe für Vergleiche aus der Medizin verfestigte die Metapher. Jesus, der Arzt, wurde „im Tode wahres Leben" für die Gemeinde der werdenden Großkirche, zugleich Abgrenzung von Menschen, die „schwer heilbar" sind (IgnEph 7,1f). Die Provokation in die Gemeinde hinein verflüchtigte sich. Einige Stellen des 2.Jh. erinnerten danach weiter an Gott, den Arzt, der durch Jesus offenkundig werde (so Diog 9,6). Mehrheitlich wurde das Bild Attribut, Titel und schließlich Name Jesu. Der Gottesknecht, durch dessen Strieme wir geheilt wurden (1 Clem 16,5; Barn 5,2 nach 1 Petr 2,24), ging ein, desgleichen der Arzt der Seelen (des Lebens), wohin sich Ex 15,26 entwickelte (ActThom 10;143; vgl. Philo, sacr. 70). Jesus wurde zum Arzt schlechthin. Er überbot darin Mani und Asklepios, den Retter in der Heilkunst.[298] Die späte Alte Kirche übersetzte konsequent „Jesus" neben „Retter" (Sōtēr) mit „der Heilende" („iōmenos" Cyrill H., cat. 10,13 u.a.). Die Metapher erhielt derartiges Gewicht, dass Religionskritik des Frühmittelalters sie als Chiffre benützte. Ein Hirt (Mose), ein Arzt (Jesus) und ein Kameltreiber (Muḥammad) hätten die Menschen verführt, meinte Abû Tâhir (gest. 932).[299] Danach schwand die Bedeutung des Attributs. In Luthers Heiland ging es nicht mehr wesentlich ein, obwohl der Wortstamm „heil" die Assoziation erlaubt hätte.

4.7.9 Die Provokation des *Tempels* setzt gleichfalls einen christologischen Gedankengang frei. In Jesu kritische Distanz zum Tempel mischte sich, wie besprochen, Nähe. Die jüngeren Evangelien weiten sie aus (Mt 21,1–16; Lk 2,22–49 u.ö.). Das Joh macht den Tempel gar zum zentralen Ort von Jesu Wirken und vermehrt dazu seine Jerusalembesuche (6,59; 7,14.28; 8,20; 18,20 u.ö.). Ich beschränke mich auf das *Joh*, da der Reflexionsbereich in ihm kulminiert:

Reinheitstraditionen dienen der Christologie. Jüdische Halachot (aus dem Gesetz entwickelte Weisungen) nennen Tongefäße weniger rein als solche aus Stein, und Jesu Weinwunder in Joh 2,6ff überbietet an Steinkrügen Reinheit durch freudige Fülle. Joh 11,55 greift erzählend auf, dass ein Festbesuch in Jerusalem Reinigung bedeutet.[300] So bereiten Anspielungen um Reinigung (vgl. noch 3,22–4,2) *Joh 13,1–11* vor: Jesus übernimmt die entscheidende Reinigung. Er, *der Heilige*,[301] *ist der Reinigende*. Deshalb geht die Kraft der Reinigung auf sein Wort über. In einer Symbolhandlung schließt er sich und die Seinen engst zusammen. Seine Fußwaschung wird zum großen christologischen und soteriologischen Bild.

---

[298] Vgl. Euseb, h.e. I 13,5ff etc. und ActJoh 108; *Kollmann* (s. 4.6) 364ff.

[299] *L. Massignon*, La légende „de tribus impostoribus" [...], RHR 82, 1920, 74–78. Weiteres zur Rezeptionsgeschichte *M. Herzog*, Christus medicus, GuL 67, 1994, 414–434; *A. Schimmel*, Jesus und Maria in der islamischen Mystik, München 1996, 75–84.

[300] Die Übersetzungen überspielen in der Regel den Gleichklang „heiligen / reinigen". Weiteres *J.C. Thomas*, The Fourth Gospel and Rabbinic Judaism, ZNW 82, 1991, 159–182; *R. Deines*, Jüdische Steingefäße und pharisäische Frömmigkeit, WUNT II 52, Tübingen 1993, 277ff. Vgl. die kritische apokryphe Erzählung OxyPap 840.

[301] Vgl. 4.6.6 zum Bogen von Joh 6,69 zu 17,17.19. Joh 13,10f bezieht sich auf 6,70f zurück.

Noch bedeutsamer ist *Joh 2,14–22*. Jesus bezieht die Bezeichnung *Tempel* in der neu gefassten Szene der Tempelreinigung auf sich (vv.19ff). Er zeigt sich als Ort der Gegenwart Gottes, in dem die Tempeltradition zum Ziel kommt. Die heute fremden kultischen Konnotate begründen und erzählen johanneische Hoheitschristologie.[302]

Jenseits der christlichen Gemeinde beginnen zeitgleich (nach 70) Reflexionen über eine Wiedererrichtung des Tempels durch den Messias (TJon Jes 52,13–53,12). Ein Einfluss davon auf die frühe Christologie ist nicht nachweisbar. Christentum und Judentum gehen auseinander.[303]

Stärker als christologisch begegnet der Tempel allerdings in Übertragung auf die Gemeinde (ab 1 Kor 3,16f). Ignatius kombiniert das mit der Christologie (IgnMagn 7,2 u.ö.). Trotzdem verhindert die Vielschichtigkeit, dass das Tempelsymbol zu einem entscheidenden Faktor in der Entfaltung der Hoheitschristologie wird.[304] Tempel-Christologie hat wenig Zukunft. Das gilt verstärkt für die Moderne, der bereits die kultischen Hintergründe fernstehen.

4.7.10 Im *Ergebnis* fällt über manche äußere Daten der Biographie Jesu ein Vorhang. Nicht einmal, ob Jesu Wirken ihn über einen längeren Zeitraum zu Festen an den Jerusalemer Tempel führt (so Joh) oder ob es sich in ein kurzes Jahr vor dem Todespascha zusammendrängt (so die Synoptiker), ist sicher zu entscheiden. Für die Christologie genügt, was wir wissen: Im Bewusstsein der Nähe und Sendung durch Gott, dessen Herrschaft er ansagt und von dem er durch Bilder und Taten spricht, provoziert er für Israels Gott. Seine Provokation bezieht seine – Jesu – Person ein und entzieht sie zugleich der eindeutigen Definition. Metaphorische, narrative und gelebte Christologie kommen der christologischen Dynamik daher näher als jeder Begriff. Ja, *gelebte Christologie* scheint mir die gemäßeste Antwort auf das in unserem Abschnitt besprochene Feld. Denn Jesus provoziert die ganze Person derer, die ihm begegnen. Er stellt sie vor die Herausforderung, ihr Leben durch die Begegnung Gottes an ihm umstürzen zu lassen. Im Leben wird Gottes Eingreifen durch Christus sichtbar.

Die Gemeinde suchte auch dafür abstrahierende Kategorien. Allein, die Begriffe verfehlen allzu oft die Abweichung der Außeralltäglichkeit. Der politische und ethische Gebieter, der vollmächtige Lehrer, der Arzt und der Tempel, all diese Bezeichnungen, die uns im letzten Abschnitt begegneten, treffen insofern Jesus und treffen ihn nicht. Sie ertasten ihn, solange sie ihre Befremdung behalten. Sie verlieren ihn, sobald sie die Menschen beruhigt beheimaten. Hilfsschemata wie das der Überbietung – Jesus sei ein Lehrer mehr als alle Lehrer etc. – sind ein Notbehelf.

---

[302] Zu Joh 13 vgl. *Deines* a.a.O. 254ff; *J.C. Thomas*, Footwashing in John 13 and the Johannine Community, JSNT.S 61, Sheffield 1991; *Chr. Niemand*, Die Fußwaschungserzählung des Johannesevangeliums, StAns 114, Rom 1993 u.a., zu Joh 2 *Schnelle****.

[303] Vgl. *Karrer* 1990*, 322,366, zur späteren Menahem-Legende (Zerstörung des Tempels um der Heilsgestalt willen) *A.M. Schwemer*, Elija als Araber: Feldmeier / Heckel (s. Anm. 280) 108–157: 131–135.

[304] Vgl. *Legarth****.

Analoges gilt für historische Rubriken. So verleiht der Kyniker Jesus der Devianz ein Raster, das modern begreifbar scheint, und beraubt sie zugleich eines Momentes ihrer Unfassbarkeit. Umgekehrt verfügt das Schema einer Einzigartigkeit Jesu gewissermaßen die Abweichung und präjudiziert gleichfalls die Wahrnehmung.[305]

Verfestigungen müssen sich lösen, damit die Attribute wieder ansprechen und verfangen. Das ist vom „Lehrer" über den „Arzt" bis zum „Tempel" der Christologie schwierig. Die verschobene oder zerronnene Besetzung ihrer einstigen Kontexte dämpft unverrückbar ihren Klang. Durch Jesu Provokation erhalten wir Freiraum: Sie legt die Attribute, die sie zur Geltung bringen, nicht zwingend fest. Neuformulierungen sind möglich und nötig. Wie sie Gottes Anrecht durch Jesus auf die Menschen ausdrücken, ist offen. Es macht neugierig.

4.8 Unterwegs zum Tod

Lit.: s.o.; *G. Barth*, Das Herrenmahl in der frühen Christenheit: Neutestamentliche Versuche und Beobachtungen, Wechsel-Wirkungen E 4, Waltrop 1996, 67–134; *B. Chilton*, A Feast of Meanings. Eucharistic Theologies, NT.S 72, Leiden 1994; *G. Delling*, „Baptisma baptisthēnai": Studien zum Neuen Testament und zum hellenistischen Judentum, Göttingen 1970, 236–256; *R. Feldmeier*, Die Krisis des Gottessohnes, WUNT II 21, Tübingen 1987; *H. Gese*, Die Herkunft des Herrenmahls: Zur biblischen Theologie (s. 3.7) 107–127; *G. Häfner*, Gewalt gegen die Basileia?, ZNW 83, 1992, 21–51; *O. Hofius*, Herrenmahl und Herrenmahlsparadosis, ZThK 85, 1988, 371–408; *J. Jeremias*, Die Abendmahlsworte Jesu, Göttingen [4]1966; *M. Karrer*, Der Kelch des neuen Bundes. Erwägungen zum Verständnis des Herrenmahls, BZ NF 34, 1990, 198–221; *H.-J. Klauck*, Herrenmahl und hellenistischer Kult, NTA.NF 15, Münster [2]1986; *M. Klinghardt*, Gemeinschaftsmahl und Mahlgemeinschaft, TANZ 13, Tübingen 1996; *B. Kollmann*, Ursprung und Gestalten der frühchristlichen Mahlfeier, GTA 43, Göttingen 1990; *P. Lampe*, Das korinthische Herrenmahl, ZNW 82, 1991, 183–213; *B. Lang*, Der Becher als Bundeszeichen: E. Zenger ed., Der Neue Bund im Alten, QD 146, Freiburg 1993, 199–212; *E. La Verdiere*, Dining in the Kingdom of God, Chicago 1994; *H. Lietzmann*, Messe und Herrenmahl, AKG 8, Berlin [3]1955 (Nachdr. 1967); *H. Lichtenberger*, „Bund" in der Abendmahlsüberlieferung: F. Avemarie / ders., Bund und Tora, WUNT 92, Tübingen 1996, 217–228; *W. Marxsen*, Das Abendmahl als christologisches Problem, Gütersloh 1963; *L. Oberlinner*, Todeserwartung und Todesgewissheit Jesu, SBB 10, Stuttgart 1980; *H. Patsch*, Abendmahl und historischer Jesus, CThM.BW 1 Stuttgart 1972; *J. Roloff*, Exegetische Verantwortung in der Kirche, Göttingen 1990, 171–218; *Th. Söding*, Das Mahl des Herrn: Vorgeschmack […]. FS Th. Schneider, Mainz 1995, 134–163; *L. Wehr*, Arznei der Unsterblichkeit, NTA NF 18, Münster 1987.

Provokation ist gefährlich, ja lebensgefährlich. Nichts zeigt das deutlicher als der Weg in die Passion. Gibt es einen Widerschein, in dem der irdische Jesus deren Deutung anbahnt? Die Textlage ist kompliziert. Dennoch bedarf es des Versuchs, eine zentrale Linie aufzuspüren.

---

[305] Vgl. *Charlesworth*** 5.

Zweifelhaft ist die gelegentlich vertretene These, es gebe keinen bedeutsamen Zusammenhang zwischen Jesu öffentlichem Wirken und seiner Kreuzigung. Die vorsichtige Annäherung, dass Jesus seinen Tod erwarten musste, ohne dessen gewiss zu sein, hat mehr für sich. Weitergehende Integrationen verweisen auf den messianischen Menschensohn, der entschlossen und leidensbereit in die letzten Auseinandersetzungen ging, oder den Propheten und Menschensohn, dessen Ansage des Königtums Kampf und Leid inkludiere.[306]

4.8.1 Vor der Passion sind nur unter Vorbehalt Indizien zu finden. Die Leidensansagen und Mk 10,45b sind im vorliegenden Bestand nachösterlich.[307] Der sog. *Stürmerspruch* Mt 11,12b par (Q) ist mehrdeutig. Sein Zentrum, Gottes Herrschaft erfahre Gewalt, kann ebenso heißen, die Basileia erleide Gewalt, wie, mit Gewalt dränge man sich, zu ihr zu kommen. Er ist ein Musterbeispiel der Rezeptions-Offenheit von Worten Jesu und vielleicht genau so mehrschichtig gemeint.[308]

Klarer werden die Konturen mit der *Salbung* von Betanien (Mk 14,3–9 par). Sie geleitet uns vor die Tore Jerusalems. Eine Frau ist die Hauptperson. Sie handelt provokant und wird auffällig ausgezeichnet (v.9). In der ältesten Erzählschicht spielt ihre Übergießung von Jesu Kopf mit wertvollem Öl am Tische (v.3) vielleicht auf Ps 23,5 an: „Du deckst mir den Tisch im Angesicht meiner Feinde. Du salbst mein Haupt mit Öl." Am Übergang zur Passion würdigt dann wenigstens sie, eine sozial mindere Person, Jesus überwältigend angesichts seiner möglichen Bedrohung.

Zur Salbung gibt es keine nähere Parallele als Ps 23. Ein gelegentlich angeführter babylonischer Brautbrauch liegt zeitlich und sachlich weit ab. Die Salbung der Könige Israels erfolgt nie durch Frauen. Platos Hinweis, einen überschwenglichen Dichter möge man gesalbten Hauptes ausweisen, hat anderen kulturellen Kontext (pol. 398A).

Die Salbung beschwört gegen Jesu Bedrohung die Güte und Huld des Herrn. Ein historischer Anfang auf dem Weg nach Jerusalem ist möglich. Gleichwohl harrt im Dunkeln, ob wir so historisieren dürfen. Die Perikope ist uns nicht in ihrer unabhängigen Überlieferung, sondern allein in der Passionsgeschichte zugänglich. Die überkommenen Fassungen sind nachösterlich auf eine vorgezogene Totensalbung hin weitergesponnen (14,8; vgl. Joh 12,7).[309]

Keinen genau bestimmbaren Ort haben die Worte von der *Leidenstaufe* Lk 12,50; Mk 10,38*. Inhaltlich verdienen sie die größte Beachtung. Jesus wird untergetaucht, vermitteln sie. Das besagt eine Qual wie ein Ertrinken im Wasser. Ihr Bild trotzt der Zuversicht von Traditionen wie Jes 43,2 und Ps 124. Stattdessen zeigen die Worte den Schreck von Jes 21,4 (LXX) – „die Gesetzlosigkeit taucht mich unter" (vgl. Ijob 9,31) – und Gottes eschatologisches Zorngericht in Wasser und

---

306 Bandbreite *B.L. Mack*, A Myth of Innocence, Philadelphia 1988, 88f; *Oberlinner****; *Stuhlmacher* 1992*, 107–143 (und in ders. / Janowski 1996 [s. 3.3], 95ff); *Evans* 1995**, 456.

307 S. 3.1.2; 3.4.1; 3.7.2.

308 Die Gemeinde kann sogar sich selbst in Fortführung der Selbststigmatisierung Jesu als Bewegung von Gewalttätern bestimmen. Lit. bei *Häfner****; *G. Theißen*, Jesusbewegung als charismatische Wertrevolution, NTS 35, 1989, 343–360: 359f.

309 Weiteres *C.P. März*, Zur Traditionsgeschichte von Mk 14,3–9, SNTU 6/7, 1981/82, 89–112; *Sommer* (s. 3) 36–44; *M. Fander*, Frauen in der Nachfolge Jesu, EvTh 52, 1992, 413–432 u. a.

Feuer an (vgl. VitAd 49,3):[310] Jesus begibt sich unter Gottes Zorn über Gesetzlosigkeit.

Im Wirken Jesu entsteht auf diese Weise ein großer Bogen. Unter den Sündern bei Johannes, der taufte und auf Gottes Kommen zum verzehrenden Untertauchen wies, bereitete es sich vor. Den Gerichtshorizont des Täufers übernahm Jesus spannungsvoll neben dem Einbrechen von Gottes Heil. Nun gefährdet das Gericht ihn selbst.

Mk 10,38 erläutert das über den Kelch. Auch er ist ein Motiv des Verhängnisses. Gott gibt ihn in seinem Gerichtshandeln, das die Sünden aufdeckt, den Schuldigen. Wer „den Kelch trinkt", wie es in unserem Logion heißt, verfällt deshalb dem Unheil (vgl. Jes 51,17; Jer 49,12; Ez 23,32).[311] Jesus sieht dies kommen. Er bittet Gott – teilt die Gemeinde nachösterlich mit – um Bewahrung. Gleichzeitig fügt er sich dem Geschehen, wie die Getsemani-Szene schildert.

Ihr Satz „Abba, Vater ..., nimm diesen Kelch von mir; aber nicht was ich will, sondern was du willst" (Mk 14,36) ist theologisch gestaltet. Er setzt die nachträgliche Perspektive eines Zeugen voraus. Doch hindert das nicht, dass die Erzählung die Sache erspüren könnte. Einer antiken Idealerzählung widerspricht sie.[312]

Die Gemeinde überträgt Mk 10,38 im übrigen auf Martyrien, die sie erlebt (vgl. v.39 und Apg 12,2). Die erste christliche Reaktion auf Martyrien ist also eine Ausweitung von Gottes Gerichtshorizont. Schaudernd erwächst der Schrei der Zeugen in Offb 6,9f: Ohne Rehabilitation müsste die Gemeinde deren Verfolgung als Äußerung von Gottes Zorn verstehen (aufgelöst in 20,4).

Wenn ungeachtet der vorgetragenen Bedenken ein Kern der Leidensansagen auf den irdischen Jesus zurückzuführen wäre, dann schließlich die *Hingabe-Aussage* in der Gestalt von Mk 9,31*: „Der Menschensohn wird (in die Hände von Menschen) dahingegeben". Wiederum haben wir ein Motiv des Gerichts.[313]

Dürfen wir die genannten Worte und Perikopen kombinieren, ergibt sich eine schlüssige Richtung. Der Herrschaft Gottes, die einbricht, eignen Heil und Gericht. Menschen drängen sich nach ihr, und Menschen drängen gegen sie. Unbeeinträchtigtes, erfolgreiches Wirken gibt es und das dräuende Angesicht von Feinden. Am Ende zeichnet sich Jesu gewaltsames Geschick ab. Fernab einer Heroisierung leidet Jesus darunter. Weil er in allem für Gott eintritt, aus Gott handelt und lebt, hat seine Gefährdung mit Gott zu tun. Der Schatten des Gerichts legt sich dunkel über ihn.

Wir wissen nicht sicher, ob wir mit diesem Sinn zum irdischen Jesus gelangen. Die besprochenen Worte sind in den Quellen zerstreut und umgeformt. In jedem Fall erhellen sie den Anfang der Christologie. Sie erlauben, den befremdlichen Sog über der nachösterlichen Deutung von Jesu Tod zu begreifen: Dieser Tod ist

---

310 Griechisch vgl. Libanios, or. 18,286. Weiteres *Delling**** und die Kommentare.

311 Weiteres *Karrer**** 208ff. Vgl. noch PsSal 8,14; Hab 2,15f; Jer 25,15.27–29; 1Q pHab 11,14f; 4Q pNah 4,11 usw.

312 Vgl. 3.4.2 zu Sokrates. Zum Historischen weitergehend *Feldmeier****.

313 Vgl. 3.3.1. Zwingend nachösterlich sind nur die Leidensansagen Mk 8,31 etc. (s. 3.4.1/3).

kein ehrenvolles Entschlafen. Nein, Jesus stirbt von Gott dahingegeben (s. 3.3/4). *Die Gemeinde findet an Jesus und durch ihn einen Zusammenhang seiner heilvollen und seiner zerbrechenden Geschichte vom Täufer bis zum Tod.*

4.8.2 In der Nacht vor seinem Tod feiert Jesus sein *letztes Mahl*. Es ist ein Mahl mit den Seinen, und doch ist Judas, der ihn ausliefern wird, unter ihnen (Mk 14,17–25 par; Joh 13,1–30).[314] Die Szenen geleiten mit den Mahlworten zur Genese des christlichen Vereins- und Kultmahls (vgl. 1 Kor 11,26).[315] Nachösterliche Interessen und ein Einfluss früherer Mahlgemeinschaften Jesu, seines Speisens mit Stigmatisierten und eines großen Mahls (Mk 2,15* usw.; 6,32–44* usw.), stellen sich ein. Aufgrund dessen ist die historische Rekonstruktion äußerst erschwert. Den Kern bilden ein Grundbestand der Mahlworte und der eschatologische Ausblick Mk 14,25*. Eine knappe Basis ist festzuhalten, obwohl der einige Zeit herrschende relative Konsens über den Bestand der Mahlworte „dies (ist) mein Leib“ und „dies / dieser Becher (mein) Blut / die Setzung (der Bund) in meinem Blut“, gegebenenfalls ergänzt um ein „für …“ bei Brot- oder Kelchwort, brüchig ist.[316]

Häufig wird das Becherwort aufgrund des jüdischen Verbotes von Blutgenuss hinterfragt.[317] Auch eine symbolische Auffassung des Blutes im Sinne äußerster Lebensbedrohung stünde einem Trinken entgegen (vgl. 2 Sam 23,17). Die älteste Gemeinde, die das Wort alternativ geschaffen haben müsste, hätte freilich dieselben Schwierigkeiten. Ihr Erleben von Jesu Tod am Kreuz machte ihr die Rede vom Blut zudem nicht vordringlich (vgl. 3.2.3). Je fremder das Wort ist, um so klarer wäre es nach den herkömmlichen Kriterien Jesus zuzuordnen.

Schlüssel ist der *Kontrast* der Szene zwischen Mahl und eschatologischem Ausblick: Jesus widersteht zerreißendem Druck. Er lässt nicht davon, dass Gottes Herrschaft komme, auch wenn sich sein Scheitern abzeichnet. Er hält an der Zuversicht auf Gottes heilvolle Macht fest (Mk 14,25*; vgl. 2.5) und nimmt den *Kelch* in die Hand.

Wie immer das Kelchwort zuerst lautete, um den Kelch geht es. In der paulinischen Fassung steht das ausdrücklich (1 Kor 11,25; vgl. Lk 22,20), die markinische setzt es im „touto“ („das ist“) voraus. Selbst eine äußerste Reduktion der Einsetzungsberichte kommt um den Kelch nicht umhin, da dieser bei Jesu früheren Mählern keine Rolle spielt.[318]

---

314 In Joh 13 fehlen die Mahlworte. 1 Kor 11,23–25 bietet sie umgekehrt ohne den Geschehens-Rahmen; der karge Hinweis auf die Nacht der Auslieferung genügt. Der synoptische Passionsbericht verzahnt Judas-Szene und Mahlworte (Mk 14,17ff und 14,22ff), erkennbar an der Doppelung der Einleitung in Mk 14,18 und 22.

315 Vgl. *Klinghardt****: zuerst Vereinsmahl.

316 Forschungshinweise *Theißen / Merz* 1996*, 361ff; mittlere Linie bis *Söding****; sekundäre Genese *Kollmann**** (251–258 und passim).

317 Wirksam bis *Becker* 1996*, 420.

318 Deren Einfluss reicht zu Brot und Fisch: vgl. Mk 6,43 par; Joh 21,12f.

Den Kelch und sein Trinken kennen wir aus den besprochenen Leidensworten. Nun ergänzen sich Zeichenhandlung und Wort. Über das Mahl tritt der Schrecken des Leides, des Zornes Gottes. Er trifft, wenn wir der nächstliegenden Syntax des Kelchworts folgen, Jesu Leben, umschrieben durch sein Blut. Für ihn ist das Mahl, wie die Gemeinde erzählt, ein Schritt in die Bereitschaft zu sterben.[319] Für die Personen um ihn wirkt sich der Kontrast zur unaufgebbaren heilvollen Durchsetzung Gottes aus: Ihnen zugute bekundet sich die Zuwendung Gottes trotz des und durch das von Jesus erfahrene Gerichtsleid. Der Kelch wird ihnen „Kelch des Segens" (1 Kor 10,16; vgl. JosAs 8,9;19,5).

Wieweit der irdische Jesus diese Zuwendung schon in einem „Für" des Kelchworts explizierte, können wir offen lassen. Eine Zeichenhandlung wird erlebt, bevor Sprache sie entfaltend weitergibt, und ein offener Anfang fügt sich zum Gesamtbild Jesu. Das Gefälle zum „Für" ist in der Sache begründet, ob es vor oder nach Ostern ausformuliert wird.

Neben das Kelch- tritt das *Brotwort.* Ist „dies mein Leib" ursprünglich, umschreibt es in der plausibelsten Deutung Jesu Person (nach dem aramäischen „gūfā'"): Jesus verweist in der Mahlgemeinschaft auf seine kommende Lebenshingabe oder – wenn er sein Leben im Rückblick zusammenfasst – darauf, er sei in allem wie Brot, unersetzliche, zugewandte Gabe. Ersteres erklärt die Entwicklung zu Paulus und den Synoptikern. Letzteres erlaubt den Bogen des Joh zum Ich-bin-Wort 6,35.[320]

Ein wichtiger Forschungsstrang vermerkt obendrein eine *kultische Dimension* der Mahlszene. „Leib" begegnet gelegentlich (vgl. Hebr 13,11), „Blut" häufig beim Opfer (Ex 24,8 etc.). „Mein" in den Deuteworten könnte auch „von mir dargebracht" bedeuten. Zu übertragen wäre dann in etwa: „Dies (das Brot, das Jesus beim Mahl austeilt) ist der von mir dargebrachte Opferleib" etc. Jesus vergliche das Brot seines Mahles mit der Darbringung eines Opfers, den Becher mit der Ausgießung des Opferblutes an den Altar. Eine kultische Konkurrenzhandlung zum Tempel entstünde.

Jesu Mahl wäre eine Reaktion auf die gescheiterte Tempelreinigung. Es verließe Israel nicht, führte aber auf einen äußersten Grat in Israel. Leib und Blut benennten nicht mehr unmittelbar die Person Jesu wie bei der herkömmlichen Deutung, doch dafür das Brot und den Kelch eines Mahles jenseits des Tempels als Opfergaben. Die Gottesbeziehung Israels erhielte eine Artikulation neben dem Tempel. Je nach Blickwinkel überwiegt die Trennung vom umgebenden Judentum, das folgerichtig zur Verurteilung schreitet (vgl. Chilton), oder wir haben ein unabgeschlossenes Ringen vor uns (in Varianten die deutschsprachigen Vertreter der mehrschichtigen Diskussion).[321]

Angesichts der Rekonstruktionsprobleme um den ursprünglichen Bestand der Mahlüberlieferung und die Tempelreinigung zögere ich vor so weitgehenden Folgerungen. Kultanspielungen sind in der Überlieferung lange unbestimmt. Erst

[319] Für den Passionsbericht mit Mk 14,35f noch nicht der letzte Schritt.

[320] Vgl. z.B. *Roloff* (s. Anm. 86 zu 3) 53f mit *Berger* 1995*, 187f.

[321] Vgl. *Chilton* 1992 (s. 4.7) 152ff; *ders.**** 46–74; *Lang****; *Berger* a.a.O. 188ff; *Theißen / Merz* 1996*, 382f; anders die „Opferweihe" nach der Todah (dem Dankopfer) bei *Gese**** (Zitat 125).

Did 14,1 heißt das Mahlgebet oder die christliche Mahlfeier ausdrücklich Opfer (vgl. 1 Clem 36,1;44,4).[322] Jüdische Einflüsse dauern fort, vor allem auf die Mahlgebete (vgl. Did 9,1–10,7), während die Abgrenzung zum heidnischen Opfer umgehend einsetzt (1 Kor 10,18–22). Israel hat mithin bleibenden Rang. Das Abendmahl versichert die Teilnehmenden der Gemeinschaft mit Jesus und untereinander ohne Trennung vom Mutterboden.

Wichtige Aspekte in den *Fortschreibungen* bestätigen den Ansatz. Das Wort „*diathēkē*" („Setzung / Bestimmung / Bund") in allen Fassungen des Becherworts (Mk 14,24 par) demonstriert, ob Jesus oder die früheste Gemeinde den Begriff einbringt, die Initiative Gottes. Nach 1 Kor 11,25 / Lk 22,20 ist sie „neu". Die Gemeinde mag dadurch an eine eschatologisch neue Verpflichtung denken, die der Gott Israels ihr zugunsten eingeht, an einen Bundesschluss wie am Sinai (vgl. Ex 24,8) oder einen neuen Bund wie Jer 31,31ff. Jeweils verwirklicht sich ein Grundgeschehen und eine Hoffnung aus *Israel.*

Gegenüber Jer 31 fehlt die Gesetzesthematik. Von Ex 24 weicht der Ritus ab. Deswegen zählen beide Interpretamente zu den Möglichkeiten, nicht zum zwingenden Ausgangspunkt des Herrenmahls. Die Bundesopfer-Tradition erhält insgesamt das wohl größere Gewicht.[323]

Kein Motiv der Mahlzeit ist ans Paschamahl gebunden, sei es, weil sie am Abend vor dem Paschafest stattfand, sei es in einer zu Jesus passenden Abweichung am Paschafest. Gleichwohl verdichtet sich die heilvolle Zuwendung für die Gemeinden des synoptischen Traditionsstrangs um das *Pascha.* Sie erleben dank der Dahingabe Jesu ein in die Welt ausstrahlendes, die Rettung und Bewahrung durch Gott dokumentierendes Pascha, dessen festliche Erfüllung in Gottes Reich kommen wird. Anderswo vertieft nicht so sehr das Pascha wie die Erinnerung an Gottes *himmlische Speise* in der Wüste das Erleben (Joh 6,22–59; vgl. Ex 16). Beides gründet in Israels Schrift.

Das „*Für*" benennt – beginne es beim Brot- oder beim Kelchwort – die in Sache und Umschreibung von Anfang an gegebene Zuwendung Gottes. Neben die gemeindliche Konkretion „für euch" (ab 1 Kor 11,24) tritt die Weite des „Für die Vielen" Mk 14,24. Es öffnet den Gesichtskreis bis zu den Völkern und beschränkt sich nicht auf *Sühne.* Es erhält in ihr, einer Gewährung des einen Gottes Israels, jedoch die größte Tiefe (bes. Mt 26,28).

Vielfach wird versucht, die Sühne über die Schriftbezüge als ältesten Akzent der Herrenmahlsfeier zu erschließen (vgl. „für die Vielen" in Jes 53,11 und die nachneutestamentlich nachgewiesene Sühnedeutung von Ex 24). Besonders interessant wäre das, wenn wir schon im „für die Vielen" Jes 53,11 um die Zeitenwende ein „für die Völkerwelt" hören dürften. Jede Entscheidung ist indes mit den Problemen um die Überlieferungsgeschichte

---

[322] *K. Niederwimmer,* Die Didache, KAV 1, Göttingen 1989, 237f; *H. Moll,* Die Lehre von der Eucharistie als Opfer, Theoph. 26, Köln 1975 u. a. Das Messopfer gibt dem Weg später seine wirkungsvollste Nuance.

[323] Zumal falls das Herrenmahl im Hebr (mit 9,20 etc.) widerhallt, was *Backhaus* (s. 2.8) 231f, 291–297 vorschlägt.

der Mahlworte und die Rezeptionsgeschichte von Gottesknechtslied und Ex 24 behaftet. Uns genügt eine Entwicklung aus offenem Anfang.[324] Sie erklärt am einfachsten die Variationen der Texte einschließlich des Gangs zu Lk 22,14–20: Lukas verstärkt dort das Pascha und lässt „für die Sünden" weg. Die Rettungserinnerung wie beim Pascha und der grundsätzliche Bundesschluss (vgl. 22,20 mit Ex 24,8) haben in seiner Soteriologie, deren Eigenart uns mehrfach begegnete, Vorrang vor der Sühne im engeren Sinn. Das Brotbrechen erweist die freudige Einmütigkeit der Gemeinde (Apg 2,46 u.ö.).[325]

Die Gemeinden feiern das Mahl in einer breiten *Skala von Lebenswirklichkeiten*. Nicht überall spielt der Kelch eine Rolle, sei es aus Scheu vor dem Anfang oder dritten Gründen (vgl. Apg 2,46 etc.).[326] Statt vom „Leib" sprechen manche vom „Fleisch" Jesu (ab Joh 6,54.56; vgl. IgnPhld 4,1). Im Dank für die Erfahrung des Mahls entwickeln sie örtlich einen neuen theologischen Leitterminus. Das Mahl wird *„Eucharistie"*, dankbar empfangene, gute und Freude bereitende Gnade.[327] Im Hintergrund hält sich zugleich der *Gerichtshorizont*. 1 Kor 11,27–32 übersetzt ihn ins Gericht über den Mahlteilnehmern, die nicht unterschieden, was geschehe. Mahlausschlussformeln ab der spätneutestamentlichen Zeit korrespondieren ihm (vgl. Offb 22,15).

Trotz der damit eindeutig dominanten Linie zu einem internen Mahl der Gemeinde wirft die *Mahlteilnahme* eine interessante Frage auf. Die einst selbständige Überlieferung von Mk 14,22ff nennt die Jünger nicht eigens (was viele Übersetzungen überspielen). Sie evoziert mit dem „für die Vielen" die in die Weite gehenden Mahlfeiern des irdischen Jesus und eine offene Weite derer, denen zugute sich Jesus im Mahl nach Ostern zueignet. Spiegelt das womöglich eine weite, offene Einladung zum Mahl nach Ostern? Gab es also vorübergehend oder örtlich eine Mahlfeier, die den Zugang zum Mahl über die Gemeinde entgrenzte? Wenn das der Fall war, könnte es den gelegentlichen heutigen Wunsch nach einem Abendmahlszugang für Nichtgetaufte stützen.[328] Allerdings handelte es sich um eine rasch verschüttete Tradition.

Spätestens Did 9,5 reglementiert die Praxis und schärft ein, nur Getaufte sollten teilnehmen (unter Begründung mit Mt 7,6). Ignatius versammelt die Eucharistie um ein kirchliches Amt und schließt damit eine zweite neutestamentliche Leerstelle (IgnEph 5; IgnPhld 4 u.ö.). Bemerkenswerterweise liegt die Kanonsgrenze vor diesen Schriften.

Ignatius sieht im Brot der Eucharistie außerdem ein Heilmittel, das Unsterblichkeit bringt, ein Gegengift zum Sterben (IgnEph 20,2). Die medizinische Metaphorik, die er

---

[324] Vgl. aber *Jeremias**** 211–223; *Stuhlmacher* 1988*, 65–105 (bes. 70–75) und (in Auseinandersetzung mit Lang und Berger) *Lichtenberger****. Zu „für die Vielen" in der Völkerwelt vgl. 3.7.5.

[325] Weiteres *La Verdiere**** u.a. – Zur Reflexion der Sühnechristologie s. 3.7.

[326] Örtlich mag Wasser getrunken worden sein (bedeutsam für *Lietzmann**** 246–250). Die genaueren Belege setzen freilich erst nachneutestamentlich ein. Der Rückschluss auf Wein beim Mahl Jesu basiert auf Mk 14,25. Da das Neue Testament ihn nicht mit eigenem Gewicht versieht, stellte ich ihn in der Interpretation zurück.

[327] Nach „eu" („gut") und „charis" („Freude bereitende Gnade") in dem um die Zeitenwende für „Dank" eingebürgerten Wort: IgnSm 7,1;8,1 u.ö.; Did 9,1; vgl. 1 Kor 10,16 v.l.

[328] Vgl. *Sundermeier* (s. 3.10) 102–112.

liebt,[329] besteht und überbietet die Konkurrenz zu Heilserwartungen bei paganen Kultmählern, freilich erkauft durch ein Verschwimmen zu mythischem Denken. Der neutestamentliche Text Joh 6,51b-58 bleibt da, obwohl gleichfalls sehr jung, freier. Sein Ziel ist die wechselseitige Immanenz von Jesus und Mahlteilnehmern (v.56). Das zerkauende Essen macht sie plastisch. Ebenso tut das aber auch die Christusmystik einer Abschiedsrede (14,20). Die drastische Beschreibung in 6,53f wehrt einer Verflüchtigung Jesu. Unmittelbar magisch-substanzhaft denkt das Joh im Gesamttext nicht.[330]

4.8.3 Weder die Szenen und Worte vor Jerusalem noch Jesu letztes Mahl und der Anfang der christlichen Mahlfeier enthalten eine explizite Christologie. Die Gemeinde aktualisiert Andeutungen und Zeichenhandlung, bis wir den Ursprung an keiner Stelle mehr ganz sicher erkennen können. Historisch ist die Lage unbefriedigend, theologisch voller Reiz. Denn jede Fortschreibung signalisiert die Lebendigkeit des an Jesus Geschehenen. Sein Weg in die Passion strahlt aus und involviert „die vielen" Menschen. Zu den Gestaltungsformen der Christologie, die wir bislang kennenlernten - begriffliche, narrative, metaphorische, ethisch gelebte - kommt eine weitere, die *Christologie im Vollzug der Feier.*[331]

Jesu Vollzug seines letzten Mahles impliziert dabei sowohl seine unaufgegebene Gottesbeziehung als auch seine Zuwendung zu den Menschen. Personale und soteriologische Christologie gewinnen Bezugspunkte. Die Vollzüge der Mahlfeier nach Ostern entfalten beide in Umschreibungen und im Erleben. *Die Teilnahme* am Mahl *formt den christologischen Radius.* Wer Brot und Kelch nimmt, dem widerfährt der Mit-Teiler der Gottesherrschaft und Herr (vgl. 1 Kor 11,23.26), der Träger von Gottes Bund, das Pascha, der Sühnende und Gottesknecht, die himmlische Speise und das Opfer. Abendmahlschristologie bekommt enorme Spannweite.

Die Christologie im Vollzug hat demnach eine große Stärke. Sie stellt einen Erlebnisraum zur Verfügung. Ihn haben das Herrenmahl, Taufe und Segen jedweder Abstraktion voraus. Sie gewähren Heimat, auch wo die Anstrengung des Begriffs nicht geleistet werden kann oder versagt. Sie erlauben Überschwang, wo andere Kontexte bremsen. Das Mahl öffnet, folgen wir dem visionären Bild und der Wechselrede der Offb mit ihren Anspielungen aufs Herrenmahl, Gottes neue Welt. Es ist Verheißung gegen alle irdische Not, Übergang zur Throngemeinschaft mit Christus (3,20f). Es vergegenwärtigt das himmlische Jerusalem und leuchtet in die Ferne. Denn wenn der Herr Jesus zum Mahl kommt, geschieht dies zur Gnade. Die Wechselrede in Offb 22,16–20 veranlasst deswegen der angeführten Ausschlussformel 22,15 entgegen den universalsten Gnadenwunsch der Schrift: „Die Gnade des Herrn Jesus sei / ist[332] mit allen" (22,21). In der Fährte der Mahlfeier dominiert Gnade über das Gericht.

---

[329] Vgl. Jesus den Arzt bei Ignatius (4.7.8)

[330] Vgl. *Wehr**** 273 und passim; *Barth**** 94ff,131ff u.a. In Joh 6 liegen evtl. Wachstumsschichten vor.

[331] Der Ausdruck „Christologie im Vollzug" begegnet seit *Marxsen**** 6.

[332] Griechisch fehlt das Verb, so dass beide Übersetzungen möglich sind.

Freilich birgt eine Christologie des Erlebens im Vollzug auch ein Dilemma. Erleben eint, und Erleben divergiert. Im schlimmsten Falle spaltet es sogar. Das Herrenmahl – und in neuerer Zeit die Taufe – wirkte deswegen in der Geschichte des Christentums vereinend und trennend. Die Schwierigkeit, die beim Mahl erfahrene Gegenwart Jesu ins Wort zu bringen, zeugte sich in der Christologie fort. Ohne den Ernst der jeweiligen Anliegen zu verdecken, gestattet das Neue Testament eine vorgängige Gemeinsamkeit.

Manches spricht dafür, dass die Korinther die Präsenz drastisch in den Elementen verstanden, stützten sie darauf doch ihre Vollendungsgewissheit. Paulus widerstreitet ihnen in diesem Punkt nicht explizit. Aber ihm liegt ebenso wenig an einer Entfaltung des Gedankens (1 Kor 11).[333] Joh 6,51b-58 intensiviert ihn, ohne im Joh spannungsfrei realistisch deutbar zu sein. Alle kirchenspaltenden Formulierungen sind nachneutestamentlich. Die Transsubstantiation des Mittelalters und römischen Katholizismus ermöglicht die substanzhafte Erfahrung Christi. Dem lutherischen Protestantismus kommt es um seines Präsenzerlebens willen auf eine Mitteilung der Eigenschaften der göttlichen an die menschliche Natur Jesu an, dem reformierten auf Aussageweisen um eine Trennung der Naturen. Keine Auseinandersetzung darf dem je anderen Erleben Christi den Respekt versagen, und doch verweilt das Neue Testament vor den trennenden Entscheidungen.

4.9 Der Menschensohn

Lit.: s.o.; *R. Bauckham*, The Son of Man, JSNT 23, 1985, 23–33; *D. Burkett*, The Nontitular Son of Man, NTS 40, 1994, 504–521; *ders.*, The Son of Man in the Gospel of John, JSNT.S 56, Sheffield 1991; *C. Caragounis*, The Son of Man, WUNT 38, Tübingen 1986; *M. Casey*, Idiom and Translation: Some Aspects of the Son of Man Problem, NTS 41, 1995, 164–182 (und weitere Beiträge); *J.J. Collins*, The Son of Man in First Century Judaism, NTS 38, 1992, 448–466; *H. Geist*, Menschensohn und Gemeinde, fzb 57, Würzburg 1986; *V. Hampel*, Menschensohn und historischer Jesus, Neukirchen 1990; *D.R.A. Hare*, The Son of Man Tradition, Minneapolis 1990; *P. Hoffmann*, Jesus versus Menschensohn [...]: Salz der Erde – Licht der Welt. FS A. Vögtle, Stuttgart 1991, 165–202; *ders.*, Q_R und der Menschensohn: FS Neirynck (s. bei 3.7 Bieringer) I 421–456 (und weitere Beiträge); *M. Karrer*, Die Johannesoffenbarung als Brief, FRLANT 140, Göttingen 1986; *R. Kearns*, Vorfragen zur Christologie I-III, Tübingen 1978/80/82; *ders.*, Die Entchristologisierung des Menschensohnes, Tübingen 1988; *U. Kmiecik*, Der Menschensohn im Markusevangelium, fzb 81, Würzburg 1997; *W.G. Kümmel*, Jesus der Menschensohn?, SbWGF 20/3, Stuttgart 1984; *H. Lietzmann*, Der Menschensohn, Freiburg 1896; *B. Lindars*, Jesus Son of Man, London 1983; *U. Luz*, The Son of Man in Matthew, JSNT 48, 1992, 3–21; *F.J. Moloney*, The Johannine Son of Man, BSRel 14, Rom 1978; *M. Müller*, Der Ausdruck „Menschensohn" in den Evangelien, AThD 17, Leiden 1984; *ders.*, Schleiermacher und der Ausdruck „Menschensohn": Kirche zwischen Heilsbotschaft und Lebenswirklichkeit. FS Th. Jørgensen, Frankfurt a.M. 1996, 69–80; *J.M. Ross*, The Son of Man, IBS 13, 1991, 186–198; *E. Schweizer*, Neotestamentica, Zürich 1963, 56–92; *Th.B. Slater*, One Like a Son of Man in First Century CE Judaism, NTS 41, 1995, 183–198; *L.T. Stuckenbruck*,

[333] Verbreiternd *Klauck**** bes. 330 u.ö.

Angel Veneration and Christology, WUNT II 70, Tübingen 1995; *J. Theisohn*, Der auserwählte Richter, StUNT 12, Göttingen 1975; *H.E. Tödt*, Der Menschensohn in der synoptischen Überlieferung, Gütersloh [4]1978 ([1]1959); *C. Tuckett*, The Son of Man in Q: FS de Jonge 1993*, 196–215; *G. Vermes*, Post-Biblical Jewish Studies, SJLA 8, Leiden 1975, 147–165 (und weitere Beiträge); *Ph. Vielhauer*, Aufsätze zum Neuen Testament, TB 31, München 1965, 55–91,92–140; Jesus und der Menschensohn. FS *A. Vögtle*, Freiburg 1975; *A. Vögtle*, Die „Gretchenfrage" des Menschensohnproblems, QD 152, Freiburg 1994; *A. Yarbro Collins*, The Son of Man Sayings in the Sayings Source: To Touch the Text. FS J.A. Fitzmyer, New York 1989, 369–389; *dies.*, The „Son of Man" Tradition and the Book of Revelation: Charlesworth 1992 (s. 3.8) 536–568.

Wer ist dieser Jesus, an dem sich Gott provokativ zeigt, der in den Tod gehen muss und den der Tod trotzdem nicht bricht, der vielmehr nach dem Tod in Hoheit aufsteht? Eine Umschreibung lieben die Evangelien: Er ist „der Sohn des Menschen". Fast durchweg spricht Jesus sie (ohne Parallelen synoptisch 36, johanneisch 13mal). Wo Dritte sie aufgreifen, tun sie es im Zitat (Lk 24,7) oder der Nachfrage an Jesus (Joh 12,34 nach 23). Finden wir also, nachdem wir uns mit den Attributen bislang schwer taten, doch noch ein Schlüsselprädikat, das zum irdischen Jesus zurückführt?

4.9.1 Um die heftige Diskussion zu verstehen, müssen wir mit einem *Überblick* beginnen:

Die Doppelung des Artikels (im Fachausdruck: die *doppelte Determinierung*) „*ho* hyios *tou* anthrōpou", *der* Sohn *des* Menschen, weicht vom gewöhnlichen griechischen Sprachempfinden ab. Das Neue Testament jenseits der Evangelien trägt dem Rechnung. Die verdichtete Figur findet sich außerhalb ihrer allein in der Schrift eines Evangelienautors, in Apg 7,56. Ansonsten steht „Mensch" (1 Tim 2,5), „Menschensohn / Menschenkind" (Hebr 2,6ff) oder eine komplizierte Umschreibung (Offb 1,13ff;14,14).

Zusammenhänge mit dem Ausdruck der Evangelien sind nur indirekt herzustellen. Die Evangelien bieten umgekehrt erst am Ende des Neuen Testaments eine einzelne Glättung. Joh 5,27 verzichtet auf die doppelte Determination: „Der Sohn" (5,26) hat die Vollmacht des Gerichts, weil er „Menschensohn" („hyios anthrōpou") ist.

Die *synoptischen Evangelien* enthalten näherhin Worte vom *erscheinenden* (Mk 8,38;13,26;14,62; Mt 19,28 Q; Lk 12,8f Q; Lk 12,40 Q; 17,24.26[.30] Q; Sondergut Mt 10,23b;24,30a;25,31; Redaktion Mt eindeutig 16,28; Sondergut Lk 18,8b), *gegenwärtigen* (Mk 2,10.28; Lk 7,34 Q; 9,58 Q; 12,10 Q; vgl. 11,30 Q) und *leidenden Menschensohn* (bes. Mk 8,31;9,31;14,21; vgl. 10,45; nie Q).

Die Parallelen sind je zu ergänzen. Für erstere Gruppe hat sich vielfach „*kommender*" Menschensohn eingebürgert. Das Verb „kommen" findet sich indessen in ihr nur teilweise (Mk 8,38;13,26;14,62; Lk 12,40 Q; Mt 10,23;16,28;25,31; Lk 18,8) und zusätzlich in anderen Worten (denen vom gekommenen Menschensohn Mk 10,45; Lk 7,34 Q; Lk 19,10b). Es lässt sich durchweg mit „in Erscheinung treten" übersetzen (auch in Dan 7,13). Die Erscheinung ist die übergeordnete Kategorie (vgl. Mt 24,30a u.ö.).

Das *Joh* (1,51;3,13f;5,27;6,27.53.62;8,28;12,23.34;13,31) konzentriert alle Bereiche der Synoptiker um den gegenwärtigen Menschensohn, dessen irdisches Wirken der offene Himmel überstrahlt. Statt vom Leiden spricht es von Erhöhung und Verherrlichung (3,14;8,28;12,23;13,31).

Das *EvThom* überrascht nochmals. Denn es stützt die christologische Menschensohntradition überhaupt nicht. Verbreitetem antikem Sprachgebrauch gemäß, versteht es auch den Singular „Sohn des Menschen" im Sinne des Genus Mensch, *generisch*. „Menschensöhne" – wir müssen heute sagen, Menschenkinder – sind die irdischen Menschen um Jesus (log. 28), gegebenenfalls in ihrer Auszeichnung vor ihm (log. 106[334]).

Der Fachausdruck „generisch" meint eine an sich einfache Sache: „Mensch" ist die „Menschheit". Gegebenenfalls sind es in einer besonderen Situation einzelne aus ihr herausgegriffen. Das Deutsche kennt entsprechende Wendungen, „wir sind alle Menschenkinder" oder die Anrede „Menschenskind" / „Menschenskinder". Am einzelnen Menschenkind (Menschen) scheint etwas für die Menschheit Typisches auf, oft unter der spezifischen Perspektive des Redenden.[335]

Das EvThom verdeutlicht das schön. Es misstraut christologisch der Kraft menschlicher Sprache (log. 13). Das Prädikat „Sohn des Lebendigen" / „der Lebendige" (Prolog; log. 37;52;59;111), das es einzig nirgends relativiert, signalisiert seine Tendenz: Jesus gehört dem göttlichen Leben an. Das hebt ihn von Welt und Menschen ab. Das einzige Menschensohnwort des EvThom, log. 86, charakterisiert daher nicht Jesus. Es spricht aus Jesu Perspektive über die Menschen um ihn: „Die Füchse haben ihre Höhlen [...]; des Menschen Sohn aber hat keinen Ort, sein Haupt zu neigen und zu ruhen." Der Menschensohn ist der Mensch, den Jesu Rede prägt. Dieser Mensch ist, modellhaft für die Thomasgemeinde, auf Erden unbehaust.[336]

Der Sprachgebrauch des EvThom macht darauf aufmerksam: In Worten vom gegenwärtigen Menschensohn kann ein generischer Klang mitschwingen. Gelegentlich – explizit bei Mt – bricht er noch im Endtext eines synoptischen Evangeliums auf. Nur im Joh fehlt er aufgrund dessen Eigenart gänzlich.

Dem Wort von der Unbehaustheit (Lk 9,58 par Mt 8,20 Q), dessen Fassung im EvThom wir gerade kennenlernten, inhäriert die Schwebe zwischen Christologie und einer Aussage über die Menschen um Jesus alt, ohne dass die Redaktoren sie betonen. Da es bei den Kynikern verwandte Tendenzen zur Unbehaustheit des Menschen gibt, sind manche Ausleger an der generischen Deutung besonders interessiert.[337]

Beim Sabbatwort verteilt das Mk generische und christologische Aussage auf zwei Verse (2,27 und 2,28). Generisch ist 2,27 „der Sabbat wurde wegen des Menschen ...", christologisch 2,28 („der Menschensohn ist Herr über den Sabbat"). Vielleicht parallelisierte die

---

334 Die generische Sprachvariante „Söhne des Menschen" log. 106 (statt „der Menschen" log. 28) bereitet die Auszeichnung zu Kindern eines urbildlichen Menschen vor (vgl. syrisch OdSal 3,10).

335 Deutsch umgangssprachlich: „Menschenskind, das müsstest du schon längst wissen", denn – so wird mitgedacht: „Als Mensch (Beispiel des Genus Mensch) bist du doch eigentlich klug", und das gilt ganz besonders jetzt für dich in deiner Situation.

336 Allenfalls indirekt vermittelt log. 108 (wie Jesus wird, wer aus seinem Munde trinkt) den Impuls zur Christologie. – *Fieger* (s. Anm. 253 zu 3) 229f; *Franzmann* (s. 2.1) 28,97.

337 *Funk e.a.*** 160f,316f,519.

vormarkinische Tradition die Logien von Mk 2,27 und 28, weil sie auch v.28 generisch verstand („der Mensch ist Herr über den Sabbat"). Dann korrigierte Mk das. Durch die Unterscheidung von „Mensch" und „Menschensohn" wird „Menschensohn" bei ihm ganz christologisch.[338] Mt und Lk beschränken sich darauf hier auf den christologischen Akzent (Mt 12,8; Lk 6,5).

An einer dritten Stelle belebt das Mt den generischen Impuls hingegen neu. Es überträgt die Vollmacht, auf der Erde Sünden zu vergeben, aus Mk 2,10 (Mt 9,6) auf „die Menschen". Mit der Perspektive des Evangeliums ergibt sich: Die Menschen der Gemeinde haben solche Vollmacht (Mt 9,8 diff. Mk und Lk).

Zuletzt lösen sich viele Probleme um Lk 12,10 Q, falls es ursprünglich (vor Q) besagte „wenn jemand etwas gegen den Menschen (allgemein) sagt, wird ihm vergeben werden."

Die Evangelien integrieren also die Motive vom erscheinenden, gegenwärtigen und leidenden Menschensohn unter unserem einen, sprachlich hervorhebenden Ausdruck, ohne das generische Potential einzelner Stellen ganz auszuklammern. *Die christologische Konzentration der Wendung „der Sohn des Menschen" ist nicht von vornherein zwingend.* Sie beruft sich auf die bedeutendste Entwicklung der Evangelientraditionen.

Mehr noch, schon die Hervorhebung „*der* Sohn *des* Menschen" entsteht in der griechischen Sprache der Evangelien. H. Lietzmann*** schloss vor 100 Jahren, wir müssten unser vorfindliches, dichtes „der Menschensohn" als griechische Eigentümlichkeit lesen. Es sei ein Terminus technicus hellenistischer Theologie. Das aramäische „bar naša", das es übersetze, sei farblos und unbestimmt. Seither ist die Forschung in der religions- und sprachgeschichtlichen Frage bleibend verunsichert. *Den einheitlichen Eindruck der Menschensohn-Worte verdanken wir* – darum kommen wir nicht umhin – *der urchristlichen Theologiegeschichte. An seinem Anfang können mehrere, selbst sprachlich nicht einheitliche Impulse stehen.*

Zweifelhaft ist, ob wir den Knoten über die neueren Kenntnisse des Sprachstands in Palästina zerschlagen dürfen. Jesus beherrschte, wie gesagt, zwar wahrscheinlich das Griechische, und im Kreis um ihn spielte es gewiss eine Rolle.[339] Aber er bevorzugte das Aramäische, und dem Gang der Quellen genügt eine Verdichtung und Vereinheitlichung unseres Ausdrucks in der griechischen Sprache nach Ostern. Der Sprachgang gestattet einen aramäischen Beginn beim irdischen Jesus.[340] Nach Ostern allerdings müssen wir wegen des parallelen Gebrauch in den Traditionen von Logienquelle und Mk mit einer zügigen griechischen Ausbreitung rechnen.[341]

---

338 Für generische Tradition z.B. *Funk e.a.*** 49. Mk setzt in 2,27 zur Unterscheidung der Verse einfaches „anthrōpos", in 2,28 „ho hyios tou anthrōpou".

339 So wird virulent, ob die griechische Wendung nicht seine Billigung aufweise: Diskussion seit *Ross**** 192.

340 Die griechische Überdeterminierung geht dabei nach derzeitigem Stand wahrscheinlicher auf eine übergenaue Übersetzung des aramäischen determinierten Status constructus „br (')nš'" als des – dann im Sprachgebrauch der frühen Christen nicht mehr davon unterschiedenen – indeterminierten „br (')nš" (Plene-Schreibung „br 'nwš") zurück. Freilich ist an keiner Stelle das Aramäische erhalten. Daher sind Variablen zuzugestehen.

341 Wenn wir nicht (wie *W. Schenk*, Der Einfluss der Logienquelle auf das Markusevangelium, ZNW 70, 1979, 141–149) von einer Inspiration des Mk durch Q ausgehen wollen.

Der Übersetzungsterminus „der Menschensohn" entfaltete, wo immer er begann, beträchtliche eigene Dynamik. Wiederholt mag die Fassung mit „Ich" ursprünglicher sein, die vielen Worten zur Seite tritt (Mt 10,32f par usw.).[342] Apg 7,56 und leicht erkennbare Sekundärbildungen[343] *untergraben den Eindruck, wir hätten es unbedingt mit eigener Rede Jesu zu tun.* Andererseits ist es gleichfalls nicht leicht, die Option umzukehren und eine durchweg nachösterliche Entstehung der Menschensohnworte zu postulieren. Wer das tut, muss nicht allein die fast durchgängige Formulierung der Menschensohnworte als Worte des irdischen Jesus erklären. Er ist zudem genötigt, eine bald wieder abebbende Welle anzunehmen. Die neugefundenen Quellen jenseits des Neuen Testaments ergänzen nämlich bloß wenige Neubildungen.[344]

Das wichtigste Beispiel ist EvPhil NHC II 63,25–30: In der Küpe Levis habe der Herr 72 (= 6 × 12) Farben weiß gefärbt und kommentiert „der Menschensohn kam als ein Färber". Das Färben verspricht die leuchtende, himmlische Existenz (und die dem entgegenstehende Welt kreuzigt Jesus; vgl. 63,24). Das Wort ist erkennbar sekundär.

Bis zum Ausgang des Neuen Testaments ist schließlich *nicht* von einem christologischen *Prädikat* Menschensohn zu sprechen. Die frühen Christen hören, so sehr sie den Ausdruck verfestigen, eine Selbstumschreibung Jesu. Nur punktuell bereiten sie das Bekenntnis in drittem Mund vor (Joh 9,35f). Nirgends bilden sie einen Satz mit der Syntax „Jesus (ist) der Menschensohn". Das bestätigt neuerlich die Sonderstellung unseres Ausdrucks. Mit Grund ist er für die neutestamentliche Forschung ebenso attraktiv wie in ihr umstritten.

4.9.2 Zur Klärung sind wir bei allen Erschwernissen auf die *Sprach- und Religionsgeschichte* angewiesen. Ihre Erforschung vollzog sich in Phasen, die abwechselnd Sprachanalyse und Religionshistorie bevorzugten:

Die Alte Kirche bürgerte eine Auffassung unseres Ausdrucks als Hinweis auf Jesu Menschheit ein („Menschensohn" als Verweis auf die menschliche Natur Jesu). Dazu gewahrte sie das Nebeneinander von Menschensohn- und Ich-Worten. Beides begünstigte lange die *sprachliche Analyse*, Menschensohn umschreibe „Mensch" und „Ich". Der Humanismus des 16.Jh. verankerte sie in der Erkenntnis, Hebräer seien gewohnt gewesen, von sich in der dritten Person zu sprechen. Jesu „Menschensohn" entspreche deshalb dem Personalpronomen „Ich".

Die Worte vom erscheinenden Menschensohn, die dazu schwer passten und an Dan 7,13 erinnerten, wurden bis ins 19.Jh. meist mit Ps 8 und Gen 3,15 (dem sog. Protevangelium) integriert. In der historischen Kritik ab der Aufklärung galten sie wiederholt als nachösterlich. Die frühen 1890er Jahre brachten den Höhepunkt. Auch J. Wellhausen favorisierte

---

[342] Der Vorschlag, dort grundsätzlich dem „schlichten" Ich die Priorität zu geben (*Jeremias* ²1973 [⁴1988]*, 250f), setzte sich freilich nicht durch. Jedes Wort ist einzeln zu prüfen.

[343] Mk 9,9.12;10,33;14,41 (je redaktionelle Aufnahmen der Leidensaussagen von 8,31 oder 9,31); Mt 16,28 (gegen Mk 9,1); Mt 26,2 etc.

[344] Meist schreiben sie schon bekannte Belege fort: vgl. NHC VII 65,18f;69,21f mit Joh 8,28.

vorübergehend, Menschensohn substituiere bei Jesus „ich".[345] Erst nach Paulus, der den Ausdruck nicht gebrauchte, wäre es zur Reinterpretation durch Dan 7,13 gekommen (soweit nicht auch dieser Text unmessianisch wäre).

Die Entdeckung des *apokalyptischen Jesus* kehrte die Gewichte um. Dan 7,13f mit der Vision einer Gestalt „wie ein Menschensohn", die, vor den Alten der Tage (Gott) gebracht, Herrschaft, Würde und Königtum erhält, und die jüdischen Folgetexte 1 (=äth) Hen 37–71; 4 Esr 13 rückten in den Mittelpunkt. Da Jesu Worte vom erscheinenden Menschensohn nicht als eine Umschreibung des „Ich" zu lesen waren, ergab sich zugleich: Jesus blickte, wenn er sie sprach, auf den Menschensohn als von ihm unterschiedene Gestalt. Er erwartete ihn als Bürgen seiner irdischen Gemeinschaft. Die Gemeinde identifizierte, von seiner Vollmacht überwältigt, in ihrer Glaubenserfahrung seine Erwartung mit ihm selber. Die Authentizität der Worte vom gegenwärtigen und leidenden Menschensohn fiel korrespondierend.

R. Bultmann und ein Teil seiner Schüler brachten diese Auffassung in Varianten zu breiter Geltung.[346] Ab Ph. Vielhauer** traf der Zweifel dann auch die Erscheinungs-Worte (vor allem, da das Gottesreich in keinem explizit erscheint).

Probleme stellten sich bald, korrigierten den Forschungssog aber nur langsam (seit E. Schweizer***): Die Belegverteilung und inneren Wachstumsindizien in den Evangelien erlauben schwer einen grundsätzlichen Vorrang der futurischen Worte, und schon die apokalyptische Menschensohnvorstellung ist nicht als Prädikat zu fixieren. Dan 7,13 bietet keinen festen Titel, sondern eine Umschreibung. Eine Person erscheint „wie ein Mensch(ensohn)" (MT, LXX, Θ).

Dan 7 spiegelt denn auch eine Deutungsgeschichte. Im Grundtext führt sie zu den Heiligen des Höchsten, einer kollektiven Deutung, die mit den Evangelien nicht zu vereinen ist (7,18.25). Bedeutende Handschriften der LXX (CP 967 u.a.) bereichern sie um eine Identifikation des Menschensohns mit dem Alten der Tage. Schon letzterer ist damit Erscheinungsgestalt, nicht mehr, wie in der aramäischen Vorlage, Gott selber.[347]

Aus der Vision erwächst unser Ausdruck nicht minder in den Bilderreden des Henochbuches (1 Hen 37–71) und im vierten Esrabuch. Pseudo-Henoch sieht eine Figur, die „wie das Aussehen eines Menschen" ist (46,1), Pseudo-Esra etwas „wie die Gestalt eines Menschen" (13,3a).[348] Aus der Umschreibung verdichten sich ihre Wendungen „der Menschensohn" (1 Hen 46,3.4 u.ö.) oder „Mensch /

345 Nachweise von Beza und Camerarius bis H.E.G. Paulus etc. bei *Burkett* 1994***, 504ff; *M. Kähler*, Christologie, RE 4, 1898, 8f; *J. Wellhausen*, Israelitische und jüdische Geschichte, Berlin 1894, 312 Anm. 1 (später von ihm korrigiert). Weiteres zur Theologiegeschichte 3.9.6.

346 Bes. *Bultmann* ⁹1984*, 30f; *Tödt****.

347 Sonstige Deutungs-Strata (Engelsgestalt etc.) erhöhen das Auslegungspotential. Die Religionsgeschichte im Vorderen Orient schafft zusätzliche Komplexität: Vgl. *K. Koch*, Das Buch Daniel, EdF 144, Darmstadt 1980, 216–235; Beiträge der *FS Vögtle****; zur LXX *L.T. Stuckenbruck*, ZNW 86, 1995, 268–276 u.a. (eine These unter Einbezug von Θ bei *Caragounis**** 61–67); komplexeste Religionsgeschichte *Kearns****.

348 Übersetzungen *S. Uhlig*, JSHRZ V 6, 1984, 587; *J. Schreiner*, JSHRZ V 4, 1981, 393.

Mann" (4 Esr 13,5.25), beide divergent zum neutestamentlichen „der Sohn des Menschen".

Die *Bilderreden* beschreiben den Menschensohn als von Gott aufbewahrten Repräsentanten von Gottes Gericht und Heilshandeln, der auf dem Thron der Herrlichkeit wird sitzen dürfen (bes. 62,6–9). Im jüngeren Anhang identifizieren sie ihn mit Henoch (71,14).[349] Da sie in Qumran fehlen, sind sie wohl erst nach dem Wirken Jesu und der ersten christlichen Generation entstanden. Angesichts der Schwierigkeiten um Dan 7 haben sie gleichwohl hohes Gewicht. Namentlich A. Vögtle verteidigt eine nachösterliche Entstehung der Menschensohnchristologie unter Rückgriff auf sie: Ein urchristlicher Prophet brächte in Konkurrenz zu ihnen zum Ausdruck, es sei kein anderer Menschensohn als der erhöhte Christus zu erwarten, dessen Kommen die Gemeinde im Maranatha („unser Herr, komm") erflehe. Sein beeindruckendes Plädoyer hängt an einer Datierungsfrage und bedarf des Zwischengliedes über ein drittes Prädikat („mar", Herr). Es löst nicht alle Erschwernisse.[350]

4 Esr 7;11–13 kombiniert im späten 1.Jh. n.Chr. die Messias- und die Menschensohn-Erwartung. Die Erscheinungstradition steigert nach den Schrecknissen des Jüdischen Krieges Würde und Funktion des herrscherlich-kriegerischen Gesalbten, und 4 Esr entdeckt einen messianischen Sohn / Knecht (13,32), der, aus dem Meer aufgestiegen, auf den Wolken fliegt und eine große Menschenmenge mit Flammen seines Mundes vernichtet.[351] Es bleibt darin ein Einzelfall. Der *Menschensohn-Messias* wird ein christliches Proprium (und 4 Esr bald allein mehr christlich überliefert).[352]

Überblicken wir die Quellen, erweist sich die Umschreibung Menschensohn als literarisches Element. Genauerhin ist sie ein *Glied der Epiphanie-Terminologie: Ein Wesen erscheint als Mensch.* Damit verlieren die genannten Texte zugleich ihre Isolierung. „Einer", „ein einzigartiger Mann" begegnet zur Visionsbeschreibung bereits assyrisch.[353] Israel kennt reiche Sprachvarianten („Gleichbild menschlichen Aussehens" / „eines Mannes" usw.) seit den Visionen Ezechiels.

Im Ausgangstext Ez 1,26f erscheint Gott selber im Gleichbild menschlichen Aussehens. Dann löst sich die Erscheinungsgestalt von der Merkabah (seinem Thronwagen). Gott entrückt. Die Erscheinung geht auf Wesen vor ihm über (ab Ez 8,2f; Dan 10,16 Θ „wie Gleichgestalt eines Menschensohnes"). Der „wie ein Menschensohn" von Dan 7,13 gehört hierher. Die LXX (CP 967 u.a.) korrigiert den Anthropomorphismus für Gott im „Alten der Tage" und überträgt auch diesen Ausdruck auf die Erscheinung (nicht genau datierbar; vgl. o.). Die Würde der erscheinenden Gestalt wächst. Um die neutestamentliche Zeit ent-

---

349 Einige Handschriften passen auch die Naht 70,1 dem an. Weiteres *Theisohn**** u.a.

350 *Vögtle* 1994***; ders. s.v., NBL II, 1995, 770f.

351 Mit erkennbarer Naht: In 4 Esr 13 dringt „Messias" nicht unmittelbar ein. Vgl. 3.8.3, 4.2.4.

352 In syrBar lässt sich trotz zahlreicher Bemühungen keine Kontamination von Messias und Menschensohn nachweisen (*U.B. Müller*, Messias und Menschensohn, StNT 6, Gütersloh 1972, 134–142; *K. Müller*, Menschensohn und Messias, BZ 16, 1972,161–187; 17, 1973, 52–66: 57ff u.a. Durchsetzung der Kritik ab *Theisohn**** 147f). Das Hagiographen-Targum liest zwar Ps 80,16b auf den „König Messias", belässt aber darauf v.18b: Der König Messias ist ein „Menschenkind", das erst Gott stark macht (vgl. *S.H. Levey*, The Messiah: An Aramaic Interpretation, MHUC 2, Cincinatti 1974, 119f,160 Anm. 39).

353 Weitreichend ausgewertet bei *H. Kvanvig*, Roots of Apocalyptic, WMANT 61, Neukirchen 1988 (nach ders., StTh 35, 1981, 85–89).

steht JosAs 14,1–17,8: Asenat (vgl. Gen 41,45) schaut „einen Menschen aus dem Himmel" (14,3; v.9 „einen Mann gleich …") und erkennt, dass darin zu ihr „Gott kam" (17,9).[354] In der ApkAbr (um 100 n.Chr.) zeigt sich ein überwältigender Engel „Jaoel" mit Namensbestandteilen aus Jahwe und El (Gott) in der „Gestalt eines Mannes" (10,5.8; vgl. 11,2 mit Dan 7,9 etc.).[355]

Vorhandene Texte beeinflussen die Formulierungen des Neuen Testaments. Vor allem nehmen die Annäherungen an Dan 7,13 sukzessive zu. Die zwei Zitate dieser Stelle in den Evangelien (mehr ließen sich im strengen Sinn nicht halten) sind keine älteste Schicht.[356]

Ende der 1960er Jahre eröffnete G. Vermes einen neuen Schub *sprachlicher Analyse*. Die Worte eines direkten oder indirekten Anklangs an Dan 7,13 schrieb er einer Apokalyptisierung bei den Jüngern zu und suchte über das Aramäische eine bescheidene oder vorsichtige Umschreibung Jesu für „Ich".[357] Seine Belege wiesen freilich eher auf einen generischen Charakter des Aramäischen (Menschenkind für Mensch allgemein) oder das indefinite „ein Mensch" / „irgendeiner". Das neutestamentliche „*der* Sohn des Menschen" setzt nach dem Stand der Quellen im 1.Jh. *einen besonderen, konkreten Bezug* voraus (der bekannte / genannte Mensch[ensohn]).[358]

Die Debatte bildete rasch Varianten. Die Auffassung als in einem zurückhaltende und betonte Umschreibung des „Ich" wirkte fort. „Menschensohn" verliert dann den Charakter als eigenständiger Bedeutungsträger (M. Müller***). Zwischen generische und indefinite Deutung lagerten sich die Thesen, Jesus benütze allgemeine Statements, um etwas über sich zu sagen, er verwende das Idiom „ein Mensch in meiner Lage" oder er spreche bewusst indefinit von „irgend jemandem", so dass nur die, die ihn verstanden, den Bezug auf ihn selbst erkennten (Casey***; Lindars***; Bauckham*** u.a.).

Alle Varianten schwächen entschieden das apokalyptische Jesusbild. Die Worte von der Gegenwart und Vollmacht des Menschen(sohns) auf Erden werden zum Angelpunkt. Der Zugang zu den Leidensworten erleichtert sich. Ausblickende Worte komplettieren das Bild allein, soweit sie mit dem Ansatz vereinbar sind.

4.9.3 Wieweit lassen sich in dieser Lage Aussagen über *Jesus und den Menschensohn* machen? Die religions- und sprachgeschichtlichen Forschungen paralysie-

[354] Man kann auch „ein Gott" übersetzen. „Ēlthen", „kam" umschreibt vertraut „erschien". Die Epiphanie übernimmt die Aufgabe einer Theophanie.

[355] Vgl. weiter Philo, praem. 165; Sib 5,414ff.

[356] Mk 13,62 aufgrund des Kontextes, 14,62, da es die Tradition von 8,38 fortschreibt. Eine Rezeption von Dan 7,13 ohne Menschensohn-Ausdruck gibt es lange (Did 16,8 etc.).

[357] *Vermes**** und 1993 (1973)*, 144–174.

[358] Vgl. *K. Beyer*, Die aramäischen Texte vom Toten Meer, Göttingen 1984, 518 (seine Referenz auf Dan 7,13 ist allerdings nicht zwingend). Hebräisch kennen wir „ben 'adam" als Umschreibung für „Mensch" seit alters (Ijob 25,6; 1QH 4,30 etc.). Die Anrede an ein Menschenkind in der Vision (Ez 2,1 etc.; vgl. 4Q 385 fr. 2,5) erwächst daraus. Aramäisch ist die Quellenlage trotz der Qumranfunde immer noch ungünstig. Lediglich „br 'n[w]š" für „Mensch" allgemein / „ein Mensch" ist nachgewiesen (1Q GenAp 21,13 in Wiedergabe von Gen 13,16; 4Q Enoch[e] 1,1). Im früher auch angeführten 4Q OrNab fr. 1f ist es nicht zu rekonstruieren.

ren sich teils. Wo eine gemeinsame Richtung entsteht, drängen sie die Worte vom erscheinenden Menschensohn ab, die in der synoptischen Überlieferung am häufigsten sind. Den Gegenbeweis, den österlich-nachösterlichen Schlüsselimpuls dieser Worte, erbringen sie gleichwohl ebensowenig.

Das löste sich, dürften wir die Ostererscheinungen als solche des Menschensohn-Weltenrichters bestimmen.[359] Doch keine alte Erscheinungstradition stellt einen Bezug zum Menschensohn her. Erst mit der späten Erneuerung von Erscheinungen (Offb 1,13ff) gewinnt Dan 7,13 Gewicht. Die Nachordnung der Einflüsse von Dan 7 bestätigt sich.

Daher spricht viel dafür, weder zu resignieren noch sich einer Linie allein anzuschließen, sondern die Aspekte zu verfugen. Die religionsgeschichtlichen Erkenntnisse über eine Erscheinungstradition *und* die sprachanalytischen über den Ausdruck „der Mensch(ensohn)" verdienen Beachtung. Die Tätigkeit der Gemeinde ist hoch einzuschätzen *und* die Rückfrage nach einem Ausgangspunkt in der Geschichte des irdischen Jesus zu stellen:

Ein Kern der Überlieferung vom *erscheinenden Menschensohn* beim irdischen Jesus behält Plausibilität. Denn die Genese ist ohne ihn alles in allem schwerer zu erklären. Allerdings dürfen wir am Anfang schwerlich den Ausdruck „der bestimmte / bekannte Menschensohn" annehmen. Diese Determinierung ist mit der christlich-christologischen Verdichtung verwoben. Lösen wir sie, ergibt sich ein Visionsfeld. Weil jedes der Menschensohn-Worte möglichen Einwänden in der Kritik begegnet, ist es nur mit Vorbehalt nachzuzeichnen. Am geringsten scheint die sprachliche Beeinflussung durch andere Menschensohn / wie ein Mensch – Überlieferungen in Lk 17,24 Q: Um die Erscheinung einer menschenartigen Gestalt kristallisiert sich, eingebettet in die besprochene Epiphanietradition Israels, das Ende vor Gott (mögen die Menschen auch handeln wie in den Tagen Noachs: 17,26f).[360] Die Stellungnahme zu Jesus gilt im Angesicht dieser Erscheinung. Jesus oder die ihm Nachfolgenden schließen, die erscheinende Gestalt ratifiziere die an ihm gefällte Entscheidung, sei es zustimmend, sei es richtend (Lk 12,8*; Mk 8,38*).

Womöglich ist Mt 10,32f ursprünglicher als Lk 12,8.[361] Dann hätte sich Jesus aus dem Bewusstsein seiner Sendung direkt eine endgeschichtliche Rolle beim Vater zugeschrieben und die Gemeinde das mit der Menschensohnvision kombiniert. Von Anfang an eine Selbstreferenz Jesu im erscheinenden Menschensohn anzunehmen, scheint mir dagegen nach der philologischen Erörterung problematisch.[362]

Eine Wechselbeziehung ergibt sich zur Vision des Satanssturzes (Lk 10,18 par): Der Umbruch von Gott her ist in Schlüsselszenen zu schauen. Jesus gehört

---

[359] Vgl. *Pesch* 1983 (s. 2), 243ff; weitere Lit. bei *Broer* (s. 2.4) 59.

[360] Nach manchen ist 17,24.26f ältestes Stratum (z.B. *Kümmel**** 171), nach anderen nur 17,24 (bes. bei der Annahme von Redaktionsschichten in Q: z.B. *Yarbro Collins* 1989***, 389).

[361] *Hoffmann* 1991***. Bestreitung eines vorösterlichen Kerns aller Fassungen zuletzt *Zager* (s. 4.4) 245–274.

[362] Die z.B. bei *Theißen / Merz* 1996*, 479 zum Vergleich angeführte Schilderung 2 Kor 12,2ff ist anders gelagert.

in die bewegte Religionsgeschichte des 1.Jh.s.[363] Zugleich ist die Vielschichtigkeit in seinem Wirken zu beachten. Wir dürfen ihn so wenig einseitig zum Visionär machen wie zum Weisheitslehrer, zum Propheten oder zur halbkynischen Wandergestalt. Nicht einmal Bezüge zum Einbruch der Gottesherrschaft entstehen unmittelbar. Keines der Menschensohnworte spricht, wie gesagt, von ihr. Die Gemeinde indes bemerkt den Zusammenhang und schreibt ihn fort.[364]

Die Erscheinung, die Jesus mitteilt, bedarf nicht der Identifikation mit ihm. Aber sie ist ebensowenig unabhängig von der Begegnung mit ihm. So wiederholt sich ein vertrauter Vorgang. Die Menschen, deren Leben Jesu Sendung durch Gott umstürzt, erkennen in Jesu offenem Reden einen Selbsthinweis. Der von Jesus mitgeteilte Menschensohn erweist sich ihnen als dieser bekannte, bestimmte Menschensohn Jesus. Seine Aussagen und seine Beschreibung absorbieren die hoheitlichen Züge der Erscheinungstradition. Das Geflecht zu Dan 7,13 etc. verdichtet sich, und neue Worte wachsen bis zum Stand in den vorliegenden Evangelien zu.

Die *Gegenwartsworte* setzen anders bei der Alltagssprache ein. Die Rekonstruktionsprobleme sind letztlich nicht geringer als beim erscheinenden Menschensohn. Drei Komponenten treffen zusammen: generische Aussagen („der Mensch hat Vollmacht / hat keine Heimat" etc.), ein mit ihnen verbundener oder genuiner Selbstverweis („das gilt gerade für mich"; dies sprachlich besonders umstritten), schließlich eine Antwort auf Kritik, ein abwertendes „der Mensch da".

Schlüsselstelle für Letzteres ist Lk 7,34* (Q). Eine Menschensohn-Aussage antwortet auf den Vorwurf, Jesus sei „ein (gewöhnlicher) Mensch", ein gar nicht außeralltäglicher „Esser und Weintrinker" oder mehr noch ein „Fresser und Weinsäufer", der nach dem Gesetz zu kritisieren sei.[365]

Abermals ist kein Urteil über ein einzelnes authentisches Anfangswort zu sichern. Die Schwebe und Mehrzahl der Aspekte ist jedoch nicht minder interessant. Jesu Provokation wird als Vollmacht (Mk 2,10.28*) wie erschreckender Heimatverlust (Lk 9,58* Q) erlebt. Er steht für beides ein, und deshalb weisen die Worte auf ihn zurück. An ihm scheiden sich darauf die Geister. Die einen erfahren seine Verwerfung bis zum Tod als nicht bloß menschliches Handeln. Sie vernehmen, Gott gebe ihn hin (Mk 9,31*). In den Augen seiner Kritiker überhebt er sich umgekehrt. Für sie ist er lediglich „der Mensch da". Den Bezugspunkt und insofern Ursprung bildet die Begegnung mit Jesus, ob wir die Worte kritisch knapp oder breiter auf ihn zurückführen.

---

[363] Sein Ort dort präzisierte sich, wenn sich schon der Täufer auf eine Menschensohnerscheinung hin orientiert hätte. Doch ist das nicht zu sichern (vgl. 4.3 mit Anm. 115).

[364] Mk stellt 9,1 neben 8,38, die Logienquelle wahrscheinlich die Worte von Mt 12,28.32 nah zueinander. Mt integriert darauf Reich Gottes und Menschensohn in16,28.

[365] Vgl. Dtn 21,20. *W. Schenk*, Das biographische Ich-Idiom Menschensohn (erscheint Göttingen 1997) stützt darauf die These, unser Ausdruck Menschensohn gehöre zunächst in das Wortfeld Sünder; die Christen funktionierten eine polemische Fremdbezeichnung zur Selbstbezeichnung Jesu um. So bedeutsam seine Beobachtungen sind, würde ich den Kontrast zwischen v.34a und 34b stärker gewichten.

Eine großartige Leistung ist die *christologische Integration* durch die Gemeinde. Mit ihr gelangen wir auf festeren Boden. Denn wie unsicher immer die Rekonstruktionen für den irdischen Jesus bleiben, schaffen die vorgetragenen Indizien nun Eindeutigkeit. *Die Gemeinde verschmilzt die Ausdrücke der Erscheinungstradition und Alltagssprache zu dem einen „der Sohn des Menschen"*. Das wirkt sich in beide Richtungen aus:

Die Erscheinungstradition überstrahlt Jesu Auftreten. Alle Gegenwartsworte nehmen den Glanz des Geschehens vor Gott an. Das Leuchten Gottes über ihm zerbricht nicht einmal im schrecklichen Muss des Leidens und Todes (Mk 8,31; 9,31 usw.). Er kam / erschien vielmehr, um zu dienen und sein Leben zu geben (Mk 10,45). Die Leidenstradition wächst unserem Ausdruck ohne Beschwer zu.

Die Zukunftsworte verzichten komplementär auf die visionäre Umschreibung „*wie* ein Mensch". Sie bringen den *Menschen* in die Erwartung ein. Der irdisch Aufgetretene, dieser konkrete, bestimmte Mensch, wird erscheinen. Unser Ausdruck eröffnet den Weg einer *Hoheitschristologie, die sich mit aller Entschiedenheit dem Menschen Jesus verpflichtet.* Die Konzentration der ursprünglichen wie neu gebildeten Menschensohnworte auf den Mund des irdischen Jesus entspricht dem. Sie ist mehr ein theologisches als ein historisches Signal.

M.E. befinden wir uns mit diesen christologischen Konsequenzen nach Ostern. Nach anderen bezieht bereits Jesus den kommenden Menschensohn auf sich und verbindet den alltagssprachlichen Ausdruck Menschensohn mit der Visionssprache.[366] Wir stießen dann auf die oft erwünschte vorösterliche Brücke zur Christologie.

4.9.4 Die *neutestamentlichen Zeugen* bringen in diesen Rahmen einen je eigenen Ton ein. Er enthüllt ihre christologischen Schwerpunkte:

Die *Logienquelle* vernachlässigt weithin Jesu Leiden. Das sahen wir. Doch was sonst als Zufall erscheinen könnte, ihr Abbruch vor der Passion Jesu, erweist sich durch die Lücke der Leidensworte als theologische Ausklammerung. Der *Bogen zwischen den Gegenwarts- und den Erscheinungsworten genügt* ihr, um Jesu bleibende Relevanz für Gemeinde und Welt zu sichern: Es bedeutet Glück, sich dem kritisierten, unbehausten Menschensohn (Lk 7,34;9,58 Q) anzuschließen und darin selbst unbehauste Menschenkinder zu werden, mögen die Menschen seine Nachfolger auch verächtlich machen (Lk 6,22 Q; Mt redigiert). Eine Widerrede gegen Jesus, den Menschensohn, wird zwar vergeben werden (im urchristlichen Kontext eine Chance zur Umkehr).[367] Die zwingende Wirkung des Geistes indes duldet jetzt, in der Zeit der Gemeinde vor dem Gericht, keinen Widerstand (Lk 12,10 Q-Text). Das Gericht über dieser skeptischen, fragwürdigen Generation ist gewiss (vgl. Lk 11,49–51 Q [ohne Menschensohnwort] u.ö.). Wie der Blitz wird der Menschensohn plötzlich leuchten, von einem Ende des Himmels zum anderen (Lk 17,24 Q). Dafür gilt es, bereit zu sein (Lk 12,40 Q). Die Brücke

---

[366] Vgl. bes. *Theißen / Merz* 1996*, 477ff. Andere wichtige Vorschläge in der Lit., z.B. *Hampel****.

[367] Vgl. in der lukanischen Fortführung des Impulses Apg 3,17;13,27. – In Q ist Lk 12,10a christologisch zu lesen, auch wenn es ursprünglich generisch intendiert war (vgl. 4.9.1)

der Menschensohnworte ist so dicht, dass die Lücke des Todes Jesu kaum auffällt. Soweit gleichwohl Anspielungen auf ihn vorliegen, verstärken sie die Leidensbereitschaft der Gemeinde und die Gerichtsmahnung an ihre Umwelt (vgl. 3.5.2).

Ohne die Dialektik von Gegenwart und Zukunft in den Menschensohnworten zerfiele diese Konzeption und risse die Naht zwischen dem Wirken Jesu und der Gegenwart der Gemeinde. Es ist sehr unwahrscheinlich, dass Q die Menschensohnworte nur als Traditionsgut mitschleppt, wie die Forschung vorübergehend annahm.[368]

Durch die Ausklammerung der Leidensworte erhält die Christologie von Q ein Achtergewicht. Das *Mk* gleicht es aus. Statt beim verächtlich gemachten, unbehausten Menschensohn (Parallelen zu Lk 7,34;9,58 Q fehlen) beginnt es bei seiner streitbaren Vollmacht (2,10.28, ihrerseits ohne Parallelen in Q). Leserin und Leser erfahren zuerst seinen Glanz, der Widerspruch überwindet. Darauf freilich lernen sie: *Zum Glanz gehört der Tod.* Der Menschensohn muss sterben, um gegen seine Verwerfung und gegen den Tod aufzustehen (8,31;9,9.31 etc.). Für die Vielen gibt er darin sein Leben hin (10,45). Die Auserwählten wird er bei seiner nahen Erscheinung zusammenführen (13,27). Seine Richter dagegen werden ihn erschreckend zur Rechten der Macht (eine Umschreibung für Gott) sitzen sehen (14,62).

So berichtigen die Leidensworte die Hoheitschristologie des Anfangs, um sie in kunstvoller Verschränkung auf eine neue Ebene zu transponieren. In der Erzählung des Evangeliums bildet das Leiden den Schluss, in den Worten vom leidenden Menschensohn, die genau in seiner Mitte (8,31) beginnen, den Anfang. Das Leiden wird schon vor der Passion zur Mitte des Evangeliums, und die Passion mit den Verweisen auf die Auferstehung in 8,31;9,9;9,31 etc. zum Anfang weitergehenden Geschehens. Das Leiden Jesu erhält den ihm gebührenden Nachdruck. Der Fortgang über die Auferstehung zur Erscheinung des Menschensohns schafft Raum für die Verkündigung des Evangeliums und die Zuversicht, trotz erlebter Verfolgungen bis zum Ende zu bestehen (13,9ff vor 13,26f), ohne dass Mk nach 16,1–8 weitererzählen müsste. Die Verschränkung des Erzählaufbaus und der Menschensohnworte konstituiert ein rezeptionsästhetisches Glanzstück.

Innerhalb dessen verschränkt die markinische Redaktion 8,29–31 und 14,61f. In 8,29ff bekennen sich Menschen zum Gesalbten, und das Menschensohnwort expliziert das Leiden. In 14,61f widersprechen Menschen dem Gesalbten; vor ihn tritt das Leid, und das Menschensohnwort verweist auf die Hoheit. „Gesalbter" und „Menschensohn" erläutern sich gegenseitig. Ihre Spannung begründet die christliche Theologie eines zugleich leidenden und hoheitlichen Menschensohn-Messias. „Menschensohn", der Ausdruck des eigenen Redens Jesu, ist dafür das Leitmotiv. Er hat markinisch größere Dignität als alle Prädikate, mit denen die Menschen Jesus zu bestimmen suchen.

---

[368] Möglich ist allerdings, dass sich der Ton mit den Entstehungsstadien von Q verändert, etwa die drängendste Naherwartung erst um das Jahr 70 gehört. Diskussion *Hoffmann* 1992***; *Yarbro Collins* 1989***; *Tuckett****.

Die oft zu lesende These, Mk korrigiere die Gesalbtenerwartung über den leidenden Menschensohn, ist allerdings einseitig. „Gesalbter“ erhält im Erzählen des Mk schon in sich einen eindeutigen Zug in die Passion. Das Verständnis des Menschensohns vertieft ihn, endet aber gerade nicht mit dem Leiden.[369]

Mt und Lk kombinieren das reiche Gut des Mk und der Logienquelle. Der verächtliche und der vollmächtig gegenwärtige, der leidende und der in Herrlichkeit kommende Menschensohn gehen in sie ein. Die futurischen Worte wachsen durch die Kombination besonders an. Mt und Lk gehen damit unterschiedlich um:

Das *Mt* nimmt die Chance wahr, über den erscheinenden Menschensohn die *Herrschaft und richterliche Vollmacht Jesu* zu verdeutlichen. Beides ist durch Q und Mk angelegt. Sie verbanden aber Menschensohn und Königsattribut noch nicht und erreichten den Klang des Gerichts allein durch ihre Kontexte.[370] Mt greift ins vorhandene Logion 16,28 ein und zu neuen bildhaften Schilderungen (13,40–43 und 25,31–46), um zu explizieren: Dem Menschensohn eignet in seinem herrlichen Erscheinen die Gerichtsvollmacht des universalen Königs (25,31.34). Sie erweist, dass die Welt schon jetzt sein Königreich ist und dass die Geschichte von der Aussaat bis zur Ernte in seiner Hand ruht (13,37.41). Für die Gerechten ist das eine Verheißung (13,43). Für die Völker setzt es einen ethischen Maßstab. Denn es bemisst sie an ihrem Verhalten zu den geringsten Brüdern.

25,32 wählt das Wort für Nichtchristen, „Völker“. „Was ihr einem von diesen meinen geringsten Brüdern getan habt, das habt ihr mir getan“ (25,40), macht sie auf die Glieder der Gemeinde Jesu aufmerksam (vgl. „Brüder“ 12,49 u.ö.). Das Verhalten zur Gemeinde ist auf der matthäischen Textebene Orientierungspunkt im Weltgericht.[371]

Die Gemeinde partizipiert an der Vollmacht des Menschensohnes. Seine Heilung 9,1–7 demonstriert, dass die Menschen Vollmacht haben, auf Erden die Sünden zu vergeben (9,8, die angesprochene generische Fortführung). Das verwehrt dem Schrecken des Gerichts, zu obsiegen. Mögen die Völker beim Erscheinen des Menschensohns jammern und klagen (24,30), sein Leuchten verliert sich nicht im verzehrenden Gerichtsfeuer. Die Verheißung hat größere Tragweite (24,31). Die Gemeinde ist vom Vater im Himmel bevollmächtigt, den Menschensohn bergend als Gesalbten und Sohn Gottes zu erkennen (16,13–20).

Weiterhin ist Menschensohn durch das Wort Jesu ein Leitausdruck des Evangeliums (16,13), bekundet auch durch matthäische Neubildungen (12,40;26,2). Doch die Prädikate des Gesalbten und Gottessohnes werden über Mk hinaus aufgewertet (16,16ff).[372]

---

369 Vgl. 3.8.9; 4.2.6; 4.6.4 (je Lit.) und *Kmiecik****.

370 Wenn Lk 12,8f par in Q vom Menschensohn sprach, war er eher entscheidender Zeuge und Anwalt als Richter.

371 Während die vormatthäische Tradition wohl – wie heute bevorzugt interpretiert wird – an das Verhalten aller (einschließlich der Gemeinde) zu den geringsten Menschen allgemein denkt. „Brüder“ scheint matthäische Redaktion (vgl. *J. Friedrich*, Gott im Bruder?, CThM.BW 7, Stuttgart 1977, 238f).

372 Vgl. 3.8.9; 4.2.6 u.ö.; *Geist****; *Luz**** und a.a.O. (Anm. 79) 339f,497ff.

Lk ordnet den Weg Jesu, und *der Menschensohn selber erhält einen Weg*. Er wirkt auf Erden, um das Verlorene zu suchen und zu retten (19,10 Red.); die lukanische Soteriologie gewinnt vor der Passion ihr erstes Zentrum. Er geht nach göttlicher Bestimmung und durch Judas ausgeliefert in Leid und Tod, um daraus aufzuerstehen (neu Lk 22,48b;24,7); das soteriologische Für tritt bei der Passion zurück (Lk 22,27 verkürzt Mk 10,45). Bei der Verurteilung vor dem Hohen Rat sagt Jesus seine Hoheit an, und erhöht bestimmt der Menschensohn von da an bis zu seinem eschatologischen Erscheinen die Geschichte („von jetzt an" fügt Lk 22,69 ein). Die Gemeinde sieht ihn in der Geschichte weniger, als sie wünscht (17,22b). Ob er bei seinem Kommen am Ende Glauben antreffen wird, ist unklar (18,8b). Aber wer sich zu ihm bekennt, zu dem wird er sich bekennen (12,8). Wer wachsam ist, wird vor ihn hintreten können (21,36). Wer verfolgt wird, darf ihn in seinem Tod bereits schauen (Apg 7,55f). Die Skizze des Menschensohns schafft einen Horizont dafür, die Christusbotschaft rettend zu verkündigen.[373]

Ein Gericht des Menschensohnes expliziert Lukas nicht. Die erzählerischen Kontraste genügen ihm wie den älteren Traditionen, um die Folie des Gerichts zu evozieren (bis Apg 7,55–60).[374] Zudem bricht der Menschensohn Lk 17,22–37 in die Geschichte ein, und Lukas liegt Apg 7,55f an der individuellen Antizipation. Die Erscheinungstradition des Menschensohns als solche zwingt nicht zur Kombination von Gericht und Ende der Welt.

Die Unterschiede zu Mt haben eine wichtige Folge. Lukas gibt der Geschichte größeren und dem Gericht etwas kleineren Raum. Allein Mt schafft die Wendung „Ende des aiōn" (der Zeit: 13,39–43;24,3), und allein in der matthäischen Redaktion entsteht parallel ein unmittelbarer Konnex von Menschensohnerscheinung und zeitlichem Ende der Welt (13,39f;24,3 in Verbindung mit 24,29–31). Die älteren Quellen und Lk thematisieren diesen Konnex nicht und setzen ihn nur begrenzt voraus. *Die große Wirkung des Mt steht maßgeblich hinter dem späteren theologischen Topos vom Kommen* (ungenauer Wiederkommen) *Christi*, des Menschensohnes, *als Richter am Ende der Zeit.*

Wir dürfen freilich den Einfluss des Mt nicht isolieren. Die Menschensohnerwartung berührt in der frühchristlichen Theologiegeschichte den Parusiegedanken und gibt ihm wesentliche Impulse, ohne dass wir sagen könnten, sie habe ihn insgesamt ausgelöst (vgl. 2.8.4). Die Gemeinde blickt, da der Christologie eine soteriologische Dimension eignet, oft auch ohne Menschensohn-Hinweis zuversichtlich auf den Tag des Richtens Jesu (2 Tim 4,1.8 etc.). In der kirchlichen Rezeption fließen die neutestamentlichen Aussagen über Christus, den Richter, zusammen (noch Jak 5,8f; 1 Petr 4,5 etc.). Das Bekenntnis nimmt Mt daher mit einer gewissen Brechung wahr. Der Ausdruck „Menschensohn" verliert sich. Das Constantinopolitanum schreibt die *Wieder*kehr Christi, um zu richten, fest (DH 150). „Am Ende der Welt" geht nicht ins kirchliche Bekenntnis ein, obwohl es im Allgemeinbewusstsein bis heute breit verankert ist.

Schon im Neuen Testament schlägt sich daneben gelegentlich ein Unbehagen über

---

[373] Vgl. 2.7 zu Apg 4,12;26,23 etc. Weiteres *Schneider* in FS Vögtle 1975***.

[374] Lk 12,8 liegt nach Q (vgl. Anm. 371) eher am Zeugen oder Advokaten bei Gericht als am richtenden Menschensohn im engeren Sinn. Äquivalente zu Mt 13,40–43;25,31–46 fehlen.

Christus, den Richter, nieder. Wir sahen das am Hebr (s. 2.8.4). Heute veranlasst es wiederholt den Wunsch, gegen eine richterliche Menschensohn- und Hoheitschristologie zur Theozentrik der Verkündigung Jesu zurückzukehren: „Allein Gott ist der Richter, vor dem sich alle zu verantworten haben.“[375] Die Gerichtschristologie ist ein beschwerlicher, gleichwohl bedeutsamer Bereich des Neuen Testaments. Der johanneische Menschensohn führt sie aus der gerade beschriebenen Zukunft in die Gegenwart der Christusbegegnung:

4.9.5 Das *Joh* nützt den Hintergrund der Erscheinung, um über das Wirken Jesu von Anfang an die Schau des offenen Himmels zu schreiben. Ohne die Leiter der einstigen Jakobsvision (Gen 28,12), unmittelbar berühren sich über ihm Himmel und Erde (Joh 1,51). Die Menschensohnschaft zeichnet ihn vor allen Menschen aus (und zu generischen Akzenten fehlt dem Joh ein Zugang). Er ist aufgestiegen und abgestiegen (3,13). Der Ton von Dan 7,13 auf der drängenden zukünftigen Erwartung passt dazu nicht. Er gewinnt allenfalls peripher Belang (nach manchen in 5,27).

Das offenbarende „Ich bin“ tritt ans Ziel der Aussagen. Erhöhung und Verherrlichung ersetzen die Hingabe des Menschensohns (8,28; vgl. 3,14;12,23; 13,31). Angesichts der Hoheit Gottes über ihm geht jedes Futur aus der Gegenwart seines Wirkens hervor. Die Vollmacht zum Gericht hat er bereits irdisch (5,27). Die Speise zum ewigen Leben wird er infolge seines irdischen Erscheinens geben (6,27, in 6,53 als Anspielung auf die Eucharistie verstanden).

Damit schließt „Menschensohn“ das Feld der einzigartigen Auszeichnung Jesu durch den Vater. Die eigene Rede Jesu konstituiert einen johanneischen Bogen zwischen „Menschensohn“, „Gottessohn“ und „Sohn“ (5,25ff). Zugleich sammeln sich die Probleme des Joh: Wieweit ist dieser Menschensohn überhaupt auf Erden? Ist er nicht schon vorab oder während seines Abstiegs dorthin in den Himmel aufgestiegen? 3,13 nennt auffällig den Aufstieg vor dem Abstieg, und die Änderung der Menschensohnworte zeigt wie kaum ein anderer Vorgang das vorrangige johanneische *Interesse an der Hoheit Jesu.* Der Gegenwartsakzent seines Gerichts und seiner Zuwendung stellt ihn den Menschen drängender und näher vor Augen als alle Synoptiker. Doch könnte er ohne das Gegenüber der Synoptiker und der generischen Menschensohnworte fast die Verhaftung unter den Menschen verlieren.

Die Forschung diskutierte die Entwicklung von einer frühen apokalyptischen Schicht bis zu einer etwaigen kirchlichen Redaktion (in 6,53; vgl. auch die Fortschreibung von 3,13 in vielen Handschriften). Die Stadien sind trotz Nahtstellen schwer zu sichern. Das Gesamtbild erreicht nicht zuletzt durch die Anlehnung an die Schrift eine bemerkenswerte Konsistenz (vgl. Prov 30,4 zu 3,13, Num 21,4–9 zu 3,14, Jes 52,13 LXX zu Erhöhung und Verherrlichung; nur Dan 7,13 tritt zurück).[376]

---

[375] *Zager* (s. 4.4) 318. Seine Korrektur ginge freilich auch über den Hebr weit hinaus.

[376] *Moloney****; mehrere Beiträge der *FS Vögtle* 1975; *Bühner* (s. 4.2) 374–399,422–433; *Burkett* 1991*** (gewagte Gesamt-Herleitung über Prov 30,1–4); *J. Frey*, „Wie Mose die Schlange in der Wüste erhöht hat …“: Hengel / Löhr (s. 5.1) 153–201 u.v.a.

4.9.6 Trotz aller Unterschiede eint der Sprecher Jesus die Verwendung unseres Ausdrucks in den Evangelien. Sobald wir sie verlassen, verliert sich dieses Band zwischen den Traditionen.[377] Die *Erscheinung* und die Betonung des *Menschen unter Menschen* trennen sich. Die Erscheinung bestimmt die Variante der Offb, der Mensch Jesus die Hinweise in 1 Tim und Hebr:

Offb 1,12–18 bedient sich der Menschensohn-Umschreibung, um den Ersten und den Letzten, den Lebendigen ansichtig zu machen, der den Tod überwunden hat. Der Leitbegriff „ähnlicher Menschensohn" v.13 (meist ungenau übersetzt) erinnert noch an eine Gestalt ähnlich den Menschen. Doch der Ton liegt ganz auf seiner *Hoheit*. Die Hypostase der „Stimme" Gottes führt die Erscheinung ein (vgl. ApkAbr 9,1–10),[378] und die Beschreibung des „Alten" aus Dan 7 vertieft sie.

Die Aufnahme von Dan 7,13 differiert zu der der Evangelien. Letztere klammern die Erwähnung des zwischen hebräischem und LXX-Text strittigen „Alten der Tage" aus. Zusätzlich ordnen sie die Erscheinungsrichtung des Menschensohns neu; statt zu Gott bewegt er sich auf die Menschen zu (Mk 13,26;14,62). Die Offb nützt anders den Rezeptionsstrang zur LXX. Der erscheinende Christus erhält, heute fremd, weiße Haare, die ihn der Zeit entheben (1,14) etc. Er leitet in den Raum des einen Gottes (und eröffnet im Duktus zu 4,1 daher den Aufstieg zum Himmel).

Aus der antiken Religionsgeschichte gewinnt der erscheinende Christus Züge eines Hochgottes. Er trägt das himmlische Siebengestirn (1,16; vgl. PGrM IV 693ff), strahlt wie Helios (der Sonnengott; 1,16) und ist den unterirdischen Göttern der Griechen, Hades und Thanatos, weit überlegen (1,18).[379] Verstanden wird er zugleich nicht als Gott unter Göttern, sondern aus dem einen Gott. Um dessen Ehre willen verrätselt sich im Fortgang das Bild. Auch ein olympischer Gott ist nichts vor Christus.[380] Vor dem einen anzubetenden Gott indes erscheint der Menschensohnähnliche gleichsam in einer Reihe von Engeln (14,14 nach 14,7.8.9). Hoheitschristologie im Angesicht der Völker muss den Weg zu einer gesamtbiblisch spannungsfreien Gottheitschristologie erst finden.

Paradigmatisch dokumentiert sich also Anliegen und Schwierigkeit monotheistischer Christologie. Der Ansatz dringt darauf, Christus aus dem einen Gott zu verstehen (vgl. noch Dtn 32,40f zu Offb 1,18 und 1,16). Die Beschreibungskriterien, die zur Verfügung stehen, sind aber in beträchtlichem Umfang subordinatianisch. Die Offb schreitet die Möglichkeiten von Hypostase und Vision bis an ihre Grenzen aus. Sie vermeidet eine Engelchristologie und gerät doch stellenweise in ihre Nähe. Die Aufgabe begrifflich zu lösen, steht für die folgenden Jahrhunderte an.[381]

---

[377] Paulus artikuliert es vielleicht über den himmlischen Menschen neu (1 Kor 15,45.47f): *Hengel* (s. 2.8) 148.

[378] Vgl. *J.H. Charlesworth*, The Jewish Roots of Christology: the Discovery of the Hypostatic Voice, SJTh 39, 1986, 19–41.

[379] Vgl. 2.8.5. Die Übersetzungen der Offb verdecken in der Regel ihre Anspielungen auf griechische Götternamen.

[380] 9,11 verzerrt Apollon zu Apollyon, „Verderber".

[381] Zur Diskussion *Karrer**** 141ff,147ff; *Yarbro Collins* 1992***; *Stuckenbruck**** 209–221,257–261 und passim; *Grillmeier* (s. 1) 150ff. Zum Fortgang der Engelchristologie s. Justin, I apol. 6,2; SEG 30,1542 usw.

Der 1 Tim und der Hebr reden auf ihre Weise nicht minder und teils sogar klarer von der Hoheit Christi (s. 1 Tim 3,16; Hebr 1,2 usw.). Aber mit ihren Varianten unseres Ausdrucks sprechen sie vom *Menschen, dem Menschenkind.* Der *1 Tim* greift dazu auf eine Formel zurück, die sich am einen Gott Israels orientiert: „Einer ist Gott und einer der Mittler", der rechtsverbindliche Stifter der Beziehung „zwischen Gott und den Menschen, der *Mensch* Christus Jesus". Uneingeschränkt nimmt dieser Mensch Christus Jesus unter denen Platz, für die alle er sich hingibt *(2,5f).* Die nichtchristlich-nichtjüdische Umgebung soll zu solch rechter Erkenntnis kommen. Das hingegebene Menschsein Jesu thematisiert Jesu überwältigende Besonderheit gegenüber ihren angeblich unsterblichen Göttern und der Abstreifung des Menschlichen durch die Kaiser im späten 1.Jh., die der Wahrheit bedürften (vgl. vv.1–4).

Die Mahnung zum Gebet für die Kaiser v.2 ist demnach nicht einfach obrigkeitshörig. Vielleicht liegt dem 1 Tim außerdem an einem antidoketischen Akzent. Jedenfalls setzt er ein Interesse in paulinischen Gemeinden fort, da dort die radikale Selbstentäußerung Christi „wie ein Mensch" schon länger formuliert ist (Phil 2,7f).[382]

Den *Hebr* durchzieht die *Relevanz des irdischen Jesus.* Jesus war unter den Menschen, damit er sie befreie und für sie den Tod schmecke (2,9.14ff). Ohne Sünde hatte er Teil an ihrer Schwachheit (4,15). Das ist die Voraussetzung dafür, dass sie sich an ihn wenden und seinen sühnenden, in Leben und Rettung führenden hohenpriesterlichen Dienst erleben können (2,10.17 u.ö.; vgl. 3.7.11). Um der Menschen willen erinnert deshalb der Hebr an Ps 8,5ff: „Was ist ein Mensch, dass du seiner gedenkst, oder ein Menschensohn (Menschenkind), dass du auf ihn blickst?" (2,6). Die Hörer/innen dürfen das Zitat auf Jesus, den Menschen, und über ihn auf sich, die Menschen, beziehen. An der Bestimmung, dem Dienst und der Erhöhung des einzigartigen Menschen Jesus tut sich die Rettung der Menschheit und ihre Erhöhung zum Leben auf (s. den Fortgang zu 6,20;10,19 usw.).

„Mensch" wie „Menschensohn / Menschenkind" stehen um dieser Bewegung willen in 2,6 ohne Artikel (was die Übersetzungen meist übergehen). Das Zitat meint, da Ps 8 in der LXX hoheitliche Züge erhielt, nicht modern „bloß ein Mensch", sondern „der großartige Mensch, den ich vor Gott sehe". Damit bildet der Hebr den Höhepunkt der Reflexion des irdischen Jesus jenseits der Evangelien.[383]

4.9.7 Überschauen wir den Gang, hat *„Menschensohn" im Neuen Testament* einen mehrfachen Reiz. Es ist kein vorgegebenes Prädikat und *umschreibt* daher *zunächst einfach den redenden Jesus.* Es erhält seinen Sinn durch die *Kontexte.* Diese beleben im Übergang zwischen dem irdischen Jesus und der Gemeinde *zwei Einflussfelder,* die bescheidene, zurückhaltende und gefährdete Niedrigkeit eines Menschen und die überwältigende Hoheit einer Gestalt, die von Gott her

---

[382] Lit. bei *Roloff* 1988, 121f und *Oberlinner* 1994, 73f (Bibliographien Anm. 103 zu 2).

[383] Weiteres *J. Roloff,* Der mitleidende Hohepriester (1975): ders. 1990 (s. 4.8), 144–167: 159ff; *Loader* 1981 (s. 2.8) 31–38*; Gräßer* (s. 3.7) I 116ff; partiell die Lit. von Anm. 24 zu 3.

erscheint. *Menschensohnchristologie wird zum einen* eine *Niedrigkeitschristologie* des Menschen für und unter Menschen, *zum anderen* eine *Hoheitschristologie* der Erscheinung Jesu aus Gottes himmlischen Bereich. Manchmal nützen neutestamentliche Entwürfe beide Potenzen. Überwiegend geben sie der hoheitlichen Erscheinung Vorrang.

Der Weg vom Neuen Testament zu den christologischen Entscheidungen der *Alten Kirche* verläuft nicht ungebrochen. Am Anfang steht die Änderung der Redeform durch Ignatius. Er spricht in dritter Person vom Menschensohn und schafft das Begriffspaar „*Menschensohn und Gottessohn*" (IgnEph 20,2).

Das „und" geht über Mt 16,13.16; Joh 5,25–27 hinaus. Gleichzeitig normalisiert Ignatius die Artikelsetzung: Jesus ist „hyios anthrōpou" (vgl. Hebr 2,6) komplementär zum folgenden „hyios theou" (Gottessohn). Früher sah man damit das Begriffspaar der späteren Naturenlehre vorgeprägt, in „Menschensohn" den Verweis auf Jesu Menschheit, in „Gottessohn" die Chiffre seiner Gottheit. Indes schwindet die Determinierung auch Joh 5,27. In den kaum späteren OdSal leitet gerade der Lichtglanz der Gottesnähe über dem Menschensohn zum Prädikat des Gottessohnes (36,3). „Menschensohn" kann bei Ignatius noch die menschliche Existenz Jesu in ihrer Hoheit meinen.

Danach wird „Menschensohn" allmählich zum Kennwort von Jesu menschlicher Natur in Niedrigkeit, allerdings nach dem Stand der Quellen komplexer und zögernder als lange angenommen.

Die Benennung eines *niedrigen Menschseins* Jesu löst nämlich in Teilen der Kirche wie an den Rändern zur Gnosis einige Zeit Unbehagen aus. Barn 12,10 korrigiert, Jesus sei „nicht Menschensohn (bloßer Mensch), sondern Gottessohn". Nach dem ApokrJoh werden die, die mit dem Menschensohn der irdischen Sphäre sprechen, durch den himmlischen Retter beschämt (NHC I 3,14.17f). Laut der Sophia Jesu Christi ist das Wissen derer, die den Menschensohn so kennen, defektiv (NHC III 117f).[384]

Über Generationen behauptet sich das *auszeichnende Verständnis* von „Menschensohn" *mit Wurzel in der Epiphanie* (vgl. ApokrJoh BG 47,14ff; NHC III 135,16f;136,21 etc.). Der „Menschensohn" Jesus trägt und bringt, so betrachtet, die himmlische Sphäre. Die großkirchliche Diskussion nimmt das von Dan 7,13 aus wahr (vgl. Hippolyt, In Dan IV 39). Die meisten Belege der Nag Hammadi-Schriften gehen weiter. Jesus ist für sie in seinem Auftreten als Menschensohn eine eigentlich himmlische Figur (z.B. NHC VII 71,9–14).[385]

Vollends in Spekulation geht der Schritt mancher Gnostiker über, einen *Sohn des Gottes Mensch* zu denken. „Mensch" ist in diesen Fällen, heute schwer nachvollziehbar, Name eines göttlichen Wesens. Die Menschensohntradition spielt nur mehr untergründig eine Rolle. Zumindest kommen hermetische Einflüsse und eine Lektüre von Gen 1–2, die ei-

---

[384] Vgl. *Franzmann* (s. 2.1) 42ff,97f.

[385] So steht die himmlische Kraft des Menschensohnes hinter dem genannten Logion des EvPhil NHC II 63,25–30 (vgl. NHC II 81,14–20; NHC IX 30,18ff). Im Traktat über die Auferstehung strahlt sie auf das Begriffspaar Gottessohn – Menschensohn aus: Der, der Menschheit und Göttlichkeit besitzt, überwältigt als Gottessohn den Tod (ein Reflex der besprochenen Gottessohntradition). Als Menschensohn, der seinen Ursprung „oben (von der Himmelsseite)" hat, stellt er das Pleroma (die Fülle) wieder her (NHC I 44,13–38). Der erlösende Sog des Menschensohnes übertrifft fast den des Gottessohnes (anders *M.L. Peel*, Gnosis und Auferstehung, Neukirchen 1974, 69ff).

nen Urmenschen (Gen 1,26f) vor der physischen Erschaffung der Menschen (Gen 2,7.18) annahm, hinzu.[386]

Der großkirchlichen Festlegung auf den Menschensohn als das Kind von Menschen – Adam / Maria – bricht Justin Bahn (dial. 100,3ff). Ihre Durchsetzung verdankt sie nicht zuletzt der Antwort auf die gnostische Herausforderung. Denn ab Irenäus wehrt die Kirche mit dieser Linie der drohenden Verflüchtigung der Menschheit Jesu durch den himmlischen, erscheinenden Menschensohn. Im 3. und 4. Jh. setzt sie sich weitgehend durch. Unser Ausdruck wird Glied des spätaltkirchlichen Inkarnationsschemas.[387] Die neutestamentliche Schrift, die letztlich den größten Einfluss nimmt, ist der Hebr, nicht die Selbstumschreibung Jesu in den Evangelien. Die dogmatische Formulierung indes verhält sich vorsichtig. Das „ein- und derselbe Sohn" des Chalcedonense vermeidet eine expressiv verbis erfolgende Aufteilung. *„Sohn Gottes" geht in der Benennung von Jesu Hoheit, „der Sohn des Menschen" in seiner Niedrigkeit nicht auf.*

Die Theologiebildung der Neuzeit steht vor einer verwickelten Aufgabe. Folgt sie den Evangelien, gehört unser Ausdruck in ein *Hören* Jesu, das sich von Jesus leiten lässt und vermeidet, *über* ihn zu sprechen. Lehnt sie sich an die Verselbständigung der Erscheinung an, begibt sie sich auf einen Weg zu *hoher Christologie*. Richtet sie sich nach den Impulsen des Hebr, von 1 Tim 2,5 und der jüngeren sprachlichen Analyse, wird sie an Jesus *Aussagen über die Menschheit* zu machen versuchen und die Hoheitsaussagen darin einbinden.

Die Entdeckung des apokalyptischen Jesus richtete das Augenmerk des 20.Jh. lange auf die Erscheinungsgestalt. Aber die Systematik fand trotz beachtlicher Bemühungen[388] zu keinem durchschlagenden Entwurf des Menschensohns unter den neuen Koordinaten. Deshalb blieb die Menschensohn-Mensch-Christologie untergründig relevant.

Ihre größte Zeit hatte sie protestantisch zwischen dem Humanismus und dem Idealismus des 19.Jh. Mit Hilfe des Ps 8 und des Hebr wurde der Menschensohn Jesus dort zum Urbild der reinen Menschheit. Eine Urbildchristologie löste das Anliegen der alten Naturenchristologie ab.[389] Die neueste Diskussion stellt dagegen systematische Fragen weithin zurück. Manchmal dienen die veränderten Daten auch einem kritischen Bild der Selbstbescheidung Jesu im Vertrauen auf seine göttliche Autorisation, deren Koordinaten die Christologie einer Gottheit Jesu grundlegend anfechte.[390]

Besonderes Interesse verdient heute neben der Hoheits- die Weiterentwicklung von Formen der Human-Christologie und die Kombination beider Momente. In Jesus ist nach einem derzeitigen Vorschlag der wahre Mensch zu er-

---

386 Vgl. Irenäus, haer. I 30; ApokrJoh a.a.O. par NHC I 62f; CH I 12–19 etc.; *H.-M. Schenke*, Der Gott „Mensch" in der Gnosis, Berlin 1962; *Holzhausen* (s. 4.11) 191ff.

387 Belege bei *Grillmeier* (s. 1) 49–57 u.ö.

388 Vgl. bes. *B. Klappert*, Die Auferweckung des Gekreuzigten, Neukirchen ³1981, 102–130.

389 Zu *J.G. Herder* (Vom Erlöser der Menschen, 1796, § 4 usw.) und anderen *M. Müller* 1984***, 251, zu Schleiermacher *ders.* 1996***.

390 *Casey* 1991*,46–55 im Gesamtzusammenhang.

kennen, der uns die Erde wiedergibt und utopische Kraft freisetzt.[391] Das Neue Testament ermöglicht das weniger durch die synoptische Jesus-Tradition in sich als durch den Bogen zum Hebr und dessen verborgene zusätzliche Wirkungsgeschichte. Die Reflexion ist in der neutestamentlichen Spannweite voranzutreiben.

4.10 Ein Ende des irdischen Wirkens?

Lit.: s.o.; *L. Abramowski*, Die Entstehung der dreigliedrigen Taufformel, ZThK 81, 1984, 417–440/446; *J. Adai*, Der Heilige Geist [...], RStTh 31, Frankfurt a.M. 1985; *C. Caragounis*, The Ephesian Mysterion, CB.NT 8, Lund 1977; *M.A. Chevallier*, L'évangile de Jean et le „filioque", RevSR 57, 1983, 93–111; *N.A. Dahl*, Trinitarian Baptismal Creeds: ders. 1991*, 165–186; *Chr. Dietzfelbinger*, Paraklet und theologischer Anspruch im Johannesevangelium, ZThK 82, 1985, 389–408; *A. Feuillet*, Les promesses johanniques de l'Esprit Paraclet, Div. 33, 1989, 16–43.107–130; *F. Hahn*, Die Himmelfahrt Jesu, Bib. 55, 1974, 418–426; *C. Hoegen-Rohls*, Der nachösterliche Johannes, WUNT II 84, Tübingen 1996; *F. W. Horn*, Das Angeld des Geistes, FRLANT 154, Göttingen 1992; *H.-Ch. Kammler*, Jesus Christus und der Geistparaklet: Johannesstudien (s. 4.6) 87–190; *U. Kellermann*, Zu den Elia-Motiven in den Himmelfahrtsgeschichten: Altes Testament – Forschung und Wirkung. FS H. Graf Reventlow, Frankfurt a.M. 1994, 123–137; *G. Lohfink*, Die Himmelfahrt Jesu, StANT 26, München 1971; *M.C. Parsons*, The Departure of Jesus in Luke-Acts, JSNT.S 21, Sheffield 1987; *J. Schaberg*, The Father, the Son and the Spirit, SBL.DS 61, Chico 1982; *R. Schnackenburg*, Die große Eulogie Eph. 1,3–14, BZ 21, 1977, 67–87; *M. Theobald*, Gott, Logos und Pneuma: H.-J. Klauck ed., Monotheismus und Christologie, QD 138, Freiburg 1992, 41–87; *M. Turner*, The Spirit of Christ and „Divine" Christology: Green / Turner 1994*, 413–436; *A. Weiser / H.G. Pöhlmann*, Himmelfahrt Christi, TRE 25, 1986, 330–341.

Halten wir uns an die historische Jesusforschung, endet Jesu Wirken mit der Passion und dem Kreuz. Kommen wir von den Menschensohnworten, verschiebt sich die Antwort. Irdisches Wirken heißt nach ihnen *auf die Erde bezogenes Wirken* und bezieht Zukunft ein. Es setzt sich *in der Geschichte übers Kreuz hinaus* fort. Die Fortdauer oder Erneuerung des irdischen Wirkens ist mit der Diskontinuität abzugleichen, die der Tod Jesu setzt.

4.10.1 Die *Logienquelle*, unser ältester Zeuge, wagt die heute fremdeste Lösung. Sie überspringt Passion und Ostern. Die Worte vom erscheinenden Menschensohn eröffnen ihr die Zukunft direkt aus Jesu irdischem Wirken. Denn Jesus setzt in ihnen den Ausblick, dessen die Gemeinde einzig bedarf: Er verweist auf sich in einem überwältigenden Kommen und, soweit er Kritik erfährt, auf den Geist, der keinen Widerspruch duldet (vgl. Q Lk 12,10b). Das ist nur aufrecht zu erhalten, solange Jesus nah erwartet oder die Naherwartung erneuert wird.

---

[391] Unter Mitberücksichtigung der Zukunftsworte *Theißen* (s. Anm. 27 zu 1) 255ff; *Theißen / Merz* 1996*, 487ff (vgl. 4.1.1).

4.10.2 Das *Mk* erlaubt anders keinen Abstrich an der Passion Jesu. Gleichwohl liegt ihm nicht minder tiefgreifend als Q an der Vorbereitung des nachösterlichen Geschehens in der Geschichte des irdischen Jesus. Der Irdische sagt sein Aufstehen an (8,31;9,9f etc.). Die Verklärung auf seinem Weg gemahnt an seine österliche Verwandlung (9,2–8).[392] So erhalten die Leserinnen und Leser vor der Passion über Ostern Bescheid. Die Leerstelle der Erscheinungserzählungen in Mk 16 ist, markinisch gelesen, keine Lücke, sondern ein leserführender Impuls.

Die Pointe setzt Mk in der Verschränkung von Schluss und Anfang des Evangeliums. Der Auferweckte geht den Jüngern voran nach Galiläa, wo sein Auftreten und Wirken als Irdischer begann (16,6f; vgl. 1,9.14). Ob das Mk eine galiläische Erscheinungstradition aufgreift oder diesen Satz neu bildet (vgl. 14,28), die indirekte Mitteilung ist deutlich: *Die Auferstehung Jesu*, sein Aufstehen gegen seine Entehrung und in die leuchtende Klarheit des erscheinenden Menschensohns, *ist wieder ein Anfang*. Die Leserinnen und Leser dürfen erwarten, dass sein nachösterliches Wirken eine Kontinuität zu seinem erzählten Wirken behält und sich auf Erden bezogen fortsetzt, bis das nahe Reich Gottes in all seiner Macht gekommen ist (9,1).

Mk bietet dies in seiner Konzeption eines offenen Evangeliums dar. Die Leserinnen und Leser haben zu entdecken, ob mehr zu sagen ist oder vielleicht anderes. Mt und Lk beginnen damit:

4.10.3 Das *Mt* schreitet den von Mk vorgezeichneten Weg nach Galiläa aus. Es ergänzt: Die Jünger sehen den Irdischen, der auferstanden ist (Name v.16), dort auf einem Berg (*28,16–20*). Er zeigt sich ihnen in hoheitlicher Vollmacht. Ohne den Ausdruck „Menschensohn" zu gebrauchen, spielt v.18 auf Dan 7,14 (und Mt 9,6) an. So verweist die Szene auf den Menschensohn und nimmt dessen Zukunft doch nicht ganz vorweg. Der Auftrag und die Zusage Jesu schlagen die Brücke in die Geschichte (vv.19f).

Das volkstümliche Himmelfahrtsbild verschmolz den matthäischen Berg mit der Wolke von Apg 1,9 und der Beschreibung, Jesus sei emporgehoben worden, aus Lk 24,51 / Apg 1,9. Bei Mt indes gibt es lediglich den Offenbarungsberg, keine Wolke, die Jesus bedeckt, und keinen Aufstieg, der ihn den Augen der Jünger entzieht. Das matthäische Proprium kommt zum Vorschein. Jesu letztes Wort ist *„ich bin mit euch"*. Er verlässt seine Jünger nicht. Im Gegenteil, er versichert sie seiner Präsenz bis ans Ende der Zeit (28,20b; vgl. 13,39).[393]

Das hat eine gravierende Folge. Mt belebt den alten Grundsinn des Parusie-Gedankens – der mit den Seinen ist, kommt und ist dann endgültig da – und führt das in die Menschensohn-Erwartung ein. Weil Jesus nicht entschwindet, rückt seine Ankunft als Men-

---

[392] Die Forschung vermutet seit längerem die Genese der Verklärung aus einer Ostererzählung (*Bousset* 61967*, 61 Anm. 2; *R. Bultmann*, Die Geschichte der synoptischen Tradition, FRLANT 29, Göttingen 91979, 278ff usw.). Das würde den Vorgang nochmals plastischer machen.

[393] „Aiōn" heißt zunächst Zeit. Mt 28,20b ist darum zu übersetzen: „Siehe, ich bin mit euch alle Tage bis ans Ende der Zeit (und insofern ans Ende der Welt)."

schensohn in die Nähe (24,27.37.39).[394] Nicht einmal die Skepsis, es werde da noch alles sein wie zur Zeit Noachs, ist auf der matthäischen Ebene Zufall. Denn die Geschichte im Geleit Jesu leidet unter dem Fehl der Menschen. Sie endet erst, wenn er, um dessen Gegenwart wir wissen, endgültig da ist (24,3.29).

Wie bei Mk hilft die Verklärung, die Kontinuität zwischen dem irdischen und dem Geleit des auferstandenen Jesus vorzubereiten (17,1–9).[395] Wie aber wird die christologische Begleitung bis zur Parusie erlebbar? Mt verweist auf Jüngerschaft, Taufe und Ethik (28,19–20a). Jesus bestätigt seinen Namen „Gott ist mit uns“ (Immanuel 1,23) im Leben der Gemeinde. Die Dynamik zwischen 1,23 und 28,20b erweitert zugleich die christologische Struktur. Mt expliziert das an der Taufe, die seit der ältesten Gemeinde an Christus übereignet (Gal 3,27 etc.): Sie ist aus dem Wirken Gottes zu entfalten. Die Tauformel wächst darum zum dreigliedrigen (triadischen) Schema. Auf den Namen des Vaters sollen die Jünger taufen, dessen Nähe zum Sohn das Evangelium vermittelt (vgl. Mt 11,27), auf den des Sohnes, von dem wir im ganzen Evangelium hören, und auf den des Geistes, durch den Gott Jesu Geburt wirkte und der auf Jesus bei der Taufe herabkam (28,19b; vgl. 1,18.20;3,16). Das Evangelium *öffnet das Geleit Jesu für eine Geschichte der Zuordnung zu ihm, dem Vater und dem Geist.*

Dieses triadische Gefüge ist in die Theologiegeschichte des Urchristentums eingebettet. Der Segen nahm an einzelnen Stellen früh, der Gruß allmählich dreigliedrige Gestalt an (2 Kor 13,13; 1 Petr 1,2).

Allerdings setzte sich der triadische Gruß nur zögernd durch. Im 1 Clem und den Ignatiusbriefen dominiert die Zweigliedrigkeit, und die wirkungsgeschichtlich bedeutsame Stelle Offb 1,4f bietet ein anderes Schema.[396]

In Danksagung und Mahnung erwuchsen verwandte Formationen (2 Thess 2,13f; Jud 20f). Überblicken wir das, wählt Mt die Taufe als Angelpunkt aus einem verzweigten vor- oder frühliturgischen Feld. Eine Beobachtung bestätigt sich, die wir beim Herrenmahl machten. Die Äußerungen christlichen Handelns und Lebens sind ein wesentlicher Sitz im Leben und Motor der Christologie. Mt belebt seinen narrativen Zielpunkt über die Christologie des Vollzugs.

Dabei muss Mt 28,19b nicht unmittelbar die Taufpraxis in der matthäischen Gemeinde spiegeln. Es kann auch die Übergangssituation von der älteren Taufe auf den Namen des Herrn (vgl. noch Did 9,5) zum dreifachen Tauchen bzw. Übergießen anzeigen, den kurz danach Did 7,1.3 mit unserer dreigliedrigen Formel durchsetzt. In dem Fall läge keine vormatthäische Formel, sondern eine sich eben im Gemeindekreis von Mt und Did ausbildende theologische Option (nach manchen eine matthäische Neubildung) vor.

---

[394] Singulär unter den Evangelien mit dem Parusie-Terminus formuliert.

[395] Sie erweist sich als eine christologische Schlüsselszene im frühen Christentum. Noch der 2 Petr stützt auf sie und nicht eine Ostererscheinung Jesu seine Gewissheit der Parusie (2,16ff).

[396] Die sieben Geister dort sind Engelfürsten (4,5;5,6;8,2 usw.) mit einem Seitenblick zur Orphik (vgl. Clemens Al., strom. V 125,3). Als die Kirche sie auf den einen Geist deutete, zog das die Spekulation über dessen Siebengestalt (den „spiritus septiformis“) nach sich.

Die triadischen Strukturen formen sich am Gottesverständnis Israels. Beim einen Gott nehmen sie ihren Ausgang, und Gottes zentrale Äußerungsform berufen sie mit dem Geist. Sie setzen die Christologie in Koordinaten Israels. Dürfen wir für Mt 28,19 noch einen Schritt weiter gehen? Die Vermutung reizt, die drei Glieder dort schritten die dreimalige Nennung des Namens Gottes beim aaronitischen Segen aus (Num 6,24ff). Dann verdichtete sich der gesamtbiblische Bezug. Die Glieder bezögen sich auf die Einheit Gottes. Obwohl der Zuspruch des Namens nicht genügt, um eine so weitgehende Weichenstellung in unseren Text direkt einzutragen, erklärt das seine außerordentliche Wirkung für Taufpraxis und Dogmatik.[397]

4.10.4 *Lukas* verfährt anders. Der Auferstandene erscheint statt in Galiläa in und bei Jerusalem (Lk 24; Apg 1,4ff). *Jerusalem* wird zur lokalen Naht zwischen Jesu irdischem und erhöhtem Wirken. Dazu greift Lukas die Erhöhungstradition auf, die Mk und Mt noch nicht mit Gewicht versahen.[398] Er setzt sie in die Erzählung einer Entrückung, der *Himmelfahrt*, um (Lk 24,50–53; Apg 1,4/9–11) und gliedert damit die Christologie.

Die ägäisch-kleinasiatischen Gemeinden bahnten den Einschnitt an. Die Formel in 1 Tim 3,16 schlug vor, Jesus sei „hinaufgenommen" worden. Der 1 Petr spricht von einem Aufbruch des Auferstandenen gen Himmel (3,22; vielleicht nach Tradition). Eph 4,8–10 liest aus Ps 68,19 einen Aufstieg Christi in die Höhe heraus. Alle diese Texte abstrahieren. Sie bedienen sich der Verben der Bewegung um der Bildlichkeit willen, geben ihr keine erzählte Realität mit Zeugen. Doch sie liegt in der Luft: „Hinaufnehmen" nannte die LXX schon die Entrückung Elijas. Um seinen Auftrag zu sanktionieren, erhielt Elischa an dessen Geist teil (2 Kön 2,9–11).

Apg 1,8–11 knüpft modifizierend gerade an letztere Szene an.[399] Lukas verbindet die Zusage von Gottes Geist mit der Entrückung Jesu, und die Apostel werden zu Zeugen. Jesus, der sich von ihnen trennt, segnet (Lk 24,50f) und beauftragt sie (Apg 1,8). Ihr Blick soll nicht am Himmel haften. Gesegnet und seines Kommens versichert (Apg 1,11), dürfen sie ihrem Auftrag nachkommen.

Der redaktionellen Sprache in Lk 24 und Apg 1 nach schafft Lukas diese Himmelfahrtserzählung.[400] Den Adressaten bietet er eine Analogie zu Entrückungen ihrer Umwelt, ohne sein Anliegen von dort bestimmen zu lassen.[401]

Wieder hat die Entscheidung wesentliche *Folgen. Das irdische Wirken Jesu erhält geschlossenen Charakter.* Lukas gestaltet die Kreuzigung zum Finale. Jesu

[397] *Abramowski****; *Dahl****; *L. Hartman*, Early Baptism – Early Christology: FS Keck 1993*, 191–201; *Niederwimmer* (s. Anm. 322) 159ff; *Schaberg**** u.v.a.

[398] „Erhöhen" etc. begegnet bei Mk und Mt nur jenseits des christologischen Fachausdrucks. Sie benötigen die Erhöhung für ihre Konzeptionen des offenen oder halboffenen Schlusses nicht.

[399] Weit ausgezogen bei *Kellermann****.

[400] Vgl. aber die Diskussion *Hahn**** 425f versus *Lohfink**** 244 u.a.

[401] Vgl. Diodorus Sic. IV 38,3–5; Cassius Dio, hist. 56,46 usw. (*P.W. van der Horst*: ders./G. Mussies, Studies on the Hellenistic Background of the New Testament, Utrecht 1990, 124ff).

Wort „Vater, in deine Hände lege ich meinen Geist" und der Rückblick des Hauptmanns „dieser Mensch war wirklich gerecht" (Lk 23,46f) summieren die Gerechtigkeit des irdisch Aufgetretenen, der sich dem Vater anvertraut.[402] Die Auferstehung setzt einen Impuls nach vorne. Jesu Auftreten, um Menschen zu retten, ist in seinem Namen und von ihm gesegnet fortzuführen (Lk 24,47 vor 50f). Aber er wird darin nicht mehr wie zuvor präsent sein. Mit der Entrückung enden die Auferstehungserscheinungen.[403] *Der Geist übernimmt die entscheidende Kontinuität* (Lk 24,49; Apg 1,8 vor 2,1–4 usw.).

Um dessentwillen verschränkt Lukas kunstvoll die Erzählung. Der Geist war es, der Jesus in Geburt und Taufe auszeichnete (Lk 1,35;3,22), und sein Wirken prägte ihn (4,1 u.ö.). Dass Jesus den Geist in Gottes Hand zurücklegt, öffnet deshalb den Übergang in die neue Epoche. Jesus verheißt ihn (Lk 24,49; Apg 1,4) und löst die Verheißung ein. Erhöht, nimmt er den Geist vom Vater und gießt ihn aus (Apg 2,33). Der Nachdruck der Apg auf dem Geist, der Jesu rettende Verbindlichkeit gewährleistet, bis er kommt, transponiert die Geistchristologie des Lk in die Kirchengeschichte. *Die Himmelfahrt richtet den Blick* nur vorübergehend nach oben, entscheidend nach vorn, *in die bei aller Naherwartung offene Geschichte* (Apg 1,11). Wieder wirkt sich das am Taufvollzug aus. Der Geist erhält eine noch prominentere Rolle als bei Mt (Apg 10,44–48).

Die Kirche rezipierte die Apg zögernder, als das heute manchmal scheint. Der sekundäre Mk-Schluss übergeht den Geist zugunsten eines unmittelbaren Wirkens des Herrn Jesus von der Rechten Gottes aus (16,19f) und entsprechend in der Taufaussage (16,16). Lange Zeit freunden sich die Quellen wenig mit dem 40-Tages-Abstand zwischen Auferstehung und Himmelfahrt von Apg 1,3 an.[404] Erst im 4./5. Jh. entsteht das Himmelfahrtsfest. Das Bild der Kunst korrigiert daraufhin die Apg. Es isoliert die Szene und lenkt den Blick in die Hoheit Christi nach oben, dorthin, wohin nach Apg 1,11 nicht zu schauen wäre. Mit Wirkung bis heute verengt es das Verständnis der Himmelfahrt auf die Entrückung und die Herrschaft Christi mit Gott.[405]

4.10.5 Auch im *Joh* geht Jesus fort (7,33;8,14;13,3.33.36;16,17). Er bricht auf (14,2). Hinüber schreitet er aus dieser Welt (13,1) und kommt zum Vater (17,11.13). Das berührt sich mit Lukas. Doch das Joh revidiert die Staffelung. Es greift die Ader auf, am irdischen Wirken Jesu entscheide sich, was nach Ostern gilt, und spitzt sie zu: Jesus vollzieht seinen Weg zum Vater in Gegenwart der Seinen (17,11ff). Er selbst klärt vor ihnen in seinen Abschiedsreden, dass ihnen nichts fehlen wird (13–16). Sie werden, erläutert er, einen vollständigen Vertreter haben. Dieser Vertreter ist abermals der *Geist.*

---

[402] Unter Korrektur des Mk. Vgl. *Doble* (s. 3.4) 25–183.

[403] Abrupter als historisch: vgl. 2.4. Bis heute verstummen deshalb Erwägungen nicht, die lukanische Pfingstschilderung könnte eine Erscheinung wie 1 Kor 15,6 ausschreiten.

[404] Mk 16; Justin, Apol. I 67,8 und Barn 15,9 kontrahieren zunächst noch einmal Ostern und Erhöhung auf denselben Tag.

[405] Weiteres *Parsons****; *Weiser / Pöhlmann**** u.a.

Der johanneische Jesus konkretisiert: Es ist *der Geist als Beistand* (*Paraklet*). Das 1. Jh. kennt diesen Ausdruck („der Herbeigerufene“) für den Hilfe leistenden Anwalt, gegebenenfalls den Anwalt bei Gott (Philo, praem. 166f; vgl. 1 Joh 2,1).[406] Die Abschiedsreden drehen die Richtung um. Der Paraklet ist nicht Beistand vor Gott, sondern, von Gott im Namen Jesu gesandt, vor den Menschen. Er ist mit denen, die Jesus lieben, und lehrt sie, was er sagte. Dadurch hinterlässt ihnen Jesus seinen Frieden (14,16f.25ff). Die Welt mag sich gegen sie wenden. Der Paraklet überführt die Welt durch sein Zeugnis in ihrem Hass. Er deckt das Gericht auf und geleitet die, die zu Jesus gehören, in die volle Wahrheit (15,26f; 16,7–11.12–15).

Dieser Duktus der Parakletsprüche klingt nach einer Fortschreibung. Eine Stadienbildung in der johanneischen Gemeinde könnte zudem den Unterschied zu 1 Joh 2,1 erklären. Andererseits ist sie nicht unbedingt zum Verständnis notwendig. Wir dürfen sie wie die viel diskutierte religionsgeschichtliche Frage offen lassen.

Deutlicher als in jeder Quelle zuvor gewinnt der Geist damit personalen Charakter.[407] *Strikt ist er* zugleich *an Jesus gebunden.* Jesus sagt ihn an und bestimmt seine Aufgabe. Folgen wir den ersten Parakletsprüchen, bringt er nichts über Jesu Reden hinaus. Halten wir uns an den letzten, setzt er sie fort, abhängig von dem, „was er hört“ (16,13). Er verbürgt die Präsenz des Erhöhten.

So ist die Gemeinde nach dem Fortgang Jesu nicht verwaist. Im Gegenteil, sie hat mehr. Sie hat den irdischen Weg des gesandten Sohnes hinter sich und ein Geleit zu dem, was kommt (16,13). Das Joh meint den berühmten Schluss-Satz Jesu „Selig sind, die nicht sehen und doch glauben“ (20,29) wörtlich. Sie sind glücklich, denn sie bedürfen des Sehens Jesu nicht mehr. Sie empfangen mit der Verherrlichung Jesu den heiligen Geist, der ihnen überall und einschließlich dem Erlass der Sünden beisteht, die von der Herrlichkeit Gottes trennen würden (20,22f).

Das Joh baut somit aus den Äußerungen der Reflexionsstadien, die in es eingehen, eine klare Linie auf. Mit der Taufe kommt der Geist auf Jesus und bleibt auf ihm (1,32–34). Jesus gibt ihn ohne Maß (3,34b). Entscheidend empfangen werden ihn alle, die an ihn glauben, nach seinem Weggang (7,39). Das löst 20,22f nach den Parakletsprüchen ein.[408]

4.10.6 Der Kreis schließt sich zum Kapitel über die Auferstehung. Der Auferstandene ist kein anderer als der Irdische, sahen wir dort. Nun finden wir das Gegenstück. *Das auf Erden bezogene Wirken Jesu erfährt einen gravierenden Einschnitt, und doch ist es mit seinem Tod nicht einfach zu Ende.* Jesu Menschensohnworte erlauben, den Tod zu ignorieren (Q). Nach der Auferweckung setzt er einen neuen Anfang (Mk). Er geleitet bis zur Parusie (Mt). Er segnet, beauftragt

---

406 Nur begrenzt vergleichbar ist Röm 8,26f (*Horn**** 294ff,418ff; anders *K. Berger*, Geist III, TRE 12, 1984, 178–96: 188).

407 Und vice versa ignoriert das Joh die pneumatisch-charismatischen Phänomene älterer Gemeinden.

408 Weiteres *Dietzfelbinger****; *Feuillet****; *Hoegen-Rohls****; *Kammler**** u.a.

und gewährt den Geist (Lk). Durch den Paraklet wird er bei den Seinen immanent (Joh).

Verlassen wir die Evangelien, finden wir bei Paulus keine gleich klare Evidenz für den irdischen Jesus. Der Auferstandene, den Gott ihm offenbart hat – der Gesalbte, Sohn, Herr – wirkt von vornherein aus der Erhöhung. Aber in einem konvergiert Paulus mit den beschriebenen Strängen. Er bringt wie sie alle mit, wie Israels einer Gott seit jeher in die Geschichte wirkt: durch den Geist. *Die Christologie ruft nach einer Zuordnung des Geistes.*

Vielleicht begann *Paulus* dabei nicht unähnlich zur Logienquelle (Lk 12,10 Q) und dem Mk (1,10 bis 13,11) mit einem strikt theonomen Verständnis des Geistes. Der 1 Thess (1,5f;4,8;5,19.23) verbindet den Geist jedenfalls nicht unmittelbar mit Christus.[409] In seiner jüngeren Korrespondenz freilich lehnt Paulus ihn bis an die Grenze von Identitätsaussagen an den letzten Adam und Herrn an (1 Kor 15,45; 2 Kor 3,17). In Röm 8,9ff entwirft er eine Gestalt pneumatischen Innewohnens Christi.[410] In der Auseinandersetzung mit Korinth erprobt er eine triadische Denkstruktur (1 Kor 12,4ff; 2 Kor 13,13).

Der *Eph* entwirft daraufhin die neben den Evangelien bedeutendste Summa.[411] Er greift die Beracha („gepriesen / gesegnet sei Gott") auf, die Paulus ins Briefformular einbrachte (2 Kor 1,3), und *preist 1,3–14 Gott dafür, dass er im Geist in Christus segne.* Eine einzige, rhetorisch kunstvolle Periodenkette entfaltet das. Sie beginnt in v.4 bei der Erwählung – einem Motiv Israels – und endet v.14 bei Gottes Eigentum, wieder einem Motiv Israels (vgl. Mal 3,17). Der eine Gott Israels bestimmt den Raum seines Handelns, dessen Geschichtswirklichkeit und Bestimmungsgrund in Christus im Geist. Er, der Vater, setzt Relationen über aller Zeit zum Herrn Jesus Christus und zum Geist (v.3) und von dort aus zur Gemeinde (vv. 4ff). Die Reflexion des himmlischen und zugewandten Gottes bahnt die Beziehungen und die christologische Präexistenzaussage an. „Vor Grundlegung des Kosmos" geschieht die Erwählung in Christus (v.4), und der Geist ist das Unterpfand bis zum Ende (v.14).[412]

Vom Himmel und der Soteriologie aus entwirft demnach Eph 1,3–14 die triadische Struktur. Von der Auferweckung und dem Weg des Irdischen in die Erhöhung aus bahnen die Evangelien sie an, wie wir an Mt 28,19 sahen. Die Entwicklung berührt sich und wird doch nicht zur Einheit. Der Theologiegeschichte übergibt das Neue Testament keinen Abschluss, indes eine große *Aufgabe*: *Zur Christologie gehört das Verständnis des irdischen, getöteten und auferweckten Jesus* nicht als geschlossener Sachverhalt. Es gehört zu ihr *in einem Gefüge der Beziehungen, Beziehungen zu Gott und Geist wie Beziehungen zu den Menschen.*

---

[409] So anders als in der Logienquelle sich der Geist äußert; vgl. *Horn**** 119–151.

[410] Vgl. *S. Vollenweider*, Der Geist Gottes als Selbst der Glaubenden, ZThK 93, 1996, 163–192: 173ff.

[411] Während der Kol auffällig retardiert: Der Geist begegnet nur in 1,8 und 2,5.

[412] Die Soteriologie setzt damit den Impuls für die Präexistenz Christi. Die Auferweckung, die in Kol 1,18b einen zentralen Ort erhielt, dagegen tritt aus dem Interesse der Eulogie. Der Eph verschiebt sie nach 1,20. Weiteres *Schnackenburg****; *Caragounis**** 39–52 u.ö.; *Adai**** 61–78; *Ch.J. Robbins*, The Composition of Eph 1:3–14, JBL 105, 1986, 677–687.

4.10.7 Wenden wir uns kurz der *Rezeption* zu. Von jedem Evangelium ging etwas ins Allgemeinbewusstsein ein, manchmal verdeckt, manchmal tiefgreifend: aus dem Mk die offene Anfrage der Christologie an uns, von Mt das Geleit Gottes in Jesus, von Lk und der Apg die Gliederung mit der Himmelfahrt, aus dem Joh das Wirken Jesu in der Unterschiedenheit des Geistes. Die Personhaftigkeit des Parakleten assistierte dem personalen Verständnis des Geistes, das heute wegen seiner schweren Begreifbarkeit etwas zurücktritt. Das Zusammenspiel der triadischen Formeln aus dem Mt und den neutestamentlichen Briefen eröffnete die trinitarische Frage.

Die Alte Kirche durchdrang darauf die Beziehung zwischen Vater, Sohn und Geist mit Hilfe ontologischer Philosophie. Der Westen schrieb den lukanischen und johanneischen Ansatz fort, Jesus sende den Geist, und ergänzte im Nicäno-Constantinopolitanum (DH 150), der Geist gehe vom Vater „und dem Sohn" aus. Das barg eine neue Kontroverse. Denn die Orthodoxie hielt und hält am Grundtext des Nicäno-Constantinopolitanums fest. Die Vielfalt der Schrift erinnert uns heute an die offenen Grundlagen.

Jenseits der Kirche reizte der Paraklet zu einem anderen Verständnis: Jesus habe auf einen personalen Nachfolger verwiesen. Mani berief sich darauf (CMC 64,8–65,18). Der Koran spielte in Sure 61,6 darauf an, und spätere Kommentare fanden an dieser Stelle den Namen Aḥmad / Muḥammad. Den Islam führt die Paraklet-Tradition so über Jesus hinaus. In der Kirche leitet sie zu ihm hin.

Überblicken wir das, muss sich die Kirche der Zuordnung von Geist und Christus und der trinitarischen Frage um des Verständnisses Christi, ihres Selbstverständnisses und des interreligiösen Dialoges willen stellen. Die neutestamentlichen Texte enthalten[413] ein nachmetaphysisches Potential, sei es von der Geistchristologie, sei es von relationalem Denken aus. Darin liegt eine Chance für die Moderne. Die triadische Struktur der Christologie entwächst zugleich gesamtbiblischem Denken, nicht gegen es. Das trinitarische Bekenntnis ist als eine Entfaltung des Monotheismus zu verantworten.

4.11 Die Öffnung des Anfangs

Lit.: s.o.; *L. Abramowski*, Drei christologische Untersuchungen, BZNW 45, Berlin 1981; *R. Bergmeier*, Weihnachten mit und ohne Glanz, ZNW 85, 1994, 47–68; *R.E. Brown*, The Birth of the Messiah, Garden City 1977 (²1993); *R. Brucker*, „Christushymnen" oder „epideiktische Passagen"?, FRLANT 176, Göttingen 1997; *I.U. Dalferth*, Der Mythos vom inkarnierten Gott und das Thema der Christologie, ZThK 84, 1987, 320–344; *D. Dormeyer*, Mt 1,1: FS Neirynck (s. bei 3.7 Bieringer) II 1361–1383; *H. Gese*, Der Johannesprolog: Zur biblischen Theologie (s. 3.7) 152–201; *ders.*, Natus ex virgine: Vom Sinai zum Zion, München 1974, 130–146; *M. Goulder ed.*, Incarnation and Myth: The Debate Continued, London 1979; *J. Hick* ed., Wurde Gott Mensch? Der Mythos vom fleischgewordenen Gott, Gütersloh 1979 (engl. 1977); *ders.*, The Metaphor of God Incarnate, London 1993; *O. Ho-*

---

413 So unterschiedlich sie sich sehen lassen: vgl. *Chevallier****; *Theobald**** 75ff u.v.a.

fius, Der Christushymnus Phil 2,6–11, WUNT 17, Tübingen ²1991; *ders.*, Struktur und Gedankengang des Logos-Hymnus in Joh 1,1–18 (1987): Johannesstudien (s. 4.2) 1–23; *P. Hofrichter*, Im Anfang war der „Johannesprolog", BU 17, Regensburg 1986; *J. Holzhausen*, Der „Mythos vom Menschen" im hellenistischen Ägypten, Theoph. 33, Hanstein 1994; *E. Käsemann*, Jesu letzter Wille nach Johannes 17, Tübingen ⁴1980; *U. Kellermann*, Jesus – das Licht der Völker, KuI 7, 1992, 10–27; *W.H. Kelber*, In the Beginning Were the Words, JAAR 58, 1990, 69–98; *R. Laufen*, Gottes ewiger Sohn, Paderborn 1997; *R.P. Martin*, Carmen Christi, Cambridge 1967 (²1983); *U.B. Müller*, Der Christushymnus Phil 2,6–11, ZNW 79, 1988, 17–44; *ders.*, Die Menschwerdung des Gottessohnes, SBS 140, Stuttgart 1990; *J. Painter*, Christology and the History of the Johannine Community in the Prologue of the Fourth Gospel, NTS 30, 1984, 460–474; *R. Pesch* ed., Zur Theologie der Kindheitsgeschichten, München 1981; *W. Radl*, Der Ursprung Jesu, HBS 7, Freiburg 1996; *M. Rissi*, Der Christushymnus in Phil 2,6–11, ANRW II 25/4, 1987, 3314–3326; *D. Ritschl*, Zur Logik der Theologie, München ²1988; *M. Rösel*, Die Jungfrauengeburt des endzeitlichen Immanuel, JBTh 6, 1991, 135–151; *J. Schaberg*, The Illegitimacy of Jesus, San Francisco 1987; *W. Schenk*, Die Philipperbriefe des Paulus, Stuttgart 1984; *M. Scott*, Sophia and the Johannine Jesus, JSNT.S 71, Sheffield 1992; *D. Steenburg*, The Case Against the Synonymity of Morphê and Eikôn, JSNT 34, 1988, 77–86; *K. Stendahl*, Quis et Unde?: J. Lange ed., Das Matthäus-Evangelium, WdF 525, Darmstadt 1980, 296–311; *M. Theobald*, Die Fleischwerdung des Logos, NTA NF 20, Münster 1988; *ders.*, Geist- und Inkarnationschristologie, ZKTh 112, 1990, 129–149; *T.H. Tobin*, The Prologue of John and Hellenistic Jewish Speculation, CBQ 52, 1990, 252–269; *H. Weder*, Die Weisheit in menschlicher Gestalt: S. Pedersen ed., New Directions in Biblical Theology, Leiden 1994, 143–179; *D. Zeller*, Menschwerdung Gottes – Vergöttlichung von Menschen, NTOA 7, Göttingen 1988.

Dem Schluss korrespondiert der Anfang. Halten wir uns an den ältesten Strang historischer Überlieferung, beginnt Jesu Wirken mit Johannes dem Täufer (und so stellten wir es bislang dar). Verschieben wir die Perspektive und bedenken es aus dem zugewandten, in ihm zur Geltung kommenden Handeln Gottes, öffnet es sich nach vorn.

4.11.1 *Paulus* gelangt mit einem großen Sprung in die *Geschichte Israels*. Uns mutet der Sprung fremd an. Wenn wir den Blick ändern und Christus grundsätzlich als den betrachten, durch den Gott wirkt, ist er dagegen konsequent. Dann war Christus bereits dabei, als Gott an den Vätern handelte. Er begleitete den Auszug aus Ägypten und tat das in der Weise, wie er heute begleitet: zugewandt, in einer Pro-Existenz. Er war, ins Bild gefasst, der Fels, der mit den Vätern zog und aus dem sie tranken (*1 Kor 10,4*; vgl. Ex 17,6; Ps 78,15f).

In verwandten Texten geleitet die Weisheit Israel (vgl. Weish 10,1–11,4; Philo, all. II 86). Philo überträgt die Kraft, dank derer die Israeliten Brot und Wasser erhielten, auch auf den Logos (quaest. in Ex. II 18). Wer in 1 Kor 10,4 schon Weisheit oder Logos auf Christus übertragen sieht, findet daher eine ausgeprägte Präexistenzchristologie. Andererseits verzichtet Paulus trotz 1 Kor 1,24.30;2,6f auf engere Begrifflichkeit der Weisheit. 1 Kor 10,4 steht in seinen Briefen singulär. Wir müssen uns mit dem Impuls bescheiden.[414]

[414] Weitergehend *Habermann* (s. 2.8) 189–223, kritischer *Dunn* ²1992*, 183f.

Die nächsten Generationen verfolgen die Linie weiter. *Hebr 11,26* deutet an, dass Mose sich in Ägypten an der Schmach des Christus orientierte.[415] Nach *Jud 5* rettete der Herr das Volk aus Ägypten. *Justin*, dial. 120,3 setzt das fort.

Jud 5 spricht in einer Fülle textkritischer Varianten von der rettenden Gegenwart des Herrn Jesus Christus (v.4) in der Grundgeschichte Israels. Außer der Weisheit könnte der Gedanke eine Rolle spielen, Gott handle durch einen Boten (Engel), der seinen Namen präsent mache (vgl. Ex 23,20f). Dann wäre der vergegenwärtigte Gottesname (Kyrios, Herr) die Grundlesart.[416]

Man mag spekulieren, ob die Linie zufällig gerade bei Paulus anhebt, dem Apostel, der den irdischen Jesus wahrscheinlich nicht kannte. Ihm lag jedenfalls der übergeordnete christologische Ansatz besonders nahe. Die wichtigste Entscheidung fällt er nebenbei und wie selbstverständlich: Die Christologie orientiert sich in der Geschichte an Israel. Dort sind „unsere Väter". Mögen sie kritisiert werden, sie gehören ganz anders zur Christologie als die Geschichte und der Logos der Völker.

Für das Gespräch mit Israel ist freilich auch das schwierig, nicht nur wegen der in 1 Kor 10,6ff und Jud 5 angeschlossenen Kritik. Denn wie die Texte von Christus aus an Israel denken, beanspruchen sie Israels Väter für Christus. Im Sinne einer Enterbung Israels ist das keinesfalls zu verstehen.[417]

4.11.2 Der Lobpreis bemerkt im Erscheinen Christi ein Ereignis Gottes. Weiten Teilen des frühen Christentums genügt die Feststellung, das breche in die erlebte Geschichte ein. Drei Passagen heben sich ab. Im Loblied (Enkomion) von Phil 2, einer Gedankenkette des Hebr und dem Prolog des Joh[418] wird *Jesus* grammatisch *Subjekt seiner Menschwerdung*, allerdings in unterschiedlicher Weise.

Phil 2,6–11 interessiert sich für die Menschwerdung als Voraussetzung der Erhöhung. Auf den Kontrast kommt es an: *Jesus vollzieht handelnd seine Erniedrigung. Gott gewährt die Hoheit.* Jesus „entleert" sich (v.7a), und Gott „übererhöht" ihn (v.9a). Jesus wird gehorsam bis in den Tod (v.8),[419] und Gott veranlasst, dass jedes Knie sich in seinem Namen zur Herrlichkeit des Vaters beuge (v.10). Der Subjekt- und Handlungswechsel zwischen vv.6–8 und vv.9–11 erin-

---

[415] Allerdings kann Christos hier auch kollektiv gemeint sein (s. 3.8.2). So umfassend der Hebr Christus in den Schriften erkennt, ist die direkte Anwesenheit Christi in einstigem Geschehen für ihn untypisch (vgl. *H. Löhr*: Hengel / Löhr 1994 [s. 5.1] 246f).

[416] Vgl. *Fossum* (s. 2.8) 41–69; Philo, somn. I 157. In der Variante mit Christos entsteht die theos-Aussage („Gott Christus"): vgl. 3.8.10.

[417] Gegen eine Randposition im spätantiken magischen Synkretismus: s. „Gott der Hebräer" in PGM IV 3019f vor 3033ff.

[418] Enkomion, der griechische Begriff für den besonderen Lobpreis, präzisiert das ungenauere „Hymnus" (Lobgesang auf eine Gottheit). „Prolog" ist trotz Kritik (*Habermann* [s. 2.8] 318,412) für Joh 1 schwer aufgebbar.

[419] Die Wiederholung „Tod des Kreuzes" gilt oft als paulinische Redaktion, kann aber ebenso rhetorische Spitze der Tradition sein (ein paulinisches „Für" o.ä. fehlt): vgl. *Hofius* ^{2}1991***, 3–17,104ff. Umgekehrt ist mit *Brucker**** auch eine paulinische Genese des ganzen Textes wieder offen (s. 1 mit Anm. 32).

nern an den weisheitlichen Gedanken „wer sich selbst erniedrigt, wird erhöht werden“.[420]

Unter diese Perspektive tritt der Anfang bei der Gestalt Gottes. Das Enkomion spekuliert nicht über sie. Es benötigt sie lediglich als Einsatz. Das macht schwer, sie zu interpretieren. Eine Reihe von Auslegern schlägt vor, in ihr keine selbständige Hoheitsaussage, sondern die Ebenbildlichkeit Adams zu entdecken.[421] Dann träte der wahre, Gott gemäße Adam vor uns. Wir fänden den Höhepunkt der urchristlichen Adam-Christologie.

Die Forschung verbindet damit öfter eine Ausklammerung der Präexistenz. Aber die Adam-Spekulation der Zeitenwende geleitet gleichfalls in Transzendenz und eine Existenz vor dem materiellen Sein. Sie postuliert, wie wir in 3.8.5 sahen, einen Adam (nach Gen 1) vor dem irdischen Menschen (nach Gen 2). „Morphē“ für die „Gestalt“ Gottes in v.6a lenkt den Blick – das bestätigend – auf das Aussehen Gottes, das irdischen Menschen entzogen ist.[422] Nicht minder weit reicht der Maßstab, Gott gleich zu sein (vgl. Jes 44,6ff; Philo, all. I 49). Der Bezug auf Adam ist nicht zwingend, und die möglichen Einflüsse sind vielfältig. Auch ein hellenistisches Schema des Abstiegs aus göttlichem Raum oder hermetische Urmenschspekulation (vielleicht mit der Adams vereint) werden diskutiert.[423]

Unser Loblied bleibt, ob es bei hoheitlicher oder Adam-Spekulation beginnt, ein Präexistenz-Text. Sein *Augenmerk lenkt es* indes nicht dorthin, sondern *auf Jesu Selbsterniedrigung* und zur Herrlichkeit des Endes. Es bedenkt seine Preisgabe der Gestalt Gottes: Hielte Jesus an ihr fest, würde sie Raub oder missverstandene Entrückung.

Das griechische Wort „harpagmos“ in v.6b heißt wörtlich Raub (sei es als zu raubende Sache oder geraubte, „res rapienda“ oder „res rapta“). Das Verb, von dem es sich ableitet, begegnet daneben für „entrücken“ (2 Kor 12,2). Beide Male ergibt sich ein guter Sinn. Jesus weigert sich, das Gottgleichsein als gefundenes Fressen an sich zu reißen, bzw. es als entrückte Transzendenz zu definieren, die ihn von den Menschen schiede.[424]

Gott antwortet mit der Erhöhung auf diese Preisgabe. Paulus erspürt das Gefälle. Er verwendet das Enkomion statt zu einer Entfaltung der Menschwerdung Jesu als Impuls für eine Ethik mit der Bereitschaft zur Selbsterniedrigung (2,3.5). Er weitet die Reflexion über die Menschwerdung des Präexistenten in seinen Briefen überhaupt nur geringfügig aus (bes. in der Redaktion von *Röm 1,3*).

2 Kor 8,9 und die Sendungsaussage (vgl. 4.2.1) sind nicht wie früher beizuziehen. Vergleichbar wenig interessiert die Inkarnation die Deuteropaulinen. Der Abstieg Christi nach *Eph 4,9f* meint nach neuerer Deutung weniger die Menschwerdung als einen Abstieg des Erhöhten, um seinen Leib (die Kirche) zu strukturieren. *2 Tim 1,9f* beschäftigt (nach Tradition?), dass Gottes beschlossene Gnade offenbar werde: In Christus Jesus sei sie uns ge-

---

[420] Vgl. das Jesuswort Mt 23,12b (Zitat) nach Sir 2,17 LXX u.ö.; *Müller* 1988***, 34ff.

[421] Vgl. die Rezeption von Gen 1,26f in Sib 8,256–273.439ff; *Dunn* ²1992*, 114–121; *Rissi**** u.a.

[422] Vgl. Josephus, Ap. II 190; Philo, leg. 110; Xenophon, mem. IV 3,13; *Steenburg**** interpretiert auch die angeführten Stellen der Sib vor diesem Hintergrund.

[423] Vgl. *Schenk**** 195–213; *Holzhausen**** 118–129 (nach CH I 12ff) u.a.

[424] Vgl. *W. Foerster* s.v., ThWNT I 472ff u.v.a. versus *Abramowski**** 1–17.

geben „vor ewigen Zeiten" (vgl. Eph 1,3ff). Die christologische Soteriologie überragt unser Zeitverständnis. Doch kommt es auf die jetzige rettende Epiphanie an (v.10). *1 Tim 3,16* fängt an „er wurde offenbart im Fleisch". Das Aufleuchten des rettenden Gottes beschäftigt die Past, und sie achten auf den irdisch gekommenen Jesus (vgl. 1 Tim 2,5). Die Inkarnation indes explizieren sie nicht speziell.[425]

Der *Hebr* richtet die Menschwerdung etwas anders an Jesu Eintreten für die Geschwister aus, die wie er von dem einen stammen (2,14–18 nach 2,11). *Jesus* entleert sich nicht. Vielmehr *nimmt* er *an, was seine Geschwister trotz der gemeinsamen Herkunft von ihm unterscheidet*: Fleisch und Blut. Er befreit sie, die der Knechtschaft der Todes verfallen waren, durch seinen priesterlichen, sühnenden Tod. Der Kontrast verschiebt sich gegenüber Phil 2 in den Gegensatz zu Tod und Teufel. Die *Soteriologie* setzt den Rahmen.

Die Menschwerdung geht in keinem einfachen Schema auf. Denn die Menschen sind von vornherein Jesu Geschwister. Zugleich hebt ihn sein sühnender Dienst von ihnen ab. Damit er sein rettendes Ziel erreiche, bleibt er trotz der Fleischwerdung ohne Sünde (4,15; 7,26f) und kritisiert beim Eintritt in den Kosmos die alte Opferordnung (10,5; typisch für den Hebr nach einem Psalm). Seine uneingeschränkte Heiligkeit, eine Differenz in der gemeinsamen Existenzweise von Fleisch und Blut, ermöglicht die rettende Erhöhung der Geschwister in Gottes Herrlichkeit (vgl. 2,6–10). Folgerichtig rang die Theologiegeschichte nicht nur um den Inkarnationsgedanken. Ebenso faszinierte sie der soteriologische Typus einer Entmachtung von Tod und Teufel.[426]

Joh 1,1–18 schließlich *hebt* in einem dritten Ansatz *beim Logos (Wort) an und leitet allmählich zur Erkenntnis: Der Logos ist Jesus Christus.* Überaus auffällig geleitet ein Reflexionsgang, nicht die Forderung eines unmittelbaren Sprungs, in das „Gehe hinüber", an dem Joh alles liegt. Das Joh duldet einen Anweg zur Christologie (Jesu Name begegnet erst v.17) und wagt um dessentwillen vielleicht sogar die Rezeption eines ursprünglich nichtchristlichen Textes.

„Logos", das Ausgangsmotiv des Abschnitts, kommt im weiteren Evangelium zwar in rückbeziehbarer, aber nicht mehr in gleicher Weise vor (von 2,22 bis 14,23ff und 18,9.32). „Gnade" und „Fülle" aus 1,14–17 fehlen dort. So hebt der Prolog sich literarisch ab. Ende des 19.Jh. brach deshalb die Frage auf, ob er ins Evangelium einführe oder seine abschließende Leseanweisung darstelle (somit literarkritisch ins Schluss-Stadium seiner Genese gehöre). Sie ist bis heute nicht endgültig entschieden.

Die Formkritik kristallisierte einen Hymnus weisheitlicher Sprache heraus. Vom Evangelium und der Einführung des Namens Jesu in v.17 abgetrennt, besang er den Logos (das Wort) oder eine dritte Person. Die Abgrenzungen der vv.6ff und 15 luden zu deren Identifikation mit Johannes d.T. ein. Über die (postulierte) Täufergemeinde weiteten sich die religionsgeschichtlichen Einflüsse zur Gnosis.[427]

---

[425] S. Anm. 128 zu 2, *Müller* 1990***, 29ff und die Lit. in Anm. 103 zu 2.8.3, Anm. 56 zu 4.2.

[426] Vgl. *Gräßer* (s. 3.7) I 143ff; *Müller* 1990***, 33ff (je Lit.) u.a.; *Barth* 1992 (s. 3) 90ff.

[427] *A. Harnack*, Über das Verhältniß des Prologs des vierten Evangeliums zum ganzen Werk, ZThK 2, 1892, 189–231 und vgl. *Theobald* 1988***; *Bultmann* (s. Anm. 197) 1–57 u.v.a.

Der Umfang der vorjohanneischen Textgrundlage ist allerdings unklar. Mit einiger Wahrscheinlichkeit bestand sie aus vv.1–5.9–12.14.16* (enger 1–5.11–12b.14b.c.e.16). Doch die Zugehörigkeit vieler Verse (einschließlich v.1) ist inzwischen umstritten. Gelegentlich wird v.6a zur Vorlage gezogen, womit Jesu Auftreten schon da an das Logosbekenntnis anschlösse. Sicher redaktionell ist die Eröffnung in v.14 „das Wort ward Fleisch".[428]

Eine Bestätigung des vorchristlichen Ursprungs gelang nicht. Wir müssen also vorsichtig sein. Eine Genese in der vorjohanneisch-johanneischen Gemeinde ist gleichfalls möglich (und nach manchen ein Wachstum in Stadien johanneischer Theologie). Die Ableitung von der Täufergemeinde und die Gnosis-These verlieren an Boden. Die interessanten Parallelen in den Funden von Nag Hammadi (namentlich in der Protennoia NHC XIII 1 und dem Petrusbrief NHC VIII 2) sind jünger.[429]

Sei es nach der Vorlage, sei es selbständig, wählt 1,1 „logos" zum Ausgangspunkt. Das ist ein Nomen actionis. Es verweist auf die schaffende Handlung durch Reden (und Zählen: „legein"). Der Logos – modern: der performative Sprechakt – hat schaffende Kraft, wie die antiken Schöpfungsmythen seit alters thematisieren. Eine isolierte Übersetzung „Wort" ist zu blass.

In Gen 1 geht dem „Gott sprach" noch ein Satz voraus: „Am Anfang schuf Gott Himmel und Erde […]" (Gen 1,1f). Der Sprechakt ist dort nicht der Anfang von allem, sondern dessen, daß das Geschaffene Gestalt bekommt. Joh 1 schließt nicht unmittelbar an Gen 1 an, sondern an dessen Fortschreibung in der Weisheit:

Ps 33,6ff; Weish 9,1ff und andere Stellen breiten den Sprechakt bergend wie verpflichtend über alle Schöpfung aus. Joh 1,1 verlängert das: „Alles" wurde durch ihn. „Ja, ohne ihn wurde auch nicht eines, was wurde. Was wurde, war in ihm Leben" (vv.3–4a).[430] Werden durchs Wort heißt Werden mit lebendigem Glanz. Joh 1,1ff lässt entsprechend kein Schweigen zu, das dem Wort vorausgegangen wäre,[431] und kein lebloses Dunkel, aus dem das Licht käme.

So kommt das Dunkel erst nach dem Licht. Es wird Raum und Hintergrund für dessen Leuchtkraft (v.5a). Joh 1 erlaubt allenfalls einen eingeschränkten, geschichtlichen, keinen übergeschichtlichen Dualismus. Movens wird nun freilich das Dilemma des zugewandten Wortes. Es muss *wahr* genommen werden, um in seiner Wahrheit zu wirken. Der Logos indes findet keine Aufnahme bei den Seinen. Er zeltet allein bei der ihn besingenden Gruppe, den aus Gott Gezeugten (vv.10–14). Der Optimismus des lichten, lebendigen Wortes dämpft sich. Aber er verliert sich nicht.

---

[428] Vgl. *Hofius* 1987*** 10f; *M. Theobald*, „Im Anfang war das Wort", SBS 166, 1983, 75; *P. Hofrichter*, Wer ist der „Mensch, von Gott gesandt" in Joh 1,6?, BU 21, Regensburg 1990 u.v.a.

[429] Vgl. *Weder**** 148ff; *Painter****; *E.M. Yamauchi*, Jewish Gnosticism?: Studies in Gnosticism and Hellenistic Religions. FS G. Quispel, EPRO 91, Leiden 1981, 467–497; *K. Koschorke*, Eine gnostische Paraphrase des johanneischen Prologs, VigChr 33, 1979, 383–392; *Hofrichter**** u.v.a.

[430] Ich gebe damit die schwebende Interpunktion wieder; zu ihrer Diskussion *K. Aland*, Über die Bedeutung eines Punktes: Neutestamentliche Entwürfe, ThB 63, München 1979, 351–391.

[431] Ein Unterschied zu manch gnostischer Erwägung: vgl. bes. NHC XIII 35, 32–35.

Die Finsternis „ergriff" das Licht nicht (v.5b), heißt ebenso „es drückte das Licht nicht hinunter" wie „es ließ sich nicht vom Licht durchfluten".[432] Das Dunkel wird des Lichts nicht Herr. Konsequent verweist v.16 (wohl mit dem Schlusswort der Tradition) auf Gottes Zuwendung in Fülle.[433]

Das Dilemma des Wortes beschäftigt die Philosophie seit ihrem Beginn (Heraklit, fr. B 1). Israel stellt die Frage um die Zeitenwende mit Begriffen der Weisheit (vgl. Sir 24,6.8; äth = 1 Hen 42,2 u.ö.). Joh 1 steht selbständig zwischen Weisheit und hellenistisch-jüdischer Philosophie.[434]

In diesen Duktus tritt die Christologie. „Logos" trifft eine eigene, spezifische Option auch im Christentum. Es greift auf, dass der Menschgewordene seiner Gemeinde „in eminenter Weise als Wort, als anredendes und zurechtbringendes Wort zur Erfahrung kam".[435] *Jesus Christus erschließt sich in der Worthandlung, und die Worthandlung über aller Schöpfung weist zu ihm.* Das Wort wird Fleisch, volle Person (1,14a).[436]

Die christologische Relektüre von Joh 1,1–18 gründet sich auf die Spannweite dieser Aussage. Das Joh bringt keine unverwechselbaren Daten des Weges Jesu ein, keinen Hinweis auf seine Semeia und Bildreden, auf die Orte seiner Tätigkeit oder Auseinandersetzungen. Sogar einen konkreten Hinweis auf seine Geburt und seinen Tod dürfen wir missen.[437] Joh 1,1–18 ist ein *„Inkarnationslied"*[438] *nicht im engen Verständnis eines Geburtslieds, sondern um der Eröffnung eines weitläufigen Weges willen.* Dieser Weg bezieht die Geschichte vor dem irdischen Jesus ein, und der Evangelist gibt Mose dort besonderen Rang (v.17 vor 5,45ff).[439] Er geht mit dem Täufer zum irdischen Auftreten Jesu über (vv.6ff.15.19ff), und das Wort wird ein Leitmotiv dieses Wirkens. Der Weg ist nach hinten offen, und Joh 1,1–18 spricht nicht einmal von der erhöhenden Rückkehr des Sohnes zum Vater (obwohl v.18 sie voraussetzt). Das Joh ordnet indirekt alles Wort, das im Evangelium Gestalt annimmt, und alles Wort, das die Gemeinde hört, dem einen Logos, Jesus Christus zu.

Der 1 Joh setzt die Linie mit einer Nuance fort (oder bahnt sie an, falls er älter als das Joh sein sollte): Der Logos ist Wort aus dem Leben und zum Leben (1,1f). In 2 und 3 Joh, den Presbyterbriefen, fehlt dagegen der vertiefte Logos-Begriff. Verweist das auf verschiedene Phasen der johanneischen Theologiebildung?

---

432 Griechisch steht ein Verb mit „kata", „hinab"; Diskussion *Habermann* (s. 2.8) 357ff u.a.

433 Umgekehrt klammert Joh 1 die Linie des Schreckens aus, die Israel auch von Gottes „Wort" kennt: vgl. Hab 3,5 LXX („Wort" tritt an die Stelle der „Pest" im MT) oder Weish 18,14–16.

434 Zur Diskussion *Scott**** 88–115; *Tobin**** u.a.

435 Vgl. *Weder**** 155. Eine vom Traditionsstück ausgehende Faszination mag hinzukommen.

436 Die Abwertung des Fleisches spielt noch nicht die Rolle wie an anderen Stellen des Joh: vgl. *Müller* 1990***, 49 u.a. Anders z.B. *Käsemann**** 28.

437 Die Auslegung suchte Zeugung und Geburt namentlich in v.13. Textkritische Korrekturen dieses Verses in den Singular („er wurde geboren") spiegeln das.

438 *Wengst* 1972*, 195 (Hervorhebung M.K.).

439 V.17 wird meist als antithetischer Parallelismus übersetzt: Das Gesetz wurde durch Mose gegeben, *aber* die Gnade wurde durch Christus. Das Griechische enthält das „aber" nicht. Der Ort im Evangelium spricht mehr für einen Bezug der Glieder aufeinander. Divergent *Hofius* (s. 4.2) 31 u.a.

Ein letztes. Wohl der Vorlage entnimmt das Joh v.1bc: Der Logos – Gottes ursprüngliches Sprechen – war bei Gott (griechisch „dem Gott"). Er war, da sich der eine Gott in ihm wirkend zeigt, „Gott" (ohne Artikel, Prädikatsnomen). Nach Syntax und Religionsgeschichte ist das eine abgestufte Gottheitsaussage, ob vorchristlich, judenchristlich oder des rhetorischen Impulses halber vom Joh so gesetzt, und deutsch auch mit „göttlich" übersetzbar.

Zu vergleichen ist Philo, somn. I 227–230: Was ganz eng zu Gott gehöre, heiße gelegentlich „Gott" (theos), freilich in uneigentlicher Sprache und ohne Artikel, so der Logos (bei Philo in seinem spezifischen Verständnis als Vermittlungsgröße zwischen Gott und Welt, Pneumatischem und Materie).

Der Prolog schreitet in seinem Duktus darüber hinaus. Das Wort wächst in Jesus Christus. Er verlebendigt es personal, und er erlaubt die Schau der Herrlichkeit Gottes. Er ist der Logos als „Einziggeborener" (v.14c an der Grenze des Traditionsstücks). Die Abstraktion „Gott war der Logos" macht darum dem Bild des Einziggeborenen, Gottes in v.18 Platz. Jesu personal vertiefte Gottesbeziehung legt den Vater aus und führt die Seinen zum Vater (s. 4.2.7). Das erlaubt, zu ihm zu reden „(das ist) mein Herr und mein Gott" (20,28b).[440] Der Epilog des Evangeliums nimmt in der Anrede den Artikel „der Gott" auf, der dem Logos versagt bleiben musste. Das rundet abschließend den Prolog. Die Unterschiedenheit Jesu Christi zum Vater wird ein Geschehen in Gott selbst, bestätigt durch die Anspielung auf Ps 35,23 in Joh 20,28.

Die Fülle der Aspekte erklärt die überragende Wirkung des Johannes-Prologs. Das Joh bewahrt er vor dem Auseinanderbrechen in einen Dualismus von Licht und Dunkel, betretener und unerreichbarer Christologie. Dem theologischen Nachdenken macht er das Prädikat Gott für Jesus verständlich. Der Philosophie bietet seine Wort-Reflexion einen Ansatz transzendentalen Denkens.

Augustin konkretisierte die zunächst eher unterschwelligen Bezüge zur Philosophie: Er habe unseren Satz „im Anfang war das Wort etc." (Joh 1,1–5) bei den (Neu-)Platonikern bewiesen gefunden (Conf. VII 9,13; vgl. Civ. X 29; Plotin, Enn. III 2,2.16 und IV 3,8). Die christliche Philosophie berief sich dauerhaft darauf. Meister Eckhart reflektierte an ihrem Höhepunkt, der „logos" sei unterschieden und identisch in einem. Er sei der Sohn bei Gott, im Anfang und immer geboren, unseren Kategorien von Bewegung und Zeit vorauf. Gleichzeitig sei seine Geburt immer Anfang, immer Entstehen. Der Logos-Christus wurde Basis aller Entstehung und Gestaltung der Materie.[441]

Die Neuzeit lockerte die theologische Bindung. Am markantesten las J.G. Fichte in Joh 1 die Begründung seiner Transzendentalphilosophie: „im Anfange […] schuf Gott nicht, und es bedurfte keiner Schöpfung, – sondern es […] war das Wort – und durch dieses erst sind alle Dinge gemacht […] – und es ist dieser Satz ganz gleichgeltend mit dem von uns aufgestellten, dass die Welt und alle Dinge, lediglich im Begriffe […] da sind."[442]

---

440 Zur Syntax (eingeschränkter Vokativ) *Burkert* (Anm. 52 zu 3) 3f.

441 Expositio s. evangelii sec. Iohannem 1–13 (Meister Eckhart, Die lateinischen Werke III 1, p.3–12).

442 *J.G. Fichte*, Anweisung zum seligen Leben oder auch Religionslehre, 6. Vorl., GA I 9, Stuttgart 1995, 118f.

Der Logos der vv.1ff löst sich damit, gegenläufig zur Intention des Joh, vom geschichtlichen Jesus Christus.

Überblicken wir die *Texte*, *ergeben* sie *zusammen* das eindrückliche Bild einer *Erniedrigung Jesu*, in der er *unser Fleisch annimmt* und uns *als Logos in Gottes Herrlichkeit geleitet*. Im Neuen Testament freilich stehen die Texte getrennt. Dort sind die Erniedrigung, die Annahme des menschlichen Fleisches und Blutes um unserer sühnenden Rettung vor Tod und Teufel willen und die Reflexion auf den Logos, der leuchtend unter uns Wohnung nimmt, unterschiedliche Akzente. Das bekunden nicht zuletzt die wirkungsgeschichtlichen Spuren zur Ethik (bei Phil 2), Erlösungslehre (beim Hebr) und Philosophie (bei Joh 1). Jede theologische Gesamtkonzeption der Inkarnation erweist sich als abgeleitet.

4.11.3 Die Antike liebt Legenden über die Geburt herausragender Personen (von Mose bis Augustus, Ex 1f bis Sueton, Aug. 94). „Geboren von einer Frau" (Gal 4,1) klingt angesichts dessen gar zu knapp. Teile der Gemeinde beginnen zu erzählen, was von *Jesu Geburt* gesagt werden müsse (*Mt 1–2; Lk 1–2*).

Wir wissen nicht, wann das anhebt. Die zwei Evangelien, die die Traditionen sammeln, überformen sie so stark durch ihre eigenen Anliegen und Sprache, dass ein Konsens über ihre Vorlagen kaum zu erzielen ist.[443] Ihre Erzählungen divergieren um einen kleinen gemeinsamen Kern: die Prägung der Geburt durch den Geist, ihre Lokalisierung in Betlehem und die davidische Herkunft Jesu. Mt umgibt das mit den Magiern („magoi"), dem Kindermord, Flucht und Rückkehr aus Ägypten, Lk mit der Geburtsgeschichte Johannes d.T.s, den Hirten, der Darstellung und dem zwölfjährigem Jesus im Tempel.

Im Neuen Testament ist der Ansatz umstritten. Die Traditionen, die Mt und Lk aufgreifen, gehen wohl eine Generation zurück. Doch die überkommenen Quellen dieser Generation ignorieren die Szenen. Das *Joh* verzichtet noch nach Mt und Lk auf eine Geburtsgeschichte. Es ironisiert dazu gerade die Momente, in denen sie kongruieren, die davidische Herkunft Jesu und die Lokalisierung Betlehem (Joh 7,42).

In der historischen Kritik löste das erhebliche Zweifel an der Geburt in *Betlehem* aus. Wieweit die Ortsangabe zurückzuverfolgen ist, hängt am Alter der Magiertradition (mit der sie sich Mt 2,1.5 verbindet) und der Hirtenerzählung (in die Lk 2,15 führt). Bedenken sind angebracht.

Andererseits ist die verbreitete These, die Lokalisierung sei dem Theologumenon der Davidität Jesu entsprungen, gleichfalls schwer zu verifizieren. Die Davids-Christologie erhielt, wie wir sahen, nie unumstrittenes Gewicht (s. 4.2.2/3). Auch bei einer Entscheidung für sie war die „Davidsstadt" schlechthin nicht Betlehem, sondern das nahe Jerusalem.[444] Mt 2,6 hilft sich darum zur Aufwertung Betlehems mit Mi 5,1.3. Freilich ist Betlehem bei Micha „klein unter den Tausendschaften Judas" (5,1 MT) oder gar „zu klein, um zu den

[443] Vgl. *Brown****; *ders.*, Gospel Infancy Narrative Research, CBQ 48, 1986, 468–483.660–680; *Radl**** u.v.a.

[444] Lk 2,4.11 schuf die kühne Übertragung des Attributs nach einem vereinzelten Vorgänger, 1 Sam 20,6.

Tausendschaften Judas zu gehören" (LXX). Der Evangelist oder Testimoniensammler, der ihm vorausgeht, wertet es um der Geburt willen auf. Er fügt „keineswegs" ein. Lukas lässt umgekehrt Mi 5 schlicht unberücksichtigt.

Differenz wie Korrektur indizieren, dass die Entdeckung der Verheißung von Mi 5 im Christentum erst spät im 1.Jh. einsetzt. Sie folgt nicht, wie früher gern angenommen, einer zwingenden messianischen Vorgabe. Denn die zwischentestamentlichen Quellen rezipieren Mi 5 nicht als messianische Verheißung. Keine vorhandene jüdische Quelle über Betlehem als Geburtsort des Messias geht weiter als ins 3.Jh. zurück. Die berühmte Passage des TJon ist wohl nochmals jünger.[445]

Die bemühte Koordination von Betlehem- und Nazaret-Traditionen kommt hinzu. Mt bedarf für sie eines Traums (2,22), Lukas eines Zensus, an den er sich aus seiner Zeit heraus erinnert (2,1ff). Die Chronologie gerät in Spannung zwischen Herodes (Mt) und Quirinius (Lk). Wir können das Geburtsjahr Jesu nicht genau bestimmen.[446]

Alles in allem: Solange der Gemeinde das Wirken Jesu ab der Begegnung mit dem Täufer genügt, spielt die Betlehemüberlieferung keine Rolle. Danach tritt sie mit einiger Kraft hervor. Die Schwierigkeiten, die sie mit sich bringt, sprechen kaum für eine von vornherein theologische Konstruktion.

Nach Joh 7,40ff ist die Frage nach Christi Davidität und Betlehemgeburt letztlich für die relevant, die seine Würde in Frage stellen. Sie führt nicht zu Jesus, sondern zu Zwiespalt und Nachstellungen. Die johanneische Gemeinde darf sie dank des Wissens um seine Fleischwerdung von Gott her vernachlässigen. Anders sind die Vorgeschichten bei Mt und Lk gerade für die Gemeinde (und ihr Ausgreifen) gedacht. Wir beobachten ein Auseinanderdriften der urchristlichen Gemeindekreise.

Dabei ist die Lösung der *Vorgeschichten* für den Anfang der Geschichte Jesu nicht minder interessant als die johanneische. Sie *verzichten* zur Öffnung nach vorne *auf die Präexistenz Jesu.* Andere, erzählte Faktoren vertreten und erübrigen sie. Die Überschattung Mariens durch den Geist sichert Jesu Herkunft von Gott (Mt 1,20; Lk 1,35). Sein Stammbaum oder besser seine bei Mt und Lk unterschiedlichen Stammbäume verankern ihn in der Geschichte Gottes für die Welt. Beides, Stammbaum und Wirksamkeit des Geistes zur Geburt, fehlt Joh 1,1–18.

Der lukanische Stammbaum lenkt über Adam bis zu Gott zurück (3,23–38), der matthäische (1,1/2–17) beginnt bei Abraham. Die Öffnung auf die Völker, die Lk über Noach etc. gewährleistet, signalisieren bei Mt die Frauen. Vielleicht spielt Mt 1,1 überdies auf „genesis" Gen 2,4;5,1 an, so dass uns die Genealogie Jesu in eine Entstehungsgeschichte vom Rang der Entstehung und Geschlechterfolge der Menschheit brächte. In der Intention berühren sich Mt und Lk trotz ihrer unterschiedlichen erzählerischen Mittel.[447]

---

[445] Vgl. einerseits die Forschung bis *Radl**** 364f, andererseits *Karrer* 1990*, 287f,331f. Jüngere Quellen Bill. I 83.

[446] Vgl. für die Möglichkeiten *K. Haacker*, Erst unter Quirinius?, BN 38/39, 1987, 39–43; *Theißen / Merz* 1996*, 149ff; *K. Rosen*, Jesu Geburtsdatum [...], JAC 38, 1995, 5–15 u.a.

[447] Die Deutung von Mt 1,1 ist umstritten: vgl. *Dormeyer****; *J. Nolland*, What Kind of Genesis do we Have in Matt 1.1?, NTS 42, 1992, 463–471 u.v.a.

Die große Stärke der Geburtsgeschichten wird ansichtig. Sie verwurzeln Jesus fundamental in der Menschheit und ihrer Geschichte, in der Gott durch seinen Geist handelt. Diese Geschichte hat – das steht für sie ebenso fest – ihren Mittelpunkt in Israel. Deshalb wiederholt sich bei Mt der Weg Israels aus Ägypten (2,15 nach Hos 11,1) und verzahnt Lk die Geburtsgeschichte Jesu mit der des Täufers.

Die Vorgeschichten sind auch in der Kritik an Israel vorsichtig. Mt zeichnet bis 2,22 eine Nachstellung gegen Jesus ausschließlich durch das Herrscherhaus. Lk nimmt jüdisch-judenchristliche Loblieder auf, wählt den Sprachton der LXX und deutet den Weg zu den Völkern über die Gottesfürchtigen an (1,50). Der Jesus seiner Vorgeschichte ist Licht für die Völker zur Herrlichkeit Israels (2,32 nach Jes 42,6; 49,6; 46,13). Das Befremden über Israel ordnet er dem nach (2,34). Wir sehen, warum beide Evangelien in ihren eschatologischen Erwägungen nicht von Israel lassen.[448]

Die *Geistgeburt gehört*, beachten wir die Eigenart der Geburtsgeschichten, *zu Jesu Verortung unter der Menschheit, in Israel.* Nichts zeigt das deutlicher als das Leitmotiv Jes 7,14, das Mt und Lk aufgreifen: Eine Verheißung Israels spricht von der Geburt. Nach der LXX verheißt sie diese näherhin aus einer Jungfrau (Mt 1,23; Lk 1,31). Die Verankerung Jesu in Gottes Geschichte mit seinem Volk ist der Ausgangspunkt der Jungfrauengeburt.

Hebräisch sagte Jes 7,14 die Schwangerschaft einer „jungen Frau" an. Die LXX übertrug das in Ägypten, das seit alters eine göttliche Herkunft von Herrschern und Geburts-Mythen über den Weltaltergott Aion etc. kannte. Die Geburt aus einer menschlich unberührten Frau verdeutlichte dort das Handeln Gottes. So entstand die Übersetzung „Jungfrau" („parthenos").[449]

Jes 7,14 wird nochmals von der Offb benützt. Ihr genügt die Geburt des Kindes aus einer Frau („gynē"), ein Indiz, „Jungfrau" neutestamentlich nicht überzubetonen (12,1f.5). Andererseits bettet Offb 12 die Geburt ungleich mythischer ein als die Kindheitsgeschichten. Deren Rückfrage vor die Geburt ist – bestätigt sich – weniger als Mythisierung zu lesen denn als Hervorhebung des Waltens Gottes. Das Wirken des Geistes bei Mt und Lk (von dem Jes 7 noch nicht redete) veranschaulicht diesen Blickwinkel.

In diesem Rahmen setzen die Evangelien ihre Akzente. Nach *Lk* ereignet sich *Weltgeschichte* (mit dem Hinweis auf Augustus 2,1ff). Sie tut das mit Kontrasten. Denn Jesus wird unter Armen geboren (2,4–20), und sein Ort ist nicht der Palast, sondern der Tempel (2,21–52). Er ist, an Herrscherort und mit herrscherlichem Anspruch geboren (2,11), kein Herrscher wie die anderen Herrscher und

---

[448] Vgl. die Erörterungen zur Provenienz der Hymnen bis *Radl**** (Magnificat 307–311); *H.-J. Klauck*, Gottesfürchtige im Magnificat?, NTS 43, 1997, 134–139; *Kellermann**** u.v.a., außerdem 3.5.

[449] Vgl. Plutarch, Numa 4 (1,62C) und das weitere Material bei *Rösel****; *Merklein* (s. 4.2) u.v.a. Varianten wie Philo, quaest. Ex II 46 – eine zweite Geburt Moses ohne Mutter, nur mit Vater, dem Vater des Alls – stellen Mt und Lk wegen Jes 7,14 zurück.

gerade deshalb von Gott her einzigartig Retter der Menschheit.[450] *Mt* benennt durch Jesu *Namen* die Leitmotive seines Evangeliums. Der da geboren wird, soll – so der Name *Jesus* – sein Volk retten (1,21). Er ist der „Mit uns ist der Gott“ (*Immanuel* 1,23), in dem Israels alte Geleitformel zum Ziel gelangt. Das Geleit, das der eine Gott seinem Volk gewährt, konzentriert sich in ihm.[451] Schließlich heißt er „Nazoräer“, nach seiner Heimatstadt (vgl. 13,54) wie als der heilige Spross („neṣær“), um den eine neue Pflanzung entsteht (2,23).[452]

Mt und Lk legen damit auf je ihre Weise eine Basis hoher Christologie. Die Jungfrauengeburt ist ihnen ob dieses Ziels und der Geistaussage wichtig, nicht ob der mythischen Explikation. Deshalb bereitete es im Christentum keine grundlegende Beschwer, als in der Neuzeit Mythenkritik das Feld besetzte. *Die Anliegen des Mt und Lk sind im Grundsatz ohne eine jungfräuliche Geburt aussagbar. Sie gewinnen durch sie lediglich an Plastizität.* Als *historische* Aussage ist die Jungfrauengeburt im vielschichtigen Rahmen des Neuen Testaments seit Gal 4,4 darum keine zwingende Option. Als *theologische* Aussage ist sie festzuhalten und hermeneutisch fortzuschreiben.

K. Barth fand in ihr ein Urteil über den Menschen, der nicht von sich aus fähig und geeignet für Gott sei. Die Virginität Mariens wurde ihm zum „*Zeichen* dieses über den Menschen ergehenden Gerichts und insofern zum Zeichen der göttlichen Gnade.“ Andere Würdigungen verweisen auf die Stoßrichtung des Bekenntnisses gegen Doketismus und Adoptianismus. Die Jungfrauengeburt bewahrt dann ebenso vor einer Scheinhaftigkeit der Menschwerdung Jesu wie vor einer Definition seiner Hoheit aus einer Adoption in der Menschheit. Vielfältig beginnt schließlich feministische Auslegung.[453]

Vor eine neue Herausforderung stellt das interreligiöse Gespräch. Denn während die Jungfrauengeburt in vielen Teilen des Christentums fraglich geworden ist, ist sie im Koran ein Schlüssel zur Interpretation Jesu.

Sie bringt zum Ausdruck, wie nahe er dem Gott ist, der schafft, was er will (Sure 3,45–48).[454] Korrespondierend spricht Jesus schon in der Wiege zu den Menschen wie ein Erwachsener (3,46). Wir finden das Komplement zur besprochenen Korrektur des Todes Jesu: Der Koran adelt das irdische Auftreten des Gesandten Gottes. Jesu befremdliche Niedrigkeit hingegen ist Proprium des Neuen Testaments.

4.11.4 Überblicken wir den Abschnitt, begegnen wir neuerlich der Vielfalt des Neuen Testaments. Gemeinsam ist die Gewissheit, Jesu Wirken sei kein punk-

---

[450] Vgl. die seit 2.7 beschriebene Linie lukanischer Soteriologie. Die Forschung diskutiert bis *M.L. Strauss* (s. 3.8) 75–129 bes. davidische Konnotate.

[451] Vgl. das „Mit-sein“ des Herrn mit einzelnen oder Gruppen Israels Gen 26,3 usw. (über 100mal); *H. Frankemölle*, Die matthäische Kirche als Gemeinschaft des Glaubens: Ekklesiologie des Neuen Testaments. FS K. Kertelge, Freiburg 1996, 85–132: 96ff,113ff und *ders.* o. Anm. 125.

[452] Vgl. *R. Pesch*, „Er wird Nazoräer heißen“: FS Neirynck (s. bei 3.7 Bieringer) II 1385–1401: 1392ff. Die Heiligkeitstradition spielt bei Mt eine geringere Rolle (s. 4.6.6).

[453] *K. Barth*, KD I 2, 198ff, Zitat 210; *Pannenberg* [5]1976 (s. 2) 149f ; *Schaberg****; *L. Schottroff* u.a., Feministische Exegese, Darmstadt 1995, 217f.

[454] Lit. und Kontexte *Riße* (s. 3.10) 165–187; *R. Leuze*, Christentum und Islam, Tübingen 1994, 77ff.

tuelles Ereignis in der Geschichte. Mögen menschliche Augen an einer vorübergehenden Faktizität haften, das Handeln Gottes öffnet die Perspektive. Es greift über Jesus in die Geschichte der Welt ein, um ihr von Anfang an Koordinaten zu geben und sie grundsätzlich zu geleiten. Wie, artikulieren die Zeugen unterschiedlich. Das Neue Testament endet vor einer Integration der Aspekte um Christi Gegenwart in der alten Geschichte Israels, um Inkarnation und Geburt.

Unmittelbar jenseits, bei Ignatius, beginnt die Geschichte der kirchlichen *Inkarnationschristologie* (IgnEph 18,2–19,3 u.ö.). Ihre Stärke ist, zusammenzuschauen, was die Auslegung differenziert. Freilich erhalten nicht alle Aspekte gleiches Gewicht. Das Wirken Christi in Israel (die Linie von 1 Kor 10,4) und das Wirken des Menschgewordenen treten allmählich zurück. Dafür erstrahlen andere Stellen wie Kol 2,9. Der da geboren ist, wird die Wohnstatt der Gottheit. Dass Gott in Menschenweise (IgnEph 19,3) oder im Fleisch erschien, bestimmt die Theologiebildung in zunehmender Abstraktion (Tertullian, de carne Christi etc.).

Joh 1 (ohne den Logosbegriff, der die christologischen Streitigkeiten dominierte), Hebr 2 und Phil 2 fließen in den Inkarnationsaussagen des Nicäno-Constantinopolitanum mit der Geistgeburt aus der Jungfrau nach Mt und Lk zusammen (DH 150). Das Apostolicum konzentriert sich auf die Geistgeburt aus der Jungfrau (DH 30). Das Chalcedonse spannt den Bogen von der Geburt aus dem Vater vor der Zeit zu der aus Maria am Ende der Zeit ohne Erwähnung des Geistes (DH 301/302; begrifflich erscheint nun der Logos). Alle Bekenntnisse vernachlässigen das Wirken Jesu zwischen Geburt und Passion.

Eine Kritik daran aus dem Neuen Testament ist leicht. Die Mitte des irdischen Wirkens Jesu, sein Reden und Handeln in Galiläa und Judäa, geht dem Bekenntnis verloren. Die exegetischen Spannungen zwischen Phil 2; Hebr 2; Joh 1 und den Kindheitsgeschichten des Mt und Lk schwinden. Statt der Besonderheit der Texte treibt die Suche nach ihrer Einheit die Gedanken voran. Um dieser Einheit willen wandelt sich die Geistgeburt nach Mt und Lk. Ihre Dynamik schreitet nicht mehr zu Taufe und Auftreten des irdischen Jesus fort, sondern verlagert sich auf die mythische Begründung der Geburt.

Im kirchlichen Westen zerbricht ob dieser Probleme in den letzten Jahrzehnten die Integrationskraft der Inkarnationstheologie. Die Angriffe sind schwerwiegend: Der autonome Begriff der Inkarnation (der im Neuen Testament fehlt) isoliere ein im Neuen Testament eingebundenes retrospektives Konzept. Er mythisiere in theologisch und interreligiös unvertretbarer Weise. Allerdings erhielt die Inkarnationstheologie im Westen nie den Rang wie in den orthodoxen Kirchen (trotz Gregor d.Gr., mor. in Job I 24; II 23 u.v.a.). Der Protestantismus gab der Kreuzestheologie den Vorrang; der Höhepunkt seiner Inkarnationschristologie, die Kenosis-Lehre des späten 19.Jh. (der Menschwerdende entleere sich nach Phil 2,7 göttlicher Eigenschaften), besetzte nie die ganze Theologie. Stärker konzentriert sich die anglikanische Kirche (bes. die anglokatholische Bewegung) seit dem 19.Jh. auf die Menschwerdung. Daher wird die Diskussion dort am schärfsten geführt.[455]

---

[455] *Hick****; *Goulder****; *Dunn* ^{2}1992*; *Ritschl**** 227ff; *Dalferth****.

Über den Problemen darf die Stärke nicht übersehen werden. Die Weichenstellung, Jesus sub specie dei[456] zu betrachten, reicht im Neuen Testament weit zurück. Dessen Konkretionen konkurrieren. Aber sie widersprechen einander nicht so, dass sie die Ergänzung in der Reflexion verböten. Der Glaube bedarf des Weiterdenkens, um nach innen und außen Rechenschaft abzulegen. Spätestens die unterschiedliche Rezeption Jesu in den Religionen nimmt das Denken in Pflicht.

Der angesprochene Koran entwickelt eine „Christologie von außen".[457] In Sure 4,171 kombiniert er die Geburt aus Maria mit etwaig neutestamentlichen Motiven in einem anderen als dem neutestamentlich-kirchlichen Verständnis. Der Sohn Marias ist „Gesandter" (vgl. Hebr 3,1) dem einen Gott untergeordnet („nur der Gesandte"). Er ist dessen „Wort" (vgl. Joh 1,1) ohne Präexistenz (vielmehr „der Maria entboten"). Er ist „Geist von Gott", eine gültige Inspiration Gottes, unter Ablehnung der triadischen Entfaltung des Monotheismus.

Alles in allem: Die Spuren des Neuen Testaments zur altkirchlichen Theologie sind nicht so schmal wie manchmal angenommen und erlauben eine Orientierung in der nachneutestamentlichen Geschichte mit ihren neuen Notwendigkeiten. Gleichzeitig sorgen die Differenzen im Neuen Testament für Unruhe und hegen das skeptische Bewusstsein gegen jedes Globalkonzept. Das Neue Testament beheimatet und verfremdet inkarnatorische Theologie in einem. Es schenkt dem aktuellen Gespräch Raum und wäre dessen ebenso hilfreicher wie kritischer Partner.

In den Ostkirchen hat die Inkarnationstheologie unverändert zentrale Bedeutung und strahlt auf die Anthropologie über die Teilgabe an der göttlichen Natur[458] aus. Im Westen kehren verschiedene Ansätze sie zu einer Humanisierung des Menschseins um: Gott werde „immer mehr Mensch", auf dass der Mensch recht Mensch werde.[459]

4.12 Schlussreflexion

Lit.: s.o.; *M. Barker*, The Great Angel, London 1992; *J.D.G. Dunn*, Was Christianity a Monotheistic Faith from the Beginning?, SJTh 35, 1982, 303–336; *J. Fossum*, Jewish-Christian Christology and Jewish Mysticism, VigChr 37, 1983, 260–287; *M.J. Harris*, Jesus as God, Grand Rapids 1992; *P. Hünermann*, Jesus Christus [...], München 1994; *L.W. Hurtado*, One God, One Lord. Early Christian devotion and ancient Jewish monotheism, Philadelphia 1988;[460] *E. Scheffler*, Jesus from a psychological perspective, Neotest. 29, 1995, 299–312.

---

[456] Aus dem Blickwinkel von Gott her.

[457] *Riße* a.a.O. 23(ff).

[458] Die das Neue Testament nur von ferne vorbereitet; vgl. immerhin 2 Petr 1,4.

[459] Für die einen aus theologischer, für andere aus humanistischer Perspektive: vgl. *Zeller**** bes. 175f (*D. Zeller*), 177–215 (*A. Schilson*; Zitat 177 in Anlehnung an D. Sölle).

[460] Eine Besprechung: *P.A. Rainbow*, NT 33, 1991, 78–91.

Gehört der irdische Jesus in die Christologie? Am Anfang des Kapitels schien eine bejahende Antwort nicht selbstverständlich. Jetzt, am Ende, überrascht die Mühe der Diskussion und fast bereits die Frage. Der irdische Jesus gehört, zeigte sich, nicht nur in die Christologie. Sein Verständnis gibt ihr wesentliche Impulse. Ein großer Spannungsbogen entsteht:

4.12.1 Eine *Biographie Jesu* können wir nach wie vor nicht erstellen. Trotz der Quellenfunde unseres Jahrhunderts dauert das Problem der uneinheitlichen Quellenlage an. Über vielen äußeren Daten bleibt ein Schleier. Das reicht vom Geburtsjahr Jesu bis zur Dauer seines Wirkens, vom Ausmaß seiner Jerusalem- und Tempelbesuche bis zum Umfang seiner Begegnungen mit Nichtjuden, von der Frage eines visionären – oder sonstigen – Auftakts seines Auftretens bis zu der eines Einschnitts nach galiläischen Erfolgen. Die durch A. Schweitzer bekannt gewordene Kritik an der Erforschung des historischen Jesus hat insofern unverändert Aktualität, ohne dass sie Skizzen des Lebens Jesu verhinderte.[461]

Für eine offene Rekonstruktion wissen wir einiges. Wir kennen bedeutsame Orte: Betlehem (?), Nazaret, Kafarnaum, Jerusalem. Unterrichtet sind wir über Schwerpunkte des Wirkens Jesu: Heilungen, ein Reden, das zum „Gehe hinüber" auffordert, den ethischen Anspruch, Provokationen für alle Bereiche der Öffentlichkeit. Mit einer bis dato ungeahnten Fülle von Material erschließen wir religions- und sozialgeschichtliche Kontexte. Ein Visionär, Gotteskünder, Wundertäter und Provokateur tritt vor Augen. Halb ist er apokalyptisch, halb kynischen Wanderpredigern zu vergleichen. Prophetische wie weisheitliche Züge nimmt er auf. Nichtsdestoweniger entrinnt er jeder isolierenden Kategorie. Er entzieht sich Festschreibungen, wie er auf das festgeschriebene Wort verzichtet.

Letzteres ist um die Zeitenwende in Israel nicht selbstverständlich. Der Lehrer der Gerechtigkeit der Qumranschriften schrieb um seiner Anliegen willen.[462] Jesus dagegen richtet seine Hörerinnen und Hörer auf das gesprochene, lebendige Wort – wie die aktuell erlebte Tat – aus. Im Neuen Testament entsteht eine paradoxe und doch dem gemäße Situation: Die Evangelien verschriften Jesu Wort und schreiben es simultan fort. Das erste christliche Verbot, einem Wort etwas beizufügen oder wegzunehmen, steht nicht in ihnen, sondern in der Offb (22,18f).

Lebendig, unmittelbar setzt Jesus Gottes Zuwendung und Anspruch in Wort und Tat um. Er nimmt dem vorfindlichen Leben seine Selbstverständlichkeit. Gänzlich orientiert er die Menschen, die ihm begegnen, auf das Hereinbrechen Gottes, ihres Vaters, hin. Indirekt erzwingt er zugleich eine Stellungnahme zu seiner Person. Sein Nachfolgeruf und die Ausrichtung von Menschen an ihm legen den Keim der Gemeinde. Der Anstoß, den andere an ihm nehmen, steuert zur Passion.

---

[461] Vgl. *A. Schweitzer* ²1913 u.v.a. in 4.1; auch Schweitzer legte vorab eine Skizze vor (Das Abendmahl im Zusammenhang mit dem Leben Jesu [...] II, Tübingen 1901).

[462] Vgl. *Stegemann* 1991 (s. 4.4), 197f.

4.12.2 Der so vorgetragene Abriss benötigt kein Prädikat, in dem Jesus sich klar verstanden sah, und kein ureigenes Wort, das unverändert überkam. Insofern kommt die Beschreibung der Skepsis neuzeitlicher Jesusforschung entgegen (so oft sie von gängigen Meinungen abweicht). Ihr Bild Jesu mit Spannungen und Inkommensurabilitäten malt sie in einer Ära, die Systemen widerspricht und einen Logozentrismus geißelt. Einer Zeit, die Fremdheit duldet, erweist sie Jesus religionsgeschichtlich als Fremden. Angesichts einer Gesellschaft, deren soziale Konturen sich verhärten, sieht sie ihn Konturen aufbrechen. Kurz: Auch diese Darstellung ist ihrer Epoche verhaftet. Auch ihr Jesus ist nicht der historische Jesus per se, sondern im Blickwinkel des Betrachters, den die Texte herausforderten.

Den Historiker mag das beschweren. Er vermerkt den leidigen Zirkel zwischen Geschichte und Geschichtswahrnehmung. Zur Christologie bahnt es einen Zugang. Denn in seiner Weise spiegelt es den neutestamentlichen Einstieg in sie. Jesus trat mit seiner Verkündigung und seinem provokativen Auftreten souverän in das Geflecht zwischen Geschichte und Geschichtswahrnehmung ein. Er zielte auf die Menschen, ihr Erleben und ihre Antwort. *Die lebendige Rezeption, die Menschen an seinem Bild beteiligt, ist ihm* deshalb *gemäß*. Sie ist der *Ausgangspunkt der Christologie* und treibt die Christologie von Epoche zu Epoche voran.

4.12.3 Der lebendigen Rezeption gemäß konkurrieren schon im Neuen Testament Entwürfe. Der Spannungsbogen um den irdischen Sohn bleibt ein Ausschnitt der Christologie neben den anderen großen *Reflexionsbereichen*, Tod und Auferstehung Jesu. Die Gemeinde artikuliert ihn unterschiedlich betont und ungleichen Umfangs. Aber auch nicht alle Quellen befassen sich mit Jesu Tod. Nicht alle geben der Auferstehung Relevanz (wie wir namentlich an der Logienquelle sahen).

Zum Reichtum und der Farbigkeit des Neuen Testaments dringen wir somit vor, wenn wir die Konkurrenz der Positionen *und* ihre Integration berücksichtigen. Die Divergenz sorgt für die notwendige Bewegung. Keine Formel, kein Globalkonzept geht ganz auf. Das gegebene oder mögliche Zueinander initiiert Annäherungen und seinerseits eine weiterführende Denkbewegung. Auf den Spuren des Neuen Testaments entdecken wir in vielen Variationen, wie die Wahrnehmungen des irdischen Wirkens Jesu zusammenstimmen, wie der Auferstandene kein anderer ist als der Irdische und der Irdische trotz seiner Vollmacht der im Leid Erniedrigte. Kein Glied wird aus diesem Gefüge ohne Schaden gebrochen, und kein Glied dieses Gefüges isoliert lediglich einen christologischen Aspekt.

Glanz und Niedrigkeit trägt im Neuen Testament der irdische, der leidende und mutatis mutandis der österliche Christus. Die Auferstehung nimmt den Tod mit. Die Glorie des Kreuzes (bei Joh) tritt neben das Fluchkreuz (bei Paulus). Paradoxien von Schmerz und Licht durchziehen das irdische Auftreten Jesu.

Unter Verweis auf diese inneren Verknüpfungen dürfen wir am Ende des retrospektiven Gangs durch die Bereiche der Christologie eine – vereinfachende –

Formel wagen: *Im irdischen Jesus begegnen wir dem, der in der Unterschiedenheit von Gott für Gott handelt, in der Passion dem, an dem als Handlungsträger Gottes gehandelt wird, und mit der Auferstehung dem, an dem Gott handelt und der dadurch von neuem Handlungsträger wird.*

4.12.4 Von Jesus ist zu reden. Die Christologie bedarf der *Aussagestrukturen und Erlebnisräume*. Der irdische Jesus stellt dem mit seinen Redeformen und Handlungsschwerpunkten ein hinreißendes Potential zur Verfügung. Die Gemeinde hebt es in faszinierender Breite und manchmal bedenklicher Einseitigkeit. In *narrativer Christologie* spiegelt sie sein Erzählen, in *metaphorischer Christologie* sein bildliches Reden, in *gelebter Christologie* seine Provokationen, in einer *Christologie früher gottesdienstlicher Vollzüge* seine überwältigende Zuwendung. Eine Christologie des Neuen Testaments ist deshalb mehr denn begriffliche Christologie.

Allerdings helfen die *Begriffe*. Sie durchdenken die Zugänge, gewähren Plastizität und erlauben Antworten nach außen wie nach innen. Darum erwachsen sie rasch im Erzählen, an der Metaphorik und den Vollzügen. Erzählt wird, um Beispiele zu nennen, vom „Lehrer". Die Metaphern des „Sohnes" und „Hirten" stereotypisieren sich. Das ethische Leben erfährt das „Gesetz Christi". Der Vollzug des Mahls blickt auf den „Herrn", der kommt (1 Kor 11,26) etc.

Die *Prädikate* entstehen. Jedes erlebt eine eigene Geschichte. Manchmal endet sie im Vergessen (der „Arzt" oder der „Heilige"). Manchmal bricht sie verschoben und fraglich neu auf (der „Gesetzgeber"). Manchmal entfernt sie sich in kontinuierlicher Diskussion mehr und mehr vom Neuen Testament (so partiell beim Sohnesattribut). Manchmal bemerken wir in späteren Zeiten ein konfliktreiches Gegenüber (so den „Gesandten" des Koran im Vergleich zur Sendungschristologie).

Der einst zu intensiven Orientierung an den Prädikaten folgte in der letzten Generation mehr Resignation als nötig. Die Vielfalt des Neuen Testaments bringt Leben in sie. Sie müssen nicht zu blassen Chiffren werden. Ihr Schatz ist oft noch zu heben. Gleichzeitig sind narrative, metaphorische, erlebte und gottesdienstlich vollzogene Christologie dringend weiter – und teils neu – zu entwickeln, damit Jesu unbedingter Anspruch und Zuspruch aufleuchtet, mit dem er vor Gott stellt, rechtes Handeln fordert und alle vordergründigen Selbstverständlichkeiten aufbricht. Die Metaphern und aus ihnen erwachsenen Begriffe der Christologie sind lebendige Gebilde, die sich um ihrer Wirkkraft willen in veränderten Kontexten wandeln dürfen und häufig müssen. So diffizil die Fortschreibung ist, es braucht sie (u.a. in inklusiver Sprache).

4.12.5 Seit dem Kapitel über die Auferstehung verfolgen wir: Weil Gott in Christus handelt, ist mehr als die schmale irdische Faktizität auszusagen. Entsprechend beschränkt sich auch Jesu *irdisches Wirken* in der Perspektive der Gemeinde nicht auf die Zeitspanne seines öffentlichen Auftretens in Israel zwischen Johannes dem Täufer und dem Kreuz. Es entschränkt sich längs des Handelns Gottes und wird weit wie dieses. Die Ostergrenze und die Grenze der Geburt öffnen sich. „Irdisches Wirken" erhält den umfassenden Charakter eines durch alle Geschichte *auf Erden bezogenen Wirkens*. An den Linien von Israels Gotteserfahrung gewinnt die Besinnung darauf Tiefe, Vergangenheit und Zukunft.

Tiefe bezieht sie über Gottes Sendung von Menschen und Weisheit (und damit den Sendungsgedanken). Vergangenheit bekommt sie durch die Gewissheit, Gott handle schon früher in Israel so rettend, wie die Gemeinde es jetzt erfahre (und damit die Entdeckung Christi in der Geschichte Israels), durch die Reflexion der Schöpfungsweisheit, Adams und des Wortes (Logos). Zukunft empfängt sie über die Erwartung des Menschensohnes bis zum Ende der Zeit.

Allmählich umgeben Präexistenz oder Geistgeburt und Erhöhung die Mitte von Jesu irdischem Wirken, Leiden und Tod. Gottes Handeln verknüpft die Christologie mit dem Geist, und triadische Strukturen drücken das aus. Hohe und Niedrigkeitschristologie verflechten sich. Im Joh involviert die Darstellung des irdischen Jesus schließlich fast alle zentralen Aussagen der Christologie. Insofern bildet es den neutestamentlichen Höhepunkt. Aber andere Konzeptionen (Hebr etc.) sind theologisch und hermeneutisch kaum minder fruchtbar.

4.12.6 Der eine Gott äußert sich in Christus. Diese Erkenntnis erlaubt der Gemeinde, Gott an Christus zu schauen. Sie überträgt das Prädikat *Gott*, „theos", auf ihn. Die Belege überspannen die großen Bereiche der Christologie: „Theos" artikuliert die Erfahrung des auferstandenen Retters, die des Gesalbten, der dank seines Todes Leben schenkt, die des gekommenen Sohnes und des Herrn (Joh 1,18; 20,28; 1 Joh 5,20; Tit 2,13; Hebr 1,8f; 2 Petr 1,1; vgl. Jak 1,1 und Jud 5 v.l.).[463]

Der in der Dogmen- und Theologiegeschichte außerdem wichtige Beleg 1 Tim 3,16b entfällt. Das „theos" der schlechteren Handschriften, die bis ins 18.Jh. dominierten, ist dort durch den relativen Satzanschluss („er") zu ersetzen, eine im Neuen Testament übliche Einleitung dichter christologischer Texte (vgl. Phil 2,6; Kol 1,15).

Die Belege sind, obwohl thematisch und über die Schriftenkreise breit gestreut, selten und im allgemeinen jung. Das führt immer wieder zur Ansicht, wir stießen auf eine hellenistische Entwicklung, fast eine Art Paganisierung des Christentums. Auf heidnischem Boden bremse der Monotheismus Israels nicht mehr. Fern der Ursprünge verselbständige sich die Erhöhung Jesu zur Gottheit.[464] Der Befund zwingt zu einer hochinteressanten Modifikation. Denn zwar sind die Kontexte hellenistisch. Doch stießen wir in den Analysen, ob beim Retter-, Gesalbten- oder Sohnesprädikat, je auf die eindeutige Orientierung der Quellen an dem einen Gott, dem Gott Israels. Das urchristliche „theos"-Prädikat ist an keiner Stelle eine Bezeichnung Jesu als „Gott" *neben* dem einen Gott. Sie ist es immer *aus* ihm.

Zu vergleichen ist die Weichenstellung der urchristlichen Mission: Der *eine* Gott (vgl. Röm 3,30) begründet in der Offenbarung Christi die Verkündigung des Evangeliums an

---

[463] Zur Besprechung der Belege s. das Stellenregister und *Harris**** 51–268.

[464] Vgl. paradigmatisch *Casey* 1991* (mit harschen hermeneutischen Konsequenzen 172–178).

die Völker. Deswegen ist deren Ziel die Ehre des einen Gottes (gespiegelt bis Phil 2,11). Ob wir Paulus oder die anderen urchristlichen Verkündiger lesen, denen wir Quellen verdanken, ihre Basis ist der Monotheismus Israels.[465]

Eine ebenso einfache wie plastische alternative Erklärung für die späte Ausbreitung des Prädikats ergibt sich: Nicht seine Verwendung, sondern die Verzögerung reflektiert den paganen Gebrauch. Die christlichen Gemeinden setzen es spät und selten, da es der Sicherung gegen eine Verwechslung mit den vielen paganen Göttern, Halbgöttern, aufsteigenden und absteigenden Wesen bedarf, die griechisch das Attribut „theos", „Gott", tragen.

Die Dominanz des Christentums in den letzten Jahrhunderten verdeckte im Allgemeinbewusstsein die Ungenauigkeit von „theos". Es ist in der Antike (wie das hebräische „elohim") kein monotheistisches und nicht einmal durchwegs ein hohes Prädikat. Unter „Gott" firmiert vielmehr alles, in dem Außeralltägliches begegnet, von Ideen, Menschen und Heroen über vergottete Verstorbene bis zum henotheistischen höchsten Gott. Die Übertragung mit dem Verbaladjektiv „göttlich" ist in vielen Fällen deutlicher als das Abstraktum Gott.[466]
Vor diesem Hintergrund sind die Wirkungsgeschichte von 1 Sam 28, die ich ansprach, Philos Verwendung von „theos" zur Gott untergeordneten Bezeichnung von Logos und Mose sowie das Prädikatsnomen in Joh 1,1c zu verstehen.[467] Die biblischen Schriften reagieren, indem sie für den einen Gott den Artikel setzen. Er ist „der Gott" und deshalb grundlegend Subjekt (unsere Übersetzungen geben den Artikel in der Regel nicht wieder).

Die entscheidende Leistung des frühen Christentums ist demnach nicht, das „theos"-Prädikat überhaupt zu setzen. Das wäre paganisierend unmittelbar mit der Auferstehungserfahrung möglich gewesen.[468] Richtungweisend vollbringt es vielmehr, *den Gebrauch zu retardieren, bis sein relationales Gefüge geklärt ist*: Von Jesus als „Gott" reden heißt, seine Beziehung zu dem einen Gott erfahren und benennen.

Die Christologie webt dieses Band Gottes gleichzeitig zu den Menschen fort. Jesus teilt aus seiner Gottes-Beziehung (vgl. Joh 1,18) Gottes rettendes, zugewandt ausstrahlendes Handeln mit. Er wird darin „unser" (vgl. Tit 2,13; 1 Petr 1,1).[469] Glück ist es, wo Menschen das erkennen (vgl. den Duktus von Joh 20,28f). „Theos" ist eine *Relationsbezeichnung*. Es ist Anrede (Joh 20,28) und Vergewisserung (Tit 2,13 etc.). Es zieht in eine Beziehung zu Jesus und darüber in seine Gottesbeziehung. Ein lebendig bewegtes, dynamisches Verständnis des einen Gottes steht dahinter.

---

[465] Die größte Aufmerksamkeit widmet die Forschung dabei Paulus, teils im genannten Rahmen kontrovers: vgl. 2.4.3 und *Gräßer* 1981 (s. 5.2).

[466] S. *P.W. van der Horst*, God: Dictionary of Deities and Demons in the Bible, Leiden 1995, 692–699 und die dort genannte Lit.

[467] S. 2.4.2 und 4.11.2; Philo, somn. 1,229f, vit. Mos. 1,158; det. pot. int. 161f; sacr. 9f (nach Ex 7,1). Hebräisch wären „elohim" in 11QMelch 9ff.23ff sowie die Linie von Engeln als „Götter" zu vergleichen (Ps 29,1; Hi 1,6), die sich für die christologische Reflexion bis PsClem Rec II 42 auswirkt.

[468] Vgl. 2.4.2.

[469] In Tit 2,13 ohne zwingenden Präexistenz-Hintergrund: Die Gottes-Zuwendung aus Gott bedarf der Präexistenz, so nahe sie liegt, nicht eo ipso.

Verständlich werden Umschreibungen, die das Prädikat „theos" vermeiden. Die lebendige, im Glauben zu erfahrende Struktur ist maßgeblich, nicht das Prädikat als solches. Die Schwebeformulierungen beginnen bei Paulus. Wir erörterten sein Spiel mit dem Satzbau *Röm 9,5*. In der nächsten Generation werden sie reicher. Wir besprachen den Hinweis auf die Fülle der Gottheit in Christus *Kol 2,9*.[470] Nun zu den weiteren Belegen:

Apg 20,28 nützt die Möglichkeiten griechischer Syntax. Der lukanische Paulus mahnt die Vertreter der Asia, die Kirche Gottes zu weiden, die Gott „sich durch sein eigenes Blut erwarb." Der verkürzte Relativsatz spitzt Gottes Erwerb der Gemeinde kühn zu. Die meisten Übersetzungen verbessern in „das Blut seines eigenen *Sohnes*". Dazu gibt es keinen Anlass. Denn die Dynamik fügt sich zu den bisherigen Beobachtungen: Gott handelt in dem, was an und durch Jesus geschieht, in solcher Intensität, dass es in ihn eingeht. Gleichzeitig bleibt eine Unterscheidung. Gott eigen ist, obwohl er nicht genannt ist, Jesus, nicht unmittelbar das Blut. Neben Lk 22,19f entsteht eine zweite Aussage, die von einer soteriologischen Deutung des Todes Jesu bei Lukas zu reden erlaubt. Das lukanische Augenmerk freilich gilt wieder nicht dem Rückblick auf den Tod, sondern der sich aus dem Erwerb der Gemeinde ergebenden Aufgabe.[471]

Der *Hebr* belebt die Kraft bildlicher Sprache. Gottes Prägung ergeht an den Sohn und strahlt von ihm aus. So ist der Sohn das Merkmal seines Da-Seins in jenseitiger Wirklichkeit. Handlungsmächtig trägt er alles (*1,3*).[472] Die Relationen der Christologie zu Gott und Welt klären sich, bevor der Hebr den Sohn „theos" nennt, und dieses Prädikat erwächst aus Gottes eigener Sprachhandlung (1,8f).

Die *Offb* wagt den Bruch der Syntax durch verletztes Griechisch. Sie schaut 11,15 „die Herrschaft [...] unseres Herrn (Gottes) und seines Gesalbten" und fährt im Singular fort, der sich auf beide bezieht: „*Er* wird herrschen in die Ewigkeiten der Ewigkeiten." Korrespondierend sieht die Schlussvision 22,3f den Thron „Gottes und des Widders" und bezieht darauf: „*Seine* Knechte werden *ihm* dienen" etc. In modernen Übersetzungen ist das kaum wiederzugeben, sachlich ein Indiz unabgeschlossenen Ringens (wie das Schillern der Gotteszüge in der Menschensohnvision 1,12ff).[473]

Alles in allem formen sich die sprachlichen Strukturen allmählich von Paulus bis zum späten Urchristentum. Sie sind auch dann noch nicht abgeschlossen. Wichtiger als ihr Alter ist die sachliche Begründung. Die *hohe Christologie* entsteht an der Erfahrung und Reflexion des einen Gottes. Sie *ist eine Explikation des Monotheismus*.

Die Frage liegt nahe, ob die religiöse Praxis (Gottesdienst und Gebet) der Gemeinden dafür eine Basis bildet. Frühe Indizien dafür sind allerdings schwer zu sammeln.[474] Weiterer Erforschung lohnen außerdem die Wurzeln in Israel. Die Spekulation überwältigender Wesen vor Gott setzt sich in der frühjüdischen Mystik fort.[475]

---

470 Vgl. 3.8.5/6. Für manche kommt bei Paulus 2 Kor 4,6 hinzu (vgl. z.B. *Stuhlmacher* 1992*, 247).

471 Vielleicht zitiert er ein Formelbruchstück aus Sühnetraditon. Weiteres s. die Kommentare und *Harris**** 131–141.

472 Der Text erlaubt die passive Interpretation – in Jesus ist Gottes Leuchten eingeprägt – wie die aktive: Da er nach Gott geprägt ist (Gottes „charaktēr"), strahlt Gottes Herrlichkeit von ihm aus. Vgl. *Gräßer* (s. 3.7) I 60ff u.a.

473 Vgl. 4.9.6, weiter 3.9.3 zu Offb 17,14;19,16.

474 Vgl. *Dahl* (s. 4.10) und *ders.* 1991*, 153–163; *Hurtado**** (127 zu Jes 45,23 in Phil 2,10 u.ö.).

475 Vgl. *Fossum****; *Ch. Rowland*, The Open Heaven, London 1982; *Barker**** u.a.

4.12.7 Vom Monotheismus aus formt das Neue Testament damit die *Aufgaben für das altkirchliche Bekenntnis*: Die Christologie ist angesichts und aus der Gottheit des einen Gottes zu denken, und sie ist mit den Weisen, wie Gott seit jeher wirkt, zu korrelieren. Im Bogen von der Präexistenz zur Erhöhung und in den triadischen Formeln bereitet es zudem Strukturen vor, die bei der Lösung helfen. Jede Lösung aber folgt erst. Mehr noch, sie wechselt die Sprache. Wir haben das von der Änderung des Sohnesbegriffs bis zur Vereinseitigung der Inkarnationstheologie verfolgt.

Daher *enthält das Neue Testament ebenso ein dogmenförderndes wie dogmenkritisches Potential.*[476] Es lässt keine Ruhe ohne Begriff und keine Ruhe beim Begriff. Vielleicht liegt gerade darin seine heutige Chance. Die altkirchlichen Bekenntnisse schaffen überragende Durchdringungen des Begriffs. Was das Neue Testament umschreibt – dass Jesus mit Gott und den Menschen in tiefster Zuwendung zu tun hat –, fassen sie in eine Korrelation zweier Naturen. Was es anstößt – dass Jesus mit dem Geist zusammen in die Bewegung und das Geschehen Gottes gehört –, durchdenken sie in Kategorien von Identität und Differenz. Das Neue Testament gewährleistet, dass kein Begriff zum Korsett wird. Es kommt den Wandlungen der Geistesgeschichte und den neuzeitlichen Infragestellungen des Dogmas entgegen, ohne vereinfacht zur Ablehnung dogmatischen Denkens benützt werden zu dürfen. Bilder, Erzählen und Vollzüge nach dem Neuen Testament liefern die Grundlagen der Bekenntnisse und bewahren sie, wo die Bekenntnisse ihre Sprachkraft verlieren.

Das Neue Testament bringt die Bekenntnisse gleichzeitig in Bewegung. Nicht nur für die Exegese, auch für die systematische Theologie birgt es Schätze. Besonders wichtige wäre, in das Bekenntnis das irdische Wirken Jesu mit seiner Provokation und Zuwendung zu den Menschen zu integrieren. Denn dort liegt, wie wir sahen, die größte Schwäche der altkirchlichen Theologieentwicklung.

4.12.8 Mitten geraten wir in die *Hermeneutik*. Wir müssen sie nicht mehr ausschreiten. Doch lenke ich noch einmal zurück zum irdischen Jesus. Er nämlich – oder genauer sein Bild – bestimmt seit dem 18.Jh. wesentliche Zweige der Rezeption. Oft tut er das kirchen- und dogmenkritisch. Die Kritik basiert nicht weniger als die Genese der kirchlichen Christologie auf Deutungen Jesu. Nicht weil sie vorurteilsfreier wäre, ist sie wichtig, sondern weil wir dem Ineinander von Betrachtung und Ergebnis nicht entkommen und weil sie in vielen Varianten eine *Christologie um der Menschen willen* einklagt.
Nicht zu überschauen ist zugleich die Vielfalt der heutigen Situation. Der atheistische und humanistische Jesus tritt neben den Jesus der Inkulturationen von Asien über Afrika nach Südamerika.[477] Der Jesus einer Subjektivität heischt

---

[476] Erste Hinweise zur Geschichte der Dogmenkritik aus dem Neuen Testament seit F.C. Baur und A. von Harnack bei *Hünermann**** 151ff u.v.a.

[477] Rezeptionsbeispiele z.B. bei *F.-J. Niemann*, Jesus der Offenbarer II, TzT. Fund. 5/2, Graz 1990, 175–191; *K.-H. Ohlig*, Christologie II, TzT. Dogm. 4/2, Graz 1989, 196–225.

Aufmerksamkeit, in dem wir uns spiegeln, um wir selbst zu werden.[478] Der jüdische Jesus fordert heraus und der Jesus des interreligiösen Gesprächs.

Den Wurzeln der Christologie in Israel kommt – das muss kaum mehr gesagt werden – herausragende Bedeutung zu. Das irdische Auftreten des Juden Jesus erinnert die Kirche an Israels Bruder und den Lehrer aus Israel. Die Hoheitschristologie speist sich aus Vorgaben von Israels Monotheismus. Gleichfalls tun es die einschränkenden Aussagen des Neuen Testaments, am bekanntesten 1 Kor 15,23–28, die zur Bescheidung der Christologie mahnen.

Aus der Begegnung mit den anderen Religionen griff ich wiederholt den Koran heraus. Die Christologie kollidiert, obwohl sich viele Missverständnisse vielleicht ausräumen lassen (etwa um den Begriff des Sohnes Gottes), in hohem Maße.[479] Der Dialog hat eine schwierige Aufgabe.

Wieder stehen wir an einem offenen Ende. Es gibt keine abschließende neutestamentliche Aussage. Christologisch gibt es, genauer gesagt, kein Ende des Hörens auf Jesus Christus nach der Schrift und darauf, wie er je und je begegnet.

---

[478] Psychologisch und dogmenkritisch entfaltet bei *Scheffler****.

[479] Vgl. 4.2.11, 4.6.7, 4.10.7, 4.11.3/4.

5 Epilog

Unsere Studie kristallisierte die Christologie um die Erfahrung des irdischen, des leidenden, gekreuzigten und auferweckten, des wirkenden Jesus. Ergebnisse und Konsequenzen vergegenwärtigten wir in den einzelnen Kapiteln. Schließen wir statt mit einer allgemeinen Summa mit einem Blick auf zwei Horizonte: Jesus trat in Israel auf, und die Christologie verweist auf Israels *Schriften*. Er greift auf das Leben seiner Gemeinde und in alle Welt aus, und die Gemeinde findet das Prädikat des *Herrn*.

5.1 Die Christologie und die Schriften

Lit.: s. bei 1 u.ö.; *D.L. Bock*, Proclamation from Prophecy and Pattern: Lucan Old Testament Christology, JSNT.S 12, Sheffield 1987; *E.E. Ellis*, Prophecy and Hermeneutics in Early Christianity, WUNT 18, Tübingen 1978; *J. Fekkes*, Isaiah and the Prophetic Traditions in the Book of Revelation, JSNT.S 93, Sheffield 1994; *R.H. Gundry*, The Use of the Old Testament in St. Matthew's Gospel, NT.S 18, Leiden 1967; *R.B. Hays*, Echoes of Scripture in the Letters of Paul, New Haven 1989; *M. Hengel / H. Löhr* ed., Schriftauslegung im antiken Judentum und im Urchristentum, WUNT 73, Tübingen 1994; *J. Herzer*, Alttestamentliche Prophetie und die Verkündigung des Evangeliums, BThZ 14, 1997, 14–22; *T. Holtz*, Das Alte Testament und das Bekenntnis der frühen Gemeinde zu Jesus Christus: Christus bezeugen. FS W. Trilling, Freiburg 1990, 55–66; *W.J. Houston*, „Today, in Your Very Hearing" [...]: The Glory of Christ in the New Testament. In Memory of G.B. Caird, Oxford 1987, 37–47; *H. Hübner*, Gottes Ich und Israel [...], FRLANT 136, Göttingen 1984; *D. Juel*, Messianic Exegesis, Philadelphia 1988; *M. Knowles*, Jeremiah in Matthew's Gospel, JSNT.S 68, Sheffield 1993; *D.A. Koch*, Die Schrift als Zeuge des Evangeliums, BHT 69, Tübingen 1986; *J. Marcus*, The Way of the Lord. Christological Exegesis [...] in the Gospel of Mark, Louisville 1992; *M.J.J. Menken*, Old Testament Quotations in the Fourth Gospel, Contrib. Bibl. Exeg. Theol. 15, Kampen 1996; *A. Obermann*, Die christologische Erfüllung der Schrift im Johannesevangelium, WUNT II 83, Tübingen 1996; *E. Reinmuth*, Pseudo-Philo und Lukas, WUNT 74, Tübingen 1994; *R. Rendtorff*, Kanon und Theologie, Neukirchen 1991; *M. Rese*, Alttestamentliche Motive in der Christologie des Lukas, SNT 1, Gütersloh 1969; *W. Rothfuchs*, Die Erfüllungszitate des Matthäus-Evangeliums, BWANT 8, Stuttgart 1969; *G. Saß*, Leben aus den Verheißungen, FRLANT 164, Göttingen 1995; *G.M. Soares Prabhu*, The Formula Quotations in the Infancy Narrative of Matthew, AnBib 63, Rom 1976; *A. Suhl*, Die Funktion der alttestamentlichen Zitate und Anspielungen im Markusevangelium, Gütersloh 1965.

Woher nimmt die Christologie ihre Sprache? Wir schritten viele Dimensionen aus. Nun kehren wir zum Beginn zurück. Ab 1 Kor 15,3f begegnet die elementare Antwort: aus den Schriften.

5.1.1 Die *Weichenstellung* haben wir lange erschlossen. Das Postulat „gemäß den Schriften" geht, sahen wir, dem Einzelnachweis voraus. Es ist ein grundlegendes theologisches Signal.[1] Zugleich ist schon der kurze Ausdruck „die Schriften" ab 1 Kor 15,3f trotz der Anrede an eine griechische Gemeinde eindeutig. Er meint die Schriften Israels, ohne dass die Gemeinde irgendeiner Erläuterung bedarf. Auch die Christen aus den Völkern finden von Anfang an dort ihre Orientierung. Keine der großen Schriften aus ihren Religionen ist irgend vergleichbar.

Die Frage, wie weitläufig die Schriften Israels zu denken sind, tritt gegenüber dieser Entscheidung ins zweite Glied. Israel kannte bis ins 1. Jh. keine Kanonbildung im späteren Sinn. Die drei Schrift-Teile – Tora, Propheten (Nebiim), (übrige) Schriften (Ketubim) – hatten in ihrem dritten Teil noch einen fließenden Rand.

Da die Gemeinde mit den Schriften Israels lebt, findet ihre Schriftauslegung ihren Rahmen in der Weite der jüdischen um die Zeitenwende. Diese reicht vom Pesher und Midrasch über die Interpretation durch Komposition von Texten bis zur Allegorese (bes. Philos). Die rabbinischen Auslegungsregeln bereiten sich vor (punktuell spürbar bei Paulus). Geschlossenheit erreichen sie erst später.[2] Die Freiheit, mit der die Gemeinde die Schriften christologisch hört, ist nur in diesem Kontext begreifbar. Die einzelnen Schriftzitate und -auslegungen können wir nicht durchgehen. Ich beschränke mich auf die grundsätzlichen Orientierungspunkte:

5.1.2 Die Schrift ist bei Paulus – dem ersten umfangreicher sichtbaren Zeugen – ergehende Botschaft („*epaggelia*"). Gott gewährt, freier übertragen, *Verheißungen*. Sie *erfahren in Christus ihre Bejahung* (2 Kor 1,20). Christus macht sie fest, bekräftigt und bestätigt sie (Röm 15,8). Trotzdem behalten sie ihr Drängen nach vorn. Die Christologie nimmt den Schriften nicht ihre Dynamik.[3]

Die Schriften werden zum Bezugsraum der Christologie. Die Umkehrung, die Christologie gebe den Schriften eine neue Bestimmtheit, folgt erst. Darum höhlt die christologische Rezeption den Eigenraum der Schriften zunächst auch in den paulinischen Gemeinden nicht aus. Zumindest dem Eph vermittelt Paulus sein Augenmerk auf der „epaggelia". Der Eph entwickelt daran seine Theologie der Zusammenführung von Israel und den Völkern in Christus Jesus (bes. 2,12f;3,6; vgl. 3.8.6).

Schwieriger gerät allerdings, paradigmatisch für einen Teil des späten Urchristentums, der Umgang des Hebr. Er sieht Israels Gottesverehrung durch die

---

[1] S. 2.6.1 etc. *R. Liebers'* Konstruktion eines Horizontes der zitatlosen Schriftbezüge (1 Kor 15,3f; Mk 14,21.48f) im Leiden des Gerechten („Wie geschrieben steht" [...], Berlin 1993) ist problematisch.

[2] Vgl. *H.-J. Fabry* sowie *G. Stemberger*: Stimuli. FS E. Dassmann, JAC.E 23, München 1996, 18–33.34–42 u.v.a.

[3] Frei und vielfältig macht er von der Schrift auf Christus hin Gebrauch, in Röm 15 zur Freude der Völker mit Israel: vgl. 3.8.5. Weiteres *Kraus* (s. Anm. 85 zu 2) 328ff; *Saß****, die Lit.*** und *Hübner* (s. 1) II 1993.

Erscheinung Jesu neu konstituiert, und die „epaggelia", die Gottes Eid verbürgt (6,17), verliert an israeltheologischem Freiraum (8,6 u.ö.). Die Linien trennen sich, obwohl der Hebr das nicht antijudaistisch denkt.[4]

5.1.3 Seit 2 Chr 25,4 zitiert das Judentum aus der Tora, um die Zeitenwende ebenso aus Propheten und übrigen Schriften (ein Indiz von deren Verfestigung zur heiligen Schrift). Es braucht Begriffe, um die Zitate einzuleiten. In der 2. Hälfte des 1.Jh. entsteht nach manch anderen die Aussage, *Gott erfülle* seine Absichten, die er am Schriftwort wie in den großen Linien der Schrift zu erkennen gibt. Die Qumranquellen, Paulus, die Deuteropaulinen und der Hebr kennen sie noch nicht. Andererseits verwendet das LibAnt vom Ende des 1.Jh. sie so dicht und häufig (9,3 etc.;12,3 etc.), dass sie einige Zeit vorbereitet sein muss.

Für uns am interessantesten ist ein Nebeneffekt dieser Beobachtungen. Das etwa gleichzeitige Aufkommen der Wendung, die Schrift werde erfüllt, in einigen christlichen Schriften und dem LibAnt ist ein Indiz des andauernden Religionskontaktes zwischen Christentum und Judentum in der 2. Hälfte des 1.Jh. Näherhin bringt *Mk* das Motiv knapp ins Christentum ein (14,49).[5] Die jüngeren Evangelien gewahren seine christologischen Chancen:

Lk zeigt mit „die Schrift ist erfüllt" die Proklamation Jesu aus der Prophetie an (4,21). Noch ist die Belegbasis schmal. Anders eingeleitete Zitate, sprachliche Anlehnungen an die LXX etc. haben den Vorrang (auch 24,26f.46). Aber Lk 24,44 rahmt bereits das Evangelium mit der Figur (und weitet den Verweis auf die drei Schriftenkreise Israels, Tora, Propheten und Psalmen, aus). Das Erfüllungsmotiv (noch Apg 1,16;13,27) ist ein wichtiger Ausschnitt seiner christologischen Sprache.[6]

Dem *Mt* geben Erfüllungs-Zitate schon das Rückgrat. Sie tun umfassend dar, wie Begebenheiten (ab 1,22f;2,6 etc. und 4,14ff), Taten, Äußerungen (8,17; 12,17–21;13,35) und Passion Jesu (21,5;27,9f; vgl. 26,56) den Schriften entsprechen. Das Leitverb „plēroō" steht, durchscheinend auf Gottes Handeln, im Passiv. Es reflektiert ein Hauptanliegen matthäischer Christologie: Die Geschichte Jesu ist Geschichte Gottes.

Die Reflexionszitate – wie sie sich auch nennen lassen – sind dabei nach wie vor lediglich ein Teil der Schriftrezeption. Ihr Schwerpunkt liegt bei Prophetenworten.[7] Die Aufnahme der Weisung Gottes (samt den Auseinandersetzungen in Bergpredigt, Mt 23 etc.) konstituiert einen zweiten matthäischen Spannungsbogen, in 5,17 gleichfalls mit dem Erfüllungsmotiv.[8]

Das *Joh* macht einen weiteren Schritt. Jesus wird zum verborgenen Subjekt. In sein Verständnis ist hinüberzugehen, um den Sinn der Zitate voll zu erschließen.

---

4 *Backhaus* (s. 2.8) 333 u.ö.; *Löhr*: Hengel / Löhr*** 226–248 u.v.a.

5 Erst der sekundäre Nachtrag 15,28 dokumentiert den Schritt zur konkreten Zitatangabe (Jes 53,12).

6 Zur Diskussion *Reinmuth**** 232–237 (dort 211–232 zum LibAnt); *Rese****; *Bock**** u.a.

7 Die eine Abweichung, 13,35, führt ein Psalmzitat (aus Ps 78,2) als Prophetenwort ein.

8 Lit. s.*** (*Rothfuchs* etc.); *Frankemölle* (s. 4.7); *U. Luz*, Das Evangelium nach Matthäus I, EKK I 1, Zürich 1985, 134–141.

Am Christusgeschehen bestimmt sich in äußerster Intensität, was die Schrift mitteilt. Auf ein nur indirekt christologisches (1,22f) und allgemein eingeleitete Zitate (bis 12,15) folgen solche mit der Erfüllungsformel (12,38–19,36). Die Worte verdichten sich auf den Zielpunkt der Erhöhung und des Todes Jesu hin. Er, *das* Wort (vgl. 1,1–18), prägt ihre Auswahl und ihren Sinn. Unter anderen Bedingungen wiederholt sich das Problem, das wir beim Hebr bemerkten: Die johanneische Christologie ist ihrem Selbstverständnis nach Schriftchristologie, und die Auslegung erkennt das stärker als früher. Eine selbständige Geltung der Schriften derweil droht sich zu verlieren.[9]

5.1.4 Die Schriften weisen auf Jesus. Angehörige der zweiten christlichen Generation folgern: *Christus bezeugt sich selbst in den Propheten.* Heute klingt ihr Perspektivenwechsel fremd. In der Entwicklung der frühen Christologie ist er gut eingebettet. Überschritte der Christologie in die Geschichte vor dem historischen Auftreten Jesu sahen wir mehrfach. Gottes Handeln in Christus begründete sie (vgl. 4.11). Nun verzahnt die Gemeinde in einer Nebenlinie dessen ihre mit Israel gemeinsame Überzeugung, dass Gottes Geist über die Propheten kam, und die Christologie.

Sie tut das in zwei Nuancen. Nach dem *1 Petr* war der Geist Christi bei den Propheten (1,11). Aber die Gemeinde hat Freude über die Propheten hinaus. Sie lebt nämlich in der Liebe Jesu Christi, auch wenn sie ihn nicht schaut (vgl. 1,7ff). Die Propheten hingegen mussten noch nach der Rettung suchen und forschen. Sie erhalten eine ganz der Gemeinde dienende Aufgabe (1,10–12).[10]

Die *Offb* artikuliert schwebender, das rechtsverbindliche Zeugnis Jesu sei der Geist der Prophetie (19,10c). Das Zeugnis Jesu und die Prophetie treten ins Wechselgespräch. Prophetie der Schrift und aktuelle Prophetie verflechten sich im Geist des Zeugnisses Jesu, und die Offb wird selber eine Schrift der Prophetie (vgl. 1,3; 22,10). Eine Sprache voller Anklänge an die alten Propheten hilft ihr bei der Antwort auf die paganen Religionen und die Krise der Gemeinden, die sie konstatiert.[11]

Unter ihren Differenzen leitet den 1 Petr und die Offb jeweils ein primäres Interesse an der Gegenwart. Um die gegenwärtige Rettung geht es (so der 1 Petr), und die Gegenwart soll auf das Zeugnis Jesu hören (so die Offb). Von einer eigenständigen Reflexion einer Präexistenz Christi bei den Propheten können wir insofern nicht sprechen. Der Eigenrang der alten Prophetie (als Prophetie vor Christus) verliert sich in unterschiedlichem Maße, aber unaufhaltsam. Das macht trotz der christologischen Faszination des Ansatzes einen Zugang zu ihm schwer.

---

[9] Jüngste Diskussion *Obermann**** und *W. Kraus*, Johannes und das Alte Testament, ZNW 88, 1997, 1–23. Weitere Lit. s.***.

[10] Weiteres *Herzer****; *T.P. Osborne*, L'utilisation des citations de l'Ancien Testament dans la 1 Petr, RTL 12, 1981, 64–77.

[11] Auch 19,10c bezieht wahrscheinlich die urchristliche Prophetie ein. Diskussion *Fekkes****; *Karrer* (s. 4.9) 268f; *F.D. Mazzaferri*, The Genre of the Book of Revelation [...], BZNW 54, Berlin 1989, 309ff u.a.

Die Alte Kirche setzt ihn mannigfach fort.[12] Ihre Koordinaten der *Präexistenzchristologie* vervollständigen sich. Bemerkenswert ist, wenn wir auf die beschriebenen Anstöße zurückschauen, die Vielfalt des Neuen Testaments. Die Gemeinde dringt vor die Existenz des irdischen Jesus vor, da sie die Schöpfung und Gottes vorherbestimmende Gnade, die Präsenz Jesu in Israels Geschichte und sein Zeugnis in den Propheten, die Voraussetzungen seiner Menschwerdung und seiner Auferweckung bedenkt. Die Präexistenz hat viele Wurzeln. Das Neue Testament erinnert an ihre lebendige Vielschichtigkeit vor dogmatischer Einheit.[13]

5.1.5 *Das Neue Testament bricht vor Synthesen ab.* Die Figur der Verheißung, das Motiv der Erfüllung und die Überzeugung vom Geiste Christi bei den Propheten verteilen sich auf verschiedene Quellen.[14] Die Zeugen benützen nicht einmal einen einheitlichen Schrift-Text.[15] Der Verweis auf Israels Schriften, mit dem wir eingangs die Frage nach der Sprache der Christologie beschieden, entpuppt sich als ebenso beeindruckend wie komplex. Er ist unaufgebbar und doch heute nicht mehr unmittelbar wiederholbar. Zu sehr weicht der heutige Schriftgebrauch vom Neuen Testament ab, und beschwerlich erleben wir mehrfach die spätneutestamentlichen Entwicklungen.

Die Theologiegeschichte hatte weniger Scheu. Sie suchte sogar weitergehende christologische Integrationen der neutestamentlichen Konzepte. Das Schema von Verheißung und Erfüllung bildete sich aus und beschäftigt bis heute.[16] Die christologische Lektüre der Propheten erlebt von Zeit zu Zeit Renaissancen. Eine midraschartige, messianische Schriftexegese fasziniert bis zur Gegenwart.[17] Auflockerungen dessen sind unausweichlich.

Das entscheidende Problem der Schrift-Theologie ist ihre eigentliche Stärke: Das frühe Christentum lebt mit den Schriften Israels. Nicht Schriftvergessenheit kennzeichnet es. Im Gegenteil, es unternimmt, wie vielschichtig immer seine Textgrundlagen geraten, nicht einmal einen Ansatz zur Neuübersetzung. So liest und deutet es dieselben Schriften wie das Judentum. *Dieselben heiligen Schriften* nehmen einen doppelten Ausgang und *erhalten eine zweifache Nachgeschichte.*

Das wird mit der Konsolidierung der neuen Gemeinden und des mischnischen Judentums im 2.Jh. irreversibel. Das Christentum widerspricht darauf der jüdischen Schriftauslegung und eignet sich die Schrift in teilweise hartem Streit an.[18] Die Schärfe des altchristlichen Anspruchs spiegelt die Angewiesenheit auf Israels Schriften.

---

[12] IgnMagn 8,2; Barn 5,6; Herm, sim. 9,12,1f; 2 Clem 17,4; Justin, I apol. 31ff; Irenäus, haer. 4,20,2 etc.

[13] S. Joh 1,1ff (und vgl. 1 Kor 8,6; Hebr 1,2b); Eph 1,3f (und vgl. 2 Tim 1,9); 1 Kor 10,4 und Jud 5 (und vgl. Hebr 11,26); Phil 2,6 sowie Joh 1,1ff und Hebr 1,2 (vor 2,14ff;10,5); Kol 1,15ff.

[14] „Epaggelia" fehlt in den Evangelien bis auf Lk 24,49, und auch Lukas deutet eine Integration der Vorstellungen nur im Rückblick gelesen an.

[15] Die Septuaginta dominiert. Doch Auswirkungen des Hebräischen, punktuell von Targumen und Testimonien mit vielleicht eigenen Textformen kommen hinzu.

[16] Der Höhepunkt liegt im 19.Jh.: *J.C.K. Hofmann*, Verheißung und Erfüllung, Erlangen 1841/44.

[17] Vgl. bes. *Vischer* u.a. (s. 1); *Juel****.

[18] Schärfster Exponent dessen ist der Barn; vgl. *R. Hvalvik*, The Struggle for Scripture and Covenant, WUNT II 82, Tübingen 1996 (Ergebnis 330f).

Die *Kanonisierung der neutestamentlichen Schriften* bedeutet – betrachten wir sie von daher – eine außerordentliche Entlastung. *Aufgrund ihrer dürfen wir die Christologie an im Christentum neu entstandenen Quellen darlegen und gleichzeitig die Schriften in der Christologie mit eigenem Raum, gegebenenfalls korrigierend, würdigen.* Die Schriften Israels behalten ihren Rang, ohne ihre Selbständigkeit opfern zu müssen. Die Christologie ist an ihnen zu verantworten. Aber sie muss sie nicht nötigen. Kein Zusammenspiel der alten und neuen Schriften geht einfach auf. Vielleicht bereichern sie sich am meisten ohne den Zwang eines eindeutigen Systems.

Jeder gesamtbiblische Entwurf hat einen spezifischen Wert, der Zugang vom Kanon aus, die Erinnerung an die großen Traditionslinien, die Lektüre des Alten Testaments gemäß seiner Rezeption im Neuen und die Mahnung an die Differenzen beider. Kein Entwurf überspannt zugleich alle Dimensionen. Der doppelte Ausgang der Schriften drängt darauf, soviel wie möglich gemeinsam mit dem Judentum an ihnen zu arbeiten.[19]

5.2 Der Herr

Lit.: *D.B. Capes*, Old Testament Yahweh Texts in Paul's Christology, WUNT II 47, Tübingen 1992; *H. Conzelmann*, Christus im Gottesdienst der neutestamentlichen Zeit (1962): Theologie als Schriftauslegung, München 1974, 120–130; *C.J. Davis*, The Name and Way of the Lord, JSNT.S 129, Sheffield 1996; *J.A. Fitzmyer*, Der semitische Hintergrund des neutestamentlichen Kyriostitels: Jesus Christus in Historie und Theologie. FS H. Conzelmann, Tübingen 1975, 267–298; *ders.*, New Testament *Kyrios* and *Maranatha* and Their Aramaic Background: To Advance the Gospel, New York 1981, 218–235; *J.E. Fossum*, The Name of God and the Angel of the Lord, WUNT 36, Tübingen 1985; *E. Gräßer*, „Ein einziger ist Gott": N. Lohfink e.a., „Ich will euer Gott werden", SBS 100, Stuttgart 1981, 177–205; *T. Holtz*, Theo-logie und Christologie bei Paulus: Geschichte und Theologie des Urchristentums, Tübingen 1991, 189–204; *J.D. Kingsbury*, The Title „kyrios" in Matthew's Gospel, JBL 94, 1975, 246–255; *B. Kranemann*, Liturgisches Beten zu Christus?, KuI 7, 1992, 45–60; *G. Lohfink*, Gab es im Gottesdienst der neutestamentlichen Gemeinden eine Anbetung Christi?, BZ NF 18, 1974, 161–179; *C.C. Newman*, Paul's Glory-Christology, NT.S 69, Leiden 1992; *G. Schneider*, Gott und Christus als „kyrios" nach der Apostelgeschichte (1980): Lukas, Theologe der Heilsgeschichte, BBB 59, Bonn 1985, 213–226; *C. Spicq*, Theological Lexicon of the New Testament II, Peabody 1994 (frz. 2.7), 341–352; *H. Stegemann*, „Kyrios ho theos" und „kyrios Iēsous", Habil.-Schr. Bonn 1969; *S.B. Thistlethwaite*, Christology and Postmodernism, Interp. 49, 1995, 267–280; *D. Zeller*, Kyrios: Dictionary of Deities (s. Anm. 466 zu 4) 918–928.

Außer Christos findet sich nur ein Prädikat Jesu in allen neutestamentlichen Schriftenkreisen: Kyrios, der Herr. Es wurde, als Christos semantisch verblasste, das bekannteste Attribut Jesu. Ich wähle es deshalb zu einem abschließenden Überblick über das Neue Testament.

---

[19] Der Kreis schließt sich zum Anfang: vgl. 1.2.2; außerdem *Rendtorff**** 48f,52f u.a.

5.2.1 *Einführung*: Da Kyrios im Tit und in den Johannesbriefen fehlt, erreicht es nicht ganz die Verbreitung von Christos. Jüngere Handschriften füllten diese Lücke und trugen „der *Herr* Jesus Christus" in Tit 1,4 und 2 Joh 3 ein. M. Luther übersetzte ihren Text (WA.DB z.St.). „Der Herr Jesus Christus" galt deshalb bis vor kurzem als durchgängiges neutestamentliches Gut.

Die Nähe zur Umschreibung des Gottesnamens mit „Herr" konstituierte zudem den Klang eines höchsten Prädikats. Die Ableitung konzentrierte sich ab Barn 5,5 und AscJes 9,13;10,7 mehr und mehr auf die Präexistenz. Aber eine gänzliche Verlagerung des Herrseins auf die Gottheit Christi wurde durch Rückgriffe auf die Vielschichtigkeit des Neuen Testaments gebremst.[20]

Die religionsgeschichtliche Schule eröffnete die Forschung des 20.Jh. mit einem gravierenden Einschnitt. W. Bousset sprach den absoluten Gebrauch von „der Herr" der aramäischen Gemeinde ab (die er maßgeblich über die Menschensohnerwartung charakterisierte). Kyrios indiziere, meinte er, die Hellenisierung des Christentums. Es werde Mitte heidenchristlicher, gesteigerter Christologie.[21]

Allerdings beeinflusste die Gemeinden weniger die dadurch ausgelöste religionsgeschichtliche Diskussion als die politische Herausforderung der Diktaturen. Die Bekennende Kirche vergegenwärtigte das Wirken Jesu Christi, des Herrn, gegen die Ansprüche aller sonstigen Herren.[22] Sie verankerte das Prädikat nochmals so stark im Bewusstsein, dass es sich bislang gegen die kritische hermeneutische Diskussion behauptete (von Liedern der letzten Jahrzehnte, z.B. EG 168, bis zum liturgischen Teil des neuen EG). Ohne abgeschlossen zu sein, korrigierte die exegetische Diskussion Bousset allmählich.[23]

5.2.2 Wenden wir uns den Quellen zu, ist deutlicher als bei den anderen Schlüsselprädikaten die *Voraussetzung* in der *Begegnung mit dem irdischen Jesus* erkennbar. Die Evangelien bieten häufig die Anrede „kyrie", „Herr", an Jesus. Ein einfacher Ausgangspunkt liegt nahe: Die Zeit kannte den Gruß „Herr" / „mein Herr". Er enthielt die ehrende Anerkennung der angeredeten Person und die Bereitschaft, sich an ihr zu orientieren. Das gilt, ob wir im semitischen Äquivalent von „rab(bi)" (mit der Grundbedeutung Großer) oder „mar(i)" (mit der Grundbedeutung Herr) ausgehen.[24]

Die gelegentlich vertretene These, der Ausgangspunkt erhielte sich in den Anreden Fernerstehender (Mk 7,28; Lk 7,6 etc.) merklicher als in denen der Jünger (Mt 8,25 etc.), sei dahingestellt.[25] Die Überlieferung wuchs rasch, und über das Alter jeden einzelnen Beleges

---

[20] Quellen und Lit. zur Alten Kirche bei *Grillmeier* (s. 1) 92–96 u.ö.

[21] *Bousset* ^{6}1967 (^{2}1921)*, 75–105.

[22] Vgl. bes. die Barmer Theologische Erklärung 1934, Thesen 2 und 3.

[23] Überblicke (mit Position) z.B. *L. W. Hurtado*, Forschungen zur neutestamentlichen Christologie seit Bousset, ThBeitr 11, 1980, 158–171: 165ff; *Capes**** 9–33.

[24] Das Nebeneinander von Rabbi, Kyrios und „epistatēs" (vorstehender Meister) erhielt sich in einer österlich klingenden Perikope (Mk 9,5 neben Mt 17,4 und Lk 9,33). Mar(i) muss rekonstruiert werden.

[25] Vgl. *Fitzmyer* s.v., EWNT II, ^{2}1992, 811–820: 813f.

lässt sich streiten. Mehrfach könnte sie durch Einflüsse der Elija- und Elischa-Tradition mitgeprägt sein (dort „'adonj", 1 Kön 18,7 usw.).

Neuerlich missen wir gleichzeitig ein Wort, in dem Jesus sich historisch nachweisbar als der „Herr" deklarierte und den Begriff erklärte. Schlaglichtartig bestätigen sich die Vorgaben der Christologie. Die lebendige Begegnung hat Vorrang vor der eindeutigen Fixierung. Am greifbarsten ist die Provokation seines Anspruchs in Lk 6,46 Q: Die Anrede „Herr, Herr" genüge nicht; sie müsse Taten freisetzen. Der Jesus dieses Wortes versieht den Begriff charakteristisch statt mit einer abstrakten Erläuterung mit Konsequenzen.[26]

5.2.3 Impulse aus der Ostererfahrung geben der Anrede ein verändertes Gesicht. Ihr bekanntestes Zeugnis, das *Maranatha*, geleitet noch ins Aramäische (1 Kor 16,22; Did 10,6; vgl. griechisch Offb 22,20). Erhalten blieb es uns in griechischer Transkription. Deren Auflösung gelingt nicht ganz eindeutig. Sie kontrahiert die Anrede „*unser Herr*" („maran[a']") entweder mit dem Ruf „*komm*" oder der Versicherung „(er) *kommt / ist gekommen*". In die Entscheidung zwischen diesen Möglichkeiten geht das Bild, das wir uns von der ältesten Gemeinde machen, mit ein.

Die Forschung erwog den drängenden eschatologischen Ruf, und eine Skizze apokalyptischer ältester Gemeinde entstand. Sie mutmaßte, der Ausdruck formuliere das Kommen des Herrn in der Eucharistie, und die Gegenwart des Herrn überstrahlte die Gemeindeversammlung. Sie vermutete eine Formel zum Ausschluss Dritter aus der Mahlfeier, und hellenistische Mysterienfeiern waren zu vergleichen. Sie bedachte ein Gerichtswort, und die Umkehr vor dem Herrn trat ins erste Glied (Did 10,6a, gegebenenfalls verbunden mit der Drohung von 1 Kor 16,22a). Sie brachte eine apotropäische Phrase ins Spiel, und Licht fiel auf die Exorzismen der Gemeinde. Sie postulierte, „unser Herr" müsse in der frühesten Genese auf Gott gedeutet werden, und die rasche christologische Lektüre erwüchse aus einem Horizont der Theophanie.[27]

Verlockend ist, die Mehrdeutigkeit stehen zu lassen. Die frühe Gemeinde, die erschreckt und überwältigt formuliert „Gesalbter war, der da starb" und „Jesus wurde auferweckt", beruft sich dann auf den Herrn in der ganzen Spannweite ihrer Lebensvollzüge. Sie wendet sich an ihn vor dem Hintergrund der Anrufung Gottes. Sie entdeckt ihn eschatologisch drängend und bei sich machtvoll gegenwärtig. Sie erfährt ihn überall als *ihren* Herrn. Denn mit „unser Herr", nicht Herr der Welt / Herr aller, beginnt sie den Ausdruck.[28]

---

[26] Das Anliegen der Gemeinde an einer Selbstreferenz Jesu ist freilich hoch. In Mk 11,3 und 12,36f spiegelt es sich in der abstrahierenden dritten Person der Rede (zu Mk 12,35ff s. 4.2.3 mit Anm. 41). *Funk* e.a. (s. 4) 299 sind auch gegenüber Lk 6,46 Q kritisch.

[27] Vgl. *Hahn* 1963 (^{5}1995)*, 112; *H. Giesen*, Die Offenbarung des Johannes, RNT, Regensburg 1997, 494ff; *Wengst* 1972*, 53f; *Berger* 1994*, 553; *E. Peterson*, EIC ΘEOC, FRLANT NF 24, Göttingen 1926, 130ff; *A. Scriba*, Die Geschichte des Motivkomplexes Theophanie, FRLANT 167, Göttingen 1995, 190ff.

[28] In jungen Schichten des Neuen Testaments öffnet sich das evtl. ein Stück über die Menschensohnerwartung (Mt 25,31.37). Letztere gehört aber nicht an den Anfang des Maranatha (trotz *Kramer* 1963*, 97 u.a.).

Das Maranatha in der Gestalt des Rufs „unser Herr, komm!" wird darin eine Vorform des Gebets. Es inkludiert die lebendige Gegenwart Jesu im Raum Gottes, und die Gemeinde orientiert sich auf ihn hin. So bahnt es die *Entwicklung zum christologischen Gebet* an.

Es tut das im Neuen Testament nicht allein. Neben das Maranatha treten die Proskynese (der Kniefall der Antike), die Doxologie (der Lobpreis) und Verwandtes.[29] Doch nirgends verdrängt oder ersetzt ein Gebet zu Christus das an den einen Gott, obwohl junge Doxologien vorzugsweise an der richtenden und rettenden Hoheit des Herrn erwachsen (2 Tim 4,18; 2 Petr 3,18). Abermals erweist sich die Kraft des Monotheismus.[30] Die Alte Kirche bildet darauf den trinitarischen Lobpreis (ab Hippolyt, trad.ap. 6; Clemens Al., paed. 3,12), löst also trinitarisch die Aufnahme Christi ins monotheistische Gebet.

5.2.4 Paulus legt seiner Missionsverkündigung die kurze Aussage oder Akklamation „*Herr (ist) Jesus*" zugrunde („kyrios Iēsous" 1 Kor 12,3; vgl. Röm 10,9). Sie hebt im Nominalsatz, analog zur semitischen Syntax, unser Prädikat hervor. So mag sie nochmals bis ins Aramäische zurückgehen. Ein gleitender Übergang zwischen den Religionskulturen deutet sich an. Ob wir allerdings das aramäische „Herr" („mr'") deshalb schon im emphatischen Status einer göttlichen Auszeichnung wahrnehmen sollten, ist mit Vorsicht zu versehen.

Die religionsgeschichtlichen Kenntnisse änderten sich beträchtlich gegenüber Bousset. Vorderorientalische Gottheiten mit dem Stamm „mr" sind nachgewiesen.[31] In 1 QGenAp 20,12f wird der eine Gott mit „mari" (= mein Herr) angeredet.[32] Die gezielt theonome christologische Übertragung wäre grundsätzlich möglich, und das theophane Moment aus dem Maranatha bereitete sie vor. Derweil nötigt nichts, die Explikation dessen bereits in der ältesten Gemeinde vollzogen zu sehen (wie wir nicht wissen, ob wir theophane Tradition hinter dem Anfang des Maranatha hoch gewichten dürfen).

Zweifellos wird aber das Gottesprädikat der Religionsgeschichte ein Horizont. Zeus sei „der Herr von allem", besang einst Pindar (Isthm. 5,53).[33] In der hellenistischen Begegnung von Orient und Griechenland kam es zur großflächigen Eruption. Das Prädikat ist nicht so maskulin festgelegt wie heute. Die Belege reichen von männlichen und weiblichen Göttern (z.B. Artemis und Asklepios, Isis und Mithras)[34] bis zu den Herrschern der Zeitenwende. In die Nähe des Kaiserkultes rückt es zuerst in Ägypten („Gott und Herr" BGU 1197, I 15; 1200, 10,

---

29 Vgl. bes. Mt 14,33;28,9.17; Lk 24,52; Offb 5,9–10.12.13; Offb 1,6.

30 *Conzelmann**** 126f unterschied Anbetung und Anrufung (und betrachtete 2 Tim 4,18; Offb 5,13 als Randtexte). *Lohfink**** widersprach. Die gegenwärtige Spannweite bei *Hurtado* (s. 4.12) 106f u.ö. und *Kranemann**** (Lit.).

31 Vgl. *G. Mussies*, Marnas God of Gaza, ANRW II 18 / 4, 2412–2457; *J. Tubach*, Im Schatten des Sonnengottes, Wiesbaden 1986, bes. 276–285, 294f, 386.

32 Umgebende Belege werden seit *Fitzmyer* 1975***, 291–298 und *ders.*, The Aramaic Language and the Study of the New Testament, JBL 99, 1980, 5–21: 13 u.ö. diskutiert.

33 Der Beleg bleibt lange vereinzelt. Die Anspielung bei Demosthenes 60,21 und die Inschrift SEG 36,350 aus Epidauros (mit „Herr" für den Göttervater) schließen die Lücke nur partiell. Die Ausbreitung des Kyriosprädikats ist keine genuin altgriechische Erscheinung.

34 Quellen bei *Zeller**** 918f (CIG 3438 bis [mit lateinisch „dominus"] CIMRM 333[2] u.ö.).

augusteisch). Nero führt es in „Herr des ganzen Kosmos" fort (SIG 814,31). Domitian duldet zusammen mit der Kaiserin die Akklamation „Heil unserem Herrn und unserer Herrin" und beginnt laut Sueton, Dom. 13 ein Steuerrundschreiben mit „unser Herr und Gott befiehlt".[35]

Viele Herren gibt es demnach in der Umwelt des Neuen Testaments. Um einen unter ihnen in der Verehrung besonders zu feiern, entwickeln die Völker überschießende Sprache („Gebieter und Herr" etc.) und Verweise auf die Schöpfung.[36]

Israel trat in die Kulturbegegnung ein, als es den Eigennamen Gottes, das Tetragramm (Jhwh), in der Rede allmählich durch Adon/Adonaj ersetzte.[37] Griechisch bot sich die Übersetzung mit „Kyrios" an. Denn der herrscherlich-machtvolle Charakter des Attributs verband Israel mit den Völkern. Ein – in Israel genauer: *der* – Herr war im Vollzug des Lebens zu ehren, vom Kult bis zur Ethik.

Zugleich wehrte die Einzigkeit Gottes der Einebnung (vgl. Mal 1,6 etc.). Das Judentum schrieb das Kyrios des Gottesnamens vorneutestamentlich und im 1.Jh. selten nieder.[38] Vielmehr hob es in der Schrift den einen Gott von den vielen Herren ab. Die Überlieferung der Septuaginta transkribierte – soweit wir an den gefundenen Fragmenten erkennen können – bis ins 1.Jh. nicht „kyrios" (obwohl das wohl gesprochen wurde), sondern wahrte Gestalten des Tetragramms.[39] Redewendungen konterkarierten den paganen Überschwang. Namentlich die Beifügung „pantokrator" (Allherscher / Allerhalter) betonte die Macht des einen Gottes über alle Welt, Himmel und Erde.[40]

Außerdem wurde das hoheitliche „Kyrios" in Israel nicht ausschließlich Name und Prädikat Gottes. Der eine Gott konnte den Namen Kyrios wie das Prädikat „theos" („Gott") auch delegieren, an einen Engel (Philo, somn. I 157) oder eine Himmelsgestalt. In Texten wie 1 = äthHen 63,2 verstehen daher manche Ausleger „Herr der Geister, [...] der Könige, [...] der Herrlichkeit etc." als Umschreibung einer Vertretergestalt Gottes.[41]

Die Übertragung auf Jesus fällt somit in einen offenen Raum. Sie ist in Israel keine Konkurrenz zum Verständnis des einen Gottes, des Herren über alle Herren. Im Gegenteil, *„Herr ist Jesus"* gewinnt gerade vor dem Wissen um den einen Gott und Herrn Konturen. Die Formel *setzt Jesu Lebendigkeit und wirkende Kraft voraus.* Er *leuchtet über dem Leben und erhebt angesichts Gottes, des Herrn, An-*

---

[35] Vgl. Dio Cassius 67,13.4; Martial, epigr. 7,2.5.34; 8,2.82; 9,66. Weitere Hinweise *Spicq**** 345ff.

[36] Vgl. Plutarch, mor. 353B; 354F; 355E; partiell 426A, 550A u.a.

[37] Vgl. bes. 11Q Ps^a 28,7f; 11Q Is^a. Offen ist, ob das Theologumenon der Unaussprechbarkeit von Gottes Namen vorausging oder folgte (*R. Hanhart*, Textgeschichtliche Probleme der LXX: M. Hengel e.a. ed., Die Septuaginta zwischen Judentum und Christentum, WUNT 72, Tübingen 1994, 1–19: 8f).

[38] Weit seltener als früher angenommen; s. bes. TestXII Lev 18,2; Josephus, ant. 13,68; vgl. 20,90.

[39] Ausschlaggebend 4Q LXX Lev^b fr. 20,4 (Lev 4,27); Weiteres z.B. DJD 8, 12. In der synkretistischen Magie findet sich darauf gelegentlich „kyrios" neben IAΩ (PGrM 13,201f)

[40] Die Belege bei *Zeller**** 921 (von Dan 4,37 bis LXX Jer 39,19); ältester Beleg in Außensicht Diodorus Sic. III 61,4; Übernahmen im Neuen Testament Lk 10,21 etc.

[41] Diskussion seit *Fossum****; vgl. *Barker* (s. 4.12) u.a. Vgl. noch bes. 3 Hen 10,3;12,5. Wieder setzt sich der Sprachgebrauch in magischen Texten fort: s. PGrM 36,45.246.

spruch auf es. Entsprechend *steht Gott für Jesu Herr-Sein ein.* Im Geist, dem stürmischen Zugriff Gottes auf die Menschen, ist darin einzustimmen, hält 1 Kor 12,3 fest. Ein Bekenntnis ist es auf Rettung hin, sagt Röm 10,9.

In „Herr ist Jesus" sind demnach bei Paulus beide Glieder zu hören, das Prädikat des Herrn und Gottes rettende Zuwendung gemäß dem Namen „Iēsous" (vgl. 2.7.2–4). Mit der Konsolidierung der paulinischen Gemeinden verschiebt sich der Akzent. Kol 2,6 verdichtet den Zusammenhang mit der Ethik: „Ihr empfingt den Gesalbten, Jesus, den Herrn" bedeutet „wandelt in ihm!" Die Christologie nimmt einen gebietenderen Charakter an.[42]

5.2.5 Der Herr Jesus kreuzt den Weg der vielen Herrn. Darum ist zu sichern: *Das Prädikat* macht ihn nicht zu einem unter ihnen. Es *bestimmt sich* vielmehr *an dem einen* Gott und *Herrn und zeichnet Jesus über alle Götter der Völker hinaus aus.* In faszinierender Vielfalt bringt die Gemeinde das in ihren Überlieferungen zum Ausdruck:

Mag es viele Götter und Herren geben – oder besser Größen, die Götter heißen, da nur der eine Gott wirklich ist –, sie bekennt sich zu dem einen Gott, dem Vater, und dem einen Herrn Jesus Christus (*1 Kor 8,6*). Paulus greift dort auf eine Tradition zurück, deren Umfang wir nicht genau bestimmen könnten. Spätestens er selbst antwortet auf die pagane Plerophorie, die wir kennenlernten: Die Schöpfungsaussage „aus ihm" und „durch ihn ist alles" ist an den einen Gott und den einen Herrn zu binden.[43]

Die Satzteile verteilen das „aus ihm" und das „durch ihn" zwischen dem Vater und dem Herrn Jesus Christus. „Einer" gilt für beide. Die Formel wählt das Eins-Sein Gottes zum Maßstab. Auf diese Weise entsteht ein neuerlicher Ansatz zur Präexistenz. Sie isoliert – gleichfalls vertraut – den Rückblick auf die Schöpfung nicht. Um die Ausrichtung der gegenwärtigen Gemeinde und ihre Prägung durch den ihr zugewandten Herrn Jesus, den Gesalbten, geht es.[44]

Der eine Gott beantwortet Jesu Erniedrigung weitergehend mit einer überwältigenden Erhöhung. Er, *der* Gott, verleiht seinem, dem Namen über alle Namen, im Kyrios-Prädikat Jesu Gegenwart. Deshalb beuge sich – begehrt *Phil 2,9–11* – in Jesu Namen jedes Knie. *Weist das Maranatha in die Gemeinde, so dieses Loblied in Jesu Macht über alle Welt.* Die vv.9–11 sind sein ursprünglicher Skopus. „Jedes Knie" v.10 meint die übermenschlichen Wesen im Himmel, auf der Erde und unter der Erde mit. Angesichts des einen Gottes, der Jesus erhöht, bricht die Relevanz aller Götterwelt. Nicht minder signifikant ist der Schluss in v.11: Die Er-

---

[42] Vgl. die Entwicklung im Verständnis von Christos (3.8.5/6) und 5.2.6.

[43] Pagane Parallelen von Pseudo-Aristoteles, Peri kosmou 397B bis Marc Aurel, med. IV 23. Die Antwort der Formel lehnt sich (wie Röm 11,36) ans hellenistische Judentum an (vgl. Philo, spec.leg. I 208). Vgl. *R.A. Horsley*, The Background of [...] 1 Kor 8,6, ZNW 69, 1978, 130–135 e.a.

[44] S. das mehrfache Wir. Schöpfungs- und soteriologische Interpretation sind nicht gegeneinander auszuspielen, ebensowenig henotheistische (nach 8,5) und monotheistische (nach 8,4). Zur Diskussion *Dunn* ²1992*, 179–183; *Gräßer**** 196ff; *Habermann* (s. 2.8) 159–188; *Holtz****; *Vollenweider* (s. 4.2) 304f.

höhung Jesu birgt alle, die sich zu ihm bekennen, bei Israels Gott als „Vater". „Vater" steht ohne ein Pronomen, das es auf Jesus bezöge. So ist Gott Vater schlechthin (wie 1 Kor 8,6). Jedes Knie, das in das Lob einstimmt, findet bei ihm Heimat. Der universale Herr verweist in die Herrlichkeit des universalen Vaters.[45]

Spätere Reflexion legt dem die Relation Jesu zu „seinem" Vater zugrunde.[46] Phil 2,6–11 geht solch innerer (immanenter) theologisch-trinitarischer Reflexion der Christologie voraus und darf nicht mit ihr in eins gesetzt werden.

Zur Vertiefung liest die Gemeinde die Schrift. Sie appliziert Worte, die von dem Herrn (Gott, Jhwh) handeln, auf Christus. Viel diskutiert ist der Bezug von Phil 2,10 auf Jes 45,23 (LXX). Jüngere Forschung wendet sich vermehrt anderen Schriftzitaten zu, namentlich denen aus Jes 40,3 (vgl. bes. Joh 1,23) und Joel 3,5 (LXX 2,23; vgl. bes. Röm 10,13).

Wieweit Paulus solchen Schriftgebrauch über ein Konzept des Handelns Gottes durch einen Agenten entwarf oder mit einem Verständnis Gottes als korporativer Person durchdrang, ist nicht zu entscheiden. Der Vollzug waltet vor der Abstraktion des Gedankens.[47]

Für „den Herrn der Herrlichkeit" in 2 Kor 2,8 steht womöglich eine weisheitliche Variante aus der Tradition der Gottesvision Pate.[48] Auf Ps 110, der von Gott dem Herrn und „meinem" Herrn gemeinsam spricht, verwiesen wir (in 2.8.3 und 4.2.3). Genug: Am Kyriosprädikat können wir die Basis der Christologie im Verständnis und an der Erfahrung des einen Gottes früh und umfassend ausmachen. Der Ruf des Maranatha und die Akklamation „Herr ist Jesus" stellen eine Weiche, an die andere Texte anknüpfen und über die sie hinausgehen. *Das Kyriosprädikat bekundet und bahnt* durch die Breite und das Alter seiner Überlieferungen *den Schritt zur hohen Christologie als Explikation des Monotheismus mit besonderer Deutlichkeit.*

Unklärbar ist eine Frage, die sich angesichts der jüdischen Textgeschichte der Schriften ergibt: Wann begannen die Christen, Kyrios gleichermaßen für Gott und für Christus zu schreiben? Die christlichen Handschriften der LXX und Großbibeln sind jünger. Wir dürfen weiter auf neue Funde gespannt sein.

5.2.6 Wenden wir uns dem *Gang der neutestamentlichen Zeugnisse* zu. Die Erinnerung an den irdischen Jesus, an sein Leiden und seine Niedrigkeit, und die hoheitliche Entwicklung des Prädikats sind ihm vorgegeben.

Paulus, der Meister des Paradoxes, erkennt die Chance an dieser Spannung: *Im Tod liegt die Einzigartigkeit dieses Herrn.* Erst wenn wir seinen Tod bedenken und verkünden, formen wir ihn nicht nach unserem Bild, sondern vernehmen ihn

---

[45] Lit. bei 4.11 (*Hofius* ²1991, 18–55,109–131; *Schenk* 185–212); *Lohmeyer* ³1930 (Anm. 31 zu 1) 96ff; *Habermann* a.a.O. 135ff u.v.a.

[46] Vgl. bes. die Peschitta und syrische Theologie nach *Grillmeier* (s. 1) 92.

[47] Vgl. *Capes****, *Davis**** u.a. Vgl. noch Röm 14,11; 1 Kor 1,31;2,16;10,26; 2 Kor 3,16;10,17.

[48] Vgl. die Entwicklung von Ez 1,28 zu 1 = äthHen 63,2; *Newman**** 244 u.ö. *Söding* (s. 3.10) 75f nimmt eine Vermittlung durch die korinthischen Pneumatiker an.

ganz. Paulus vergegenwärtigt das der Gemeinde an ihrem zentralen Lebensvollzug. Bei jeder Feier des Herrenmahls verkündet sie laut 1 Kor 11,26 nicht den gebietenden, machtvoll überragenden Herrn, sondern „den Tod des Herrn, bis er kommt". Paulus variiert damit das Maranatha, und er plaziert es bei dem christlichen Vollzug, der seinen Namen zuerst nach dem Herrn erhält (11,20). Der Tod des Herrn gelangt – kennzeichnend für Paulus – in die Mitte christlichen Lebens.

Gleichzeitig übernimmt er die großen besprochenen Traditionen (1 Kor 8,6; 12,3; Phil 2,9–11 etc.). Der Tod des Herrn erledigt also das Bild des erhöhten Herrn, *den die Gemeinde machtvoll wirkend und dem sie sich zu eigen weiß*, nicht. Er gibt diesem Bild vielmehr Grund und Gegenhalt. Das heißt nicht, dass wir befremdende Aussagen abwenden dürften. Der erschreckende Tag des Herrn (vgl. 1 Thess 5,2f) tritt in den Hintergrund der Formulierung „Tag unseres Herrn (Jesu Christi)".[49] Aber die paulinische Christologie vertraut auch dann auf die „Rettung durch unseren Herrn Jesus Christus" (1 Thess 5,9).[50] Die beschwerliche Korrelation von Herr und Sklave taucht auf. Paulus bricht sie immerhin, was die Gemeinden angeht, durch die Dialektik, er sei unter dem Herrn ihr Sklave (2 Kor 4,5).

Die *Deuteropaulinen* bewahren die Fluchtlinie zum Tod Christi nicht in gleicher Dichte. Der *2 Thess* richtet all seine eschatologische Auseinandersetzung, Ethik und den Gnadenwunsch am Herrn aus.[51] In *Eph und Kol* bekommen das Interesse an der universalen Herrschaft Christi (Kol 2,6.10; Eph 1,20f) und die ethische Verpflichtung (Kol 2,6) Vorrang. Die *Past* vertrauen auf die rettende Kraft des erhöhten Herrn (2 Tim 3,11;4,17f) und bezeichnen ihn erstmals zugleich begrifflich streng als „gerechten *Richter*" („kritēs" 2 Tim 4,8).[52] 1 Tim 6,15f führt schließlich die überschießende Auszeichnung des Herrn Jesus Christus in einen neuen Höhepunkt: Er sei nicht allein der König der Könige etc. Er besitze auch einzig *Unsterblichkeit*. Der Sprung über Pauli Betonung des Todes Jesu hinaus in das antike Unsterblichkeitsdenken ist kühn.[53]

Mit den *Evangelientraditionen* schließt sich ein Kreis zur Anrede des irdischen Jesus, bei der wir begannen. Früh treten theonom steigernde Logien neben sie. Der Menschensohn ist Herr über den Sabbat. Der Gesalbte ist Herr Davids. Die gebietende Vollmacht des Herrn ist schon klar, wo einfach auf ihn verwiesen wird, erfahren wir bei *Mk* (2,28;12,35ff;11,3).

Das *Mt* intensiviert das. Es erzählt den Einzug nach Jerusalem mit unserem Prädikat und begleitet von einem epiphanen Erdbeben (21,3.10, über Mk 11,3 hinaus). In 8,25 formuliert es Mk 4,38 zu einer Anrufung des Herrn um, und nochmals sind wir bei der Vorgeschichte des Gebets. 7,21f;24,42;25,37 etc. stel-

---

49 1 Kor 1,8; 2 Kor 1,14; vgl. 1 Kor 5,5; in Phil 1,6.10;2,16 kurz „Tag Christi (Jesu)".

50 Vgl. *Schade* (s. 2.8) 27ff. Der zentrale Rang von „kyrios" in der paulinischen Christologie wird seit langem diskutiert; Forschungsüberblick *Hübner* (s. Anm. 52 zu 2) 2732–2740, weitere Lit. oben.

51 Kyrios ist sein Leitprädikat von 1,1 über 2,1f.8 und 3,1.6 bis 3,16.

52 Im Verständnis der richtenden Rolle Jesu gehen die neutestamentlichen Zeugen weit auseinander: vgl. 2.8.4, 4.6.5, 4.7.6 (Jak; nur dort nochmals unmittelbar christologisch „kritēs"), 4.9.4.

53 Aber wohl schon aufgenommene Tradition: vgl. *Roloff* 350f; *Oberlinner* 300 (bibl. Anm. 103 zu 2).

len die eschatologische Vollmacht Jesu des Herrn heraus. „Herr" gewinnt an Bedeutung, auch wenn es kaum den göttlichen Hoheitsnamen erreicht.[54]

Lukas erreicht dank der Strukturierung seines Doppelwerkes die größte Weite. Er präludiert das irdische Wirken (Lk 7,13 etc.) und die Anrede (7,6 etc.) durch die Auszeichnung des Herrn in der Vorgeschichte (1,43;2,11). So schimmert in Jesu Wirken von Anfang an seine Hoheit durch. Die Auferstehung bedeutet gleichwohl einen wesentlichen Einschnitt. Sie vertieft das Herrenprädikat aus Gottes Herr-Sein (im Duktus Apg 2,17.21.36) und begründet das uns schon vertraute Bekenntnis „Herr ist Jesus". Jesus, der Gesalbte (Christus), wird nach der Erhöhung der Herr aller (Apg 10,36) zur Rettung im Glauben (Apg 16,31).

Lukas nimmt das alte „kyrios Iēsous" allein unter den Evangelisten auf. Fast beiläufig führt er es am leeren Grab ein (Lk 24,3). 24,34 sichert er es durch „auferweckt wurde der *Herr*". In der Apg aber macht er es zu einem Kern der Verkündigung. Die universale Ausweitung in 10,36 (nach 10,9–16) und das Anliegen an der Soteriologie 16,31 wandeln in den paulinischen Gemeinden errungene Akzente ab.[55]

Die *johanneische Literatur* gibt dem Prädikat trotz 20,28 und der vielen „Kyrie"-Anreden Jesu kein gleich umfassendes Gewicht. Die meisten Belege gehen nur begrenzt über Tradition hinaus (Joh 4,11 etc.;6,23;11,2). In den Johannesbriefen fehlt es überhaupt. Ich erschloss deshalb die Bedeutung von Joh 20,28 vorab am Gesamtduktus des Evangeliums (s. 4.11.2; 4.12.6).

Unter der Briefliteratur ragt der *Hebr* wegen des Spannungsbogens zwischen dem irdisch aufgetretenen und dem erhöhten Herrn hervor. Er löst eigenständig eine analoge Aufgabe wie die Evangelien. Seinem Interesse an der Menschheit Jesu gemäß verschränkt er die Übertragung des Gottesnamens (1,10) mit der Würdigung des Irdischen (2,3; vgl. 7,14). Jesu Herausführung aus den Toten bekräftigt seine gegenwärtige Geltung als „unser Herr" (13,20). Der erhöhte, eschatologische Herr beansprucht zur Heiligung (12,14).

Die *übrigen Schriften* dokumentieren und vertiefen in Varianten die theonome Hoheit des Prädikats. Der *Jak* konzentriert die Hoheit des Herrn im Vertrauen auf dessen Erbarmen ebenso kühn wie schwierig auf den Einklang des ethischen Gebieters mit Gott, auf die Parusie und den Richter (bes. 1,1;5,7f.11.15; vgl. 4.7.6). Der *1 Petr* vertieft die Tradition, Jesus Christus sei „unser Herr" (1,3), durch die Übertragung einer Aufforderung zur Heiligung Gottes auf Christus, den Herrn (3,15 nach Jes 8,13). Der *Jud* erringt darüber, dass Gott der Retter durch den Herrn Jesus Christus wirkt (25), die Möglichkeit, den Namen Gottes auf Jesus ausstrahlen zu lassen.[56] Der *2 Petr* gebraucht „kyrios" parallel zu seinem Verständnis Jesu als „theos" (3,18 nach 1,1f;2,20;3,2); die ewige Herrschaft dieses Herrn überbietet alle irdischen Herrschaften (1,11 in impliziter Konkurrenz zum Kaiserkult).[57]

---

[54] Zur Diskussion *Geist* (s. 4.9) 350ff, *Kingsbury**** und *Broer* (s. 3.8) 1266–1270.

[55] Im Höhepunkt 16,31 verbunden mit der ihm ähnlich wichtigen Rettungsmotivik (s. 2.7.2–5); vgl. auch Röm 10,9. Verbreiternd *Schneider****, *Bock* (s. 5.1, Ergebnis 278f) u.a.

[56] Das verfolgten wir für v.5 (s. 4.11.1). „Herrscher / Gebieter (despotēs) und Herr" in v.4 erinnert dazu an die Gottesanrede Josephus, ant. 20,90.

[57] Vgl. *Vögtle* (s. Anm. 93 zu 2) 154f,274f u.ö. Wiederum geht auch „despotēs", gebietender Herr /Herrscher, in die Christologie über (2,1). Es ist der Umwelt u.a. als Gottesprädikat vertraut (vgl. *Vögtle* a.a.O. 28ff,184f).

Die *Offb* expliziert die politisch-gesellschaftskritische Potenz. Am Herren-Tag (1,10) schaut Johannes Christus, den Herrn der Herren (17,14;19,16), der den Zorn des Allherrschers (19,15) gegen die Herrscher der Erde vollzieht. In großer Kraft bestreitet das den Anspruch irdischer Herrscher, „Herr und Gott" zu sein.[58] Der Bogen endet. Religiöse Würde kommt niemand neben dem einen Gott und Christus zu.

5.2.7 *Überblicken wir* den Gang, verstehen wir die Faszination des Prädikats in der Theologiegeschichte. Es ist in der Erzählung über Jesus und damit der narrativen Christologie verankert. Es gemahnt theologisch an Jesu Niedrigkeit auf seinem Erdenweg und in der Christologie des Vollzugs beim Abendmahl an seinen Tod. Es orientiert die gelebte, ethische Christologie an der Heiligung ohne Scheu vor allen Herren der Welt. Gleichzeitig schlägt es einen frühen und breiten Steg zur begrifflichen Verankerung der Christologie im Namen Gottes.

Heute freilich bewährt sich das Prädikat schwer mehr, wenn wir es nicht hermeneutisch neu gewinnen. Das Prädikat entlarvt die vielen Herren, aber mit deren eigenen Koordinaten der Herrschaft. Es bewährt sich im Leben und behauptet sich im Gottesdienst. Allein, es dokumentiert zugleich eine heute beschwerliche Gottesverehrung. „Herr" ist suspekt geworden. Das Dilemma bildet dabei nicht das maskuline Geschlecht von Kyrios. Das hat sein Gegenüber in den Feminina - den göttlichen Herrinnen - der Antike, die ich kurz ansprach. Problematisch ist das Prädikat, weil es schwer gegen das Missverständnis zu sichern ist, es gehe um eine Beziehung der Unterwerfung.

Diese Frage stellte sich den neutestamentlichen Autoren so nicht. Wir können in der paulinischen Dialektik von Herr und Sklave im Dienst der Gemeinde eher eine Auflockerung vernehmen. Das hermeneutische Problem indes ist dadurch nicht gelöst. Wir stehen wieder statt eines Ergebnisses vor einer Aufgabe.[59] Die Begegnung mit Jesus ist unter den Koordinaten unserer Zeit zu vermitteln. Jesus heischt nach Gegenwart, Gehör, lebendiger Wahrnehmung. Doch was heißt „er heischt danach"? Damit, Wege sachgemäßer Neuformulierung zu finden, stehen wir erst am Anfang.

---

[58] Vgl. 4,11 mit der besprochenen Entwicklung der Kaisertitulatur. Der Reflex auf Domitian muss nicht so unmittelbar sein wie früher angenommen (vgl. *H. Giesen*, Ermutigung zur Glaubenstreue, TThZ 105, 1996, 61–76: 63f u.a.). Lit. zu Offb 17,14;19,16 in Anm. 274 zu 3.

[59] Ich nenne als ein Beispiel der Diskussion *Thistlethwaite****.

5.3 Statt eines Schlusswortes

Das Neue Testament liegt hinter uns. In vielen Bögen haben wir es durchschritten. Ein Gesamtbild verlockt. Gottes Handeln in Jesu Auferweckung, seine Selbstbindung in Leiden und Sterben Christi, der irdische Weg des gesandten Sohnes, dessen Verankerung in den Schriften und sein Ausgreifen als Herr in alle Welt hängen zusammen. Sie tun das durch die Zuwendung und das Ereignis des einen Gottes. An der einen Gestalt Jesu kristallisiert sich Gottes Mitteilung an die Welt. Gott erschließt sich darin. Darum ist zutiefst theologisch zu verstehen, wer Jesus Christus ist. Die Menschen in der Geschichte geht es an, ihnen zugute.

Überwältigend ist der Reichtum, in dem das Neue Testament das artikuliert. Große Konzeptionen finden wir, die Vermittlung des Gesalbten aus Israel an die Völker bei Paulus, den Anführer zu Leben und Rettung in kultischem Dienst beim Hebr, den Gütig-Gesalbten des 1 Petr, den Logos und den Christus des „Gehe hinüber“ im Joh, den Immanuel und Menschensohn des Mt, den Retter, Herrn und Gesalbten des Geistes bei Lukas, die markinische Christologie der Beziehungen, die nach der Ausgestaltung durch die Hörerinnen und Hörer des Evangeliums ruft, und vieles mehr. So zahlreich wie die Konzeptionen sind die Prädikate und trotz ihrer sprachlichen Fremdheit aktuell. Die Welt braucht den Gerechten, der für sie eintritt und sie an Recht und Gerechtigkeit mahnt. Sie bedarf des Gütigen, in dem Gottes Güte Person und unverbrüchlich wird. Schätze des Neuen Testaments wären wieder und wieder zu heben.

Zugleich ist festzuhalten: Jedes Gesamtbild entsteht erst in der Rezeption, der Aufnahme, Durchdringung und Kombination der neutestamentlichen Aussagen. Die Leserin und der Leser sind beteiligt. Vor ihnen liegen, wenn sie die Konzeptionen, Schriften und Epochen im Neuen Testament trennen, Fragmente. Nicht alle Quellen des Neuen Testaments geben der Auferstehung Relevanz. Nicht alle befassen sich mit Jesu Tod. Nicht allen ist das irdische Wirken des Menschen unter Menschen wesentlich. Je nach Blickwinkel ziehen die Quellen verschiedene Konsequenzen. Einmal steht Jesus der Retter im Vordergrund, einmal der Gesetzgeber, einmal das Paradox von Macht und Tod. Manche Entwürfe gelingen genial, andere verlangen schon im Neuen Testament Sachkritik. Das Neue Testament wird in seiner Vielfalt, nicht in einer vorgefassten Einheit lebendig.

Vielleicht gerät es gerade darin unserer Zeit nahe. Das Fragment, das Unabgeschlossene beteiligt unsere fragmentarischen Existenzen an der Wahrnehmung Christi. Das Neue Testament kann so den gegenwärtigen Verlust der Großerzählungen überstehen. Es liegt nicht hinter, es liegt vor uns. Jesus Christus ist in ihm und mit seiner Hilfe im Leben der Gegenwart zu entdecken. Der Stab gebührt nicht einer Summa des Autors, sondern Leserin und Leser.

Attribute und Benennungen Jesu

Nicht immer sind eindeutige Angaben möglich. Attribute entstehen fließend (so das des Gerechten oder des Retters). Vorstufen ließen sich ergänzen (so beim Propheten und Gesandten), ebenso Umfelder (beim Richter bes. Menschensohn- und Parusietraditionen, Mt und Joh). Nicht alle Traditionen werden in Prädikaten ihrem Rang entsprechend sicht-

	Q	*Mt*	*Mk*	*Lk / Apg*	*joh Lit.*	*Paulus*	*Eph / Kol*
Adam (zweiter/letzter)						x	
Anführer (zu Leben)				x			
Arzt		x	x	x			
Bild und Abglanz						x	x
Bruder						(x)	
Davidssohn / davidische Herkunft		x	(x)	x		Herkunft	
Gerecht / Gerechter		x		x	1 Joh		
Gesalbter		x	x	x	außer 3 Joh	x	x
Gesandter	(x)				(x)		
Gesetzgeber							
Gott („theos")					x		(x)
Gottessohn / Sohn	x	x	x	x	x	x	x
Gütiger / Güte Gottes							x
Haupt							x
Heiliger			x	x	x		
Herr	x	x	x	x	nur Joh	x	x
Hirte		x	x		Joh		
Hoherpriester							
Immanuel		x					
Knecht / Kind („pais")		x		x			
König		x	x	x	Joh		
Lamm (vgl. bei Pascha und Widder)				Apg	Joh		
Leben / Lebendiger					x		
Lehrer	(x)	x	x	x	x		
Logos					x		
Menschensohn	x	x	x	x	Joh		
Pascha					Joh	x	
Prophet		(x)	(x)	x	Joh		
Rettender / Retter		x		x	x	x	x
Richter („kritēs")							
Vor-Läufer							
Weisheit	(x)	x				x	
Widder							

bar (z.B. die der Weisheit). Der Gebrauch unterscheidet sich von Schrift zu Schrift (und besonders disparat sind die Mensch-/Menschensohntraditionen jenseits der Evangelien.) Die Tabelle lässt sich daher nur als Arbeitshilfe verwenden.
v.l. beim Jud meint die Textvariante in Jud 5.

Past	*2 Thess*	*Hebr*	*Jak*	*1 Petr*	*2 Petr*	*Jud*	*Offb*	*EvThom*	
									Adam (zweiter/letzter)
		x							*Anführer (zu Leben)*
								(x)	*Arzt*
		x							*Bild und Abglanz*
		x					(x)		*Bruder*
Herkunft									*Davidssohn / davidische Herkunft*
				x					*Gerecht / Gerechter*
x	x	x	x	x	x	x	x		*Gesalbter*
		x							*Gesandter*
			x						*Gesetzgeber*
x		x			x	v.l.			*Gott („theos")*
		x			x		x		*Gottessohn / Sohn*
x				x					*Gütiger / Güte Gottes*
									Haupt
		x					x		*Heiliger*
x	x	x	x	x	x	x	x		*Herr*
		x							*Hirte*
		x							*Hoherpriester*
									Immanuel
									Knecht / Kind („pais")
							x		*König*
									Lamm (vgl. bei Pascha und Widder)
							x	x	*Leben / Lebendiger*
								(x)	*Lehrer*
									Logos
(x)		(x)					x		*Menschensohn*
									Pascha
								(x)	*Prophet*
x							(x)		*Rettender / Retter*
x			x						*Richter („kritēs")*
		x							*Vor-Läufer*
									Weisheit
							x		*Widder*

Bibliographie

Die hier aufgeführten Studien werden in der Arbeit mit Autor, Erscheinungsjahr und * zitiert. Außerdem enthält die Arbeit Teilbibliographien. Auf sie wird mit ** (Bibliographie beim Hauptparagraphen 1 bis 5) und *** (Bibliographie beim Teilparagraphen 1.1 etc.) hingewiesen. Um der Knappheit willen mussten Untertitel u.ä. häufig gekürzt werden. FS meint Festschrift.

J.-N. Aletti, Jésus-Christ: fait-il l'unité du Nouveau Testament?, Paris 1994

Anfänge der Christologie. FS *F. Hahn*, hg. v. C. Breytenbach / H. Paulsen unter Mitw. v. C. Gerber, Göttingen 1991

J. Becker, Jesus von Nazaret, Berlin. New York 1996

K. Berger, Wer war Jesus wirklich?, Stuttgart 1995

ders., Theologiegeschichte des Urchristentums: Theologie des Neuen Testaments, UTB.WG, Tübingen. Basel 1994 (²1995; zitiert: 1994)

W. Bousset, Kyrios Christos. Geschichte des Christusglaubens von den Anfängen des Christentums bis Irenaeus, FRLANT 21, Göttingen ⁶1967 (nach ²1921)

R. Bultmann, Theologie des Neuen Testaments, UTB 630, Tübingen ⁹1984 (erg. v. O. Merk; Ersterscheinung 1948–1953)

P.M. Casey, From Jewish Prophet to Gentile God. The Origins and Development of New Testament Christology, Cambridge 1991

Christological Perspectives. FS *H.K. McArthur*, ed. R.F. Berkey / S.A. Edwards, New York 1982

J.D. Crossan, Der historische Jesus, München 1994 (amerikan. 1991)

O. Cullmann, Die Christologie des Neuen Testaments (1957), Tübingen ³1963 (⁵1975)

N.A. Dahl, Jesus the Christ. The Historical Origins of Christological Doctrine, ed. D.H. Juel, Minneapolis 1991

J.D.G. Dunn, Christology in the Making: A New Testament Inquiry into the Origins of the Doctrine of the Incarnation, London ²1992 (1980)

From Jesus to John. Essays on Jesus and New Testament Christology. FS *M. de Jonge*, ed. M.C. de Boer, JSNT.S 84, Sheffield 1993

The Future of Christology. FS *L.E. Keck*, ed. A.J. Malherbe / W.A. Meeks, Minneapolis 1993

J. Gnilka, Jesus von Nazareth. Botschaft und Geschichte, HThK.S 3, Freiburg usw. 1990

ders., Theologie des Neuen Testaments, HThK.S 5, Freiburg usw. 1994

L. Goppelt, Theologie des Neuen Testaments, Hg. J. Roloff (1975/76), UTB 850, Göttingen ³1985

J.B. Green / M. Turner, Jesus of Nazareth: Lord and Christ. Essays on the Historical Jesus and New Testament Christology, Grand Rapids 1994

FS *F. Hahn* 1991: s. Anfänge der Christologie

F. Hahn, Christologische Hoheitstitel. Ihre Geschichte im frühen Christentum, FRLANT 83, Göttingen 1963 (⁵1995)

M. Hengel, The Atonement. The Origins of the Doctrine in the New Testament, Philadelphia 1981

ders., Jesus als messianischer Lehrer der Weisheit und die Anfänge der Christologie: Sagesse et Religion, Bibliothèque des centres d'études supérieures specialisé d'histoire des religions de Strasbourg, Paris 1979, 147–188
ders., Der Sohn Gottes. Die Entstehung der Christologie und die jüdisch-hellenistische Religionsgeschichte, Tübingen 1975
R.J. Hoffmann / G.A. Larue ed., Jesus in History and Myth, Buffalo, N.Y. 1986
A.J. Hultgren, New Testament Christology. A critical assessment and annotated bibliography, BIRS 12, New York usw. 1988
J. Jeremias, Neutestamentliche Theologie I. Die Verkündigung Jesu, Gütersloh [2]1973 ([4]1988)
M. de Jonge, Christologie im Kontext. Die Jesusrezeption des Urchristentums, Neukirchen 1995 (engl. 1988)
FS *M. de Jonge*: s. From Jesus to John
M. Karrer, Der Gesalbte. Die Grundlagen des Christustitels, FRLANT 151, Göttingen 1990
FS *L.E. Keck* 1993: s. The Future of Christology
W. Kramer, Christos Kyrios Gottessohn. Untersuchungen zu Gebrauch und Bedeutung der christologischen Bezeichnungen bei Paulus und der vorpaulinischen Gemeinde, AThANT 44, Zürich 1963
FS *H.K. McArthur*: s. Christological Perspectives
H. Merklein, Studien zu Jesus und Paulus, WUNT 43, Tübingen 1987
P. Pokorný, Die Entstehung der Christologie. Voraussetzungen einer Theologie des Neuen Testaments, Berlin 1985
R. Schnackenburg, Christologie des Neuen Testaments, MySal III/1, 1970, 227–388
ders., Die Person Jesu Christi im Spiegel der vier Evangelien, HThK.S 4, Freiburg usw. 1993
E. Schüssler Fiorenza, Jesus. Miriam's Child, Sophia's Prophet. Critical Issues in Feminist Christology, New York 1995 (dt. Jesus – Miriams Kind, Sophias Prophet, Gütersloh 1997)
E. Schweizer, Erniedrigung und Erhöhung bei Jesus und seinen Nachfolgern, Zürich 1955 ([2]1962)
ders., Jesus, das Gleichnis Gottes. Was wissen wir wirklich vom Leben Jesu?, KVR 1572, Göttingen 1995
D. Strahm / R. Strobel Hg., Vom Verlangen nach Heilwerden. Christologie in feministisch-theologischer Sicht, Fribourg / Luzern 1991
G. Strecker, Theologie des Neuen Testaments, bearb. v. F.W. Horn, Berlin 1996
P. Stuhlmacher, Biblische Theologie des Neuen Testamentes, I Grundlegung: Von Jesus zu Paulus, Göttingen 1992
ders., Jesus von Nazareth – Christus des Glaubens, Stuttgart 1988
G. Theißen / A. Merz, Der historische Jesus. Ein Lehrbuch, Göttingen 1996
W. Thüsing, Die Neutestamentlichen Theologien und Jesus Christus I [...], Düsseldorf 1981 (Münster [2]1996)
G. Vermes, Jesus der Jude: Ein Historiker liest die Evangelien, Neukirchen 1993 (engl. 1973)
A. Weiser, Theologie des Neuen Testaments II. Die Theologie der Evangelien, KStTh 8, Stuttgart 1993
K. Wengst, Christologische Formeln und Lieder des Urchristentums, StNT 7, Gütersloh 1972 ([2]1973)

Register

Die Register sind unter Mitarbeit von Andreas Tibbe und Judith Marx erstellt. Es handelt sich um Auswahlregister.

Stellenregister (samt Übersichten zu den neutestamentlichen Zeugen)

Altes Testament (hebräischer und griechischer Text)

Jüdisches Schrifttum außerhalb der Bibel

Neues Testament

Das Register verzeichnet vor den Stellen jeweils die Themen, nach denen Leserin und Leser sich die Zeugen und Schriften bei einem Querlesen im Buch erschließen können. Kursivierungen heben zentrale oder zur Einführung geeignete Passagen hervor. Die eingesprengten Schaubilder vermitteln eine erste Orientierung über Zusammenhänge in Schriftengruppen.

Irdischer Jesus und christologische Grundüberlieferungen
s. im Sachregister

Synoptische Quellen und Evangelien

LOGIENQUELLE	MARKUSEVANGELIUM
Vertritt eine Christologie der Erkenntnis Gottes (des Vaters) durch Jesus, den Sohn, die angesichts seines Kommens als Menschensohn weiterzugeben ist. Die Passion tritt zurück. Die Auferstehung interessiert nicht.	Jesus gibt Impulse, ihn zu erschließen und sich durch ihn prägen zu lassen, in stets vorandrängender Weise (Messiasgeheimnis, offenes Ende Mk 16, Menschensohnerwartung). Passion und Ostern werden so trotz ihres Gewichts nicht zum Schlusspunkt. Leserinnen und Leser werden durch die Christologie der Beziehungen (mit ihren Leerstellen) zu einer lebendigen Erfassung Jesu beansprucht, die seinen Weg und seine Prädikate weiterdenkt.

Q und Mk

MATTHÄUSEVANGELIUM Kombination der Quellen mit Sondergut	LUKASEVANGELIUM Ausbau zum Doppelwerk mit APOSTELGESCHICHTE. Kombination der Quellen mit Sondergut und partiell paulinischer Tradition.
Jesus ist der Immanuel (Gott mit uns), der rettende Gottessohn, ethische Lehrer und Niedrigkeitskönig für sein Volk. Es weist ihn ab, doch er erwartet weiter seine Begrüßung. Die Seinen geleitet er unter den Völkern, bis er am Ende von Welt und Zeit uneingeschränkt als Menschensohn in Hoheit sichtbar wird.	Gliederung des Wegs Jesu: Der Zuwendung im irdischen Wirken folgt die Passion, wo Lk das Gewicht stärker auf das Leiden des Gerechten als die soteriologische Deutung legt. Nach Auferstehung, Himmelfahrt und Erhöhung greift der Gesalbte, Herr und Retter in alle Welt aus. Der Integration dient eine Christologie des Geistes.

Johanneische Literatur

JOHANNESEVANGELIUM	VERSCHIEBUNGEN IN DEN JOHANNESBRIEFEN (eine jüngere Phase oder ein älterer Schwerpunkt in der joh Gemeinde)
Deutung der Jesusüberlieferung und christologischen Tradition im Anliegen eines strikten „Gehe hinüber". Sendungs-, Menschensohn- und Logoschristologie fundieren, dass Jesus seine Wahrnehmung aus dem Vater und die Wahrnehmung des Vaters bestimmt. Der Entfaltung dienen metaphorische Christologie, die Deutung der Wunder als Zeichen und das Verständnis des Geistes als Beistand, der Jesu Wort mitteilt.	*Eschatologie*: höheres Gewicht auf der Zukunft (mit Auswirkung für das Verständnis der Parusie); *Soteriologie*: höheres Gewicht auf der Sühne (während das Joh mit vielen Bildern die soteriologische Sammlung in Eins intoniert, deren Gegenstück das Wegschaffen der Sünde ist); *Prädikate*: Kyrios fehlt. Der Gerechte, der beisteht, wo Christen sich versündigen, erhält über Joh hinaus Gewicht. Der Logos tritt zurück (bes. im 2 / 3 Joh).

Paulus und Deuteropaulinen

PAULUS Der Gesalbte und Herr aus Israel ist den Völkern zu verkünden.
Daher Reflexion über Jesu Würde angesichts der Schriften und des Gesetzes Israels und Entwurf einer an Israel verpflichteten Christologie, die das ganze Leben in Christus prägt, für die Völker.

Das reflektieren weiter

2 THESS	PAST	KOL	EPH
zum eschatologischen Gesalbten und Herrn.	zum epiphanen Retter.	zur Wohnstatt Gottes in Fülle.	zum rettend bestimmenden Haupt.

Alte Kirche und Angrenzendes

Griechische und römische Antike

Inschriften und Urkunden

Autoren

Koran

Sachregister

Deutungen des Todes Jesu

Christologische Attribute und Benennungen

Namenregister zur Theologie- und Forschungsgeschichte